U0570268

国家社科基金青年项目"清代巴县婚姻档案研究"（13CTQ048）成果

本书得到"成都大学文学与新闻传播学院硕士点培育经费"资助

张晓霞 著

清代巴县婚姻档案研究

中华书局

图书在版编目(CIP)数据

清代巴县婚姻档案研究/张晓霞著. —北京:中华书局,2020.7
ISBN 978-7-101-14592-2

Ⅰ.清… Ⅱ.张… Ⅲ.婚姻-档案研究-巴南区-清代
Ⅳ.K892.22

中国版本图书馆 CIP 数据核字(2020)第 096206 号

书 名	清代巴县婚姻档案研究	
著 者	张晓霞	
责任编辑	陈 乔	
出版发行	中华书局	
	(北京市丰台区太平桥西里 38 号 100073)	
	http://www.zhbc.com.cn	
	E-mail:zhbc@zhbc.com.cn	
印 刷	北京市白帆印务有限公司	
版 次	2020 年 7 月北京第 1 版	
	2020 年 7 月北京第 1 次印刷	
规 格	开本/920×1250 毫米 1/32	
	印张 23¾ 插页 2 字数 530 千字	
国际书号	ISBN 978-7-101-14592-2	
定 价	118.00 元	

目 录

序　言

认识晓霞是很多年以前的事了。当时成都大学文学与新闻传播学院谭平院长邀请我去做一场讲座,晓霞向我咨询了四川大学历史文化学院攻读博士学位的相关事宜,由此了解到她在四川大学档案学专业攻读学士学位和硕士学位期间,经过长时间的耳濡目染,对档案文献产生了很深的感情,热切希望攻读历史文献学专业的档案文献方向博士学位。志存高远的晓霞很快如愿以偿地考取了博士研究生,我也有幸先后参加了她的博士论文开题报告、博士论文答辩,亲眼目睹了她成长的点点滴滴。在博士论文开题报告会上,她汇报的题目是《清代巴县民俗研究》,当时我以为这个题目太大,不好操作,深入研究不易,建议缩小范围,晓霞采纳了我的意见和建议,最终将民俗研究中的婚姻部分作为博士论文选题,也为此付出了近十年的心血。这本书是她以博士论文为基础申报的国家社科基金青年项目的最终成果,在博士论文的基础上做了很大的改动,体例和内容上丰富了许多,原来博士论文中诸多未涉及的问题也进行了较为深入的探讨。十年磨一剑,这是晓霞这些年的真实写照,现在这本书即将由中华书局出版,很为她感到高兴。

《清代巴县婚姻档案研究》作为国家社科基金青年项目成果,是利用巴县衙门档案中的婚姻档案所载的众多婚姻案件的原被告、案件发生原因、经过和县官审断结果等广泛内容写成的第一部专著,属开创性研究,创新度极高,是今后研究清代巴县婚姻家庭史,乃至研究整个清代下层社会婚姻状况绕不过的学术成果。成果的突出特点是既较深入地讨论了巴县婚姻档案的文书种类、档案中的语言和称谓、档案中的戳记与画押,又研究了清代巴县衙门档案所反映出的诉讼状态,更以大量篇幅讨论了档案所呈现的各类婚姻诉讼的主体、案由和县官审断的结果,并对众多典型案例做了具有独到见解的评说。比如文种研究部分,作者不仅对诉讼档案中常见的状、票、契约等进行了详细的论述,还对比较少见的庚帖、拦词、投词、回词、罚帖、节略等文种进行了介绍和探讨,丰富了巴县档案文种的研究。以状为例,作者发现除常见的告、诉、禀、哀、恳、息等状之外,巴县档案中还有存状、送状、限状、催状、报状、悔结状、逐结状、舍结状、辞状、认状等具体指向和含义不同的状,对学人全面了解巴县档案的文种有所贡献。在官代书戳记研究部分,作者对巴县档案中乾隆至光绪年间的官代书戳记进行了系统的梳理和详尽的介绍,工作做得非常细致,使人读来很有收获。在童养婚档案研究部分,作者指出目前对童养婚的研究尚存在一定的问题:研究中心集中在女性身上,缺乏对童养婚中男性主体的研究;立论基础是女性的悲惨形象,忽视对具有反抗精神的个体的研究,要关注普遍之中的个体,承认特殊个案的存在;对童养婚中"恶婆婆"的关注度较高,缺乏对娘家扮演角色的关注。这些都是作者对大量案例进行分析和研究之后提出来的见解,值得肯定。

巴县衙门婚姻档案数量巨大,其中所记载的婚姻诉讼案件反映了当时婚姻家庭及社会生活史的相关内容,非常丰富而细致。作者对巴县档案中的 6000 多个婚姻类案卷进行了爬梳,工作颇为艰难,在资料的收集和梳理过程中所遇到的问题也层出不穷。成就此书需要才智与功夫,毅力与勤奋,更需要时间、辛劳、耐力……

总之,一切努力都有收获,本书出版给作者的欣慰不可名状,给读者的启示亦不可限量。当然,本书中还有很多问题需要更进一步深入探讨,也有部分内容还有待进一步充实。通过细读档案文献,从中发现更多意义并进行更为深入的研究是作者今后可长期深耕的论题。

陈廷湘

2019 年 11 月 28 日于四川大学

凡　例

　　一、本书主要运用保存在四川省档案馆的巴县档案作为核心材料,同时在写作中也参考了南部档案、黄岩档案、冕宁档案、紫阳档案等清代地方档案。书中所提到的这些档案,如无特别注明,均指清代档案。

　　二、对巴县档案的引用和注释采用"《巴县档案》"＋"全宗号—朝代号—案卷号"＋"年月日"的方法,如"《巴县档案》6－3－9154,道光十七年二月十一日""《巴县档案》6－5－7276,同治三年五月二十五日""《巴县档案》6－6－25077,光绪二十六年五月三十日"等。其中的"6－3－9154"表示四川省档案馆清6全宗道光年间的9154号案卷,"6－5－7276"表示清6全宗同治年间的7276号案卷,"6－6－25077"表示清6全宗光绪年间的25077号案卷。巴县档案在四川省档案馆的清6全宗,故第一位数均为"6"。朝代号自乾隆开始至宣统止,"1"代表乾隆,"2"代表嘉庆,"3"代表道光,"4"代表咸丰,"5"代表同治,"6"代表光绪,"7"代表宣统。案卷号每朝重新编排,并不拉通排列。年月日部分,一般采用案卷封面所载的立案日期,如果没有立案日期的,则采用首份状词的日期。大部分日期能够根据案卷所载内容写全,也有的只能具体到年,月日却无从考证,还有少部分因档案本身缺少日期,或者日期模糊不可辨,无法进行准确判断,只能标明朝代。在注释和正文中使用的日期,完全采用档案原文上标注的日期,并没有将其转换为阳历。

三、本书中有关数字的使用,主要分为两种情况。第一种,在引用档案原文时,凡涉及档案中当事人的年龄、花销银钱的数目均完全遵照原文,采用汉字进行表述;第二种,除引用原文之外的其余部分,对涉及年龄和银钱的数字使用阿拉伯数字进行表述。文中出现的年龄都来源于档案中的相关记载,除特别交待之外,均指案件发生时当事人的年龄。

四、在引用档案原文时,因缺漏或者破损等原因无法识读的字,采用"□"表示;对于明显的误字、错字,在"【】"内进行改正,标注在原字之后;对于漏字或其他需要特别说明之处,在原文处加"()"进行补充和说明。档案中有较多的古今字、通假字、俗字、异体字等,本书引用时将其转化为规范汉字。本书中直接引用的档案原文,均为笔者标点。为了编排的方便,也为了便于阅读,在引用档案原文时没有保留原有的抬头和避讳,均按照现行的书写格式进行。因画押符号多种多样,文中契约文书和诉讼文书所涉及的画押,均用"有押"表示。

五、文中介绍科研项目和相关成果时所提到的作者单位,均指作者当时的单位。

绪　论

　　清代四川巴县①位于嘉陵江和长江的汇合口,地处重要交通枢纽,商贾云集,是四川经济比较发达的地区,移民数量大,流动人口多,在思想观念上比四川其他偏远地区相对开放和先进。清代巴县档案(以下简称"巴县档案"),②是清代四川巴县衙门在处理各类事务过程中保留下来的档案,③共11.3

---

①巴县,老县名,重庆主城区的古称,北周武成三年(561)始称巴县。1995年撤县建区,巴县改为巴南区,巴县至此消失。清代重庆府隶属四川省,故称巴县为"四川巴县",1997年中央把重庆市划为独立的直辖市,不再隶属四川省。文中提到的"四川巴县"特指清代的四川和巴县,"巴县档案"也特指清代的巴县档案。

②关于清代巴县档案的称谓,迄今并不统一,主要有"清代巴县县衙档案""四川巴县清代文书档案""清代四川巴县档案""清代巴县档案"几种,文中简称为"巴县档案"。

③关于巴县档案的起始时间,有多种说法。栾成显在《明清地方文书档案遗存述略》一文中提到,巴县档案的时间跨度是乾隆元年(1736)至宣统三年(1911)。《四川省档案馆指南》(四川省档案馆编,北京:中国档案出版社,2001年)就有两种说法:第18页提到巴县县府全宗的起始时间是乾隆十七年(1752),而第19页又提到清代巴县档案上自康熙九年(1671)。认为巴县档案起始于乾隆十七年的还有杨林,见杨林:《关于巴县档案起始时间》,《历史档案》1990年第3期,第135页。认为巴县档案起始(转下页)

万余卷,①具有重要的价值。

　　根据《四川省档案馆指南》的记载,抗战前巴县档案一直保存在巴县县政府,抗战期间为躲避空袭,巴县档案被运至长江南岸樵坪关帝庙内,直至 1953 年才被发现。巴县档案在寺庙保存的数年时间里,"寺院年久失修,漏雨积水,档案受潮霉烂,加上虫咬鼠啮,更有村野牧童农妇,取而烧火煮饭",②损毁无数,破坏严重。在西南博物馆馆长冯汉骥的建议下,巴县档案被运回西南博物馆保存并进行初步整理,1955 年因西南博物馆改组为重庆博物馆,巴县档案按规定应移交四川省博物馆保管。经四川大学历史系主任徐中枢教授建议,巴县档案被运至四川大学历史系进行整理与研究。在此期间,四川大学历史系组织教师在一些期刊和报

（接上页）于康熙九年的还有陈代荣和吴佩林。见陈代荣:《巴县档案今昔》,《档案工作》1984 年第 4 期;吴佩林:《清代县域民事纠纷与法律秩序考察》,北京:中华书局,2013 年,第 5 页。张仲仁则认为巴县档案起始时间为乾隆二十二年(1757),见张仲仁:《一批宝贵的档案"开花结果"了》,《档案工作》1958 年第 4 期。

① 此数据来源于四川省档案馆主编的一系列档案汇编,主要见于:四川省档案馆编:《四川省档案馆指南》,北京:中国档案出版社,2001 年,第 19 页;四川省档案馆、四川大学历史系主编:《清代乾嘉道巴县档案选编》(上册),成都:四川大学出版社,1989 年,序言;四川省档案馆:《清代巴县档案整理初编·司法卷·嘉庆朝》,成都:西南交通大学出版社,2018 年,序言。但也有学者提出不同的观点:陈代荣认为,巴县档案共有 110023 卷,见陈代荣:《巴县档案今昔》,《档案工作》1984 年第 4 期;吴佩林对四川省档案馆馆内案卷数进行统计之后发现,巴县档案现存数量共计 114865 卷,见吴佩林:《清代县域民事纠纷与法律秩序考察》,北京:中华书局,2013 年,第 5 页。

② 耘耕:《一块待开垦的清代法律史料园地》,《现代法学》1991 年第 3 期。

纸上公布了部分档案,发表了一些论文,还举办了相关的展览。①
1957 年,四川大学历史系整理发行了《四川大学历史系整理的巴
县县政府归档专案目录》。② 就这样,巴县档案的内容与价值才
逐渐被世人所知晓。1965 年 3 月,四川省档案馆将巴县档案接收
进馆,组织人力开展了裱糊和缩微,编制案卷目录、出版史料,提
供利用等一系列的工作。

　　巴县档案数量巨大,跨度时间长,形式多样,内容丰富,反映
了清代巴县吏、户、礼、兵、刑、工等各房在履行职责过程中的真实
状况。根据四川省档案馆所提供利用的巴县档案目录可知,巴县
档案现有政务、农业、工商业、手工业、司法、军事、交通运输、财
税、金融、文教卫生、重大事件等 11 个大类。③ 正如伍士谦先生所
说的那样,巴县档案是"一座内容丰富的文献宝库"。④

　　在这 11.3 万余卷档案中,特别值得一提的是其中数量最
大、所占比例最高的司法类档案,共有 9.9 万余卷,是巴县衙门在
审理各类案件过程中保存下来的原始记录,约占巴县档案总数的

---

① 张仲仁:《一批宝贵的档案"开花结果"了》,《档案工作》1958 年第 4 期。
② 赵彦昌、苏亚云:《巴县档案整理与研究述评》,载赵彦昌主编:《中国档案
　研究》(第五辑),沈阳:辽宁大学出版社,2018 年。
③ 这 11 个大类并不是巴县档案形成时的最初分类体系,而是当年四川大学
　历史系进行整理的结果。当时的整理是在特定的历史条件下仓促进行
　的,打乱了原有按房进行分类的来源体系,改用事由原则即按案卷内容进行
　分类。这对档案本身来说是一场浩劫,因为档案原本的历史联系被打乱,
　同一来源的档案被人为分割开来,损失很大,也给现有的管理和利用带来
　了诸多的不便。但在当时的情况之下,能够将巴县档案进行抢救并集中
　保管起来,也不得不说是后人之福了。
④ 伍仕谦:《一座内容丰富的文献宝库——巴县档案》,《文献》1979 年第 1 期。

88％。① 巴县司法档案总体包含民事和刑事两大部分,具体涉及内容非常广泛,根据现有的分类体系,共有司法总类、命案、地权、房屋、借贷、欺诈、商贸、凶殴、盗窃、租佃、赌博、烟泥、水运、工矿、宗教、契税、家庭、妇女、继承、移关、其他等小类,具有非常重要的价值。在这些司法档案中,不仅有原告出具的告状、首状、禀状、呈状等告状类材料,还有被告出具的诉状及调解方所出具的息状等材料;不仅有县衙发出的差票、传讯单,还有参加堂审的原告、被告、相关证人等各方当事人的供词,以及结案时各方出具的缴状、结状、保状等材料。在案件的受理与审理过程中,有时告状与诉状不断交替进行,甚至可能会发生被告反过来控告原告,原告与被告身份转换的情况。此外,诉讼过程中可能还会出现特殊情况下差役的禀状,比如涉案当事人因逃逸或病重等原因不能到案参加堂审,关押人在押病重需要保释养病,关押人在押犯病死亡等等。案件中如果出现了人命问题,档案中还会有仵作的验尸报告及其他可能产生的材料。这些材料丰富而细致,细细读来给人以“在场”的感觉,是研究清代法律制度和社会生活的重要材料。

第一节　巴县婚姻档案的基本情况

婚姻及相关问题,是一个复杂的难题,它是许多社会现象的综合,折射出那个时代的经济、政治、伦理道德、家庭、心理等多个

---

① 四川省档案馆编:《四川省档案馆指南》,北京:中国档案出版社,2001年,第 26 页。

方面。① 本书主要以巴县婚姻档案作为考察研究的中心,旨在对这部分档案的形式和内容进行分析和阐释。

婚姻档案,又称婚姻登记档案,在现代意义上主要是指婚姻登记机关产生和形成的与婚姻有关的相关记录,涉及到结婚登记、婚姻撤销、离婚登记、婚姻登记补发等过程,对维护相关当事人的合法权益起着很重要的作用。2006 年 1 月 23 日,民政部、国家档案局第 32 号令发布《婚姻登记档案管理办法》,自公布之日起施行。该办法是根据《中华人民共和国档案法》和《婚姻登记条例》而制定的,其中第十三条规定"婚姻登记档案的保管期限为100 年,对有继续保存价值的可以延长保管期限直至永久",表现出对作为民生档案重要组成部分的婚姻档案的重视程度。

巴县档案现有的分类体系中并没有婚姻这一类别,只在司法大类下面设置了妇女小类。根据四川省档案馆提供利用的巴县档案目录分类索引,可以统计出巴县档案乾隆至光绪每朝的妇女类别案卷数量,见表 0-1。需要说明的是,尽管宣统朝的档案只有内政和司法总类两大类别,下面没有再进行细分,但其中也有少部分档案涉及妇女与婚姻问题。

表 0-1　巴县档案妇女类别案卷数量统计表

朝代	案卷起止号(卷)	案卷数量(卷)	百分比(%)
乾隆	1616—1837	222	3.4
嘉庆	4116—4578	463	7.1
道光	8614—9742	1129	17.3

---

① 祖晓敏:《近二十年来明清婚姻问题研究述评》,《安徽冶金科技职业学院学报》2005 年第 2 期。

朝代	案卷起止号（卷）	案卷数量（卷）	百分比（%）
咸丰	4877—5779	903	13.9
同治	7095—8455	1361	20.9
光绪	23089—25525	2437	37.4
合计		6515	100

　　通过对妇女类档案内容的考察，笔者发现这部分档案绝大多数与婚姻有关。再经过对巴县档案中其他类别档案的爬梳之后发现，在巴县档案的命案、家庭、继承等部分，也有少量涉及到婚姻的诉讼案件。此外，在内政部分还有官府针对妇女和婚姻问题发布的各种文件，涉及到买休卖休、童养婚姻、节妇旌表等等问题。因此，借用现代婚姻档案的概念，笔者将巴县档案中凡与婚姻相关的档案均划入巴县婚姻档案的范畴进行研究，①主要包括前面提到的三大部分：司法大类下面的妇女小类、妇女小类之外的其他类别中与婚姻有关的部分、内政部分有关婚姻的各种文件。尤其上表统计的 6515 卷妇女类别档案，绝大多数属于诉讼

---

① 黄宗智曾经提到，戴炎辉整理淡新档案时所用的分类体系，是将通奸和妇女拐卖案归入刑事案件的。中国内地的档案工作者并没有用现代的法律范畴来整理巴县档案，只是按照其内容进行归类。他本人也将这两类案件都归入婚姻的范畴。见［美］黄宗智：《清代的法律、社会与文化：民法的表达与实践》，北京：法律出版社，2014 年，第 194 页。本书将这两类案件也归入婚姻档案的范围，分别在"犯奸档案研究"和"嫁卖生妻档案研究"两章进行讨论，原因有二：第一，通奸案和妇女拐卖案本就与婚姻有着千丝万缕的联系，这类案件发生的背景与嫁卖生妻、孀妇再嫁等案件发生的男多女少、性别比例失调的社会背景相同；第二，现存巴县档案的分类体系中，妇女是单独的一个类别，其中绝大多数案件与婚姻有关，当然也包括通奸案和妇女拐卖案。

档案,是巴县县衙在审理与妇女和婚姻有关的案件过程中形成和保存下来的档案,是本书进行讨论和研究的主要对象。

　　巴县档案自发现至今,经过了多次整理。根据《四川省档案馆指南》记载,1965年四川省档案馆接收巴县档案之后就组织人力对其进行了裱糊和缩微,编制了案卷目录9册,裱糊档案90余万张,缩微1058盘67331卷,而且当时还可以对外出售缩微胶卷。① 目前四川省档案馆所提供利用的巴县档案主要有两种形式:缩微胶卷和光盘。乾隆至宣统各朝均有缩微胶卷,乾隆至同治年间同时还有光盘。出于保护珍贵原件的需要,巴县档案纸质原件已经不再对外提供利用。从笔者了解到的巴县婚姻档案的保存状况来看,因为前期按照事由重新分类和整理所带来的影响,再加上藏于破庙之时所遭受的损毁,虽然巴县婚姻档案理论上有6000多卷,但是档案的保存情况不是很理想,残卷较多,类似"天书"。② 部分档案只有告状一份材料,也有部分除了告状之外,还有衙门发出的传讯当事人的差票,就没有其他材料了。③ 这两种类型的档案只记载了原告的一面之词,无法看到

---

① 四川省档案馆编:《四川省档案馆指南》,北京:中国档案出版社,2001年,第19页。目前缩微胶卷已经不能对外出售。

② 关于巴县档案的保存状况,四川省档案馆陈翔也曾提到:"巴县档案素以数量众多闻名,但这并不意味着巴县档案卷卷都是完整的。抗战时期,巴县档案藏于重庆市樵坪关帝庙,无人看守,乞丐常以档案当引火之用,损失不小。因此,巴县档案中有许多残卷,无头无尾,难于索解,被同仁戏称为'天书'。"见陈翔:《庚帖、喜课与民间婚姻——四川省档案馆所藏巴县婚姻纠纷档案释读》,《中国档案》2008年第7期。

③ 吴铮强发现龙泉司法档案中存在屡票不案的情况,出现这种情况最主要的原因不是多次堂审,而是差役票传不到、两造反复催呈所致。他认为,凡县官认为诉讼内容有虚构嫌疑而勉强受理并签票传讯的案件,(转下页)

被告人的诉状等相关材料。即使告状内容存在夸大、虚构等现象，也苦于材料的缺乏无法得到印证。尽管这些材料对我们研究清代诉讼制度以及诉讼文书的格式等方面也有一定的作用，但我们无法从其内容叙述中窥见事情的真相，也无法明了当事人各方之间的确切关系。也就是说，这类档案无法给我们讲述一个真实的、完整的故事，其价值不能得到正常的体现，在应有价值基础上有所下降。真正完整的案卷既有原告的告状，也有被告的诉状，甚至原被两造还不止一次地向衙门递交他们的状纸，双方在不断地进行博弈。知县受理案件发出差票之后，当事人、中证人等随票赶赴县衙参加堂审，从堂审的记录中我们可以看到整个事情的来龙去脉和知县做出的审断结果。如果一次堂审（初讯）不能解决问题，可能还会有第二次甚至第三次堂审（复讯），每次堂审都会有相关的记录。原被两造及其他当事人对审断结果表示认同，各方还会具结画押。这种类型的案卷故事情节清楚完整，一般都是一案一卷，即使今后此案还有新的状况又产生了新的诉讼，两

（接上页）在呈词上的批语就会表现出较为消极的态度，而这种消极态度势必影响到差役的态度。见吴铮强：《龙泉司法档案所见晚清屡票不案现象研究》，《浙江大学学报》（人文社会科学版）2014年第1期。黄宗智对巴县档案、宝坻档案、淡新档案研究的结果表明，在绝大多数情况之下，诉讼记录在正式开庭之前即已中止，即绝大多数案件并没有进行到堂审这一个环节，主要原因是堂审之前诉讼当事人之间已经通过各种方式自行解决了争端，或者当事人和官府并没有对此案件进行积极追理，以至于在告状之后并无下文。还有一种情况就是受贿的衙役故意拖延或者作弊，报称某方失踪或者因病无法到案参加堂审等等。黄宗智对巴县308个案件进行了统计，真正由法庭审决的只有31.8%，民间解决的17.2%，记录不完整的高达49.4%。见［美］黄宗智：《清代的法律、社会与文化：民法的表达与实践》，北京：法律出版社，2014年，第109页，第156页。

案也多采用合并为一卷的方式进行立卷归档。因此，从这类故事
情节完整的档案中，我们可以了解到当事人各方的关系以及他们
之间发生的故事，对我们的研究有着非常重要的作用。巴县婚姻
档案中故事情节完整、保存又很完好、字迹清晰可辨的档案估计
不到总数的十分之一。

　　此外，巴县婚姻档案在整理过程中出现的如下问题也给利用
者带来了很大的困扰，直接影响到档案作用的发挥。而且，这类
问题并不是巴县婚姻档案所独有，巴县档案的其他类别也存在这
样的情况。

　　1.同一案件的档案材料被分散打乱到多个案卷之中

　　按照档案整理必须保持文件之间在来源和内容等方面的有
机联系的原则，围绕同一案件产生的相关档案材料应该放在一个
案卷之中，如果放在不同的案卷，则人为割裂了这些档案之间的
有机联系，不能全面反映诉讼的流程，也直接影响到故事叙述的
完整程度，给利用者带来极大的不便，甚至会使档案的价值降低。
从巴县婚姻档案的整理情况来看，绝大多数档案的整理保持了文
件之间的历史联系，但因为档案数量较大，被发现时其原始状态
已经遭到了一定程度的破坏，整理时又打乱了按房分类的原有体
系，造成部分应该放在同一案卷中的档案被分散打乱到多个案卷
之中。

　　以 6—4—5716 案卷为例，该案卷的标题①是："正里二甲唐何

---

① 巴县档案大多数案卷有两个卷皮，一是后人整理档案时给案卷加的卷皮
（简称"新卷皮"），一般按照"告状人"＋"告状事由"撰写标题，并在标题后
面标注档案形成的时间，而且大多会在告状人姓名之前加上"X 里 X 甲"
等籍贯和住址信息，目前档案馆给利用者提供利用的案卷目录（转下页）

氏因女许配迎娶遭堂侄赖婚勒钱未遂,把阻女不许出嫁控唐开益等一案,咸丰十一年五月",此标题是后来重新整理时加上去的,并不是案卷最原始的标题。根据供词可知,此案涉及到唐何氏之幼女唐幺姑的婚事纠纷。刘洪发串同何万银以及唐何氏之子唐开亮私写庚帖,把唐何氏之女即唐开亮之妹唐幺姑许与刘洪发为婚,并到唐何氏家抢亲,而唐何氏坚称此女并未许给刘洪发为妻。从 1870 页到 1891 页都是该案件的相关内容,分别为唐何氏首状、唐何氏告状、①差票、供状,唯独缺少结状材料。经过查找发现,6-4-5716 案卷缺少的结状材料在 6-4-5729、6-4-5730

(接上页)使用的就是这个标题。另一个卷皮是巴县档案形成之时由巴县县衙的立卷归档部门制作的最原始的卷皮(简称"原始卷皮"),但并不是所有的案卷都有此项内容。缺失原始卷皮的案卷,应该是卷皮已经丢失或者因破损残缺而不可辨认。以道光时期一个案卷为例,这个案卷的原始卷皮有如下信息"署巴县正堂杨,一件为殴逐叩验事,据李世凤告曾三卷,刑房呈,智里四甲,差(略),结,道光十三年二月十九日立"。原始卷皮是当时形成的,审案的知县、案件是结还是息,承办的部门、办案的差役等方面都有体现,相对项目更为全面,只不过作为标题一部分的事由表述比较简单,大都直接采用告状人的四字或八字硃语,比如本标题中使用的就是"殴逐叩验"四字硃语。如果不看案卷内容,可能无法明白其具体要表述的内容。此卷新卷皮上含有如下信息"司法智里四甲李世凤告婿曾三屡滋嫌凌殴伤遂回案,道光十三年三月","司法"是巴县档案重新整理后新加的类别,标题中的事由要比原始标题详细一些,是整理者根据告状内容按照今人的习惯重新调整后的表述。不过因为标题撰写者水平参差不齐,部分新标题也存在诸多问题,比如关键人名写错,标题不能反映案卷内容等等。利用者在利用档案的时候,不能只看新标题,应该将新旧标题结合使用,方能获得更为全面和准确的信息。

① 表面上看起来此处唐何氏两次告状,但实际上首状并非唐何氏本人所呈,而是其长子唐开亮窃母亲之名所具,所以唐何氏在明白真相之(转下页)

两个案卷里。其中,6－4－5729案卷内有刘洪发和何万银两人的结状,两人都承认唐幺姑并未许配刘洪发为婚,刘洪发系平白图赖,何万银不应作媒并串同唐开亮私书庚帖,断将二人掌责锁押,日后不许与唐开亮来往。按照常理,被告已经具结,原告也应该有结状才对,但前述两个案卷中都没有唐何氏的结状,应该是被放到了其他案卷之内。经过查检,发现唐何氏的结状就在紧接着的6－4－5730案卷内,而这个案卷内仅有这份结状,并无其他材料,整理者在拟定的案卷标题后加了括号并写下了"不全"二字。至此,这个案件的所有档案材料终于完整地呈现在我们面前,本应该保存在同一案卷内的档案被分散到了三个案卷之中。幸好这几卷相隔不太远,很容易被利用者发现,还能较为顺利地加以利用,如果这几卷相隔太远,则不容易找到彼此之间的关联,也不能讲述一个完整的故事,档案的利用价值会大打折扣。

并不是所有被分散的档案都能像上述案例一样被找到并且按照"时间顺序＋逻辑顺序"重新编排之后加以利用,也有部分案卷只有零散残缺的单份档案,无法找到本应该放在一起的其他档案材料,其保存和利用价值无法得到体现。以6－4－5748案卷为例,该案卷内只有一份保状,其他相关材料如告状、诉状、差票、传讯单、供词等均不知所踪,估计应该是被分散到了其他案卷之中,也有可能是已经丢失或者损毁。保状内容是"具保状人徐刚,今于大老爷台前为保状事。情陈洪昇以恶贼难容事具控萧要子

(接上页)后告状,将事情的原委阐述清楚,请求知县将儿子窃名所具之首状注销。知县张在首状中批"候唤讯察究",实际上就是受理了案件,唐何氏说明缘由之后,知县张又在其告状后批"前词已准唤讯,既系窃名,候集案讯究",依然准予受理,故才有了后面的供词等相关材料。

三在案,沐恩讯明,委因萧要子三不应纵子奸拐陈洪昇妻子,将伊押候。讵伊在押患病,看役禀明,蒙批取保调治。今蚁赴案保得萧要子三出外医调病症,不得借保脱逃。倘有脱逃等弊,惟蚁保人是咎。中间不虚,保状是实。"[1]根据保状内容可知,该案涉及到奸拐人妻,在本书研究范围之内,但苦于找不到其他相关材料,无法了解整个案件的始末,对其中的细节也无从知晓,只能放弃,不予利用。

再如6-4-5762案卷,卷内只有传讯单和供词两份材料。根据供词可知,该案主要反映的是丈夫逼妻为娼的问题,但该女子从小被人抱养长大,知县却判亲生母亲领回另嫁,并没有判给养母。所以,此案不仅涉及逼娼问题,还涉及到亲生母亲和养母之间的权利和义务问题,具有非常重要的研究价值。但本案卷不仅缺少告状、诉状、结状等相关材料,而且仅有的传讯单和供词上的日期都只有月和日,不知具体年份,甚至也无法看出审理此案的知县是谁。这些重要信息的缺失,使得该档案不能发挥出其应有的价值,也给利用者带来极大的不便。

2.多个案件的材料混放在同一案卷之中

同一案件的材料被分散打乱,会给管理和利用造成不便,同样,不同案件的材料被放在同一案卷之中,也会给管理和利用带来麻烦。以6-4-5717为例,该案卷内原始标题为"为奸拐卷逃事,据廉里七甲原告陈黄氏、被告郑元太等卷,咸丰十一年六月二十三日立",从1895页至1901页都是有关该案件的材料,分别为告状、粘单、知县发出的差票等内容。但是从1902页到1936页就变成了蒋登文所立的主嫁文约、黄大顺请约、黄大顺永杜后患

---

[1]《巴县档案》6-4-5748,咸丰十一年十一月十四日。

文约、差票、供状等内容。根据档案内容可以判断,1902 页到 1936 页的材料是另一个案件的相关记录,主要记载的是朱永科、朱永辉、朱泰祥三人具禀蒋三、贺吹吹、伍兴发、黄大顺等将其侄女蒋朱氏嫁卖的事,与案卷标题内容完全不相关。很显然 6-4-5717 案卷内保存了两个案件的内容,本应该放在两个案卷之中,整理者却错放在了同一个案卷。第一个案件到差票就截止了,没有后续的相关记录,到底是原本如此,还是整理过程中没找到其余材料?如果没有了后续材料,我们永远也无法弄清此告状的真实性到底有多大,自然也无法将告状者描述的故事视为一个真实可信的文本进行研究。后一个案件没有标题、告状、诉状等内容,尽管也能从供词中了解当事人各方之间的关系,甚至还可以大体描述出整个事件的来龙去脉,但因为没有原被两造最原始的诉讼材料,所以不能准确获知双方当事人的具体信息以及他们的真实意图。而且,巴县婚姻档案中的供状等材料所记录的成文日期通常将年份省略,只记录了月和日,如果告状、诉状等记载了关键信息的材料缺失,那么这个案件发生的准确日期将不可考证,其保存和利用价值也会受到影响。

3. 同一案卷内的档案顺序排列混乱,毫无逻辑关系

同一案卷里面的档案材料应该按照"时间顺序+逻辑顺序"进行编排和整理。形成时间不同的档案材料按照时间顺序进行排列,以便于利用者了解案件的发生发展过程以及知县审理案件的相关程序。各类契约、粘单等作为证据的材料应该放在相应状纸后面,以保持整个案件内容和形式的完整性。形成时间相同的档案材料,又应该按照以下的逻辑顺序进行排列:告状(首状、禀状、恳状、存状)等原告诉讼材料在前,诉状(被告所具的诉状、团邻等地方势力所具的息状等)及其他材料在后;作为堂审记录的

供状排列在前,作为结案材料的结状、保状、领状、缴状等排列在后。大体顺序应该是:案卷封面—告状、首状、禀状等告状材料—被告等所具的诉状材料(含诉状、息状等)—知县所发的差票(也可能在诉状材料之前)—传讯单—供词—结状材料。有时告状与诉状不断交替进行,而且中间可能还会出现特殊情况下差役的禀状,涉及人命问题时仵作的验尸报告及其他可能产生的材料,也大体按照事件的发生和发展过程排序,整个案卷脉络清楚,事件发展流程和经过一目了然。

　　巴县婚姻档案中部分案卷内的档案没有按照时间顺序整理,证据材料顺序混乱,给利用带来了一定的困难。以 6－4－5716 案卷为例,1873 页至 1874 页是差票,日期为咸丰十一年五月二十三日,1878 页是唐何氏的告状,日期是咸丰十一年五月初十日。按照时间顺序以及逻辑关系来说,这个告状应该放在差票之前,但是整理的时候,却放在了差票之后。又如 6－4－5735 案卷徐文钟与徐邓氏互控一案,2129 页是徐梅香结状,日期是咸丰十一年八月十四日,接下来 2130 页到 2138 页分别是禀状、传讯单、供状、孀妇徐邓氏结状,日期也是咸丰十一年八月十四日。尽管这几份材料形成日期相同,但很显然,从逻辑关系来讲,该案卷的排列顺序并不合适,徐梅香结状应该排到徐邓氏结状之前或之后,不能排在整个案卷的最开始。该案卷内的档案顺序应该是禀状—传讯单—供状—结状,这才符合案件受理—传讯—审理—结案的逻辑顺序。为了能正确地使用这些材料,利用者需要按照时间顺序或者逻辑顺序重新对其进行整理和排序,方才可以利用。而每个利用者都这样做必然会造成周而复始的重复劳动。这样的案例在巴县婚姻档案中并不鲜见,在巴县其他类别的案卷中也存在。

　　综上,目前提供利用的巴县档案中存在着一些错漏之处,利用者在利用档案的时候,要仔细鉴别、认真判断,将遇到的类似问题记录下来,以后在另外的案卷中发现相同的人名和案情时,再将两处的材料进行衔接和对比,才能最终窥得其全貌。在整理工作中,档案部门需要将这些错漏之处进行相关的处理,以方便利用者。而要找到这些错漏之处,需要档案部门充分发挥利用者的积极性,建立与利用者之间的联系,利用者可以随时将发现的问题反馈给档案部门,而档案部门可以在查实之后随即进行相应的处理。日积月累,存在的问题总会越来越少,档案将会最大限度恢复原来的面貌。一旦有机会进行进一步的整理,这些"冤假错案"将会根据平常收集到的信息进行纠正。即使不能完全纠正,最起码可以在目录中添加备注进行说明,使分散的档案之间建立起相互关联,便于档案的管理和提供利用。其实不仅仅在巴县档案中存在这些错漏问题,浙江龙泉档案也存在一个案件的档案散存在多个案卷,而一个案卷中又包含多个毫不相关的案件的情况。① 浙江大学在整理龙泉档案时,就采取了先以案件为单位将散存档案集中,再按照时间或逻辑顺序进行编排的办法。而在索引目录中增加"卷宗号"与"原卷宗编码",更是建立起了档案现存状况与其本来面目之间的有机联系。②

第二节　巴县婚姻档案的史料价值

　　巴县婚姻档案给予我们一个全面审视清代基层婚姻与家庭

---

①浙江龙泉档案中甚至出现了一个案件的档案散存在22个案卷的情况。
②吴佩林:《地方档案整理的"龙泉经验"》,《光明日报》2019年11月14日。

关系的生动场景,形象生动地反映了围绕婚姻关系主题的夫妻之间、婆媳之间、亲家之间、亲生父母与养父母之间、出嫁女儿与娘家之间,以及邻里亲朋之间错综复杂的关系,再现了清代四川基层社会的婚姻形态、婚姻关系、社会经济状况、民俗文化、伦理道德结构以及司法实践,具有浓郁的地方色彩。在书写形式上,巴县婚姻档案给我们展示出清代民间诉讼的别样形态,纷繁多样的文种与格式、特色鲜明的语言和称谓、种类繁多的官代书戳记与画押;在记载内容上,巴县婚姻档案可以与相关文献进行互证互补;在婚姻习俗上,巴县婚姻档案中呈现出较多与律法规定不一致的情况,而这种不一致在当今的社会仍然有所体现;在司法价值上,从巴县婚姻档案中可以看到知县实际审断结果与律法规定之间的差异。对巴县婚姻档案进行讨论和研究,既可以让我们对清代婚姻诉讼的流程、诉讼文书的形成过程及其特点有更清楚的认识,还可以让我们对清代底层百姓的婚姻家庭生活及他们的喜怒哀乐有更真切的体会,对清代官与民之间的互动有更深刻的了解。

　　巴县婚姻档案是清代巴县衙门在行政管理和诉讼处理过程中保存下来的真实的历史记录,是当时当事直接形成的,并不是事后根据记忆或者传言编写的,具有图书、报刊和其他各种文献不能代替的特殊地位,价值珍贵,决不亚于清代中央国家机关档案和私家档案。它不仅是清代社会生活的生动写照,还是清代地方衙门的活动记录,重大历史事件的重要佐证,清代地方官府文书的珍贵样品。① 具体说来,巴县婚姻档案的史料价值主要表现在以下几个方面。

---

① 黄存勋:《清朝地方档案浅议》,《四川档案》1985 年第 1 期。

1. 研究清代四川婚姻家庭关系和整个社会的经济、法律、社会关系的最宝贵的第一手史料

巴县婚姻档案是研究清代巴县婚姻家庭关系的第一手史料，对巴县、四川乃至整个基层社会的地方风俗文化和社会、经济关系研究具有重要的理论价值。巴县婚姻档案中所记载的人和事比较具体，人物的命运曲折坎坷，向我们展现了丰富的生活形态和各种复杂的人际关系，比其他文献更加生动，更加具体，更加值得研究。类似清代地方档案的最可贵之处，就在于它给我们提供了大量细致入微，具体详尽，鲜明逼真，直接反映民间情况、基层情况的材料，即所谓的微观材料。① 这些微观材料展现给我们的是丰富多样的人物形象，活灵活现的生活场景，以及当事人各方斗智斗勇的博弈关系，非常详尽而生动，有利于我们对清代婚姻关系进行深入探讨和微观研究。虽然这些诉讼档案中也可能存在着一些不真实的信息，②比如告状人和诉状人在其呈状中所陈述的有可能与事实有很大的出入甚至与事实完全相反，但根据原被两造以及相关中证人提供的案情陈述以及堂审时的供词、结案时的保领结状等材料，我们可以对各方所述的真实程度以及所言不实背后的原因及意图有更加深刻的了解和认识。

巴县婚姻档案为我们勾勒出了一幅幅下层社会婚姻万象的真实画面：从童养婚档案中，我们看到童养媳在夫家的生活状况

---

① 黄存勋：《清朝地方档案浅议》，《四川档案》1985 年第 1 期。
② 中国人民大学档案系张我德先生在 1982 年 5 月 30 日四川省档案学会成立大会暨第一次档案学术讨论会上的发言中也提到了这个问题，他说："文件自然还是官吏们站在封建统治阶级立场上写下来的，但是许多基本事实他们总不能完全抹煞，所以这一大批档案实在是很可贵的。"

以及娘婆二家围绕童养媳发生的博弈；从退悔婚档案中，我们看到民间退悔婚的各种样态以及退悔婚背后的故事；从嫁卖生妻档案中，我们看到了官方的一再禁令与民间因穷苦而嫁卖生妻屡禁不止的矛盾和冲突；从孀妇再嫁档案中，我们看到了清代不断加大节妇旌表力度与下层社会孀妇再嫁普遍存在的对立和统一；从犯奸档案中，我们看到了因夫妻年龄差距过大、丈夫常年不在家、家庭穷苦等感情因素和经济因素所导致的各种婚外情；从卖娼档案中，我们看到卖娼妇女的凄惨身世，她们大多来自巴县以外的其他地方，被丈夫或其他人因各种原因而逼娼。正是有了巴县婚姻档案，这些历史的真相才能得以再现。而在这些真相背后，男女地位差距如此之大，妇女当作丈夫的附属品被嫁卖、逼娼，尤其让我们深觉悲愤和同情。所有这些，都是我们研究清代四川婚姻家庭关系的重要依据，也是我们探讨清代女性社会地位的必要素材，还是我们研究清代法律与地方实践之间联系和区别的重要样本。所以说，"清代档案在史料中不容忽视，应该把它放在研究历史的最高地位"。①

　　2. 与其他类文献和已有研究成果进行互证互补的重要文本

　　目前有关四川婚姻状况的文献主要有档案、地方志、笔记、小说、家谱等，这几类文献可以相互补充。比如：地方志、小说当中显示，四川存在着"典妻"的情况，但是在巴县婚姻档案中却没有记载，起码目前还没有在档案中明确看到"典妻"这个词。只有在卖娼类档案中看到一例比较类似的案例，但该案例是被知县当作"纵容妻子卖娼"来进行定案并审断的，并没有明确提出该案例是"典妻"。档案中没有明确典妻案件的记载，分析原因，是清代的

①雷荣广、姚乐野：《清代文书纲要》，成都：四川大学出版社，1990年，第6页。

四川没有这种现象,还是仅仅因为这类纠纷没有闹上公堂,因此巴县档案中没有相关记录,值得深入分析。在志书中,对某些人和事都是一笔带过,比如介绍某位节妇,就仅仅只有节妇的姓名等基本信息,至于该节妇到底有什么样的事迹,我们无从得知。但是,巴县档案中有关节妇旌表的记载,却对节妇的详细信息及守节事迹有非常细致的说明,对我们理解清代的守节制度具有重要的价值。巴县档案中每一个坊厢有关男女人口的记载,可以非常准确地计算出清代巴县男女人口的比例,对研究童养婚、嫁卖生妻、孀妇再嫁、通奸和卖娼等现象之盛行具有重要的作用。巴县档案中有关育婴堂女孩死亡人数的记载,亦可以作为研究男女性别比例失调的重要证据。而这些生动而详实的资料,却是在志书、小说、笔记等文献中无法找到的。另外,在《民事习惯报告录》及其他很多记载中,较多地方有转房婚、抢婚、招夫养夫、招夫养子等婚姻现象,巴县档案中是否有这类婚姻现象的记载,还有待继续深入研讨。

张我德先生在1982年四川省档案学会成立大会上对巴县档案的价值也有精彩的评述:"(巴县档案)不但可以补充、订正一般史书记载的疏漏和错误,而且还可以使我们能够在历史研究中探索不少新的领域","比起高级衙门的档案,基层机关对这些问题的反映更具体,相对来说也比较接近历史实际"。① 相比清朝中央政府形成的刑科题本,类似巴县婚姻档案的州县诉讼档案更接近地方实际和历史真相,更能直接反映清代州县的民间百态、基层情况和衙门运作。相比清代的会典、则例等官书,州县诉讼档

----

① 此段文字是张我德先生于 1982 年 5 月 30 日在四川省档案学会成立大会暨第一次档案学术讨论会上的发言,重点谈到清代巴县档案的价值。

案也更符合实际,因为官书上的记载并不等同于地方的具体执行情况。相比以"官箴"为主的文献(含各种清代私家笔记),地方档案的记载也更为真实,如果没有档案的佐证,"官箴"等类文献的记载也不可轻信。① 相比各类官修志书,巴县档案的记载也更值得信任。比如有关清代巴县人口的统计,志书中的记载并不是自然人口,如果我们在研究的时候,错把《巴县志》中的记载当作了巴县的自然人口,我们得出的结论也就偏离了实际。

另外,对巴县婚姻档案的某些研究结论可以与其他学者对全国婚姻关系的研究相互比较。比如郭松义对清代各省女子的平均初婚年龄进行研究,四川省统计人数 1614 人,平均初婚年龄 16.87 岁;贵州省统计人数 388 人,平均初婚年龄 16.79 岁,②笔者根据巴县婚姻档案所记载的女子初婚年龄进行统计,得出清代巴县女子平均初婚年龄为 16.68 岁,与郭松义对四川的研究很是吻合。

3. 研究清代诉讼文书的文种、书写格式及特点的极好案例

巴县婚姻档案,还为我们研究清代文书学提供了很多极好的案例和珍贵的样品,对丰富文书学和档案学的理论也很有意义。

---

① 里赞在《晚清州县诉讼中的审断问题——侧重四川南部县的实践》一书中也对此作了评述。他举例说,刘衡在其《理讼十条》中表示:"状不轻准,准则必审。审则断,不许和息也。"然而,将此段话拿到巴县档案或者南部档案中去对照就会发现,事实并非如此。大量的档案并没有批词或者判词,说明"审不一定断";而相当多的案例也表明,案件已经开始审理,如果有人请息,知县一般都会批准销案。这说明,官箴中的记载并不一定就是实际情况,不可轻信。

② 郭松义:《伦理与生活——清代的婚姻关系》,北京:商务印书馆,2000 年,第 211 页。

从巴县婚姻档案中,我们可以看到纷繁多样的文种类型,这些文种在具体使用的过程中,根据使用目的和场景的不同还可以细分为更为多样、更为具体的文种。比如,状还可以细分为告状、禀状、诉状、送状、息状、保状、报状、催状、结状、哀状、领状、恳状、限状、存状,契约还可以细分为主婚契约、退婚契约、离异契约、和睦契约、杜患契约、服约等等。这些文种甚至还可以进一步细分,比如结状还可以细分为缴结状、领结状、悔结状、舍结状、逐结状,服约还可以细分为服认约、服领约等等。巴县婚姻档案中呈现出来的文种类型是非常丰富的,每一个具体的文种用途各不相同,展现出清代档案中文种类型的多样性和复杂性。

在巴县婚姻档案中,也有清代文书中常见的抬头、避讳等书写方式。官代书在为当事人书写状纸时,凡提到知县大人时多采用双抬甚至三抬的抬头方式,表现出父母官在百姓心目之中具有至高无上的地位。一旦遇到纠纷,他们将希望全寄托在了知县身上,迫切期望知县能为他们伸张正义、主持公道。这种抬头方式也表现出地方衙门的气焰和威严,对我们理解清代森严的等级制度以及老百姓在知县大人面前身份的卑微和渺小,具有重要的作用。同时也发现地方在公文书写的实际运作上,与清代官方规定存在较大的差异。读这些档案的时候,我们仿佛也看到了威严的衙门,高高在上的知县,跪在地上仰望的平民,还有那手持棍棒站在两旁的衙役。

4. 研究清代律法规定与地方衙门案件审断实践差异的直接样本

从巴县婚姻档案中可以看到知县审断与律法规定之间的差异,这种差异其实就是法律表达与司法实践之间存在的差异和背离。① 这些差异和背离主要表现在:知县断案时,并没有严格按照法律的规定来进行,而是将"情理法"三者进行了综合的考虑与运用。尤其体现在对过错人的惩罚上,往往比律法的规定更轻。之所以会有差异和背离产生,原因是多样的,主要与巴县当地的民风民俗民情有关,也与知县的审断理念有关。通过对巴县婚姻档案的分析,可以看出影响知县审断的因素是多方面的,妇女丈夫和娘家人的态度、知县本人的原则、案件的具体情况、当事人对审断结果的接受程度等等都能对知县的审断结果产生影响。比如,知县本想让丈夫将妻子领回团聚,但是丈夫坚决不同意,知县一般都会尊重丈夫的意见;知县将妇女发交官媒之后,如果妇女娘家人或者夫家人具状求情,要求将妇女领回另行择户或回家抚养孩子,知县大多会同意。此外,不同知县在处理同一类案件时,其判案的轻重是不相同的,体现出知县本人的阅历、好恶、人生观和价值观对案件审断的重要作用,尤其在对犯奸类案件的处理上,不同知县在审断时的差别较大。张晓蓓认为,地方官同时身兼婚姻类细故案件的审判长,相对案件本身,他们更为关注治域范围内家庭是否稳定、地方秩序是否安定。因此在面对婚姻类诉讼时,大都遵循"以和为贵"和"遵礼息讼"的思路,根据案件具体情况进行灵活的审断。②

　　黄静嘉在《中国法制史论述丛稿》中提到了巴县档案对于研

①根据里赞的研究,在南部档案光绪年间 54 件有明确判词的案件中,严格依律而断的仅有 3 件,占比为 5%。见里赞:《晚清州县诉讼中的审断问题——侧重四川南部县的实践》,北京:法律出版社,2010 年,第 123 页。这种法律表达与司法实践之间的差异在巴县档案中也有非常明显的体现。
②张晓蓓:《清代婚姻制度研究》,中国政法大学博士学位论文,2003 年,第7页。

究清代法制落实及运作实况方面的重要价值："如今此类文书一一出土重现,吾人正可藉之以重建清代相关法制如何落实及运作之实况,并可藉助于地方志、正史及稗官野史、人物传记、人物回忆录及札记、戏曲、小说、报纸、碑记、乡约、祠规、宗谱等,就当年法制之实然而予以补充。"①

5.研究清代诉讼制度和妇女地位的重要素材

清代诉讼制度中的抱告制度、官代书制度、差票制度等,在巴县婚姻档案中也有直接体现。但是,这些制度在档案中呈现出多样化的形态,显示出档案中具体案例的灵活多样和贴近实际。以抱告制度为例,传统观点认为,妇女只有关于谋反、叛逆、杀伤、盗诈等重大刑事案件的独立起诉权,有关家庭、家族之事,一般不得作为"状首"起诉,只能由夫、父、兄、子之类的男性"抱告"代诉,代为出庭。在巴县档案中,有的妇女因为细故之事独立起诉而且没有抱告,知县在审断时并没有过多苛责。传统观点还认为,司法审判尽量避免传唤妇女,因为封建社会禁忌女人抛头露面,妇女在众目睽睽下受审则被认为是奇耻大辱。在巴县档案中,大量案例显示妇女在开庭审判时被传唤。这些都是我们研究清代诉讼制度的重要素材。

同时,我们还可以从巴县档案中看到清代官代书戳记的不同样式,形状上从初期的长方形、正方形、梯形并存逐渐发展到统一的梯形,戳记内部从只有上部有分区发展到上部、下左、下中、下右四个区域有明显划分,戳记的具体要素也在不断发生变化,最后统一为正堂信息栏、官代书信息栏、花押栏、收费信息栏。此外,戳记在状纸中的位置并不是一成不变的,有时位于状纸左下角,有时又

---

① 黄静嘉:《中国法制史论述丛稿》,北京:清华大学出版社,2006年,第303页。

位于状纸右下角,甚至还有的位于状纸右上角。官代书戳记的发展和演变是清代的官代书制度研究不可缺少的一个重要方面。

　　关于清代女性的地位,毋庸置疑是比较低下的。但同时也应该看到,清代女性的地位并不是一成不变的,而是在发生着微妙的一些变化。从巴县婚姻档案中,我们发现有较多妇女背夫私逃的案例,不管是被夫家虐待的童养媳,还是被本夫嫁卖的生妻,她们不愿忍受命运的折磨,选择采用私逃这种方式来表达自己的愤怒和反抗。从孀妇再嫁的案例中,我们还发现孀妇在夫家娘家均无主婚人的前提下自立文约自主改嫁的情况也为数不少。还有部分女性广泛参与到家庭重大事务的决策之中,[①]在诸如房产、土地等大宗交易契约的签订过程中,都能见到她们的身影。尤其是寡妇,夫故后她们承担起家庭的重任,在家庭财产的交易过程中扮演了立约者、中证人等多种角色,[②]有的与儿子共同立契,也有的自己独立立契。尽管这些案例并不是普遍存在的现象,但预示着清代女性的地位和权利已经在逐渐发生变化。

　　6.借古鉴今的生动案例

　　通过对清代巴县婚姻档案的研究,可以探寻今天民间依然存

[①] 张晓霞:《契约文书中的女性——以龙泉驿百年契约文书和清代巴县婚姻档案为中心》,《兰州学刊》2014 年第 8 期。

[②] 关于女性在契约中的角色以及女性作为主体所签订契约的效力问题,各地也有不同的习惯。巴县档案和龙泉驿契约文书中显示有相当多的女性在契约文书中以立约者的身份出现,丝毫不影响这些契约的效力。但也有一些地方对女性所签订的契约并不认同。比如甘肃省平凉县,凡是买卖不动产的契约,一般以男子之名为主,寡妇则用其子或孙之名,否则并不会产生效力,因此而涉讼的情况颇多。见前南京国民政府司法行政部编:《民事习惯调查报告录》,北京:中国政法大学出版社,2005 年,第 839 页。

在的各种不良婚姻形态和婚姻观念的思想根源,为相关主管部门的管理提供借鉴和参考。在婚姻习俗上,巴县婚姻档案中呈现出较多与律法规定不一致甚至相背离的现象,而这种背离在当今的社会仍然有所体现。比如,尽管婚姻法对男女法定结婚年龄有明确的规定,但部分偏远地区早婚现象依然严重;①尽管在清代私人卖娼、买良为娼、逼良为娼、纵容卖娼等行为要受到严惩,但今天这些情况也依然存在。通过巴县卖娼类档案可知,卖娼妇女绝大多数来自巴县之外的其他地方,她们被丈夫、公婆或者养父母、本生父母逼娼,产生了一系列的纠纷和诉讼,知县也对这些妇女做出了较为合情合理的审断。大多数妇女由娘家领回另嫁,家有子女需要抚养或者并无娘家承领的交给丈夫领回,既无丈夫又无娘家承领的交给官媒另行择户,情节恶劣的逐出境外或者递回原籍。这些案例给我们今天的流动人口管理和城市治安管理提供了一定的思路。如今,城市人口数量暴增,外来务工人口急剧增加。家境贫寒的女性独自来到城市谋生,没有经济基础,也没有亲戚朋友的帮助和引导,如果这时有人借机诱导,很容易走上娼

---

① 早婚现象主要在一些较为偏远的农村地区存在,相关报道频频见诸于媒体。根据腾讯网纪实图片故事栏目《活着》的相关报道,在云南西南边陲地区,早婚现象非常普遍。只在一个村寨中,就能看到数个背着孩子的少女。有些女孩嫁人时甚至才12岁,由于不到法定年龄,他们不能领结婚证,婚姻没有法律效力。这些少男少女们用青涩的"爱情"经营起家庭,更像"过家家",却又现实地孕育着下一代生命。其中的小节只有13岁,却已结婚将近1年,怀孕6个月;16岁的小彩已经当了两个月的妈妈,其丈夫小明也只有17岁;16岁的小梅结婚一年,怀孕9个月;小丽17岁,结婚3年;小容16岁,小勇20岁,他们结婚1年,孩子10个月大;16岁的小美结婚2年,大女儿2岁,小儿子1岁,她和丈夫是小学同班同学,六年级开始恋爱,结婚后辍学。见腾讯网《活着》栏目,2014年11月20日。

妓的道路,给家庭、社会造成极大的困扰,也影响到整个社会的安定团结。怎么样让这些外来务工女性走上正确的人生发展之路,如何借助妇联、街道、社区多方的力量帮助她们找到工作,提升自身素养,做一个新时代自食其力、有文化有追求的女性,是需要进行深入研究并抓紧实施的重大课题,应该引起各方足够的关注和重视。

　　总之,巴县婚姻档案作为一种档案文献,相对于其他文献更具真实性和可靠性,它是当时当事客观形成的历史记录,具有原始记录性,更贴近情理与历史真相,具有很高的历史价值。与此同时,我们也要清晰地认识到档案文献的缺陷所在。档案中当事人的说法可能有若干个版本,前面的告状、诉状和禀状与后面的供状和结状在事实描述上有较大的差距,有时甚至完全相反,夸大案情、捏情诬控者比比皆是。当我们看到甲的告状,可能会对乙义愤填膺;但当我们看到乙的诉状,又会觉得甲做得太过分了。所以,当事人在状纸中都较为普遍地存在夸大案情的情况,目的在于引起知县的重视,使得诉讼能被成功受理。因此,笔者认为,在分析具体案例的时候,要做到以供状、结状为主,辅以告状、诉状、禀状及其他材料,尽量更为客观地还原事实的真相,更为清楚地认识当事人当时的心理活动和思想历程以及真实意图。此外,档案中还不可避免地存在着书吏为了使行文更为流畅,更符合标准,而将堂审记录进行润色、修改、裁剪等情况,使得档案记录能够天衣无缝,达到或者符合一定的标准,在一定程度上影响了档案的真实性和可靠性。所以,我们要客观地看待档案文献中的记载,善于从中存真去伪,带有批判性地去研究。

第三节　巴县婚姻档案的研究现状

近年来,地方档案和文献的价值受到学界的广泛关注,尤其是清代地方县级政权档案成为了研究的热点。就四川而言,最有代表性的就是巴县档案、南部档案、冕宁档案,学界关注度高,研究成果丰硕。其中,巴县档案和南部档案都获得了国家社科基金重大项目的立项建设,在研究的广度和深度方面进一步加强。2011年,以吴佩林教授为首席专家申报的"清代南部县衙档案整理与研究"获得国家社科基金重大项目立项(批准号:11&ZD093),该课题是西华师范大学历史文化学院与南充市档案馆联合申报的,被视为校(院)馆合作的典型。2016年,四川大学陈廷湘教授领衔申报的课题"清代巴县衙门档案整理与研究"也获得国家社科基金重大项目立项(批准号:16ZDA126)。除国家社科重大项目之外,近几年立项的与巴县档案有关的其他类别的项目也比较多。其中,国家社科基金项目主要有:西南科技大学廖斌主持的"清代四川地区刑事司法制度的变迁与演进——以巴县司法档案为例"(2007年),四川大学谯珊主持的"控制与整合:清代重庆城市管理研究"(2009年),西南政法大学梁勇主持的"移民、国家与地方权势——以清代巴县为例"(2011年),张晓霞主持的"清代巴县婚姻档案研究"(2013年),重庆中国三峡博物馆龚义龙主持的"清代巴蜀移民社会研究"(2013年),四川大学周琳主持的"清代州县档案中的市场、商人与商业制度研究"(2014年);省部级以上项目主要有:西南政法大学梁勇主持的教育部人文社科项目"清代移民社会地方基层制度研究——以巴县客长制为中心"(2007年),湖州师范学院史玉华主持的浙江省哲学社会科学规划项目"清代州县财政与基层社会——以巴县为例"(2007 年),中国政法大学李青主持的教育部人文社科项目"清代档案与民事诉讼制度"(2008年),太原师范学院陈亚平主持的教育部人文社科项目"18—19 世纪重庆商人的实践历史研究:以巴县档案为中心的考察"(2010年),广东惠州学院魏顺光主持的教育部人文社科项目"清代中期坟产争讼问题研究——基于巴县档案为中心的考察"(2011 年),西南政法大学刘熠主持的教育部人文社科项目"清末底层兴学与社会变迁——以四川省为考察对象"(2013 年),重庆中国三峡博物馆傅裕主持的重庆市社科规划项目"基于巴县档案的会馆研究"(2014 年)。海外的还有京都大学名誉教授夫马进主持的日本学术振兴会资助项目"'巴縣檔案'を中心として見た清代中國社會と訴訟・裁判——中國社會像の再檢討"。

专门以巴县档案为中心的学术会议很少,主要是一些有关地方档案与文献、古代史、法律史、文化史、社会史等领域的学术研讨会,也有学者提交与巴县档案有关的论文进行讨论。比如:2012 年以来西华师范大学、曲阜师范大学先后举办的四届地方档案与文献研究学术研讨会,2012 年 11 月在海南海口举办的中国法律史学会学术年会,2013 年 8 月成都市龙泉驿区人民政府主办的龙泉驿百年契约文化学术研讨会,2013 年 10 月在四川成都召开的第二届巴蜀文化与湖湘文化高层论坛,2015 年 10 月在北京召开的中国优秀传统法文化与国家治理学术研讨会暨庆祝研究院(所/中心)成立三十周年并中国法制史专业委员会年会,2019年 4 月河南大学法学院主办的中世纪与近代早期法律治理与国家形成国际论坛等等学术会议,都有学者提交与巴县档案相关的论文。日本同志社大学文学部成立了巴县档案读书会,该读书会从 2010 年 7 月起基本每月举办一次,一直持续至 2015 年 8 月。

在此期间,主要围绕乾隆朝和同治朝的巴县档案缩微胶片,各自选择史料细读并研讨。①

　　通过知网"文献"(包含期刊论文、报纸论文、硕博论文)进行检索,检索截止时间:2020 年 1 月 31 日;检索项:主题,检索词:"巴县档案"或含"巴县;档案"(精确匹配),共获得文献总数 212篇。② 在这 212 篇文献中,可以看出对巴县档案进行研究的文献分布时间呈现出先冷后热的态势。2000 年之前 40 多年的时间共发表论文 28 篇,其中 1958 年—1980 年 3 篇,1981 年—1990 年 13篇,1991 年—2000 年 12 篇;2000 年至 2019 年的 19 年时间相关论文数量急剧增加,共有 184 篇,其中 2001 年—2010 年 56 篇,2011 年—2019 年 128 篇。从这些数据可以看出,2000 年之前学界对巴县档案的关注度不够,2000 年之后对巴县档案的研究呈愈来愈热的势头,尤其在最近的 10 年体现得更为明显。这个趋势与整个学界对地方档案与文献关注程度的变化是一致的。随着"眼光向下"研究范式的流行,再加上如巴县档案、南部档案、冕宁档案、孔府档案、宝坻档案、清水江文书、徽州文书等越来越多的地方档案与文献被大家所熟知,其作为"第一手史料"的价值和功用引

---

① [日]小野达哉著,杜金译:《〈巴县档案〉读书会研讨词汇集》,《中国古代法律文献研究》2018 年第 1 期。

② 需要说明的是,还有一些论文集也会刊载巴县档案的研究论文,如:《四川清代档案研究》(李仕根主编,成都:西南交通大学出版社,2004 年)、《从诉讼档案出发:中国的法律、社会与文化》([美]黄宗智、尤成俊主编,北京:法律出版社,2009 年)、《地方档案与文献研究》(吴佩林、蔡东洲主编,北京:社会科学文献出版社,2014 年,2016 年)、《明清法律运作中的权力与文化》(邱澎生、陈熙远主编,桂林:广西师范大学出版社,2017 年)等等。此处统计的只是知网收录的数据。

起了学界的广泛关注,为学界对基层社会的深入研究提供了可能。

就中国知网收录的相关论文来看,2000 年之前的 28 篇论文作者主要是四川省内的专家学者,集中分布在四川省档案馆、四川大学历史系,而四川以外的学者对巴县档案的关注度还不高,研究成果较少,这与巴县档案的保存与流转是密不可分的。如前所述,四川大学历史系和四川省档案馆先后承担了对巴县档案的保存和整理工作,对巴县档案进行研究有地利与资料之便利。但需要注意的是,美国学者早在上个世纪八十年代就认识到巴县档案的重要价值,纷纷到四川省档案馆查阅巴县档案,开展相关研究。1985 年至2006 年,到四川省档案馆利用巴县档案的外国利用者共 1977 人次,查阅档案 139232 卷次,复印 67245 页。① 泽林早在 1986 年发表了利用巴县档案进行研究的论文;白瑞德 1994 年完成博士论文,2000年出版专著;上个世纪 90 年代,唐泽靖彦在四川省档案馆查阅巴县档案长达半年之久;苏成捷 1994 年完成博士论文,2002 年出版专著;美国北卡罗来纳州州立大学历史系教授欧中坦主要致力于清代法制史与法律史的研究,分别于 1993 年、1994 年、1996 年三次到四川省档案馆查阅巴县档案;美国密苏里大学教授魏达维为研究清代家族的分家问题,于 1995 年到四川省档案馆查阅巴县档案。② 之后还有很多的美国中青年学者,如白莎、戴史翠等一直都在利用巴县档案进行研究。从中可以看出,美国学者对巴县档案关注早,研究成果丰硕,其中又尤以黄宗智教授为核心的加州大学洛杉矶校区中国法律史研究群最为集中,代表人物主要有黄宗智、白凯、白瑞

---

①张晓霞、黄存勋:《清代巴县档案整理研究的回顾与思考》,《档案学通讯》
　　2013 年第 2 期。
②朱兰:《"老外"眼中的巴县档案》,《四川档案》1998 年第 3 期。

德、苏成捷、唐泽靖彦。

　　就现有的研究成果来看,研究所涉及的范围和领域非常广泛,主要可以分为两大部分:一部分是有关巴县档案文本的文献学、档案学及其他相关研究,另一部分是利用巴县档案进行的具体问题研究,主要包含基层社会治理、农业生产和土地关系、工商业、司法、社会文化生活以及教育等方面的研究。①

　　目前有关婚姻方面的研究成果,不胜枚举。其中,有关婚姻史方面的著作主要有:芬兰著名的社会学家E·A·韦斯特马克的《人类婚姻史》。此书在列举大量事实的基础上,结合各派学者的论点和论据,对人类婚姻史进行了深入而细致的研究。②该书于1891年在伦敦用英文出版,先后被译成多种文本,并被西方学术界奉为社会科学的经典之作,恩格斯在《家庭、私有制和国家的起源》一书中也曾多次提及。尽管此书出版至今已有100多年的时间,但其中的很多具体观点仍然具有很强的学术意义,值得深入研读。陈顾远的《中国古代婚姻史》(商务印书馆1925年版)和《中国婚姻史》(商务印书馆1936年版)被称为"婚姻史领域的担纲之作"。尤陈俊在《法学家陈顾远笔下的〈中国婚姻史〉》一文中对此书有如下的评述:"距其初版之日七十多年以后,细读陈顾远所著的《中国婚姻史》一书,窃以为,此书依然不愧为中国婚姻史研究领域中的经典之作",但他也同时提到了

---

① 对巴县档案研究成果的回顾与总结,可见张晓霞、黄存勋:《清代巴县档案整理研究的回顾与思考》,《档案学通讯》2013年第2期;赵彦昌、苏亚云:《巴县档案整理与研究述评》,载赵彦昌主编:《中国档案研究》(第五辑),沈阳:辽宁大学出版社,2018年。

② [芬兰]E·A·韦斯特马克著,李彬、李毅夫、欧阳觉亚译:《人类婚姻史》(第一卷),北京:商务印书馆,2015年,第35页。

此书的时代局限性主要体现在资料方面。该书在资料上主要依靠正史并辅以一些笔记述闻类史料,因此其关注点主要集中在各朝社会的中上层,而对帝制中国时期社会下层的情形稍嫌叙述薄弱。就婚律而言,对这些法律规范的真实运作情形,未能再利用更多的资料进行深入分析。① 陈鹏的《中国婚姻史稿》上起春秋,下至明清,对我国封建社会婚姻法制的起源、演变与发展进行了非常细致而深入的论述,内容非常丰富,资料也非常详实。② 我国著名的历史地理学家、安徽师范大学陈怀荃教授评价说,像这样的婚姻法制专史,到目前为止,在我国学术界,尚属不可多得的力作。③

　　以上有关婚姻史的著作,论述的时间范围和地域范围都很广,并不局限于某一个特殊的年代,也不专指某一个特定的地方。④ 专门对清代婚姻关系进行研究的主要有郭松义、定宜庄、

---

① 尤陈俊:《法学家陈顾远笔下的〈中国婚姻史〉》,载陈顾远《中国婚姻史》,北京:商务印书馆,2014 年,第 240 页。
② 陈鹏:《中国婚姻史稿》,北京:中华书局,2005 年。
③ 陈怀荃:《陈鹏〈中国婚姻史稿〉评介》,《安徽师大学报》1991 年第 4 期。
④ 除此处介绍的几部著作之外,其他有关婚姻、家庭、妇女的研究成果,还有常建华:《婚姻内外的古代女性》,北京:中华书局,2006 年;费孝通:《乡土中国·生育制度·乡土重建》,北京:商务印书馆,2011 年;汪玢玲:《中国婚姻史》,武汉:武汉大学出版社,2013 年;赵凤喈:《中国妇女在法律上之地位》,太原:山西人民出版社,2014 年;陶希圣:《中国社会之史的分析:外一种:婚姻与家族》,北京:商务印书馆,2015 年;孙晓:《中国婚姻史》,北京:中国书籍出版社,2016 年。此外还有国外学者如〔美〕伊沛霞、〔美〕白凯、〔美〕曼素思、〔法〕朱丽娅·克里斯蒂娃等人的著作。具体可参见吴佩林、毛立平、褚艳红等论著中有关婚姻、妇女的学术史回顾和述评。

王跃生、钱泳宏、吴正茂等人的著作。① 这些著作大都利用了第
一历史档案馆刑科题本中的婚姻家庭命案档案。刑科题本档案
并不局限于某地,而是全国各地相关命案的汇集,对于了解全国
宏观层面的婚姻冲突及与婚姻和家庭相关的其他问题具有十分
重要的意义。但如果要深入了解某地的婚姻家庭情况和更为详
细具体的地方实际状况,则还需要利用当地的微观材料。

　　以南部档案的研究状况为例,近年以妇女婚姻为主题的期刊
论文较多,② 著作主要有如下两部:赵娓妮的《审断与衿恤:以晚

---

① 郭松义:《伦理与生活:清代的婚姻关系》,北京:商务印书馆,2000 年;郭松
　义、定宜庄:《清代民间婚书研究》,北京:人民出版社,2005 年;王跃生:《十
　八世纪中国婚姻家庭研究:建立在 1781—1791 年个案基础上的分析》,北
　京:法律出版社,2000 年;王跃生:《清代中期婚姻冲突透析》,北京:社会科
　学文献出版社,2003 年;钱泳宏:《清代"家庭暴力"研究:夫妻相犯的法
　律》,北京:商务印书馆,2014 年;吴正茂:《清代妇女改嫁法律问题研究》,
　北京:中国政法大学出版社,2015 年。
② 以南部档案为支撑进行婚姻和妇女等相关问题研究的论文成果主要有:
　赵娓妮:《晚清知县对婚姻讼案之审断——晚清四川南部县档案与〈樊山
　政书〉的互考》,《中国法学》2007 年第 6 期;吴佩林:《〈南部档案〉所见清代
　民间社会的"嫁卖生妻"》,《清史研究》2010 年第 3 期;吴佩林:《清代四川
　南部县民事诉讼中的妇女与抱告制度——以清代四川〈南部档案〉为中
　心》,载[美]黄宗智主编:《中国乡村研究》(第八辑),福州:福建教育出版
　社,2010 年;毛立平:《"妇愚无知":嘉道时期民事案件审理中的县官与下
　层妇女》,《清史研究》2012 年第 3 期;毛立平:《清代下层妇女与娘家的关
　系——以南部档案为中心的研究》,载吴佩林、蔡东洲主编:《地方档案与
　文献研究》(第一辑),北京:社会科学文献出版社,2014 年,第 240—267
　页;毛立平:《档案与性别——从〈南部县衙门档案〉看州县司法档案中女
　性形象的建构》,《北京社会科学》2015 年第 2 期;雍晓夏:《父权体系与经
　济因素交互影响下的地方婚姻——论吴佩林清代南部县之婚姻(转下页)

清南部县婚姻类案件为中心》，①以南部档案中涉及婚姻关系的案件作为主要研究对象，对"悔婚""买休卖休""奸情"三类案件进行了深入的分析和讨论。经过研究，赵娓妮认为，律例并不是州县案件裁断的唯一依据，也不是最高依据，知县在审断实践中最为明显的特点是"从轻处断"。吴佩林在《清代南部县衙档案研究》第四编"清代南部县之婚姻与社会研究"中，以南部档案为主要研究对象，对南部县的婚姻常态、南部县婚姻秩序中有违伦理的婚姻行为（以嫁卖生妻为例）、南部县的婚姻"问题"及基层社会和官方对"问题"的应对进行了分析，并阐释了官与民、法律与习俗、中央与地方的互动关系。②

　　目前，国内学者以巴县婚姻档案为主要支撑材料的研究成果主要有如下一些：梁勇根据巴县档案的卖妻案件记录，认为清代巴县的丈夫并不能随意卖妻，如果不经过妻子娘家同意将妻子嫁卖，就会被妻子娘家追问、斥责，一旦告到衙门，地方官会对卖妻人进行惩罚。③ 张志军也对巴县档案中的嫁卖类别和原因进行了探讨，认为清代巴县的县官是反对嫁卖妻子的。④ 陈翔以图文

（接上页）〈与社会研究〉的史学价值》，《四川文理学院学报》2015 年第 2 期；李彦峰：《清代"招夫养子"与"带产入赘"的利益诉求考察——以〈南部档案〉婚契文约为例》，《长江师范学院学报》2015 年第 5 期；吴志忠、刘金霞：《〈南部档案〉所见的川北城乡婚俗》，《四川档案》2015 年第 6 期。

① 赵娓妮：《审断与衿恤：以晚清南部县婚姻类案件为中心》，北京：法律出版社，2013 年。

② 蔡东洲等著：《清代南部县衙档案研究》，北京：中华书局，2012 年，第 508 页。

③ 梁勇：《妻可卖否？——以几份卖妻文书为中心的考察》，《寻根》2006 年第 5 期。

④ 张志军：《何以嫁卖？——从乾嘉道巴县 36 份嫁卖案例说起》，《西华师范大学学报》（哲学社会科学版）2019 年第 3 期。

并茂的形式对巴县婚姻档案中的庚帖、婚书和喜课进行了释读和分析,展示出巴县档案的"民间性"。① 吴佩林主要运用巴县档案和南部档案,对清末新政时期四川官制婚书推行的背景、意图、实际效果以及失败的原因进行了分析和研究。② 台湾政治大学李清瑞以巴县档案的拐案记录为中心,辅以中央档案中的拐案记载、地方县衙的审判制度和地方档案中的非拐案记录等资料,集中剖析了清代乾隆年间四川拐卖妇女的案件及所反映出来的各种社会问题。③ 杨毅丰以巴县档案为基础,对四川妇女改嫁原因、特点以及由此而引起的财产纠纷进行了论述。④ 高钊对咸丰朝巴县婚姻离异的类型进行了探讨,提出基层长官判案时并不一定与中央律法条规一致,具有较强的灵活性。⑤ 刘艳丽以巴县档案、徽州文书等材料为中心,对清代妇女的法律地位进行了探析,认为清代妇女的地位依然非常卑微。⑥ 周彦冰对清代巴县妇女尤其是已婚妇女在家庭中的权益和地位进行了分析。⑦ 刘欢欢

① 陈翔:《庚帖、喜课与民间婚姻——四川省档案馆所藏巴县婚姻纠纷档案释读》,《中国档案》2008 年第 7 期。
② 吴佩林:《清末新政时期官制婚书之推行——以四川为例》,《历史研究》2011 年第 5 期。
③ 李清瑞:《乾隆年间四川拐卖妇人案件的社会分析——以巴县档案为中心的研究(1752—1795)》,太原:山西教育出版社,2011 年。
④ 杨毅丰:《巴县档案所见清代四川妇女改嫁判例》,《历史档案》2014 年第 3 期。
⑤ 高钊:《咸丰朝巴县地区婚姻离异现象研究——以〈清代四川巴县衙门咸丰朝档案选编〉为中心》,《乐山师范学院学报》2014 年第 6 期。
⑥ 刘艳丽:《浅谈清代妇女社会地位——以清代巴县档案为视角的考察》,《商品与质量》2012 年 S6 期。
⑦ 周彦冰:《清代巴县妇女的权利研究》,广西师范大学硕士论文,2015 年。

以巴县档案和南部档案为基本材料,对清代下层妇女离家出走现象进行了专门考察。① 周琳、唐悦对乾隆末年的一桩离婚案进行了深入细致的探讨,主要涉及到该案中的女主角秦氏与丈夫徐以仁离婚的故事。②

美国学者对婚姻与妇女的问题关注早,研究也很深入,其中最有代表性的是黄宗智、白凯、苏成捷等人的成果,均利用了大量巴县档案。其中,黄宗智《清代以来民事法律的表达与实践》(北京:法律出版社,2014 年)三卷本之《法典、习俗与司法实践:清代与民国的比较》中对清代妇女婚姻奸情进行论述,其中用到了从巴县和宝坻县搜集的 131 件清代婚姻奸情类档案。白凯《中国的妇女与财产:960—1949》(上海:上海书店出版社,2007 年)使用了1760 年代至 1850 年代的巴县档案,以及宝坻县档案、台湾地区淡水分府新竹县档案、江苏太湖厅档案等 5 个不同司法辖区的档案。苏成捷利用巴县档案对性、妇女、婚姻等问题进行研究,专著《中华帝国晚期的性、法律和社会》使用巴县档案 500 件,在学术界获得极高的评价。他还专门对清代底层社会的一妻多夫婚姻尤其是"招夫养夫"现象和卖妻交易进行了研究,认为不管是一妻多夫还是卖妻,都是贫穷所引发的一种生存策略。③ 日本学者也

① 刘欢欢:《清代下层妇女离家出走现象考察——基于巴县、南部县档案的研究》,中国人民大学硕士论文,2015 年。
② 周琳、唐悦:《秦氏的悲情与野心——乾隆末年一桩离婚案中的底层妇女》,载里赞、刘昕杰主编:《法律史评论》(第十一卷),北京:社会科学文献出版社,2018 年。
③ [美]苏成捷:《帝制中国晚期的性、法律与社会》,斯坦福大学出版社,2002 年(Sex, Law, and Society in Late Imperial China, Stanford University Press,2000);《性工作:作为生存策略的清代一妻多夫现象》,载(转下页)

对清代巴县档案中的妇女诉讼问题有所研究。日本关西学院大学文学部水越知以同治朝巴县档案为中心，对清末的夫妇诉讼与离婚问题进行了探讨。① 日本东京外国语大学臼井佐知子以巴县档案、徽州文书、太湖厅（理明府）档案、顺天府档案为基本材料，对清代妇女诉讼涉及到的范围进行了分析，认为"妇女作为原告的案例，主要集中在承继、家产、夫妻纠纷和债务等方面"。②

　　巴县档案数量浩大，在研究某一个具体问题时，很难做到穷尽所有档案，而基于部分档案得出的研究结论可能并不是非常客观，甚至还会存在盲人摸象的情况。有学者提出这样的担忧：对同一问题的研究可能会因为研究者所收集的资料并不重叠而得出完全相反的结论，这个担忧是有一定道理的，这种现象也是有可能存在的。如前所述，巴县婚姻档案共有 6000 余卷，其中的案例涉及到婚姻的方方面面，是研究清代巴县婚姻关系及其相关问题的第一手史料。2010 年，四川省档案馆选送的"清代四川巴县档案中的民俗档案文献"成功入选《中国档案文献遗产名录》，这份民俗档案就是巴县婚姻档案中测算结婚吉期的"喜课"。可见，巴县婚姻档案具有很强的民间性，特色明显，值得进行深入全面

（接上页）［美］黄宗智、尤成俊主编：《从诉讼档案出发：中国的法律、社会与文化》，北京：法律出版社，2008 年；《清代县衙的卖妻案件审判：以 272 件巴县、南部与宝坻县案子为例证》，载邱澎生、陈熙远编：《明清法律运作中的权力与文化》，桂林：广西师范大学出版社，2017 年。

① ［日］水越知著，海丹译：《清代后期的夫妇诉讼与离婚——以同治年〈巴县档案〉为中心的研究》，载周东平、朱腾主编：《法律史译评》（第五卷），上海：中西书局，2017 年。

② ［日］臼井佐知子：《从诉讼文书来看清代妇女涉讼问题》，载安徽大学徽学研究中心编：《徽学》（第九卷），合肥：合肥工业大学出版社，2015 年。

的研究。而现有的以巴县婚姻档案为中心的研究成果，大都利用巴县档案从某一个方面对婚姻和妇女问题进行论述，或关注嫁卖生妻，或关注离异改嫁，或集中对妇女拐卖问题进行探讨，还有一些领域没有涉及或者涉及很少，缺少系统全面的研究成果。为了能更加深入系统地对巴县婚姻档案进行研究，并尽量避免出现资料不全所带来的弊端，本书对6000余卷巴县婚姻档案进行了系统的阅读与梳理。在此基础上，从形式和内容两大方面进行论述和研究。第一章至第四章主要从巴县婚姻档案的文种、语言与称谓、官代书戳记与画押以及巴县婚姻档案所呈现的抱告制度与诉讼实态进行分析和论述，第五章至第十章主要对巴县婚姻档案的内容进行具体探讨，分为童养婚档案研究、退悔婚档案研究、嫁卖生妻档案研究、孀妇再嫁档案研究、犯奸档案研究、卖娼档案研究等六个方面。

第一章　巴县婚姻档案的文种

考察巴县档案的文种类别,可谓多种多样。作为清代县级基层政权,巴县在行政管理过程中会与其上级、平级进行频繁的公务联系,这些公务上的来往联系主要是依靠行文联系建立起来的。此外,巴县在治理县务的过程中会通过发布公文的方式对县域实施管理、进行教化,民间的乡绅及普通民众也会通过禀、状等文书形式向衙门反映情况、进行申诉甚至提起诉讼。简而言之,巴县衙门通过公文与上级、平级、下级和民众之间建立起双向互通的桥梁和纽带,并借助此纽带完成各项工作的运转。在此运转过程中会涉及到多种类别的公文,既有巴县衙门作为行文主体发出的公文,也有巴县衙门作为受文者收到的其他行文主体发出的公文。而巴县婚姻档案绝大多数是与婚姻纠纷有关的诉讼档案,使用的文种具有一些特殊性,既有体现诉讼特点的状、票、拦词、投词、回词等文种,也有与婚姻和社会密切相连的契约、庚帖、罚帖、节略等文种。

第一节　状、票

凡诉讼,均会涉及到各种类型的状,而只要知县同意受理,就会发出差票,要求衙役将相关人等带到衙门参与堂审,所以巴县婚姻档案中最为多见的文种就是状和票。只要案件经过了完整的受理—审理—结案环节，档案中就会有各种状以及差票，反之，如果案件没有被受理，则只会有状而不会有差票。

一、状

所谓状，是"百姓向官府有所申诉、请求时使用的上行文种"，其行文关系"主要表现为百姓与官府之间文书的授受关系"。① 清代百姓诉讼普遍使用词状，尤其在州县衙门刑房档案中十分常见。裴燕生指出，原告最初所具状词多称原词，又称告状；被告进行申辩之词称诉词，又称诉状；向官府陈述情况，诉说情节，称为禀状，有时也称为呈状；② 审理案件时，上官询问，相关当事人和证人作答，夹而叙之，然后令犯证人等按名书押，称为供状，词称供词。③ 根据葛勇的分类，状主要可以分为告状类、应诉类、结案类、专门类。④ 其中，告、诉、禀、哀、恳、息等状一般使用的是正规的状式（亦称"格式大状"或者"格式状纸"），而保、领、结、认等状格式相对简单，"除保、领、缴、结、催、限状六项许用条禀外，余皆

---

① 雷荣广、姚乐野：《清代文书纲要》，成都：四川大学出版社，1990年，第130页。

② 裴燕生：《历史文书》（第二版），北京：中国人民大学出版社，2009年，第274页。

③ 同上，第276页。但笔者并没有在巴县档案的供状中见到犯证人等的书押，能够见到画押的一般是结状、领状、保状以及作为诉讼证据材料的契约。

④ 告状类主要有告状、禀状、首状、喊状、呈状等；应诉类有告状、禀状、诉状、哀状等；结案类主要包括结状、缴结状、认状、领状、领结状、悔状等；专门类主要有息状、保状、恳状、离异状等等。见葛勇：《谈清代巴县档案司法文种》，《四川档案》2006年第4期。

遵用状式,不准擅用条禀。"①

　　一份完整的状式应该包含三个方面的内容:状首、正文、状尾,这三个部分的具体样式在清代各朝又各不相同,有时甚至同一朝也会有所区别。下面以《清代巴县档案整理初编·司法卷·乾隆朝》中的一份诉状为例进行分析,这份诉状的时间是乾隆二十九年七月十八日,具状人叫冯斌,当时的知县是段琪,行唐人,乾隆二十八年任。

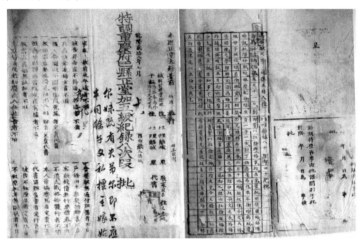

图1-1　乾隆二十九年七月十八日冯斌诉状②

　　状首部分。分为上下两个板块,上书"呈"字,下有六列:第一列"业经呈控事由批语俱注于此",第二列"乾隆　年　月　日为

<hr>

① 光绪二十五年三月初七日《巴县牌示》,转引自张永海:《巴县衙门的文书档案工作》,《档案学通讯》1983年第2、3期。

② 乾隆二十九年直里十甲刘邦贵控冯斌扛抢聘婚案,四川省档案馆编:《清代巴县档案整理初编·司法卷·乾隆朝》(二),成都:西南交通大学出版社,2015年,第16页。

事原告",第三列"批",第四列"诉词将原告事由批语开列于此",第五列"乾隆 年 月 日为 事被告",第六列"批"。作用在于提醒诉讼人将相关信息填注于此,以帮助知县了解案件是旧案还是新案,是呈词还是诉词,当时知县的批语是什么,类似于案件的前情介绍。按照此规定,冯斌所具诉状应该在第四、五、六列分别标注原告、事由及批语,但据笔者所见,此处所列之条目形式大于内容,绝大多数状纸与冯斌所具诉状一样,并没有填注相关信息。

正文部分。正文上方盖有"登内号记"的条戳,有的状纸盖的是"登内号",应该是承发房在收到状纸后盖上去的,表示该案已经登记在册。在巴县档案中很多状纸还会在正文上方盖其他戳记,比如"新案",表示这是一个新的案件,如果表示该案件曾经受理过,则用"旧案"表示。有的状纸上盖的是"生案""熟案",与"新案""旧案"意思相同,表示方法不同而已,均表示案件的属性。在黄岩诉讼档案中,此处书写的是"初词""续词""初呈""续呈""窃呈""诉词""存案"等字样。在清代紫阳档案中,此处用"新"或者"旧"来表示。由上,不同地域的状纸此处有不同的书写方式,但不管是巴县档案、黄岩档案还是紫阳档案,其主要功能和作用都比较相似,即表明案件的基本受理情况。

正文开头首先介绍具状人的基本情况:"具诉状民冯斌,系本县人,住直里十甲,离城八十里,年四十岁,抱",姓名、籍贯、年龄、抱告信息都在此一一列出,其中"具 状 系 人住 离城 里年 岁抱"等字样是状纸上已经印好的,只需把具状人的相关信息填入即可。就具状人的人数来看,可以是一人,也可以是多人。一人具状一般都会详细列出具状人的年龄,但如果是多人具状,则可能会有不同的表现形式。一种情况是,在每一个具状人之下都列出

该具状人的年龄,另一种情况则是在具状人姓名之下书写"年不
一岁",如同治年间一份状纸,在具状人信息栏写的是"具恳状街
邻徐树堂、萧辅臣、周利川,保正刘吉祥,年不一岁"。① 这两种方
式在巴县婚姻档案中都有呈现。具状人大多为关系比较亲近的
人,他们有共同的诉求。比如同治年间,张洪的妻子私逃,弟弟张
春和发现了嫂子的行踪,秦吹吹即秦元兴不但不交人,还将兄弟
二人捏控在案,所以兄弟二人反过来又将秦吹吹控案。② 在具状
人姓名的书写方面,呈现出较为复杂多样的情况。有的具状人姓
名均写在具状人信息栏,但也有的具状人栏目内只写了部分具状
人,在下面的抱告栏位置再写剩余的具状人,如为告状,下面为
"同告";如为禀状,下面为"同禀",以此类推,还有"同恳""同哀"
等等。比如同治年间的一份状纸,告状人信息栏已有 4 名告状
人,下面的抱告位置还有 3 名同告人,③可以理解为,本案实际上
有 7 名告状人,只是告状人信息栏空间不够,所以将剩余的告状
人信息放在下面的抱告位置。但同为同治年间的另外两份状纸,
具状人信息栏有足够的空间,却仍然将同告人信息写在抱告栏
内。其中一份具状人信息栏写的是:"具告状人封义三,年三十四
岁",然而在下面的抱告位置,还写了"同告子封海澜";④另外一
份具状人信息栏写的是"具禀状人李显达,年三十七岁",下面的
抱禀栏写的是"同禀李显福,年二十九岁"。⑤ 在这类诉状中,具

---

① 《巴县档案》6-5-8003,同治年间。
② 《巴县档案》6-5-8014,同治年间。
③ 《巴县档案》6-5-8029,同治年间。
④ 《巴县档案》6-5-8018,同治年间。
⑤ 《巴县档案》6-5-8052,同治年间。

状人信息栏只写了一个人的信息，完全可以将同告人、同禀人信息写在此处，但包括这两份状纸在内的诸多案例并没有这样做，说明将同告人、同禀人写在什么地方，完全是书写人的习惯而已，官府在受理案件时并不会在意这些细节。此外，也有的状纸具状人信息较为复杂，比如同治年间周万镒的告状，告状人信息栏写的是"具告状人周万镒，年六十岁"，在下面抱告栏写的是"协禀 监生张裕山，团邻吴东平、吴裕兴、李东山，抱禀周洪序"。此处的"协禀"应该与"同禀"较为类似，但在意思上又有一定的区别。奇怪的是，上面是"告状人"，下面就应该是"协告""抱告"，此案写的却是"协禀""抱禀"，二者的不一致也表现出清代巴县受理状纸时审查并不严格。

诉状人基本情况介绍完毕，接着就是诉状原由"为串蠹赖婚、诉恳律究事"，表达模式为"为……事"，类似于今天公文标题中事由的表述"关于……的"。在巴县诉讼档案中，事由一般用一个或多个四字词语来概括，这种词语就是砆语。在笔者所见的诉状中，四字砆语和八字砆语运用较多，尤其是八字砆语，本案即为一例。此外，也有十二字砆语、十六字砆语、二十字砆语，甚至字数更多的砆语。运用太多的砆语会使得诉状看起来臃肿冗长，不够简明扼要，效果适得其反。

巴县婚姻档案中的案件多为细故之事，但在事由表述时采用的砆语往往较为夸张，普遍存在夸大事实的情况，其目的在于引起官府的重视，最终达到准案的目的。我们在档案中看到的诉状均为上交衙门的定稿，那么这些诉状的草稿在写作上与定稿有何区别呢？一份诉状从草稿到定稿又经历了怎样修改润色的历程呢？冯学伟通过家族文书中夹杂的四组状词草稿，对此进行了专门的研究。他认为，研究状词草稿具有非常重要的价值，状纸进入公门之前的涂改、修饰、润色,可以细致地反映出作状人的诉讼心理和公门经验。比如他在文中提到的"西中黄村张得和等放牲践食麦苗状词草稿",就将硃语"纵羊害民"改成了"率兽食人",还在硃语中添加"以恤孤寡"四字,博取同情。[①]　就以"纵羊害民"改为"率兽食人"为例,"纵羊害民"本是事实,但这个词太平淡,并不会引起阅读者的重视,而且这种事也很常见,民间协调就可以了,完全不用诉诸衙门。所以如果就这样写的话,有可能面临"不准"的结局。而"率兽食人"这个词就完全不一样了,它能迅速抓住阅读者的眼球,引起衙门重视,最终得以受理。笔者认为,这种情况既可以看作是老百姓的一种诉讼策略,也可以看作是诉状代写人也就是作状人的一种谋生策略。作状人既可能是官府承认并颁发了戳记的官代书,也有可能是民间有文化的写状人,部分诉状中官代书戳记旁所写的"自来稿"即表明该状纸是民间作状人所写。不管是精通衙门运作模式的代书,还是当事人所请的有文化、有写状经验的民间作状人,既然受到委托人的委托,甚至已经收了委托人的报酬,就会想方设法让案件被官府受理,于是纷纷将细故冠以大题也就不以为怪了。

事由之后开始介绍案情的具体缘由及发展经过,一般以"情"或者"缘"字开头,本状则没有这两个字,直接用"本月十一日"开始了案件的情况叙述。清代正规状式都有字数限制,目的在于让诉讼人言简意赅地叙述案情,这就要求代书或民间作状人要具有高度概括的语言表达能力。就巴县档案所见,状纸的横格数和竖格数并不是一成不变的,黄宗智发现了 25 横格×13 竖格=325

---

① 冯学伟:《从状词草稿看清代的词状制作》,《第三届地方档案与文献研究学术研讨会会议论文集》,第 304—312 页。

的状纸,①张晓蓓发现了四种类型的状纸,分别为:9 横格×32 竖格＝288,9 横格×27 竖格＝243,15 横格×23 竖格＝345,12 横格×24 竖格＝288,②本状就是第一种类型 9 横格×32 竖格＝288 方格。此外,就笔者所见,还有 16 横格×25 竖格＝400;15 横格×24 竖格＝360;14 横格×24 竖格＝336;9 横格×30 竖格＝270 等类型。黄岩诉讼档案③收录的时间范围是同治到光绪,状纸均为 15 横格×21 竖格＝315 的类型,没有变化。紫阳档案同治年间的状纸采用的是 16 横格×24 竖格＝288。从这些类型来看,清代状纸字数要求最高限的低数为 243,高数为 400。

　　案情叙述完毕,诉讼人就会向知县提出请求,本状提的是"诉恳律究、以正伦化",与正文刚开始的案由"串蠹赖婚、诉恳律究"首尾呼应。其他状纸的请求也大同小异,主要根据案件的具体情况而定,大多是请求知县作主之类的话。请求完毕,书写"伏乞"二字,左边抬头④是预先印好的受文者,本状是"本县正堂太爷台前",下面填写"俯准"二字,再下面是预先印好的"施行",连接起

---

①〔美〕黄宗智:《清代的法律、社会与文化:民法的表达与实践》,上海:上海书店出版社,2001 年,第 109 页。

②张晓蓓:《冕宁清代司法档案研究》,北京:中国政法大学出版社,2010 年,第 42 页。

③田涛、许传玺、王宏治:《黄岩诉讼档案及调查报告》上卷,北京:法律出版社,2004 年。

④此处的抬头类型并不完全相同。就《清代巴县档案整理初编·司法卷·乾隆朝》(二)所收录的档案来看,有的采用平抬(如本状),有的采用双抬(如乾隆五十二年四月初五日林刘氏告状中受文者栏目是"太爷台前俯准施行",其中"太爷"二字采用双抬,69 页),甚至还有的采用了介于双抬和三抬之间的一种抬头方式,主要见于"大老爷"称谓时。在缴、领、结等状中,也大多采用了双抬和介于双抬三抬之间的抬头类型。

来就是"伏乞本县正堂太爷台前俯准施行",也有直接写"太爷台前俯准施行"的。徐珂对"太爷"进行了解释:"太爷之称,次于大老爷及老爷,以称外官之佐杂、县丞以下是也,乾隆时之举人、贡生,亦称太爷。"①在巴县档案中,受文者也有称"大老爷"的,比"太爷"更为多见。有关"大老爷"这一称谓,在《清稗类钞》中也有比较完整的解释:"乾隆时,内而九卿,外而司道以上,俱称大老爷。自知府至知县,亦称大老爷……甚至市侩捐六品衔,亦大老爷矣。"②根据徐珂的说法,知县及以上多使用"大老爷",而佐杂、县丞及以下使用"太爷",那么此处的受文者应该是"本县正堂大老爷"才对。这也说明,当时类似"太爷""大老爷"等称谓之间的差别并不是特别严格。

状尾部分。③ 在受文者左边,是被告、干证、歇家、④代书及代书戳记等信息,这个部分在状纸中的位置并不是固定不变的,有

①[清]徐珂:《清稗类钞》,北京:中华书局,第五册,第2175页。

②[清]徐珂:《清稗类钞》,北京:中华书局,第五册,第2175页。

③有关状尾部分的划分,雷荣广、姚乐野认为,状纸批示域之左是状尾部分,即仅仅将状式条例部分划到状尾,见雷荣广、姚乐野:《清代文书纲要》,成都:四川大学出版社,1990年,第130页。关于此,笔者认为,预印状格部分和受文者部分较为完整,不可分割,可视为状纸的正文。在受文者之左,均可以划入状尾,包含被告、干证、歇家、代书戳记(这四个部分的位置并不固定,有时位于状首,有时则居于状尾,而且这四个小部分也并不一定都位于同一处,比如代书戳记就有状纸右下角、右上角、左下角三种不同的位置)、知县批示域、状式条例。这样划分显得状首、正文、状尾三个部分较为均衡,便于后面的分析和讨论。

④歇家:旅店。《六部成语·户部》"歇家"注解:"停歇客商货物之家也。"见马建石、杨育裳主编:《大清律例通考校注》,北京:中国政法大学出版社,1992年,第912页。

时可能位于状首的位置。有关此问题的探讨,请见第三章"巴县婚姻档案中的官代书戳记与画押",此处不再赘言。在被告、干证左边,是状纸的成文日期——乾隆二十九年七月十八日,该日期的部分文字如"乾隆""年""月""日"是事先已经在状纸上印制好的,填注日期时只需将数字填写进去。日期之左是状纸的批示域,有知县的全衔、姓及"批"字,是为条批戳记。之所以巴县档案中知县全衔或者简衔后只有姓而没有名,其实是避讳制度中的一种——空名讳。不管是知县提到自己还是老百姓提到知县时,一般只提其姓而不提其名,并且与后面的内容之间空出一格来。此外,官员对平级和下级行文时,只要提到上级、平级和自己都会空名讳,一来以示对别人的尊敬,二来表示自尊。

　　条批戳记的左边是知县的批词"已批,冯斌词内不得伪徇伙证"。从此处的批词可以看出该案是否被受理,如果批的是"不准",那么意味着该案不符合相关的规定,不予受理,而到底为什么不符合规定、不符合什么规定,知县一般会进行简单的说明;如果批的是具体意见,如"候查案讯究""候讯""候质讯""候集讯""是否实情,姑准唤讯""准提究,如虚定将抱告重处"等等,并没有出现"不准"及类似的批词,则表示该案已经受理,接下来就会进行传讯、堂审等环节。总体而言,批词多种多样,大多根据具体情况而定,有的非常简单,甚至简单到只有"候讯"二字,也有的稍微具体一些,如本例批词就较为具体,还有的非常具体而详细。相对而言,比较具体和非常具体的批词所起的作用应该要更大一些,因为原被当事人、地方势力、衙门中的书吏和差役等各方从这类批词中可以获得更多的信息。对原被当事人来讲,通过批词可以了解到知县对此案的态度,而知县的态度将直接影响到案件后续的进展。如本例批词"已批,冯斌词内不得伪徇伙证"就带有明显的倾向性。当事人可能会因为知县的态度而积极寻求私下的调解，或者发动亲族四邻、乡约地保等地方势力向衙门申请息案，也可能会根据知县的态度对自己案件胜算的把握进行猜度，进而积极选择后续的应对策略。对原被当地的乡约地邻等地方势力来讲，知县的批词也可以对他们是否要对此案采取行动而提供指导。对衙门中的书吏和差役来讲，通过批词能够判断他们未来对此案需要做的工作，比如差役就可能会因为知县的批词而对接下来的工作漫不经心，并不十分努力地去传唤案件的相关人，也可能对当事人进行讹诈需索等等。

　　日期之左，就是诉状的状式条例。所谓"状式条例"，也称为"告状不准条例"，即对诉讼的各种限制。这些状式条例都事先印制在状纸上，一般位置在状纸的最左边，即诉状的状尾部分。张晓蓓研究指出：状式条例的位置是不固定的，有时在状首，有时在状尾。① 迄今为止，笔者仅发现极少数状式条例位于状首的情况，②绝大多数位于状尾。状式条例的作用在于告知诉讼人需要遵守相关的规则，否则知县将不予准案，"违状式条例者不准"即是此意。这些状式条例也是事先已经印制在状纸上的，有若干条款，每个条款上都加有"一"作为分段记号。就笔者所见，状式条例的条款数目及其具体内容在清代各朝也各不相同，仅乾隆朝就有 8 条、11 条、14 条、16 条等多种类型。在状纸格式的要求上主

---

① 张晓蓓：《冕宁清代司法档案研究》，北京：中国政法大学出版社，2010 年，第 41 页。

② 乾隆五十四年八月初一日林庆堂禀状，此禀状的状式条例位于状首，而且状首部分只有状式条例，并无其他。见四川省档案馆编：《清代巴县档案整理初编·司法卷·乾隆朝》（二），成都：西南交通大学出版社，2015 年，第 184 页。

要有如下条款：

> 不遵式戳、格外双行者，不阅；
>
> 双行密写、不录前批、不用副状并违例粘单砌款连名混告者，不准；
>
> 原被告并干证不注明实在里甲住址、距城里数者，不准；
>
> 式内无代书戳记者，不准。

尽管状式条例中有如上规定，但实际运作中违背这些规定的现象仍然数不胜数。就拿不能并行叠写这一条来说，巴县婚姻档案中就有相当数量的状纸没有遵守。一旦状词字数多于状格规定字数，就会在结尾并行书写，只不过知县一般都不会追究罢了。

除常用的告、诉、禀、哀、恳、息等状之外，巴县婚姻档案中还有一些状，如存状、限状、催状、报状、结状、辞状与认状等。这些状功能各异，值得探究。

1. 存状。所谓存状，就是为了防止今后可能产生的纠纷，专门在衙门留下证据。巴县婚姻档案中的存状因妇女私逃而起的案例较多，以下这份存状就是私逃妇女的丈夫和娘家父亲共同出具的。

> 具存状人张兴顺、余海源，年不一岁，原籍本省本县，寓崇因坊佃宅店，为叠背透逃、莫遏存案事。情蚁兴顺女张氏同治三年婚配蚁海源为妻，子女无育，张氏不守妇道，任意出户妄为。去七月遭吹吹陈妇等刁拐，张氏透出衣饰藏匿伊家，肖妇眼见可质，迫蚁粘单以拐匿有证，控前金主集讯，断蚁海源领归善教约束，有卷可查。殊张氏背逃得惯，今九月十九回蚁兴顺家解□私透衣饰逃外，蚁等寻找至今无踪。切张氏自幼失训，配蚁海源六载，子女无生，理应犯黜。背夫叠

逃,有乖风化,法更难宥,蚁等系属丈婿,实在莫何,协叩存
案。倘后张氏现身寻祸,禀究有凭。伏乞大老爷台前施行。

被存　余张氏

投证　邱长顺、罗祥发、余玉盛、吴德泰

同治八年十一月初八日具

(职衔略)王批:准存案。①

由此存状可知,张兴顺的女儿张氏于同治三年嫁给余海源为
妻,不能生育,不守妇道,曾经被人刁拐出逃,知县断余海源将张
氏领回约束。结果后来张氏再次私逃无踪,于是张兴顺与女婿余
海源共同具存状,一则说明张氏私逃无踪之事实,二则余海源应
该有休妻另娶之心,因担心以后张氏寻祸,故而在衙门存案。余
海源是非常聪明的人,他不仅选择了到衙门存案的方式,还和自
己的老丈人张兴顺共同存案,说明关于张氏之事娘家和夫家已经
达成了一致,以后发生纠纷的可能性大大降低。

除妇女私逃存案之外,巴县婚姻档案中还有一种情况用存状
较多,就是双方已就某事达成了协议并且书立了契约,因担心以
后对方违约滋事,故而先行在衙门存案。

如下例:

　　具存状人况世幅,年四十八岁,系正里八甲人,离城一百
二十里,寓杨柳坊成元店,为禀存作主、以免后累事。情前年
蚁女况金秀凭媒周复川嫁齐双喜为妻,殊伊娶后日每嫌贱,
由此反目。已凭团邻雷云亭、徐长泰等理剖数次,双喜盟誓
不悦,于前月伊投团邻亲族李三泰等将蚁女退回另嫁,书立

―――――――

①《巴县档案》6-5-8395,同治八年十一月初八日。

　　退婚字约抄粘。蚁因家贫,不能久养,本月初六日请蒋国伦、
张冬元为媒再醮蒋正禄为室。蚁恐双喜另生枝节、寻蚁滋
事,是以禀存作主,俾后有凭。伏乞大老爷台前赏准施行。

　　被存　齐双喜

　　存证　雷云亭、徐长泰、王二仁、张荣斗

　　同治二年十一月十三日具状人

　　(职衔略)王批:准存案,抄约附。①

　　根据存状内容可知,况世幅的女儿金秀被丈夫齐双喜退婚,
出有退婚文约。况世幅因家贫不能久养,凭媒将女儿另醮,担心
女儿前夫齐双喜再生枝节,具存状要求存案,俾后有凭,知县准予
存案。此案例说明退婚文约是有效的,既然已经退婚,金秀就是
单身,凭媒再醮法理不禁,知县准予存案合情合理。另一个方面
也说明民间存在此类情况的反面案例,即使有退婚文约也可能会
发生退后图索等纠纷。正是基于这样一种反面案例的存在,况世
幅才会想到去存案,以保护自己的权益。

　　需要注意的是,并不是所有的存状都会被批准,也有的具状
人不但存案失败,还受到了知县的惩罚。以下这个案例中的存状
人涉及买休卖休大禁,居然还明目张胆到衙门存案,如果不是狂
妄,那就只能说是无知了。

　　　具存状人彭应成,年二十五岁,系本城人,寓渝中坊佃宅
店,为后患难防、恳赏存案事。情本月初六日,亲正发同妻曹
氏为媒,作成蚁娶何品山之妻胡氏与蚁为妻,去财礼银十二
两,品山有脚手印记,蚁执为凭。切品山实系贫苦难度,夫妇

―――――――――
① 《巴县档案》6-5-7258,同治二年。

商议,两愿分离,并无屈勒。弟恐品山日后藉嫁翻异滋事,后
患难防,为此禀恩仁天作主存案,赏准批示。倘后品山寻蚁
为祸,禀究有凭。伏乞大老爷台前施行。

　　被存何品山

　　媒证亲正发、亲曹氏

　　同治三年三月初七日具状人

　　奏署四川重庆府巴县正堂打箭炉军粮府加五级覃恩加
一级纪录十次王批:买休卖休大干例禁,尔娶何品山之妇为
妻,已属藐视法纪,乃犹不自知咎。虽然具词存案,殊堪发
指。着值日差即将该原呈押,候唤集人证质讯严究,以正
风化。[1]

　　25岁的巴县人彭应成凭亲正发及其妻子曹氏为媒,娶何品山
的妻子胡氏为妻。彭应成年仅25岁,还从未婚配,为何会娶有夫
之妇为妻,估计与彭应成的家庭经济状况有关。何品山家贫无
度,愿意将妻子胡氏嫁卖彭应成,从嫁卖生妻的原因来看,还是比
较可信的,经济原因历来都是嫁卖生妻现象最为普遍的原因。如
果彭应成不到衙门存案,与何品山私下达成了协议,衙门并不会
知晓他们买休卖休之事,自然也不会去追究,这也是为何法律明
文禁止而民间还普遍存在嫁卖生妻现象的重要原因。可能彭应
成对法律禁令并不清楚,所以才敢理直气壮地到衙门要求存案;
也有可能彭应成知道买休卖休是被法律禁止的,但基于民间普遍
存在这种现象,就天真地认为知县不会把他怎么样,所以到衙门
存案,要求维护他的权益,以防将来何品山翻悔滋事。显然,知县

---

[1]《巴县档案》6—5—7274,同治三年三月三十日。

不可能批准他的存案。"买休卖休大干例禁,尔娶何品山之妇为妻,已属藐视法纪,乃犹不自知咎。虽然具词存案,殊堪发指。着值日差即将该原呈押,候唤集人证质讯严究,以正风化。"从知县的批语可以看出知县不但非常严厉地批判了彭应成买休卖休并胆敢到衙门存案的行径,而且要求差役马上将彭应成及相关人等传唤讯究。相信彭应成要早知道会有这样的结果,是绝对不会到衙门存案的。

2. 限状。限状,即限定当事人在某个期限内将某事办好,类似于当事人所立下的保证书,只不过此保证书还有时间的限制。如下例:

> 具限状人王元臣,今于大老爷台前与限状事。遵依限得恩示,断蚁承买王泰安田地,蒙恩断令,蚁认刘佐汉税契酒水价钱共七百七十串文整,刘佐汉断交田价四百五十串,限十日承缴与刘佐汉,余银半月缴足,王泰安承领。中间不虚,缴状是实。
>
> 批:如限缴足,不得违延干咎。
>
> 乾隆三十五年十一月初四日具限状人王元臣　有押①

奇怪的是,本例是一份限状,结尾处应该用"中间不虚,限状是实",与此状开头的"具限状人"首尾呼应,然而我们看到的却是"中间不虚,缴状是实"。是笔误,还是故意而为之？笔者认为,此状虽名为限状,实则为一份有期限要求的缴状,是限状与缴状的结合体。

----

① 四川省档案馆:《清代巴县档案整理初编·司法卷·乾隆朝》(二),成都:西南交通大学出版社,2015年,第141页。

3.催状。催状就是催促衙门对某事进行处理,类似于今天公文处理程序中的"催办"环节。如下例:

> 具催状人忠里三甲孀妇彭吴氏,抱禀彭安泰,今于大老爷台前为催状事。情今二月,氏以棍欺□拆控曾彭氏与彭逢年将氏成配幼媳彭曾姑蓦嫁与李大有,拆氏子童婚等情在案。沐恩审讯,伊等蓦嫁氏媳不虚,断大有缴给氏钱六钏未领案悬,但氏媳系氏抚成,业与氏子婚配,遭伊擅拆,为此催恳复讯赏查究结,世代顶祝。伏乞。
>
> 被禀彭逢年、曾彭氏、李大有、刘三清,应质彭自福
>
> 批:案经讯明,彭曾姑即李曾氏并非该氏娴媳,系属李大有凭媒正娶之妻,因念该氏母子赤贫,逾格断给钱六串,以作氏子贸资,非分所应有也。今该氏并不赴案领钱,辙敢饰词妄渎,殊属可恶。本当提案严究,姑念妇女无知,着即遵断领钱具结完案,毋再违延。
>
> 同治十一年九月十四日①

显然,该案已经过初讯和审断,但彭吴氏对审断结果并不满意,故催促衙门进行复讯。知县认为彭吴氏饰词妄渎,让其立即遵断领钱完案。

4.报状。报状,就是向衙门报告某事,在内容和形式上与告状、禀状、呈状等文种较为相似。如下例:

> 具报状民胡元安,年六十四岁,系忠里七甲人,离城六十里,寓太平坊合兴店,抱报胡兴发(胡兴发是胡元安的儿子),年二十七岁,为势吓逼毙、报恳验究事。情蚁子胡兴顺妻故,

---

①《巴县档案》6—5—8092,同治十一年。

凭媒曾兴发娶王元道已嫁曾洪发为媳、醮女曾氏为媳、王曾两姓均允，蚁子始给财礼，迎娶过门，害遭恶棍王森泰等借索未允，串恶霸一方巨豪张勉之、赵登五、陈香亭等聚众抄毁，搂去曾氏，蚁迫以认醮毁搂，禀未沐准……逼蚁第五子胡兴隆情急，服洋烟毒毙命，投团约看明，害蚁人财两空，报恳作主验究。伏乞大老爷台前施行。

　　被报王森泰、王元寿、张勉之、赵登五、陈香亭，词内王元道、曾洪发，已死胡兴隆

　　投证简兴顺、陈洪发、邹席珍、彭松成、胡裕顺，应讯胡兴顺地邻卢万顺、卢春和、陈铁匠，乡约彭松山、卢盘之

　　同治十一年九月二十日具

　　（职衔略）李批：候验。①

　　胡元安具报王森泰等人搂抢儿媳曾氏，逼死儿子胡兴隆。经过审讯，胡元安供述胡兴隆的真正死因是"患病身死，与人无尤"，那么意味着胡元安捏报命案，此报状中的内容为虚。尽管如此，捏报人胡元安"应责从宽"，并没有受到惩罚。

　　5. 结状。结状就是当事人各方认同知县的审断结果、具结完案，或者是证明某种情况的相关字据。一般常见的结状②其名就

---

① 《巴县档案》6-5-8125，同治十一年。
② 又称"甘结"，是旧时向官府承担责任或承认了结的保证书。我们所见的结状，多是官府处理讼案后由当事人出具的一种结文，谓自承所供属实或结案。《六部成语注解》："凡官府断案即定，或将财物令事主领回者，均命本人作一情甘遵命之据，上写花押，谓之甘结。"见马建石、杨育裳主编：《大清律例通考校注》，北京：中国政法大学出版社，1992年，第892页，第948页，第1130页。

为结状,此外还有缴结状、领结状等,相对于纯粹的结状又有更
为具体的含义。"缴结状"是将人财物缴出所具的结文,"领结
状"是将人财物领回所具的结文。巴县档案中绝大部分告、诉、
禀状使用的是规定的状式,但也有少部分用的是白禀。比如《清
代巴县档案整理初编》(二)第3页的"乾隆二十九年七月二十八
日徐琳禀状",第4页的"乾隆二十九年七月二十八日刘邦贵禀
状",第6页的"乾隆二十九年八月初一日徐子文首状",第7页
的"乾隆二十九年八月初三日徐邦贵禀催状"等,用的都是白禀,
并不是规定的状式。这几份状纸中,只有第7页"徐邦贵禀催
状"的批语可见知县对此问题的不满"候讯,不得违式琐渎",其
余状纸的批语未见知县对不用状式的评价。相对而言,结状、保
状、领状等格式更为多样化,既有用竖条状纸的,也有用田字格
状纸的,还有用白状的。① 而且,有的结状、保状和领状既有知县
的条批戳记也有知县的批词,有的却只有批词,没有条批戳记。
从这些方面也可以看出,当时对诉讼当事人呈报给衙门的告、诉、
禀等状在状式上有较为严格的要求,而对当事人结案时在衙门所
具的保、领、结等状的状式要求则要宽松得多。除上面提到的缴
结状和领结状之外,结状中还有一些较为特殊的类型,比如悔结
状、舍结状、逐结状等。这几种状都是结状的延伸,又比结状增加
了新的含义和功能。

(1)悔结状。悔结状既有结状之用途,又有悔恨和表决心的
作用,相当于今天的"检讨书"。如下例:

---

① 根据张晓蓓的研究,白状主要出现在少数民族诉状、禀状、结状、恳状里,
见张晓蓓:《冕宁清代司法档案研究》,北京:中国政法大学出版社,2010
年,第40页。

　　具悔结状人刘樊氏,情氏赴府喊控陈大顺诱外孙女华秀英在姜姓家为娼,蒙发恩案讯明,华秀英并非氏女刘氏所生,与氏无涉,情甘取具悔结,不愿终讼,以免拖累。日后再不滋事,中间不虚,悔结状是实。

　　批:准结。

　　咸丰四年三月十六日具悔结状人刘樊氏　有押①

刘樊氏因外孙女被拐作娼,自持瓦块划伤头颅,赴府控案,发巴县审讯。经讯明刘樊氏外孙女并非其女儿亲生,知县要求刘樊氏具悔结完案。此案过程并不清楚,来龙去脉皆没有详细的叙述。即使华秀英不是刘樊氏女儿亲生,如果被拐作娼妓,知县也应该为其作主。从刘樊氏甘愿具悔结来看,她自伤赴府控案,诬告的可能性较大。

　　(2)舍结状。舍的意思是"放弃、不要了",舍结状应该是声明放弃某项权利、断绝某种关系所具的结状,类似于今天的"声明书"。如下例:

　　具舍结状人庹文魁,今于大老爷台前为舍结状事。情蚁子庹赶寿素行不法,强奸刘满姑,被获送案。今蚁情甘舍出,恳恩究治,舍结是实。

　　批:准结。

　　同治三年四月初九日具舍结人庹文魁　有押②

根据该状内容,庹文魁的儿子庹赶寿不法,被获送案,庹文魁情甘与儿子断绝关系,具结备案,所以此舍结状相当于一份断绝

①《巴县档案》6-4-5099,咸丰四年。
②《巴县档案》6-5-7286,同治三年。

父子关系的声明书。立此状还有一个目的,以后庹赶寿如若再有不法行为,与庹文魁就没有关系了,庹文魁不会受到牵连。

(3)逐结状。逐结状意为将某人驱逐出家门,断绝关系,同时就此事具结,以作为将来之证明,与前述舍结状较为相似。但此处所举案例的舍结状主要针对的是父子关系,而逐结状主要针对的是夫妻(妾)关系。如下例:

> 具结状。职陈虎岩(44岁,无子,娶王长仲妹妹为妾,随带一子,原名周开兴)今于大老爷台前为结状事。情职以串透拐逃具禀蒋正兴等在案,沐恩讯明,职妾陈王氏不守妇道,职当堂甘心出具逐结,日后恁从王氏改嫁,职不得后悔。中间不虚,逐结是实。
>
> 批:准结。
> 同治元年闰八月十二日具逐结人陈虎岩　　有押①

根据逐结状内容,陈虎岩之妾陈王氏不守妇道,陈虎岩情愿将其逐出,断绝夫妾关系,日后任随王氏改嫁。此逐结状既是对案件完结的宣告,同时也相当于一份休妻(妾)书,而且是在衙门出具并保存在档案之中,相比一般的休妻(妾)文约在法定效力上更胜一筹。

在巴县婚姻档案中,笔者还发现了一份逐帖。逐帖与逐结状、舍结状在意思上较为类似,主要是与某人断绝关系、划清界限的声明。但逐帖与逐结状和舍结状的不同之处在于,只有发生了诉讼才可能有结状,而逐帖是在日常生活中书写的较为单纯的声明书,与是否发生诉讼并没有直接关系。下例这份逐帖在诉讼档案中是以附件的形式出现的,作为证明材料使用。

---

① 《巴县档案》6—5—7141,同治元年。

　　立出逐帖人沈正发,今因堂侄不学正业,在外日嫖夜赌,由恐挪扯正发名色,在外赊取货不与胞叔相涉。兹此子人大心变,朝日在外,交朋处友,茶馆进酒馆出,屡屡不听约束,正发无奈,请凭亲友街邻将此子逐出。自逐之后,倘此子在各宝号接来衣物料片,概不与正发相涉。在外由恐亲友私借银钱等件,各有立承自问。正发无可奈何,只得写出逐帖通知,勿谓言之不先矣。①

　　沈正发堂侄在外屡次不法,不听约束,故而有此逐帖。其作用主要在于向亲戚朋友发出声明,已经将堂侄逐出,所有堂侄之事不与沈正发相涉。其实就是告知亲戚朋友,不要再向堂侄借钱借物,否则一切后果自行承担,沈正发不会再对堂侄的所作所为负责。根据此逐帖内容可知,"逐"字除了在解除夫妻(妾)关系中进行运用之外,也可以运用到解除父辈与子辈的关系之中。

　　6.辞状与认状。辞状主要在民众向官府辞去某项差事或者任务时使用。纵览巴县档案所载的辞状,主要与字水书院、东川书院的房屋田土租佃有关。辞状事由多为辞佃书院所有的房屋或田土,而当事人辞佃的原因,既有住居搬迁,也有无力耕种。如《道光五年二月十一日张玉川辞状》,张玉川原佃千厮坊铺面三间,共出押佃银 12 两,每年租银 28 两,以作字水书院膏火。因搬居另住,所以赴辕辞佃,恳请退还押佃银 12 两。《道光三十年九月十三日刘闻一辞状》,刘闻一承佃东川书院田土耕种,因无力耕种,所以赴案具辞,恳求退还押佃银 20 两。巴县档案中

---

①《巴县档案》6-5-8076,同治十年十二月初九日。

的认状与辞状完全相反。认状的本意是认充书吏、衙役等提出的申请书,①而巴县档案所见的大部分认状是认佃书院的房屋和田土,故有的认状又叫"认佃状"。如《道光十二年三月一日粮民李光华认状》,东川书院一处田业原系古万顺认佃耕种,后因古万顺亡故而另行招佃。李文华情愿认佃,缴押佃银 100 两,每年缴纳租谷四十五石。② 根据辞状和认状的内容可以发现,当时的民众既有认佃的权利,也有辞佃的自由,官府不会对其进行强行要求。

二、票

票之作用主要在于传达命令、发布指示,有限期缴回的规定。在巴县婚姻档案中出现的最多的票就是差票,③是由官府发给衙役执行公务时的凭证,而衙役执行的公务中就包含了传唤人犯及相关证人,也就是滋贺秀三所讲的传讯票。《福惠全书》也对此有所描述:"凡承票差役,俱于某日该承行执差号簿,逐名查比。如过限不销、究责。临比不到,差拿。如比日该房不禀,比以作弊责究。其销差之时,该差同原承行,持号簿当堂照号回销。原票附

---

① 裴燕生:《历史文书》(第二版),北京:中国人民大学出版社,2009 年,第276 页。

② 此处的辞状和认状见四川省档案馆、四川大学历史系主编:《清代乾嘉道巴县档案选编》(上册),成都:四川大学出版社,1989 年,第 47—48 页,第53 页,第 51 页。

③ 滋贺秀三又将差票细分为八种,分别为调查票、取证票、调解票、查封票、逮捕票、传讯票、遏暴票、督责票。转引自吴铮强:《龙泉司法档案所见晚清屡票不案现象研究》,《浙江大学学报》(人文社会科学版)2014 年第1 期。

卷。如稽留一票，重责二十板。"①从中可以看出，差票不仅要缴回，而且还要归档保存、留作查考。一般而言，只要诉讼被受理，知县就会发出差票，派差传唤相关人等赴案质讯、集讯，并由此做出判决。相反，如果案件没有被受理，也就不会有差票。前面曾经提到，巴县婚姻档案中有部分案件被受理并且知县也发出了差票，却没有相应的堂审等后续材料。这类情况主要可以分为两种：第一种是案件虽然受理，但相关当事人因为各种原因已经不愿意参加堂审了，却没有按照规定的程序请息销案，不了了之；第二种是后续的堂审材料以及其他相关材料丢失、破损或者在整理时被分到了其他案卷之中。

　　金生杨等发现南部档案中除差票之外，还有与差票的格式和功能都极为类似的签。

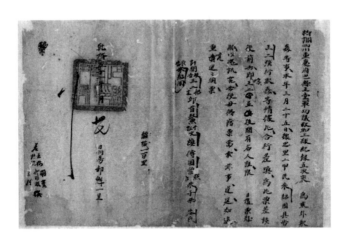

---

①转引自雷荣广、姚乐野：《清代文书纲要》，成都：四川大学出版社，1990年，第112页。

图1-2　乾隆五十一年巴县衙门差票、光绪二十九年南部县衙门签①

如图1-2所示,票与签的区别主要有如下几个方面:票的被唤人员名单开列于后,而签的被唤人员名单夹叙在正文之中;票的事由部分和正文中的表述分别是"为差唤事""随票赴县""去役毋得借票需索",而签则是"为签唤事"或者"签仰该役前往""随签带县""去役毋得借签需索";票的结尾是"速速,须票",而签的结尾则是"速速,须签"。尽管二者功能大体相同,但确实是两个不

①乾隆五十一年巴县衙门差票来源于四川省档案馆编:《清代巴县档案整理初编·司法卷·乾隆朝(二)》,成都:西南交通大学出版社,2015年,第63页。这个案件的大致内容是:乾隆五十一年三月二十五日,朱绍周具告状,称其子媳岑氏孤身在外捡柴,被邱首鳌的雇工王二窥见,起意欺奸,岑氏不从呐喊。因儿子朱子荣年仅16岁,还卧病在床,所以朱绍周赴案具控,要求将王二"叩拘讯究、以正刁风",知县批"准唤讯,诬告反坐",准予受理。三月二十七日,县衙发出差票,要求差役将相关人等唤案讯究。四月初十日,邱首鳌具诉状称自己与本案毫无关系,其雇工王二也没有调戏欺奸之事,不应将他株连,知县批"原差速带讯结",依然要求邱首鳌到案参加堂审。四月十四日堂审,有审单和供词。

同的文种。相对而言,票更为多见,签数量较少。① 此处重点对
诉讼档案中普遍存在的票进行分析。此票全文如下:

> 特调四川重庆府巴县正堂军功议叙加三级纪录五次衷
> 为乘外欺奸等事。本年三月二十五日,据忠里二甲民朱绍周
> 具告王二强行欺奸等情。据此,合行差唤,为此票差该役前
> 去,即唤王二并后开有名人证,限日随票赴县,以凭讯究。去
> 役毋得借票需索、滋事、迟延,如违重究。速速。须票。
>
> 计开:被告王二,招主邱首鳌,干证文焕、傅国顺,词照朱
> 子荣、岑氏,原告朱绍周
>
> 离城一百里
>
> 乾隆五十一年三月廿七日刑房邹魁一呈
>
> (行)稿
>
> 差(略)

一份完整的差票包括作者、事由、案情简述、对差役的要求、
文种、需唤案的人员名单、日期、差役姓名等信息。作者即知县,
本处是"特调四川重庆府巴县正堂军功议叙加三级纪录五次衷",
用的是全衔。清代的全衔就是官员在署衔名之时,除标出当时的
职务外,往往还将所有的兼职、加衔、加级、纪录都全部标出,非常
冗繁。此处的衷知县全名衷以壎,是南昌人,于乾隆四十九年任
巴县知县,其实此全衔中除"四川重庆府巴县正堂"之外,其余均
为虚衔。也有的差票并不标明全衔,采用的是简写的形式。如道
光年间的一份差票,使用的是简衔"巴县正堂杨",然后用稍小的

---

① 详见金生杨、袁慧:《差票与签、存查的对比分析——以〈清代南部县衙档
　案为例〉》,《西华师范大学学报》(哲学社会科学版)2017 年第 5 期。

"全衔"两字书于右下方,代替繁杂的全衔"特调四川重庆府巴县正堂加三级随带加一级纪录十二次杨"。在巴县档案中使用全衔的除了差票之外,最为常见的还有正规状式中知县批示域部分的条批,就是由知县全衔外加"批"字所构成的。就笔者所见,正规状式中条批部分使用的均为全衔,而差票中既有使用全衔的,也有使用简衔的。

"为乘外欺奸等事"则是差票的事由,一般事由都用"为……事"这种形式来表示,与告状中的事由表述方式类似。其实差票中的事由也就是告状中的事由,只不过在具体书写的过程中可能会有所删减。比如本案原告朱绍周的告状中事由用的是八字硃语"乘外欺奸、唤□法究",而在此差票中则省略了后四个字,只用了"乘外欺奸",外加一个"等"字,后面邱首鳌的诉状中同样将后四个字省略,"否绍周于廿五日以乘外欺奸事控王二,株连蚁为招主在案"。

"本年三月二十五日,据忠里二甲民朱绍周具告王二强行欺奸等情",是简短对告状情由进行介绍,主要介绍告状的时间、原告(通常将原告的籍贯也一并标出)、被告、缘由几个方面。也有并不介绍时间的,直接以"案据"开头,如"案据仁里七甲民罗仕林具告薛喜等一案"。"据""案据"都是差票中常用的领述词,表明下面这个案件是有案可查的,有"根据……案件"的意思。

"据此,合行差唤"是结转句的一种形式,相当于"所以(因此),应当派差唤讯",起承上启下的作用。"为此票差该役前去,即唤王二并后开有名人证,限　日随票赴县,以凭讯究",差票中特别提到了被告王二,其实后面开列的名单里已经有王二的名字了,此处应该是特别强调的意思。如果被告不到,将直接影响到堂审的正常进行。"限日随票赴县",说明差役将被告和人证等传唤到案应该是有时间限制的,只不过这句话大多没有实际意义,因为此处为空白,并没有填注具体的时限要求。从该案的情况来看,三月二十七日发出差票,四月十四日堂审,中间隔了十几天的时间,也说明并没有对时限进行特别的要求。另外,从四月十日邱首鳌具诉状来看,估计差役唤讯邱首鳌时遇到了阻力,邱首鳌并不同意赴案参加堂审,因此具诉状要求不被株连到案,只不过知县并没有同意他的请求,依然要求他参加堂审。还有的差票上有"定限……日销"字样,标明此票有缴回期限,"大约三十里限次日,六十里限三日,九十里限四日或五日"。① 但是在这份差票上并没有缴回期限。

　　"去役毋得借票需索、滋事、迟延,如违重究"是对差役的要求:不能需索,也不能滋事、迟延。几乎每一份差票上都有同样的表述,这说明确实存在差役"借票需索、滋事、迟延"等情况,而且还比较普遍。对于薪水很低的差役来说,②每年6两银子完全不

---

① 雷荣广、姚乐野:《清代文书纲要》,成都:四川大学出版社,1990年,第112页。
② 根据《巴县志》的记载,巴县额设衙役103名,因钱粮不敷,只招募37名,每名岁支工食银7两2钱。康熙五十七年六月,每名加增6两。雍正五年二月内,裁革灯夫4名,存留衙役33名,每名岁支工食银6两。乾隆二年十二月,裁减皂隶4名,保留衙役29名,其中内门子2名,皂隶12名,马快8名,轿繖扇夫7名,每名岁支工食银6两,共银174两。由此可见,巴县衙役的数额在不断减少,每年领取的工食银也在减少,雍正、乾隆年间衙役的薪水基本维持在每年6两银子的水平,这样的薪水完全无法应对每天的生活费用。瞿同祖在《清代地方政府》一书中也对此有所论述:各种衙役的年薪,在大多数地区大约都是6两银子。显然,这样的低薪无法让人糊口。每天仅有2文或3文钱收入,这点钱仅可供他和妻子每天吃一顿饭。见瞿同祖:《清代地方政府》,北京:法律出版社,2011年,第101页。正因为如此,衙役收取陋规费、借票需索(索要的名目众多,如酒(转下页)

可能养活一家老小，一票在手，就相当于拿了一把滋索敛财的尚方宝剑，肯定不会也不愿轻易放过这个机会。虽然每一份差票当中都有这么一句严厉的提示和警告，但是否能够真正对办案差役有所警示和约束，却另当别论。①

"速速，须票"也是几乎每一份差票当中都有的固定结尾词，在其他文种中也有类似的表达，如"速速，须牌"等。"须票"表明该文书的文种是票，全称应该是"须至票者"；"须牌"表明此文书的文种是牌，全称应该是"须至牌者"。②

在这之后，就是该案件需要唤讯的人员名单，如图1-3，用"计开"二字列出，相当于"开列于后"的意思，分别有被告、招主、干证、词照、原告等项。这些人中，并不一定所有的人都会到案参加审讯。根据审单可知，本案真正到堂的只有原告朱绍周、被告

（接上页）钱、饭钱、鞋袜钱、车船费等等）等现象已经是公开的秘密。汪辉祖曾经提到"持堂签的衙役凶恶如虎狼，被传唤者常于到公堂之前已经倾家荡产"。因此，在这种背景之下，尽管每一份差票当中都会对衙役特别提醒，但要真正产生作用却是非常困难的事情。从另外一个方面来看，即使衙役不主动需索，诉讼当事人也可能会为了寻求诉讼的便利或者得到特别的优待而对衙役行贿，或谎称生病不能赴县参加堂审，或有意拖延时间等等。

① 就笔者所见，巴县档案中很少有诉讼当事人或其他相关人等向县衙禀告差役存在借票滋索及其他不法现象。既然不存在此类现象，为何每一份差票当中都会对差役进行警告，无疑这两者是自相矛盾的。

② 尹伊君认为，票和牌的使用既有交叉也有不同，牌只限于拘提人犯、催督公事，而票所使用的范围更广。但在实际使用时，二者有时并没有严格的区分，所以民间经常将"牌票"并称。见尹伊君：《故纸遗律：尹藏清代法律文书》，北京：北京大学出版社，2013年，第11页。具体对信牌和差票的沿革和发展进行详细论述的可见吴铮强：《信牌、差票制度研究》，《文史》2014年第2辑。

王二、招主邱首鳌三人，干证文焕、傅国顺以及词照朱子荣、岑氏均未到案。

图1-3　乾隆五十一年四月十四日县衙审单①

　　其中，岑氏作为该案重要的当事人没有到案参加堂讯似乎不太合适，从案件记录中也无从获知岑氏没有到案的具体原因。关于妇女是否应该传唤到案的问题，学界有不同的观点，有人认为考虑到妇女的颜面，司法审判应尽量避免传唤妇女，不到万不得已，不要令女人出庭。② 但我们在巴县档案所反映的基层司法实践中发现，只要是案件审理需要，就会传唤与案件相关的妇女到案审讯。本案中岑氏作为重要的当事人，理所应当被传唤到案，而且差票所开列的传唤名单里也有岑氏，只不过她本人因为各种原因未赴案而已。堂审记录中虽然频繁提到岑氏，但并没有对岑

---

①四川省档案馆编:《清代巴县档案整理初编·司法卷·乾隆朝(二)》,成都:西南交通大学出版社,2015年,第66页。

②杨剑利:《论清代妇女的社会地位——从清法典看》,《江海学刊》2006年第3期。

氏不到案的具体原因进行特别说明,如图1－4。

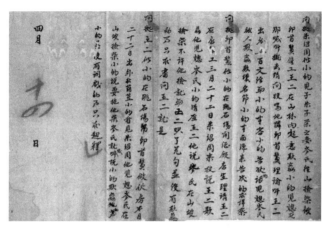

图1－4　乾隆五十一年四月十四日堂审记录①

在传唤名单之左有"离城一百里"的字样,这是标明诉讼当事人家庭所在地离县衙的距离,此处的距离应该就是当事人所具状式中填注的距离。如果是本城人,即标注"本城"字样。本案中朱绍周在告状中填注的距离就是"离城一百里",与差票中所述一致。此处标注出当事人离城距离主要与差票的缴回期限有关。前面曾经提到,距离不同差票的缴回期限也不相同,30里左右次日缴回,60里左右限3日缴回,90里限4日或者5日缴回,本案100里估计限期在6日左右。但也有的差票并不对离城距离进行标注。

差票日期之左是知县手书的"行",其左上方的位置有一"稿"

①四川省档案馆编:《清代巴县档案整理初编·司法卷·乾隆朝》(二),成都:西南交通大学出版社,2015年,第66页。

字。"稿"表明这是书吏①拟定的一份草稿,刑房作为承办该案的部门,先行拟定这份文稿,然后呈给知县审阅。知县在审阅的过程中,也会对文稿本身进行一些修改,使得文稿更加文从字顺、符合要求。比如知县对这份差票中的两句话做了四处修改:

1.原句:"即王二等并唤后开有名人证"。知县对这句话进行了三处修改,在"即"字后面增加了"唤"字,并将"王二"后面的"等""唤"二字删去,变成了"即唤王二并后开有名人证",句子更为通顺流畅。

2.原句:"如违重责"。知县将"责"字换成了"究"字,变为"如违重究"。"重责"和"重究"两词意思相近,考察其他差票,既有用"重责"的,也有用"重究"的,而且衷知县本人也是两个词都在使用。如图1-5所示,这份差票中,衷知县特地将"如违重究"改成了"如违重责"。可见,两词本身并无太大的区别,都可以使用。

除了对文字和语句进行修改之外,知县还会在文稿上做一些标记,比如对文稿进行标点、对差票中的人名做标记、填注具体日期等等。修改和标记完毕,如果知县对文稿审核认可、再无异议,就草书一"行"字,称为"画行"或者"判行"。笔者认为"画行"中的"画"字用得极为贴切,因为我们所见到的"行"字都是龙飞凤舞的,真的是像"画"上去而不是写上去的。本处衷知县画的"行"字非常有特点,左边的双人旁写得很短,而右边的部分则用很长的

①书吏:中国古代承办公文的吏员,也称书办,清代内阁和在京衙门均有书吏且定员。外省总督、巡抚、学政、各仓、各关监督的胥吏,也称书吏。书吏往往父子兄弟相传,虽然职位卑微,但常与长官狼狈为奸,暗操实权。见马建石、杨育裳:《大清律例通考校注》,北京:中国政法大学出版社,1992年,第1119页。

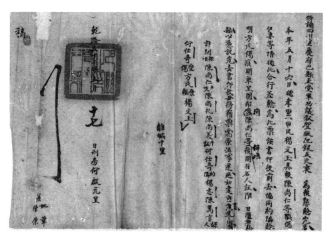

图 1-5　乾隆五十二年五月十七日差票①

竖钩来代替。之所以将"行"字写得如此有艺术之感,其实主要目的在于防伪,类似于今天领导的签名,一定要写得有特点,使得别人无法或者不易模仿。"行"即为"可以"之意,相当于今天的"同意"二字。从公文处理的程序来看,知县画行类似于今天公文的"签发"程序,表明知县已经同意发文了,此稿即从草稿变成了定稿,具有了法定的效力。本来定稿是需要经过书吏誊正后以正本形式再行下发的,但是在巴县档案中,有很多类似的稿本在知县修改画行之后就直接下发了,就是俗称的"稿本同一",即草稿、定稿、正本三种稿本的合一体。这种情况在今天的公文处理中是不被允许的,但是在清代却被广泛使用。从另外一个角度来看,"稿本同一"这种现象对衙门中各方的权责、案件从接收到审理的流程、知县所扮演的角色甚至知县的改稿思路都有更为全面的体

_____

① 四川省档案馆编:《清代巴县档案整理初编·司法卷·乾隆朝》(二),成都:西南交通大学出版社,2015年,第76页。

现,我们也能从中对差票从草稿到定稿再到正本的形成过程有更为清晰的了解和认识。当然,我们所见到的"稿本同一"的情况一般只限于下行文,上行文和平行文中不存在此类情况。

除这种最为常见的差票之外,还有唤票、关票、解票等。下为唤票:

> (前衔略)李为并票差唤事。案据本城崇因坊民杨炳南与季国鼎互控各情一案,据此合行并票差唤。为此票仰该役前去协同约保即将后开有名人证逐一唤齐,依限随票赴县,以凭讯究。去役毋得借票需索、滋事、延迟,如违重究不贷。慎速。须票。
>
> 计开:被告朱大、彭氏,街证刘卓堂、杨松南,应质杨季氏,词列被首季国鼎、柯二,投证陈树轩,族证杨成章、季国顺,院邻戚玉顺,原告杨炳南,抱首季怀安,互控季国鼎。
>
> 同治十年三月□日差
> 县(行)定　限①

下为关票:

> 钦加知府衔当戴花翎在任候补直隶州特授重庆府正堂吕为备文移关事。票仰该役持领公文前赴巴县正堂霍大老爷衙门告投交割明白,守候添差协唤此案要被陈其昌务获到案,赐文点交来役领押回县归案讯究。去役沿途小心,毋得借票滋延,致干查究。慎速。须票。
>
> 计移关要被陈其昌
> 光绪三十二年十月初九日 差吴清、韩满关唤

---

① 《巴县档案》6-5-8005,同治十年三月。

县(行)定限回日销①

从上例的唤票、关票以及巴县档案中解票的格式和内容来看,与差票大同小异。区别主要体现在:第一,事由表述有差别。前面提到,差票中关于事由的表述,一般与诉讼人状纸中的事由表述相同,但唤票的事由一般表述为"为差唤事",而关票的表述一般为"为移关事",解票的表述一般是"为移解事"。第二,唤票和关票的末尾部分大多有缴回时限,而差票一般是在正文中表述"限　日随票赴县"。相对而言,差票与唤票更为接近,均为差唤讯究之意,而关票不仅有差票的全部功能,还更为突出其移关差唤之意,解票则更为突出其移解之意。

第二节　契约、庚帖

巴县婚姻档案中的契约类型多种多样,其中最为多见的就是与婚姻有关的各种契约。这些契约多为私人契约,本应该保存在立约当事人双方手中,之所以在官方的档案中出现,主要是作为诉讼和审断的凭据。而庚帖则是订婚男女双方互相交换信息的文书,最能体现婚姻的特征,具有很强的民间性,而且对当事人双方都具有一定的约束力。

一、契约

杨国桢指出,凡是社会生活中发生的种种物权和债权行为,需要用文书的形式肯定下来,表示昭守信用,保证当事人权利和

①《巴县档案》6－6－25416,光绪三十二年十月。

义务的履行,便形成契约文书。① 巴县婚姻档案中的契约非常多见,有的与物权和债权相关,更多的则与婚姻相关,体现了婚姻关系的方方面面。这些契约附在相应的状纸后面,作为诉讼的证据。具体契约将在相应的章节进行阐述,本处主要对巴县婚姻档案中出现的契约种类及其特点进行分析。

1.与婚姻有关的各类契约。巴县婚姻档案中所见与婚姻有关的契约种类很多,不管是主婚、结婚、退婚还是离婚,都可能会产生相应的契约。需要说明的是,这些契约都是民间订立的民契,因民契未经官府,未履行纳税手续,不盖红色官印,所以又称为白契。② 尽管这些民契没有经过官府见证,但依然具有法律效力,一旦发生诉讼,将是审案过程中的重要证据,对审断结果产生重大影响。在称谓上,婚姻契约大多称“文约”,也有的称“字约”,比如主婚文约、自行主嫁文约、退婚文约、退亲文约、离异字约等。也有在“文约”“字约”之前再加“甘愿”“情愿”“承认”等限定语的,比如甘愿退婚文约、甘愿除约退婚文约、甘愿离异字约、情愿自行主嫁字约、承认退姻再嫁文约等,以表明该文约是在当事人心甘情愿的情况之下书立的,并无逼勒等情。这类契约在格式上较为一致,一般分为几个部分:立出 XX 文约人 XXX、契约具体内容、双方的权利和义务、中证人、立约时间、立约人签署画押。

如下例:

立出主婚文约人张刘氏,情因生育四女,将配何赓阳为

---

① 杨国桢:《明清土地契约文书研究》(修订版),北京:中国人民大学出版社,2009 年,序言。
② 裴燕生:《历史文书》(第二版),北京:中国人民大学出版社,2009 年,第316 页。

室,数载无出。因赓阳夫室不睦,甘愿退回娘家,恁从娘家择配,何姓母子不得阻滞。于同治二年九月二十八日请凭媒证许永兴等说合,嫁与邓飞鹏(30岁,武生)名下为妾。自过门之后,倘有灾病不测,娘家老幼人等不得异言。嗣后何姓与张姓口角,亦不与邓姓相涉。此系张氏母子心甘意愿,并无逼勒套哄等弊,张何二姓已在未在戚友均不得异言称说。今恐人心不古,特立主婚约一纸为据。

凭许永兴、周正川、张世庆笔　同在

同治二年九月二十八日立出主婚文约人张刘氏　有押①

张刘氏四女配何赓阳为室,因多载无出,加上夫室不睦,其女被退回娘家,听凭娘家择户另嫁。此约就是张刘氏将女儿改嫁武生邓飞鹏为妾的主婚文约,在文约中明确今后如果何姓与张姓之间发生纠纷,不与邓姓相涉。

还有的契约仅从名称上判断,会以为与婚姻没有太大的关系,但深入研究契约内容,才发现其实就是主婚主嫁文约。如下例:

立出甘心主送字约人刘长桂,情因夫室所育之子明德幼配萧氏为室,过门数载不絜。不料至今年岁大旱,日食难度,父子娘母商议,请凭族邻罗大顺等自甘将妻萧氏送与杨松山为室。此系长桂主送之后,身父子不得妄生枝节。倘有异日翻悔,恁随松山执约禀公,身父子自甘坐罪。此系心甘意悦,中间并无逼勒等情。今时人心巧变,故立送字与松山永远为据。

---

① 《巴县档案》6-5-7239,同治二年。

同治十一年十月十二日立主送字约人刘长桂、男刘明德有押

　　凭证　罗大顺、刘万全、张静安、李级三、杨进修笔　同见①

上述文约名曰"甘心主送字约",仅从字面上无法看出其实质内容,仔细阅读文约后才发现此文约是一份送妻文约。立文约的人是刘长桂,送的是刘长桂的儿媳即刘明德之妻萧氏,送的原因是年岁大旱、日食难度。也就是说,因日食难度,刘长桂立约②将儿媳萧氏送给杨松山为妻。实际上这份主送字约就是一份主婚改嫁文约,因为文约中所述萧氏改嫁并没有涉及到财礼问题,所以称之为"送妻",与"嫁卖生妻"有所区别。但实际上通过阅读该案卷的其他档案材料才发现,尽管这份文约中并没有涉及到财礼问题,貌似"送妻",而真实情况却是杨松山为了娶萧氏为妻,向刘长桂父子支付了财礼银。由此可见,刘长桂以"送妻"之名,行"嫁卖生妻"之实。没有在文约中说明真实情况是为了掩人耳目,毕竟当时"买休卖休"是被官府和律令所禁止的行为,一旦被告官,可能会面临惩罚。

2.和睦字约、杜患文约、服约。和睦字约一般是婚姻、家庭或邻里之间产生纠纷之后,当事人所立的类似于保证书之类的文

①《巴县档案》6-5-8436,同治十二年正月。
②尽管文约末尾署名处有刘长桂及其儿子刘明德二人的名字,但在文约开头立约人处却只有刘长桂一人的名字。这种文约始末立约人并不完全一致的情况在巴县档案及其他各地的契约中广泛存在。对这个问题的相关论述,也可见张晓霞:《契约文书中的女性——以龙泉驿百年契约文书和巴县婚姻档案为中心》,《兰州学刊》2014年第8期。

书。如下例：

> 立出和睦恁字约人吴成桂，务【误】听闲言，因八月二十三日与杨开来口角生非，并未理说。吴姓去渝具控，具禀以欺奸未成在案，蒙恩祥主未结。今伊回场，街邻众说二家系属戚谊，不忍参商，成桂自知妄违，无得拖累杨姓。甘愿出立永敦和睦恁字，其中并无勒逼等情，以是为据。
>
> 凭众　　周万顺、张亦乐、周瑞华、庞金生笔　　同在
>
> 咸丰元年十月二十三日立出和睦恁字人吴成桂　　有押①

根据字约内容可知，吴成桂与杨开来之间产生口角纠纷，就去渝城以欺奸未成具控杨开来在案，回来后在街邻等人的劝说之下，立出此永敦和睦字约，相当于承认自己的错误，并保证今后不再寻杨开来的麻烦。但从字约的表达方式来看，此约不像是吴成桂本人所立，比如字约中的"吴姓去渝具控"，应该用"成桂去渝具控"才符合第一人称的表达习惯；再如"今伊回场"，"伊"是"他"的意思，显然是第三人称的表达方式，如果是吴成桂本人所立字约，也应该用"今成桂回场"，与后面的"成桂自知妄违"相统一。从这些细节来看，此份文约并不是吴成桂亲笔所立，应该是中间人以第三人称身份写好后，再由吴成桂画押而成。其实，我们所见到的这些契约，绝大部分都是由熟知契约格式和语言特点的中间人代替当事人所立，再由当事人画押产生正式的效力。这个中间人、代写人类似于代书，只不过不是官代书，而是民间以此谋生的人，也可能是当事人身边的文化人。只不过在书写契约内容的时候，这个代写人并没有考虑到立约者应该使用第一人称进行

---

① 《巴县档案》6-4-4920，咸丰元年。

表达。

杜患文约的功能与和睦字约较为接近,也是表明态度、杜绝后患、对未来的行为进行保证。在具体使用时,一般不会单纯以"杜患文约"作为文约名称,而是要加上一些限定语和修饰词,以增强其表达效果。比如"永杜后患文约",加上"永"字,以表明自己的决心和态度。此外,还会根据文约的具体内容和实际功能加上其他的词汇,比如"甘愿息讼、以杜后患合约""自认承领、永杜后患文约"等,既表明了杜绝后患之意,还表达出了甘愿息讼、自认承领的状态,使得文约具有了多重功能。如下例:

> 立出永杜后患文约人田甫三,情因凭媒娶张义和次女为婚,事后携氏至津邑居贸。张姓访闻甫三将伊女在津邑逼良作贱,因到津邑接伊女回渝,即控甫三在案,甫三亦诉控义和。去腊金主审讯,候查实再行结案,至今尚未了结。请凭街邻保正,情愿了结,入手领张姓讼费二十两。自此以后,甫三恁从张姓将女改嫁,并不得将伊女仍在家长住。倘日后长留居住,恁凭甫三执约禀公。若甫三另行滋事,亦恁张姓执据控案。今欲有凭,特立文约一纸为据。
> 在证人 寇洪顺、陈达三、何元泰、简芝兰、程利金、刘致远 同目
> 同治八年三月初十日立出永杜后患文约人田甫三有押①

根据文约内容,田甫三娶张义和次女为婚,将妻子逼良作贱,双方互控在案。经凭街邻保正调解,张姓支付 20 两银子给田甫

---

① 《巴县档案》6－5－8397,同治八年。

三,将女儿领回改嫁。张姓不能将女儿留在家里长住,田甫三也不得再行滋事。一旦今后双方发生纠纷,此文约就是解决纠纷的依据和凭证。

服约的功能也相当于认错书和保证书,表明当事人已经认识到自己所犯的错误,同意调解或者处罚方案,并对未来进行保证的文约,与和睦字约、杜患文约在功能上较为接近。在具体使用此类文约时,除了"服约"之外,还有根据其功能需要衍生出来的"承认服约""服认约""服领约"等。以下是一份服认文约:

> 立出服认文约人陈全发,情身与堂兄儒发同院居住。因兄外出,见嫂傅氏在家,身一时陡起淫心,乘势搂奸,嫂不甘从,当喊近邻得知。凭团族理剖,众斥身不应以下犯上,有乖伦常。身自知情亏罪重,再三哀求免送究治。公议罚菜油三十斤,以作永兴庵焚献。当凭族长责惩二十板,永不忘【妄】为。倘俟后再蹈覆辙,凭在场人等执约禀官,甘受应得之罪。当立服约一纸,付与族中永远存据。
>
> 在见人　陈可权、张人和、陈临轩、陈勉三、金禹顷、方荆山、陈元兴谢锦堂笔　同在
>
> 光绪四年六月初三日立出服认文约人陈全发　有押①

陈全发妄图欺调堂嫂,凭团族调解,认识到自己的错误,哀求不要送官。公议罚菜油30斤,并责惩20板,立出服约,今后不再重蹈覆辙。

以下是一份服领约:

> 立出心甘服领约人江段氏同女王江氏,情前与王元吉为

---

① 《巴县档案》6—6—23707,光绪四年六月。

妾,至今数载,夫室并无嫌疑。突于本月十七夜,忽与邹万权苟合为奸,元吉亲身拿获送究。江段氏母女哀求街邻房众,自甘恁罪,以免羞辱,两顾廉耻。段氏自愿领人回家,另行出嫁,再不得与元吉借事需索,亦不得与万权苟合从事。日后倘有异故滋非,任凭元吉执约禀究。此系心甘意悦,其中并无逼勒等弊,今欲有凭,特立甘心服领约一纸交与元吉永远为据。

　　凭 曹有彪、王小山、陈辉堂、李琢堂、熊春林、邹万权笔同目

　　同治九年腊月十八日立领约人江段氏　有押①

此案涉及通奸,奸夫邹万权判枷号②一个月,奸妇王江氏母亲江段氏立出心甘服领约,约定由娘家将奸妇领回另行择户,但知县显然对此并不认同,不但没让江段氏将女儿领回,反而断将其发交官媒。这个案例也说明,尽管民间可能已有调解方案并且已经立出了相关的契约,但官府并不一定会认同民间已经达成的协定,还是会根据案件的具体情况做出相应的判决。

　　3.过继承祧文约、抱约。过继承祧文约是在过继过程中为保证双方权利和义务而形成的文约,如下例:

---

① 《巴县档案》6—5—7991,同治九年腊月。
② 枷号:刑罚的一种。将木枷套在犯人颈上,写明罪状示众。清代康熙八年,禁囚不用长枷,只用细链,枷号遂专为行刑之用。初时,枷号不过1至3个月,后竟有论年或永远枷号者。枷重,前后各不相同。清初定为重枷70斤,轻枷60斤;乾隆五年改定,枷俱重25斤;嘉庆以降,重枷断用35斤。见马建石、杨育裳:《大清律例通考校注》,北京:中国政法大学出版社,1992年,第1038页。

过继增祧文约人向氏,情氏再醮蒲门,随带一子长寿(6
岁,原名张长寿),戊辰年二月二十五日巳时建生,随继夫抚
育年余,夫亡。氏本籍长邑,两族无人,凭媒说合,又醮与刘
静为妻,长寿过继,以增宗祧,更名刘福荣。恁随刘姓教育,
长大成立婚配,如亲生一般照股【顾】,均派永不还宗姓,亦不
得异心刻薄。过继之后,福荣易长成人,大振家孙繁衍,不负
初心。今欲有凭,特立过继文约,永远存据。

　　凭证　蒲桂元、蒲桂芳、牟文楼、袁一品笔　　同在
　　同治十二年四月二十八日立过继人刘向氏　　有押①

要想了解此过继承祧文约在案件中所起的作用,必须要了解
该案件的基本情况。根据案卷的告状、供状等材料可知如下信
息:向氏,原配张姓,生有一子名为张长寿,夫故后再嫁蒲姓,岂料
一年多以后蒲姓也去世了,向氏再嫁刘陈礼(契约中名为"刘
静")②为妾,儿子张长寿也抱给刘陈礼为嗣,书立抱约。后来,刘
陈礼到贵州办事,回来就发现向氏又带着儿子再嫁给殷家冬为
妻。据向氏供,刘陈礼把她当做做女,她不愿意,刘麻二的母亲刘
蒲氏为媒,向氏自行主嫁,并且把已经过继给刘陈礼的儿子也一
同带走了,因此刘陈礼具控在案。判:蒲向氏不应改嫁,将其掌
责;刘蒲氏不应做媒,姑念年迈,把他儿子刘麻二代责,从宽发落。
谕令殷家冬赔还刘陈礼的衣物,蒲向氏当堂呈出抱约附卷,各结
完案。此案中蒲向氏到底是跟随刘陈礼回家,还是仍然与殷家冬

---

①《巴县档案》6－5－8305,同治十二年。
②关于契约中的姓名与诉状中的姓名不一致的问题,在巴县档案中经常见
　到。如本例契约中的刘静在诉状中名为刘陈礼,但是根据案卷内容可知,
　刘静与刘陈礼实际上就是同一个人。

为妻,从供状中看不出来。刘麻二代替年迈的媚母受罚,这一点
应该引起注意。而且,在告状和供状中并没有出现"过继增桃文
约"的说法,只是两次出现了"抱约":一次是讲述将张长寿抱给刘
陈礼为嗣并书立了抱约这个事实,另一次是知县在判词中要求将
抱约附卷,实际上就是宣布抱约已经作废。由此看来,这份过继
增桃文约实际上就是告状和供状中提到的"抱约",这二者在形式
和内容上应该是相同的。但我们在巴县婚姻档案中也同时发现
了以"抱约"命名的文约,如下例:

> 　　立出抱约人胡张氏,情因早年夫故,家中日食难度。
> 同治元年,以土匪扰乱,母子无靠,特得来渝殃【央】请亲
> 族徐兴顺说合,凭媒出阁与李姓名下为室。至于前门之
> 子,乳名胡义桃,想来此子无人今【经】理,特请唐洪顺、洪
> 致祥说合,凭众抱与李品盛名下为子,易日长大成人,永
> 不许还宗。恐有胡姓老幼人等以【已】在未在不得异言,
> 若有风寒暑湿,各安天命。倘有李姓不贤,以说合人是
> 问。再者夫妇不各,亦不能与此子相涉。恐口无凭,特立
> 抱约一纸付与李姓存据。
> 　　凭证人 李福斋、李象田、刘天盛、李尚志笔　同在
> 　　生于戊午年腊月初四日已时,在重庆府巴县仁里十甲地
> 名插秧坪江家湾生长人氏
> 　　同治元年冬月二十八日立出抱约人胡张氏　有押①

　　此抱约讲述的依然是妇女夫故再嫁并将儿子出抱的故事。
但此文约中胡张氏再嫁李姓名下为室,儿子抱给李品盛名下为

---

① 《巴县档案》6-5-7885,同治元年。

子,到底此李姓与李品盛是否是同一个人,我们无法得出结论。

　　笔者认为,过继承祧文约与抱约是属于同一种类型的文约,但两者之间应该有细小的差别。过继承祧文约特指将儿子过继给别人承祧所立下的文约,而且主要针对的是有多个儿子的父母将其中一个儿子过继给没有儿子的亲属,尤其过继给兄弟的情况较多。比如"立出过继承祧文约人蓝通顺,同室周氏。情身父母生育兄弟二人,弟通发。身生子三人,弟通发娶室张氏,生育未成。弟兄商议,身将三子光富过继与弟通发夫室名下承祧为嗣"。① 或者再嫁妇女将儿子过继给后夫抚养,成人以后不得归宗,正如上面胡张氏立出的文约。相对于过继承祧文约,抱约的范围似乎更为广泛一些:首先,在被出抱人的性别上,抱约不仅包括儿子的出抱,还包括女儿的出抱;其次,在承抱人的身份上,抱约不仅包含出抱者的亲属或者妇女的后夫,也包含其他非亲属,类型多种多样。比如巴县婚姻档案中较为常见的将女儿出抱与他人抚养所立出的抱约,出抱方与承抱方之间可能是亲属,更可能是经人介绍的非亲属,甚至还可能是娼家。

　　二、庚帖

　　庚帖,又名庚书、婚书。② 旧时订婚,男女双方要互换红色的八字帖,帖上要写明男女双方的姓名、生辰八字、籍贯以及祖宗三

---

①《巴县档案》6－6－23792,光绪七年又七月二十七日。

②绥远县的婚姻契约有婚书和庚帖两种称谓,聘在室女所立之婚约称"庚帖",寡妇再醮之约称"婚书"。下又有备注称:名称虽异,内容皆同。见前南京国民政府司法行政部编:《民事习惯调查报告录》,北京:中国政法大学出版社,2005年,第852页。

代的相关信息。男女双方互换庚帖以表示向其求婚或定婚,所以庚帖是古代互相制约男女双方并具有法律效力的一种文书。①巴县婚姻档案中,能见到一份完整的庚帖实在不易,就连四川省档案馆的陈翔也感叹:清代民间结婚用过的庚帖保存下来的十分稀少,在四川省档案馆保存的 10 万余卷清代巴县档案中,仅见到数件,均是作为民事诉讼的证物附卷存留至今的。②笔者在巴县婚姻档案中爬梳多年,也仅见过数件庚帖,而这些庚帖大都残缺不全,不能完整清楚地进行识读。此处要介绍的是其中保存较为完好的一件。需要交代的是,这份庚帖同样是作为诉讼的证据附卷保存下来的。要了解此庚帖产生的背景,先要对讼案的相关情

---

① 关于庚帖之使用习惯与效力,各地有所不同,有的地方婚姻仅凭媒证,并无庚帖。比如奉天省怀德县,男女结婚,但凭媒证,一经介绍,男女两家情愿,由男家择吉通知女家,邀同媒证,或以金银首饰,或以布帛,或以金钱,女家收受,婚姻即为成立,全境并无婚书庚帖。在吉林省、陕西省延长县亦是如此,男女订婚仅凭媒证,多无庚帖。甘肃省岷县婚姻向不立庚书,皆以媒妁为主。有的地方婚姻之成立以聘礼为准,并不以庚帖作为依据。比如甘肃省天水县,若已纳聘礼,即使没有庚帖也可以发生效力,在因悔婚而生讼端的案件审断中,审判官也以聘礼代替庚帖作为判决的关键要素。陕西省商县、武功县、澄城县、长武县等地婚姻成立也并不以庚帖为重。还有的地方并无庚帖之说,但其所用之“命单”与“龙凤大帖”却与庚帖有相同的性质和作用。比如察哈尔凉城县、宝昌局等地,议婚之初,两家各写命单,男写乾造,女写坤造,两家互换,如果相克即为无效,相合则另换龙凤大帖,择吉行聘。根据此习惯,后来所见的庚帖应该就是男女命单相合之后换的龙凤大帖。见前南京国民政府司法行政部编:《民事习惯调查报告录》,北京:中国政法大学出版社,2005 年,第 614 页,619 页,814页,815 页,840 页,844 页,854 页。
② 陈翔:《庚帖、喜课与民间婚姻——四川省档案馆所藏巴县婚姻纠纷档案释读》,《中国档案》2008 年第 7 期。

况进行介绍。以下是该案双方当事人的供词和知县的判词：

问据。梅文聪供：监生系綦江县人氏，育子梅大龄行医为业。去岁来渝，住在千厮坊，有这同乡驾船之张朝丞船靠千厮厢，伊子患病，命他雇工赵庆元请监生儿子看病主方，往来熟识。询及监生儿子未媒，伊雇赵庆元为媒，作成张朝丞之女翠联许监生儿子大龄为妻，朝丞与监生儿子会面。迫后订期于去腊月十一日行聘，衣饰聘物费银一百余金，全红庚朗凭。今春监正儿子报期迎娶，殊朝丞支吾推今，坚匿媒人赵庆元不面，称言监生儿子年岁匹配不均，勒逼悔媒，迭理莫何，监生才来具控的。

问据。张朝丞供：小的原籍綦江，在外多年，驾船二只，小的前在本城药王庙住家，不料前年发妻物故，又在嘉定再娶雷罗氏为妻。伊前门生女翠姑年幼，随他祖母叔爷抚养，未带过门来小的船上看母。（略）翠姑系雷姓之女，许配要由他祖母叔爷作主，小的何敢许婚，并无此事，实系赵庆元与梅文聪串弊图搕，所以小的才来审讯，求作主的。

审得：梅文聪供称聘张朝丞之女为媳，系赵庆元为媒；朝丞供称并无此事，其女系妻之前女，是雷姓，其母下堂并未带嫁过来。据綦江船帮首事张利川等供称庆元前曾帮过船帮，因不妥当开逐。后在庆元柜内查实花粉等物，系属下聘之物，并有礼单。梅文聪呈出庚书，查有女庚，并无时候，显系庆元从中有弊。候关唤到案，再行讯究。梅大龄不应在公桌上强夺庚书，戒责示惩，庚书存卷。此判。

光绪十四年十二月十六日供潘颜卿叙[1]

---

[1]《巴县档案》6－6－24389，光绪十四年十二月。

　　通过供词可知,梅文聪和张朝丞各执一词,梅文聪称赵庆元为媒聘张朝丞之女翠姑为媳,双方已换庚帖,并且已经行聘,花费一百余金。而张朝丞称翠姑是其妻罗氏前门之女,并未带嫁过来,自己从未有许婚之事。古代婚嫁六礼,即纳采、问名、纳吉、纳征、请期、亲迎,本案中如果梅文聪所言属实,双方已经互换了庚帖,并且下了聘礼,则二家的婚姻已经过了前四个阶段,到第五个阶段"请期"时出现了纠纷。因双方争执不下,所以知县断"候关唤(媒人赵庆元)到案,再行讯究"。因为档案缺少了后续的材料,所以并不清楚赵庆元是否关唤到案审讯,梅文聪和张朝丞二人之说究竟孰是孰非也不可知。因知县断"庚书存卷",所以此案最大的价值在于给我们呈现了一份较为完整的庚帖和聘礼单。庚帖和聘礼单如下:

　　　　乾造庚申年五月初六日巳时健生
　　　　坤造辛未年二月二十八日吉时赋生
　　　　姻愚弟张朝丞偕室罗氏顿首正容拜启
　　　　大德望梅亲家官印文聪老大人双福阁下
　　　　谨将三代籍贯开具于后
　　　　曾祖考讳纯纪姚氏罗
　　　　祖考讳登级姚氏税
　　　　父名正署
　　　　原籍由楚入蜀见居綦江县尊里五甲
　　　　小女长姑名翠联
　　　　姻愚弟梅文聪偕室刘氏顿首正容拜启
　　　　大德望张亲家官印朝丞老大人双福阁下
　　　　仰承

雲谊俯听

冰言允以

名门淑女许字敝舍小儿从此一诺黄金愿教双成白璧词
皆本色无取风雅之谈礼乐从权敢希露华之采爰摭蚁恫谨署
鸾笺伏乞

尊慈统垂

融鉴不宣

谨将三代籍贯开具于后

曾祖考讳琅妣氏封

祖考讳光骥妣氏何

父名正署

原籍由楚入蜀见居綦江县城内北极厢

小儿字品仙

龙飞丁亥十三年全月中浣吉旦

计开聘礼单

聘仪银二十四两，五色缎子各色衣料一件，五色胡绸各
色衣料一件

赤金耳环成对，真正玉镯成对，五色花线共十两

烟脂花粉成箱，全红头纯四两，花果水礼各样成全

鸡鱼鹅成对，龙凤烛成对，全红火炮二万，状元红成元

　　从庚帖格式来看，不仅有男女双方当事人的生辰等信息，还
有双方家庭成员的情况介绍。更值得注意的是，庚帖其实包含了
双方家庭五代人的基本信息：男女双方当事人、父母及其祖上三
代。由此可见，婚姻关系缔结之前并不仅仅考察男女双方的基本

情况,更要考察其他家族成员的相关情况。

　　民国时期不同地域、不同时期的结婚证书样式并不统一,所载内容上也有所区别。以下这两份结婚证书均来源于成都市档案馆《成都故事》大型档案展览,一份(如图1-6)形成于1928年,另一份(如图1-7)形成于1943年。

图1-6　1928年王道根、史秀瑛结婚证书

全文如下:

　　乾造庚子年①五月二十六日吉时生,四川省华阳县人。

　　坤造癸卯年九月初一日吉时生,四川省华阳县人。

　　今由李久安、郭相玖两先生介绍订为夫妇,谨詹于中华民国十七年十一月初四日吉时在省城租地结婚,恭请王金廷、贾奇生、史九皋、史云程、吕次滨先生证婚,缔结良缘,于二姓赓好,合于百年,此证。

　　订婚人　王道根、史秀瑛

　　证婚人　贾奇生、史云程、史九皋、吕次滨、王金廷

――――――――――――

①王道根生于庚子年,即1900年;史秀瑛生于癸卯年,即1903年。

介绍人　李久安、郭相玖

主婚人　王献准、史祥孚

中华民国十七年十一月吉时订

图1-7　1943年黄炎培、刘鸿雁结婚证明

全文如下：

　　兹有黄炎培，湖北省汉口县人，年三十二岁，刘鸣雁，四川省巴县人，年二十岁，于民国三十二年十月十四日在本市沙街小花园饭店举行结婚礼，经本局派员证明属实。除填发证书外，特此存查。

　　中华民国三十二年十月十四日

　　从形式和内容来看，两份结婚证书有很大的差异。1928年的结婚证书没有照片，而1943年的结婚证书男女照片都有，只不过并不是合影，双方各执一联，均只有一人的照片。1928 年的结婚证书上不仅有当事人的年龄、籍贯等信息，还有订婚人、证婚人、介绍人、主婚人等的记载。与清代庚帖类似的是，在介绍男女双方当事人年龄时均使用了"乾造""坤造"这样的表达方式，不同之处在于没有双方父母及各自祖上三代的信息。而 1943 年的结婚证书相对更为简单，只有当事人的相关信息。

以下这份结婚证书来源于清代南部县衙档案展览。

结婚证书

叶树清，四川省合江县人，年二十二岁，民国十五年八月初一日丑时生。

唐水如，四川省三台县人，年十六岁，民国二十一年全月十六日戌时生。

今由刘文郁先生介绍，于中华民国三十七年国历三月二十七日正午十二时在南部县碑院寺河东分场署结婚，恭请刘场长云汉证婚，百年偕老、瓜瓞绵延。此证。

结婚人：唐水如、叶树清

证婚人：刘云汉

介绍人：刘文郁

证婚人：刘□□、张子美

中华民国三十七年三月二十七日

这份结婚证书详细列出了男女双方的籍贯、年龄、生辰八字、介绍人、证婚人等信息，与前述 1928 年的结婚证书更为接近。男方叶树清是合江县人，24 岁，女方唐水如是三台县人，16 岁。当今的结婚证书上只有男女双方当事人的姓名、身份证号等信息，不会有介绍人、证婚人等。现代社会主张自由恋爱，并不一定有介绍人,如果不举行婚礼,连证婚人也一并省了。结婚变得更为容易,只要男女双方达成一致即可。

上面的三份结婚证书在形式和内容上存在一定的差异,这种差异既与时间有关,也与地域有关。1928年这份,婚姻关系中的双方当事人均为四川省华阳县人,又根据证书内提到的"省城租地"字样,可以推断这份结婚证书应该是在成都本地形成的,估计是当时成都人比较通行的结婚证书样式。而1943年的这份结婚证书,男主人公黄炎培是湖北省汉口县人,而女主人公刘鸣雁是四川省巴县人,证书中提到的"本市"二字指向不明,无法判断结婚证书的形成地点。1948年这份,男的是合江县人,女的是三台县人,但他们结婚地点在南部县碑院寺河东分场署,所以这份结婚证书应该是在南部县形成的,代表了当时南部县较为通行的结婚证书样式。从男女双方年龄来看,男方年龄均长于女方。男女双方年龄分别为28岁、25岁,32岁、20岁,24岁、16岁,男比女分别年长3岁,12岁,8岁。

以上均为正常婚娶关系中产生的正式结婚证书,在成都市档案馆的展览中我们还发现了一份已经涂销作废的"置妾证",如图1-8,与前述的结婚证书完全不同。就从"置妾证"这三个字来看,纳妾与娶妻完全不可相提并论,纳妾就是赤裸裸的买卖关系。"置"有"置业""置办"之意,但其对象往往是财产、物品等,此处使用"置妾证",其实就是将妾看做是与其他财产一样的物品而已,妾的地位可见一斑。将此证发给纳妾人,其实主要是为了让纳妾人"存执为据",以保证纳妾人的合法权益。从功能和作用来看,置妾证与婚姻关系中的主婚类、买卖类契约文书更为接近,只不过在形式上已经有了很大的差别。

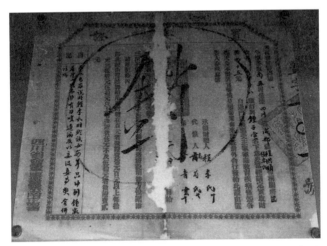

图 1-8　1920 年省会军事警察厅发给置妾人钟子宣的置妾证

全文如下：

四川省会警察厅：

今据警察南正署呈，据四川省成都县程洪顺、程李氏报称，愿将三女名①年十八岁订与钟子宣名下为妾，当经议定实取财礼四十五元。自过门以后，应受主家家庭教育，疾病修短各听天命，不得异言等情，呈恳备案札来。除注册外，合行发给此证，由置妾人存执为据。

承领财礼人程李氏，代雇人高苟氏，保人□青云　有押②

---

① 此处并没有将程洪顺、程李氏三女的姓名填写出来，即使是"程氏"这样的称谓也没有，这是很奇怪的一件事。即使在清代的婚姻相关契约中，也会将当事人的姓氏予以标注。

② 在正文之后还有四条说明，其中第四条是关于征证费的详细规定，依次从低到高分别为：财礼不及 50 元征证费 2 元，50 元以上 100 元以下征（转下页）

四川省会军事警察南正署

第三节　拦词、投词、回词

　　拦词、投词和回词都是巴县婚姻档案中较为特殊的文种，又都与诉讼有一定的关系。拦词的主要作用在于将告状之人拦回以免发生诉讼，本来拦词应该保留在民间，一旦出现在官方档案之中作为证据，即证明拦回无效，诉讼最终得以发生。投词是有冤屈的当事人具词向当地有威望之人递交的书面材料，主要作用在于详细介绍发生纠纷之原委，期望能够得到帮助，使纠纷得到解决。与拦词较为相似的是，投词也是诉讼未发生之前所出具的相关材料，也应该保存在民间，而官方档案中出现投词，也就是证明纠纷没能在民间得以解决，最终发展成了诉讼。而回词主要是在诉讼过程之中向衙门回明相关事项，表达自己的诉求，并请求知县为自己作主。

一、拦词

　　所谓"拦词"，就是将告状之人拦回，避免当事人被诉讼所累，在民间对纠纷进行调解所出具的文书。百度百科对"拦词"的解

　　（接上页）证费5元，100元征证费10元，100元以上每10元加征1元。钟子宣仅花费了财礼钱45元，所以征证费应该只有2元，是征证费中的最低级别。这些说明是置妾证上已经印好的，比较类似于红契的契尾，是证书上的固定内容。在说明之后还有附记，并不是已经印好的，而是发证时添加上去的内容，类似于双方达成的补充规定。具体内容如下：两家当众说明，程李氏对于该女每年只得到钟家看望一次，不得有刁唆、透漏及以妾混妻等弊，合并注明。

释是："呈请官府准许自行调解案件的状子"。

关于拦词的性质，有人认为拦词是一种契约文书，①而百度百科在对拦词的解释中提到拦词是一种状，那么其性质到底是契约还是状呢？笔者认为，拦词兼具契约和状的特点。首先，拦词具有凭证的作用，证明第三方曾经拦回的事实，而且原被两造和具拦词人三方曾经就拦回这个问题有过协定，从这个角度来看其具有契约的特点；其次，拦词的主要功能在于拦回诉讼以免讼累，"拦回理息"一词在拦词中频繁出现，这样看起来似乎又与息状的功能较为相近。所以，笔者在此并没有将拦词放入契约或者状中进行探讨，而是单独列出，以说明其特殊性。

光绪十年五月二十八日，周正刚以估娶伤化事控胡文桐在案，②告状如下：

> 具告状民周正刚，年四十五岁，为估娶伤化事。情民石匠手艺，娶妻何氏愚顽，生女引弟年甫十四。去民黔省手艺，妻女在家，遭胡文桐窥女少艾，串弊胡学奎、王新年等不通媒妁，三月初二突统多人来家估逼民妻，将女嫁作儿媳，抬娶过门。今四月民归询骇，迭投理剖，估抗不场。本月十六，迫民

---

① 清代刻本《写约不求人》中，有专门的"拦留文约式"，说明其将拦词认为是一种契约。吴佩林也认为拦词是一种契约文书，"比徽州地区更为珍贵的是，《南部档案》保存有拦词契约文书，它是一种避免纠纷升级的劝解书，也是笔者到目前为止看到的一种独特的契约文书形式"。见吴佩林：《拦留：〈南部档案〉所见清代地方社会的纠纷解决——以〈南部档案〉31 份"拦留契约文书"为中心的考察》，载《第二届地方档案与文献研究学术研讨会论文集》。实际上，不仅南部档案中有这样的文书形式，在巴县档案中也有。本处主要讨论的是巴县档案中的拦词。

② 《巴县档案》6－6－23979，光绪十年五月。

奔控。行至黄葛垭，伊倩何光元拦回理说，拦词抄粘。殊伊
欺民朴讷，仍抗不睬，众莫恶何。窃婚姻伦首，岂容估娶，合
族含羞。不沐唤究，风化何存？迫叩唤讯究正，伏乞大老爷
台前施行。

　　计抄粘拦词一纸

　　被告　胡文桐、胡学奎　干证　何光元、卢炳煊

　　光绪十年五月二十八日具

　　（职衔略）国批：候唤讯察究。

　　根据告状内容可知，周正刚的女儿被胡文桐等人估娶过门为
儿媳，周正刚也曾经投明理剖，但对方始终不到场，情急之下周正
刚要到衙门控案。走到黄葛垭，还未到衙门，胡文桐请何光元将
周正刚拦回理说，以免讼累。拦词如下：

　　立拦词人何光元，情因周正刚未在家下，胡姓接人无媒
无证，凭胡姓族中讲理，事不从场，复兴词讼。系胡姓请酌何
光元在黄葛垭拦回，以凭老厂场首人将事说妥，劝合回家理
剖。自认情亏，以免词讼，立拦词一纸为据。

　　光绪十年岁次甲申五月十六日　立拦词人何光元

　　凭众　王兴盛、周海山、邹东山、李茂兴同在

　　该拦词由何光元一人所立，而何光元是被告胡文桐请来的，
拦回的时机是原告尚未到衙门呈词之时。从拦词的内容来看，主
要将双方的纠纷进行了简要的叙述，与周正刚的告状内容基本吻
合。但是奇怪的是，被告胡文桐只是请人将周正刚拦回了事，并
不想真正解决这个纠纷，依然"欺民朴讷，仍抗不睬，众莫恶何"。
在这种情况之下，周正刚将拦词抄粘，再次赴案具控。正堂国批
"候唤讯察究"，准予受理。如果胡文桐将周正刚拦回后，双方真

正进行了有效的调解,那么周正刚就不会重新提起诉讼,这份拦词也不会作为告状的附件保存在巴县档案之中。在档案中见到的拦词多是作为附件形式出现的,其实拦词之所以能被我们见到,大多是因为拦回无效,当事人重新提起了诉讼。从另外一个角度来看,巴县档案中保存的拦词绝大部分是调解失败的证据。

关于拦词的作用,主要表现在以下几个方面:

第一,对原被两造而言,拦词具有将诉讼拦回以免受讼累的功能。有时告状人并非有多大冤屈,可能就是想给对方施压,达到自己的目的(包括正义的伸张),如果这时有人愿意出来调解,告状人既可以通过调解达到自己的目的,还可以避免诉讼带来的拖累,何乐而不为呢?对被告人而言,只要不是被诬告,也期望能有中人进行调解,避免讼累,所以也会乐于接受调解,不愿终讼。像上述案例中的胡文桐请人将周正刚拦回后又不愿进行调解,这样的案例应该是很少的。因为他能将原告拦回一次,却不能次次都拦,只有解决问题才是避免诉讼的最佳途径,仅仅采用拦回的方式是无法彻底解决纠纷的。

第二,对具拦词人而言,拦词具有撇清责任之作用。清代倡导"无讼"社会,凡婚姻、田土等细故主张民间自行调处,实在不能调解的,才考虑诉讼。如果原被两造的邻里、亲朋及团保等第三方没有履行此调解职责,则可能会受到官府的斥责。为了向官府表明第三方已经做过努力,需要有此文书为证,为自己撇清责任。即使调解失败,原被两造最终对簿公堂,此拦词也会作为重要的证据为第三方谋得"护身符"。拦词中的"若如两造执拗不遵,仍将拦词揭回,不与身等相涉""如或违断不遵,任粘词再控勿阻"等语句,将具拦词人的心理状态表现得淋漓尽致。

第三,对官府而言,拦词具有简要概括案情、帮助官府明晰案件始末的作用。从纠纷起因及其发展过程的描述来看,有的拦词较为简单,只是提到了原被两造的名字和告状的简单理由。比如"卢仕宧以卷匿贻害具控石杂货、蔺洪开于县主,石杂货即石均和亦以挟佃串诬互控""陈子高以乘外欺调控李文福等"。在告状原因的描述上,这些拦词原封不动地采用了原被两造在告状和诉状中所使用的四字珠语"卷匿贻害""挟佃串诬""乘外欺调",对纠纷起因及过程没有更为详细和具体的阐述。也有的拦词内容非常具体,详细地叙述了纠纷的经过。比如下例光绪年间张玉发、孙宜之、陶三益三人所具的拦词就非常详细,知县在审案之时,可以将此拦词所述与原被两造所述进行对照。因此,无论拦词是详细还是简略,对官府了解案情都发挥了一定的作用。

拦词的格式较为固定,试举几例加以分析:

例1:具拦词人杨相、陈子敬、黄大川,为拦回理剖、以免讼累事。情有卢仕宧以卷匿贻害具控石杂货、蔺洪开于县主,石杂货即石均和亦以挟佃串诬互控。我等幸遇,不忍两造讼累参商,特将两造呈词拦回,邀理明白寝事,不得执拗不遵。中间不虚,拦词是实。

道光十一年九月初三日具拦词人杨相、陈子敬、黄大川同在①

例2:具拦词人卢德仲、蒋双和、余洪发等,身在渝适遇陈子高以乘外欺调控李文福等,身等得见,不忍两造参商,将子高拦回理息。若如两造执拗不遵,仍将拦词揭回,不与身等相涉。中间不虚,拦词是实。

①《巴县档案》6-3-8941,道光十一年九月初三日。

咸丰元年七月十七日具拦词人卢德仲、蒋双和、余洪发等同具①

例3：具拦词人张玉发、孙宜之、陶三益等，情因保内张银山昔娶李天和女为妻，生一子一女，已有十六载。今二月银山外贸，天和接女李氏归宁，否被天和四婿刘先模串谋，胆将李氏卖嫁与王正举为室，子女一并抱去。五月银山归家，查访知情，即投监保理问，始晓天和嫌贫爱富，再嫁其女与正举，银山奔控，正等再三挽劝稍缓，剖断正举将李氏还与银山，认费息事免讼。如或违断不遵，任银山粘词再控勿阻。正等并无虚语，拦词是实。

光绪十一年五月初十日 具拦词人张玉发、孙宜之、陶三益等具②

例4：具拦词人刘希阳、卢义和、彭集义、张炳常、何连江，情身等因公在渝，幸遇陈忠举前月以悔搂凶搕具告崔兴发等在卷，恩批理剖息事。忠举回乡投理难息，又来城以藐批愈估呈控，身等再三挽劝，不忍两造参商，拦回乡再行理剖，各白其情寝事。倘若执拗不遵，不与拦证等相涉，拦词是实。③

例5：具拦词人朋惠山、吴近亭，情于本月李友山即百祥与蒋大兴口角致伤，大兴送□理剖，未能了事。突今大兴下渝呈控，友山央请团众特具拦词来渝，请驾回乡调治。兼之

---

①《巴县档案》6－4－4908，咸丰元年。
②《巴县档案》6－6－24189，光绪十一年。
③《巴县档案》6－6－23982，光绪年间。档案中这份拦词是一份抄件，表述为"计抄又五月十二日拦词"，署名和具体年份都没有。可能是原件就没有署名和日期，也可能是抄粘之人忘了抄录。

友山、大兴系属内戚,予等不忍两造参商,认给大兴调伤药资,以免讼累。其中不虚,拦词是实。

光绪十年五月二十九日具拦词人朋惠山、吴近亭①

例6:照抄立息累拦词人冯湘帆、陈茂林、金德昌、王旭东、陈清亭、李少镕等,情因去年二月何长泰以拐掣夺匿控李泰荣等,株连张文运在案。泰荣亦以押卷凶搕词列监正邱美亭、理正张人和诉卷,堂讯文运脱累回家。后叠讯数次,缠讼日久,美亭、人和、文运等均受拖累,案结票销。今六月各执一词,美亭以禀恳唤追在分县控准,文运、人和于七月十六日分主讯断差押,文运缴钱十五千。文运请友人招担归家措给,心有难甘,奔投府辕鸣冤,沐谕息事。余等念属比邻戚谊,不忍细故讼累,并查得两造亦无别情,尤幸遇美亭词列为证之金德昌从中力劝和睦,分主所断之钱作为罢论。因案累费,两无相涉。至分衙,余等补销,不得累及两造。诸务明晰,特拦文运回乡,仍敦和好。此系秉公剖论,其中并无屈勒等情,俟后各造翻悔,概有息事人承担不辞。自拦回之后,从此永敦和好、相亲相爱。今恐无凭,特立为据。

凭　李汉容、马辉岐、郭泰顺、瞿仙砑笔

光绪二十一年七月二十日立息累拦词人 陈茂林、冯湘帆、金德昌、王旭东、陈清亭、李少镕　有押②

从以上案例可以发现,拦词的书写格式主要包括以下几个部分:

1.立出拦词的主体。表述为"具拦词人某某",如例1至例5,

---

①《巴县档案》6－6－23995,光绪十五年。
②《巴县档案》6－6－24829,光绪二十一年。

也有"立息累拦词人"的表述,如例 6。具拦词者的数量可能是一人,也可能是多人。就前述案例中,具拦词人的数量多为三人以上,最多的是例 6,不仅已有六个人的名字,而且还加了一个"等"字,意思是还有其他人的名字没有写上。从具拦词人的身份来看,多为原被两造的邻里、亲朋或者地方团保等势力。

2.简述纠纷及案件线索。可详可略。前面已经提到,此处不再赘述。

3.拦回后采取的措施。一般都表示拦回之后要对双方的纠纷进行调解,并不只是单纯拦回了事。此处表述有的比较含糊,只是表示拦回之后要进行调解,至于如何调解、调解结果是什么,并没有提到。比如"邀理寝事""拦回理息""拦回乡再行理剖,各白其情寝事"等等。也有的表述相对较为具体,对调解的方案有所说明。比如例 3 中的"正等再三挽劝稍缓,剖断正举将李氏还与银山,认费息事免讼",调解结果就是让王正举将李氏还给张银山,至于"认费"是指王正举给张银山补偿还是张银山给予王正举补偿,则无法判断。例 5 中"予等不忍两造参商,认给大兴调伤药资,以免讼累",调解结果就是让李友山赔给蒋大兴银钱以作为养伤之资。而例 6 中"自拦回之后,从此永敦和好,相亲相爱"的表述使得该拦词看起来更像是一份保证书,与前面契约中的和睦字约、杜患文约、服约较为类似。

4.不遵拦词的后果。拦词只是表示此诉讼当时被拦回,至于调解是否能够成功,拦回之人也无法预估。此项在拦词中的表述有"不得执拗不遵"(如例 1)这样较为强势的话语,也有"倘若执拗不遵,不与拦证等相涉"(如例 2、例 4)这样力图撇清责任的表述,还有"俟后各造翻悔,概有息事人承担不辞"(如例 6)这样拦证人愿意承担责任的豪言。其实,不管是何种表述,原被两造都有不遵拦词、再次诉讼的权利。即使是白纸黑字签订的契约都可能存在违约不遵的情况，更何况是根本不具备强制效力的拦词呢？实际的情况是，如果原被两造不遵拦词，重新提起诉讼，在审断过程中不会产生其他不良后果，拦证人等也无需"承担不辞"。

5. "中间不虚，拦词是实"等表态语。这句话在拦词中其实并不具有实际效用，多为一种表态，强调自己所言不虚。在结状、领状、保状等状式中，这种用语用得较多，多表述为"中间不虚，结状是实""中间不虚，领状是实""中间不虚，保状是实"等。此处列出的六个案例中，前面五个案例均是类似的表述，只有第六个案例的表述方法有所区别，表述为"自拦回之后，从此永敦和好、相亲相爱。今恐无凭，特立为据"。第六个案例不仅有对纠纷的详细叙述，还有调解的具体结果，从内容和格式看起来，这份拦词更像是一份服认文约、永杜后患文约。

6. 中证人。关于中证人，在拦词中似乎并不是必须的，正如前面的六个案例中，前五个案例都没有中证人。关于这一点，笔者认为可能有以下两个方面的原因。首先，具拦词时不具备寻找中证人的条件。具拦词人通过偶遇或者听说或者受委托的方式，得知当事人的纠纷即将要升级为诉讼，情急之下将告状人拦回进行调解，时间较为紧迫，如果当时要去寻找中证人可能相对比较困难。其次，拦词没有寻找中证人的必要。拦词的作用就是将双方拦回调解，一来两造可免讼累，二来向衙门表示此纠纷已经过第三方调解，即使今后发生了诉讼，具拦词人也可免受知县斥责。

7. 日期、署名。日期和署名应该是每份完整的拦词均应具有的部分。而且，有的具拦词人署名处有画押，如例6；有的没有画押，如例1至例5。

综上，拦词是清代诉讼档案中的一种特殊文种，在格式上有较为统一完整的体式,在内容上或繁或简,其主要作用在于将告状之人拦回,避免当事人被诉讼所累,将纠纷解决在民间。

二、投词

投词主要用于当事人将纠纷原委详细向当地威望较高之人投明,以求获得帮助,有"投明理剖"之意。需要说明的是,投词环节还没有发生诉讼,如果在地方势力帮助下能够妥善解决此纠纷,诉讼自然不会发生;相反,如果纠纷没能在民间得以解决,最后依然发生了诉讼,投词还可以作为凭据,以证明此事先前已经过地方势力的调解。实在调解无效,才呈至衙门的。

根据乾隆五十三年十月王氏母子投词抄白,①先年王氏与丈夫张永兴发配到张南图家为奴,生有四子,张永兴早故。张南图夫妇念王氏夫妇勤苦忠心,遂将一份田地赏给王氏母子耕种。岂料张南图夫妇去世以后,其儿子张含林就将此田地卖给了别人,王氏因此向四乡公长仁人具投词,请求帮助。投词中有这样一句话非常有感染力:"奴婢欺主,罪当所诛;子违父命,律法何容?只得具投四乡公长仁人,祈施恤寡悯孤之慈德,替氏代伸黑天之惨冤!"根据乾隆五十三年十月二十六日王氏儿子张光义的禀状显示,就在王氏具投词之后的几天,张南图的另一个儿子张含辉到王氏家,向王氏勒要分关文约,王氏不允,结果被张含辉用茶树棍打伤身死。因担心张光义报案,张含辉还将张光义和兄弟捆绑关在房内,并将王氏私行掩埋。因缺乏案件的其他相关材料,不知张光义禀状所言是否属实。但不管其禀状内容是真是假,王氏期

---

① 四川省档案馆、四川大学历史系主编:《清代乾嘉道巴县档案选编》(下册),成都:四川大学出版社,1996年,第508页。

待通过投明地方势力调解来解决纠纷的方式彻底失败了，王氏还为此纠纷丢掉了自己的性命。

其实不管是拦词还是投词，都是当事人或其邻里亲戚在诉讼发生之前所做的最后努力，都期望能够通过民间调解的方式解决纠纷，不要发展成诉讼。这既与当时官府"无讼"的倡导和期望一致，也符合社会"无讼"的主流文化，还能够在很大程度上为当事人减轻诉讼带来的一系列负担。但并不是所有的纠纷都能在民间调解下解决，还是有较多的纠纷最终发展成了诉讼。也正是因为这样，我们才能在官方的档案中发现这些拦词和投词。

三、回词

从回词的内容和作用来看，与催状、恳状有一些相似之处。根据巴县婚姻档案中出现的回词来看，大体可以分为两种类型，一种表述为"具回XXX"，另一种表述为"具回词人XXX"。下面两个案例分别为两种不同的类型，且每个案例都有两份回词。

例1(1)：具回本城民黄焕章，今于大老爷台前为三叩回明事。民前以套掣拐逃扭控石兴顺等在案，沐批提讯。民已赴房开单月余，遭蠹李全塌案不送。俟获刘王氏交伊不理，民迫以拿获蠹塌禀伊在卷，否何弊延未见批发，民以【已】回明两次，催蠹送究，仍塌不耳。实莫如何，情迫三叩回明，赏准饬蠹李全送审，免民久累家倾家，沾德伏乞。

光绪十一年五月□日

例1(2)：具回本城民黄焕章，今于大老爷台前为回明事。情民前以套掣拐逃扭控石兴顺、黄星元等在案，沐批提讯。民遵赴房开单数日，遭居义里李全等任意塌案不送，实莫伊和,只得回明作主,赏饬李全等速送讯究。顶祝伏乞。

　　光绪十一年五月十二日具①

　　上述案例中的回词为"具回 XXX"的表达方式,黄焕章两次具回,是因为尽管案件已经"沐批提讯",但居义里衙役李全等人"塌案不送",为免久累,所以具回要求"催蠹送究"。从内容和作用上来看,回词与催状(催促衙门对某事进行处理)类似;从格式来看,回词又与缴、结、领状等格式相近,都有"今于大老爷台前为 XX 事"这样的表达方式。但与缴、结、领状不同的地方在于,"具回"末尾只有日期,并没有具回人的落款与画押。

　　例2(1):具回词人民王梓楠,情民扭控严洪发、胡严氏等在案。殊洪发畏究,先以严氏名捏串卖殴匿,控唤朦并,伊胆抢将民卷一并送审,希图民证不能上堂塌弊,免民催审提讯。昨民具禀,批"候讯究",惨民妻女被伊嫁卖,尤遭抢控,心实难甘,只得回恳作主,赏准速讯究追。伏乞。

　　光绪十二年十月初九日

　　例2(2):具回词人民王梓楠,情民扭控严洪发、胡严氏等在案。伊等畏究,朦并瞒民送卷,希图民证不到,胆贿捕役刘明释伊还乡塌审。昨民两次具词,恳恩速讯,伊等否何舞弊,拖延旬月未审。民妻女被伊嫁卖,民停贸投审,不沐讯究,心实难甘,是以再恳作主,赏准速讯究刁省累。伏乞。

　　光绪十二年十一月初四日②

　　这种类型的回词表达方式为"具回词人 XXX"。根据案件中

---

①《巴县档案》6－6－24115,光绪十一年。
②《巴县档案》6－6－24206,光绪十二年。

的其他材料可知,王梓楠 27 岁,娶胡严氏的女儿胡氏为妻,已经育生子女。光绪十二年正月王梓楠外贸,遭严氏同侄严洪发诱惑胡氏来城帮奶,诈称胡氏病故,私下将胡氏嫁卖,还将所生之女私抱他人,王梓楠将胡严氏、严洪发扭送到案。但捕役刘明等人受贿,拖延不审,王梓楠妻女被卖,心实难甘,多次具回词反映情况,要求速审。从格式来看,这个案例的回词并没有第一个案例中"今于大老爷台前为XX事"这样的表达方式,相比而言,与普通的呈状格式较为相似;从内容和目的来看,依然是恳求、催促衙门速速审案,以免拖累,与催状、恳状的作用相同。

　　综上,这两类回词尽管在格式上略有差别,但在内容和功能方面都是一致的,就是向衙门回明情况,催促衙门尽快审理。从以上两个案例可以看出,衙役在执行公务的过程中,存在受贿、需索、拖延等诸多情况。① 尽管知县已经准予受理,但衙役的工作态度和工作效率直接影响到案件审理的正常进程。"书差为官之爪牙,一日不可无,一事不能少",② 不仅衙役可能存在各类弊端,书吏也同样如此。瞿同祖提到,清代衙门中所有书吏都是在本省招募,五年期满之后常常以改名换姓的手段保留其职位,此即所

---

① 衙役每年六两银子的薪水根本无法糊口,更谈不上养家了,所以他们会通过受贿、需索等多种手段获得额外的收入。根据王梓楠的回词,捕役刘明等人就是因为受贿在先,故而拖延不审,衙役对司法的干预可见一斑。这也是为何每份差票中都会有"去役毋得借票需索、滋事延迟,如违重究不贷"、"去役毋得借票滋延,致干察究"这样的警示语,由此看来,衙役在奉票差唤原被两造及其他相关人证到案审讯时经常发生需索、滋事延迟等事端。

② 瞿同祖著,范忠信等译:《清代地方政府》(修订译本),北京:法律出版社,2011 年,第 95 页。

谓"官有迁调而吏无变更"。于是,不断更替且缺乏经验的州县官们"领导"着一帮久据其职久操其事且老于世故的当地书吏。①"阎王好见,小鬼难缠",如果知县不能对衙门的人员和流程进行有效的管理,即使知县本人尽心尽责、鞠躬尽瘁,整个衙门的工作也无法正常高效地运转。

第四节　罚帖、节略

　　罚帖和节略在巴县婚姻档案中出现频率不高,属于较为罕见的文种。罚帖是过错方签订的一种认罚文书,民间性较强,与普通百姓的生活密切相关,在巴县婚姻档案中主要以证据的形式出现。节略的主要作用在于概要介绍事情的相关情况,既可以在民间日常生活中使用,也可以在诉讼中使用。巴县婚姻档案中出现的节略主要是当事人向衙门概要介绍案件的相关信息,以便于衙门掌握全面情况,有利于案件的审理。

一、罚帖

　　《汉语大词典》对"帖"的解释是"证券、单据、凭证",罚帖即是写有惩罚内容的单据和凭证。从格式来看,罚帖主要有出具罚帖人、惩罚原因、惩罚方式、中证人、出具罚帖日期、落款、画押等几个部分,与契约格式较为相近;从内容来看,罚帖与今天的罚单比较相似,主要陈述的是惩罚原因、惩罚方式,只不过罚帖的出具人是惩罚客体即被罚人,而罚单的出具人是惩罚主体即相关执法部

---

① 瞿同祖著,范忠信等译:《清代地方政府》(修订译本),北京:法律出版社,2011年,第65页。

门。巴县婚姻档案中存有少量的罚帖，如以下两例：

例1：具罚帖人林占胜，情与张名山连居。于本月二十日夜，名山未家，妻王氏信听身妻秦氏唆狡不归，当被名山归回声斥，彼此口角。经凭约团理剖，众等斥占胜不应唆使，罚修大路五十丈，以戒后事。名山心服，将妻领回，并无异言。中间无虚，罚帖存团。

凭　何明星、林玉堂、杨秉山（略）

光绪十三年前四月初四日具罚帖存团人林占胜　有押①

例2：具罚帖人张洪舒同子张毛，打铁为业。于本年又四月二十三夜有节里十甲杜泰兴之媳杜王氏私行逃走，是夜路过孝里十甲大堰堂，偶遇张毛拦路欺调，张毛乘夜背回家内隐藏，以作妾妇之好。不料杜泰兴父子清查追赶，张洪舒闻骇，胆大张毛竟将杜王氏隐匿不面。有金山团小甲协同张洪舒一路，来于洪舒家下清出杜王氏，当即凭团引至何玉超店内暂住。洪舒父子自知情亏，凭团理剖，众人斥不应欺调少妇。洪舒再三央请，觅寻笔证，自愿罚修大路二十丈，当合钱六千八百文，以免送究到案。恐异日洪舒父子倘有翻悔，凭随约保执帖禀官，自甘坐罪，无得异言，大彰公论，罚帖是实。

凭团众在见　汪玉顺、李均太、陈香廷、彭玉亭、孙长太、赵平□笔

光绪十三年又四月二十五日立罚帖人张毛　有押②

上述两个案例，在内容上均对惩罚原因与惩罚方式进行了阐

①《巴县档案》6－6－24328，光绪十三年。
②《巴县档案》6－6－24308，光绪十三年。

述,尤其第二个案例在惩罚原因上用了相当的篇幅。在惩罚方式
上,第一个案例是"罚修大路五十丈",第二个案例是"罚修大路二
十丈,当合钱六千八百文",可见,当时的惩罚方式既可以是实实
在在的类似修路之类的惩罚,也可以折现为一定的金额上交。其
实,将罚帖与"服认文约"相比较,会发现二者不管在格式还是在
内容上均有很多的共同之处。服约相当于认错书和保证书,其中
也有犯错的经过、惩罚的原因、惩罚的方式等等内容,所以罚帖从
本质上来看,其实就是认错文约或者认罚文约。其次,罚帖与契
约的作用也较为类似,之所以在档案中留存下来,主要是作为诉
讼的证据被涂销留存的。以案例二为例,根据罚帖内容可知,张
毛将杜泰兴儿媳杜王氏引回家中隐藏,被投凭理剖,书立罚帖。
但根据该案的供词可知,事实与罚帖所述并不相符。供词如下:

> 问据。汪银山供:小的平日开铁厂生理,因杜泰兴儿媳
> 杜王氏走回娘家,失迷路途,走到佃户张洪顺家借歇一晚。
> 次日小的知觉,着人请他父亲杜泰兴同他儿子来张洪顺家领
> 回管束,那时杜泰兴投凭理剖,把张洪顺儿子张毛情亏罚修
> 大路二十丈,书立罚帖。杜泰兴当众把他儿媳王氏领回,不
> 料张洪顺否听何唆,来辕具禀,小的亦来续禀在案。今蒙审
> 讯,杜泰兴不应听人唆使诬控,姑念年迈,从宽免究,张毛罚
> 帖涂销附卷,各结完案。饬原差速传唆讼之杜维周到案责惩
> 就是。

> 问据。杜泰兴供:因儿媳回他娘家,被张洪顺的儿子张
> 毛引到他家,迨后小的查知,投凭监保汪银山们理剖,张毛自
> 知情亏,认罚大路二十丈,书立罚帖。儿媳王氏回他娘家,张
> 洪顺听人唆使,来辕具禀,小的亦来续禀在案。今蒙审讯,小

的不应听堂叔杜维周唆讼,应责从宽,张毛罚帖涂销附卷,各结完案。饬原差速传唆使之杜维周到案严惩就是。

　　问据。廖启五供:小的平日下力活生,因张洪顺与汪银山、杜泰兴们互控,杜泰兴把小的具禀在案。今蒙审讯,与小的无涉,具结完案就是。

光绪十三年十二月十八日刑书易鉴亭叙

　　根据供词内容,我们可以推断出该案的事实:杜泰兴儿媳杜王氏在回娘家的路途中迷路,于是到佃户张洪顺家借宿一晚,并非是张洪顺的儿子张毛有意将其引到家中藏匿,结果杜泰兴投鸣监保等人理剖,张毛应该是在被逼无奈的情景之下书立的罚帖。张洪顺不服,于是到案具禀,杜泰兴亦续禀在案。张洪顺父子本是帮助迷路的杜王氏,杜家不但不感恩,反而还投凭监保逼迫张毛书立罚帖,实在不妥。此罚帖被知县要求涂销附卷,已经失去效用,张毛不用再按照罚帖上的要求上交罚金。杜泰兴"应责从宽",并且"饬原差速传唆使之杜维周到案严惩",也算是为张毛父子讨回了公道。

二、节略

　　按照百度的解释,"节略"有两种含义,第一种是"外交文书的一种,用来说明事实、证据或有关法律的问题,不签字也不用印,重要性次于照会",第二种是"纲要、提要、概要或者摘要"。裴燕生在《历史文书》中提到了节略这个文种,意为"属吏向长官呈报某一案件概略的文书",①作为上行文的一种。不过,《历史文书》

────────────

①裴燕生:《历史文书》,北京:中国人民大学出版社,2009年,第393页。

将此文种放在民国"常见通用文书"部分进行介绍,清代文种中并没有提到。根据巴县档案可知,节略这一文种在清代就已经出现。

在格式和作用上,节略与一般的呈状较为接近。首先,在格式上,节略表述为"具节略人XXX",然后是具节略人的年龄、用四字或者八字袜语表示的案件事由以及之后详细叙述的案件具体内容。其次,在作用上,如前所述,节略的目的就是向衙门概述案件的情况,便于案件的审理。

与呈状不同的地方也有两点,第一是节略结尾处并没有"伏乞大老爷台前施行"之类的字样,而是"节略是实"这样的表达方式,与结状、领状、缴状、保状等结尾"中间不虚,结(领、缴、保)状是实"的表述较为相似;第二是节略最后并没有具节略人的落款,只有成文日期。

以下面这则节略为例:

> 具节略人简维周,年二十六岁,为应遵难遵、缕陈弊害事。情民乡居粮朴,嫡妻病弱,光绪十年置妾刘氏,系曾洪顺主婚立约,注明不许曾刘二姓往来。自过门后,嫡庶相安,并无异言,遭抬户曹杨氏(刘氏母亲)窥民去冬月未家,来城暗引刘氏前夫之子曾海潜逃民家刁唆刘氏挈透衣饰,私行赴渝。经民雇来城报,知刘氏现匿杨氏家内,民屡次往接。杨氏旋借曾海为由,逼民抚养,否则帮伊用费。因民不允,杨氏多方阻留不归。适有甘占春窥知民妾,顿萌恶念不遂,反向民谗言构祸,民尚疑惑未定,占春称已将刘氏接送回乡,继则串通隔坊捕役杨超争办此案。诈称杨氏先报抢案,不准民夫室见面……碍难遵断,只得缕陈节略、再叩讯追、以安善良。

　节略是实。
　　　光绪十二年三月①

　　从案卷的其他材料结合该节略的内容可以获知,简维周因妻多病,以银62两纳刘氏为妾(刘氏原配曾洪顺为妻,因曾洪顺家贫,将刘氏嫁卖简维周为妾),但刘氏与简维周命妻不睦,到母亲曹杨氏家(其母亲杨氏已于光绪七年夫故再醮曹麻子为妻)不回(据简维周称"不守妇道",可能还有其他缘由),简维周控案。经审断,"简刘氏不应不守妇道,曹杨氏不应从中刁唆,均各分别掌责。简维周亦不愿领回,当堂把简刘氏交曹杨氏领回另配,从此不准再登简姓之门"。此处简维周所具的节略其实就相当于一份呈状,将案件的相关情况"缕陈节略",请求衙门"再叩讯追、以安善良"。该节略的作者是简维周,其身份是普通百姓,由此可知,除裴燕生提到的"属吏向长官呈报某一案件概略"之外,还可以用于普通百姓向衙门陈述案件的简要情况,与呈状的作用基本相同。

----

①《巴县档案》6-6-24177,光绪十二年。

第二章 巴县婚姻档案的语言和称谓

巴县婚姻档案中既有当事人向衙门呈报的各类状纸、契约、拦词、投词、回词等材料,又有衙门作为形成者产生的一系列相关材料,如差票、传讯单、各类告示、禁令,还有案件当事人与衙门共同产生的供词、结状、领状、缴状、保状等。细读这些档案材料,其语言和称谓很有特色,值得进行讨论和研究。

第一节 语言——以供词为例

就语言特点而论,状纸、差票、传讯单、结状、领状等都有其固定的格式,语言使用均有一定的规范,使用的是较为书面化的语言,而供状则是原被两造及相关证见人在堂审时的口述材料,由书吏记录下来存档,所以,供状是当事人和书吏共同形成的文字材料,既体现了当事人的语言风格和特点,又有书吏适当加以修饰、润色以使语句变得更为通顺、流畅的痕迹。书吏在当堂记录供词时,时间紧迫,大都遵循了当事人口供的原词,然后由当事人画押确认。① 但我们所见到的档案中的供词,应该并不是那份最

---

① 根据《大清光绪新法令》的"审讯"条款第五十三条:原告供词,应由公堂饬书记照供记录,向原告朗诵一遍,或令自阅,然后签押;第六十一（转下页）

原始的供词,因为在供词上看不到当事人画押的痕迹,只有"录供XXX"的标志,说明档案中保存下来的供状是经过书吏修饰和润色过的二次材料,并不是最原始的那一份。基于此,我们看到的供状在表述方法上大都千篇一律,尤其是"与某某供同"的表述在绝大多数案卷中都能见到,显得极为简略。尽管如此,我们还是能发现一些有趣的供状,其中的语言很有特色,以下面这份案卷为例。

　　此案涉及离异后的纠纷,案件的基本情况如下:光绪十四年,因夫妻不睦,张秦氏自愿与张相之离异,张相之给银 50 两,张秦氏由堂兄领回,书写离约。为了杜绝后患,光绪十四年十一月初八日,张相之为恳存杜祸事到县衙存案,周主批示:"姑准存案备查",批准存案。光绪二十二年,也就是双方离异 9 年以后,张秦氏看见丈夫发迹,心里不服,赴案具控。知县本着尽快解决问题、照顾弱势群体的原则,让张相之再给张秦氏 20 两银子。这个判决双方都能接受,张相之想尽快与前妻撇清关系,张秦氏又有新的意外收获,双方均无异议,当堂具结备案。① 供状和离约如下:

　　　　问据。张秦氏供:这张相之是丈夫,小妇人年幼时*凭媒放的人户*。光绪十年过门,母亲陪嫁都缴四百银子。小妇人病流疫疮疡数年,并无生育。相之*家屋贫寒*,在城学药材生

（接上页）条:被告申辩供词,亦饬书记照供记录,向被告朗诵一遍,或令自阅,然后签押;第六十三条:被告各证人之供词,饬书记照供记录,向各该证人朗诵一遍,或令自阅,然后签押。引自刘永华、温海波:《明清时期花押的源流、类型、文书形态与法律效力》,《文史》2017 年第一辑。根据此规定,供词必须由当事人当堂画押,才能算作有效。然而,巴县婚姻档案中的供词并没有见到原被两造及中证人等的签押标记。

①《巴县档案》6－6－24391,光绪二十二年六月。

意,一家大小嫌剋不堪,皆由年幼不懂事以致忤逆,不愿同住。这两张约是胞兄清云亲笔索银五十两,系堂兄秦春云一力承担,人银两领,自谋生活。当有堂叔张晚琴说过,月给食用钱四串,彼时相之穷困,本已多病,只要有了衣食就是。谁料过后相之一钱不该【给】,至今数年之久。相之另娶黄氏在城居住,大张生贸,*硬是不打张拢不倒边*,小妇人衣食无靠,是以来案作主天断的。今蒙审讯,张秦氏业经秦春云领回九年,蒋后斋、秦双和不应代为作证,翻异妄告,各予责惩。惟秦氏与张相之究系结发夫妇,断令再给银二十两,永断葛藤,各结完案,小妇人遵断,当堂具结就是。

问据。蒋后斋供:小的叔爷是土桥场总监正,这张相之与秦氏书约离异,投凭监保,小的替叔爷前去在彼,约据是秦清云亲笔,相之给银五十两,系秦氏堂兄秦春云承担,人银两领,至今足有九年。秦氏见相之发迹,来向小的说他衣食无靠,前来控案,词列小的为证的。今蒙审讯,谕小的不应代为作证翻异妄告,将小的责惩,小的错了,求施恩的。

问据。秦双和供:小的与张秦氏是自家人,秦氏与张相之之事已有八九年了,这回秦氏实是见他发迹,*一味不打他的张*,想起前事,心越不甘,故来告案,词列小的为证。今蒙审讯,谕小的不应代为作证,翻异妄告,将小的们各予责惩,小的错了,求施恩的。

问据。张相之即张洪顺供:这秦氏是昔年凭媒娶的,小的家屋贫困,只有田谷八石,押佃加重,才到城学药材生意。光绪十年,接秦氏过门,原望上事父母、下育儿女,*孰知他是坐街的女子*,懒惯了的,又是独女,娇养成性。*乘小的在城帮人*,不及管教,每日走东去西,不守妇道,丑声四扬。父母教戒，恶言抵触。稍一惹动，打鸡骂狗，拿与老的出气，动辄抹颈服毒，恐吓老的。信赶小的回家，迭劝不悛，反与父母成仇。逢张对李说，是小的贫穷，无有出头日子，情愿各去，别寻生活，忍未与较。及十四年，秦氏自知病痒无育，性愈横悍，故与母亲角口被打，泼撞母亲跌地中风。父亲请凭监保，说秦氏迭次忤逆，恐酿逆案，凭众送官。小的央情，斥他俯礼痛改。殊秦氏横抗不惧，甘愿离异，索银五十两，无人写约。自请胞兄秦清云与黄成林立约，堂兄秦春云时当乡约，一力承担，人银两领，约据写起，念跟他听，秦氏执笔画押。小的祖母当说秦氏去的路大，回来路小，后来相之发迹，你莫要悔。秦氏答应不悔不悔，先已画一个圈，复又提个十字。至衣饰器物，他先行请蒋后斋搬去。小的彼时那【哪】有银子，都是老的加押佃来的，希图脱祸，得个清净。小的怕他听唆番【翻】悔，才来存案，周主批准。秦氏把银拿去开贸烟馆，亦来告状说秦春云揹银不给，并未说奁银金饰月给他钱的话，存案可查。到十六年，小的另娶黄氏，秦氏从未会面，至今足有九年之久，已是义断恩绝。不知听何唆使，死灰复燃，捏诬小的在案，求作主割祸的。今蒙审讯，张秦氏业经秦春云领回九年，蒋后斋、秦双和不应代为作证，翻异妄告，各予责惩。惟秦氏与张相之究系结发夫妇，断令再给银二十两，永断葛藤，各结完案，小的遵谕，当堂具结就是。

　　光绪二十二年六月十三日录供尹虞宾

　　立出甘愿离约人张秦氏，情因氏原嫁张洪顺名下为室，过门数年无育，又兼不敬孝道，迭寻滋祸，夫教不改，自缢几毙。激氏投凭族戚并监保人等迭理，又兼氏染疯患，众劝氏夫帮助氏银五十两,各回娘家。不料氏父母均亡,氏祈堂兄秦春云承领,以免后寻酿祸。氏夫不允,无奈亲族人等再三挽劝,氏夫悯给氏银五十两,氏同堂兄如数亲领收足,另立收约,以杜后患。此系氏心甘意悦各回,日后病愈或行在家坐守,抑或上庙修行、再醮,听其自便,氏夫不得异言称说,氏族已在未在人等日后均不得借生事端寻祸。再者,氏夫若后另娶,氏亦不得寻找生非。此系氏心甘,并无屈从等弊。倘后若有生非,许氏夫执约裹究。但氏胞兄无力承领,以致堂兄领讫。今恐人心不古,特立杜患字约一纸存据。外批:日后若有别端寻祸,概有秦春云一力承担,坐罪不辞。

　　在见　董冕堂、申万顺、候静亭(略)

　　光绪十四年冬月初三日立出甘愿立约人张秦氏　有押

　　相比而言,离约中使用的都是比较程式化的语句,较为正规、书面化,而供状尽管也遵循了固定的格式,却在语言风格上保持了当事人口供的原汁原味,口语和熟语使用较多,非常有特色,显得生动而有趣。

　　1.张秦氏供词

　　(1)"凭媒放的人户。""放人户"是四川地区的方言,意思是姑娘订婚或者出嫁。"人户"虽然也有"人家""亲戚朋友家"等意思,比如"走人户"中的"人户"就是此意,但"放人户""看人户"中的"人户"却特指"婆家"。四川新闻网对"放人户"有专门的解释:"放人户"是汉族婚姻习俗,流行于四川各地。男女双方经过"看人户"的仪式后,便频繁接触,相互了解。一段时间后,彼此熟悉,感情加深。这时,女家便正式决定将女方许配给男家,称为"放人户"。女子放了人户,出嫁在即,家里得为其准备陪奁。该习俗现仍在农村流行。在我们所见的巴县婚姻档案中,一般都表述为"凭媒许与某某为妻""凭媒嫁与某某为室",使用的是书面用语,这类供词显然是书吏事后根据堂供加工过的。而本案用的是极为口语化的四川方言"凭媒放的人户",这才是当事人堂供时的原始表述。从后面频繁使用的方言来看,此案的供状应该是书吏按照当事人的口述直接记录下来的,事后可能是因为时间关系或者其他原因,只是在堂供基础上增加了一些常规的、格式化的表述,并没有进行大的修饰和润色。

(2)"家屋贫寒。""家屋"本意为"居住的房屋",但这二字在四川方言中使用时,并不单纯指房屋,而是家庭经济状况的统称,表示"家境"之意。一般表述为"家屋不好""家屋穷""家屋好不好"等等。本处使用了非常口语化的"家屋",但又同时使用了较为书面化的"贫寒",使得这个搭配看起来显得比较奇怪。在巴县婚姻档案中,表示家境贫寒的一般用语为"日食难度""贫苦无度"等,用"家屋贫寒"的目前所见只有这一例。

(3)"硬是不打张拢不倒边。""打张"是理睬的意思,反过来,"不打张"就是不理睬的意思。"拢不到边"是"到不了边""无休止""无止境"。此处这句话主要指的张相之现在城里另娶一房,还红红火火地做着生意,却对衣食无靠的前妻张秦氏不理不睬,完全不把张秦氏放在眼里,如果官老爷不来管管的话,张相之就完全无法无天了,所以才告到县衙请县太爷做主。

2.秦双和供词

"一昧不打他的张。"与上面"硬是不打张拢不倒边"意思较为接近。"不张""不打张"在四川方言中意为"不理",比如"不张他"就是"不理他""视若无睹"的意思。还可以说成"不打某人的张",也就是不理睬某人。秦双和供词中出现这句话,意思就是张相之发迹了,却对前妻张秦氏不闻不问不理,并没有给张秦氏所期望的好处,所以张秦氏心里不舒服,到案具控。

3. 张相之供词

(1)"孰知他是坐街的女子,懒惯了的。又是独女,娇养成性,乘小的在城帮人,不及管教,每日走东去西,不守妇道,丑声四扬。"这句话中"坐街"也是四川方言中使用较多的词汇,发音为"zuo gai",并不是"坐在街上"的意思,而是指家在街上,不是农村的。即使现在,四川人也会经常使用这个词,尤其是农村人说到哪位城里人时,就会用"人家是坐街的"来表示。张相之使用这个词,意在表示张秦氏并不是农村出生的,从小没有受过苦,很少做家务,与后面的"懒惯了的"相呼应。"每日走东去西"意为每天到处晃,不干正事,走东家串西家。本处所用之语句表达出张相之对张秦氏强烈的不满之情。

(2)"稍一惹动,打鸡骂狗,拿与老的出气,动辄抹颈服毒,恐吓老的。信赶小的回家,迭劝不悛,反与父母成仇。逢张对李说,是小的贫穷,无有出头日子,情愿各去,别寻生活,忍未与较。"这句话中"打鸡骂狗""逢张对李说"较为生动,形象地表现出张秦氏不愿再与张相之继续生活下去的心情。张相之的描述可谓生动,就这简短的几句话让我们对张秦氏9年之前不安于室的行为有更加深刻的了解,因此也对9年之后张秦氏看见张相之发迹不服而控案之举深觉厌恶。

(3)"约据写起,念跟他听,秦氏执笔画押。小的祖母当说秦氏去的路大,回来路小,后来相之发迹,你莫要悔。秦氏答应不悔不悔,先已画一个圈,复又提个十字。"这句话中"约据写起,念跟他听"是较为典型的四川方言表达方式。"小的祖母当说秦氏去的路大,回来路小,后来相之发迹,你莫要悔"深含哲理,"去的路大,回来路小"形象生动地表达了"离开很容易,但要回头就很难了"的意思。张相之的祖母可谓一个历经世事的老人,说出的话富含深意,其实她说此话的目的就是让秦氏三思而后行,以免今后可能会有后悔之举。事实证明,9 年之后,张相之果然发迹了,而秦氏也确实后悔了。"秦氏答应不悔不悔,先已画一个圈,复又提个十字",这句话表现出秦氏急不可待要与张相之离异的心情,本来妇女画押只用画一个圈就行,但秦氏在画了一个圈之后,还要补加一个十字,似乎在强调她绝不会后悔的决心。

上述分析可以看出,此案的供词口语和四川方言使用较多,显得非常生动而形象。尤其张相之的供词,非常详细而具体地叙述了事情的经过,对我们全面了解案情起到了非常重要的作用。看完此供词,读者大都会对张相之表示同情,并对张秦氏产生厌恶之感。相对而言,读者更希望看到类似此案这样的原汁原味的堂供,而不太愿意看到经过书吏转化之后的记录。[①] 书吏在转化过程中,不仅有可能歪曲供诉人原意,而且还可能将如此独特、有趣的语言尽行删去,使得所有的堂供看起来千篇一律、没有特色。

[①] 清代州县官作为基层法庭的法官,其权责范围仅仅限于就民事案件及处刑不过笞杖或枷号的轻微刑事案件作出判决,这类案件通常被称为"自理诉讼"。尽管州县官的判决并不需要得到上司的批准,但必须逐月向上司汇报州县衙门所受理的诉讼案件的相关情况,这些工作一般由书吏来做。为了应对上司的检查,书吏必须对诸如供词之类的相关材料进行修改和润色,以符合表达习惯,或者更有逻辑性。因为最原始的供词应该有当事人的签名或者花押,但笔者所见巴县婚姻档案中的供词皆没有签名画押,只有"XXX 录供"的标记,说明档案中保存下来的供词是经过书吏修改过的供词。在此修改过程中,难免在一定程度上与当事人的原始供词有所出入,或者在意思上并不完全吻合。

当然,书吏对原始堂供进行加工也是为了行政运作的需要,为了上级检查的需要,但档案中应该将原始的草稿和书吏的修改稿同时保存下来,以帮助读者更为全面而准确地了解案情、做出自己的判断。

第二节　语言——以退婚文约为例

退婚文约在格式上与其他契约文书有相似之处,都有立约主体、立约原因、双方权利和义务、对立约之事的表态、见证人、立约日期和立约人几个部分,格式较为固定。具体到退婚文约,主要包括以下几个部分:立约主体和立约性质、退婚原因、退婚条件、对退婚之事的表态、见证人、立约日期和立约人署名画押。巴县档案中所见的退婚文约在写法上基本都遵循这一套路。

以下面这份文约为例:

> 立出甘愿退亲文约人杨长寿同子兴顺,凭众甘愿退还到高大发之女名引弟。情因身等由光绪二年开亲,未能过门。今六月内,身染重疾,日食难度,万般无奈,父子娘母商议,引弟大成之人在家数年,身父子无力治酒,央请卢海亭等说合,解笼放鹊,解网放鱼,各逃性命。力劝高大发除钱四千文,以作退亲财礼之资。自退之后,恁从高引弟别嫁姓张姓王,身等父子不得异言。倘有别生枝节,恁凭卢海亭团众等执约禀官。其中父子心甘意愿,并无勒逼套哄等情。今恐人心不一,特立退亲文约一纸为据。
>
> 凭团众 吴洪发、赵春亭、曾玉亭、李大顺、罗福川、孙福盛代笔 同目

光绪十年六月十五日立出甘愿退亲文约人杨长寿同子
兴顺　有押①

第一部分,立出退婚文约的主体和立约性质。主体可以是一
人,也可以是多人。总体而言,退婚主体大多数情况下是男方,也
有少数女方作为退婚主体的案例,如6－6－23717"立出甘愿离异
字约人钟氏",6－6－25023"立女患瘫请族团自退文约人邱李氏
同男绰然",6－6－25150"立出自愿离异、永不生事人傅严氏"。
如果立出退婚文约的主体是一人,大多数情况下立约人就是退婚
当事人本人,如6－3－9734"立出甘愿退妻恁随再醮文约人蔡永
一",6－2－4331"立出休婚永不翻悔滋事约人江有龙"。也有男
方父亲作为退约主体出现的情况,如6－1－1781"立出退约人瞿
荣……小的娶徐文秀之女徐长姑与子瞿贵为姻媳",表明立约人
瞿荣是男方父亲,并不是退婚者本人,但这份文约在落款处却有
父子双方的名字"立出退约人瞿荣同子瞿贵"。如果立出退婚文
约的主体为多人,其相互关系一般是父子、母子、夫妻。这份文约
的主体是父子关系:杨长寿同子杨兴顺;6－6－25384立约主体是
父子关系:李子珍和儿子李世海;6－6－25023立约主体是母子关
系:邱李氏和儿子邱绰然;6－3－8889立约主体是夫妻关系:陈殿
元与妻子廖氏。还有一种较为特殊的情况,所立的文约,并不只
是退约,而是退约与领约合二为一的退领约,其主体不仅包括退
婚之人,还包括领回之人。如6－6－24685"立出退领合约人冷焕
廷、宋金山、宋日发、宋坤山、宋复顺、宋三十",文约主体共有6
人。其中,退约主体是夫家人冷焕廷,领约主体是其余的五个女

---

①《巴县档案》6－6－24039,光绪十年六月十五日。

方家人。

除立约主体外，立约性质往往也在此予以表述。如"立出甘愿退亲文约人杨长寿同子兴顺"，既表明了立约主体是杨长寿同儿子杨兴顺，也说明此文约是一份退婚文约。相似的表述还有"退约""承认退姻再嫁文约""甘愿退妻恁随再醮文约""休婚永不翻悔滋事约"等等，有简有繁。一般而言，要判断该文约的性质，只看这份文约的第一句话和最后一句话就能大概了解，因为这两个地方会说明文约的性质，而这两处的表达基本上是一致的。但是，也有的文约不能只看首尾语句，还需要深入文约的内容进行分析，才能判断。

第二部分，退婚的原因。关于退婚原因，在退婚文约中的表述多种多样，这份文约写的是"身染重疾，日食难度"。其他文约中还有多种表述：如"命运不济，无业营生，难以养活""家务贫苦，欠债难还""屡次口角，各生异心，反目成仇""身染怪病，半身不遂，银钱用尽，日食难度""身藏恶疾，难以择吉完婚""在娘家骄养成性，不守闺范，败坏门风，偷引情人，身怀有孕，丧节败德""已犯七弃之条，不堪承祀"等等。总结这些原因，主要有家贫、患病、夫妻不睦、家庭矛盾、犯出等等，既有女方的原因，也有男方的原因。

第三部分，退婚的条件。一般情况下，男方将女方退回，任随女方再嫁，女方退还男方的聘礼或是给予男方一定的经济补偿。在李子珍同子李世海所立文约中，关于退婚条件的表述为"伊女红庚凭媒退还，恁随黄陈氏将女治愈另行择配。至黄陈氏前期应收身聘金饰物，亦照揭还，两造均不得异言称说"。男方将女方红庚退还，任随女方另行择配，女方退还男方聘金饰物，双方互不亏欠。在张代有所立文约中，退婚条件为岳母熊范氏将妻领去另醮，给张代有银 10 两、铜钱 4 千文。本文约中退婚的条件是杨长寿同子杨兴顺将高引弟退回,高引弟之父高大发给钱4千文。在瞿荣所立文约中,退婚条件为"情愿凭众将长姑退回,徐文秀领回,随文秀将长姑另行择配,瞿荣父子不得异言",男方将女方退回,任凭女方再嫁,因为是男方主动休退,所以没有要求女方退回聘礼或者进行经济补偿。

第四部分,对立约之事的表态。几乎所有的退婚文约中都会有"心甘情愿,并无逼勒套哄等情"的表述,表明文约是在双方心甘情愿的状况下签订的。如"此系夫妇心甘意愿,其中并无逼勒套哄等情""其中父子心甘意愿,并无勒逼套哄等情""此系心甘意愿,非关逼勒"等等。其实,不只是婚姻类契约,涉及土地、山林、房屋等不动产的契约和其他契约中也有会如此表述,表明文约是双方在心甘情愿的基础上所立,并没有逼勒套哄,都是双方真实的意思表示。清代巴县契约文书中的"意愿"类词语,除此处提到的"心甘意愿""心甘情愿""心甘意悦"之外,还有一些其他的词语,数量较多,非常丰富。考察这些词语,都是围绕几个核心语素所构成的近义词,尽管说法并不完全一样,但在意思表达以及在契约中所起的作用等方面几乎完全相同。这些词语主要可以分为一字词、二字词和四字词几种情况。

1.一字词。一字词较为少见,使用较多的是"愿"字。

(1)愿:伊无力难买,愿加钱二十五千文整。[1] 此处尽管只有一个"愿"字,但其实就是"甘愿""情愿""愿意"的意思。

2.二字词。二字词相对一字词更为多见,主要与甘、愿、悦、允等字有关。

---

[1]四川省档案馆、四川大学历史系主编:《清代乾嘉道巴县档案选编》(上册),成都:四川大学出版社,1989年,第124页。

(1)意愿：此系二家意愿，其中并无套哄逼勒等情。①

(2)情愿：此系二家情愿，中间并无押逼；②开俊弟兄叔侄毫无片语，自知情亏，情愿凭地方和息，永不滋事。③《成都龙泉驿百年契约文书》所载的契约，大多也是这个用法，如：此系二家情愿，两无逼勒；此系二家情愿，并无包买包卖，等等。

(3)甘愿：在契约中的用法多为"此系二家甘愿"，也有部分契约在多个地方提到"甘愿"二字。如在契约开头部分有这样的表述："立出甘愿休书人""立出甘愿主婚人""立出甘愿悔亲文约人"等等，然后在契约末尾照常使用"此系二家甘愿"等语句。在契约中多处使用"意愿"类词语，是为了更加强调契约是在各方心甘情愿的基础上所签订的，并不存在逼勒套哄等情况。

此外，巴县契约文书中的"意愿"类二字词还有心甘、心愿、心悦、甘愿、甘悦、自甘、自愿、允意、意悦、悦服等词。

3.四字词。巴县契约文书中"意愿"类四字词使用最为多见，这些四字词语主要以心悦、心恢、心甘、心安等词开头，后两个字出现频率较高的有意悦、悦服、愿服、意服、愿意、意愿、情愿等。

(1)"心悦"开头

心悦意合：此系两家心悦意合，并无蓦买蓦卖逼勒等情。④

心悦情欢：俱系弟兄，心悦情欢，其中并无套压等弊。⑤

心悦意服：此系二家心悦意服，其中并无包买包卖勒逼等情。⑥

---

①《陆道中兄弟卖田地文约》，同上，119 页。

②《陈开玉等人顶打文约》，同上，第 122 页。

③《张开俊叔侄清字约》，同上，第 120 页。

④《陆传斋卖田地文约》，同上，第 118 页。

⑤《梁肇祥当约》，同上，第 121 页。

⑥《刘三元弟兄卖田地文约》，同上，第 116 页。

此外,还有心悦愿请、心悦意悦、心悦诚服等词。

（2）"心恢"开头

心恢意悦:此系弟兄母亲李张氏心恢意悦将缮【赡】田房屋息【悉】行出卖,界内并无摘留,其中并无逼勒等情。①

心恢悦服:此系心恢悦服,其中并无逼勒强屈。②

（3）"心甘"开头

心甘悦服:其中并无勒逼套哄等情,二家心甘悦服。③

心甘意悦:此系三家心甘意悦,并无逼勒朦串情弊。④

此外,还有心甘意乐、心甘意服、心甘意愿、心甘意允、心甘允服、心甘允愿、心甘愿服、心甘愿意等词。

（4）"心安"开头

心安意服:此系二家心安意服,中间并无逼勒强写。⑤

心安意愿:此系二家心安意愿,中间并无勉强逼勒、包卖包买情弊。⑥

此外,还有心安意欲、心安意悦等词。

除以上四类高频四字词外,还有心愿意服、心平意愿、心情意愿、情安悦服、情愿服悦、自甘情愿、自甘愿服、悦服情愿等词。

在"意愿"类表达之后,紧接着就是"今恐人心不古,特立文约为据""今恐口无凭,特立文约一纸""今欲有凭,立出文约一纸""恐口无凭,立字为证"等类似的语句。此外,还有"今恐世风不

---

① 《李国禄等请约》,同上,第 118 页。

② 《李正东卖田地文约》,同上,第 114 页。

③ 《冉广道当约》,同上,第 121 页。

④ 《梁光歧卖田地文约》,同上,第 103 页。

⑤ 《张正纲当约》,同上,第 125 页。

⑥ 《孙柏卖田地文约》,同上,第 117 页。

古""今恐人心不一""今恐口说无凭""恐中难管永久"等等,说法不同,意思都较为类似。这类语句表明了立约的目的,因为"恐口无凭",所以要"立约为据",契约本就是凭据和证据,这也恰恰反映出档案所具有的独特的凭证价值。根据巴县档案退后图索引发的诸多诉讼案例可知,立约人往往就是违背文约之人,当立约人违约时,文约对立约者本人的约束已经完全失去了效用。尽管如此,文约在诉讼中作为证据的价值并没有消失,在知县审断的过程中起着至关重要的作用。

第五部分,中证人。本文约的中证人是吴洪发、赵春亭、曾玉亭、李大顺、罗福川,孙福盛是代笔人。一份完整的契约不能缺少中证人,因为中证人能够证明契约的签订过程,是契约的必要组成部分。部分契约不是当事人所写,而是由人代笔,在契约中也会有所体现,一般表述为"代笔人某某""依口代笔某某""某某代笔""某某笔"。从严格意义上来说,代笔人也是见证人。一旦发生纠纷,这些中证人均是重要的人证,如果升级为诉讼,这些证人还可能亲赴衙门作证。契约中的中证人数量可多可少,在文约中均应画押,表明自己亲自作中或者见证。中证人的身份并不固定,一般是立约人的亲戚、族邻,还有当地的乡保等人。在中证人名字后面,一般还有"同在""同目"等语,表明立约当时中证人均在现场亲眼目睹,并不是道听途说。

契约中证人的表述多种多样,就巴县档案而言,主要有如下类型:凭、凭中、凭众、凭证、凭佃、中人、中证、作中、族证、中证人、中见人、保人、在见、知见人、作中人、凭中人、凭众人、凭证人、凭族众、凭族戚、凭族邻、凭族邻人、凭亲族、凭亲族人、凭约众、凭约邻、凭邻证、凭邻众、凭族邻证、凭亲族邻人、凭族约邻人、凭约坊街邻中证人、在彼人、在见人、在保人、在场人、在场中证、在见人证、在场见证人、在场同见人、承凭人、承执人、见证人、见佃人、立见人、众亲邻、执事中证人、说合中证、说合媒证等等。这些表述中，既有单音节词语和双音节词语，还有三音节及三音节以上的词语，多与"凭""证""见""中"等语素有关。部分契约在中证人部分只有一种表述，在契约中只出现一次，或是与"中人"相近的"凭中""作中人""凭中人"，或是与"在见人"类似的"在场人""在彼人""在场同见人"，亦或是与两者皆有关联具有双重身份的"中见人""中证人"。中人指的是居中促成契约签订的中间人，他们在此交易中主要起牵线搭桥的作用，同时也因为比其他人更熟悉契约产生的整个过程而可以充当证人的角色。中人与今天的中介有所不同，因为中人是非职业的，①一般由当事人的亲戚友邻或当地有一定社会地位的人担任，而中介是以此为谋生手段的。在见人主要指亲眼目睹了签订契约过程的见证人，他们并没有从中牵线搭桥。因此，部分契约将"中人"和"见证人"分开单独标注，表明二者的确切含义有所区别。比如有的契约中既有"说合中证"，还有"邻证"；既有"中人"，还有"地邻"；既有"中证"，还有"族证"和"邻证"；既有"中人"，还有"邻人""乡约""胞叔""堂叔""堂兄"等。尤其部分契约中还出现了"引进中人"的称谓，更加明晰了其"引进""作中""见证"的多重职能，与仅仅目睹契约签订的"在见人"并不相同。当然，类似"中证人""中见人"等表述则是结

---

① 巩涛在其论文中引用了李倩关于中证人身份的观点，即清代契约中代笔、中人、说合、公证等角色的身份特点是人格化而非职业化，中人是中国乡土社会性质的产物。见巩涛著、黄世杰译：《地毯上的图案：试论清代法律文化中的"习惯"与"契约"》，载邱澎生、陈熙远编：《明清法律运作中的权力与文化》，桂林：广西师范大学出版社，2017年，第325页。

合了两者职能,既有"作中"之意,也有"在见"之效。

第六部分,立约日期和立约人署名画押。在现代公文中,署名在前,成文日期在后,就是在合同和协议中,也是如此,但巴县契约文书中的表达顺序是日期在前,署名在后。如"同治八年八月二十六日立出承认退姻再嫁文约人刘世全""光绪十年六月十五日立出甘愿退亲文约人杨长寿同子兴顺"。从严格意义上来讲,文约开始的立约人应该与文约末尾的立约人完全一致,但也有特殊的案例。比如前述瞿荣所立文约,文约开始是"立出退约人瞿荣",末尾却变成了"立出退约人瞿荣同子瞿贵",两者并不一致,这样的情况在所见契约中并不少见。不仅巴县档案中存在,其他契约比如龙泉驿契约文书中也存在。立约人名字后面,均应有画押,而且男女画押符号有所不同。

退婚文约在格式上完整、统一,在语言上也有其自身的特点。前面曾经提到,文约大多有代笔之人。凡是要立文约之人,大多会请文笔好、书写好的人依口代笔,即立约人口述大概内容,代笔人依据其口述进行适当修辞,书写文约。这些文约不仅书写规范、字迹清晰,而且文理通顺、语句流畅,甚为难得,表现出对立约一事的重视程度。当然,档案中也有字迹模糊不清、语句混杂、词不达意、错字别字多的文约,这种文约大多为立约者亲笔书写,或者随便请一认字的人代为书写,表现出立约时的着急状态或者随意状态。

细读文约,在语言上有如下特点。

第一,四字词语运用较多。"偶染心腹病疾,癫狂不羁,几不欲生",用了三个四字词语;"因宋昭姑父故母醮,失于教训,以致宋昭姑过门不孝翁姑,目无夫主,泼悍妒忌,致害侄孩生命,难以备举",用了六个四字词语;"不料母亲亡故,身无付托,口吃洋烟误事,祖业房屋一概出售,诸事掣肘,年岁欠丰,日食难度。媒证陈泗兴屡催接,<u>抗陷几载</u>,并无<u>遮身之楚</u>,<u>万般无奈</u>",用了十一个四字词语。

此外,退婚文约中还出现了一些高频四字词语。表述家庭贫困时,多用"家务贫苦""欠债难还""身染重疾""日食难度""万般无奈";表述自己亲自收取了对方的钱文时,多用"入手清收";表述自己不会有异议时,对"异议"的表达多用"异言称说""寻事生非""另生祸端""异言生非""别生枝节";表述任凭对方执约告官时,多用"禀官究治""执约禀官";表述双方是在平等自愿的前提下所立文约时,多用"心甘情愿""心恢意悦""均无异言""永杜后患"。

在诉状中,告状人在告状缘由的表述上多用四字硃语,文约中又如此高频地使用这些四字词语,两者应该有一定的相似之处。书写诉状的代书和书写文约的代笔之人均受过专门的训练或者受到这些写作方法的影响,对这些固定使用的词语烂熟于心,所以在书写状纸和文约的时候信手拈来。①

第二,固定语句运用较多。这些固定语句也是由一些固定的四字词语组合而成,在文约中连续使用,使得文约看起来颇有文采。如"解笼放鹊,解网放鱼,各逃性命""犹如高山放石、水流东海,恁尔母女各自逃生,永不回头""旋凭媒并亲族等只得与子商议,甘允开笼放鹊""正是倾心已出,花落再无,反树是水,永作长倾,高山滚石,永不回头""高山流水水不回头,快刀破瓜瓜不相

---

① 根据潘宇的研究,讼师秘本专门对硃语进行了汇编性的总结,有的讼师秘本还将硃语与状词摘要合编,作状人可以直接运用到状纸之中,而阅状人一见到这些硃语就知道该状纸所告何事。同时,作状人还将讼师秘本中常见的若干定式套语同时运用到状词之中,不但不牵强反而显得入情入理,见潘宇:《讼师秘本中的状词解析》,《法制与社会发展》2007年第3期。由此可见,不管是诉讼文书还是契约文书的写作,在当时受这些讼师秘本的影响都是非常大的。

生""如竹破裂永不相生,水归东海再不回头""一口吐出金狮子,
永不回头看牡丹"等等。

退婚文约中,甘愿将女方退回娘家,用"解笼放鹊""开笼放
鹊""改笼放雀""改网放鱼""解网放鱼"颇为合适,表达将女方放
归自由的意思。但与此同时,也说明了另外一层含义,女方在男
方家里的生活犹如笼中之鹊、网中之鱼,毫无自由可言,这也是对
清代女性在婚姻家庭生活中所扮演角色的一个比喻。

"高山放石""水流东海""花落再无"指的是与女方退婚以后,
永不回头,表达的是男方的决心,同时也是许下的承诺。但我们
在巴县档案中看到的退婚文约,大多是发生诉讼后提交给衙门的
证据。说明尽管男方立下退约将女方退回,任随女方再嫁,但他
们仍然违背了自己的诺言,与女方发生了纠纷和诉讼。

"高山流水水不回头,快刀破瓜瓜不相生""如竹破裂永不相生,
水归东海再不回头""一口吐出金狮子,永不回头看牡丹"等语句,在
句式和用语上都非常对仗,表达的也是退婚之后永不反悔的决心。

综上,退婚文约大多使用了华丽的辞藻、形象的比喻,读起来
朗朗上口,让人有意犹未尽之感。但需要注意的是,这些华丽的
词语和句子不过只是书写退约之人在彰显自己的文字功底罢了,
对文约双方当事人以后是否会遵守文约并无实际的用处。

第三节　称谓——以契约
文书和诉讼文书为例

巴县婚姻档案中当事人的自称较为复杂和多样化。性别不
同称谓不同,身份不同称谓也不同。王跃对古代契约文书中的
"自称"类词语进行了系统的梳理,总结出如下词语:我、身、本、

民、自己、奴身、该身、自身、本身、本己、本名、本边、本位、本分、本主、本人。① 巴县档案中契约文书与诉讼文书的自称并不完全相同,二者有所区别。

考察巴县契约文书中立约当事人的自称,与王跃所总结的有同有异。就笔者所见,主要有如下几种情况:

第一,不用自称。巴县契约文书中单人立契时,有较多契约不用自称。即在整份契约中,都没有见到当事人使用自称,立契人站在一个较为客观的角度立下这份契约,使用"今有""今因"等词语,尽量避免使用自称。

第二,使用专称。单人立契的专称与立契人身份密切相关,如僧人自称"僧":"僧于二月初十日请凭山主诸人恭议。"多人立契专称有弟兄、母子、叔侄、师徒、夫室、夫妻等,主要用法有"弟兄商议""母子商议""母子弟兄商议""叔侄商议""师徒商议""夫妇商议""此系夫室心甘情愿"等,表明契约是立契人共同意思的表示。有些契约还使用了更为准确和具体的专称,如:张氏母子、朱姓、杨姓弟兄等。如"张氏母子不得坑陷霸业估居""任随王姓耕种,朱姓不得异言"。还有使用自己名字进行自称的,如《冯大顺嫁卖妻文约》中"今因年岁荒旱,家中难以度日,大顺情急无奈,只得夫妻二人同堂兄冯大安商议,同大顺之母冯文氏四人一同引进重城觅户"。②

第三,使用泛称。主要有如下词语:

---

① 王跃:《古代契约文书中"自称"类词语历时演变研究》,陕西师范大学硕士学位论文,2015年,第39页。
② 《冯大顺嫁卖妻文约》,四川省档案馆、四川大学历史系主编:《清代乾嘉道巴县档案选编》(下册),成都:四川大学出版社,1996年,第489页。

身：“情身与堂兄儒发同院居住，因兄外出，见嫂傅氏在家，身一时陡起淫心，乘势搂奸”，①“此系身甘心嫁妻，其中并无逼勒串嫁等情”。②

己：“今凭中情愿将己名下杨柳街自住瓦楼正房半头……出当与马建纶名下，面议当价九五银三十两整”。③需要注意的是，此处虽然是“己名下”三字连用，但应该断句为“己/名下”，而不是“己名/下”。“己”是单独的一个词，是“自己”“本己”的简写，与“本己名下”“自己名下”意思完全相同。有的契约使用“各己名下”，表明立约人不是单人，而是多人，意思类似。比如“今因年岁不一、累债难偿，叔侄弟兄父子商议，将各己名下受父遗漏田地全份……杜卖与孙群诏名下管业输赋”。④

————————

① 《巴县档案》6－6－23707，光绪四年六月。
② 《马明周嫁妻文约》，四川省档案馆、四川大学历史系主编：《清代乾嘉道巴县档案选编》（下册），成都：四川大学出版社，1996 年，第 490 页。
③ 《王伦当约》，同上，第 38 页。此处错将“己”写成了“已”。在该汇编中，这类错误有很多处，比如“己名下”“己项下”“己分”“己手”等词语中的“己”均为“自己”的意思，应该为“己”而不是“已”，但编写者没有正确理解，导致了误录，甚至还有多处将“自己”写成了“自已”。如《曹正隆当约》中“情因账重难撑，无银用度，今将自已祖父遗留田地……出当与堂兄曹正廷上庄耕种”、《曹正隆服约》中“情因本年又二月内，以自已祖父留下田地房屋一股，出当彭姓”，这两句都错把“自己”写成了“自已”。《刘福盛顶约》中“今将先年顶打自□名下园土一份……请凭同众亲友说合，当面言定顶打价钱二十八千二百文正”，根据前后文的意思，缺损的□内应该是“己”字。《雷德禄当约》中“因缺费无措，将已治屋宅下大田一连共八丘，凭众出当与邻亲隆开祥名下”，“已”应该为“己”。《赵贵先当约》中“情因用费不给，将本已名下受分土一份，草屋四间，出当与李芳泰名上耕种”，“本已”应为“本己”。
④ 《陈嘉谋等卖田地文约》，同上，第 90 页。

予："兼之友山、大兴系属内戚,予等不忍两造参商,认给大兴调伤药资,以免讼累",①"情因先年予等叔侄将公共田业一份绝卖陶文甫为业"。②

氏:这是女性尤其是已婚女性在契约中的专称,如"情氏再醮蒲门,随带一子长寿""氏本籍长邑,两族无人,凭媒说合,又醮与刘静为妻"。③

自己:"情因生意无本,情愿将自己原买之业……",④"将自己住房……一并当到武大爷名下居住"。⑤

本己:"倘有本利不清,将本己臭皮街瓦房铺面二间作抵。"⑥

己分:"今将己分朝天观右首店房二间、窨子一座,通前直后一并请合中证街邻说合,出当与陈德风名下管业。"⑦

此外,还有类似"田主""卖主"这样的自称,如"倘田主与亲族节外生枝""如有来历不明,系卖主同中理明,不干买主之事"。

以上词语中,单音节词主要有"身""己""予",还有女性专用的"氏",其中"予"字用的较少,"身""己""氏"使用的较多。相比王跃所总结的单音节词,笔者一直未见到巴县契约文书中有单独使用"我""本""民"等自称的情况。在巴县契约文书中,"本"并不单独出

①《巴县档案》6-6-23995,光绪十五年。

②《金文治等永绝后患文约》,四川省档案馆、四川大学历史系主编:《清代乾嘉道巴县档案选编》(下册),成都:四川大学出版社,1996 年,第 88 页。

③《巴县档案》6-5-8305,同治十二年。

④《史可习卖铺房文约》,四川省档案馆、四川大学历史系主编:《清代乾嘉道巴县档案选编》(下册),成都:四川大学出版社,1996 年,第 32 页。

⑤《李学明当约》,同上,第 39 页。

⑥《陈安顺抵借约》,同上,第 53 页,此处错将"本己"写成了"本已"。

⑦《王晟三当约》,同上,第 38 页,此处也错将"己"写成了"已"。

现,一般与其他词结合使用,比如"本己""本房""本族"等。也没有见到呈状中普遍使用的"蚁"和"民"。笔者认为,呈状中的具状人与知县之间是民与官的关系,用"蚁"和"民"来自称是非常妥当的,而契约是双方当事人所签订的相关约定,他们之间大多是平等的关系,如果用"蚁""民"作为自称,则与契约当事人之间的身份和关系不符。笔者收集到的双音节自称词,除"僧人""道人"等专称之外,泛称词相比王跃总结的要少一些,但无论是"自己""本己",还是"己分",都与"己"字有一定的关联。

除契约文书外,诉讼文书中也会涉及到自称的问题,类型相比契约文书更加多样化,反映出告呈人在身份和性别等方面的差异。此外,不同地域的诉讼文书,在自称的表述习惯上也有所区别。

巴县档案所见,同一案卷中男性告呈人的自称有可能并不完全相同,同一男性告呈人在呈状、供状、结状三类状式中的自称会发生一定的变化。而且,即使在同一份呈状的不同部分,当事人的自称也并不一定完全相同。

在呈状开头部分的具状人信息栏,老百姓一般自称"民",表述为"具 X 状民 XXX",也可以不写自称,直接写上姓名,表述为"具 X 状人 XXX"。如果不是普通百姓,其他人员的自称则根据自己身份的不同而有所区别:职员自称"职",监生①自称"监生",廪生自称"廪生",客长自称"客长",乡约自称"乡约"等等,表述为"具 X 状职(监生、廪生、客长、乡约)XXX"。还有一些比较特殊的

---

① 明清入国子监就读者,统称为监生。乾隆以后的监生,多指由捐纳而得的,并不入监就读。捐纳而得的官,亦必须先捐监生作为出身。光绪三十一年立学部,废国子监,监生之名遂废。见马建石、杨育裳主编:《大清律例通考校注》,北京:中国政法大学出版社,1992 年,第 961 页。

自称,比如"具禀状耆民 XXX",突出其耆目特征;"具息状戚邻
XXX",突出其身份为当事人的戚邻。当知县大人看到这些状纸
的时候,对具状的当事人会有更加深刻的了解和更为直观的
认识。

　　在诉状正文中,男性告呈人的自称依然与自己的身份有关。
老百姓一般自称"蚁",这是呈状开头的具状人信息栏所没有的。
"蚁"意为蝼蚁,比喻力量弱小、无足轻重之人。诉状中使用"蚁"
作为自称,将百姓在官员面前的卑微与渺小体现得淋漓尽致,也
体现出封建社会民与官在地位和身份上的不平等。除普通百姓
之外,其他人的称谓也与自己的身份密切相关。职员自称"职"或
"职员",监生、生员、武生各自称"监生""生员""生",禀生也自称
"生",僧人自称"僧",吏书自称"书",差役自称"役",如:"僧于二
月初十日请凭山主诸人恭议""情<u>书</u>奉票前往勘得李潮选老屋住
房一院""情<u>役</u>在辕经理膏火田事件"。但是,呈状开头自称"客
长""戚邻""耆民"的,在正文中依然使用"蚁"作为自称。比如乾
隆五十一年邱首鳌的诉状:"具诉状客长邱首鳌,系本邑人……情
蚁在跳石场开酒饭店生理……"[1]呈状开头自称"乡约"的,在正
文中既有自称"约"的,也有自称"蚁"的,似乎并不是那么统一。
还有自称"军功"的。咸丰年间的一份状纸:"具告状军功陈占彪,
年三十二岁,抱告无,为恶娼殴逐事。情军功侄女陈氏年幼,嫁牟
绳夫为妻,已生子女……"[2]这份状纸在告状人信息栏自称"军

①《乾隆五十一年四月初十日邱首鳌诉状》,四川省档案馆编:《清代巴县档
　案整理初编·司法卷·乾隆朝》(二),成都:西南交通大学出版社,2015
　年,第64页。
②《巴县档案》6—4—5751,咸丰年间。

功"，状纸正文中也自称"军功"。军功是清代政府颁发给有功将士的荣誉，清初只授予征战官兵，晚清时期有钱人也可以通过捐纳的方式获得军功。但职员、监生等具状均需要抱告，而此处的军功却没有抱告。

在供状中，男性当事人的自称也与身份密切相关，普通百姓单人一般自称"小的"，多人则自称"小的们"，其他有身份之人各自称"职员"或"职员们""监生"等。需要注意的是，供状中一般不用"蚁"和"民"作为自称，这一点与呈状及其他状式都不相同。

在结状、领状、保状等状式中，当事人的自称与在呈状中的自称相同，普通百姓一般自称"蚁""民"，其他有身份之人各自称"职员""监生"等。

由上可知，巴县婚姻档案中的男性告呈人自称均严格地遵循了当事人自身的身份特点，我们可以根据自称对其身份进行判断。而且，在不同类型的状纸中，当事人的自称也会有所不同。

在田涛等主编的《黄岩诉讼档案及调查报告》上卷《黄岩诉讼档案》中，男性告呈人的自称呈现出更为多样化的情形，与巴县档案所见截然不同。按照时间顺序，黄岩诉讼诉讼档案中的自称大概经历了如下几个阶段：

（1）自称自己名字中的一个字。又可以分为两种情况。第一种，不管身份如何，都自称自己名字的最后一个字。比如 75 页，同治十三年十二月十八日，<u>童生徐廷燮</u>呈为噬修被殴泣求讯追事，"切燮家无担石""燮精勤善诱"等，自称"燮"。89 页，光绪四年二月十二日，<u>职员叶珍</u>呈为霸噬肆蛮求提追办事，自称"珍"。103 页，光绪四年十二月十三日，<u>民人林匡美</u>呈为听唆离间绞串贩卖事，自称"美"。109 页，光绪四年十二月十三日，<u>监生周官凤</u>呈为愈出愈蛮迫求限究事，自称"凤"。101 页，光绪四年七月十五日，监贡潘济清呈为逆媳无上饬差惩儆事,"切清生有三子""今清设法凑还""清因独力难支"等等,均自称"清"。以上例子中,既有职员、童生、监生等有身份之人,也有普通老百姓,但他们的自称都是自己名字的最后一个字。如果告状人信息栏没有身份说明,仅仅根据状纸中的自称,我们无法对其身份进行准确判断。第二种,自称自己名字的第二个字。这种情况较为少见,仅见一例。111页,光绪四年十二月十三日,陶兴旺呈为恃势贪噬求提究追事,状纸中自称"兴",并没有自称"旺"。不知这样自称是无意之举还是有意而为之,如果系有意而为,则有可能是对"旺"字避讳所致。

(2)依据身份自称。监生自称为"监"或"生"。141页,光绪十一年二月二十八日,监生胡凤山呈为恃强吞噬迫求究追事,胡凤山自称"监";161页,光绪十一年三月初八日,监生石联渠呈为邀理罔济据实声叩事,自称"监";179页,光绪十一年三月十三日,监生徐拱辰呈为赌输交迫逃卷避匿事,自称"监";153页,光绪十一年三月初三日,监生卢有临呈为强占倒诈求提究追事,自称"生"。童生自称"童"。197页,光绪十一年四月初八日,童生陈吉南呈,自称"童"。职员和世职自称"职"。149页,光绪十一年三月初三日,世职林桂槐呈为滞户不推、签求讯究事,自称为"职";209页,光绪十一年四月初八日,职员管翰敖呈为霸占捏控迫求讯断事,自称"职"。监贡自称"贡"。203页,光绪十一年四月初八日,监贡张鸿业呈为盗砍情实求恩讯办事,自称"贡"。老百姓并不像巴县档案中一般自称为"蚁"或者"民",而是自称"身"。143页,光绪十一年二月二十八日,辛光来呈为投理莫理粘求吊讯事,自称"身";147页,光绪十一年三月初三日,周克礼呈为局理容情粘求讯追事,自称"身"。

(3)自称名字中的最后一个字。223页,光绪十三年四月初三日,兵丁金桂芳呈为被盗赃露签提研究事,金桂芳自称"芳";225页,光绪十五年二月初三日,余国楹为报明失窃求恩缉追事,自称"楹"。

综上,黄岩诉讼档案中的告呈人自称呈现出阶段性的特点。光绪初年,自称名字最后一个字的居多,不管这个人是什么身份,只有一例是自称自己名字的第二个字。到了光绪十一年,自称开始与身份匹配,不同身份的人自称不同。一般民众自称"身",监生自称"监"者居多,只有一例自称"生",童生自称"童",世职、职员自称"职",监贡自称"贡"。光绪十三年至光绪十五年,自称又恢复到光绪初年自称自己名字最后一个字的情况。因缺乏光绪十五年之后的档案,所以不知道光绪十五年之后黄岩档案的自称情况呈现何种变化,又有何特点。

在清代紫阳档案中,告呈人的自称依然与身份相关。在具状人信息栏,监生自称"监生",武生自称"武生",表述为"具 X 状监生(武生)XXX",在各类状式正文中监生和武生均自称"生"。普通百姓在具状人信息栏直接书写姓名,不用自称,表述为"具 X 状人 XXX",在正规状式和供状正文中自称"小的",但在结状中有的自称"小的",也有的自称"蚁"。可见,紫阳档案中告呈人的自称较为固定和统一,与巴县档案类似,没有出现像黄岩档案那样告呈人自称名字中某个字的情况。

相比男性告呈人自称的多样化,女性告呈人的自称较为单一。不管在巴县婚姻档案还是在黄岩诉讼档案中,女性告呈人的自称都比较固定。在正规状式开头部分的告状人信息栏,在婚妇女一般自称"民妇",媚妇则自称"媚妇",也有的自称"寡妇",还有的根据自身特点自称"瞽目媚妇",突出当事人既为媚妇,而且还瞽目,无疑能对争取知县的同情和支持起到积极的作用。也有不要自称的,直接表述为"具告状人某某氏"或者"具呈某某氏"。在正文中女性告呈人均自称"氏",没有其他称谓。供状、结状、领状、保状等状式中的女性当事人在状式开头部分的称谓与告状等正规状式比较类似,称为"民妇""孀妇"等,正文中有的自称"氏",也有的根据婚姻状态自称,已婚妇女不管是否孀居自称"小妇人",在室女自称"小女子"。不过,巴县档案中也发现了已婚妇女自称"小女子"的案例。乾隆五十八年十月二十七日,陈谭氏在供状中称"小女子泸州人,先前嫁配彭升为婚⋯⋯因小女子不端,丈夫彭升送官发交官媒嫁与陈奇为妾",陈谭氏已婚,却自称"小女子",似乎与其他女性在诉讼中的自称有异。而在十二月十六日的审讯笔录中,陈谭氏的自称却改成了"小妇人"。① 笔者认为,之前笔录中的"小女子"有可能是书吏整理口供的失误,并非来自陈谭氏的亲口陈述。

此外,与巴县契约文书中没有发现"我"作为自称的情况不同,巴县诉讼文书的供状中有女性使用"我"或者"我们"作为自称的案例。如:"刘么姑供:小女子是大足县人,今年十三岁。我爹把我卖朱奇为丫头,今年正月初六朱奇又把我卖与张有亨的。"② 刘么姑尚未婚配,所以在供状中使用了"小女子"作为自称,而且还使用了"我"字,因此这句供词中出现了"小女子"和"我"两个自称。而在同一份供状中,池寿姑和党姑在供词中只使用了"我",

---

① 《乾隆五十八年十月二十七日县衙审讯笔录》,《乾隆五十八年十二月十六日县衙审讯笔录》,四川省档案馆编:《清代巴县档案整理初编·司法卷·乾隆朝》(二),成都:西南交通大学出版社,2015年,第100—106页。

② 《嘉庆元年二月初四日张有亨等供状》,四川省档案馆、四川大学历史系主编:《清代乾嘉道巴县档案选编》(下册),成都:四川大学出版社,1996年,第493页。

没有用"小女子"。"池寿姑供:我是磁器口人……婆婆把我背到姑爷邓洪家,是姑爷把我卖与张有亨""党姑供:我是蔡家场人,妈妈死了,爹名叫党先富,帮人佣耕"。这份供状共有 9 个人的供词,其中 6 名男性,3 名女性。在这 3 名女性的供词中,都使用了"我"作为自称,而 6 名男性的自称无一例外都使用了"小的",说明当时的男性在供词中依然没有使用"我"作为自称。道光年间也有未婚女性在供状中使用"我"和"我们"自称的案例,如:"刘三姑供:年八岁……大姐嫁与金姓去了,只有二姐同我在家中。我们贫穷没得吃的,母亲拿了几十文钱交与刘二爷,把我同姐姐送到城内交与幺看个人户",①既用了"我",还用了"我们"。需要注意的是,就笔者所见,用"我"和"我们"作为自称词在清代供状中较为罕见,绝大多数女性供状使用的是"小妇人"和"小女子"。

不管是巴县档案、黄岩档案还是紫阳档案,男女告呈人在状纸中的自称一般都用比其他文字更小的字体排列在右下侧,应该是为了表示告呈人的谦卑和渺小,以显示出对堂官的尊重。

巴县婚姻档案中,除了告呈人和当事人的自称比较有意思之外,还有一些值得关注的情况。同治年间,彭永年为私刁霸占事控王天泉生(又名"王天全生")霸占自己的妻子周氏,②被告人的姓名为四个字,甚为罕见。我们平常经常说"结发夫妻",也有"发妻"之说,很少有"发夫"的提法,一般表述为"本夫",但笔者在巴县婚姻档案中就发现了一个将原配丈夫称为"发夫"的案例。咸丰年间,徐大起将妻子徐杜氏逼娼,双方离异,徐杜氏再嫁何四麻子为妻,但徐大起经常向何四麻子需索,因此生讼。徐杜氏供词:

---

① 《道光七年十月二十七日刘国宝等供状》,同上,第 496—497 页。
② 《巴县档案》6—5—7414,同治年间。

"这何四麻子是再醮丈夫,徐大起是发夫,离异多年,余供与何四麻子供同。"①徐杜氏之所以将徐大起称为"发夫",主要作用应该是与再醮丈夫何四麻子相区别。

---

①《巴县档案》6－4－5274,咸丰六年六月初七日。

第三章　巴县婚姻档案中的
官代书戳记与画押

　　官代书是清代州县衙门里代人书写诉讼状纸的人,状纸书写
完成之后要盖上官代书的戳记,否则衙门将不予受理。巴县婚姻
档案绝大多数状纸上都盖有官代书戳记,这些戳记样式多种多
样,不同时期样式有所不同,即使在同一时期也可能会有所变化。
根据官代书戳记,我们可以了解到当时的知县、代书、使用的花押
符号等相关信息,咸丰和光绪年间的部分官代书戳记上还有官代
书收费的数额等内容。对巴县不同时期的官代书戳记样式、内容
及其在状纸中的具体位置进行梳理,并与其他地方档案中的官代
书戳记进行比较,对了解清代官代书制度具有重要的意义,值得
进行专门的研究。此外,巴县婚姻档案中还有类型多样的画押符
号,主要体现在诉讼文书和契约文书两个方面。考察画押符号的
使用,不同地方有不同的习惯,地域差别比较明显。那么巴县婚
姻档案中使用了哪些画押符号,这些画押符号有什么特点,与同
时期其他地方的画押符号有什么区别,也需要进行探讨。

第一节　官代书戳记

　　有关官代书及官代书戳记的研究,已有不少。吴佩林对官代

书的制度缘起、资格确定、书状规制以及官代书运作过程中出现的问题等方面进行了详尽的阐述，认为官代书制度对清代司法秩序的稳定和发展发挥了积极的作用，但在几百年的运行过程中积久弊生，所以最终被予以取缔。① 邓建鹏主要探讨了官代书制度的沿革与走向，官代书的收费、名额以及戳记形制，官代书的规范与职责，认为官代书无法在晚清向律师转化，被取代成为必然。② 郑小春对官代书制度的演变、官代书的职责、官代书的做状情况与实际形象进行了论述，认为官代书制度并没有达到统治者对基层司法实践所预设的控制效果。③ 三位研究者主要着力于官代书制度的形成、发展和演变，虽然其中也涉及到了官代书戳记，但并不主要以官代书戳记为研究重点。张晓蓓、李艳君、胡剑等分别对冕宁档案、南部档案中的官代书戳记进行了研究，尽管对戳记的样式和位置等问题进行了探讨，但并没有按照时间顺序进行分段研究，无法看出官代书戳记的具体发展和演变历程。本书以巴县档案为研究文本，从纵横两个方面对官代书戳记进行探讨。纵向上，对乾隆至光绪年间④巴县档案中的官代书戳记样式按照时间发展顺序进行分析和比较，旨在发现其发展和演变的规律；横向上，将巴县档案与黄岩档案、南部档案、冕宁档案、紫阳档案中的官代书戳记样式进行比较，希望能找出各地的异同之处。除此之外，官代书戳记在状纸中的位置也不是一成不变的，呈现出

---

① 吴佩林:《法律社会学视野下的清代官代书研究》,《法学研究》2008 年第 2 期。
② 邓建鹏:《清朝官代书制度研究》,《政法论坛》2008 年第 6 期。
③ 郑小春:《清代代书制度与基层司法》,《史学月刊》2010 年第 6 期。
④ 根据笔者考察,巴县档案中盖有官代书戳记的状纸起始于乾隆年间,终止于光绪年间。

多样化的状态,值得探讨。

一、有无官代书戳记是案件是否受理的重要条件

官代书写完状纸后,必须盖上官颁戳记,经过衙门验收合格,方可收受,告状之人需要支付给官代书一定的费用。因此,从理论上来说,所有正规状纸都必须有官代书的戳记,如果没有,案件将不予受理。但在具体的实践中,也有极少数没用戳记的案例。

巴县档案中乾隆五十三年五月二十四日谭彭氏诉状,①没有代书戳记,正堂衰批:"候讯毋渎",并没有对无戳表现出不满。乾隆五十四年七月二十六日犹吉章禀状,②状纸左下角只有"代书雷时遂"五个字,也没有盖代书戳记。

黄岩档案中也有类似的情况。光绪四年七月十三日,李毓金等为环求恩厚、宽宥超释具呈,在应该盖代书戳记的位置没有代书戳记,取而代之的是一句话"代书不敢用戳"。正堂王批:"已讯释堂谕矣,无戳特斥。"③光绪四年十二月十三日,阮仙培为恃强霸吞、签提讯追事具呈,在代书戳记位置处也没有盖戳,只有一句话"前呈有戳,无力再用"。显然这是一份续呈,在前面的呈词里告呈人已经用戳,没有财力再付续呈戳记的费用。但知县对此说法并没有表现出同情,在批词中只有四个字"无戳不阅"。④ 光绪十一年,梁一松为案非无据、求吊核讯事具呈,在应该盖戳的位置

---

①四川省档案馆编:《清代巴县档案整理初编·司法卷·乾隆朝》(二),成都:西南交通大学出版社,2015年,第174页。

②同上,第182页。

③田涛、许传玺、王宏治:《黄岩诉讼档案及调查报告》上卷,北京:法律出版社,2004年,第95页。

④同上,第119页。

贴了一张方形的纸条,上书"家贫无力,求恩免戳"。正堂欧阳批:
"该民人并不遵批清理,率行续呈,实属健讼,词不盖戳,并斥。"①

　　吴佩林在南部档案中所见正规状式超过 1 万件,没看到一件
没有盖戳的。② 巴县档案和黄岩档案中没用戳记的也只是极少
数,由此可见,官代书戳记已经成为案件受理的重要条件。

二、官代书戳记的样式

(一)巴县档案中的官代书戳记样式

　　官代书戳记样式多种多样,以巴县而言,不同时期的样式有
所不同,即使在同一时期,也可能会有不同的样式。样式的不同
主要体现在戳记形状、戳记框内各栏目的位置、各栏目的具体内
容等方面。根据巴县各时期官代书戳记样式的特点,大致可以分
为早期、中期、晚期三个阶段。乾隆朝、嘉庆朝、道光朝的官代书
戳记样式较为多样化,可以划入早期;咸丰朝和同治朝的官代书
戳记样式已经实现统一,可以归入中期;光绪朝的官代书戳记最
大特点是戳记框内出现了收费标志,可以纳入晚期。

1.早期:乾隆朝—道光朝

　　乾隆年间的官代书戳记样式比较多样化,首先在形状上,既
有方形(包括长方形和正方形),还有方形加梯形(下面简述为"梯
形"),方形占绝大多数。其次,戳记框内的栏目设置和具体信息
也是多种多样。

---

① 田涛、许传玺、王宏治:《黄岩诉讼档案及调查报告》上卷,北京:法律出版
社,2004 年,第 201 页。
② 吴佩林:《法律社会学视野下的清代官代书研究》,《法学研究》2008 年第 2
期,第 156 页。

　　戳记框内上半部是正堂信息栏,一般书写"正堂某""摄正堂某""署正堂某",用线条与下边分开,从中可知正堂的姓氏。图1.1是曾主持编修《巴县志》的著名知县王尔鉴在位时官代书使用的戳记,与后面的戳记样式有较大的区别。就正堂信息栏而言,只有"县正堂"三字,并没有标注姓氏。乾隆二十六年正堂应士龙上任以后,官代书戳记的样式发生了较大的变化,如图1.2所示。

　　框内左侧,一般是代书信息栏,代书姓名加上"戳""戳记",即"某某某戳(记)"。乾隆五十五年之后,代书信息栏就只有官代书姓名,没有"戳""戳记"字样。乾隆之后的各朝,戳记样式绝大多数是这种类型。框内右侧,一般是"考取代书""准给代书""官代书"字样,从乾隆之后戳记样式的发展情况来看,逐渐统一成"官代书"的表述。乾隆时期也有较为特殊的情况,如图1.5、图1.6,就没有"考取代书"等字样,这一栏与戳记框内左部的代书姓名栏进行合并,变成了"代书某某某"。图1.1比较特殊,并不像其他戳记把"考取代书"与"吴兆华戳记"截然分为两列,而是从右至左依次书写。

　　框内中部或其他位置,一般有一个复杂的符号,每个正堂所用的符号均不相同,各有特色。这是一种俗称"花押"的连体字,有的由汉字组成,也有的由满文或者象形字组成。乾隆时期花押在戳记框内的位置主要有以下几种情况:第一种,左下部。如图1.1,花押紧跟在官代书姓名+戳记下面,位于整个框的左下部。第二种,上中部。如图1.2—图1.4,图1.7、图1.9也属于这种情况。第三种,中右部。如图1.5,将"考取代书"与"某某某戳(记)"两列合并为一列"代书某某某",位居框左,花押占据了正堂信息栏下面整个中部和右部的位置。第四种,左中部。如图1.6,与第三种类似,两列合并为一列"代书某某某",居于框右,花押位于框内左中部位置。第五种,中部。乾隆末年,如图 1.8、图 1.10,花押位于戳记中部,改变了之前不断变化位置的状况,而且从此一直延续下去。

　　同一正堂可以有多名官代书,官代书名额与县衙受理的讼案多少直接相关,一般是正比关系。清代中后期的巴县一年内官代书大致在七至九名。① 不同正堂所用花押都不相同,而同一正堂虽然同时有多名官代书,但戳记的花押却没有变化,如图 1.3—图 1.4 就是正堂段琪两名官代书所用的戳记,花押都是相同的。

1.1 乾隆二十三年　　1.2 乾隆二十六年　　1.3 乾隆三十二年

1.4 乾隆三十三年　　1.5 乾隆三十五年　　1.6 乾隆三十七年

① 邓建鹏:《清朝官代书制度研究》,《政法论坛》2008 年第 6 期。

　1.7 乾隆三十九年　　　1.8 乾隆四十四年　　　1.9 乾隆四十四年

　1.10 乾隆四十九年　　　1.11 乾隆五十三年　　　1.12 乾隆五十四年

 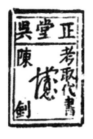 

　1.13 乾隆五十五年　　　1.14 乾隆五十五年　　　1.15 乾隆五十七年

图 3-1 乾隆时期官代书戳记样式①

---

①根据巴县志(熊家彦,同治)中的相关记载,图 1.1 的县正堂应该(转下页)

嘉庆朝的官代书戳记也有方形和梯形两种形状,其中尤以梯形居多,框内各栏的书写与乾隆朝略有区别。图2.1、图2.5戳记上部的正堂信息栏均为"县正堂某",其他戳记都只写"正堂某",这是正堂信息栏表述为"县正堂某"的第一次发现。而这种表述从道光年间开始增多,到咸丰年间已经全部统一,但到光绪年间又出现了"正堂某"和"县正堂某"两种并存的情况。在所列图示中,图2.5、图2.10与其他戳记的样式差别较大。首先,左侧的代书信息栏,两图书写的是"某某某戳记",其余戳记均只写代书姓名,没有"戳记"二字。其次,右侧信息栏,两图写的是"考取官代书",其余戳记写的是"官代书"或者"给代书"。最后,两图的戳记框下部用线条明确分为左中右三列,其他戳记虽然也分为三个部分,但没有明确的线条予以划分。以下图例中有一个比较特殊的情况,见图2.8、图2.9。尽管都是同一正堂,花押也相同,但仔细一看,两者在戳记的样式上略有差别。图2.8与绝大多数戳记一样,代书姓名与"官代书"分列左右,而图2.9却将左右两列合并为居左一列,右边为空。这说明:同一正堂在不同时间发布的戳记在样式上可能会有所区别。

(接上页)是袁锡夒,六合人,乾隆十八年任;图1.2正堂应士龙,宁都人,乾隆二十六年任;图1.3、图1.4正堂段琪,行唐人,乾隆二十八年任;图1.5正堂仲纯信(向楚志为仲统信),莱阳人,乾隆三十四年任;图1.7正堂曾受一(向楚志为曾一),东安人,乾隆三十八年任;图1.8正堂徐鼎亨,阳湖人,乾隆四十四年任;图1.10正堂衷以壎,南昌人,乾隆四十九年任;图1.12正堂王云程,宁晋人,乾隆五十四年任;图1.13、图1.14正堂吴桂,甘肃人,乾隆五十四年任;图1.15正堂龚际美,阳湖人,乾隆五十六年任。

　　2.1 嘉庆元年　　　2.2 嘉庆二年　　　2.3 嘉庆七年　　　2.4 嘉庆十年

　　2.5 嘉庆十三年　　　2.6 嘉庆十六年　　　2.7 嘉庆十七年

　　2.8 嘉庆十九年　　　2.9 嘉庆二十年　　　2.10 嘉庆二十五年

图 3-2　嘉庆时期官代书戳记样式①

————————

①图 2.1 正堂陈实鼎,吉水人,乾隆六十年任;图 2.2 正堂李苞,嘉庆(转下页)

　　道光朝官代书戳记的形状也有方形和梯形两种。有的在框内用线条明确划分了左中右三列,有的并没有线条。框内上部的正堂信息栏,除少部分仍写"正堂某"之外,其余都比较完整地写着"县正堂某"或者"代办县正堂某"。左侧的代书信息栏,有"某某某""某某某戳记""官代书某某某"几种,图3.8写的是"代作某某",这种情况很少见到。右侧的信息栏,有"官代书""考取官代书""考取代书""给代书"等情况,图3.11写的是"当堂赏给",也是比较少见的。需要特别介绍的是图3.3。图3.3是能吏刘衡任巴县知县时颁发给官代书的戳记,戳记左侧为"给某某某",右侧为"官取代书",中间区域是"不许增减情节、朦混声叙",这三个部分与其他戳记有较大的区别。尤其中间的花押部分,其他花押大都是难以辨认的连体字,刘衡的花押与众不同,不仅用汉字书写,而且非常清晰,目的就是要明示于人,明明白白地告诉官代书和诉讼之人应该遵守的规则。比较特殊的还有图3.6和图3.7,尽管是同一正堂,但戳记样式略有差别,左右栏目书写内容也并不相同。从道光年间的官代书戳记样式来看,出现了比较奇怪的现象:道光早期和晚期的官代书戳记形状比较统一,都是梯形,而道光八年至道光二十年变为了方形。这说明官代书戳记样式在朝着统一为梯形的发展过程中,又有所反复。

　　(接上页)二年任;图2.3三正堂葛若炜,濮州人,嘉庆七年任;图2.4正堂易昌,上元人,嘉庆十年任;图2.5正堂徐丰,会稽人,嘉庆十三年任;图2.6正堂叶文馥,长安人,嘉庆十四年任;图2.8、图2.9正堂刘德铨,黄陂人,嘉庆十九年任;图2.10正堂仇如玉,钱塘人,嘉庆二十四年任。此外,在此时间范围内任巴县知县的还有:马鸣銮,稷山人,嘉庆九年任;董淳,嘉庆十七年任;吉恒(向楚志为古恒),蒙古镶白旗人,嘉庆二十年任;蔡天藻,宁朔人,嘉庆二十三年任。

3.1 道光元年　　　　3.2 道光四年　　　　3.3 道光五年

3.4 道光七年　　　　3.5 道光八年　　　　3.6 道光十年七月

3.7 道光十年九月　3.8 道光十一年　　3.9 道光十五年

3.10 道光十九年　　3.11 道光二十一年　　3.12 道光二十四年

3.13 道光二十八年　　3.14 道光二十九年　　3.15 道光三十年

图 3-3 道光时期官代书戳记样式①

---

①图 3.1 正堂李嘉祐,临杜人,道光元年任;图 3.2 正堂王如琯,庐陵人,道光
二年任;图 3.3 正堂刘衡,南丰人,道光五年任;图 3.4 赵凝,鄂县人(今作
"户县"),道光七年任;图 3.5 正堂傅京晖,聊城人,道光八年任;图 3.6、图
3.7 正堂薛济清,山阴人,道光十年任;图 3.8 正堂高学濂,无为人,道光十
年任;图 3.9 正堂杨得质,靖远人,道光十五年任;图 3.10 正堂钱聚仁,秀
水人,道光十九年任;图 3.11 正堂毛辉凤,丰城人,道光二十一年任;图 3.
12 正堂李世彬,太湖人,道光二十一年任;图 3.13 正堂朱凤樨,萧山人,道
光二十八年任;图 3.14 正堂祥庆,道光二十九年任;图 3.15 正堂白汝衡,
通州人,道光三十年任。在此时间范围任巴县知县的还有:区拔熙,高明
人,道光十一年任;车申田(向楚志为车中田),海阳人,道光十五（转下页）

　　2.中期:咸丰朝—同治朝

　　咸丰朝和同治朝的官代书戳记在形状上已经统一为梯形。上部的正堂信息栏都整齐地书写着"县正堂某",左边的代书信息栏全部统一为官代书的姓名,右边的信息栏也都统一写为"官代书"。就中间的花押而言,前面各朝有一个共同的特点:同一正堂所用的花押相同,即一个正堂只用一种花押。但在此特别值得一提的是咸丰六年正堂姚所用的花押,非常特殊。正堂姚有八名官代书,分别是张斗垣、毕四得、刘善述、严正义、艾水□、骆为璜、谭培厚、游陈经,每个官代书的花押都不相同,如图4.2—图4.7。这些花押基本都是汉字,能清晰辨认的有"守拙""奉公守法""据事直书""谨慎""勤俭"等字样。从这些二字或者四字词语中,我们不仅可以看出正堂姚的施政理念,还可以看出他对官代书的要求。此外,正堂姚时期戳记框外右边还出现了一行字——"笔资饭食戳记只准取钱壹百文",估计是一个条戳。像这样在状纸上明确标明戳记收费的在巴县档案中尚属首次出现,而咸丰和同治时期也只有正堂姚在位时才出现了这种情况。不过根据张晓蓓的研究,冕宁县咸丰九年的官代书戳记旁也写有"作词壹张准取笔资戳记钱壹佰文,如违查究"的字样,同治十年也有,费用变成了"贰佰肆拾文"。① 咸丰九年的冕宁县与咸丰六年的巴县,

――――――――――

（接上页）年任;德恩,镶黄旗满洲人,道光十六年任;缪庭桂,大兴人,道光十七年任;张嗣居,余姚人,道光十八年任;叶朝采,钱塘人,道光二十二年任;余遂生,崇义人,道光二十六年任;志静,正蓝旗满洲人,道光三十年任。

① 张晓蓓:《冕宁清代司法档案研究》,北京:中国政法大学出版社,2010年,第49—50页。

在时间上基本相当,在收费标准上完全相同,这应该不是巧合。究其原因,还是官代书借助状式"无戳不阅"的特权,向诉讼人高额收费、索贿受贿等情况越来越严重所致,不仅巴县如此,冕宁县乃至整个四川甚至全国也是如此。笔者推断在那个阶段,四川官府特别要求各地在状纸上明确收费额度。一方面可以告知诉讼人真实的戳记费用数额,以免受到官代书的图索,另一方面也可以随时提醒官代书按照规矩办事,不要乱收费。即使不是四川的统一规定,也是各地官府应对官代书高额收费乱象的举措之一。

4.1 咸丰元年

4.2 咸丰六年

4.3 咸丰六年

4.4 咸丰六年

4.5 咸丰六年

4.6 咸丰六年

4.7 咸丰六年 　　　　　　　 4.8 咸丰七年

图 3-4　咸丰时期官代书戳记样式①

5.1 同治元年 　　　　5.2 同治二年 　　　　5.3 同治四年

5.4 同治六年 　　　　5.5 同治八年 　　　　5.6 同治八年

①图 4.2—图 4.7 正堂姚宝铭,侯官人(侯官县是中国旧县名,大致为现今的
福建省福州市区和闽侯县的一部分),鸦片战争中殉国的定海知县姚怀祥
之侄,道光二十五年(1845 年)乙巳恩科进士,咸丰六年任巴县正堂;图 4.8
正堂胡汝开,顺德人,咸丰七年任。

5.7同治九年　　　　　　5.8同治十年

图3-5　同治时期官代书戳记样式①

3.晚期:光绪朝

据笔者考察,光绪元年的官代书就有吴文光、杨清名、刘实陈、杜云章、韩级三、熊荣辉、邓成章、刘陈礼、周兆熊、杨锡珍、沈孔音、庹观芳等十二人,代书戳记在样式上与咸丰、同治年间完全相同。

光绪四年,戳记的样式发生了较大的变化。主要表现在收费标志的出现。戳记左边的官代书信息栏变成了戳记收费信息栏"准取钱壹百二十文",原来戳记左右两栏合二为一,变成了"官代书某某某",位于戳记框右侧。虽然早在乾隆时期就曾经出现过将戳记两栏合并为一栏的情况,不过此处直接把空余出来的一列换成了收费价格,而且在戳记框外右边写着"孤贫值差分文未取"字样,表现出对孤贫值差者的优待政策。

---

① 图5.1正堂张秉坤,贵筑人,咸丰八年至同治二年任;图5.2正堂王臣福,汾阳人,同治二年任;图5.3正堂黄朴,湖北汉阳人,同治四年任;图5.4正堂霍为芬,陕西朝邑人,同治五年任;图5.5正堂王宫午,河南人,同治六年任;图5.6正堂金凤洲,直隶人,同治七年任;图5.7正堂田秀栗,陕西城固人,同治九年任;图5.8正堂李玉宣,陕西祥符人,同治九年任。

　　光绪六年,戳记框已经不像原来分为左中右三列,而是分为了六列。左边的收费信息栏因为字数较多,由一列变为三列:"每词一纸,除捕厅挂号承发房格式仍照旧章外,只准取笔墨辛力钱二百六十文,写字钱四十文,戳记在内,不准格外多索",相比光绪四年的"准取钱壹百二十文"更为详细和具体,而且数词用的是汉字小写。右边的官代书信息栏由一列变为二列,右边第一列为"考取官代书",第二列为官代书全名。

　　光绪七年,戳记左边的收费信息栏由三列变为两列:"每张给笔墨辛力戳记钱二百六十文,写字钱四十文,不准多索",用的是汉字小写,虽然费用依然是三百文,但在表述上已经与光绪六年的表述有所不同,减少了"每词一纸,除捕厅挂号承发房格式仍照旧章外"等表述;戳记右边的官代书信息栏又由两列变为了一列。

　　光绪三十一年,官代书戳记左边为"每张给笔墨辛力戳记钱二百六十文,写字钱四十文。如敢多取分文,喊禀究办不贷",右边写的是"官代书某某某",相比之前的戳记,增加了"如敢多取分文,喊禀究办不贷"。

　　总结光绪年间的官代书戳记样式,与前面各朝相比,主要变化在于官代书戳记框内明确标明了代书应该收取的费用。虽然咸丰年间正堂姚时期也曾经明示了代书收费,但价格标在戳记框外,像这样在戳记框内明确写明代书收费标准,还属前所未有。之所以要在戳记框内明确代书收费数额,主要是因为清末官代书的受贿图索相较于清中期有过之而不及。从官代书戳记上的"不准格外多索","如敢多取分文,喊禀究办不贷"可以看出,当时官代书除戳记上规定的收费之外,额外多索的情况是比较普遍的,甚至已经到了非常严重的地步,否则官府也不会这么三令五申地进行强调,而且言辞愈加激烈。有关官代书受贿索贿的问题,郑小春以徽州为例作了比较细致的研究。① 除受贿图索之外，官代书还与官府吏役和讼师勾结串通，操控词讼，这一切都严重背离了官代书设置的初衷，最终导致清末官代书制度的废除。

（二）黄岩档案、南部档案、冕宁档案、紫阳档案中的官代书戳记样式

黄岩档案中，同治十三年到光绪十五年的官代书戳记样式一直没有发生变化，形状是梯形。戳记框上部的正堂信息栏书写的是"正堂某"，没有"县"字。戳记框中下部分成了三列，有清晰的划分线条。左边的官代书信息栏写的是"某某某戳记"，右边是"本县给代书"，中间是花押。

胡剑在南部档案中搜集到了60余枚官代书戳记印模，因没有记录这些戳记的年代和具体时间，所以无法判断其发展变化，也无法与同时期的巴县官代书戳记进行比较。从形状上来看，这些戳记均为梯形，而且在戳记框内已经明确分为上部、下部左、下部中、下部右四个部分，所以笔者判断，这些戳记应该是清代中后期所使用的。上部的正堂信息栏为"正堂某"，没有"县"字；下部左边的官代书信息栏，绝大多数书写官代书姓名加上"戳记"二字，极个别只写官代书全名；戳记下部中间的花押栏，书写花押的字体多种多样，有草书、行书、篆体，还有用象形和满文书写的，主要有"公生明""执法如山""解愁""无欺""愿民息讼""自远安民""依口直书""据事直书"等等；戳记下部右边，书写的主要是"考取官代书"字样，少数书写"准给官代书""官代书"。这些戳记均没有标明官代书的收费数额。

---

① 郑小春：《从徽州讼费账单看清代基层司法的陋规与潜规则》，《法商研究》2010年第2期。

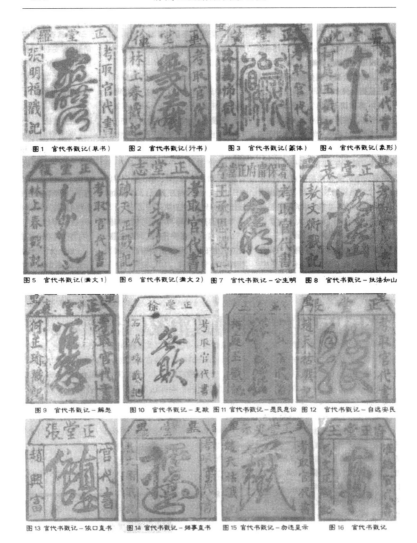

图1 官代书戳记（草书）　　图2 官代书戳记（行书）　　图3 官代书戳记（篆体）　　图4 官代书戳记（象形）

图5 官代书戳记（满文1）　　图6 官代书戳记（满文2）　　图7 官代书戳记–公生明　　图8 官代书戳记–执法如山

图9 官代书戳记–解忿　　图10 官代书戳记–无欺　　图11 官代书戳记–恩民息讼　　图12 官代书戳记–自远安民

图13 官代书戳记–依口直书　　图14 官代书戳记–婚事直书　　图15 官代书戳记–勿违呈示　　图16 官代书戳记

图3-6　南部档案官代书戳记①

　　张晓蓓在《冕宁清代司法档案研究》图八所展示的雍正十三年八月初三日冕宁县状纸,着实可贵。这份状纸上的戳记分为上下两部分,上面部分是花押,下面部分从右至左写着"官代书某某某戳记",与巴县档案最早可见的乾隆时期的戳记样式差别较大。以下各图根据张晓蓓和李艳君二人的著作所载图片整理而成。其中,图7.1来源于张著图九,图7.2—图7.8来源于李著。② 只有图7.1标明了是乾隆时期宁远府的代书戳记,其余图片都没有标注时间,所以无法判断其具体年代,是为一憾。图7.1戳记为方形,没有分栏,从上到下书写的是"宁远府官代书赵元戳记"字样,没有正堂信息,也没有花押,与巴县同时期代书戳记有很大的不同。笔者判断,这个宁远府戳记应该是乾隆初期所使用的。图7.2比较特殊,虽然也有分栏,但花押在戳记的上部,下部写的是"官代书郭洪儒戳记",样式与前述雍正时期的代书戳记类似,应该是乾隆之前所使用的。图7.3戳记上部写的是"冕宁县",与图1.1巴县乾隆二十三年王尔鉴在位时所用戳记相同;其正堂姓氏信息

----

① 胡剑:《清朝的"官代书"及其戳记》,《中国律师》2009年第2期。
② 李艳君:《从冕宁县档案看清代民事诉讼制度》,昆明:云南大学出版社,
　2009年,第76—87页。

位于戳记下部的右上部分,从上到下、从右到左依次书写"正堂王考取代书黄三戳记",与巴县档案、黄岩档案、南部档案及紫阳档案相异。其余的戳记大致分为两种:一种与巴县嘉庆、道光年间的部分戳记样式相同,上部为"正堂某"或"县正堂某",右下为"考取官代书",左下是"某某某戳记",花押居中,如图7.4—图7.6;一种与巴县光绪年间的戳记样式相似,在框内左下(图7.7)或者右下(图7.8)标明了具体的代书收费数额,写的是"每张准取笔资钱贰百文",戳记下部的另外一边则是"考取代书某某某戳记"。这两个戳记都没有标明具体年代,无法判断属于清代哪个时间范围。

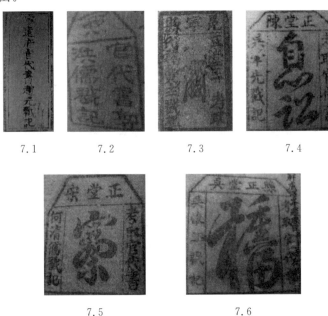

7.1   7.2   7.3   7.4

7.5   7.6

7.7　　　　　　　　　7.8

图3-7　宁远府(第一)和冕宁县官代书戳记样式

　　同治五年到同治十三年,紫阳档案所载官代书戳记样式一直没有发生变化,虽然也分为四个部分,但与巴县档案同治年间的官代书戳记样式并不相同,主要表现为以下三个方面:首先,正堂信息栏部分,相比巴县档案,少了"县"字;其次,框内正堂信息栏下面的三个部分均没有用线条隔开;第三,巴县档案同治年间的戳记均为梯形,而紫阳档案的戳记全部为方形。

8.1同治五年　　8.2同治五年　　8.3同治十年　　8.4同治十三年

图3-8　同治时期紫阳县官代书戳记样式

三、官代书戳记在状纸中的位置

　　有关官代书戳记在状纸中的位置,研究者甚少。李艳君认为官代书戳记在状纸中的位置并不是固定的,而是根据状式的格式而变化,大致位置有前、后两种。因为大多数戳记都是加盖在当事人等内容下面,所以其位置大多根据状式中当事人及干证等的书写位置而变化。① 根据此观点,官代书戳记应该盖在当事人及干证等信息下面,并且随当事人及干证等信息的位置变化而变化。黄六鸿认为,官代书戳记位于纸尾,"本县发一小木印记,上刻正堂花押,下刻代书某人。凡系告诉状词,于纸尾用此印记"。② 笔者根据四川省档案馆所编《清代巴县档案整理初编》(第二卷),对乾隆朝官代书戳记的位置进行归纳,发现乾隆朝官代书戳记在状纸中共有三种不同的位置,分别位于状纸的左下角、右下角、右上角。

　　官代书戳记位于状纸左下角共 23 例。分别为:乾隆二十七年到三十三年 6 例,正堂段;乾隆三十五年到三十六年 11 例,正堂仲;乾隆四十年 2 例,正堂曾;乾隆五十四年 4 例,上半年正堂王 2 例,下半年代正堂张 2 例。这些状纸的共同特点是:官代书戳记都盖在状纸左下角,而且都盖在被告、干证、约邻等当事人信息之下,官代书戳记所盖位置与被告等当事人信息所在位置一致。

---

①李艳君:《从冕宁县档案看清代民事诉讼制度》,昆明:云南大学出版社,2009 年,第 85 页。

②邓建鹏:《清朝官代书制度研究》,《政法论坛》2008 年第 6 期。

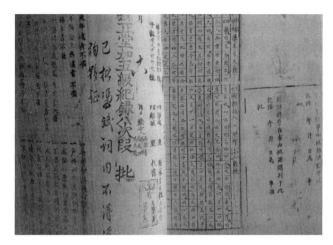

9.1 乾隆二十九年正堂段

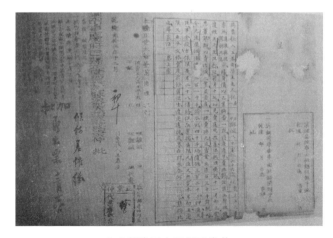

9.2 乾隆三十五年正堂仲

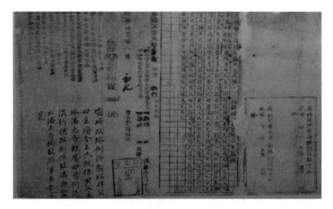

9.3 乾隆四十年正堂曾

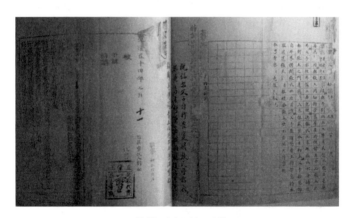

9.4 乾隆五十四年正堂王

图 3-9 官代书戳记位于状纸左下角

官代书戳记位于状纸右下角共 16 例,时间从乾隆四十六年到乾隆五十九年,分别为:乾隆四十六年 4 例,四十七年 2 例,正堂徐;四十八年 2 例,正堂魏;五十一年 2 例,正堂衷;五十八年 3 例,五十九年 2 例,正堂吴;五十九年九月 1 例,正堂淡。这些状纸中官代书戳记尽管都盖在右下角,但其与被告、干证、约邻等当事人信息所在位置的关系并不明确。乾隆四十八年正堂魏时期,就出现了两种状式:官代书戳记与当事人信息都在状纸右边;官代书戳记在状纸的右下角,而当事人信息则位于状纸的左边,两者并不一致。其余三种状式,乾隆五十八年正堂吴时期,官代书戳记与当事人信息位置一致,都在状纸的右边;乾隆四十七年正堂徐、乾隆五十一年正堂衰,官代书戳记在状纸右下角,而当事人信息在状纸左边。

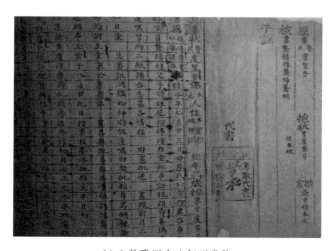

10.1 乾隆四十八年正堂魏

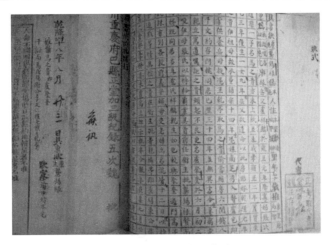

10.2 乾隆四十八年正堂魏

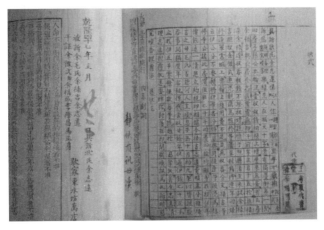

10.3 乾隆四十七年正堂徐

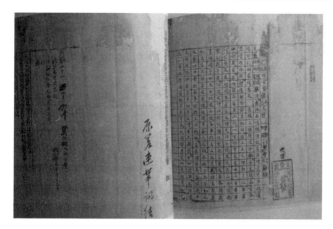

10.4 乾隆五十一年正堂衷

10.5 乾隆五十八年正堂吴

图 3-10　官代书戳记位于状纸右下角

官代书戳记位于状纸右上角共 7 例,时间从乾隆五十二年到五十五年,都是正堂衷时期。其中,乾隆五十二年 5 例,乾隆五十三年和五十五年分别有 1 例。在这种状式中,官代书戳记位于状纸的右上角,而被告、干证等当事人信息位于状纸的左边,两者的位置并不一致。需要说明的是,同样是正堂衷,乾隆五十一年所用的状式中,官代书戳记是盖在状纸右下角的,乾隆五十二年至五十五年所用的状式,官代书戳记的位置发生了变化,盖在状纸右上角。仔细看这两份状纸,右边并不像其他状纸一样有留边的区域,被告、干证等信息位于状纸的左边,而代书戳记既不在左下角,也不在右下角。如果按照李艳君所说的代书戳记应该与被告、干证等信息位置一致,那么状纸右边没有留边其实并没有影响,因为被告、干证等信息恰好在状纸的左边,戳记盖在左下角正合适,然而事实并非如此。这也说明乾隆时期的代书戳记并不一定与被告、干证等信息的位置一致。

　　综上,清代绝大多数正规状式还是遵循了凡告状必须用戳的规定,有无官代书戳记已经成为案件是否受理的重要条件。总结清代官代书戳记样式,除极个别年代较早的以外,大致经历了从"不同"到"同"的阶段。首先,从形状上来看,戳记形状从方形为主、方形梯形并存,逐渐发展到以梯形为主,清代后期巴县档案、南部档案、冕宁档案所载的戳记形状已经完全统一为梯形。其次,从戳记内部的分区来看,从只有戳记上部有线条分区,发展到戳记上下部都有明确的线条,将戳记分为上部、下左、下中、下右四个区域。虽然紫阳档案戳记下部没有线条,但其左中右三个部分还是非常明显。最后,从戳记框内所包含的要素来看,从四个基本要素即正堂信息栏、官代书信息栏、花押栏、官代书字样栏,发展到在戳记中明确标明代书收费数额,四个基本要素变为正堂信息栏、官代书信息栏、花押栏、收费信息栏。值得一提的是,黄岩档案中的戳记从同治到光绪都是统一的样式,紫阳档案中的戳记从同治五年到同治十三年样式也没有发生变化,而且黄岩档案和紫阳档案所载戳记一直没有明确标明收费数额,这一点与巴县档案和冕宁档案均不相同。考察官代书戳记在状纸中的位置,并不是一成不变的。巴县乾隆朝46个案例中,戳记位于状纸左下角、

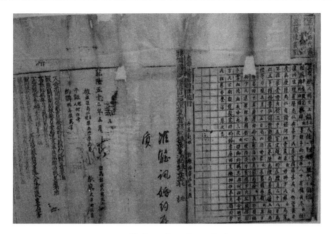

11.1 乾隆五十二年正堂衷

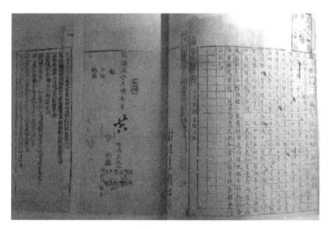

11.2 乾隆五十三年正堂衷

图 3-11 官代书戳记位于状纸右上角

右下角、右上角的占比分别为 50%、34.8%、15.2%。戳记与被
告、干证等信息的位置并不是一致的,两者并无确切的关联。

不管戳记的样式怎样变化,戳记在状纸中的位置如何,官代书制度因其越来越明显的弊端最终被予以取缔。不过,这些戳记终究留下了官代书制度曾经存在的印记,引导人们去追寻其中的奥秘。

第二节　画押

所谓"画押",就是在文书上签上姓名、画上或者印上记号,[1]以确认此文书的真实性和有效性。此处的文书,既包括公务文书,也包括契约文书等文书类型。刘永华、温海波认为,画押是指在公文、契约等文书上署名或作私记,作为同意、认可、承担责任或义务之证明,可分为署名、签署其他文字和签署非文字符号三种类型,画押不署名是明清的通行做法。[2] 笔者认为,除了署名、签署其他文字以及签署非文字符号三种类型之外,指摹、手印、脚印等标记也应该算作画押类型之一,因为其功能依然是对文书的真实性和有效性进行确认。平常所见的画押,在契约文书中使用最为多见,签订契约的当事人及中证人在文书上画押,以表示对契约的内容和有效性进行确认。画押的具体情况多种多样,不同的地方有其各自的特点,地域性差别较为明显。

---

① 清代一般只画押不署名。对于画十字、圆圈这种简单的符号或者盖上指印、掌印等不需要写字的画押人来说,有较大可能并不识字。《民事习惯调查报告录》中提到,奉天省洮南县习惯,凡不动产买卖典当各项契约,除当事人及中保人识字较深者画用押记外,其不识字人民概以圈点或十字代押。见前南京国民政府司法行政部编:《民事习惯调查报告录》,北京:中国政法大学出版社,2005年,第20页。

② 刘永华、温海波:《签押为证:明清时期画押的源流、类型、文书形态与法律效力》,《文史》2017年第一辑。

以《成都龙泉驿百年契约文书：1754—1949》（以下简称"龙泉驿契约文书"）①中的土地买卖契约为例，这些契约都是以单契的形式出现的，即当事人中的一方（卖方）根据协议出具给另一方（买方）收执的契约。所以这类契约实际上是卖方所立的单方面契约，并不需要买方署名画押。因契约大多请人代笔，当事人及中证友邻等人在契约中的署名并不是自己亲笔所写，在这种情况之下，画押显得非常必要。立约主体以及相关中人、代笔、见证人等的画押，是契约成立并发生效力的基本条件。但值得注意的是，龙泉驿契约文书中，立约的当事人均有画押，②中证人等却并不一定都有画押。③ 比如该书第 24 页的杜卖田地文契是一份红

---

① 胡开全、苏东来主编：《成都龙泉驿百年契约文书：1754—1949》，成都：巴蜀书社，2012 年。该书收录了乾隆十九年至民国三十八年成都市龙泉驿区档案馆收藏的契约文书共 293 件，价值珍贵。最为重要的是，该书采用原件影印、对照录文的方式进行编排，让读者能够直观地看到原件的所有内容，包括原件上面的所有标记，这对研究画押有着重要的意义。

② 立约人必须亲自画押应该是绝大多数地方的习惯。如黑龙江省呼兰县习惯，凡买卖契约，由中证人内选定一人代为缮写，仍由本人签押，即为有效，无必本人立笔之习惯。再如黑龙江省兰西县、木兰县、肇东县、拜泉县习惯，买卖契约多请人代写，但须本人画押，方为有效。这说明，契约不一定由本人立笔，但必须由本人签押。但考察其他各地，也有与此不一样的习惯存在，如黑龙江省龙镇县习惯，凡请人代写的契约，必须由本人亲自画押；如系本人亲笔立契，则不签押，亦属有效。还有一类特殊情况存在，如果立约人有特别事故发生，临时不能到场亲笔签押，可以委托亲属代为签押。如果没有征得本人同意，由中人代签者，契约无效。见前南京国民政府司法行政部编：《民事习惯调查报告录》，北京：中国政法大学出版社，2005 年，第 61 页，64 页，72 页，83 页，89 页，90 页，95 页。

③ 有的地方明确强调除了立约人要亲笔签押之外，中证人也必须署名签押。如黑龙江省安达县习惯，如本人自能缮写契约，由本人立笔签押；（转下页）

契,契约上盖有官府的印章,还有完整的契尾,格式和书写都很规范。在此契约上,立契人薛廷桢及其三个儿子均用"十"符号画了押,四邻 6 人、堂弟 3 人、胞侄 2 人也均用"十"画了押,约里 1 人、中人 4 人、代笔 1 人却没有画押,也没有"同在"或者"同见"二字。① 该书第 28 页的杜卖田地文契也是一份红契,立出卖地契约的陈胡氏用"〇"(空心小圆圈,以下简称"圆圈")画押,四个儿子紧随其后用"十"画押。胞叔 1 人、堂叔 6 人、邻友 5 人也都画了押,均用的是"十",但中证 8 人、代笔 1 人却没有画押。不仅龙泉驿的契约文书中有部分契约中证人没画押,其他地方亦有此类情况。奉天省昌图县凡典兑房屋、地亩及金钱借贷一切契约,多数系央请他人代笔,典与人、兑与人、债务人并不署名捺押,中证人亦然。因年代久远、代笔死亡或者远出,而中证人等又无签注,契约真伪难辨,因起讼争者比比皆是。② 尽管这样的情况在龙泉驿契约文书中广泛存在,该书中还是有所有人都画了押的案例。如

(接上页)如本人不能缮写,则请人代缮押,本人亦署名签押。然无论代写、自写,必有中证人在场署名签押。见前南京国民政府司法行政部编:《民事习惯调查报告录》,北京:中国政法大学出版社,2005 年,第 85 页。

① 关于这一点,刘永华等提到,安徽淮北一带,"买卖田宅时,所书之卖契,卖主并不画押,在场中证只书'同见'二字,亦不画押"。见刘永华、温海波:《签押为证:明清时期画押的源流、类型、文书形态与法律效力》,《文史》2017 年第一辑。说明在画押问题上各地的习惯均有一定的差别,安徽淮北一带中证只写"同见"二字,并不画押。相比而言,龙泉驿契约文书中中证的画押情况更为多样化,主要可以分为三种情况:其一,中证既有画押,也有"同在"二字;其二,画押和"同在"只有其中一项;其三,既没有画押,也没有"同在"二字。

② 前南京国民政府司法行政部编:《民事习惯调查报告录》,北京:中国政法大学出版社,2005 年,第 22 页。

该书第 40 页的杜卖文契,立契人、在堂父、在场中证 4 人、胞弟 3 人,都用"十"画了押。从理论上来讲,无论是立契人还是中证人以及邻里亲朋,只要在契约末尾出现了其姓名,都应该画押,以示负责。但实际情况并非如此。

画押的符号并不统一,性别不同画押符号也有所区别。男性画押多用"十""押"或花押符号,尤以"十"居多,对不识字者而言,画个"十"比画个花押更为简单和便捷。而女性画押又可以分为多种情况:该书中有女性画押契约 47 件,其中画"○"31 件,画"十"14 件,指印 1 件,本人亲笔签名 1 件,可见女性画押情况更为复杂多样。① 总结男女画押符号的不同,主要表现在:绝大多数情况下男性用"十"符号、"押"字或者花押符号画押,没有发现男性用圆圈画押,而女性则多用圆圈画押,②其次是用"十"符号。但在鲁迅先生的《阿 Q 正传》里,阿 Q 最后是用圆圈画押的。

《清代广东土地契约文书汇编》(以下简称"广东契约文书")所选契约共 300 余件,与龙泉驿契约文书收录数量较为接近。时间跨度从明代到民国,尤以清代最多,而清代契约中又收录了康熙年间契约一份、雍正年间契约两份、乾隆九年契约一份,比龙泉驿契约文书的最早契约时间乾隆十九年提前了很多,真正贯穿了整个清代,实属珍贵。内容上主要涉及土地和不动产买卖,具体包括田、地、山、房屋、地基、鱼塘、店铺、园地等方面,也与龙泉驿契约文书较为接近。但在地域上,广东契约文书涉及到珠三角地

---

① 张晓霞:《契约文书中的女性——以龙泉驿百年契约文书和清代巴县婚姻档案为中心》,《兰州学刊》2014 年第 8 期,第 70—78 页。
② 男子画押多用十字,女子画押多用圆圈,不仅在龙泉驿契约文书和巴县婚姻档案中有所体现,在其他地方如安徽绩溪也是如此。

区、粤东地区、粤西地区、粤北地区,显然比龙泉驿的地域范围更广,其画押的种类比龙泉驿契约文书更多,特点也更为明显。广东契约文书中的画押种类主要有以下几种情况:

(1)指印,又称为指摹、指模。康熙三十一年宝安张凤祥等卖田契(1页),代书和作中均用指印画押。乾隆五十一年东莞张亚欢断卖屋内偏廊契(4页),何氏用指印画押。嘉庆十二年东莞黄陈氏断卖田契(4页),契内儿媳姚氏和黄陈氏用指印画押。嘉庆十六年东莞卖朝显、卖朝佐断卖田契,立契人卖朝显、卖朝佐用指印画押。由上可知,指印画押既适用于男性,也适用于女性,使用范围较为广泛。就本书收录的契约文书而言,女性使用指印画押的情况比男性还更加多见。

(2)十字押,即采用"十"符号画押。嘉庆十九年东莞金天南官加添田价文契(7页),立契人金天南官、子海南官、原中唐同修、邱殿杨均用"十"画押,而代笔赵瞻山用的是花押。道光九年东莞朱春杨添价地文契(10页),叔安锡、立契人朱春杨、中人陶文虎、潘飞成、张如春均用"十"画押,代笔陈季垿用的是花押。从该书收录的契约来看,只有一例女性使用十字押的情况:嘉庆十六年电白四都十图方汪氏杜卖地契(163页),立契人方汪氏用的是十字押。

(3)圆圈。咸丰东莞张振鸿断退田契(21页),作中人2人、代笔2人、立契人均用圆圈画押。同治三年东莞张家亨断卖荒山埔地数(23页),作中人张声庆用圆圈画押。同治十一年东莞闰林卖屋数(27页),作中人声林、见钱人闰林、笔声壳均用圆圈画押。该书插图第1页"道光七年曲江邓熙纯永断卖坪地山岭契",立契人邓熙纯画的是花押,另外四位男性中证人都用的圆圈。全书女性使用圆圈画押的仅有两例:光绪二十二年东莞茂荣等断卖松山数

(8页),曾氏用圆圈画押;光绪三十三年东莞张道和卖断学田契(47页),立契人张道和与妻子蔡氏用圆圈画押。由上可知,广东契约文书中圆圈画押既适用于男性,也适用于女性,而且男性使用更多,这与龙泉驿契约文书和巴县婚姻档案中女性大多使用圆圈画押的情况完全不同。

(4)花押。所谓"花押",根据百度汉语的解释,就是"旧时公文契约上的草书签名或代替签名的特定符号",其主要作用是防奸辨伪。有的花押字迹清楚,也有的花押完全看不清楚字迹,将字做了艺术化的处理,变成了一个专用的记号。乾隆十年兴宁蔡廷献卖田契(153页),中证人和立契人均用花押。乾隆三十七年东莞卖宏实卖埔地契(4页),中人代笔宗孟用的就是花押。嘉庆十五年东莞石龙卖席珍卖洲地契(6页),代笔卖英扬用的花押。本书中使用花押的都是男性,没有见到女性使用花押的案例。

(5)㊗、㊕、㊤押。这种画押从严格意义上来讲,应该算作花押的一种,也是一种押字的方式。但因其较为特别,所以单独归为一类。在广东契约文书中,笔者仅见一例:民国二年曲江黄苟等卖竹山契(180页),中人黄财文用花押,中人刘伯来用㊗押,见人江瑞珠用㊕押,代笔人李伯安用㊤押,而立契人黄苟、黄全兄弟却没有署名画押。这种画押较为特殊,体现了当事人对美好生活的向往和追求,龙泉驿契约文书和巴县档案中都没见到。

(6)用二字或者四字词语代替画押。这种方式使用非常广泛,是广东契约文书较为独特的一个方面,笔者尚未在其他地方见过。二字词语主要有:本心、平心、公心、福心、公正、公认。同治十一年梅县李和兴退粮田契(141页),中人李祥云用的是"公正",立契人李和兴用的是"本心"。光绪五年梅县应文增屋契

（142页），代笔人、立契人均用了"本心"。四字词语主要有：一生好心、一生心洁、一片正心、一片公心、一片平心、一片忠心。雍正四年宝安何明仞卖田契（2页），用的是"一生好心"。雍正十一年宝安万石堂廖宅税山批（2页），用了"一生公心""一生好心""一生正心"。嘉庆十五年新会李缵基等永卖尝田契（55页），用了"一生好心"。道光元年新会莫玉轩永卖潮田契（57页），见契银男廷献用的是"一生心洁"，立契人莫玉轩、中人莫荫南用的是"一生好心"。笔者发现，用这些二字和四字词语的都是男性，而同一契约中出现的女性则使用了指印画押。

对于契约中出现的这些二字或四字词语，李龙潜认为，所谓"好心""正心"等完全就是虚伪的，因为对于贫苦农民来说，出卖土地是被迫的、无可奈何的，立契本身就包含着无限的痛苦和眼泪。① 笔者认为，以上说法稍微绝对了一些。首先，对于出卖土地的人来讲，卖地的原因绝大多数是经济窘迫，但也不排除少部分非经济因素的原因。以龙泉契约文书为例，卖地的原因主要有破产和迁徙两个方面。其中，卖地原因为"负债"的7件，"少钱凑用""少钱应用"的42件，"移业就业"或者"移窄就宽"的15件。② 对于经济原因而卖地的立契者来说，肯定是痛苦的、被迫的、无可奈何的，但对于因迁徙而卖地的立契者而言，卖地则可能是奔向更美好生活的开始。其次，在契约中使用"正心""平心""公正"等二字或四字词语的除了立契人之外，还有中证人、友邻、代笔人

①李龙潜：《清代广东土地契约文书中的几个问题（代序）》，罗志欢、李龙潜主编：《清代广东土地契约文书汇编》，济南：齐鲁书社，2014年，第7页。
②胡开全、苏东来主编：《成都龙泉驿百年契约文书：1754—1949》，成都：巴蜀书社，2012年，前言部分，第4页。

等。笔者认为,在契约中使用这些词语仅仅是针对立契行为本身,以表明自己在立契、作证、代笔之时公正、本心的态度,并不涉及立契原因等方面,所以不会存在"虚伪""言不由衷"等问题。

(7)亲笔签名。乾隆三十五年东莞凌席珍卖地契(3页),作中人黄有明旁另有"黄有明"三个字,应该是黄有明的亲笔签名。民国二十七年阳春严桂芬断卖闲屋连地契(162页),在场男亚树亲笔签名。这种情况相对于其他画押方法而言,在清代和民国时期还是比较少见的。

以上对龙泉驿契约文书和广东契约文书的分析可以发现,画押地域性特点非常明显,不同地方的画押符号和画押习惯会有一些区别。考察巴县婚姻档案中的画押情况,也呈现出较为复杂的面相。巴县婚姻档案中涉及到画押的文书主要有如下两类:第一,契约文书。在婚姻关系中涉及到的各种契约,比如订婚文约、退婚文约、主婚文约、嫁妻文约、请约、收受财礼文约、各种服约等,均应有立约当事人及中证人等的画押。但与龙泉驿契约文书的情况类似,立约人一般都有画押,而中证人却不一定都有。这类涉及婚姻关系的契约文书基本也是以单契的形式出现的,由立约方出具契约,交给另一方保存,所以需要画押的当事人一般只涉及立约方。第二,诉讼文书。巴县婚姻档案绝大多数为诉讼档案,是反映案件内容及案件审理进程的相关记录,其中结案时的相关诉讼文书,如结状、领状、缴状等都需要当事人画押。因这类情况只会涉及当事人,并不涉及其他证人,所以一般都有较为完整的画押。

以咸丰年间沈廷元状告彭近堂嫁后图索一案①为例。彭近

---

① 《巴县档案》6-4-5358,咸丰七年正月二十八日。

堂因生活困难,将妻子陈氏嫁卖沈廷元为妻,儿子彭寿喜也一并出抱,立出主嫁主抱契约、承认文约。但在主嫁主抱之后不久,彭近堂的父亲及彭近堂本人向沈廷元多次图索,期间还曾立出服约,但因彭近堂一再寻滋,沈廷元具控案下。作为该案重要证据的四份契约与其他相关档案一并保存了下来。

(1)咸丰六年十一月初十日彭近堂立出的主嫁主抱文约,文约正文之后有"手印为凭"的字样,立约人彭近堂在署名之后用"十"画了押,但中证人朱兴发、谢洪兴等人却没有画押,只在这些人名后写了"同在"二字。

(2)咸丰六年十一月十一日彭近堂立出的承认文约,立约人彭近堂有"十"画押,中证人朱兴发、王朝柱、金大顺及代笔人谢三元却没有画押,只有"同在"二字。

(3)咸丰六年十一月二十日,彭近堂之父彭义发因寻沈廷元滋事,沈廷元给其铜钱1千文,彭义发立出"承领永不滋非以杜后患文约",该文约也只有立约人彭义发的画押,其余中证人等均无画押。

(4)咸丰六年十二月二十八日,彭近堂又寻沈廷元滋事,沈廷元给付铜钱6百文,彭近堂立出"服认永不滋非文约",除立约人彭近堂有画押之外,承执人吴恒中也有"十"画押,其余中证、代笔人均无画押。

除以上四份契约之外,还有一份陈钟氏立出的领状,也有画押。咸丰七年三月二十五日,因堂审认为彭近堂不应先把妻子陈氏嫁卖,后又向沈廷元索钱,将其掌责,断令陈氏娘家母亲陈钟氏将女儿领回另嫁,陈钟氏立出领状,并在领状末尾署名"具领状人陈钟氏"之处画押。不过此画押符号并不是平常女性画押最为多见的"○",而是"●",应该是按的手指印。

与龙泉驿契约文书中的画押情况大体相同,巴县婚姻档案中的画押符号大体也分为十、押、花押、○、指印等几种情况,并没有出现广东契约文书中的⑭、⑮、⑯押以及用"公平""公正"等二字词语或者"一生好心""一生公心"等四字词语代替画押的情况。男性一般采用前面三种画押符号,女性大都采用"○"画押,也有少数是按的指印。以下对巴县婚姻档案中较为特殊的几种画押情况进行分析。

(1)圆圈画押和指印画押在同一案卷中同时存在。父故母醮的陈桃姑于咸丰元年(8 岁)抱给欧陈氏作女,咸丰四年(11 岁)被黄刁氏刁拐为女,引往綦邑弹唱,被同姓不识的陈常顺捏说是他的侄女,嫁卖给在万县充当盐商的崔镇为妾,财礼银 90 两,陈常顺领银 20 两、钱 5 千文。后来,黄刁氏率人将桃姑搂抬,称桃姑是她生的女儿,崔镇控案。判:陈常顺不应冒认桃姑是他侄女并且嫁卖得银,将其械责,缴还崔镇财礼;黄刁氏不应假冒桃姑是他生的女儿,跪请袁鹤崖扛讼,将其械责;黄刁氏丈夫黄运江不应叫桃姑学习弹唱,将其械责;袁鹤崖捏说桃姑原许其子为婚,帮黄刁氏遮掩,出名构讼,将其械责;桃姑交渝城乡约陈晋堂、刘联升承领,择选良民正经子弟,当堂验看。如果与其年貌相符,方可成配,并谕陈晋堂不许把桃姑嫁卖作贱。①

该案卷有两处涉及到画押,分别为欧陈氏、黄刁氏具结状画押。

　　具结状人孀妇欧陈氏,今于大老爷台前为结状事。情咸丰元年八月二十二日,有陈雷氏将伊女桃姑凭吴罗氏为媒

①《巴县档案》6－4－5431,咸丰八年五月。

证，抱与作义女，更名喜姑，立有抱约。至四年冬月，桃姑被人刁拐，氏查无获，蒙恩传氏到案始知黄氏拐逃讯明。但桃姑系陈雷氏抱与氏为女属实，中间不虚，结状是实。

准结。

咸丰八年五月十三日具结状欧陈氏（指印，旁边写着"右手食指"四字）

具结状民妇黄刁氏，今于大老爷台前为结状事。情氏刁拐欧陈氏所抱女陈桃姑学习弹唱，因氏夫黄运江私串陈常顺将桃姑嫁卖崔镇，氏始知，跪请袁鹤崖商议，捏称桃姑原许伊子袁均为婚，故此构讼。沐讯明确，氏实系刁拐桃姑弹唱，串袁鹤崖扛讼，将氏械责。谕氏具结备案，日后不致妄为滋事，所结是实。

准结。

咸丰八年五月十四日具结状黄刁氏（〇）

欧陈氏的画押用的是指印，旁写"右手食指"四字，可知其画押是用右手食指在纸上压的指印，而黄刁氏是用圆圈画的押，比较符合当时女性画押的普遍情况。在笔者所见的巴县档案中，采用指印画押较为罕见，即使出现了指印画押，也没有像本案这样明确说明是右手食指。而指印和圆圈画押同时出现在一份案卷之中，则更为罕见。

（2）每人两次画押，指印押男左女右。陈大川（40 岁）平日卖杂货生理，与陈国亮（54 岁）住隔不远。咸丰八年七月二十四日挨晚时，陈大川卖货回家，撞见陈国亮与妻子陈石氏正在行奸，喊同兄弟陈大顺把陈国亮拿获，开单送审。经过审讯，陈国亮与陈石氏通奸属实，把陈国亮掌责锁押，陈大川甘愿与妻子陈石氏离异，把陈石氏械责,交娘族石元凤领回另嫁。①

在该案卷中,陈大川、陈石氏、陈国亮分别具结画押,但这三人的画押比较特殊。以陈大川的离异结状为例:

> 具结状人陈大川,今于大老爷台前为离异结状事。情蚁以获奸送究事具控陈国亮等在案,沐恩讯明,陈国亮不应与蚁妻陈石氏通奸,已沐将伊掌责锁押。蚁情甘具结,与蚁妻陈石氏离异,嫁守认石氏自便。日后蚁再不得借事翻控滋事。中间不虚,离异结状是实。
>
> 准结。
>
> 咸丰八年九月二十二日具离异结状人陈大川(十)(左手食指印)

陈大川画押时,不仅采用了当时男性画押最为常见的十字押,还在其后压了指印,而且明确说明是左手食指印。陈国亮和陈石氏二人的画押方式与陈大川相同,均用了两种画押方式。如图 3 - 12:

陈大川画押　　陈国亮画押　　陈石氏画押　　王陈氏画押

图 3 - 12 陈大川等人的画押

---

① 《巴县档案》6-4-5443,咸丰八年九月。

　　根据上图可知,陈大川和陈国亮两人均先采用了当时男性最为常见的十字画押,陈石氏也采用了女性最为多见的圆圈画押,随后三人又分别采用了指印画押,而且明确说明是食指画押。只不过陈大川和陈国亮两位男性用的是左手食指,而陈石氏用的是右手食指。而且,陈大川和陈国亮的指印押位于其姓名左边,而陈石氏的指印押位于其姓名右边。由此,我们可以得出两点结论:第一,在清代巴县,指印押既适用于男性,也适用于女性,与广东契约文书中的情况一致。只不过广东契约文书中的指印押并没有说明是食指印,而巴县档案中的指印押对这一点进行了明确。第二,"男左女右"的观念由来已久、根深蒂固,就连画押时也严格遵守。这一点不仅在本例有直观的反映,前例欧陈氏指印画押,旁写"右手食指"四字,也是"男左女右"的体现。

　　关于"男左女右"画押的问题,其他案例也有所反映。咸丰十年三月间,王陈氏儿子王步云外出未归,媳妇王欧氏与张帽鼎通奸,王陈氏以获奸送究事禀送张帽鼎在案。经过审讯,将张帽鼎杖责①枷号,将欧氏责惩,吩谕王陈氏将欧氏领回管束。王陈氏因欧氏通奸败露,臭名难堪,情甘将欧氏当堂休逐,与其子王步云离异,认从欧氏择户另嫁。日后其子归家,永不得借故滋事。王陈氏具结备案,并在结状末尾姓名处画押。② 见图 3-12 第四幅,王陈氏用的是指印押,而且同样有"右手食指"四字,与欧陈氏、陈石氏的画押如出一辙。咸丰十一年九月,李洪发凭陈张氏、龚李氏为媒,把 14 岁的次女李氏嫁与牟德周为妾,取财礼银 50 两,立

---

① 杖责,对犯罪之人用大荆杖决打,自六十至一百为五等,每一十为一等加减,后以竹板折责,此刑罚相对笞责稍重。
② 《巴县档案》6-4-5635,咸丰十年三月。

有主婚字约。不料李氏过门后,总与牟德周夫妇不睦,牟德周疑是李洪发唆使,就把李洪发扭禀在案。经过审讯,李氏既与牟德周夫妇不睦,李洪发情甘把李氏领回,另行改嫁,日后永不向德周滋生事端,牟德周的抱禀李永福和李洪发具结备案。[①] 在结状中,李永福用的是十字押,李洪发用的是指印押,并且写明"左手食指",可见衙门并没有要求当事人采用统一的画押方式。在此案卷中,另有一份李洪发出具的主嫁文约,立约人李洪发用的又是十字押,说明李洪发并没有固定爱好采用哪种画押方式,在不同的场合其画押方式也不相同。由上得知,在画押符号和画押方式的使用问题上,并不是整齐划一的,而是带有某种随机性,受到多种因素的影响,其中既有约定俗成的一些习惯,也有当事人的个人爱好,还有当时当事的具体情况和具体要求,当然也有当事人本人的随心所欲。

(3)男性用圆圈画押。前面曾经提到,广东契约文书中出现了男性用圆圈画押的情况,而且比女性用得还要多。但在龙泉驿契约文书中,一直没有发现男性用圆圈画押的方式。在巴县婚姻档案中,女性采用圆圈画押是最为多见的,不管是在契约文书中还是在结状文书中,男性用圆圈画押都极为罕见。至今为止,笔者仅见两例。

第一例,见于结状画押。

　　具结状人冉才山、曹隆先、曹远先、曹顺先,同结骆余氏、骆相远,今于大老爷台前为结状事。情蚁等以获送讯究事禀送曹八等一案,沐恩讯明,委因曹八、曹相与蚁相远妻刘氏通

---

①《巴县档案》6－4－5759,咸丰十一年十二月。

奸，先后拐逃，沐将曹相掌责、曹八笞责①枷示。至刘氏不应悖夫逃外，与曹相、曹八先后通奸，亦予械责、发交官媒卖嫁。蚁相远情甘与妻刘氏离异，日后不致翻异滋事。蚁等均愿遵结备案。中间不虚，所结是实。

准结。

咸丰十一年十月二十二日具结状人冉才山、曹隆先、曹远先、曹顺先，同结骆余氏、骆相远　有押②

由图 3 - 13 可见，在此结状中，曹隆县、曹远先、骆相远、骆余氏四人用的是圆圈画押，这四人中前三人为男性，冉才山、曹顺先二人则用了十字押。也就是说，在同一份结状中，男性分别采用了圆圈画押和十字画押两种方式。

第二例，见于契约画押。

立出请字文约人王文藻同妻晏氏亲生一女未能户，不料家中贫寒，米粮昂贵，日食难度，万般无奈，协同亲族商议，只得将女再三央请彭朝栋转请宋坤元、谢洪发、龙聚川、刘大顺、谭洪发等为媒觅户，不拘远近上下，过客、贵贱、妻妾无论。自请之后，并无翻悔阻拦，九属王姓亲戚老幼已在未在人等不得异言称说。倘有来历不明，童婚刁拐别故生枝等，概不与媒证人丝毫相染，一力由王文藻夫室挺

图 3 - 13　冉才山等人的画押

---

①笞责，罪行较轻，用小荆杖决打，自一十至五十为五等，每一十为一等加减，后以竹板折责。

②《巴县档案》6 - 4 - 5743，咸丰十一年十一月。

身承担，均无推委【诿】。如若日后另生枝叶，借婚搕索，恁随媒证人执约赴公，文藻夫室自甘坐罪，均不能辞。此系二家心甘意愿，其中并无逼勒套哄等情。今恐人心不古，特立请字一纸，付与媒证人永远存执。

在见人　刘大顺、喻占魁笔

同治六年二月二十特立请字文约人彭朝栋（〇）①

在此请字文约中，彭朝栋用的是圆圈画押。

（4）字押。广东契约文书中有采用㉿、㊍、㊗押以及用二字或者四字词语代替画押的情况，巴县婚姻档案中尽管没有出现这几种情况，但也有采用字押的案例。如下是罗少松出具的缴结状：

具缴结状职员罗少松即熙昌，今于大老爷台前为缴结事。情吴刘氏以诱窃获佑等情，控职在案。沐恩迭讯明确，谕职给吴刘氏路费银七十两正，职遵谕措银七十两，如数缴足，具缴结备案，日后不致翻滋。中间不虚，缴结状是实。

温江县正堂张　批：准缴结。

光绪二十七年七月初九日具缴状职员罗少松，即熙昌（实）②

罗少松在其结状末尾姓名后面写了一个"实"字，此外并无其他画押符号。因此可以推断，这个"实"字就是罗少松所写的字押，与广东契约文书中的"公正""公平"等意思相似，作用在于确

---

① 《巴县档案》6-5-7610，同治六年七月。

② 《巴县档案》6-6-25119，光绪二十七年七月。

认此缴结状的内容是真实的。

（5）手印画押、手脚印画押。相比龙泉驿契约文书、广东契约文书、黄岩档案等文献中的画押，手脚印画押是巴县婚姻档案中较为特殊的一种画押方式，主要在契约文书中使用。指的是在契约相应位置盖上手掌印或者手掌印和脚掌印，所以这种契约也称为"手印文约""手脚印文约""手模文约""脚模文约"。因常用于婚书，故又有"手模婚书""脚模婚书"之称。南部档案中也有类似的情况。

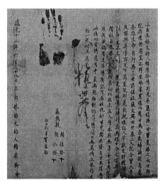

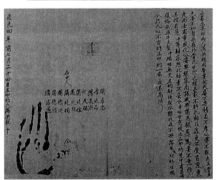

图 3-14　手印文约

图 3 - 14 均为手印文约,第一份文约的大致情况如下:咸丰十一年七月,巴县太平坊何义顺为蓦卖逼贱事具禀邓星福在案,①该案卷中有一份抱约,出立抱约人邓合顺在其姓名下画了十字押,同时在见人、媒证人、依口代笔人位置上方用左手手掌盖了手掌印,掌印的五个指头之间写有"心肝【甘】情愿",掌印下方写有"并无翻悔"。

根据这四份手印文约可以得出如下几点结论:第一,手掌印一般盖在契约末尾见证人与立约人署名之间的位置,尤以盖在见证人上方位置的居多,四份中就有三份。第二,立约人在署名之后都画了十字押,同时又在相应的位置盖了手掌印,可见,手掌印并不与其他画押方式相冲突,二者可以同时并行。也可以认为,在采用其他画押方式的同时,再盖上手印,显得更为慎重。第三,这四个手印均为左手掌,而四个立约人又均为男性。是否可以理解为,盖手印时也遵循了"男左女右"的规律。

再来看看手脚印文约。

图 3 - 15　手脚印文约

图 3 - 15 中第一份文约是四川省档案馆展出的一份休妻文

①《巴县档案》6 - 4 - 5736,咸丰十一年七月初十日。

约,立约时间是道光二十六年,在契约末尾署名"王德盛父子"[1]处有"立字是实"四个字,并没有其他画押符号。笔者认为,这四个字相当于画押,与广东契约文书中用二字或四字词语替代画押的情况比较类似。此外,这份文约还盖有手掌印和脚掌印。第二份是清代南部县衙档案展览馆展出的一份甘愿主嫁婚书文约,立约时间是道光二十一年十月。这份文约末尾杨大福署名处并没有其他画押符号,只有手掌印和脚掌印。第三份是《清代巴县档案整理初编(乾隆朝)》中附在报状之后的一份自愿主嫁婚约,[2]立约时间是乾隆五十一年。在陈尚仁署名之下有花押符号,另有手掌印和脚掌印,在手掌印的间隔处还写有"天长地久"四个字。图3-14的手印文约都用的左手掌,确定盖印人为男性,图3-15前两份手掌印为右手掌,脚掌印为左脚掌,而且脚印在左,手印在右。从中国传统的"男左女右"习俗以及前面提到画押中也遵守此习俗等情况来看,笔者判断,这两图中的手印应该是女方的,而脚印应该是男方的。[3] 从图3-15的第三幅图来看,手掌印和脚掌印都是左向,笔者推测,此手掌印和脚掌印都是立约人陈尚仁所盖,被他嫁卖的妻子方氏并没有在文约上留下痕迹,甚至很可能对自己被嫁卖之事一无所知,更不要说在文约上盖手印或者脚

---

[1] 在所见的清代契约文书中,契约开头的出立契约人与契约末尾的署名并不完全一致,这种情况应该是不规范的,但在当时却普遍存在。就如本处,契约开头只有王德盛一个人的名字,而契约末尾的署名却是"王德盛父子"。

[2] 四川省档案馆编:《清代巴县档案整理初编·司法卷·乾隆朝》(二),成都:西南交通大学出版社,2015年,第76页。

[3] 张晓霞:《契约文书中的女性——以龙泉驿百年契约文书和清代巴县婚姻档案为中心》,《兰州学刊》2014年第8期。

印了。

　　综上，笔者认为，手脚印文约存在两种类型，一种是男女双方均在文约上盖了印，男方盖的是左脚脚印，而女方盖的是右手手印，当然也不排除男方假冒女方身份盖了右手手印。另一种情况是只有男方在文约上盖了印，盖的是左脚脚印和左手手印。

第四章　巴县婚姻档案所呈现的抱告制度与诉讼实态

巴县婚姻档案多为诉讼档案,是研究清代诉讼制度和基层诉讼实态的重要材料。通过对巴县婚姻档案的研究,可以发现抱告制度在巴县婚姻诉讼中的具体实践与状式条例的规定之间表现出一定的差异,呈现出更为复杂多样的面向。此外,关于"川人好讼"的说法一直存在,川人是否真的更为"好讼",此"好讼"与官府和社会对"无讼"的倡导之间有什么样的关系,"佐贰不擅受民词"的禁令在巴县贯彻得如何,这些问题都值得进一步探讨和研究。

第一节　抱告制度在巴县婚姻诉讼中的实践

所谓"抱告",又称为"代告",指的是某些特殊主体不能独立参与诉讼,需要其他能独立参与诉讼的人代为参与,而这些代为参与诉讼的人一般由诉讼当事人的亲人来担任。徐忠明等认为,设置抱告的主要目的有两个:一是"示矜全"——维护诉讼当事人的脸面,二是"防诬陷"——防止这些诉讼当事人利用其司法上的特权进行诬告,而又不用承担相应的责任。在清代诉讼中,抱告人是告呈人的"替身",主要作用是:代替告呈人呈状,代替告呈人接受官府的讯问和羁押,代替告呈人承受诉讼可能导致的刑罚。① 由此可以得知,无论从抱告的设置目的,还是抱告的主要作用来看,抱告都不同于当今社会的诉讼代理人。诉讼代理人是为诉讼当事人提供法律专业帮助和服务的职业人员,他们并不要求是诉讼当事人的亲属,当然也不可能代替当事人接受官府羁押或者承受刑罚。而且,清代社会需要抱告的只是某些特殊主体,当今社会聘请诉讼代理人则是每一个公民都具有的合法权利。

一、与抱告有关的状式条例

到底哪些特殊主体需要抱告才能告状呢？清代巴县各朝状式条例中有相关的规定,主要有以下几种表述:

生监、妇女及老幼、废疾人无抱告者,不准;

举贡、生监及有职人员、妇女、老幼、废疾状内无抱告者,不准;

有职人员及贡监、生员、妇女无抱告者,不准;

绅衿、妇女、老幼、废疾无抱告及虽有抱告而年未成丁或年已老惫者,不准;

仕官、举贡、生监及年逾七旬之人或妇女出名具词无抱告者,或不应用抱而混用抱告者,不准。

有清一代,巴县有关抱告的规定呈现出一种不断变化的态势,同一朝也会有多种表达,尤其在乾隆朝、道光朝和咸丰朝表现比较明显。而不同朝代之间也会经历先传承、再发展变化的模式。在这些变化中也有一些不变的内容,比如需要抱告的诉讼主体变化不大。无论是清代哪一朝,需要抱告的诉讼主体大多都涵

---

① 徐忠明、姚志伟:《清代抱告制度考论》,《中山大学学报》(社会科学版) 2008 年第 2 期。

盖了生监、有职人员、老幼、妇女、废疾等几类,只不过在具体表述上略有差别。

相比而言,清代其他地区对抱告有什么样的规定呢? 与巴县相比,有何异同呢? 笔者所见重庆府咸丰、同治、光绪年间有关抱告的状式条例均为:"生监、职员及老幼、废疾、妇女无抱告者,不准",一直没有发生变化,其他年间不详。所见光绪十六年调署重庆府江津县事宜宾县正堂国所用的状式条例为:"绅耆、老幼、残疾、妇女词无抱告,有抱告而年未及岁者,不准",①其他年间不详。

《黄岩档案》②(以下简称"黄岩档案")共载清代黄岩诉讼档案 78 宗,时间跨度自同治十三年到光绪十五年,所载档案状式条例共 22 条,其中有关抱告的规定一直都没有发生变化:"凡有职及生监、妇女、年老、废疾或未成丁无抱告者,不准。"从内容上看,黄岩档案与巴县档案所载状式条例内容基本相符,需要抱告的主体为有职人员、生监、妇女、老幼、废疾,但是因为其所载档案仅有十几年的时间跨度,对同治十三年之前和光绪十五年之后的状式条例无从知晓,其对抱告的规定到底有无变化,与巴县档案相比有何异同,也就无从探究了。

此外,在黄岩档案诉讼条例中,同样出现了"现有夫男,教以妇女出头混控者,不准"的规定,明确家有夫男的妇女不能出头告状,由此看来各地对妇女告状的限制是比较类似的。清代四川冕宁档案中,还有对妇女诉讼限制的具体陈述。乾隆元年九月十九日,四川宁远府会理州正堂罗在给冕宁县的一份信牌中说:"乃有

---

①《巴县档案》6-6-24550,光绪十六年七月初十日。
②田涛、许传玺、王宏治:《黄岩诉讼档案及调查报告》(上卷),北京:法律出版社,2004 年。

一等泼悍之妇,本有夫男,而原有亲属者,俱不全出名,竟敢恃倚女流,法虽遂及,因而罔顾廉耻,抛头露面,匍匐公庭或闹哭叫喊,故为急切之态,及至察其情词,甚无干系。此在本司衙门,每每有之,其在地方有司更可概见,似此颓风巫宜禁止……"①女性借助其身份优势可以撒泼要横、甚至捏词诬控,给衙门断案带来很大的困扰,这大概就是清代各朝要特别对妇女告状进行限制的原因吧。

二、抱告的类型及诉讼中的各种实际情况

清代巴县诉讼中,根据当事人在诉讼中所扮演的不同角色,其状可以分为首状、告状、诉状、禀状、喊状、存状、报状、恳状、息状等。如果这些当事人属于需用抱告的特殊主体,那么他们的抱告就分别称为抱首、抱告、抱诉、抱禀、抱喊、抱存、抱报、抱恳、抱息。不管是哪种情况,文中都统称为"抱告"。

一般情况下,告状人为一人,抱告也是一人。但是在巴县档案中,也有一些特殊的情况,主要表现在:一个告状人,多个抱告;多个告状人,一个抱告;多个告状人,多个抱告,每一个告状人都有一个抱告。另外,还有一些不该用抱告而用抱告,应该用抱告而不用抱告的案例,也值得我们研究。

(一)一个告状人,多个抱告

两个抱告。同治年间,孀妇明刘氏(82 岁)告状,有两个抱告:明凤翔,58 岁,明凤□,47 岁,这两个人应该都是她的儿子。孀妇段周氏(50 岁)告状,有两个抱告,一个是家丁陈顺,一个是儿子段

---

① 转引自张晓蓓:《冕宁清代司法档案研究》,北京:中国政法大学出版社,2010 年,第 55—56 页。

焕章。光绪年间,孀妇张詹氏(78岁)告状,抱告张合兴、张德元。

三个抱告。同治十年民妇张贺氏(31岁)告状,以三个未成年的儿子秦承栋、秦承模、秦承柱为抱,告夫家堂侄秦慎徽图索架绝。知县李批:"所呈是否情真,候并票唤讯",并没有对张贺氏以三个未成年儿子为抱告提出异议。在发出的差票中,传唤之人也有三个抱告的名字。咸丰十一年,孀妇陈黄氏(68岁)告状,告夫弟陈永顺故后,遗有幼子陈顺麒,弟媳杨氏与淫恶郑元太私通等情。此告状共有三个抱告,分别为陈顺达、陈顺谟、陈顺麒,前两人是陈黄氏的儿子,陈顺麟就是陈黄氏夫弟陈永顺的儿子,即陈黄氏夫侄。

(二)多个告状人,一个抱告

同治年间,冉国荣、尹明哲一起告状,抱告为冉光贵。需要说明的是,两个告状人冉国荣、尹明哲是亲家,冉光贵是冉国荣的儿子、尹明哲的女婿。冉光贵某日外出做活,尹氏一人在家,被恶痞张八欺调。所以,冉国荣、尹明哲两个亲家一起告状,一个是为了自己的媳妇,一个是为了自己的女儿。但是在排序的时候,尹氏公公冉国荣排在前面,尹氏父亲尹明哲排在后面,这也反映出在处理妇女问题上的先后顺序是先夫家后娘家。两个亲家一起告状,因为年龄较大,需要一个抱告,而冉光贵身为尹氏的丈夫、冉国荣的儿子、尹明哲的女婿,由他来做抱,当然是最合适不过了。①

光绪元年,孀妇刘贾氏(82岁)具首状,在抱告一栏里写着"同告子刘煊,年50岁,抱状陈遂生,年32岁"。此案也应该算作多个告状人、一个抱告的情况。虽然在告状人栏只有刘贾氏一人,但在抱告栏明确了还有一个同告的儿子。告状人栏只写刘贾氏

_____

① 《巴县档案》6－5－8030,同治年间。

一人的名字,把同告人刘煊写在下面抱告栏,这样做的目的可能是为了突出刘贾氏的主告地位。在巴县档案中,像这种并不把同告人全部写在告状人栏的情况还比较多见,有的是在告状人栏只写一人,其余同告人写在下面抱告栏,但是写明"同告人某某某",同告人有可能是一人,也有可能是多人;也有的是在告状人栏已经书写多人名字,下面抱告栏还有多名同告人。前者是为了突出告状人有主次之分,后者是因为同告人太多,无法全部书写在告状人栏,两者有所区别。①

　　(三)多个告状人,多个抱告

　　同治年间,杜陈氏、王林氏为刁拐蓑嫁事告易兆南、钟老大、胡正邦等一案。告状人孀妇杜陈氏(42岁)、王林氏(47岁),抱告陈金樑、王炳南。虽然从案件的记录中看不出告状人与抱告人之间的关系,但是根据姓氏可以判断,两个抱告中陈金樑是杜陈氏的抱告,王炳南则是王林氏的抱告,她们每人都有一个抱告。杜陈氏的女儿自幼抱给王林氏抚养,同治六年凭媒嫁给周志堂为妻,次年周志堂奉差往京,遗妻王氏在渝,交托给杜陈氏和王林氏照顾。同治十年五月,遭钟老大、胡正邦乘周志堂不在家,而杜陈氏和王林氏又孀居远隔,将王氏刁拐合邑(即合州县),拐嫁给易兆南为妾。后来周志堂差人来渝,想要接王氏回京,向杜陈氏和王林氏索人无着,滋闹难安,杜陈氏和王林氏才来县衙控案。由告状内容可知,杜陈氏是王氏的生母,王林氏是王氏的养母,女儿被刁拐,女婿要人,无奈之下,生母、养母一起告状,每人一个抱告。②

---

① 《巴县档案》6-6-23136,光绪年间。
② 《巴县档案》6-5-8077,同治年间。

（四）应该用抱告而不用抱告

在清代各朝，状式条例中都有关于抱告的规定，虽然需要抱告的主体有一些小的变化，但无论哪朝都明确了应该用抱而不用抱的告状是不能准予立案的。在巴县的实践中，绝大多数的告状人是按照规定执行的，但也有极少数较为特殊的情况。

道光十二年，徐杨氏告婆婆徐秦氏和丈夫徐应选将其逼娼。在徐杨氏的禀状中，并没有抱禀。区知县批："准唤讯"，并没有对其无抱禀之事进行追究。而且在证实徐杨氏是诬告之后，知县也没有对其进行惩罚，只是让她"随徐应选回家，听其管束"而已。道光十五年，仁和坊王氏告伊夫李润逼伊为娼一案，在王氏的告状中，并没有抱告。杨知县批："李润领尔至家，逼令为娼，是否属实，候唤讯察究，临审该房捡出前卷呈阅"，并没有对王氏没有抱告进行斥责。道光二十二年，杨氏告丈夫梁文斗逼娼一案，没有抱告，知县李批："准唤讯查究"，没有对杨氏无抱而告进行追究，判梁文斗与杨氏离异，将杨氏交给总役另行择户。道光二十三年，冯谢氏禀丈夫冯万顺逼娼一案，没有抱禀。叶知县批："候唤讯"，也没有对无抱禀之事进行追究。咸丰十年，民妇闵陈氏为霸占逼贱事具禀自己的丈夫闵上云，抱禀无。巴县正堂张批："值日带究。"咸丰十年，孀妇刘周氏具告李吹吹、刘老七、胡占春等人，抱告无。从告状内容得知，刘周氏夫故无倚，而且她是贵州人氏，自然在本地也没有什么亲属，所以没有抱告。巴县正堂张批："候验伤唤讯。"咸丰十年，孀妇刘李氏具禀蔡福源一案，抱告无。巴县正堂张批："值日带究。"由禀状内容得知，刘李氏虽然是本城人，但是丈夫已故，孀孤子幼，娘婆二家又没有其他人，所以并没有可用之抱，而知县也没有追究此事。

上述案例，告状人都是妇女，按照状式条例的规定，家有夫男,妇女不得出头告状;妇女告状,必须有人抱告,无抱而告的不得准案。但细细分析这几个案例,有五个案例是妻子控告自己的丈夫,而且都涉及到逼娼,都没有成年之子,娘家情况均不详。另外两个案例,一个是身为贵州人氏的孀妇刘周氏告嫁卖她的李吹吹等人,另外一个是孀孤子幼的刘李氏告霸占财产、阻不容嫁的蔡福源,都属于情有可原。而且在告状中,均已明确说明了缘由,知县一目了然,也就没有对她们进行斥责。

吴佩林根据对南部档案的研究指出,妇女在夫出外、有疾病、被关押的情况下可亲自出面告状。① 巴县档案中,夫在外妇女出面告状,同样会受到知县训斥。熊陶氏因女儿熊姑抱与蓝选达为娴媳之事与蓝家发生纠纷,为退明图索、诉恳作主事具诉状,没有抱诉。② 熊陶氏在诉状中说"夫远贸未归""今氏子年未成丁",其实已经向知县表明了自己亲自参与诉讼并且没有抱诉的理由。但是,区知县对此并不认可,批:"着即赶唤尔夫熊启洪赴案质讯,毋得恃妇出头砌渎。""毋得恃妇出头砌渎"表示知县对熊陶氏以夫不在家,儿子尚未成丁为理由而亲自出面参与诉讼表现出极大的不满,让她赶紧将丈夫熊启达叫回,赴案参与质讯。

(五)不应用抱告而用抱告

与前述应用抱告而不用的情况相反,巴县档案中也有不应用抱告而用抱告的案例。咸丰年间,51岁的禀状人苟成明以儿子苟开鹏为抱;同治年间,48岁的禀状人朱光桂以28岁的儿子朱大川

---

① 吴佩林:《清代四川南部县民事诉讼中的妇女与抱告制度——以清代四川〈南部档案〉为中心》,载[美]黄宗智主编:《中国乡村研究》(第八辑),福州:福建教育出版社,2010年,第124页。

② 《巴县档案》6-3-8938,道光十一年十一月十六日。

为抱,40 岁的禀状人王大惠以儿子王光朝为抱。以上案件中的禀状人年龄分别为 51 岁、48 岁、40 岁,并未达到年老的条件,也不属于有职、生监、废疾之人,是完全可以独立诉讼的,根本不需要抱告,但在诉讼中却用了抱告。知县在审理这几个案件时,也没有对此违规行为进行斥责。

笔者在黄岩档案中也见到过违规用抱的案例。光绪八年,18 岁的张所寿为匪徒哄扰迫叩提办事具呈,抱告是 40 岁的雇工陈日新。① 光绪十一年,58 岁的辛光来具呈,用了"本人之戚"30 岁的王阿三为抱。② 这两个案例的告状人都不符合用抱的条件而违规使用抱告,但知县在批词中并没有提到此事。

三、"老幼"的具体呈现

前述状式条例中,大部分状式条例都有老幼不得亲自告状,必须要用抱告的规定。那么何为"老"? 何为"幼"? 乾隆二十八年三月十八日,四川省按察使司按察使曾经发过一份有关慎刑的文书,其中有"三不打":年未七十而衰惫龙钟不打,年已十六而形体瘦弱不打,久病初痊及状貌将病不打。③ 意思就是说,平日里 70 岁以上的老年人、16 岁以下的年轻人本就属于不打的范畴,此处只是对未满 70 岁的老年人和已满 16 岁的年轻人中有特殊情况的进行补充规定。那么是否意味着,70 岁以上为老,16 岁以下

---

① 田涛、许传玺、王宏治:《黄岩诉讼档案及调查报告》(上卷),北京:法律出版社,2004 年,第 127 页。
② 同上,第 143 页。
③ 转引自张晓蓓:《冕宁清代司法档案研究》,北京:中国政法大学出版社,2010 年,第 55—56 页。

为幼呢？前面提到同治和光绪年间的状式条例中曾经有一条"仕官、举贡、生监及年逾七旬之人或妇女出名具词，无抱告者或不应用抱而混用抱告者，不准"，明确了七旬以上的老年人属于应用抱告的特殊主体，是否再次强调 70 岁以上为老呢？

关于这一点，沈之奇曾在《大清律例辑注》中对老幼做过如下界定：15 岁以下为幼，60 岁以上为老，我们按照此说法对清代县衙档案的实际情况进行考察。根据吴佩林的研究，南部档案、黄岩档案抱告均没有超过 60 岁，但在南部档案、黄岩档案、淡新档案中均有 14 岁以下男性做抱的情况。① 那么在巴县档案的实际诉讼状态中，"老幼"又是如何呈现的呢？关于"老"，我们主要考察的是 60 岁以上的告状人是否都有抱告，能否为他人做抱告；关于"幼"，我们主要考察的是 15 岁以下的抱告人是否存在。

要考察抱告的年龄，可以根据状纸上抱告栏所载信息获知。比如根据《黄岩诉讼档案及调查报告》，抱告信息栏的固定格式为"抱告 XX，年 XX 岁，系本人之 XX"，书写状纸的时候，只需按照此格式填空就行了，实际上也是在强调这些信息的重要性和必要性，提醒书写状纸之人完整填写抱告人的情况。根据此信息，可以清楚地了解到抱告的姓名、年龄、抱告与诉讼当事人之间的关系。根据张晓蓓《冕宁清代司法档案研究》所载的第八图，有一份雍正十三年八月初三日冕宁县的状纸，在这份状纸上，在年月日信息的左下角有抱告和代书两栏。其中，抱告栏有"抱告系年岁"字样，与黄岩档案比较类似，包含了抱告姓名、与当事人的关系、

① 吴佩林：《清代四川南部县民事诉讼中的妇女与抱告制度——以清代四川〈南部档案〉为中心》，载[美]黄宗智主编《中国乡村研究》（第八辑），福州：福建教育出版社，2010 年，第 124 页。

年龄三个要素,有利于提醒书写状纸之人将这些信息完整填写,从而便于知县清楚掌握抱告人的信息,给案件的审理带来方便。但是在巴县档案的状纸中,并没有这样固定的格式,抱告栏目下面为空白,只有少数状纸在此处填写了完整的抱告信息,绝大多数状纸只写了姓名。如果我们要获得有关抱告年龄、抱告与当事人关系的信息,就要深入到案件内容中,从诉状、供状、结状中去挖掘。有时能够获得,但也有时并不能获得,给研究者带来了较大的困扰和不便,对于深入研究巴县档案的抱告实态无疑是极为不利的。

(一)60 岁以上的告状人是否都有抱告

60 岁以上的告状人用抱告是大多数案例所反映出来的情况,与此同时,在具体实践中,也存在着极少数 60 岁以上没用抱告的案例。乾隆三十五年,61 岁的胡毓秀具诉状,没有抱告。① 虽然在知县的判词里提到"查胡毓秀年迈目瞽",但并没有对此进行斥责。而且胡毓秀明明有两个已成年的儿子胡宾顺、胡东阳,在结状中他们三人还一起具结。

(二)60 岁以上能否做抱告

绅衿、老幼、妇女、残疾等不具备独立诉讼能力的人,如要告状,必须用抱,同样,这些人因不具备独立的诉讼能力,所以他们也不能做抱。前面提到,南部档案、黄岩档案中的抱告均没有超过 60 岁,那么巴县档案中,有无 60 岁以上做抱告的情况呢?

乾隆四十八年卢张氏控龚锡禄等图吞产业案,②以儿子卢聚

---

①四川省档案馆编:《清代巴县档案整理初编·司法卷·乾隆朝》(二),成都:西南交通大学出版社,2015 年,第 134 页。

②四川省档案馆编:《清代巴县档案整理初编·司法卷·乾隆朝》(二),成都:西南交通大学出版社,2015 年,第 159—171 页。

奎为抱,此处并没有交待抱告的年龄。以儿子做抱的情况非常普遍,这不会引起我们的特别注意,但是在供状中,原告和抱告二人都对案情进行了详细的陈述,与其他抱告在供状中简要陈述"与某某(原告)供同"有异。此案的焦点在于卢张氏丈夫卢祥麟所遗房产的分割,一边是卢张氏所带前门之子卢聚奎,一边是卢张氏与丈夫卢祥麟所生之女的丈夫龚锡禄。经过审讯,知县主张房产均分,但卢聚奎并不认同知县的处理方法,于九月十三日亲自禀状,具禀龚锡禄等人谋吞其房业。在此禀状中,卢聚奎的个人信息显示为"蓍民卢聚奎,本邑人,年63岁,抱禀男卢荣升"。从中得知,卢聚奎年63岁,没有独立诉讼能力,以其子卢荣升做抱并无异议。但是我们前面看到,卢张氏告状的时候曾经以63岁的卢聚奎做抱,而知县也没有对此予以斥责。也许是没有注意到,也许是对此不在意,因为卢张氏只有卢聚奎这一个儿子,即使不符合抱告条件,也忽略不计了。

(三)15岁以下能否做抱告

南部档案、黄岩档案、淡新档案中均有15岁以下男性做抱的情况,巴县档案中也有15岁(含15岁)以下做抱的案例。咸丰年间,孀妇唐何氏告状,抱告为次子唐开海,年仅7岁;76岁的孀妇何简氏具禀状,以13岁的外孙叶瑞堂做抱。同治年间,民妇张贺氏(31岁)告状,抱告是三个儿子秦承栋、秦承模、秦承柱;63岁的唐裕罗具诉状,抱诉是15岁的儿子唐九;30岁的谢蓝氏具诉状,抱诉是12岁的儿子谢敢年,已经完婚;50岁的孀妇艾刘氏具告状,抱告是14岁的儿子艾福宽,已经完婚。

上述六个案例,抱告12岁、13岁、14岁、15岁各一人,7岁一人,张贺氏以三个未成年的儿子为抱,三个儿子到底多大年龄并没有交代,应该有15岁以下之人。仔细分析这几个案例,抱告是诉讼当事人儿子的 5 例,抱告是诉讼当事人外孙的 1 例,而且诉讼当事人 5 例为女性,1 例为男性。可见,抱告是诉讼当事人儿孙辈的,尽管抱告在年龄上不符合条件,知县也不会予以斥责,抱告只是为了符合状式形式上的需要,并不能对实际断案造成多大影响。

以上对"老幼"的考察可知,尽管状式条例中并没有对老幼的具体界定,但是根据各地清代县衙档案所呈现出来的具体情况,大致可以做如下的总结:"老"是指 60 岁以上,绝大多数 60 岁以上的告状人使用了抱告,巴县档案中,60 岁以上的告状人没有抱告和 60 岁以上充当抱告,分别只发现 1 例。相对而言,"幼"的情况较为复杂,巴县档案、南部档案、黄岩档案、淡新档案都有 15 岁以下充当抱告的案例。巴县档案中所发现的这些案例有其共同的特点,都是晚辈为长辈尤其是母亲做抱告。

四、抱告与诉讼当事人的关系

从黄岩档案的抱告栏中,可以非常清楚地了解到抱告人与诉讼当事人之间的关系,但在巴县档案中,有的在抱告栏写明了与告状人的关系,比如"抱告子某某某""抱告夫弟某某某""抱告侄某某某",也有的抱告写明了抱告人的年龄,如"抱告某某某,年 XX 岁",更多的抱告就只有简单的"抱告某某某""抱诉某某某",并没有写明与诉讼当事人之间的关系,也没有写明年龄。一般情况下,我们可以根据告状、诉状、供词中的具体内容,了解到他们之间的关系。

关于抱告与诉讼当事人之间的关系,乾隆元年九月十九日,四川宁远府会理州正堂罗在给冕宁县的信牌中所说的这段话基本可以概括:"倘系孤苦孀妇许令夫家之弟侄抱告。夫家无人,则令娘家亲属抱告。若夫母两家无抱告之人,许令乡保邻佑代为接递。惟于庭审之日,仍听妇女告质,总不许妇女出头告状。"① 由此可见,如果严格按照此规定,家有夫男的妇女不能出头控案,应由夫男出头,所以根本就不应该存在以夫男为抱告的情况;如果孤苦孀妇控案,抱告顺序为:夫家之弟侄、娘家亲属、乡保邻佑,抱告人中也不应该有儿子。

但在实际案例中,家有夫男的妇女出头控案者比比皆是,尤其以儿子为抱告的情况蔚然成风,而知县也并没有对此表示异议。关于这一点,学界大都用了"恃妇逞刁"这个词,明明可以由成年儿子出头控案的,却由妇女出头、儿子做抱,这是利用了妇女自身在诉讼中的优势,以赢得知县的宽容和同情,最终获得对自己有利的判决。即使是诬告,知县也会对妇女网开一面,纵然受罚,也仅限于掌责之类,更为多见的是"应责从宽"。正是因为知县在实际执行过程中对女性尤其是孀妇的宽容,才导致妇女以成年儿子为抱告出头控案变得不足为奇了。

相比以儿子为抱的蔚然成风,妇女以丈夫为抱的确实比较罕见,笔者仅见一例。咸丰十一年,民妇向杜氏具告状,以丈夫向正顺为抱。由告状内容得知,向正顺外贸,向杜氏也省亲在外,仅有母亲赵氏和女儿银秀在家,结果女儿银秀被邱吹吹等人嫁卖,因此控案。在堂审时,向正顺没有到案,说明其外贸还未回家。② 那么,向杜氏以丈夫为抱实际上根本不具备任何现实意义,因为此抱告既不能代替当事人递交告呈,也不能参加堂审,只是为了

---

① 转引自张晓蓓:《冕宁清代司法档案研究》,北京:中国政法大学出版社,2010 年,第 55—56 页。
② 《巴县档案》6-4-5737,咸丰年间。

让告状符合形式上的要求罢了。

前面提到,抱告的顺序为:夫家之弟侄、娘家亲属、乡保邻佑,先亲属而乡保邻佑。在实际案例中,南部县有以雇工为抱的案例,黄岩档案中也有,比如《黄岩诉讼档案及调查报告》第44例:具呈监生石联渠,年四十五岁,抱告徐阿三,年二十二岁,系本人之工。巴县档案中有以仆人为抱告的情况。乾隆四十八年龚锡禄具禀状(癃生,70岁),抱禀为仆赵尚智。① 但在审单中,赵尚智的名字并没有出现,也就是说,衙门根本就没有传唤他,自然他也没有参加堂审,失去了抱告的实际意义。

无论如何,抱告人与诉讼人一定要有关系,最好是亲属,如果抱告人与当事人之间毫无戚谊,抱告人会受到知县的斥责。在张氏告柯运芳等不给其赡银一案中,孀妇张氏被柯廷顺花银八十两买娶为妾,没有生育。柯廷顺去世后,其原配之子柯运芳等将卖地钱存留70两作为生母李氏和庶母张氏之赡银。后来张氏自愿凭媒再醮杨光凤为妻,杨光凤听说赡银之事,支使张氏叠控柯运芳等。张氏由毫无亲戚关系的王大贵为抱,将柯运芳等告案。知县判:"杨张氏自愿再醮,与柯运芳们已经毫无名分,不应去向柯运芳们责要赡银,实系张氏诬控,将张氏掌责;杨光凤将妻子领回,并且备文把二人递回涪州保领,安分守法;王大贵与张氏毫无戚谊,却混做抱告,将他责惩。"②

某些情况下,知县会对抱告的身份非常较真。何王氏夫故,让13岁的女儿何秀英卖娼,因何秀英不愿,买娼者危长庚将其拐

① 四川省档案馆编:《清代巴县档案整理初编·司法卷·乾隆朝》(二),成都:西南交通大学出版社,2015年,第160页。
② 《巴县档案》6-3-8818,道光八年十一月十四日。

逃藏匿,何王氏以姜道明为抱控案。① 姜道明本是何王氏夫弟,因母再醮,将其随带过门,改姓为姜。知县认为,虽然蒋道明原本是何王氏的夫弟,但既然已经改姓为姜,就与何王氏没有什么亲戚关系了,所以"姜道明不应异姓做抱",将其责惩,也变相证明了抱告与当事人一定要有戚谊关系才行。

五、抱告窃名告状:抱告才是真正的告状人

女性尤其是孀妇生活艰难,其处境令人同情,身为父母官的知县对她们格外宽容。正因为如此,即使她们已有成年儿子,完全不必自己出头告状,但为了利用孀妇的优势,她们依然广泛地参与到诉讼活动中,充当着告状人的角色。她们的儿子,则往往以抱告身份参与其中。但在某些情况之下,根据案件内容,我们可以判断真正要告状的并不是告状人,而是抱告。前述卢张氏控龚锡禄等图吞产业案已经反映出这种情况,真正要告状的是卢张氏的儿子卢聚奎,但他要充分利用孀母卢张氏的身份为自己争取利益。先是卢张氏以卢聚奎为抱具告状,但没有得到卢聚奎想要的结果,卢聚奎马上由抱告人身份转变为告状人身份。

同样的情况还见于乾隆四十六年,余毛氏告堂侄余志远将曾祖遗业房估占案。② 孀妇余毛氏以儿子余禄吉为抱,控告自己的堂侄余志远。在结状中,只见到了抱告余禄吉的结状,不见原告余毛氏的名字。余禄吉在结状中提到:"情蚁以背祖欺吞控余志

---

①《巴县档案》6-3-9634,道光二十九年二月十三日。

②四川省档案馆编:《清代巴县档案整理初编·司法卷·乾隆朝》(二),成都:西南交通大学出版社,2015年,第46—61页。

远在案,蒙恩审讯,将蚁刑责,日后再不得滋事",被告余志远在结
状也提到,"实结得余禄吉控蚁在案,蒙恩讯明,蚁等遵依"。明明
余毛氏是原告、余禄吉是抱告,为何在以上的两份结状中,都提到
是余禄吉控告余志远在案,根本没有提到余毛氏的名字。只能说
明一个问题:余禄吉才是真正的控告人。余禄吉已经成年,完全
可以自己控案,但是非得借助母亲的名义,就是看重了以母亲名
义告状的有利条件。在结状中一切真相浮出水面,余禄吉承认是
自己控告余志远,而余志远也非常清楚地认识到真正控告自己的
人其实就是余禄吉。

　　尽管抱告人卢聚奎、余禄吉才是真正意义上的告状人,但无
论如何,他们在诉讼中还是以抱告的身份出现的,他们躲在后台
操控,出头的还是母亲本人。在巴县档案中,还有儿子根本不让
母亲知晓就以母亲名义告状的案例,即名义上的告状人对控案之
事并不知情。咸丰十一年,孀妇唐何氏具首状,儿子唐开亮做抱
告。但是根据后面的案件记录,才发现此案并不是唐何氏本人具
首状,而是案中的抱告唐开亮窃用母亲之名具首。也就是说,唐
开亮窃母亲唐何氏之名控案,自己名为抱告,却是实际告状人;唐
何氏名为告状人,却对告状之事毫不知情。①

　　以上案例有其共同点:告状人是孀妇,抱告是其儿子。无论
是真正意义上的窃名告状,名义上的告状人毫不知情;还是抱告
人支使告状人出头参与诉讼,为抱告人谋取利益,抱告人都是实
际的告状人,都是利用了妇女告状需要抱告这一点,反其道而行
之。而档案中记录下来的这些细节,则将诉讼参与者各方在诉讼
活动中所扮演的角色以及他们内心真正的意图反映得淋漓尽致。

---

① 《巴县档案》6-4-5716,咸丰年间。

综上所述,抱告制度的初衷是为了限制某些行为主体参与诉讼,一来顾其体面,二来防其诬陷。在具体条款上,清代各朝各地状式条例都有相应的规定,这些状式条例虽然一直都在变化,但基本思想和核心内容变化不大。从总体来看,清代巴县的诉讼活动中,抱告制度得到了较好的遵守,绝大多数诉讼按照官府的要求在执行。但是,我们也看到无论是抱告的类型、抱告在诉讼中所表现出的各种样态,还是有关"老幼"的界定、抱告人与当事人之间的关系,抱告制度在实践中都呈现出比较复杂的面相,绝不是状式条例就可以全部囊括的。尤其是那些在实践中没有完全遵守抱告制度的诉讼,知县表现出的是对弱者的宽容和同情,大多数情况下并没有追究他们不完全执行的责任。正因为如此,才出现了窃名告状等利用制度漏洞为自己谋取利益的情况。

第二节　"好讼"与"无讼"之争

光绪二年,重庆府正堂在转发按察使"为扭转川省词讼纷繁京控争夺局面,打击刁邪之风议定条章程文"中说:"窃照川省词讼纷繁,倍于他省。案情变幻百出无穷,委审之案件既多,局员之听断匪易,非得明慎之员难期胜任。"①川省被认为是词讼纷繁的"好讼"之省。那么清代四川每年的呈状数量到底有多少呢?四川人是否就真的更为好讼呢?笔者以巴县同治朝婚姻档案为例进行统计和分析。

同治年间绝大多数告状、诉状、禀状等正规状式上都有编号,类似今天的收文编号,编号旁书写有"捕衙验讫"四字。此编号能

①《巴县档案》6-6-6618,光绪二年三月。

够帮助我们了解呈状数量的动态变化,对研究"好讼"问题具有一定的意义。同治年间呈状编号的格式为:当年干支纪年第一个字+"字"+"第"+顺序号。如丁字第五百〇十三号,根据下表,同治六年为丁卯年,所以取"丁"作为代字,后面的顺序号采用的是大流水编号,用汉字小写书写,所以此编号的意思是同治六年即同治丁卯年第 513 号呈状。同样,戊字第四百四十二号,则表示同治七年即同治戊辰年第 442 号呈状;庚字第六百七十一号,则为同治九年即同治庚午年第 671 号呈状。

表 4-1　同治年间对应的公元纪年和干支纪年

年号	公元纪年	干支纪年
同治元年	1862	壬戌
同治二年	1863	癸亥
同治三年	1864	甲子
同治四年	1865	乙丑
同治五年	1866	丙寅
同治六年	1867	丁卯
同治七年	1868	戊辰
同治八年	1869	己巳
同治九年	1870	庚午
同治十年	1871	辛未
同治十一年	1872	壬申
同治十二年	1873	癸酉
同治十三年	1874	甲戌

为了获取一年的呈状总量及其发展变化的相关信息,笔者对同治六年至同治八年(见表 4-2)、同治九年(见表 4-3)、同治十

年(见表4-4)婚姻档案的呈状编号进行了统计。为了书写和统计的方便,编号只写顺序号,并用阿拉伯数字书写。

表4-2　同治六年—同治八年呈状编号

日期	编号	日期	编号
同治六年十一月初七日	513	同治七年十月十八日	1000
同治七年七月十一日	230	同治八年六月二十五日	500
同治七年七月十六日	442	同治八年八月初一日	724

表4-3　同治九年呈状编号

日期	编号	日期	编号
正月十五日	84	闰十月二十四日	2801
正月十五日	168	十一月十三日	3181
二月初三日	671	十一月二十四日	3404

表4-4　同治十年呈状编号

日期	编号	日期	编号
正月十三日	88	四月初五日	2371
正月十九日	141	四月十七日	2648
正月二十四日	391	四月二十八日	2840
正月二十八日	440	五月初八日	3004
正月二十八日	521	五月十四日	3147
二月初二日	646	六月初三日	3685
二月初七日	764	六月初六日	3708
二月十三日	974	六月初七日	3743
二月二十三日	1262	六月十三日	3882

日 期	编号	日 期	编号
二月二十七日	1324	七月初十日	4408
三月初三日	1506	七月二十日	4855
三月初四日	1563	七月二十九日	4875
三月十一日	1742	八月十三日	5114
三月十五日	1829	八月二十三日	5290
三月二十一日	2011	十一月十四日	7025
三月二十八日	2219	十二月二十六日	7985

从纵向来进行比较,以同治十年为例,该年度的呈状数量并不是匀速增长的,可能某一段时间增长得特别快。比如正月二十八日,当天增加的呈状数量应该在 80 件以上,因为当天既有 440 号呈状,又有 521 号呈状。同治九年正月十五日也出现了类似的情况,当天增加的呈状数也在 80 件以上,因为呈状编号既有 84 号,也有 168 号。这大概是因为正月刚刚开印,之前因封印而耽误或延迟的呈状都在这个时间段集中起来了。相比正月的突发性增长,某段时间的呈状又增长得非常缓慢。如同治十年七月二十日到七月二十九日共 10 天的时间,呈状数量只增加了 20 件,每天增加 2 件。

从横向来进行比较,不同年度的呈状数量也表现出较大的差异。根据各表数据,大约可以计算出同治六年到同治十年各年度平均每天的呈状数量,同治六年平均每天的呈状数量为 1.65 件,同治七年为 3.41 件,同治八年为 3.38 件,同治九年为 10.38 件,同治十年为 22.18 件。可见,同治七年与同治八年的呈状数量基本持平,但从同治六年到同治十年共四年的时间,呈状数量的增长速度是非常快的,从每天的 1.65 件增加到 22.18 件,每年的呈状总量从 600 件左右增加到 8000 件左右,可谓惊人。光绪二年巴县衙门每天的平均呈状数为 21.9 件,相比同治十年的 22.18 件有所回落。

　　呈状数量的成倍增长是否就能得出"好讼"的结论呢? 关于这一点,王志强认为,呈状中有大量的诉词和催词,就巴县衙门而言,真正意义上的新案每年至多不过 2000 件,而且受理并堂讯的还要更少一些。① 根据笔者的观察,同一份案卷中有关同一个案件的诉词和催词或多或少,多则可达十余件甚至更多,少则也有一二件。就以平均每个案件有 3 件诉词和催词(加上呈词共计 4 件)来进行计算,同治十年的新案也就在 2000 件左右,平均每天 5.48 件。况且并不是所有的新案都进行了受理,因各种原因被知县驳回不准的、要求地方团保等人进行处理的、控案人的邻里约保等人要求息案的所占比例不小。因此,这些新案中真正受理的案件又少了很多。其次,呈状数量的绝对值也不能作为判断是否"好讼"的依据,还应该结合当地人口数量进行综合考虑。依据王志强的研究,同治初年的巴县人口数量约为 46.7 万,每 10 万人的新案数量为 235—237 件,这个数量相比英格兰而言,无论如何是不算多的。②

---

① 王志强:《非讼、好讼与国家司法模式——比较法视野下的清代巴县钱债案件》,载吴佩林、蔡东洲主编:《地方档案与文献研究》(第一辑),北京:社会科学文献出版社,第 97 页。

② 王志强:《非讼、好讼与国家司法模式——比较法视野下的清代巴县钱债案件》,载吴佩林、蔡东洲主编《地方档案与文献研究(第一辑)》,北京:社会科学文献出版社,第 96 页。黄宗智则认为,清代后半期平均每县每年大概有 150 件左右民事案件。1750—1900 年间,中国每 10 万人(转下页)

　　根据光绪年间的"巴县奉札申赉考绩表",①可知对知县的考绩科目共有十科:职官、钱粮、仓谷、命盗、词讼、禁狱、农工、商矿、巡警、学堂,从中摘录光绪三十一年(见表4-5)和光绪三十二年(见表4-6)巴县"词讼"一科进行统计和分析,以期对知县自理词讼的情况有大概的了解。

表4-5　光绪三十一年自理词讼情况

时间	自理词讼数量(起)	已结数量(起)	上控数量(起)
正月	45	27	6
二月	64	40	6
三月	64	41	5
四月	66	43	4
五月	60	22	3
六月	60	45	5
七月	58	43	2
八月	60	46	3
九月	60	45	3
十月	38	29	2
十一月	64	40	2
十二月	58	53	2

(接上页)的民事案件数量为50件,而中国1936年和1989年的这两个数字分别为83件、163件,美国1980年的这个数字则为6356件。相比而言,清代中国每10万人的民事案件数量是很低的。见[美]黄宗智:《清代的法律、社会与文化:民法的表达与实践》,北京:法律出版社,2014年,第144—147页。

①《巴县档案》6-6-21,光绪三十一年十一月至三十五年正月。

时间	自理词讼数量（起）	已结数量（起）	上控数量（起）
合计	697	474	43
平均每天	1.91		

表 4 - 6　光绪三十二年自理词讼情况

时间	自理词讼数量（起）	已结数量（起）	上控数量（起）
正月	40	24	2
二月	56	37	2
三月	56	44	3
四月	50	41	3
闰四月	52	37	3
五月	52	41	3
六月	52	42	3
七月	52	40	3
八月	54	42	3
九月	48	38	3
十月	48	37	3
十一月	46	36	5
十二月	43	38	2
合计	649	500	38
平均每天	1.64		

　　根据两张表格可以看出光绪三十一年和光绪三十二年巴县知县每年的自理词讼总量分别为 697 起①和 649 起，光绪三十二

①这里的"起"，应该指的是最终予以受理的新案数目，并不是指呈（转下页）

年是闰年,共有 13 个月,其自理词讼的数量还比光绪三十一年要少 48 起。从每天的平均自理词讼量来看,光绪三十一年为 1.91起,光绪三十二年为 1.64 起。两年中已结诉讼的数量分别为总量的 68%、77%,上控诉讼的数量分别为总量的 6.2%、5.9%,剩余的既没有结案,也没有上控,应该还在诉讼过程之中。从这两年统计的情况来看,巴县知县每天的自理词讼数量不足 2 起。前面曾经提到,同治十年平均每天的呈状数量为 5.48 件,除去那些没有受理的案件、请息的案件,可能每天真正受理的新案数目还要少一些,大概也就在每天平均 2 起左右。

综上,我们并不能轻易就得出"川人好讼"的结论,需要结合多方面的因素进行分析。① 就诉讼本身而言,尽管能够帮助民众伸张正义、维护其合法权益,但与此同时也会给诉讼双方带来巨大的损失,官府也多次通过发布禁令、告示等方法痛斥诉讼之弊,提倡百姓不要动辄兴讼。

光绪六年,川东兵备道张在"革出民间恶习告示"中发布"十禁",其中第七禁涉及到诉讼问题,痛斥教唆词讼者和书役等人串通一气,唆使乡愚兴讼而导致倾家荡产:

> 七禁教唆词讼,舞文弄法害民。每遇雀鼠细故,鬼蜮伎俩横生。为人包揽兴讼,称其熟习衙门。乡愚堕其术中,无不产荡家倾。书役惟利是视,串谋诡计依行,本道深恶痛绝。

(接上页)状的数量。相较于前面同治年间统计的呈状数,此处的"起"更能说明诉讼案件的客观情况。

① 阿风认为,传统社会就是一个"好讼"的社会,尤其是清代,"健讼"风气已经发展成为全国性的社会问题。见阿风:《明清徽州诉讼文书研究》,上海:上海古籍出版社,2016 年,第 162 页。

一并访拿重惩。①

　　光绪十三年,川东道伊发布的"为严禁事"中提到了严禁好讼之风,而且明确指出存在不肖劣绅勾结书差、包揽词讼、动辄唆使上控、挟制官员等行径,下令认真拿办。也就是说,在"好讼"的现象之下,其实还隐藏了诸多力量的推波助澜。②

　　光绪二十八年,川督岑春煊在询问蜀中疾苦示渝卷中详细描述了老百姓兴讼的害处,"每遇寻常户婚田土词讼呈控,批准后约需几时,始能传案,几时始能讯结。每案目呈控以至讯结,至少须出花费若干,亦有不出一钱竟能得直者,否著名稔恶家丁及著名蠹役讼师"。③

　　光绪二十九年,岑春煊在"通饬吏治腐败务必整顿札"中又再次提到了办案差役向诉讼人索钱的情况,"巴县差役三里粮、壮、快、捕各班约五六千人。每案先须发脚钱二三千,被告则七八千,口案烟钱不计……送案门礼,被告各出一千七百八十文,一案至二三门礼,求速审者,给规银四两八钱,规钱四千八百文。和息销案,数又倍之。案未问而锁押者,其费尤巨"。④

　　光绪三十三年,四川按察使司毛发布告示,主要从诉讼给老百姓带来的损害入手,细数诉讼之弊:"告状到官,两造拖累。废时废业,误己误人。赢了官司,输了钱米。银钱枯窘,生计艰难。

---

①《巴县档案》6－6－921,光绪十六年十一月。

②《重庆府转川东道通饬各属严禁劣绅勾结书差、包揽词讼及团保私刑勒罚卷》,《巴县档案》6－6－6693,光绪十三年九月十一日。

③《巴县档案》6－6－4,川督岑春煊询问蜀中疾苦示渝卷,光绪二十八年。

④《重庆府奉川督通饬吏治腐败务必整顿札》(光绪二十九年闰五月初六日),《四川档案史料》,1983年第1期。

终岁勤劳,不敷讼费。拖延不结,荡产倾家。"①

　　光绪三十四年四川总督赵尔巽发布的整顿吏治三十条办法中也有严惩讼棍的条款:

> 六、严拿讼棍。讼棍倚衙门为生活,必衙门有倚讼棍为生活者。各属果能不用门丁,严查书差,劝理词讼,速审速结,命盗案慎防开花,诬告案劝赔讼费,讼棍不禁而自绝,此为上等。次则严拿习讼之人,亦免百姓受害。川省讼风最盛,往往结而复翻,愚民受其播弄,执迷不悟,本督部堂遇事指驳,绝不为所欺。亦欲习讼者,知其无益,及早回头也。②

---

① 《巴县档案》6-6-6658,光绪三十三年。里赞根据清末《调查川省诉讼习惯报告书》对四川诉讼费用支出情况进行了统计,一宗官司最低花费 16 千文,最高花费则可能高达 130 千文,而 16 千文在当时可供一名成年男子半年以上的口粮,130 千文则可以供近 5 名成年男子一年的口粮。见里赞:《晚清州县诉讼中的审断问题——侧重四川南部县的实践》,北京:法律出版社,2010 年,第 205—206 页。诉讼花费竟然如此之高,由此可见,四川按察使司告示中关于诉讼之危害"废时废业,误己误人""生计艰难""荡产倾家"所言不虚。但其实根据巴县档案中呈现的具体情况来看,相当部分的诉讼并没有走到堂审这一步,自然也不会花费如此之多。所以,普通百姓用诉讼来维护自己的权益,有的是真心想要将官司打完,这种情况应该对将要可能产生的费用已经有所估计或者说已经有所准备;而有的可能只是想借诉讼之名给被告方一定的压力,不用到参加堂审阶段就可以借民间调解等渠道达到自己的目的,花费自然也少得多,这其实也是百姓的一种诉讼策略。黄宗智指出,本分的平民百姓,绝大多数都是为了保护自己的利益而主动去打官司,并不是如官方所言在讼棍的唆使下被动兴讼。他们会根据自身的财力和诉求,选择适合自己的策略与行动。见[美]黄宗智:《清代的法律、社会与文化:民法的表达与实践》,北京:法律出版社,2014 年,第 154 页。

② 《川督札整顿吏治三十条办法通饬各属遵照办理卷》,《巴县档案》6-6-83,光绪三十四年。

就连乡民的祠堂条规中也有不准子孙轻易构讼的规定："子孙不准轻易构讼，或是或非，当奉祀之期，听族长分其曲直。若无尊长□□族有徇私□护，旁支唆使，不体祖宗之德，不准入祠与祭。"①甚至还有人专门写了息讼歌，四川按察使要求巴县将此息讼歌"发贴城乡通衢及乡场市镇，俾众知悉"。

刘文清公息讼歌②

世人有事莫经官，人也安然，己也安然；听人唆讼到衙前，告也要钱，诉也要钱；走到衙前细盘算，立也要钱，坐也要钱；三班六房最难言，审也要钱，和也要钱；讼师自己暗打算，谁家有钱，谁家无钱；争强夺胜官司缠，田也卖完，屋也卖完；才知唆讼将人陷，天也憎嫌，人也憎嫌；况且人心是一般，你也求安，他也求安；请众理说两情愿，你也无怨，他也无怨；差役承票又奉签，销也要钱，开也要钱；邻约干证日三餐，茶也要钱，酒也要钱；自古官清吏不廉，打也要钱，枷也要钱；唆讼本来是奸贪，赢也要钱，输也要钱；食不充口衣不全，妻也艰难，子也艰难；善人自有天心眷，害也徒然，告也徒然；何不人人息讼端，此也休缠，彼也休缠；食王水土报恩难，赋要早完，税要早完；酒色财气惹祸端，老也戒焉，少也戒焉；有事总要

---

① 在正里八甲吴植廷请示立祠一案中，列出了十条祠堂条规，其中最后一条就是子孙不得轻易构讼的规定。见《巴县档案》6－6－39245，光绪三十一年三月初八日。
② 《巴县档案》6－6－6738，四川按察使拟就劝民息讼告示，并刊刷文请息讼札发巴县张贴卷，光绪七年五月二十七日。此息讼歌共28句，意在声明告状可能带来的各种恶果，倡导大家不要轻易告状。笔者认为，此息讼歌息讼的理念是值得肯定的，也符合官府"无讼"的理想状态，但为了达到"无讼"的状态而鼓励民众有冤不申"屈死家中不告状"，还是不太合适的。

自己宽,屈也受焉,辱也受焉;饿死家中不做贼,枷不抗焉,笼
不踮焉;屈死家中不告状,唆也枉然,挑也枉然;虽是几旬闲
歌谈,老也听焉,少也听焉。天地君亲临上边,时时念焉,刻
刻念焉;教子读书与耕田,名也有焉,利也有焉;看破胜负总
无关,心也平焉,气也平焉;各安本分乐天年,田也保全,屋也
保全;作官无不爱民贤,愿子同然,愿民同然;有人钞写递相
传,福也绵绵,寿也绵绵。

除告状本身需要巨大的花费之外,民间百姓因不熟悉衙门
的办事程序和规则,诉讼过程中被人骗取钱财的案例也屡见不
鲜。咸丰四年四月,董顺章因叔祖母董王氏与陈心如口角到渝
城告状,遇到乡约吴商山。吴商山见董顺章不知衙门程序和规
矩,假说熟识公门事务,要门礼钱 1200 文方能批准,叫董顺章先
拿门礼钱,必定抢先批准,一切挂号投递有他帮忙,董当时就把
钱文付清。而吴商山得钱过手,将董的状纸隐匿不传,又串陈心
如先把董顺章翻控,当了原告。董顺章要他退钱不允,还要强脱
衣服,董顺章才来鸣冤在案。知县觉罗祥判:吴商山不应假托递
呈赚钱,把他掌责省释,日后再不帮人递纸。① 可见,当时普通
百姓告状是有风险的,因为不熟悉衙门受理的程序和规则,很有
可能被别有用心之人骗取钱财,还耽误正常的告状,被别人抢先
控案。原来的原告变成了被告,而被告反过来变成了原告。反
观当今社会的各行各业,也存在着这样的情况。就以看病为例,
部分患者因为不了解医院挂号看病的程序和新的技巧方法(比
如微信挂号、114 电话挂号、下载 APP 客户端挂号),只能花高

①《巴县档案》6—4—5116,咸丰四年五月十七日。

价去买票串串的号,受骗上当者并不鲜见。所以,当时的衙门、如今的各行各业尤其是窗口行业,都应该通过各种方式向公众公布办事的程序和方法,公开透明,提高办事效率,避免老百姓受骗上当,走弯路。

因为以上各种原因,官府对无讼和息讼的提倡和号召从来没有停止,这种提倡和号召主要还是针对民间户婚田土债帐等细故而言的。巴县正堂李在"为出示严禁事"中提倡百姓遇到户婚田土债帐等相关纠纷的时候,可以先凭约邻族长秉公理剖,不必兴讼:"争讼宜戒,鼠牙雀角,事所常有,但讼则终凶,有讼不如无讼。嗣后遇有户婚田土债帐等事,律可先凭约邻族长,秉公理剖。不息,亦必据实呈诉,不得株连无辜,希图泄愤,致干并究。"①同治十二年,连元海控案未准一事就是对这一理念的反映。连元海抱给杨卢氏的女儿寿英失踪,到衙门控案,连元海的状词及知县的批词如下:

> 具告状连元海,年六十岁,抱告葛玉亭,年三十六岁。为嫌刻无踪、叩拘跟究事。情同治元年,蚁妻病故,遗岁半幼女寿英无倚,傍蚁岳母抚育十余载,出家慕道。十一年岳故,有阙丙森、帅十发作成出抱本城杨卢氏为女。殊卢氏动殴嫌贱,苦磨难堪。今六月寿英奔表姐周吴氏家泣诉,横身伤痕如鳞。吴氏送交杨姓,凭街邻理剖,伊知情亏,当众认永不嫌刻寝事。讵伊怀忿嫌殴愈盛。本月初八蚁归,吴氏向说前情,往伊家清理,不见寿英,跟问支吾,迫凭集理。伊婿李老四等挺身抗夺,抗场赌控。即四处查找,杳无踪影,兹卢氏心

①《巴县正堂李为出示严禁事》,《巴县档案》6-6-6662,光绪元年三月。

狼意毒,否遭谋害嫁卖,尸身无着,存亡莫卜,叩恳跟究。伏
乞(略)。

（职衔略）王批:仍投团约及阙丙森等,理令杨卢氏速将
尔女寿英找回善待,或交尔领回安置,毋兴讼端。

同治十二年九月十三日①

从状词可知,连元海的女儿寿英幼年失母,由外公外婆抚育
长大,因其外公去世,经人作中抱给杨卢氏为女,岂料被杨卢氏虐
待,到后来居然失踪不见。连元海遍寻不着,存亡莫卜,怀疑其女
可能被杨卢氏谋害或者嫁卖,请求知县"叩恳跟究"。但知县并没
有准案,而是要求连元海仍投团邻等人进行调解,"投人讲理",令
杨卢氏找回女儿善待或者交给连元海领回,"毋兴讼端"。

尽管如此,川人因细故控案的案例还是非常多,鸡毛蒜皮的
事都会控到衙门,其目的可能只是要讨个说法。在处理这些细故
的同时,官员已经深深感到不堪重负。就以知县为例,"掌一县治
理,决讼断辟,劝农赈贫,讨猾除奸,兴养立教。凡贡士、读法、养
老、祀神,靡所不综"。② 知县既是法官,还是税官和一般行政官,
其负担之重可想而知。③ 再加上知县大多通过科举考试而得到

---

① 《巴县档案》6－5－8231,同治十二年。

② 瞿同祖著,范忠信等译:《清代地方政府》,北京:法律出版社,2003 年,第
31 页。

③ 在司法方面,州县官听理其辖区内所有案件,既有民事也有刑事,他不只
是一个审判者。他不仅主持庭审和作出判决,还主持勘查和讯问及缉捕
罪犯。用现代眼光来看,他的职责包括法官、检察官、警长、验尸官的职
责。见瞿同祖著,范忠信等译:《清代地方政府》,北京:法律出版社,2011
年,第 193 页。

官职,并没有受过专业的训练,①一上任就要应付如此繁重的事务,确实也不是一件易事。光绪三十四年,巴县知县沈克刚以"地方冲要、讼狱繁多"为由,请求重庆府批准将补用知县唐绍皋调来帮审词讼。重庆府知府耿公达②批:"来牍已悉,该县为通商巨埠,交涉甚繁,词讼尤多,自应请员帮审案件,以资臂助",同意了沈知县的请求,补用知县唐绍皋奉命于光绪三十四年十一月十六日到巴县衙门帮审寻常词讼案件。③ 由此可以看出,巴县知县的词讼确实繁多,而且因为耿知府曾任巴县知县,对巴县的情况非常了解,所以对沈克刚提出的要求予以支持。

当然,巴县词讼繁多与其特殊的地理位置有着密切的联系,随着社会经济的发展,有关户婚田土的民事纠纷数量还在大幅度增加。针对户婚田土等细故之诉讼,官府也主张速战速决、尽快结案。正如赵尔巽所说:"至于户婚田土,总须设身处地、苦口开

---

① 自从科举制度确立以来,应试的基本要求就是熟知儒家经典和撰写文章诗赋,通过科举考试被授予官职的读书人并不具备充任此官职的必要知识,他们甚至对行政管理毫无准备,实务与教育的矛盾非常明显。在唐宋时期,学生至少还被要求学习律令、学写判词,而明清时期学生已不再学习律令,他们唯一关心的就是通行的诗文体例。相对其他更高级别的官员而言,州县官面临的教育与实务的差距是最大的,因为他们要对自己辖区内的所有行政事务负直接责任,再没有其他官吏比州县官被委以更多的技术上和行政管理上的细务了。见瞿同祖著,范忠信等译:《清代地方政府》,北京:法律出版社,2011 年,第 155—156 页。

② 耿公达,字葆奎,江苏太仓人,光绪三十三年任巴县知县。因为官清廉、严明法纪、爱护百姓,被百姓尊称为"耿巴县",光绪三十四年升任重庆府知府。

③《巴县档案》6-6-234,光绪三十四年。

导,一堂了结,不可拖长。"①

综上,之所以出现"好讼"的说法,涉及到的因素是多方面的,社会经济的发展、人口数量的增加、讼师的存在、百姓遇到委屈和困难的时候对父母官的期待等等,都可能导致诉讼的增加。而官员与民间对"无讼"和"息讼"的号召和提倡,既与官员对百姓的体恤有关,担心其受唆讼之人蛊惑、因细故讼案带来拖累,也与清代社会"无讼"的政治理想以及官员肩上所负的过重的职责有着密切的联系。

有学者认为,"无讼"是古代国家精英的社会理想,为了实现这个理想,中国传统社会通过道德教化、制定严格的诉讼制度、民间调处三种途径来抑制诉讼,抑讼是中国传统诉讼文化的主要特征。② 光绪年间,巴县牌示,对民间词讼提出限制和要求,即是从制度规范的角度来达到抑讼的目的。牌示全文如下:

> 县正堂张为牌示事。照得县属词讼甲于他邑,其间求伸雪者固多,而逞刁好讼者亦复不少。嗣后除命盗重案准其随时投递外,其余户婚、田土、钱债等事,本县定期每月逢三八日放告,务各遵用状式,倩代书据实声叙、加盖戳记,亲赴承发挂号,分别新旧案盖戳投递,不准再用红白禀词。至一切词讼事件,除保领缴结催限状六项许用条禀外,余皆遵用状式,不准擅用条禀。如敢抗违,除所递之禀不阅外,定提递禀

---

①《川督札整顿吏治三十条办法通饬各属遵照办理卷》,《巴县档案》6－6－83,光绪三十四年。

②郭星华:《无讼、厌讼与抑讼——对中国传统诉讼文化的法社会学分析》,《学术月刊》2014 年第 9 期。

之人严究。各宜凛遵,毋得故违干咎。特示。①

此牌示对诉讼时间和诉讼条件进行了限制和规定。在诉讼时间上,规定除命盗重案可以随时投递外,户婚、田土、钱债等细故之事定于每月逢三八日放告;在诉讼条件上,必须遵用状式,请代书据实书写并加盖戳记,分别新旧案盖戳投递,不准再用红白禀词。这类限制和规定,尤其对细故之事诉讼时间的限制,体现出官府对细故诉讼的抑讼态度。但也有学者认为,尽管明清存在好讼的风气,但这种风气正好符合"讼"的原始真精神,即通过"讼"这一程序"攻乎不公者",对现实社会不公正的现象进行反抗。②

从巴县各类婚姻案件的审断结果来看,知县大多没有严格按照律例而断,而是呈现出一种"从轻从宽"的状态。尤其体现在对有过错的当事人的惩罚方面,基本是"点到为止",并没有按律进行严厉的惩罚,有的甚至直接从宽免予处罚。之所以这样审断,与知县的父母官身份有着重要的关系,既然是父母官,就是以"说服教育"为主,"轻微惩罚"为辅。但这样做也带来了一些不良的影响,给民众造成了不好的示范效应,在一定程度上助长了民间各种非正常婚姻状态的滋生和进一步的发展。比如拐逃嫁卖等行为屡禁不止,既与民间生活的艰难有关,也与男多女少的大环境有关,还与官府的暧昧态度有关。官府对同类案件的处理方式和处理结果反过来会对民间起到一定的引领作用,产生重要的影响。尽管拐逃嫁卖人会受到一定的惩罚,但此惩罚相比他们可能

①《巴县档案》6—6—216,光绪年间。
②陈宝良:《从"无讼"到"好讼":明清时期的法律观念及其司法实践》,《安徽史学》2011年第4期。

获得的利润而言基本可以忽略不计,意思就是说,拐逃嫁卖人不用对自己的非法行为付出高昂的成本和代价。官员对婚姻类案件中犯罪行为的轻判既可以理解为官府对民间疾苦的体谅,也可以看作是官府对此普遍存在的行为的"无能为力"。"法不责众",这是众人皆知的道理,即使被官府抓获,也不过就是掌责或者枷号之类的惩罚。知县审断时,还表现出对弱者的同情和帮扶,让过错者给弱者一定的资金补偿或者赔偿是较为普遍的做法。但有些情况下,知县也会为了尽快结案而寻求一种妥协,有过错的无赖不但没有受到惩罚,反而还得到了一定的好处,而没有过错的却被判支付给对方一定的银两以求早日摆脱纠缠。"会哭的孩子有奶喝",这句话在巴县婚姻档案中也有体现。追求公平和正义、明确判定谁是谁非并不是知县首要考虑的问题,寻求各方利益的平衡点,并在惩恶扬善的基本原则指引下做出令各方满意的审断,从而达到快速结案的目的,这才是知县对婚姻类案件审断的指导思想和基本模式。

第五章　童养婚档案研究

在《民事习惯调查报告录》中,对童养媳的解释为:女子于年龄最幼时,协议送交男家抚育,名曰"童养媳"。迨至年龄已长,即行成婚,童养媳之名始去。[1] 根据考察,童养媳并不一定是在年幼时出抱给夫家,有刚出生就出抱的,也有娘家养到一定年龄再出抱的,还有 15 岁以上才由夫家领养的,具体情况多种多样。郭松义对 332 名童养媳的领养年龄做了统计,发现 0—5 岁领养的有 46.5%,6—10 岁领养的有 24.8%,11—15 岁以上领养的为 27.3%,16 岁以上领养的有 1.4%,其中年龄最大的为 18 岁领养。[2] 由此,笔者认为,尽管女孩在婴幼儿时期被领养占了相当大的比例,但 11 岁以上女孩被领养也有 28.7%,前述童养媳的定义似乎有不全面之处,只是强调和突出女孩年幼时被童养,忽略

---

[1] 前南京国民政府司法行政部编:《民事习惯调查报告录》,北京:中国政法大学出版社,2005 年,第 609 页。有关童养媳的定义,多种多样,但不管何种定义,都会有一个核心思想,那就是"童养"二字。首先,童养媳大多是在童年时期被领养的。其次,女孩定婚之后尚未正式婚配之前是在男家抚养长大的,与一般意义上的早婚并不相同。最后,童养媳长大成人之后,是要给领养之家做儿媳妇的,与一般的养女也并不相同。见郭松义:《伦理与生活——清代的婚姻生活》,北京:商务印书馆,2000 年,第 275 页。

[2] 同上,第 275 页。

了年龄较大尤其是 15 岁以上女孩被领养的情况。郭松义认为：童养媳婚姻指的是女孩刚刚出生或出生不久，在年少时期就被未来的公婆家领养，待年岁稍长，达到习惯成婚年龄，再略具仪式，正式结成夫妻的做法。① 这种说法虽然既提到了年幼时期，也提到了年少时期，但两者之间的并列关系体现得不是很明显，如果用"女孩在年幼或者年少时期"来表示女孩被童养的年龄，可能要更为妥当一些。

　　在童养媳的名称上，各地多有不同。最为多见的是"童养媳""养媳""小媳妇"，此外还有"苗媳"（江苏江北各县）、"团圆媳妇"（山东历城、东阿、德平等县）、"媵养媳"（陕西长安、扶风、岐山、兴平、武功等县）、"孩养媳"（陕西白河）、"童养儿媳"（河南长葛）、"养媳妇"（江苏松江）等称呼，童养亦称为"豚养"（山西、河南）、"童引"（陕西府谷）等。巴县档案中童养媳最普遍的称谓是"娴媳"，童养多称为"娴抱""小抱""抱娶"。如："蚁凭媒邓广洪聘蹇贵之妹蹇姑於蚁子邓广元为婚，娴抱过门，年方八岁"，②"氏凭媒与氏次子罗金堂说娶饶贵玖之妹饶姑为婚，小抱过门为娴媳，今饶姑年甫十六岁，尚未婚配"，③"小妇人向在本城住坐，道光三十年，廖膏荣为媒，抱娶小妇人的女儿颜细女与蒋裁缝为娴媳"，④"情蚁凭熊文斗为媒，娶张老幺侄女张姑为室，娴抱过门四载"，⑤等等。

---

① 见郭松义：《伦理与生活——清代的婚姻生活》，北京：商务印书馆，2000 年，第 251 页。
② 《巴县档案》6－3－8646，道光年间。
③ 《巴县档案》6－3－9104，道光十五年九月。
④ 《巴县档案》6－4－5015，咸丰二年十月初一日。
⑤ 《巴县档案》6－4－5719，咸丰十一年。

童养婚的类型主要有以下三种情况。

其一，先生子后抱媳。生有儿子的人家，出于为儿子将来婚配的考虑，为儿子抱养媳妇，这是最为常见的童养婚类型。抱养的媳妇可能比儿子年幼，也可能比儿子年长。道光年间，民妇文张氏抱刘姑过门与儿子大全为童养媳，彼时刘姑 16 岁，大全 7 岁，刘姑比大全年长 9 岁。[1] 巴县档案中关于童养婚双方年龄的记载太少，不能获得相关的第一手资料。不过，郭松义从档案、方志等材料中搜集了 31 对童养夫妻的年龄，发现妻子年龄大于丈夫的有 12 对，丈夫年龄大于妻子的有 14 对，另有 5 对夫妻同岁。[2] 虽然此调查涉及对象数量只有 31 对，还不够全面，但已经给我们提供了童养媳与丈夫年龄差别的各种情况。特别值得注意的是，妻子年龄大于丈夫的情况达到 38.7%。

光绪七年十二月，四川总督曾经札发告示，严禁男女匹配年岁不均，主要针对女长男幼的情况。告示中对年长女子匹配幼男的原因做了说明，主要是婆家贪图年长儿媳的劳力，也对这种男幼女长可能导致犯奸甚至酿成命案的危害表示了担忧。在告示末尾，要求男女婚嫁须得男子成丁，与子媳年岁相当，嫁娶及时，切勿以长配幼。[3]

太子少保头品顶戴四川总督部堂管巡抚事丁为出示严禁、

---

[1]《巴县档案》6－3－8982，道光十二年十一月二十二日。

[2] 见郭松义：《伦理与生活——清代的婚姻生活》，北京：商务印书馆，2000年，第 280 页。

[3] 沈从文《萧萧》中的童养媳萧萧被村里的花狗引诱而怀孕，其经历与四川总督在禁令告示里所讲的完全一致，"以已萌情窦之妇女而配茫无知识之儿童，势必不安于室，始而憎嫌，久而厌恶，或被外人引诱"。

以端风化事。案据署峨眉县奎令禀,访查四川省末俗,往往接娶年长之女匹配幼男,以致女心不甘,犯奸之案不一而足。大都因翁姑贪图媳年长,大可以力作操劳,而不顾子媳之年齿大相参差。殊不思以已萌情窦之妇女而配茫无知识之儿童,势必不安于室,始而憎嫌,久而厌恶,或被外人引诱,甚或因奸酿成命案,事后追悔莫及……合行出示严禁,为此示仰居民人等知悉,嗣后凡男女婚嫁,须俟男子成丁,方可授以家室,使子媳年岁相若,嫁娶及时,万勿以长配幼,致启衅端,自贻后悔。①

其二,未生子先抱媳。没有儿子的人家,为了得子,先抱一媳抚养,如果后来生子,则将此养媳配之,故所养之媳称为"望郎媳"、"等媳"(安徽太湖、秋浦等县)、"压子"(湖北竹山县)、"抱媳等子"(湖北通山县),江西赣南各县将此类童养媳称为"花等女""花不女",有"插朵花儿待儿生"之意。如果后来没有生儿子,也没有抱养儿子,或者多年以后所生儿子与童养媳年龄差距过大,则将养媳作义女出嫁,养媳的夫家和娘家可能会为了争夺主婚权产生矛盾和纠纷,甚至引发诉讼,所以被称为一大陋俗。巴县档案中,因对有关情况缺乏细节性的记载,所以从档案中无法看出是否存在未生子先抱媳的情况。有关童养媳婚姻而产生的诉讼案件分析详见本章第三节的内容。

其三,带女作媳。据山西寿阳县、江西宜黄县等地民事习惯记载,孀妇再醮时,如果前后两夫家有年龄相当之子女而未订婚者,将前夫未嫁之女带至后夫家为媳,母女姑媳各得其所。不仅可以抚养女儿,又可视后夫之子如己出,不致虐待,故后夫极为欢

①《巴县档案》6-6-2235,光绪七年十二月二十六日。

迎。其他地方也有类似习惯,如直隶宝坻县的王氏 8 岁时母亲改嫁,王氏随母到继父李前家,与李前 4 岁的儿子李八结为童养亲。① 此习惯虽被清代法律所禁止,②但在民事习惯调查报告录中依然有此记载,说明民间的实际与法律的规定存在一定的差距。不过在巴县档案中,笔者并没有见到类似"带女作媳"的案例。笔者推测,虽然民间存在此类情况,但大家皆知此为法律所禁止,即使有纠纷也就私下解决了,并没有到衙门控案。如果民不告,官自然也就不会追究,所以也就没有此类案件的记载了。

世人对童养媳的了解,大多是通过描写童养媳的文学作品。"'童养媳'创作母题,最早走入文学创作领域,并不是现代的事情。这一创作母题被大面积地植入文学作品中来,却是在'五四'新文学以来的事情,表征为这一时期骤然出现了许多反映或关涉童养媳命运的作品。"③其实,能够反映童养媳生活状况的除了文学作品之外,还有大量诉讼案例应该引起重视。

温文芳以晚清《申报》中的童养媳诉讼案例作为研究对象,对童养媳存在的社会背景、童养媳婚姻质量、童养媳的家庭地位三

---

① 郭松义:《伦理与生活——清代的婚姻生活》,北京:商务印书馆,2000 年,第 298 页。

② "前夫子女与后夫子女苟合成婚者,以娶同母异父姊妹律条科断",见马建石、杨育裳:《大清律例通考校注》,北京:中国政法大学出版社,1992 年,第 448 页。

③ 孙玉生:《中国现代文学中"童养媳"创作母题的生成与嬗变》,《现代文学》2010 年第 1 期。相关的文学作品主要有元代戏曲家关汉卿的杂剧代表作《窦娥冤》、沈从文的《萧萧》《一个女人》、萧红的《呼兰河传》、艾青的《大堰河——我的保姆》、冰心的《最后的安息》、曹石清的《蓝顺之死》、叶绍钧的《阿凤》、孔厥的《苦人儿》、郁达夫的《微雪的早晨》等等。

个方面进行了分析,①突破了以文学作品作为分析研究对象的范畴,立足于实际生活中的真实案例,更有说服力。徐蓓蕾在其硕士论文《童养媳婚姻研究》中,主要利用了龙泉司法档案中的 70 个童养媳诉讼案件,对童养媳的相关问题进行了细致的分析。②《申报》和龙泉司法档案中的诉讼案例与巴县婚姻档案中的诉讼案例相似,都是童养媳研究不可多得的微观材料。相比文学作品,这些诉讼案例是实际发生了的真人真事,通过留存下来的告状、供状等材料,可以了解到当事人各方的详细情况,不是作家虚构的人物形象和故事脉络。尽管文学作品也来源于生活,但相比真实的诉讼案例而言,毕竟存在着虚构和夸张,在真实性、可靠性方面显然是不够的。巴县婚姻档案中有相当数量与童养婚相关的诉讼档案,对清代巴县童养婚状况有较为直观的反映。透过档案中的故事,我们可以更加深刻地了解到中国的童养婚习俗,探究童养婚存在的深层次原因,反思童养婚研究的现状。

第一节　童养媳被出抱的原因

　　童养婚在清代普遍存在,有童养媳记载的州县厅共有 561 个,约占全国州县厅总数的 32.54%,而实际存在数还要高于这个百分比,在清代已经是一种流行面广且经常可见的婚姻形式。③不管抱养幼女的男家还是出抱幼女的女家,经济因素是最为主要

---

① 温文芳:《晚清童养媳的婚姻状况及其盛行的原因》,《甘肃行政学院学报》 2005 年第 2 期。
② 徐蓓蕾:《童养媳婚姻研究》,浙江大学硕士学位论文,2013 年。
③ 郭松义:《伦理与生活——清代的婚姻生活》,北京:商务印书馆,2000 年, 第 251 页。

的原因。"不管是为儿子还是为女儿,办婚事对于哪个阶级的父母来说都是一个财政负担",①这句话不仅在宋代适用,在清代亦如此。尽管也有中等乃至少数上等官宦人家抱养或者出抱幼女为童养媳,②但此现象绝大多数还是发生在底层贫苦家庭。

男家抱养童养媳的原因主要有:第一,男家贫苦,担心将来儿子成人无力聘娶,因此花费很少的钱③抱养幼女,抚养作媳。尤其在某些婚姻重财的地区,图省财礼、抱养幼女以作养媳的情况最为突出。"贫人抱养异姓女孩,预谋后日与子为妇者,谓之童养

---

① [美]伊沛霞著,胡志宏译:《内闱——宋代妇女的婚姻和生活》,南京:江苏人民出版社,2010年,第89页。

② 此类情况的记载见郭松义《伦理与生活——清代的婚姻生活》第271页"士绅阶层送养或领养童养媳举例",其中童养媳分别为经历、处士、布政司理问、署巡抚、监生、武生、庠生、贡生、生员之女,而抱养童养媳的夫家身份有县令、翰林院侍读、军机处章京、知府、监生、学问家、生员等。这些士绅由于家庭贫困、远出做官、远迁外地、逃避战乱、无人照顾等原因将女儿送养,而男方则因为需要人帮助料理家务等原因而抱养。嘉庆六年,文人沈复也曾经将自己的女儿青君送人作童养媳,他在《浮生六记》中对此事有所记载。

③ 一般而言,童养媳花费很少的钱即可过门,相比正式婚姻的聘金少得多。在巴县档案中,几乎没有童养媳聘礼数额的记载。《呼兰河传》中的团圆媳妇,婆家花了8两银子定下。郭松义中提到,一般花费5—6两银子即可领童养媳过门,同时提到乾隆年间的二妞过门童养时,夫家给了8两银子的聘金,见《伦理与生活——清代的婚姻生活》第282页。民国年间,抱养童养媳的花费也极少,多则10—20元钱,少则几元钱或者肉、面数斤,或者少量的蛋、酒,甚至办一席酒菜了事。更有甚者,不仅男方不给女方钱,反而由女方每月补贴给男方生活费用。相比而言,一般意义上的缔婚,男方需要交纳彩礼400元左右。见何定华:《童养媳考略》,《社会》1983年第1期。

媳。及笄婚配,女之父母尊长不得妄持异议",①"贫无资历者,虑子弟无力娶妇,遂先选择女子,养于家中,为将来之配偶",②强调的都是男方因贫困忧虑将来娶妻问题,所以抱养童养媳。第二,男家母寡儿孤、照料乏人,先迎过门撑持门户。元代戏曲家关汉卿的杂剧代表作《窦娥冤》反映的就是这样一种情况:蔡婆婆丈夫亡故,只有 8 岁的儿子相伴,见 7 岁的窦娥"生得可喜,长得可爱",就有心将她收了作为儿媳妇。第三,儿子年幼,娶年长的童养媳回家,可以帮助照顾儿子,料理家务。沈从文《萧萧》中的童养媳萧萧做媳妇时 12 岁,而小丈夫年纪还不到 3 岁,比她年少 9岁,萧萧的主要任务就是照顾自己的小丈夫。山东商河县令曹完我只有一个儿子曹云中,年方 9 岁,因曹县令多病,侍妾又不善于理家政,遂抱养 10 岁的魏氏过门,帮助理家政。③

　　女家出抱的原因主要有:第一,因家贫无力抚养幼女,遂抱给男家抚养,及笄之后再行婚配。"乡间贫人生女,多幼即许与他人男儿,以媒证过婚书后,送归翁姑扶养。俟成年后再商之男女两家父母,定期行礼招客,成为正式婚姻",④即主要强调女方因贫困而出抱女儿。第二,为节省女儿长大后婚配所需要的嫁妆。嫁妆对于新娘来说非常重要,主要体现在:嫁妆可以证明她不是被娘家卖掉的,家人将她看得很重;嫁妆可以为她提供讨夫家欢心

①前南京国民政府司法行政部:《民事习惯调查报告录》,北京:中国政法大学出版社,2005 年,第 676 页。

②同上,第 686 页。

③郭松义:《伦理与生活——清代的婚姻生活》,北京:商务印书馆,2000 年,第 271 页。

④前南京国民政府司法行政部:《民事习惯调查报告录》,北京:中国政法大学出版社,2005 年,第 649 页。

的资本；嫁妆可以使她得到一定的安全保障，不至于一贫如洗。①
既然嫁妆如此重要，女儿当然希望出嫁时能够风风光光，而父母
为了不让别人说长道短，也为了自己的女儿在夫家能够站稳脚
跟，即使再穷，也会想方设法给女儿做好准备，但是这无疑会给父
母带来极大的思想负担和经济负担。为了以后不至于产生这样
的烦恼，在女儿年幼或者年少时期就将女儿出抱给夫家抚养，不
失为一种节省嫁妆的好办法。第三，女方希图得到财礼，所以将
女儿出抱。"贫乏之家图得财礼，以女字人，因年幼不便迎娶，先
行换书收受聘财，将女送至婿家抚养，俟及笄，再行婚礼……其后
往往有争添财礼，或起他念而涉讼者"，②名曰"抱养"，实则与买
卖无异。第四，重男轻女、厌弃女婴，又不忍心将女婴溺亡，即将
稚龄幼女送过夫家，由其抚养成人。从这个角度上来说，童养媳
现象对抑制溺女之风起到了一定的积极作用。

　　巴县档案中的相关案件对童养媳的形成原因和类型有所反
映。有的女孩婚姻关系一旦确定，就出抱给夫家抚养，待长大后
再行婚配，这种情况一般是娘家贫困或者重男轻女，根本无力或
者不愿抚养女孩。也有的女孩婚姻关系确定之后，还在娘家抚
养，但因为家庭发生重大变故，导致女儿无人照顾，才将女儿抱给
夫家抚养。更有因为家庭发生重大变故，无奈之下将女儿许配并
出抱的情况。这种家庭重大变故，主要指的是女孩母亲或者父亲
亡故甚至父母双亡带给家庭的重大变化，亦包括母亲或者父亲发

---

① [美]伊沛霞著，胡志宏译：《内闱——宋代妇女的婚姻和生活》，南京：江苏
　　人民出版社，2010年，第98页。
② 前南京国民政府司法行政部：《民事习惯调查报告录》，北京：中国政法大
　　学出版社，2005年，第683页。

生的其他重大变故,而女儿在这些变故中,成为首当其冲的受
害者。

一、母亲改嫁或亡故

母亲发生重大变故,是女儿出抱为童养媳最为常见的原因之
一,此"重大变故",包括母亲因各种原因改嫁或亡故。相比父亲,
母亲对女儿的抚养负有更多的责任,如果母亲改嫁或亡故,无法
再照顾女儿,父亲或其他家庭成员选择将女儿出抱是非常普遍的
做法。冉三合以小贸为生,有妻简氏,还有两个女儿,年龄不详。
因冉三合家贫、日食难度,本城王二把简氏估娶为妻,冉三合无
奈,将长女照英抱与谢和顺为娴媳,次女冉丙抱李大成家为娴
媳。① 洪幺姑本应姓田,父亲田占魁,母亲蔡氏。蔡氏改嫁给张
洪顺为妻(原因不明),幺姑跟随母亲到了继父家。根据抱约,②
蔡氏染病,家贫无度,把幺姑抱给洪唐氏作童养媳。③ 简氏改嫁、
蔡氏改嫁并生病,与女儿被出抱有着直接的因果关系,此因果关
系在母亲病故的案例中体现得更为明显。在郭松义整理的"士绅
阶层送养或领养童养媳举例"中,张氏因继母许氏去世,无人照
管,送往李家童养;陈氏15岁丧母,归屠家为养媳;武生高姓之女
幼年丧母,领往翁家童养;庠生高昶之女幼年丧母,父亲长年外出
教书,12岁为养媳;生员李高之女丧母,过门为陆家养媳。在所举

---

① 《巴县档案》6—5—07103,同治元年二月二十五日。
② 抱约显示蔡氏生病、家贫无度,把幺姑出抱。但事实是否如此,我们并不
　能断语,因为档案中所见之文约,有很多被证明有虚假信息,需要客观加
　以分析,不能尽信,所以加上"根据抱约"四字,似乎更为准确一些。
③ 《巴县档案》6—4—5380,咸丰九年六月。

案例中,有确切出抱和领养原因的共 9 例,其中因母亲去世的就有上述的 5 例。① 母亲对于女儿人生道路的重要性不言而喻,母亲亡故是女儿出抱非常重要的原因。

(一)先许配后出抱

这类人家女儿的婚姻关系已经确定,但女儿仍在娘家抚养,待长大后再过门,与正常的婚姻程序一致。但因娘家发生变故,女儿无人照顾,提前将女儿送至夫家抚养,长大后再行婚配。

秦玉亨有一女名秦桂秀,于同治八年四月凭媒王兴发许与李三喜之子为妻。当年五月,秦玉亨妻子病故,女儿无人抚育照顾,秦玉亨将女儿交与李三喜娴抱过抚,待女儿长成完配。哪知李三喜趁秦玉亨相隔较远,又在外手艺营生,于同治十年七月,私将娴媳秦桂秀卖与吴炳之子吴长寿为娴媳。吴炳图财,托蔡春堂又欲转卖。秦玉亨查知,到衙门控案,要求将女儿归还自己抚养择配,知县李批:"候差唤讯明察究。"②

秦桂秀许配李三喜之子为婚时年仅 6 岁,为什么女儿这么年幼就定下姻缘,这是因为清代早聘风气盛行。郭松义统计了 63 名男子和 37 名女子的聘定年龄,发现有 41.27％的男性和 40.54％的女性于 9 岁之前聘定,其中 4 岁以前聘定的男子为 9.52％,女子为 13.51％;5—9 岁聘定的男子为 31.75％,女子为 27.03％,③秦桂秀就属于这 27.03％之中,根本不算是特例,只是为数众多的早聘女

---

① 郭松义:《伦理与生活——清代的婚姻生活》,北京:商务印书馆,2000 年,第 271—273 页。

②《巴县档案》6－5－8073,同治十年十二月二十八日。

③ 郭松义:《伦理与生活——清代的婚姻生活》,北京:商务印书馆,2000 年,第 193 页。

子中的一员而已。秦玉亨妻子病故,是秦玉亨将女儿交给夫家抚养的直接原因。

(二)许配即出抱

这类人家女儿的婚姻关系尚未确定,因为家庭发生重大变故,导致女儿无人照顾,这才将女儿许配并出抱给夫家抚养,许配时间与出抱时间一致。

严德超,56岁,妻子亡故,次女严招年甫13岁,无人照顾。道光十九年五月间,严德超长女婿李志德为媒,说合严招许其胞叔李必仲之子李二为娴媳。因两家相隔20余里,来往不多。道光二十年,严德超去接女儿回家探望,李家却称其女严招正月十五出外捡柴,一直未归。严德超怀疑李家将女儿另行嫁卖,于道光二十五年五月初八日以嫌匿无踪事控案。知县杨准案,批:"候唤讯。"五月二十日,李必仲具诉状,称李家并未嫁卖之事,而且严招既懒惰又不听教训,曾不止一次私逃,"讵严招疏虞懒惰,不听教训,屡次私行逃走,已经俱皆找回",因此断定这次也是私逃。经过审讯,断令严德超同媒证李志德以及李必仲们共同找寻严招回家。①

13岁的严招还没有选好婆家,说明娘家不着急将她的婚姻关系早早确定。本来以为要在娘家一直待到婚配年龄再谈婚论嫁,没想到母亲的病故改变了她既定的生活道路。因为母亲病故,严招无人照顾,姐夫李志德为媒,将她许给其胞叔的儿子为娴媳。按理说,这是亲上加亲的婚事,两家也互相对彼此有所了解,再理想不过了。孰知严招过门不久就不见踪影,虽然知县责令娘家、夫家和媒证三方共同寻找,但能不能找到,谁也不清楚。如果不

_____

①《巴县档案》6-3-9306,道光二十年五月十二日。

能找到,那严招到底是被夫家嫁卖还是自己私逃,将成为一个谜案。翁公李必仲在供词和结状中均称严招懒惰,不听教训,曾经屡次私逃,而其父严德超则称"李必仲之妻李左氏乘蚁隔伊二十余里,素无往来,屡将蚁女嫌贱不堪",各说不一。

二、父亲亡故

父亲亡故同样会给女儿带来巨大的影响。父亲亡故,家庭失去经济支柱,母亲只有两种选择:孀守抚子,择户再醮。如果母亲孀守在家,独自抚养子女,家庭经济状况必然拮据,这种情况下,母亲会首选将女儿出抱,不管女儿的婚姻是否已经确定。周王氏丈夫亡故,独自抚养女儿秋姑,针工度日,异常艰难,凭媒将女儿抱与傅万才之子傅元为娴媳,并未索取分厘财礼。① 丈夫去世,家庭贫困,无法抚养女儿,才将女儿出抱。因为带有请求对方帮忙的意思,所以财礼分文未取。如果母亲选择再醮,女儿的出路亦令人堪忧,相比将女儿带到后夫家抚养可能会遭到后夫家的白眼甚至虐待,母亲们更愿意将女儿出抱给夫家,毕竟女儿迟早是要嫁出去的。更何况母亲的再嫁对象有可能并不愿意再接受一个女儿,给本来就不富裕的家庭增加一张吃粮的嘴。也有的母亲再醮时并没有将女儿带走,也没有将女儿出抱,而是将女儿留给夫家爷爷奶奶抚育,而爷爷奶奶无奈之下,也会将孙女许配并出抱。

廖明盛(68岁)的孙女廖二姑,自幼凭媒许与魏洪尧长子魏有兴为妻。后来廖二姑父亲亡故,母亲再醮,廖二姑无倚,廖明盛将

---

① 《巴县档案》6-3-8785,道光七年十月初十日。

其出抱给夫家抚养。① 对于廖二姑来说，比秦桂秀的情况更糟，父故母醮，家庭遭遇重大变故，无人可以倚靠。如果廖二姑的家庭不发生此变故，父母俱在，廖二姑也不会这么早就过门做童养媳。本来还是在父母膝下承欢的年纪，却早早就经历了父故母醮的重大打击，而且还要来到一个陌生的家庭，面对翁公、婆婆、自己的丈夫以及姑嫂等其他家庭成员。等待她的是福还是祸，一切都是未知的。可以说，家庭的变故对女儿未来的婚姻家庭生活影响深重。

笔者在巴县档案中没有见到父母双亡女儿出抱的案例。父母双亡，对女儿的打击可谓空前，这是毋庸置疑的。儿子无论何时都是这个家庭的成员，即使父母都不在了，他还有爷爷奶奶、叔叔伯伯等长辈可以倚靠，家里的财产无论多少都是属于他的，长辈们会帮助他进行监管。但是女儿就不同了，女儿从一出生就注定不是这个家庭的一员，她迟早都得嫁到别人家，所以，当父母都不在的时候，长辈们首先会想到的就是将她出抱给夫家抚养。基于以上的原因，当人们谈论童养媳现象的原因时，总是把父母俱亡、无所依归和家道贫穷、迫于饥寒，作为同时并列的两大理由。②

对女孩来说，父母俱在是最大的幸福，不管家庭经济状况如何，父母总是最大的依靠。虽然也有重男轻女的人家，但无论如何，对待自己的孩子也不至于太差。无论父母哪一方不在人世，女孩的处境都是极其糟糕的，她们的命运就会在父亲或母亲去世的那一刻发生重大的转折。父亲亡故，母亲再醮的可能性大，女

---

① 《巴县档案》6－3－8686，道光年间，具体时间不详。
② 郭松义：《伦理与生活——清代的婚姻生活》，北京：商务印书馆，2000 年，第 260 页。

孩既可能随着母亲到陌生的继父家,也可能出抱给夫家抚养,比如廖二姑。母亲亡故,即使父亲仍在,女儿出抱给夫家的可能性也很大。因为父亲总要外出谋生,女儿在家无人照顾,也是非常危险的,还不如早早抱给夫家抚养。严招父亲严德超以外出帮人放鸭为生,严招失踪时他正在綦江县帮人放鸭。如果女儿独自在家,他肯定是无法放心的。于是,即使女儿还没到婚配年龄,提前出抱给夫家抚养,长大后再行婚配就成为失去妻子的父亲们普遍采用的做法。但是女儿在夫家的生活状况如何,夫家对其是否良善,只要不是太出格,娘家都不会过问,因为女儿已经是夫家的人了。但是,如果发生女儿失踪、嫁卖等类似的情况,失去妻子的父亲们、孀守在家或已经再醮的母亲们还是会站出来,为女儿讨回公道。实在无法解决的时候,他们就会到衙门控案,请求父母官的帮助。

除以上娘家父亲母亲发生重大变故之外,还有因匪徒扰境等原因,女家将女儿送到夫家童养的案例。尹氏自幼凭媒许与张辅臣儿子张子方为室,同治元年因贼匪扰境,母亲周氏把女儿送在张家为婳媳,目的在于保证女儿的安全。①

第二节　童养媳在夫家的生活状况

关于童养媳在夫家的生活状况,文学作品中有诸多的描述,主要着眼于童养媳在夫家的悲惨生活,以萧红所著《呼兰河传》为例。"她来到我家,我没给她气受,哪家的团圆媳妇不受气,一天打八顿,骂三场。可是我也打过她,那是我要给她一个下马威。

---

① 《巴县档案》6-5-7273,同治三年三月十六日。

我只打了她一个多月,虽然说我打得狠了一点,可是不狠那能够规矩出一个好人来。我也是不愿意狠打她的,打得连喊带叫的,我是为她着想,不打得狠一点,她是不能够中用的。有几回,我是把她吊在大梁上,让她叔公公用皮鞭子狠狠地抽了她几回,打得是着点狠了,打昏过去了。可是只昏了一袋烟的工夫,就用冷水把她浇过来了。是打狠了一点,全身也都打青了,也还出了点血。可是立刻就打了鸡蛋青子给她擦上了。也没有肿得怎样高,也就是十天半月地就好了。""这孩子,嘴也是特别硬,我一打她,她就说她要回家。……我一听就更生气。人在气头上还管得了这个那个,因此我也用烧红过的烙铁烙过她的脚心。"为了帮助小团圆媳妇成为一个符合传统标准的媳妇,婆婆对她的虐待和打骂让人触目惊心:吊在大梁上,用皮鞭子抽;用烧红过的烙铁烙脚心;用滚烫的水洗澡……最终导致小团圆媳妇的惨死。

　　文学作品中关于童养媳受夫家虐待之描写非常细致,还有当事人的心理和动作描写,有助于读者对角色的进一步认知和理解。档案中有关此类问题的记载重在"叙述"而非"描写",即使是"叙述",也非常大概和程式化,均按照一定的套路进行,因此很难在档案中获取关于细节方面的信息。再者,告状、诉状、禀状等都是当事人单方面提供的案件信息,常常有夸大和隐瞒,不足以全信,被我们寄以厚望的堂审供词,也并非当事人口供的原文照录,而是负责记录的书吏按照既定的程式对口供的"再造",已经不是第一手的史料了。在书吏"再造"的供词中,我们能获得一些有关案件的基本信息,比如对案件的简单描述、知县的审断结果等等,却无法看到当事人各方更为真实和具体的想法。尤其是童养媳,基本处于"失语"状态,从档案中无法知道她们是怎么想的。童养媳在夫家的生活状况,也是寥寥数语概括,比如"因团内陈元开之妻不贤,去腊将伊娴媳杨姑逐外求食","杨姑说出被姑殴逐实情",等等,没有更为生动的细节,也无法获得更为详细的信息。我们需要将童养媳娘婆二家的告状、禀状、诉状进行对比,再加上供状和结状中的相关信息,从中得出自己的判断。

一、童养媳被夫家虐待

光绪七年十二月四川总督发布告示,禁止虐待童养媳,特别提到禁止婆婆虐待童养媳。甚至劝说夫家童养媳是未来传宗接代之人,后世绵延,惟媳是赖,切勿欺其幼小,非理凌虐,违者照律治罪,决不姑宽。在此告示中,既有循循善诱的劝说,又有疾言厉色的示禁,教谕和惩戒二者并举。

> 太子少保头品顶戴四川总督部堂丁为札发晓谕事。……又民间有因家计贫穷,生女不能养育,幼小即许配与人,名曰童养媳。遇姑慈良尚望长成婚配,若遇强悍之姑,备责苛求,稍不遂意,横加箠楚,身无完肤,并有竟行蓄意致死者。其肆意凌虐,尤为可悯……至童养未婚之媳,将来即系传宗接代之人,后世绵延,孙曾蕃衍,惟媳是赖,切勿欺其幼小,恶其愚懦,非理凌虐,致干天和。违者照律治罪,决不姑宽。各宜凛遵,毋违特示。[1]

虽然官府发布了禁止虐待童养媳的告示,但民间虐待童养媳之事仍时有发生。同治三年正月初九日,直里一甲陈元开以串透拐逃禀存胡四在案。[2] 所具存状如下:

---

① 《巴县档案》6-6-2235,光绪七年十二月二十六日。
② 《巴县档案》6-5-7283,同治三年二月初二日。

　　具存状人陈元开,年五十八岁,系直里一甲人,原籍本省本县,离城八十里,寓杨柳坊吉昌店。为串透拐逃、禀恳存案事。情蚁昔抱杨朝伦幼女杨姑与蚁子陈第发为媳,尚未成配,遭蚁附近胡双喜之子胡四串通杨姑私透蚁衣物钱文,寄放谢三家中,另单粘呈。谢三恐事败露,交胡四,于去腊初七午后,乘蚁未家,私将杨姑拐逃。蚁归知骇,当投团邻马正升等四处清查,寻找未获。为此禀恳恩宪赏准存案,俟获胡四等送案有凭。伏乞大老爷台前施行。

　　被存　胡四、谢三、杨姑

　　投证　马正升(略)

　　同治三年正月初九日具状人

　　奏署四川重庆府巴县正堂打箭炉军粮府加五级覃恩加一级纪录十次王批:候签差协同查唤,务获送案讯究,毋得仅请存案,粘单附。

　　粘单如下:

　　计抄串透衣物单、月蓝女布衫三件、油登布衫二件、布夹衫三件、苏月布衫二件、布围腰二条、蓝布中衣二条、青布中衣二条、淡青布中衣一条、铜钱三千二百文。

　　按照陈元开的存状内容,陈元开昔日抱杨朝伦幼女杨姑与其子陈第发为媳,尚未成配,住在附近的胡四不仅串通杨姑透漏衣物钱文,还私自将杨姑拐逃,陈元开寻找杨姑未获,所以要求县衙存案,俟后有凭。但因为案件涉及到拐逃,还与私透财物有关,王知县并不同意陈元开存案的请求,反而让差役协同查获送案审讯。

　　正月十五日,在陈元开具存状之后 6 天,监生邓洪生及职员、监正、团首等8人具恳状，称杨姑业已清获，已经送归陈元开家，家庭和睦无异。因相关当事人已协商妥当，都不愿兴讼，恳请将案件注销，以免拖累，知县王准予销案。恳状如下：

> 具恳状人监生邓洪生，职员郑洪元，监正李渭溪、马正升，团首李万兴、刘益和、何世顺、郑次三。今于（三抬）大老爷台前为协恳注销、以省拖累事。情去腊，生等团内陈元开以串透拐逃禀存胡四在案，沐准签唤，尚未签出，至今杨朝伦之女杨姑业已清获，送归陈元开家，和睦无异。于本月十六日，有陈元开、杨朝伦及胡四同邀生等至兴隆场理剖明晰寝事，伊等不愿终讼。切思伊等均系贫苦，甘愿哀息恩案，为此协恳仁天，大施西伯之仁，赏准将陈元开控胡四之案注销，以省拖累均沾。伏乞。
>
> 奏署四川重庆府巴县正堂打箭炉军粮府加五级覃恩加一级纪录十次王批：既据理明两造不愿终讼，姑滋宽施恩，准允唤讯销案可也。
>
> 同治三年正月二十五日具

双方已经协商不愿终讼，而知县也已准许销案，本以为事情到这里就结束了，胡四串通杨姑透漏衣物钱文并将杨姑拐逃之事也是真实可信的了，然而同治三年二月初三日，团首李运清等人递交的一份禀状却让该案有了意想不到的转折，胡四串通杨姑透漏和拐逃之事完全被推翻。

> 具禀状团首李运清、郑洪元、谢文安、李万兴，年不一岁，同禀刘一□、李渭溪、郑次三。为不忍袖观、公恳察究事。情蚁等同当双合团首人，办公无违。因团内陈元开之妻不贤，去腊将伊娴媳杨姑逐外求食。元开听李朝祖唆摆，颠以串透

拐逃禀存胡四、谢三在案签唤。今正初一，杨姑在幅善团乞食，遇王遂源清问，杨姑说出被姑殴逐实情。王遂源饬元开同伊主马正升出约领回，胡四等不甘诬控，凭团理说，众剖元开自悔息案，元开已允，朝祖不依，勒要胡四等出钱数十串方免讼累。蚁等不忍袖观，为此公恳察究，免害良善。伏乞大老爷台前施行。

　　被禀　陈元开、李朝祖

　　投证受害　胡四、谢三

　　应质　王遂源

　　同治三年二月初三日具状人

　　奏署四川重庆府巴县正堂打箭炉军粮府加五级覃恩加一级纪录十次王批：庭讯自明，毋庸尔等旁渎扛讼，此饬。

　　根据该禀状所述，杨姑并不是被胡四刁拐，而是被婆婆即陈元开之妻陈杨氏殴打并逐出求食，而陈元开是受人刁唆才诬控在案。团首等人为了免害良善，要求衙门对此事进行察究，知县准予庭讯。且看各方当事人在庭讯供状中所说的内容是否与团首的禀状内容相符。

　　问据。陈元开供：陈杨氏是妻子，小的平日务农。昔抱杨朝伦的幼女杨姑与小的儿子陈第发为媳，尚未成配。因去年腊月初七日午后，有附近素相认识的胡四、谢三把小的儿媳杨姑并衣物钱文拐逃出外，在谢三家藏匿，小的四路清查未获，才来辕存案。到今年正月间，小的出有招帖，迨后王遂源信赶小的称说儿媳寄在他家收留住扎，小的闻知，协同马正升、李元顺们在王遂源名下出有领约，把儿媳杨姑领回了。事不料儿媳回家并无衣物钱文，小的妻子向他清问，儿媳吐称胡四、谢三在外与他通奸,把衣物钱文拿去,小的才凭马正升们与胡四们理讲。胡四自知情虚,认罚还钱,有这谢三堂兄谢文安主唆胡四们不许罚度,小的把他们无奈,才来把胡四们具控案下。今蒙审讯,小的不应听从马正升们唆使,捏词妄控,把小的们均各掌责,谕令小的具结完案,只求施恩。

问据。胡四、谢三同供:小的们与陈元开附近居住,因他儿媳杨姑被陈元开妻子陈杨氏嫌贱逐出,在外求吃,小的们也是知道的。到今年正月间,他儿媳被王遂源收留住扎,不料陈元开同马正升们在王遂源名下出有领约,把他儿媳领回。迨后他儿媳听马正升们唆使,说小的们与他有奸的话,屡次搕索,小的们不依,与他口角。陈元开才把小的们具禀在案。今蒙审讯,陈元开不应听从马正升们唆使,捏词把小的诬控,把他们均各掌责,各结完案就是。

问据。杨姑供:来到的陈第发是丈夫,陈元开是父亲,陈杨氏是母亲。因去腊月间,有附近的胡四、谢三与小女子通奸,把小女子拐逃出外,并卷衣物钱文,被胡四们悉行花用。小女子无面回家,在外求吃。今年正月初一日,在途吃化,才有王遂源向小女子清问,称说被母亲嫌贱逐出求吃,王遂源才把小女子收留庙中住扎,信赶父亲陈元开同马正升们来王遂源名下,出有领约,把小女子领回,才向母亲告知胡四们同小女子通奸拐逃的话。父亲陈元开听闻不依,才来把胡四们具控在案。今蒙审讯,小女子不应捏词妄称,把小女子械责,只求施恩了。

问据。谢文安、李万兴、王遂源、邓次三同供:小的们与陈元开附近,去年腊月间他妻子陈杨氏把他儿媳杨姑嫌贱逐出求吃,小的们是知道的。今年正月初一日,杨姑在途求吃,被王遂源收留家中住扎,迫后杨姑父亲陈元开同马正升们在王遂源名下立有领约,把他儿媳杨姑领回,有小的谢文安在彼。<u>不料杨姑回家,被马正升唆使,叫杨姑称说与胡四们通奸的话</u>。杨姑的父亲陈元开听闻不依,才来把胡氏们具控是实。

　　　　四月十三日刑房胡墨轩叙

　　此处有存状人陈元开,被存人胡四、谢三、杨姑,团首谢文安等人的供词,从供词内容来看,主要有两种说法。第一种,陈元开与杨姑的供词:胡四和谢三与杨姑通奸拐逃,并私卷衣物钱文。第二种,胡四和谢三、团首谢文安的供词:杨姑被陈元开妻子陈杨氏嫌贱逐出,在外求吃,但是杨姑回家后被马正升唆使,捏说胡四和谢三与杨姑有奸。到底哪一种说法是正确的?再看供词末尾知县的审断,可以得知,陈元开与杨姑的供词内容是虚假的。陈元开供词结尾知县的审断:"今蒙审讯,小的不应听从马正升们唆使,捏词妄控,把小的们均各掌责,谕令小的具结完案,只求施恩";胡四、杨三供词结尾知县的审断:"今蒙审讯,陈元开不应听从马正升们唆使,捏词把小的诬控,把他们均各掌责,各结完案就是";杨姑供词结尾知县的审断:"今蒙审讯,小女子不应捏词妄称,把小女子械责,只求施恩了。"

　　再来看结状的内容:

　　　　具结状人胡四、谢三,今于大老爷台前为结状事。情陈元开以串透拐逃具控蚁等在案,沐恩讯明,陈元开不应听从马正升唆使,捏词将蚁等诬控,将陈元开掌责,谕令蚁等各结完案。中间不虚,结状是实。

　　　　准结。

　　　同治三年四月二十日具结状人胡四、谢三　有押

　　　具结状人陈元开,今于大老爷台前为结状事。情蚁以串
透拐逃具禀胡四等在案,沐恩讯明,蚁不应听从马正升唆使,
捏词将胡四等具控。已沐掌责,谕令蚁具结完案。中间不
虚,结状是实。

　　　准结。

　　　同治三年四月二十日具结状人陈元开　有押

　　由此,我们可以判断事情的脉络和真相:昔年陈元开抱杨朝
伦的幼女杨姑与其儿子陈第发为媳,尚未成配。同治二年腊月,
陈元开的妻子陈杨氏嫌贱杨姑,将其殴打,并将杨姑逐出,杨姑只
好到处流浪求食。同治三年正月初一日,本是一家团圆、合家欢
乐的日子,杨姑却仍在外求食,被王遂源问明缘由收留,并通知陈
元开领回并立有领约。哪知杨姑回家后,被马正升唆使,称说与
胡四和谢三通奸拐逃。知县断令:将杨姑械责,将陈元开、马正升
等掌责。

　　此案件的档案资料非常完整,存状、恳状、禀状、供状、结状齐
全,故事线索清楚,其中还有冲突和悬念。不足之处在于,案件中
没有杨姑和丈夫陈第发年龄的记载,无法更为深入地判断童养婚
双方的年龄差别。此外,该案在审讯过程中并没有通知杨姑娘家
人参加,所以无法得知杨姑娘家的相关信息,杨姑娘家到底是因
为家贫将其出抱,还是因为重男轻女节省嫁妆将其出抱,也无从
得知。通过对该案的分析可以看出,杨姑作为陈家童养媳,受到
婆婆虐待,被殴打逐出在外求食,生活境况非常糟糕。虽然我们
不能根据此案就得出童养媳在夫家日子都不好过的结论,但有相

当一部分童养媳在夫家受到虐待尤其是受到婆婆虐待也是不争的事实。江苏省曾经专门针对婆婆虐待童养媳一事出示告谕：

> 过门童养之媳或因父母已故，或因家贫无力养赡送至夫家，俟及岁后再行成婚，情形本属可悯，为翁姑者自当怜其孤苦，格外衿恤，方不失为尊长之道，乃日久厌恶心生，凌虐折磨，无复人理，甚至起意毒殴致毙，迨犯案到官，因姑媳名分已定，不过虚拟罪名，照律收赎，若不稍加惩创，诚如该抚所称有治罪之名，无治罪之实，以致毫无畏忌……如有将十五岁以下童养幼媳非理凌虐、逞忿故杀、情节残忍者，照律拟罪，酌予监禁三年……①

从中可以看出，童养媳在夫家受到虐待尤其是受到婆婆虐待较为普遍，以致官府专门针对此事出示告谕，要求从严究办，但主要针对的是发生了命案的情况。对于一般的虐待，也是大事化小、小事化了。正如本案，尽管案情最后真相大白，杨姑在夫家遭到婆婆虐待的事实清楚，但知县只是将受人唆使捏词的杨姑械责，将受人唆使的杨姑翁公陈元开、唆使杨姑捏词的马正升掌责，并没有对殴打杨姑逐出求食的婆婆进行丝毫惩罚，甚至连一句警告的话也没有。而且，知县并没有将杨姑判给娘家领回，娘家全程也都没有参与此案的审理，说明娘家相隔遥远或者娘家无人，没有人为杨姑伸张正义。如果娘家此时有人站出来指责杨姑夫家的虐待行为，知县很有可能会将杨姑判给娘家领回。杨姑今后在夫家会过什么样的生活，其实知县心里也是非常清楚的。

----

① 转引自曹婷婷：《清童养婚现象探析——以江浙地区为例》，《石家庄学院学报》2014 年第 5 期。

此外,该案件中先有监生、职员、监正、团首等人恳请息案,后有团首等人向知县讲述案件实情,可以看出清代地方势力在诉讼过程中所起的重要作用,也可看出知县在断案的过程中,对地方势力参与诉讼给予的支持。一旦地方团首私下邀约原被两造进行了调处,而原被两造也愿意将案撤销时,团首等地方势力就会恳请销案,知县一般都会支持,体现出地方势力、官府之间的一种良性互动关系。官府要依靠地方势力在地方治理中发挥作用,尤其在诉讼过程中,需要仰仗地方势力进行调处,这其实是帮助知县在做案件审理的调查、协调等辅助工作,所以知县非常尊重地方势力的意见和建议。反过来,地方势力所提的意见和建议被官府采纳,他们也就越来越积极地参与到诉讼过程之中,这也有助于他们在地方上树立自己的威严,邻里遇到纠纷也乐意找他们进行调处。总之,清代地方势力在地方治理的过程中扮演着重要的角色。

二、童养媳被夫家休退

郭松义经过研究发现,童养婚中女方要求悔婚的情况时有发生,原因主要有:童养媳在夫家受到虐待,双方家庭发生变化尤其是女方家庭生活好转而男方依然贫困,童养媳与丈夫关系不睦等。① 在巴县档案中,笔者只发现童养婚姻关系中男方休退女方的情况,尚无女方主动要求退婚的案例。正如前述童养媳杨姑被婆婆逐出求食,尽管受到这样的虐待,其娘家也没有提出退婚的要求。巴县档案所见案例,即使丈夫外出不归或者死亡,童养媳

---

① 郭松义:《伦理与生活——清代的婚姻生活》,北京:商务印书馆,2000 年,第 289—290 页。

也没有主动提出退婚,或夫家主婚另嫁,或夫家娘家共同主婚,童养媳想要回到娘家抚养择配,也要夫家同意才行。童养婚中,男方要求退婚的案例也不多见,因为童养媳从小在夫家长大,夫家抚养多年,一般不会轻易退婚。男方要求退婚的主要原因与一般意义上的退婚相同,以女方犯"七出"之条居多。

乾隆五十年,瞿荣凭媒娶徐文秀之女徐长姑与子瞿贵为娴媳,长姑不听翁姑教训,私行逃走,瞿荣认为长姑已犯七弃之条,不堪承祀,情愿凭众将长姑退回给娘家领回,随娘家将长姑另行择配。① 长姑不听翁姑教训、私行出逃,这只是瞿荣的一面之词,但长姑与夫家关系不睦,却是实情,否则也不会私逃出外。

孝里七甲徐文模早年凭媒娶袁姑为妻,小抱过门抚养,但"袁姑赋性痴愚,且更懒惰,不惟蚁不知教导,实堪难列人群,至今年已十八岁,尚与孩提无异"。徐文模胞兄强行要求徐文模与袁姑完配,徐文模不愿意,出外营生不归。嘉庆十二年十月初十日,表兄彭四到徐家探望后,袁姑就不见了,因怀疑徐文模与彭四伙同将袁姑刁拐嫁卖,徐文模胞兄将徐文模与彭四扭送衙门控案。虽然之后袁姑找回,但徐文模仍然不愿与她成配,"赏阅袁姑,虽列人类,同物无知,已笄如梦,育嗣何来?虽婚姻为人伦首重,而后嗣乃昭穆攸关。赏唤袁维义到案饬领,免婚久陷,戴德不忘",请求知县传唤袁姑父亲袁维义来案将袁姑领回,以免久陷此婚。②

根据徐文模的禀状,袁姑已经 18 岁,却与孩提无异,可能袁姑在智力方面有一些问题,但徐文模的言辞却非常刻薄"虽列人

①《巴县档案》6－1－1781,乾隆五十三年。
②《巴县档案》6－2－4278,嘉庆十二年十月。

类,同物无知",表达出对袁姑的厌恶之情;"已笄如梦,育嗣何来?虽婚姻为人伦首重,而后嗣乃昭穆攸关",用袁姑痴愚、影响后嗣的理由,要求退婚。如果袁姑的确如徐文模所言痴愚如梦,徐文模不愿成配也是可以理解的。童养媳幼年出抱给夫家抚养,离长成婚配的时间相隔太久,家庭状况、当事人性格都可能发生变化,这为以后的婚姻纠纷埋下了伏笔。尽管袁姑是这样的状态,徐文模的胞兄仍然强行要求徐文模与袁姑婚配,可能是出于家庭经济方面的考虑,已经很难再重新为徐文模张罗一门亲事了;也可能是因为袁姑在徐家抚养多年,她是徐文模未婚妻的身份早就已经确定,一切还得按照既定的程序来进行。

　　以上两例,童养媳被夫家休退,原因各异。第一例是童养媳不听翁姑教训,私行逃走;第二个案例是童养媳痴愚懒惰、不堪承嗣,犯的是"七出"中的"不事舅姑"和"恶疾"。① 尽管这些原因都是男方的一面之词,不免有夸大的嫌疑,但也从另外一个角度反映出童养媳与夫家之间的恶劣关系。总体来看,童养媳被夫家休退相比一般婚姻关系中的休退要少得多。童养媳在夫家抚养多年,夫家已经对其有所付出,如果不是特别重要的原因,一般不会将童养媳休退。第二个案例中,如果袁姑是一个正常的女子,徐文模没有将其休退的理由。童养媳存在这样或者那样的问题,夫家不愿成配,将其退回娘家,由娘家来考虑和决定女儿的婚配,这是比较妥当的做法。如果夫家根本不知会娘家就私自将童养媳嫁卖,获取财礼,这对童养媳而言才是最大的伤害。不管如何,将

---

① 除"不事舅姑""恶疾"两条之外,应该还有童养媳"犯奸"被休退的情况。迄今为止,笔者在巴县档案中尚未见到类似的案例,不过理论上这种情况应该是存在的,最容易发生在"女大男小"的童养婚姻关系中。

童养媳休退比将童养媳嫁卖显得更为人性化。

三、童养媳与夫家不睦

　　童养媳多于年幼之时抱给夫家抚养,与丈夫一起长大,与丈夫的感情类似于兄妹或姐弟的感情,①这对童养媳与丈夫之后的婚姻生活是极为不利的。此外,童养媳在夫家抚养,与翁姑相处时间长,在年少时期性格养成阶段受翁姑影响较大,之后也容易与翁姑相处。但实际生活中童养媳在夫家的境遇却是千差万别的。我们在档案中看到的相关案例,都是诉讼过程中留存下来的相关材料,尤其能看到童养婚姻不好的一面。童养媳与夫家之间的恩怨情仇,皆在这些档案中得以展现。娘家父亲蒋启杨与夫家父亲刘在川围绕童养媳蒋三姑自缢互控一案,②就是一个最好的例证。

　　案件背景:

　　蒋启杨女儿蒋三姑自幼凭媒许刘在川之子刘世元为婚,嘉庆二十一年,蒋启杨妻子病故,无人抚育女儿,蒋启杨将女儿抱与夫家抚养,已经六载。道光元年六月十九日,刘在川夫妇私立休约,将蒋三姑送回娘家,蒋启杨不服,以凶殴伤沉控案,断令刘世元仍

----

① 这种情况与部分地方"指女抱儿"的情况较为类似。比如甘肃省西固县只有女儿的家庭,为了继嗣的需要,往往抱儿回家,养大后与女儿婚配,这种背景下结合的男女往往也很难培养夫妻之情,更多的是兄妹或姐弟之情。抱儿回家还可以应对以后出现的其他意外情况,假如儿子中途夭折,女儿则另行招赘,反之如果女儿夭折,儿子就另行婚娶,保证其禋祀不会断绝。见前南京国民政府司法行政部编:《民事习惯调查报告录》,北京:中国政法大学出版社,2005年,第838页。
② 《巴县档案》6-3-8638,道光元年九月初七日。

将蒋三姑领回,于道光元年八月初六完配。

双方互控:

道光元年八月二十九日,蒋三姑娘家父亲蒋启杨为女被缢勒、迫叩作主事控案,称蒋三姑被婆婆刘周氏、丈夫刘世元用红头绳勒颈,命已垂危,因此奔叩验究。知县李批:"候验伤唤讯。"

九月初五日,知县李发出差票,令刑忤前去协同约邻验明蒋三姑伤情,并令差役将被告刘世元、刘周氏、刘在川,媒证蒋启福,受伤蒋三姑,原告蒋启杨唤案讯究。

九月初七日,蒋三姑夫家父亲刘在川具首状,称蒋三姑自幼性拗,不听婆婆与丈夫拘束,曾经私逃找回。因有不轨之事,刘世元休弃未成,领归完配。但蒋三姑与丈夫刘世元不睦,不听婆婆刘周氏训诫,蒋启杨反而纵容女儿,把刘周氏气疾成病,久治不愈。刘世元让蒋三姑给刘周氏煎药,蒋三姑不听,刘世元对其训诫,岂料蒋三姑到卧房自执蓝布带勒颈,被家人解救。蒋启杨捏以女被缢勒控案,纵唆滋祸,叠控不休,子媳不睦,刘周氏又久病卧床,因此首恳作主拘讯查究。知县李批:"候集讯究。"

九月初九日,刘在川具禀状,称蒋启杨统领多人将自己父子殴伤,并支使蒋三姑寻死自尽,禀恳赏签拘究,以免后害。知县批:"已于前词批示矣,候饬差集案并讯察究。"

九月初十日,刑忤程子杨、彭华禀明,验得蒋三姑咽喉上微红色伤一处,系布带痕,余无伤。

九月十四日,年仅17岁的刘世元具诉状,称蒋三姑曾有私逃、通奸之事,休退未成,领回完配。但蒋三姑因此积恨,不与刘世元同室,也不给母亲煎药,执布带自缢,蒋启杨反控在案。"蒋启杨不思三姑犯奸有案,忝为人妇,又欺蚁幼朴,辱蚁翁姑,蚁之得罪于亲,由启杨捏控使然,实由三姑废节泼蛮所致,七出有条,显可指数，不诉究逐，倘三姑虺蜴为心，别酿巨祸，贻害匪轻"，因此诉恳讯究，逐奸惩诬，以正风化。知县批："候质讯。"

九月十八日，蒋启杨具禀状，称刑忤已经验明蒋三姑伤痕，刘周氏畏惧谋勒之咎难掩，谎诉有病垂危，希图延抵，为此禀恳饬拘讯究。知县批："候饬差集讯，毋庸多渎。"

九月二十五日，刘在川具禀状，称蒋三姑听人主摆抗案，泼蛮轻生，手执菜刀砍伤刘世元头颅及左膀右手肘等处，请知县验伤究办、以正风化。知县李批："候验伤提讯惩治。"经仵作彭华呈，"验得刘世元顶心偏左皮破二处，左胳膊右肘均皮微破伤各一处，俱系刀伤，余无伤"，刘世元受伤属实。

九月二十六日，刘世元具禀状，称蒋三姑听人主使，抗不投审，还将自己头颅及左膀右肘等处砍伤，母亲刘周氏染病数月，见刘世元受伤，情急跳河，被人劝阻，请求知县验拘讯究。知县李批："候先验伤，仍着原差速拘讯究，毋得刻延，致干提比缴刀存。"

十月初四日，族邻刘玉章等人具恳状，说明双方争讼缘由，称两造已经协商妥当，请求销案。恳状如下：

> 具恳状族邻刘玉章等……为协恳原情、赏销免讯事。情蒋启杨以女被缢勒控刘世元等在案，世元亦以废节故缢诉案，应候审讯，蚁等何敢烦渎。但蚁等与两造系属亲邻，不忍讦讼拖累，邀集查理缘由，启杨之女蒋三姑许与刘世元为姻婚，不料三姑向染痰迷恶疾，时发时愈，以致动辄轻生，难于提防。故此酿祸滋讼。蚁从中秉公剖查明白，启杨自知伊女系属残废笃疾，情甘自愿领女归宗调愈，另择婚配，听许世元自行另娶，情甘各结备案。此诚情有可原，与干名犯律有别，为此协恳宪天，法外施仁，不烦庭质，超豁免究，垂情病废，释

各安业,均沾高厚,伏乞太老爷台前俯准施行。

　　道光元年十月初四日

　　刘玉章等人在恳状中称,蒋三姑患有痰迷恶疾,时发时愈,以致动辄轻生,难于提防,故此酿祸滋讼。经过协商,蒋启杨自知女儿系属残废笃疾,愿意领回另行择配,任随刘世元自行另娶,情甘各结备案。知县批:"蒋三姑既因痰疾复发,并非有心干犯,从宽免其深究。惟据称刘世元等业已议明两头离异,姑宽免究,销案各结存。"

　　笔者对此"痰迷恶疾"心怀疑虑,之前两方的诉状中根本没有提到蒋三姑患病之事,提到的只有私逃、通奸、不听教训、自缢等,如果蒋三姑果真患有如此严重的疾病,刘家在诉状中是不可能不提的。而且在蒋启杨和刘世元的结状中,也丝毫没有提到此事。蒋启杨结状:"女蒋三姑与刘世元夫妇反目成仇,两愿离异。今蚁自愿领女归宗,恳请销案,后再不得翻异滋事,如违甘坐。"刘世元结状:"启杨之女蒋三姑与蚁反目成仇,蚁愿离异,启杨领女归宗。恳请销案,嗣后不得翻异滋事,如违甘坐。"两造共同的说法都是蒋三姑与刘世元反目成仇,而不是蒋三姑患病。笔者认为,蒋三姑患病之事尚有疑点,不能尽信,但蒋三姑与丈夫刘世元以及婆婆不睦却是实情。

第三节　兴讼的原因及知县的审断

　　因为童养婚程序简单,大多只由女方之父母书一草八字,即在一张红纸条上书写"坤造:某年某月某日某时生,取名某某",交抱养人收存。既无契约和正式庚书,又无媒妁,抱养以后,往往有贫富不均而悔婚者,也有追索聘金发生纠纷者,还有将女儿诱拐回家,意图另嫁得财者,缠讼不休,比比皆是。如果抱养之家没有生子,或者所生之子与养媳年龄不合,则会将养媳转嫁于人,择婿时考虑最多的会是财礼,而不是养媳未来的幸福。在这种情况下,养媳本生父母或亲属可能会来争夺主婚权,往往也会酿成讼端。《民事习惯调查报告录》中,江西省龙南县贺知事对养媳本生父母和抱养父母争夺主婚权一事有非常形象的描述:"在女之本生父母,则曰礼式未具也,婚帖未详也,与尔乳哺,仍是我女,择婿权应听我主张。在抱养花不女者,则曰我有劬劳,我当酬报,若非命薄无子,尔何敢干预我事,择婿权不能听尔主张。此时,论礼,则此女实未嫁之女;论情,则安有不酬之劳。"①此外,一旦双方交换婚书,即发生婚姻效力,"纵他日配偶者之一方有因事悔婚,亦难撤销婚约。盖退婚之举,一般社会认为丑事,故宁可牺牲夫妇一生幸福,不肯轻率请求离婚⋯⋯枉受无穷之痛苦"。②

　　由此可见,在童养婚姻中,因为抱养时程序简单,加上抱养后可能发生的种种变数,童养媳娘家和夫家很容易发生矛盾和纠纷,从而引发诉讼。在巴县档案中,因为童养媳问题发生诉讼的原因主要体现在童养媳被嫁卖、童养媳私逃或被拐逃、童养媳夫家发生重大变故等几个方面。

<hr>

①前南京国民政府司法行政部编:《民事习惯调查报告录》,北京:中国政法大学出版社,2005年,第708页。
②同上,第686页。

一、童养媳被嫁卖

（一）夫家及夫家其他人嫁卖

1. 夫家将童养媳嫁卖学习弹唱

据颜彭氏为鸣冤事喊蓝彩红一卷记载,道光三十年,廖膏荣为媒,抱娶颜彭氏的女儿颜细女与蒋裁缝为婳媳,自过门后并无往来。哪知蒋裁缝家贫无度、见利忘义,将颜细姑以银17两转卖与蓝彩红为女,学习弹唱。颜彭氏查知,将其具控案下。断令:蓝彩红将呈婚书附卷,颜彭氏出银10两,付给抚养颜细姑的蓝彩红婆婆蓝张氏。如果不能缴银,就将颜细姑凭媒另嫁,以杜当子串告之风。直到咸丰三年三月初九日,颜彭氏才把10两银子措齐,给蓝张氏具领,把女儿颜细姑领回。① 颜细女被母亲颜彭氏凭媒抱给蒋裁缝为婳媳,又被蒋裁缝见利忘义转包给蓝彩红为女,得财礼银17两。而蓝彩红抱女为假,学习弹唱是真。在这种情况下,颜细姑的生身母亲颜彭氏不愿女儿为贱,具控案下。知县一方面对蒋裁缝转抱养媳给蓝彩红之事不予认可,让蓝彩红将婚书附卷,判决该婚书失效;另一方面,知县对先抱女后兴讼的颜彭氏也较为反感,让其缴银10两给蓝彩红婆婆蓝张氏,而且特别提到"如果不能缴银,就将颜细姑凭媒另嫁,以杜当子串告之风"。说明民间当子串告之风较为盛行,先抱养女儿给男方,之后因为各种原因兴讼,给衙门带来无数的困扰,所以知县对这种有意或者无意的行为非常反感。颜彭氏最终缴银结案,将女儿领回。

2. 夫家将童养媳转抱他人

同治二年,王敬堂把女儿王兆南抱给胡大顺为婳媳,待抚养

---

① 《巴县档案》6－4－5015,咸丰二年十月初一日。

成人,与胡大顺儿子胡新年婚配。同治七年十月,王敬堂来渝城看望女儿,胡大顺说其女儿逃走,找寻无踪。后来王敬堂才得知,胡大顺因染病卧床,日食艰难,无钱调养,把婶媳王兆南谎称为自己亲生之女择弟,经陈兴发、冯兴隆为媒,转抱给光裕号主人永先生为侄媳,收取财礼银15两,已经回籍。王敬堂不依,鸣冤在案。经过审讯,胡大顺不应把养媳王兆南嫁卖,将其笞责,陈兴发、冯兴隆不应作媒嫁卖,理应责惩,从宽免究,谕令陈兴发、冯兴隆各帮2千文钱,给王敬堂作为到湖北沙市探望女儿的路费。[①]

即使在供状中,胡大顺也依然不供出实情,经过审讯,胡大顺才不得不认罪受罚。

> 问据。胡藕粉即胡大顺供:同治二年,这王敬堂的女儿抱与小的,抚养成人与儿子婚配。迫后小的染病卧床,王敬堂来家看望,不料他私行嫁在何处去了。今十月间,他又来家闲耍,欲想【向】小的索钱未允,就说小的把他女儿嫁卖的话。四处清查不获,他就来辖把小的喊控案下。今蒙审讯,小的不应不吐实情,已予笞责省释,错了就是。

由此得知,供状的写作方法是由两部分构成的。第一部分,当事人的供词,基本按照原意照录;第二部分,知县审断的结果。这两部分结合在一起,构成了当事人的供状。比较有意思的是,供状前部分还在一口咬定自己的说辞,自己如何无辜,如何被冤枉,但从"今蒙审讯"开始,话锋一转,马上就变成了自己有错,不应如何如何,知县如何惩罚之类。基本我们所看到的供状,都是按照这个模式进行撰写的,所以,要了解事实真相,需要耐心地将

---

① 《巴县档案》6-5-8405,同治七年十二月十二日。

所有人的供状全部看完,才能大概明白原被两造之间的是非曲直,以及他们各自在告状、诉状、禀状和供状中所说的内容是否属实。结状中的内容与供状大致相同,也是由当事人的供词加上知县的审断结果组成,所以也可能会出现前面说自己无罪后面又说自己有罪的互相矛盾的情况。

　　前述夫家将童养媳嫁卖的案例,都属于夫家贫苦无度,为了得到一定的财礼,将童养媳转抱或者嫁卖他人。但是两个案例的审断结果有一定的差异,第一个案例判娘家给付一定的银两将童养媳领回,第二个案例因为童养媳被转抱之后,已经被携带回籍,所以只是让媒证支付一定的路费给娘家父亲自己前去探望女儿。之所以这样判,笔者认为有如下原因:第一个案例,蓝彩红抱颜细姑为女是假,让其学习弹唱才是真,日后还可能将其作贱,这种情况之下,知县判娘家将女儿领回,是为了避免类似的情况发生;第二个案例,媒证人等都称王兆南被转抱光裕号主人永先生作媳,是正经人家,而且也是为媳,并没有将其作贱,再加上当事人已经回到湖北沙市,距离巴县遥远,知县只能作此判决。

　　3.夫家娘舅嫁卖侄媳为妾

　　邓利川喊控李玉亭卷。邓利川,平日卖布生理,父母俱故,娶妻李氏,生有一子,抱有一女金弟为媳,李玉亭是其内弟。咸丰十年八月间,邓利川出外贸易,把儿媳金弟托付给内弟李玉亭照管,哪知邓利川回家,发现金弟不见了,李玉亭说已经把金弟嫁给过客,邓利川控案。[1]

　　李玉亭供状如下:

──────────

[1]《巴县档案》6－4－5694,咸丰十年十二月十八日。

李玉亭供：今年八月间，邓利川出外远贸，把他妻子同他儿媳交与小的照管，小的就把他儿媳嫁与胡珍寅为妾。不料他儿媳在徐姓家服毒身死，小的同胡珍寅领埋，怕邓利川回家问小的要人，才商同胡珍寅捏说嫁与过客，得银三十九两的话。邓利川不依，来案喊控的。前蒙审讯，供明在卷。今蒙复讯，小的不应捏词妄供，已沐掌责，小的甘愿给邓利川银四十两，具结备案就是。

根据李玉亭的供状，才知道金弟并没有嫁与过客，而是被李玉亭嫁给胡珍寅为妾，结果金弟在徐姓家里自行服毒身死。真相大白，知县判李玉亭、胡珍寅各出 40 两银子给邓利川具领，具结备案。

本案中邓利川抱养金弟为童养媳，邓利川儿子年龄多大，与金弟年龄有何差别，档案中没有记载。邓利川花了 40 两银子抱养金弟，知县判李玉亭和胡珍寅各给邓利川 40 两，共计 80 两，邓利川自然愿意。采用经济补偿的方式平息讼争，是知县在断案过程中采用较多的方法，既能惩戒过错方，又能给损失方一定的补偿，双方都愿意接受，能快速结案。需要注意的是，金弟并不是直接从娘家出抱给邓利川的，而是被转抱多次后，再由邓利川从其他人手中抱养的，立有出抱文约。

出抱人李兴发，情因咸丰九年所抱赵三合名下一女，名金弟，抱在夫室名下为女。自金弟进门，事业不顺，日食难度。今请凭媒证□长说合，自愿转抱与邓利川名下，以作儿媳。当日三家面议，李姓夫室哀恳，所言在渝城帐债追逼，难以还楚，邓姓看在亲翁之议面茶果钱银四十两正。此数银两李姓夫室如手亲收，并无贺物准折。李姓日后意外生端，凭凭邓姓执约禀官，李姓自甘坐罪，不得异言称说。特立出转抱约为据，付与邓利川夫室存据。金弟生于丙午年腊月初八日子时赋生。今恐无凭，特立转抱约一纸存据。

天长地久

凭证 何绳安、秦体仁、陈春平、赵德、罗金祥、张天益笔同在

咸丰十年六月十二日立出转抱文约人李兴发夫室有押

根据此转抱文约，再根据档案中的其他材料记载，可以看出金弟在邓利川抱养之前的人生轨迹。

（1）出抱方：杨姓——抱养方：周王氏，抱养为女，财礼银不详，年月不详。

（2）出抱方：周王氏——抱养方：赵三合夫室，抱养为女，财礼银12两，咸丰八年十二月二十四日。

（3）出抱方：赵三合夫室——抱养方：李兴发，抱养为女，财礼银不详，咸丰九年。

（4）出抱方：李兴发夫室——抱养方：邓利川，抱养为童养媳，财礼银40两，咸丰十年六月十二日。

杨姓并不是金弟的父母，杨姓是从金弟父母手中直接抱养的，还是从其他人手中抱养的，案件中没有交待，所以，金弟究竟是谁家的女儿，几岁被父母出抱，到底什么原因出抱，并不清楚。如果文约中所述的情况属实，那么根据"金弟生于丙午年腊月初八日子时"可以获悉金弟生于道光二十六年（1846年）。这可能就是金弟最初被父母抱养给别人时所开具的八字。

根据这些材料，金弟的人生轨迹如下：具体日期不详，金弟年

龄不详,杨姓转抱金弟给周王氏为女;咸丰八年十二月,金弟 12
岁,赵三合抱金弟为女,花费 12 两银子;咸丰九年,金弟 13 岁,李
兴发抱金弟为女,花费银两不详;咸丰十年六月,金弟 14 岁,邓利
川抱金弟为媳,花费银两 40 两;咸丰十年八月,邓利川的妻弟把
金弟嫁给胡珍寅为妾,金弟服毒自尽。从有日期可循的咸丰八年
十二月金弟被周王氏转抱给赵三合算起,到咸丰十年八月金弟服
毒自尽为止,短短一年多的时间里,金弟先后被转抱三次,最后被
李玉亭嫁给胡珍寅为妾,其间的辛酸和苦楚,唯有金弟自己才能
体会。最终,这个女孩选择亲手结束自己年仅 14 岁的年轻的
生命。

（二）娘家嫁卖

　　熊兴顺,24 岁,自幼凭媒说娶项氏女儿张姑为妻,小抱过门,
已有四载,尚未完配,后来项氏再醮郑家。咸丰十一年四月间,熊
兴顺外贸,张姑因与熊兴顺兄弟口角,私卷衣物逃至母亲郑项氏
家,郑项氏就把张姑寄放佃主李六高家藏匿。后来李六高与项氏
商量,把张姑嫁给张青云(下力活生,没给财礼钱文)为妻。熊兴
顺回家知觉,到案具控。经过审讯:郑项氏、李六高不应蓦嫁童
婚,嫁卖生妻,将郑项氏掌责,李六高笞责,断令李六高罚钱 10
千,张青云不应说娶有夫之妇,罚钱 6 千,共计 16 千,给熊兴顺具
领,以作另娶之费。张姑私行卷逃,亦沐掌责,断张青云领去管
束。后来因李六高、张青云赤贫,实在无力承缴罚钱,熊兴顺情甘
让免,各方具结备案。①

　　本案中,熊兴顺已有 24 岁,张姑小抱过门已经 4 载,而双方
尚未完配,据此推断张姑年龄应该较小,估计在 15 岁以下。虽然

_____

①《巴县档案》6－4－5719,咸丰十一年六月二十八日。

尚未完配,但张姑已经过门,双方名分已定。张姑母亲项氏与佃主李六高将女儿再嫁,并没索要财礼,嫁是主要,并没有卖。但从严格意义上来讲,嫁卖娴媳也属于嫁卖生妻的一种。一般而言,嫁卖生妻的案例中,如果不是本夫嫁卖,应该将妻子归本夫领回;但本案中,并不是本夫熊兴顺嫁卖,却判由后夫张青云领回。虽然媒人和后夫各罚钱 10 千和 6 千给本夫另娶,但因媒人和后夫无钱承缴,本夫情甘让免。在这个案例中,本夫是损失最大的,白白损失了童养媳,却没有得到一点补偿。而后夫是最得利的一方,分文未花,白白娶了一个妻子。不过,后夫张青云连娶张姑的财礼和罚缴的 6 千文都无力承担,拿什么来生活,拿什么来养活张姑? 张姑又面临什么样的命运? 这些就不得而知了。

如果说娘家将女儿嫁卖为妻还可以理解,那么娘家将女儿嫁卖为妓则实在让人无法原谅。巴县档案中有娘家将身为童养媳的女儿嫁卖为妓的案例。冯达超于光绪二十二年凭媒说娶杨阳氏之女杨氏为妻,小抱过门,尚未成配。光绪二十六年,杨氏被人拐逃,经查实,系杨阳氏伙同外侄倪有元将杨氏拐逃嫁卖,杨阳氏立出悔过承认字约。[1]

> 立出悔过承认字人杨阳氏,情因昔年元配所生次女杨金枝,年方十二岁,自幼凭媒与冯茂森为婚,未能成人,及到冯门闲坐四载,至今十六岁。误听外男倪有元之言,嫌婿家寒,筹商日久,乘婿出外,遂到女家。又八月初,予将女亲送过扇沱王爷庙钟嘴,交外男有元。母女三人并亦到他家中止【只】宿一夜,次早有元拐逃至渝城东水门院房为妓,卖价银五十

---

[1]《巴县档案》6-6-25180,光绪二十九年正月二十九日。

两正。起程之时，此女带手圈一对、耳环一双，身穿外托肩毛蓝布衫一件，油登衣服一件，月白衣服一件，羽缎背心一件，青布马褂一件，白洋布小衣一条，芋荷色洋印彩裤一条，竹庄洋布衫一件。又八月十四日，茂森归家，凭众理说，众剖不应引诱此女出外，限一月将此女现出。至今二十有天，未能寻觅，屡次寻予生非。自愿与婿说和，痛改前愆，愿捐银二十两未给。待倪有元归卖价回家，如数付给，以陪【赔】茂森衣服首饰往返等项。自说和以后，杨姓已在未在人等不得与冯姓借事生非。恐口无凭，特立悔过承认为据。

　　凭证 李德成、邹瑜、查金两笔
　　光绪二十六年又八月二十七日立悔过承认字人杨阳氏有押

　　由此悔过承认字约可知，杨阳氏女儿杨氏 12 岁时许配冯达超为妻，小抱过门抚养四载，因嫌弃女婿家贫，杨阳氏伙同外侄倪有元将女儿拐逃，嫁卖为妓，取卖价银 50 两。杨阳氏与冯达超自愿说和，杨阳氏赔银 20 两给冯达超，作为衣服首饰往返等费用。本以为事情到这里就了结了，可是光绪二十九年，冯达超寻获倪有元，查出杨氏下落，具禀案下，请求知县讯究并将杨氏归还成配。知县霍批："查阅粘约，杨氏虽被倪有元拐逃，杨阳氏已认捐银二十两，赔尔衣饰，事已和息。且杨氏系该呈童养未婚之妻，既已流落数年，覆水难收，亦可毋庸遏问。候摘唤倪有元到案讯夺，粘附。"批词反映出知县对此事的态度，既然杨阳氏已经立有悔过承认文约，并赔给冯达超 20 两银子，事情就算已经解决，不必再关注杨氏的去向。杨氏尽管是冯达超的童养妻，但尚未婚配，而且流落在外多年，覆水难收，不必再对此介怀。因为缺少后续的档案材料,所以无法了解案件后面的处理结果,冯达超最后是否如愿领回了杨氏,也无从得知。

本案中,杨阳氏伙同外甥将自己的女儿拐逃嫁卖为妓,实在不合情理。从杨阳氏描述的女儿杨氏的穿着打扮来看,冯达超家应该不算太贫穷,即使冯达超家贫,总比将女儿作妓要强。笔者认为,该案有如下几种可能性:第一种可能,杨阳氏将女儿拐逃嫁卖为真,但并没有嫁卖为妓,她这样说的目的是为了打消冯达超将杨氏寻回成配的念头,所以在悔过承认字约中撒了谎。第二种可能,杨阳氏受了外甥的蒙蔽,本以为只是将女儿拐逃嫁卖,并没有想到外甥却将女儿嫁卖娼门为妓。倪有元收银潜逃,杨阳氏对此无能为力。杨阳氏在悔过字约中提到"待倪有元归卖价回家,如数付给",证明嫁卖杨氏的银两并不在杨阳氏手中,而在倪有元手中。第三种可能,杨阳氏就是一个见钱眼开、不顾女儿死活的母亲,为了得到高额身价,不惜将女儿嫁卖为妓。

(三)其他人嫁卖

卢德福以木匠手艺为业,因妻故继娶孙岳氏为室,带幼女长姑抚育 5 年,岳氏亦亡。因没人经管,卢德福把长姑交还她叔公孙万镒领回,抱与附近的雷洪才为娴媳,过门童养,尚未完配。后卢德福串同喻大将长姑刁拐到渝,嫁卖与胡吹吹,得钱 5 串。胡吹吹又把长姑转卖与刘庆福为使女,得银 12 两。谕令胡吹吹措还刘庆福银 8 两,其余让免,当堂将长姑交与伊叔公孙万镒领回抚养成人,日后雷洪才再行领接,与子完配。① 长姑本在雷家童养,因被继父拐逃嫁卖,知县断其娘家叔公领回抚养成人后,再与雷洪才之子完配。长姑从童养媳身份回归到在室女身份,虽已许

①《巴县档案》6-5-8373,同治六年八月初一日。

婚但仍在娘家居住,待成人后再婚配过门,与常规状态的婚姻程序无异。

曾何氏儿子曾庆福昔年凭媒说娶彭谢氏女儿彭冬英为娴媳,过门数载,尚未完配。光绪四年三月间,彭冬英被胡冬、李福兴拐逃藏匿,嫁与徐永昌为妻,立有主婚主嫁文约。[①]

> 立出主婚主嫁文约人李何氏同子李长和。情于本年三月李长兴染出天花,医药不效,因恙病故,遗妻刘氏,年尚青春,碍难守志。[②] 氏媳母子协商议妥,选醮高门,免误青春。自请媒证杨陈氏为媒,将子媳刘氏醮与徐永昌为室,永作百年。当凭媒证并及氏母子等议取财礼钱一十二千文整。其钱徐姓凭媒亲交,氏母子等如数入手领讫,并无少欠分文,亦无拐诱套哄嫁弊。自书据后,李刘族中老幼已在未在人等不得别生意【异】言。倘借翻滋,力有李长和、杨陈氏面承担当,口角生波,自甘坐罪无辞。此系氏母子等心甘允悦,其中并无逼勒等弊,恐口无凭,特立主婚主嫁文约一纸,付与承娶徐永昌执据。
>
> 凭证舒月清、官执凭、王洪顺、谭合兴、李松山、杨万顺、胡东山、程洪章笔 同在
>
> 光绪四年五月十八日立出主婚主嫁文约人李何氏、同子李长和 有押

由此主婚主嫁文约可知,李福兴将自己化名为李长和,将彭冬英作刘氏,称其为自己胞兄李长兴的遗孀,由母亲李何氏与自

---

①《巴县档案》6－6－23451,光绪四年六月。
②所谓"守志",指的是妇女在丈夫死后不再改嫁。

己共同主婚主嫁,将彭冬英嫁与徐永昌为妻,得财礼钱 12 千文。丈夫病故,妻子尚且年轻,不能守志,夫家婆婆与夫弟共同主婚将媳媳再嫁是再也平常不过的事,况且还有此主婚文约为据,徐永昌也没有任何的怀疑。如果曾何氏没有发现娴媳被拐嫁的事实,监团徐春霖等没有清获彭冬英并将其送辕归案,可能我们永远也无法看到这份虚假的主婚主嫁文约。经过审讯,断令徐永昌帮给曾何氏财礼银 20 两,作为曾庆福另娶之资,徐永昌当堂把彭冬英领回为室;胡冬、李福兴不应拐逃,均各笞责,枷示一月;媒证杨万顺不查虚实,也将其笞责省释。

李福兴与彭冬英非亲非故,却能将其立约主嫁;媒证杨万顺并不清楚被嫁人与主婚人之间的真实关系,却能从中作媒;徐永昌仅凭一纸主嫁文约,并不查实彭冬英的真实身份,却能放心大胆地将其娶进家门。这不是巧合,而是各方故意而为之。李福兴立约给徐永昌收执,使得该"媳妇再醮"合法化,即使最后被查出乃至报官,又有什么关系呢?对于嫁卖人李福兴来说,最坏的结果就是将其笞责、枷示,而他收取的财礼可以用各种理由不予退还,比如"家庭贫困无度""业已花用无法退还"等等。对于徐永昌来说,只要有一纸凭据在手,能将彭冬英娶进家门,事实婚姻成立,就已经达到目的。至于娶的妻子真实身份如何,已经无关紧要。即使是被人刁逃拐卖的,又怎么样呢?大可以在知县面前说自己娶妻时既有媒证,又有主嫁文约,完全按照正常程序进行,对妻子的真实身份毫不知情,知县对此也无可奈何。对于媒证杨万顺来说,只要有人请自己作媒,能够给自己好处,彭冬英是否真是李福兴胞嫂也并不重要,即使被问责,大不了挨一顿打而已,况且还有很大可能不会被发现。事实证明,他们的如意算盘都成功了。拐逃嫁卖人李福兴等枷示一月,并没有要求他们退还财礼;

徐永昌已经与彭冬英婚配,事实婚姻已经成立,不可能退回给夫家,再出 20 两银子,将彭冬英领回为妻,夫妻关系得到官府的认同;媒证杨万顺被笞责省释;而彭冬英夫家虽然失去了彭冬英这个娴媳,但是得到了 20 两银子的补偿,这笔钱可以作为曾庆福的再娶资金,也可以作为家庭其他开支,是可以接受的处理方式。

笔者认为,清代地方政府对婚姻细故类案件的从轻处理,给民众造成了示范效应,在一定程度上助长了各类非正常婚姻状态的滋生,使得拐逃嫁卖等行为屡禁不止,并在民间不断滋长蔓延。当然,并不是说对这类案件需要用重典进行惩罚,民间拐逃嫁卖屡禁不止还有更为深层次的原因,就是百姓普遍贫穷无度、日食艰难。为了谋生,铤而走险、拐逃嫁卖,不胜枚举。而男女比例不均、大量适婚男性无法正常娶妻,也是不争的事实。既然有此需求,就有人会通过各种非正常手段来提供这种需求。相对于可能会受到的官府责罚,拐逃嫁卖人更恐惧基本的生存需求无法得到满足,而买妻之人更担心的是无法正常娶妻、繁衍子嗣。地方官员对民间的疾苦心知肚明,面对如此多的婚姻诉讼案件,也显得力不从心。如何找到当事人各方的利益平衡点,并在惩恶扬善的基本原则指引下做出妥善的判决,快速结案,实现父母官对老百姓的"教化",才是地方官考虑最多的问题。但无论如何,官府对案件的处理方式和处理结果对民间造成的影响是不容忽视的。

根据档案,我们只知道彭冬英童养媳的身份以及她被人拐逃嫁卖最终被后夫领回的事实,至于彭冬英年龄有多大,哪一年出抱给夫家,与夫家关系如何,丈夫年龄多大,被拐逃嫁卖是否出于自愿,她到底愿意嫁给徐永昌还是愿意回到夫家与曾庆福一起生活,这些信息却无法从档案中获知。巴县婚姻诉讼档案为通过案情了解清代婚姻家庭关系以及妇女在婚姻和家庭生活中的地位提供了第一手的史料,但其缺陷也是非常明显的,主要表现在以下三个方面。第一,档案程式化色彩较为浓厚,均有较为固定的套路,记载也较为笼统,缺乏能体现当事人个性特征的更为细致的材料;第二,告状、诉状、禀状等单方面材料可信度不高,而供状、结状等材料中也无法看出当事人的真实想法;第三,女性在诉讼过程中基本处于缺位状态,虽然诉讼一直在围绕着这些女性进行,但基本没有听到她们的声音。即使有供词,也非常简单,看不出她们真实的想法。到底是女性在堂审时没有表达,还是记录供词的书吏直接将女性的相关表达和诉求有意识地集体忽略,让她们彻底在档案中"失语",还需要搜集其他相关资料进行更加深入的论证。归根结底,出现这一情况主要是因为清代女性的社会地位低下,在"从夫从父"的思想观念主导下,官府基本忽略女性的想法,只要各方利益达到平衡即可,至于女性自身的幸福,则无暇顾及。

二、童养媳私逃或被拐逃

童养媳大多于年幼时离开父母来到夫家,如果夫家人对其良善,那是最好。童年无疑是性格养成的关键时期,童年生活是否幸福,对其一生影响甚大。但如果夫家人对童养媳苛刻,动辄谩骂殴打,仅仅将童养媳看成自家的劳动力而不是家庭成员,对童养媳的身心健康会造成很大的影响,而童养媳本人在夫家的日子将非常难熬。有人选择逆来顺受、忍气吞声,也有人在无法忍耐之时,选择背夫私逃,另觅出路,这也是人的本性。

(一)童养媳无育且与夫家不睦,私逃未获

直里八甲龚纯如次女习姑自幼凭媒许配徐立纲为室,两家相隔五十余里,道光元年娴抱过门成婚,已有八年时间。每年习姑均要回娘家探亲,但自从道光八年徐立纲之父去世以后,习姑就没回过娘家。道光九年二月,龚纯如外贸未回,其妻刘氏染病,派人接习姑回家,仍不见回来。三月十九日,龚纯如亲往女儿女婿家,仍不见女儿踪影。因徐立纲不能说清楚女儿的去向,龚纯如于四月二十七日将其具告案下。知县傅批:"候唤讯察究。"

五月初三日,徐立纲具诉状,称龚习姑幼失母训,素性懒怠,不听婆婆约诫,被娘家藏匿。

五月二十四日,龚纯如再次具禀状,禀徐立纲同居胞叔徐本栋抗唤不案、希图拖延悬案莫讯,希望知县恳勒拘究。禀状中有一段话,非常精彩:"窃蚁女年已二十余岁,并非可以包裹之物,焉得无形无影之理,其中明有别情",知县傅批:"候催差集讯。"因为一直找不到龚习姑,所以案子一拖再拖,没有进展。

七月二十七日,直里八甲族约龚凤如、徐福、梁绍兴、梅荣达等人具息状,称不忍两造拖累,已经邀集两造进行了调处。了解清楚了事情的缘由:"衅由龚纯如之女龚习姑许与徐立刚为婚,已经完配多年,并无生育。今春习姑背夫逃走,寻找不获,致酿此控。"因两造各自讲清楚了情况,徐姓并未嫌逐,龚姓亦无刁匿,生死由习姑各去。误会已经解除,两家不愿终讼,愿意具结备案,所以请求息案。知县傅批:"既据查明,龚习姑委系私自逃走,夫家娘家两无嫌逐刁匿情事,具呈请息前来,准予注销,以省拖累。仍着传知两造协力访查,务得龚习姑查获送究,毋以销案了事,各结。"知县虽准予销案,但仍然要求两造尽力寻找龚习姑,双方具结。①

根据案件所记载的内容,龚习姑幼抱徐立纲为妻,已经婚配多年,但一直没有生育。徐立纲在诉状中指责龚习姑:"幼失母

---

① 《巴县档案》6-3-8852,道光九年五月初五日。

训,素性懒怠,不听婆婆约诫",虽然可能有夸大的成分,但还是可以看出,夫家并不喜欢这个儿媳,再加上没有生育,龚习姑与夫家的关系更是雪上加霜,选择背夫私逃,也是无奈之举。

(二)童养媳夫家贫困且被夫家嫌逐,私逃出外

道光元年六月初一日,仁里七甲罗宗林为查获叠拐、叩拘法究事具状,称长子罗永祥自幼凭媒田廷义说聘张文尧之女张长姑,小抱过门为娴媳,年已16岁,尚未婚配。不料遭恶棍李廷贵伙同张文尧将张长姑刁拐藏匿,即欲嫁卖,被罗宗林在李廷贵家找回。之后不久,张文尧又支使李廷贵将张长姑拐逃藏匿,罗宗林找获长姑,被李廷贵手持木棒凶阻,伤其左腿腰肋,双方起衅,罗宗林赴案将张文尧、李廷贵呈控。正堂李批:"张文尧系张长姑之父,异【意】图悔婚藏匿,情或有之,断无伙串他人将女兴贩之理。况尔既经找获,李廷贵岂有不自知非,反行逞凶,将尔殴伤,自取控累。所呈情节支离,难保无捏词耸听,姑候验唤察讯,如虚并究。"①

尽管知县对罗宗林所述心存疑虑,但还是准予立案,于六月初七日发出差票,派刑忤前去协同约邻验明罗宗林被殴伤痕,并让差役将该案原告、被告、干证以及呈词中涉及到的其他相关人员唤案讯究。

> 署巴县事大宁县正堂加三级又卓异加一级纪录十次李为查获叠拐等事。案据仁里七甲民罗宗林具告李廷贵等,据此合行验唤,为此派差刑忤前去,协同约邻验明罗宗林被殴伤痕,开单呈阅。该役前去即将后开有名人证逐一唤齐,依

①《巴县档案》6-3-8632,道光元年六月初七日。

限随票赴县,以凭讯究。去役毋得借票需索,滋事迟延,如违重究。速速。

计开被告李廷贵、张文尧,干证杨佐德、杨秀仕、黄芳陞,词内罗永祥、田廷义、张长姑,原告受伤罗宗林

道光元年六月初七日刑房郭正富呈

稿(行)　　　怀差崔林、石玉、杜成拨

六月十六日,刑忤黄成忠、刘玉具禀,称经过验证,发现罗宗林并无伤痕。

具禀刑忤黄成忠、刘玉,为禀明事。情仁里七甲罗宗林以查获叠拐等事具告李廷贵等一案,沐恩票差书等往乡协同约邻验明罗宗林并无伤痕,书等有奉之任,理合禀明大老爷台前核示施行。

道光元年六月十六日

根据刑忤的禀状,可知原告罗宗林并没有伤痕,那么他在告状中说李廷贵手持木棒将其左腿和腰肋打伤就是谎言。既然如此,罗宗林在告状中称李廷贵伙同张文尧将张长姑拐逃藏匿意图嫁卖之事是否属实呢?带着疑问,我们来看当事人各方的供词和结状,期望能够拨开迷雾、求得真相。

供词如下:

问据。罗宗林供:罗永祥是小的儿子,自幼凭媒田廷义说聘张廷【文】尧的女张长姑为室,小抱过门为娴媳,未成婚配。不料长姑不听叫【教】训,屡次逃走。今五月间长姑逃在李廷贵家,小的在彼找获,与李廷贵、张文尧们理讲,不依理论,还斥小的不是。小的疑惑李廷贵们习拐,就来案捏控。

今蒙审讯,实系长姑不听叫【教】训,把长姑掌责,小的亦不应捏控,都已掌责,谕小的领回管束就是。

问据。罗永祥供:罗宗林是小的父亲,自幼说娶张长姑为妻,余供与父亲供同。

问据。张长姑供:小女子的父亲张文尧(把小女子)自幼抱与罗宗林的儿子罗永祥为姻媳,因翁公家贫,无有度日,屡次打骂小女子是有的。今年五月间,小女子饥饿,走在父亲张文尧的佃客李廷贵黄瓜土内摘黄瓜吃,被廷贵前来看见,把小女子叫进屋内与小女子饭吃。不料翁公罗宗林找查,见小女子在那里,就说李廷尧【贵】刁拐小女子的话,翁公就来案下告了。今蒙审讯,只求作主。

问据。李廷尧【贵】供:今年五月间,有这张长姑走来摘小的黄瓜吃,小的看见,向前问他,长姑说翁公无有饭吃,度【肚】中饥饿,小的念在主客的女,叫他进屋与他饭吃。不料他翁公走来,说小的刁拐,就来案下控告。今蒙审讯,小的并没拐逃,只求作主。

问据。张文尧供:张长姑是小的女儿,自幼凭媒许与罗宗林的儿子罗永祥为室,小抱过门。因宗林家下贫寒,又屡次嫌逐,今年五月间长姑走去摘李廷贵黄瓜吃,被他看见,不忍长姑饥饿,叫进他家与长姑饭吃。罗宗林走来查找,就说李廷贵刁拐,与他讲理,众人剖他不是,不料罗宗林来案捏控小的们刁拐。今蒙审讯,小的并没刁拐,把宗林掌责,断令宗林仍将长姑管束就是。

六月十九日

结状如下:

　　具结状人李廷贵、张文尧,今于大老爷台前与结状事。情罗宗林以查获叠拐事具控蚁等在案,沐恩审讯,实文尧女儿自幼许与罗宗林之女【子】罗永祥为娴媳,不料蚁女长姑自行逃走,以致宗林捏控。将伊与长姑均各掌责,谕令蚁等具结,日后不得妄为,所结是实。

　　批:准结。

　　道光元年六月十九日具结状人李廷贵、张文尧　有押

　　具结状人罗宗林,今于大老爷台前与结状事。情蚁以查获叠拐事具控李廷贵等在案,沐恩审讯,实因蚁与子罗宗【永】祥说娶张文尧之女张长姑为娴媳,不料长姑自行逃走,蚁亦不应捏控情真,将蚁与长姑均各掌责,谕蚁将长姑领回管束,日后不得妄为捏控,所结是实。

　　批:准结。

　　道光元年六月十九日具结状人罗宗林　有押

　　根据供词和结状内容,罗宗林的告状和供词皆为谎言,李廷贵、张文尧和张长姑的供词是事实。事情的真相如下:张文尧女儿张长姑自幼抱给罗宗林的儿子罗永祥为娴媳,罗宗林家贫,衣食无度,屡次打骂张长姑。张长姑饥饿难耐,到父亲张文尧佃客李廷贵黄瓜土内摘黄瓜吃,李廷贵看见后,念其为张文尧的女儿,叫她进屋吃饭。不料罗宗林前来找寻,见张长姑在李廷贵家,便说李廷贵刁拐张长姑,前来控案。事实证明,李廷贵和张文尧并没有将张长姑刁拐藏匿,张长姑是因为饥饿难耐并被夫家打骂才自行离家逃走的,李廷贵也没有将罗宗林打伤,告状内容均是罗宗林捏造的。经过审讯,张长姑不应自行逃走,罗宗林不应捏词

具控,将罗宗林与张长姑均各掌责,并令罗宗林将张长姑领回管束,双方具结备案。

看到这里,我们不得不佩服知县对罗宗林告状内容的准确判断。知县认为罗宗林的告状内容情节支离,而且不符合常理,已经怀疑他是诬告。但罗宗林提到自己被李廷贵打伤,案件的性质就发生了变化,不得不准予立案。从另一方面来讲,罗宗林在告状中提到被打伤一事,目的就是为了能顺利立案,这在巴县档案中屡见不鲜。告状人为了能让知县准案,可谓是费尽心机。本来只是鸡毛蒜皮的小事,却被告状人扣上"拐逃透漏""买休卖休"等等大题,知县只好准案。清代倡导无讼社会,号召民间不得因细故控案,而民众为了达到自己的目的,将事实夸大甚至捏词具控,积极参与到诉讼之中。不得不说,这是民间为应对官府政策所进行的一种策略上的博弈,而这种博弈通过诉讼档案的形式得以记录和保存下来,向我们展现了清代社会地方治理的真实场景,还有这些场景中的真实历史故事和鲜活人物形象。

张长姑被娘家出抱给罗宗林家为娴媳,没想到罗宗林家贫,日食无度,在这样的家庭经济条件之下,张长姑显然就成了多出来的一张嘴,罗家对其不会有好脸色。张长姑肚子饥饿,私逃出外寻找食物,才有了此控。而知县判张长姑仍由罗宗林领回,张长姑今后的日子一定也不会好过。但因为此案张长姑有错在先,而罗家看起来没有大错,加上张长姑的父亲张文尧并没有要求将女儿归还娘家,知县作此判决,似乎也在情理之中。只是我们不敢想象,以后张长姑的日子会是什么样的? 本案中的张文尧还有土地佃给李廷贵耕种,说明其家庭经济条件应该不会太糟糕,为什么也会将女儿出抱作为童养媳? 前面曾经提到,娘家出抱女儿作为童养媳最为普遍的原因有两点:第一,家庭贫困,难以抚养女

儿,又不愿将女儿溺亡,故将女儿出抱给夫家抚养;第二,重男轻
女,认为反正女儿长大后也是夫家的人,是从娘家"泼出去的水",
与其在娘家抚养耗费精力和财力、倒贴嫁奁,还不如在女儿年幼
之时就出抱给夫家抚养。所以,除了贫困之家实在无力抚养才出
抱女儿之外,有一定经济实力的家庭也会将女儿出抱,童养媳成
了清代普遍存在的社会现象。本案中的张文尧,应该属于第二种
情况。尽管家庭有经济实力可以抚养女儿,但仍将年幼的女儿出
抱;当女儿不堪忍受饥饿和夫家的责骂,自行逃走生讼之后,也不
为女儿伸张正义,维护女儿的权利;女儿被判给夫家领回,以后的
日子可想而知,不仅家庭继续贫困、食不果腹,而且女儿还可能会
继续受到夫家的虐待,但张文尧仍然没有向知县提出将女儿归还
娘家的主张,归根结底,就是重男轻女的思想根深蒂固、难以
改变。

　　童养媳的现象在清代底层社会普遍存在,这是男尊女卑的社
会对女性最大的摧残,给无数女性带来了噩梦,更给她们造成了
一生的痛苦。即使在现代社会,我们也惊讶地发现依然存在童养
媳的现象。《凤凰网》2016 年 5 月 26 日的一则报道,讲述了重庆
市马家三姐妹在父亲去世母亲又离家出走后,被自己的大伯父以
童养媳的方式嫁人的故事。① 三姐妹分别于 12 岁左右嫁人,虽然

---

① 报道标题为《三姐妹未成年被嫁作童养媳生子 8 年 4 次逃婚》,主要讲述
　　的是以下的故事:重庆市巫山县双龙镇金华村,马正平曾任村大队书记,
　　马正平和方登莲结婚后,育有马泮珍、马泮艳、马泮辉 3 个女儿。马正平
　　因超生被撤职,夫妻感情逐渐恶化,马正平经常家暴。1997 年,方登莲患
　　上了严重的精神分裂症。当年 4 月,方登莲用锄头将马正平砸死,因患精
　　神疾病被免于刑事处罚。马正平死后,方登莲带着 3 个女儿寄住在大伯
　　哥马正松家。当时,马泮珍 12 岁,马泮艳 9 岁,马泮辉 7 岁,3 人（转下页）

已经与夫家讲好长大后再同房,但丈夫往往迫不及待地在她们尚未成年的时候就与她们发生性关系。同龄人还在上学的年纪,她们就已经怀孕生子,这对三姐妹的身心健康是极大的摧残,也毁掉了她们一生的幸福。马家三姐妹的遭遇是令人同情的,其大伯父和夫家的行径也是可恶的,但是当地政府和有关部门并没有在这三姐妹深陷泥潭之时伸出援手,也是有责任的,值得反思。清代童养媳盛行是中国妇女史上不堪回首的往事,代表着中国女性被摧残被迫害的血泪史,但现代文明社会还出现童养媳现象,这是无法原谅的,也不可以原谅。

(三)童养媳私逃无踪,亲生父母家、养父母家与夫家生讼

王兴位将女儿抱给周富为女,周富又把女儿抱给王正起的儿子为娴媳,后来此女被人刁拐,亲生父母家、养父母家与夫家产生矛盾而生讼。①

当事人各方的供词如下:

> 问据。王正起供:王李氏是小的妻子,王喜贵是小的儿子。嘉庆二十一年,小的凭媒得抱周富的女儿周昭姑与儿子王喜贵为娴媳。去年五月间,小的出外没有在家,周昭姑被人刁拐去了,小的访查无踪,禀明有案。小的一面查找,周富

(接上页)都辍学了。不久,方登莲离家出走,再未与马正松和3个孩子联系过,3个女儿成了孤儿。12岁左右,三姐妹就被大伯父以童养媳的方式嫁人,并分别收取了婆家3000元、4000元数额不等的抚养费。其中,12岁的老二马泮艳于2000年嫁给了比她大17岁的陈学生,被迫发生性关系后生下女儿。在为陈家又生下一个儿子后,马泮艳逃到广东。8年的时间,马泮艳先后4次逃婚。2016年5月4日,马泮艳向巫山县人民法院起诉,要与丈夫陈学生离婚。

①《巴县档案》6-3-8718,道光五年二月。

叫小的不必寻找,给他钱六千五百文,以作昭姑超度之资,立有服约,他日后不得寻找滋事。不料今年正月间,周富串通王姓即王兴位来小的家肆闹不宁,小的才具告在案。今蒙审讯,断令小的得抱周富的女儿昭姑为娴媳,被人拐逃无踪,王兴位不应在小的家肆闹。沐把王兴位掌责,日后不得寻小的滋事就是,只求恩典。

问据。周富供:先年小的得抱王兴位的女儿为女,更名周昭姑。嘉庆二十一年,小的把女儿昭姑抱与王正起的儿子王喜贵为娴媳。去年五月间,昭姑被人拐去了,小的知觉,协同王正起四查无踪,王正起禀明有案。小的是查找不获,才与正起说明不必查找,他给小的钱六千五百文,以作昭姑超度之资。不料今年正月间,王兴位来小的家清问昭姑下落,他同小的至王正起家清理,不料王兴位在正起家肆闹,正起才具告在案。今蒙审讯,断令小的日后不许至王正起家须【需】索滋事就是,只求恩典。

问据。王姓即王兴位供:小的平日在外篾匠手艺营生,先年小的女儿抱与周富作女,更名周昭姑。过后不知道周富把昭姑又抱与王正起的儿子王喜贵为娴媳。今年正月间,小的至周富家探望,他说是昭姑被人拐去了。小的至王正起家肆闹,不料他把小的具控在案。今蒙审讯,断令小的不应至王正起家肆闹,沐把小的掌责,只求超释。

根据三方供词,事情的来龙去脉已经比较清楚了:王兴位先年将自己的女儿抱给周富为女,具体日期不详,女儿出抱时的年龄、出抱原因、是否收取周富财礼也没有提及,更名为周昭姑。嘉庆二十一年,周富把周昭姑又抱给王正起的儿子王喜贵为娴媳,已经成配多年。道光四年五月间，周昭姑被人刁拐，去向不明，查找不获。王正起与周富双方经过协商，由王正起给付周富6500文，以作昭姑超度之资，并立有字约。道光五年正月间，王兴位至周富家探望，才知道女儿被人刁拐之事，遂与周富一起到王正起家肆闹，王正起将王兴位、周富具控在案。

一般的童养婚姻，即使发生纠纷，也只有娘婆二家，但本案关系显然更为复杂，共有三方关系参与其中，分别是童养媳的亲生父母家、养父母家、夫家。这样的案例在巴县并不少见，女儿被转抱多次，最后被拐逃或者嫁卖，围绕该女的各方关系聚拢而来，发生矛盾和纠纷，引发诉讼。有的是出于对该女的关心，主要目的是为该女主张权利，但也有的是为了利益，期望能够趁机滋索，得到一些好处。显然，知县对于各方的目的非常清楚，尤其对先把女儿出抱后又借机肆闹滋事的女方亲生父母颇为反感，从本案知县的判词中可以看出知县对类似案件的态度。

判词如下：

> 审得王正起之子王喜贵说娶周富之女周招姑为婚，成配多年无异。突于去岁五月，招姑私行逃走，寻找无踪，已向伊父周富说明，凭众给钱六千五百文，书立领认字约寝事。忽今正周富又串同王兴位至王正起家，云称招姑系王兴位之女，肆闹不宁，意欲痞索，以致王正起具控到案。讯明周富既经获钱立约，不应复行寻闹，例应杖责，姑念年迈耳聋，从宽免究。至王兴位，既将招姑抱与周富为女，听其改嫁，招姑逃走无踪，与王兴位无涉，何得复至王正起家肆闹滋事，殊属可恶，掌责四十，日后勿许复行至王正起家滋事，取具各结完案。此判。

根据判词,知县认为周富既然已经收下了王正起的钱文,并已书立领认文约,他们二者在昭姑逃走这个问题上就已经达成了一致,不应再行寻闹;王兴位既然多年前就将女儿抱给周富为女,任随周富主嫁,昭姑逃走之事与王兴位没有关系,不应到王正起家肆闹滋事,将王兴位掌责四十。知县的态度非常明确,既然有约在先,就不能复行反悔滋事,不管这约定是周富与王正起之间的,还是王兴位与周富之间的。无论谁违反了先前的约定,就应该受到惩罚。知县对此事的判决为这类案件的处理提供了一个范例,就是以各方之间的约定作为判案的依据。

(四)童养媳在夫家弹唱作贱,私逃改嫁

洪幺姑从小命运多舛,随母亲蔡氏改嫁到继父张洪顺家抚养,后因母亲蔡氏生病、家贫难耐,出抱与洪唐氏为媳,过门已经七载,年甫16岁。因洪唐氏儿子出外,所以尚未婚配。谁知洪唐氏教幺姑学习弹唱,幺姑不愿作贱,附近居住的李老二把洪幺姑拐逃为妻,并卷去衣饰等物。洪唐氏查知,具禀案下。经过审讯,李老二不应刁拐洪幺姑为妻,将其责惩,枷示一月;洪幺姑亦不应私逃,将其械责,发官媒交保正择户另配。有肖源顺发妻物故,情甘赎娶洪幺姑为妻,将幺姑领出。结果肖源顺父母严加管束,不准洪幺姑进屋,肖源顺无奈,凭众将洪幺姑退交官媒另行择户从良。出抱文约如下:

> 立出抱女作媳文约人张洪顺,同室蔡氏。情因昔年凭媒说合,娶得田占魁之妻蔡氏,育遗一女,乳名井保□,无亲属倚靠,随带张门抚抱,视如己出。不料命途多舛,日食难度,蔡氏染病在床,朝不虑夕。此女任其啼饥号寒,惨不可道。扁【遍】寻亲友抱卖,无人接领。今幸有陈章才目击不认

【忍】，作成出抱。洪顺夫妇再三央托章才为媒，抱与洪唐氏膝下作为长媳，过门娴养教管。异日成人，择期婚配，洪顺夫妇不得来往唆透。倘有疾病不一，听此女之命，张田蔡三家不得另生别议。恐有生非，有身夫妇与媒证三面承担。此系洪顺夫妇心甘意悦，并无勉强套哄逼勒等情。恐口无凭，立出抱约一纸为据。

　　　　凭媒　　陈章才

　　　　街邻　　王桂生、周福川、胡兴发、代笔　吴海涛　　同见

　　咸丰二年十月初八日立出抱约人张洪顺　　同室蔡氏①

　　洪幺姑在夫家童养，却被夫家逼学弹唱作贱，以致洪幺姑私逃，改嫁李老二为妻。因其母系再醮之妇，家庭贫困，知县只能断其发交官媒。本来以为嫁给肖源顺后生活能够得以安定，岂料肖源顺父母嫌弃她不准进门，再次退回官媒另嫁。洪幺姑的命运一波又三折，令人感慨。

三、夫家发生重大变故

　　童养媳多在年幼之时出抱给夫家抚养，长大后再行婚配。在这漫长的几年甚至十几年的时间里，夫家可能会发生变故，主要表现在家庭经济状况、家庭成员两个方面。当家庭经济状况发生重大变化时，童养媳可能会面临被嫁卖变现的风险；当重要的家庭成员如翁公、丈夫发生变故时，童养媳要么被嫁卖，要么被送回娘家抚养，甚至还可能被人强占为妻。

---

①《巴县档案》6-4-5524，咸丰九年四月；6-4-5380，咸丰九年六月。

（一）童养媳翁公病故，婆婆再醮，童养媳被人扛抢为妻

谢魁元之女谢二姑昔年凭媒周应洪许配方继文之子方大娃为婚，小抱过门抚育一载，方继文亡故，其妻再醮胡姓，方大娃亦随母亲到继父家抚养。谢二姑无人照料，谢魁元将女儿领回暂养，待方大娃长成婚配。哪知萧其用倚仗其监生身份，乘谢魁元外出，假借伍锦福为媒，统领多人将谢二姑扛抢与伊子萧茂楷为妻，谢魁元以恃衿扛抢事将萧其用与其子肖茂楷具控在案。经过审讯，萧其用父子扛抢谢二姑成配属实，将萧其用押候，罚银一百，补修县庙；肖茂楷具结归家，不再滋事；谢二姑由谢魁元领回，择期与方大成配。三月二十四日，萧其用母亲萧刘氏（82岁）具哀状，欲保子开释，知县批："断罚尔子修庙银两未据呈缴，毋渎"。四月二十三日，看役宋贵禀明，已经将萧其用押卡两个月，染患寒病、鼻流鲜血，知县批："取保医调"，这才将萧其用释放出外养病。[1]

萧其用不仅被关押两个月，而且还被罚银100两，用于补修县庙，处罚较重。其过错有三：第一，假人为媒。萧其用称伍锦福为媒，可伍锦福否认作媒之事，并具结说明"萧其用假蚁为媒，妄行抢抬谢魁元之女二姑与伊子萧茂楷为妻，控经在案。蒙恩讯明：蚁实结得并未为媒说合，谢魁元亦未允许。中间不虚，结状是实"。第二，萧起用胆敢乘谢魁元不在家，采用扛抢的方式逼迫谢二姑与其子为妻，确实胆大妄为，造成了极坏的影响。第三，谢二姑与方大娃是幼配童婚，谢二姑已经在夫家童养一年，只是因为方大娃父故母醮，谢二姑才被父亲接回。萧起用扛抢谢二姑与萧茂楷为婚，属于破坏童婚的行为。这三点都是知县所不能容忍

---

[1]《巴县档案》6-2-4118，嘉庆元年二月。

的,在民间也会造成非常恶劣的影响。将萧其用严惩,并令谢魁元将女儿领回,择期与方大娃成配,反映了知县对合法婚姻关系的维护。童养婚是清代普遍存在的一种婚姻方式,官府对破坏童婚的行为予以严惩,符合民意,甚得民心,以至于有的具呈人动辄将一般的婚姻纠纷以"破坏童婚"之名具控,以期得到知县更多的重视。

(二)童养媳丈夫外出不归,娘婆二家有关抚养费之争

孀妇周王氏以逐害凶伤控傅万才一案,①童养媳丈夫外出多年未归,不知生死,娘婆二家为抚养费问题产生纠纷,进而生讼。

　　　具告状。孀妇周王氏,年四十六岁,<u>抱告侄周洪贵</u>,为逐害凶伤补词叩验事。情氏配夫周应元<u>仅生两女</u>,氏夫应元物故,苦氏抚养两女,针工度日。嘉庆二十二年,有杨玉秀为媒说合,氏将幺女秋姑抱与傅万才之子傅元为婳媳,氏并未索取万才分厘财礼。不料傅元系万才抱养之子,嗣后万才生育有子,嫌贱傅元,殴打数次,街邻叠理可讯。去年三月,万才将傅元逐出,并将氏女秋姑送至氏家,害氏抚养。氏苦向万才哀情收回秋姑。今年五月十七,万才又将秋姑逐回,傅元至今无踪。但秋姑年今十四岁,<u>氏无子嗣</u>,针工难以久养。前月三十日,氏将秋姑送回万才家中,伊抗不收。氏以理斥,万才反逞凶横,不分男妇,扭氏行殴,胆持砚池打伤氏……
　　　被告　傅万才、傅元
　　　赵批:候验伤唤讯。
　　　道光七年十月初一日具

_____

①《巴县档案》6－3－8785,道光七年十月初十日。

根据周王氏的告状,周王氏生育二女,丈夫物故,靠针工艰难度日。嘉庆二十二年凭媒将幺女秋姑抱傅万才之子傅元为娴媳,并未收取财礼。傅元是傅万才抱养之子,因傅万才后来生育有子,因此对傅元嫌贱殴打,将傅元逐出,并把秋姑送回娘家。双方因此争执起衅,最后控案。告状中的"害氏抚养""苦向万才哀情收回秋姑"等语句,将周王氏不愿抚养女儿的心情表达得淋漓尽致,原因是"针工度日""针工难以久养"。周王氏所言是否属实,需要结合供状和结状进行辨析。

　　问据。周王氏供:小妇人丈夫周应元死了,嘉庆二十二年凭媒杨玉秀把女儿秋姑抱与傅万才的儿子傅元为娴媳。因他儿子傅元不听约束,在外游荡,于道光四年间傅元出外去了,也没回家。到今年五月,傅万才把女儿秋姑送回小妇人家住养,他认给秋姑每月用费,俟把他儿子傅元找回,仍将秋姑领回。到九月内,小妇人到傅万才家讨要女儿秋姑费用,傅万才也不承认,彼此口角,不料傅万才就把小妇人具控厅主,小妇人心里怄气,才来案下具告了。今蒙审讯,傅万才自认他儿子傅元实系逃外,不知生死,他情愿将女儿秋姑缴案,断令小妇人领回,另行择户。日后他儿子傅元回家,亦不得向小妇人滋事。小妇人遵依领回,具结就是。

　　问据。周洪贵供:这周王氏是小的母亲,父亲周应元病故。嘉庆二十二年凭媒杨玉秀将妹子周秋姑抱与傅万才的儿子傅元为娴媳,小的余供与周王氏供同。

　　问据。傅万才供:小的平日贩卖油生理。嘉庆十五年,小的抱哥子的儿子傅元为子,于二十二年凭杨玉秀为媒,抱周王氏的女儿周秋姑与傅元作娴媳。因小的儿子傅元不听约束，在外游荡，于道光四年傅元出外去了，也没回家。今年五月间，小的把秋姑送他家住养，每月给秋姑费用，俟找获儿子回家，仍将秋姑领回完配。到九月间周王氏来小的（家）讨要秋姑费用，小的说他收过钱二千文，以作秋姑之费。那时小的不肯钱米，彼此口角肆闹气忿，小的才在捕厅具控了。不料周王氏怎样就来案下把小的告了。今蒙审讯，实系小的儿子傅元逃外，不知生死存亡，情愿将秋姑缴案，给周王氏领回，另行择户，日后儿子傅元回家，不得向周王氏滋事，只求作主，具结备案，就沾恩了。

　　问据。周秋姑供：这周王氏是小女子母亲，父亲周应元亡故。嘉庆二十二年，母亲凭媒把小女子抱与傅万才的儿子傅元为娴媳。道光四年，傅万才的儿子傅元出外去了，也无知信音。今年五月间，公公傅万才把小女子送在母亲周王氏家住养，因公公傅万才不认小女子费用，母亲心里怄气，才来案下具控了。今蒙审讯，小女子供的实情，只求作主。

　　十一月初四日

供状中有几个地方与告状信息不相符合。

第一，告状中周王氏与抱告周洪贵的关系与供状不相符。告状中周王氏的抱告是"侄周洪贵"，而且"仅生两女""氏无子嗣"，说明周洪贵是周王氏的侄子；但在供状中，抱告周洪贵却称"这周王氏是小的母亲，父亲周应元病故"，说明周洪贵是周王氏的儿子。为什么周王氏要隐瞒周洪贵是自己儿子的真相，笔者认为可能有两个方面的原因：一方面周王氏想让知县觉得自己独自抚养女儿，完全靠针线活度日，异常艰难，想要获得知县的同情；另一方面周王氏出名告状，却让成年儿子周洪贵作抱告，担心知县责惩,所以隐瞒。

第二,告状中周王氏对傅万才与傅元关系的描述与供状不相符。在告状中,周王氏称傅万才先抱养傅元后生子,所以嫌贱傅元,将其逐出;但供状中,周王氏丝毫没有提及傅万才嫌贱傅元之事,只是说傅元"不听约束,在外游荡"。这两种说法的性质完全不相同,前者责任在父亲傅万才身上,而后者责任则完全在儿子傅元身上。

第三,告状中周王氏对女儿夫家抚养问题的描述与供状不相符。告状中,周王氏并没有提到傅万才曾经支付过秋姑抚养费之事,只是一再描述傅万才屡次将女儿送回娘家、一直拒绝把女儿领回。但在供状中,周王氏却称傅元于道光四年外出,傅万才道光七年才将女儿秋姑送回娘家,而且傅万才认给秋姑每月用费,一旦把儿子傅元找回,仍将秋姑领回完配。根据傅万才的供状,傅家已经支付周王氏2千文的抚养费。只因后来周王氏又到傅家讨要女儿的抚养费用,双方争执,进而控案。

告状中有所夸大和隐瞒,这在巴县档案中是常见之事。告状人的心情和动机可以理解,无外乎就是为了博取知县的同情,把自己塑造成"弱者"和"被欺负者"的形象,以争取知县在审断时能对自己有所照顾。周王氏儿子在告状中以侄儿身份出现,其目的也是为了向知县表明周王氏没有子嗣,以一个寡妇靠做针线活的收入是无法养活秋姑的,希望知县能够做出有利于自己的判决。经过审断,傅万才之子傅元道光四年出外,已经三载,生死未知,傅万才情愿将秋姑缴案,断令周王氏领回,将秋姑另行择户,日后傅元归家,不得向周王氏滋事。双方各具缴结状和领结状备案。

对周王氏来说,其利益实现了最大化。女儿秋姑于嘉庆二十二年出抱,根据年龄推算,当时秋姑年仅3岁,道光七年领回,女儿在夫家已经抚养11年。通过诉讼,周王氏重新掌握了14岁女儿的主婚权,此时将女儿另嫁,可以得到一笔财礼。而对傅万才来说,抱养的儿子出外多年,不知生死,养育多年的童养媳秋姑又无偿退回了娘家,其损失无疑是最大的。

这个案例对研究童养媳丈夫外出多年不归的处理方式有一定的代表意义。如果没有此诉讼,而傅元也一直没有回家,傅万才将秋姑另嫁的可能性较大。考虑到多年抚养秋姑的成本,财礼会成为择户的重要标准,秋姑作妾甚至作娼的几率大大上升。周王氏将女儿领回另嫁,或多或少会为女儿将来的幸福考虑。对于秋姑而言,由娘家领回择户是最好的选择。

(三)童养媳丈夫系抱养之子,长大后不认养父

道光十七年正月二十二日,赖正坤具告状,具控自己的养子赖童被人拐逃,恳请讯究。告状内容如下:因赖正坤发妻无出,道光六年抱养境邻王寡妇年甫4岁幼子为子,更名赖童,抚育送读,后又抱王姓之女王引姑与赖童为婤媳。道光十五年六月,赖童被人拐逃,查获后却称他是余老四之子名为余五,不愿认赖正坤为父。"蚁抚育十载,又抱婤媳,年已及笄,如此拐逃霸占,情出不合,坑陷蚁媳青年无倚,理更难容,为此叩恳赏唤讯究,俾蚁子媳得以婚配,戴德不忘",赖正坤从养媳王引姑青年无倚的角度,恳请知县为其作主,让赖童回到赖家与王引姑婚配。其实赖正坤为养媳考虑是其次,最主要的是想要赖童回心转意,回到赖家,赖家子嗣才能够得以延续。知县谬批:"候唤讯察夺"。①

道光六年赖正坤抱子文约如下:

---

①《巴县档案》6-3-9150,道光十七年正月二十二日。

　　　　立出抱约人王吴氏，情因丈夫亡故，将膝下所生第三子，
　　今凭傅国盈作媒说合，将子抱与赖登奎夫氏名下永作后嗣，
　　抚养成立……
　　　　在证族戚……
　　　　道光六年八月二十九日立抱人王吴氏　有押

　　此文约是赖童母亲王吴氏所立，丈夫亡故，将第三子抱给赖家"永作后嗣，抚养成立"。该抱约是把儿子出抱，并不涉及到嫁娶，却也用了"凭某某作媒说合"的说法。实际上，该处的媒人傅国盈并不是真正意义上的婚姻关系中的媒人，而是中间人。

　　经过审讯，赖童即余五是余老四的儿子，因其妻子染患疯病，将儿子余五先抱龙姓，又抱卢姓，不知怎样又抱与赖正坤为子。后来赖童即余五回到父亲家里，不愿认赖正坤为父。断令赖正坤将抱约缴销，赖童仍由余老四领回，并断令赖正坤将养媳王引姑另行择户婚配，双方具结备案。对于赖正坤而言，抚育赖童十余年，最后却落了一场空。而对于余老四而言，儿子4岁就被赖家抚养，过了十余年，儿子又回到了亲生父母家中，甚是欢喜。知县作此判决可能有两个方面的原因：其一，当年赖童母亲患有疯病，将儿子出抱并不是余老四的意思；其二，赖童在赖家十余年，却不愿认赖正坤为父，赖正坤自己也有一定的责任。既然赖童本人不愿意，知县也不可能强求。最可怜的是童养媳王引姑，本来是给赖童作养媳，年已及笄，很快就要与赖童婚配，没想到赖童逃回亲生父母家，王引姑自然没办法再继续待在赖家。知县判赖正坤将王引姑另行择户，王引姑将嫁给什么样的人家，一切都是未知数。

　　后面两个案例，都涉及到抱养之子私逃出外不归。傅万才抱养的是自己哥哥的儿子，因为后来傅万才又生有一子，可能对傅

元的态度发生了变化,导致傅元外出多年不归。赖正坤抱养的不是自己亲族的孩子,对其家庭情况也并不熟悉,养子长大后回到亲生父母家,不愿认养父。在清代社会,如果自家没有儿子,抱养儿子承嗣就成为民间普遍采用的做法。殊不知,抱养儿子承嗣也有极大的风险。类似这两个案例,抚养多年的养子长大后要么外出不归,要么不认养父,养子承嗣的梦想破灭。最为重要的是,童养媳在面临此重大变故之后,是退回娘家还是择户另嫁,有着相当大的区别。周王氏控傅万才一案,童养媳的母亲在诉讼中出现,最终将女儿领回,而赖正坤具控赖童一案,童养媳就没有这样的幸运,她的娘家人并没有出现,知县判夫家将其择户另嫁,其命运充满了变数,等待童养媳的将是什么,不得而知。

(四)童养媳丈夫去世,夫家欲将其另嫁

傅万才儿子傅元出外不归,生死未知,傅万才将娴媳秋姑送回娘家抚养,待傅元回家再行婚配。而童养媳丈夫确定已经死亡的,夫家首先想到的就是将童养媳嫁卖,获取财礼,将自己的损失降低到最小。在此过程中,娘家或者担心女儿将来的幸福,或者想与夫家争夺嫁卖女儿的利益,会参与到争夺童养媳主婚权的争斗之中。

刘张氏,本邑人,原配王绍兴为妻。嘉庆二年,有熊兆林为媒,将其女长姑抱与媳妇吴陈氏之子吴大章为娴媳。长姑过门之后,王绍兴随故,刘张氏再醮刘光华为室。长姑年已 16 岁,尚未成配。嘉庆十年二月初七日,吴大章身故,刘张氏在告状中称,吴陈氏与其夫弟吴朝佐欲将长姑送到人贩家中嫁卖给水客,[①]希图获银瓜分,因此以媒滚估卖、迫叩拘究事到衙门控案,请求法惩媒

① 水客:船夫、渔夫或者贩运货物的行商。

贩,免长姑遭远卖。知县准案。①

其后不久,住在巴县金汤坊的秦元、吴宗□、李德辉三人具息状,称已经过调处,令长姑娘婆二家共同为长姑择配,不得私嫁。两造不愿兴讼,愿意息案。

> 具息状人秦元、吴宗□、李德辉,系本邑人,住本城金汤坊,年五十、四十八、三十岁,呈为恳恩赏息事。情有民妇刘张氏以媒滚估卖事具控吴陈氏、吴朝佐等在案差唤。蚁等系属街邻,不忍坐视,邀集理剖,各吐其情。实因张氏之女长姑抱与陈氏之子吴大章为娴媳,大章身故,陈氏欲将长姑择户,与张氏口角,故此控案。今蚁等处令张氏、陈氏协同择配,不得私嫁,两造遵依,不愿兴讼,各结备案。是以恳恩,赏准息销,以免拖累,均沾。伏乞大老爷台前俯准施行。
>
> 嘉庆十年闰六月十四日

根据案件内容可知,长姑于嘉庆二年抱与吴陈氏之子吴大章为娴媳,到嘉庆十年吴大章身故,长姑在夫家已经有 8 年时间。长姑过门以后,娘家父亲去世,母亲张氏再醮刘姓,对长姑应该没有再尽抚养的责任。但是,张氏虽然已经再醮,仍然在关注着女儿长姑的生活。当得知婆婆吴陈氏欲将女儿另嫁之时,张氏及时出现,在私下无法解决的情况下,采用告官的方式来解决纠纷。张氏在告状中称:"长姑信及,氏知骇异,氏随至许老四家,得会长姑之面,长姑向氏泣称吴朝佐、李华等将伊送在媒滚家嫁卖水客,已经送看多处",按其说法,是长姑将此事告知母亲张氏,并不是张氏主动获知的。如果其说法属实,证明长姑虽然已经到夫家童

---

① 《巴县档案》6-2-4221,嘉庆十年,具体日期不详。

养多年,但还是与母亲保持着联系,当遇到重大事情的时候,主动寻找母亲帮助自己。这种说法也是站得住脚的,毕竟长姑在娘家抚养到8岁才出抱给夫家,对母亲的依赖和感情应该比较深。笔者认为,张氏应该也一直在关注女儿的动向,之所以在告状中强调是女儿主动告知此事,是为了不引起知县的反感,不给知县造成自己想要争夺女儿主婚权的印象,以免对自己不利。吴大章虽然去世,但长姑身为吴家童养媳,在吴家抚养8年;张氏虽然再醮多年,但长姑是其亲生女儿,在娘家也抚养了8年。一边是有养育之恩的夫家,一边是生育和养育之恩皆有的娘家,二者的矛盾该如何调和?纠纷该如何处理?知县还没有对此案进行审理,邻里团首等人就已经在堂下召集原被两造进行了调处,令二家共同为长姑择户,吴家不得私嫁。知县觉得如此解决是非常合理的,而且两造均没有异议,所以同意息案。有了官府对此事的态度,有了邻里团首的监督,吴家不能对长姑改嫁之事为所欲为,长姑再嫁给什么样的人家,需要娘婆二家共同商量决定,这对长姑未来的婚姻家庭生活有着非常重要的影响。

　　童养媳是中国封建婚姻制度的产物,严重影响到童养女性的身心健康。童养媳大多从小离开父母,在夫家抚养长大,与自己的丈夫之间很难培养爱情,有的只是类似兄妹的亲情。这种由兄妹关系演化而来的婚姻没有感情基础,只是为了繁衍后代,给当事人双方都带来一生的痛苦,夫妻不睦、家庭不睦、讼端纷争,婚姻质量差、家庭关系恶劣。虽然这种野蛮的婚姻陋习已经被1950年的婚姻法明令禁止,但个别地方仍然存在童养媳的现象,[1]应

---

[1] 据腾讯大闽网《走进举世震惊的当代"童养媳村"》报道:福建省莆田市东海镇坪洋村由于经济贫困、无法正常娶妻,盛行抱养童养媳。仅(转下页)

当予以严厉禁止,并对出抱童养媳、拐逃幼女为童养媳的相关当事人予以重惩。此外,还应该看到,经济的贫困、男女性别比例的失调是滋生童养媳现象的主要因素,只有对症下药,才能从根本上杜绝童养媳现象的发生。

第四节　对童养婚研究状况的反思

季雅群、朱文苍在《畸形婚姻藩篱内的女性异化——论中国文学作品中的童养媳形象》一文中,通过对王西彦小说《苦命人》、关汉卿杂剧《窦娥冤》、冰心小说《最后的安息》、萧红小说《呼兰河传》、王安忆小说《小鲍庄》、沈从文小说《萧萧》等作品中童养媳的分析,认为"一切的买卖婚姻都意味着卑贱和侮辱……童养媳身份也就成了受虐、受苦的代名词""畸形的家庭伦理、买卖的方式、

(接上页)1987—1988 年,全村就抱养"童养媳"600 多名。童养媳有的来自福建本省的小乡村,那些生三胎或四胎的人家,通过"媒婆"的说合,以极低的价钱把女婴抱养到坪洋村,也有的童养媳是通过人贩子拐卖而来。这些抱养回来的"妹妹"长大成人后会顺理成章地和他们的"哥哥"结婚,由于夫妻之间没有爱情,很容易产生家庭矛盾。朱秀美出生于福建省闽侯县的一个乡村,因家贫,生下四天后她就被抱养到 200 多公里外的坪洋村朱世文家当童养媳,而朱世文师范学校毕业后,在家乡的小学教书,家庭的贫困使得朱世文无法与自己心仪的女孩结婚,最终在家人的催促下与朱秀美举行了婚礼。婚后,二人感情并不好,朱世文与之前的恋人又有了来往。2003 年春节后的一场争吵最终导致朱世文用凳子将妻子朱秀美砸死。正是因为此案件,导致"童养媳村"的秘密被世人所知晓,并引起广泛的关注。2005 年,记者对当地一所小学进行调查,发现五、六年级学生中,童养媳在所有女生中的占比分别为 22.6%、42.4%。http://fj.qq.com/a/20101020/000218_2.htm,2010 年 10 月 20 日。

血缘亲情的缺失,所有这一切注定了童养媳在家庭中最卑微、最低贱的地位",关注童养媳在夫家的卑贱地位和屈辱生活。①

方华蓉在《论现代"童养媳"题材小说的文化意蕴》一文中,以萧红《呼兰河传》、沈从文《萧萧》、孔厥《受苦人》、冰心《最后的安息》为例,分析了童养媳的生存状态和心理状态,认为现代作家特别关注童养媳题材的原因是同情童养媳,表达对封建专制制度下女性命运的深深忧虑。"涉及童养媳的现代文学作品,大多都会超逸出对童养媳个人苦难的控诉来展开社会阶级的批判,而且主要从思想启蒙的角度关注产生童养媳婚姻制度的文化渊源与现实中大众的精神面貌。"②

田贤会独辟蹊径,用交换理论来阐释婚姻现象,认为婚姻史本身也是一部"交换史",中国婚姻的交换现象更加明显,童养媳婚姻就是建立在经济基础上的被迫交换。这种婚姻的交换是违背女性意愿的交换,女性就是附属品和牺牲品。要倡导"等价交换",即建立在婚姻主体自身的主观意愿上、以公平为前提的婚姻形式,从被迫交换转变为自愿交换。③

---

① 季雅群、朱文苍:《畸形婚姻藩篱内的女性异化——论中国文学作品中的童养媳形象》,《西南民族大学学报》(人文社科版)2007 年第 10 期。与此相似的还有孙玉生的《中国现代文学中"童养媳"创作母题的生成与嬗变》(《现代文学》2010 年第 1 期),通过对多部文学作品中的童养媳形象的分析,认为童养媳这一现象成为现代文学创作母题,是特定社会和文化背景下的产物,既承载着作家对社会价值的批判责任,也演绎着千古未变的女性悲剧事实。

② 方华蓉:《论现代"童养媳"题材小说的文化意蕴》,《文山学院学报》2013 年第 5 期。

③ 田贤会:《在交换中沉浮的中国女人——从婚姻角度浅议交换理论》,《贵州民族学院学报》(哲学社会科学版)2009 年第 1 期。

不管是通过文学作品来分析童养媳现象,还是从交换理论来阐释童养媳婚姻,其着力点主要体现在对童养媳悲惨生活的描述方面,研究范围还不够全面。

一、研究中心均集中在女性身上,缺乏对童养婚中男性主体的研究

童养婚姻中女性作为受害者,受到了广泛的关注,现有的研究主要体现在童养媳的悲苦上,但需要注意的一点是,童养婚姻中,男女双方作为婚姻主体,均为受害者。并非只有女性在忍受没有爱的婚姻,男性同样如此,他们可能在文学作品中作为一种施虐者的形象存在,但男性在此婚姻中,也丧失了选择婚姻对象的基本权利,他们同样也是受害者。档案中的傅元,作为傅家的养子,离家出走,多年未归,其中也可能有不满童养婚的因素存在;档案中的赖童,在养父家抚养多年,又回到亲生父母家,不认养父,也有对童养婚不满的可能;档案中的徐文模,自幼说娶的童养媳袁姑痴愚如梦,胞兄仍然逼迫他与童养媳成配,他负气外出,坚决不与袁姑成婚。郭松义著作中还有诸多的案例:广东电白县的邵仲杰,其妻林氏自幼在邵家童养,及笄将婚,邵仲杰拒绝婚配,父母责劝不回;陕西泾阳县的李九春,童养妻晏氏少养于李家,未婚,李九春出走新疆巴里坤,久久不归;江苏铜山县的孟远,其妻15岁童养于孟家,17岁将婚,孟远出外不归。① 难道他们不是童养婚中的牺牲品吗? 童养婚中的男性主体从小与童养媳一起长大,将她们视为自己的姐妹,有的小丈夫甚至将自己的大媳

———————————————

① 转引自郭松义:《伦理与生活——清代的婚姻生活》,北京:商务印书馆,2000年,第309页。

妇视为母亲的角色,这样的亲情关系最后却要被迫变成夫妻关系,试想,对于男性来讲,也是难以忍受的。童养婚姻质量差,夫妻关系不好,男性对婚姻的不满在其中起了主要的作用。朱世文用凳子将自己的童养妻子朱秀美砸死,不得不说,这是一种悲哀。朱世文事后说,如果她是我自己选择的妻子,我绝不会这样做。妻子是童养的,是家庭为他选择的,这并不能成为他杀害妻子的理由,但我们也从另外一个侧面看到,在这场婚姻之中男女双方都是受害者,都是牺牲品。他们丧失了对爱的追求,生活在无爱的婚姻中,长此以往,必然夫妻关系恶劣,造成各种矛盾和纠纷。

二、立论基础是女性的悲惨形象,忽视对具有反抗精神的个体的研究

现有的研究主要强调女性备受欺凌的形象和低下的社会地位,注重的是面上的研究,强调的是同一性,而忽略了在此同一性之下的个案研究。

童养媳普遍地位低下,受到婆家的欺负和虐待,“作家们塑造了一群可憎可恨、扭曲病态的女人。她们是童养媳的女性长者,大多是婆婆,还有一些是女性群众,她们都是封建时代标准的贤妻良母,非常忠实地秉承男权社会对女性的规范与制约,疯狂地折磨童养媳,力图将她们改造成符合封建妇道的小媳妇”。[①] 但是其中也不乏童养媳与婆家相处融洽的案例,两者都是同时存在的,不能否定彼此。《窦娥冤》中的窦娥,虽然是蔡婆婆家的童养

---

① 方华蓉:《论现代“童养媳”题材小说的文化意蕴》,《文山学院学报》2013 年第 5 期。

媳,但与蔡婆婆相处融洽,蔡婆婆对她也甚为喜爱。"亲家,这不消你嘱付,令爱到我家,就做亲女儿一般看承他,你只管放心的去""媳妇儿,你在我家,我是亲婆,你是亲妇,只当自家骨肉一般"。后来丈夫去世,窦娥与婆婆相依为命。窦娥含冤赴死后,其冤魂还希望父亲能将婆婆接到住所,代替她尽孝道。

　　童养媳大多忍气吞声,不知反抗,"早期的奴化教育,使得童养媳的奴性意识、封建观念比一般妇女更为深重,因为年幼,她们更容易不自觉地形成自我束缚、自我异化的劣根性,心甘情愿地安于屈辱和卑贱,只懂得忍受,不知道反抗",①"她们形成了一种逆来顺受、随遇而安的奴性与惰性,对自身命运始终处于一种不自知的蒙昧状态之中,代代相传,更是加深了这一女性群体的悲剧结局"。② 但其中也有通过私逃来进行反抗的案例:龚习姑自幼凭媒许配徐立纲为室,已经完配多年,并无生育,与夫家关系不睦,最终背夫私逃;张文尧女儿张长姑自幼抱给罗宗林的儿子罗永祥为婳媳,因罗宗林家贫,衣食无度,张长姑饥饿难耐并被夫家屡次打骂,自行离家逃走;王兴位将女儿抱给周富为女,周富又把女儿抱给王正起的儿子为婳媳,后来此女被人刁拐私逃……虽然童养媳私逃有各种各样的原因,但与夫家关系不睦是其中最为重要的原因,这些女子选择私逃的方式来逃避在夫家所受的磨难,同时这也是她们无声的反抗。

　　现有研究者一味强调童养媳在夫家做牛做马,塑造的是悲苦

①季雅群、朱文苍:《畸形婚姻藩篱内的女性异化——论中国文学作品中的童养媳形象》,《西南民族大学学报》(人文社科版)2007年第10期。
②方华蓉:《论现代"童养媳"题材小说的文化意蕴》,《文山学院学报》2013年第5期。

凄凉的形象,但童养媳不听翁姑和丈夫训斥者为数不少,她们也有自己的个性,甚至与夫家进行了激烈的较量。有的争取到娘家父母的支持,与夫家展开了博弈;有的采用自尽的方式,来宣布自己的反抗,档案中的蒋三姑因不愿给婆婆煎药,被丈夫训斥,准备自缢,最终夫妻离异,蒋三姑由娘家领回,另行择配。

童养媳在婚姻家庭中地位低下,这是普遍的认识,但需要引起注意的是,并不是所有的童养媳都是悲情的、懦弱的、不知反抗的,她们之中有很多人勇敢地采取了各种各样的方式来表达自己的愤怒,宣告自己的反抗,只不过她们尚未认识到自己的行为是一种反抗,只是一种无意识的不自觉的行为。并不是所有的家庭都是丈夫控制妻子的模式,也有蛮横泼蛮的妻子存在。并不是所有的童养婚姻都是悲剧,也有相敬如宾、夫妻和谐的案例。即是说,我们在研究童养婚姻的时候,也要关注普遍之中的个体,承认特殊个案的存在,不能忽视人的个性特征差异。"明清时期远远不是所谓女性受到绵延不断的压迫的世代,事实上,这是长达数个世纪的一个动态的、多样化的世代",①笔者认同这种说法。女性受压迫、受欺凌并不是静态的、一成不变的,而是处于动态的、多样的、不断变化的过程之中。20 世纪 90 年代,美国中国妇女史研究也开始注重差异性与阶级、种族、年龄等因素的交叉互动,而不再空谈抽象普遍的女人。②

---

① [美]曼素恩著,定宜庄等译:《缀珍录:18 世纪及其前后的中国妇女》,南京:江苏人民出版社,2005 年,第 8 页。

② 褚艳红:《变动的视角——20 世纪 60 年代以来美国的中国妇女史研究》,上海:上海社会科学院出版社,2015 年 12 月,第 143 页。

三、对童养婚中"恶婆婆"的关注度较高,缺乏对娘家
　　角色的研究

　　无论在中国古代文学作品,还是在现有的研究之中,除了对童养媳本身的关注之外,关注度居于第二的要数童养媳的"恶婆婆",①关注点主要集中在婆婆对童养媳的虐待上,②缺乏对娘家在童养婚中扮演角色的关注。婆婆是恶,娘家岂是等闲之辈。娘家出于贫穷等原因出抱自己的女儿,但并非女儿抱出之后就断绝来往,他们在诉状中往往说自己"从无往来",意在表达女儿品性如何是夫家的责任,因为女儿的性格形成期是在夫家度过的,主要受婆婆的教导,妄图撇清自己在女儿教育方面的责任。如果女儿与夫家发生纠纷,自己可以洗脱罪名,干干净净地脱身。但实

---

① 刘朝霞认为,婆婆由受虐者变成了施虐者,对童养媳进行身体和精神上的双重摧残,心灵严重扭曲和异化,愚昧无知、麻木不仁、病态残忍。在婆婆们的头脑中,婆婆与媳妇是征服与被征服、奴役与被奴役的关系。见刘朝霞:《物化·奴化·异化——中国现代文学中的童养媳现象分析》,《社会科学辑刊》2015 年第 4 期。孙玉生以沈从文《一个女人》中的"三翠"和叶绍钧《阿凤》中的阿凤为例,说明如果童养媳家庭中没有了婆婆的管束,童养媳的命运就会好得多,婆婆是童养媳最大的敌人和压迫者。见孙玉生:《中国现代文学中"童养媳"创作母题的生成与嬗变》,《现代文学》2010 年第 1 期。

② 温文芳通过对《申报》中童养媳诉讼案例的分析,发现在童养媳诉讼案件中酿成命案的主要都是婆婆,婆婆是童养媳日常生活的监督者和指导者,对童养媳非打即骂。文中所举的三个例子,第一个童养媳服毒毙命,第二个悬梁自尽,第三个直接被婆婆用藤条鞭责、折磨至死,从中可见婆婆的恶毒与狠辣,将童养媳视为眼中钉、肉中刺。见温文芳:《晚清童养媳的婚姻状况及其盛行的原因》,《甘肃行政学院学报》2005 年第 2 期。

际上,女儿出抱以后,娘家并未放弃对女儿的关注,其中既有经济利益方面的考虑,也不乏对女儿关心爱护者。档案中童养媳蒋三姑自缢互控一案,刘在川在禀状中一再控诉蒋三姑的母亲蒋胡氏不断挑拨女儿与夫家不睦,甚至教唆女儿采用自尽的方式来对夫家施加压力。娘家并不是缺位者,相反他们在童养婚中扮演着非常重要的角色。一旦女儿夫家有任何风吹草动,他们就会伺机而动,为女儿或者为自己争取利益。比如孀妇周王氏以逐害凶伤控傅万才一案,傅万才之子傅元出外三载不归,不知生死,娘婆二家因为童养媳秋姑的抚养费问题生讼,周王氏成功地将女儿争取回娘家,由娘家择户另嫁,不仅娘家可以得到可观的财礼,女儿未来的幸福也可以有所考虑;刘张氏虽然在丈夫亡故后已经再醮,但仍然随时在关注着身为童养媳的女儿长姑,长姑丈夫去世后,夫家欲将其嫁卖,刘张氏控案,成功地争取到与夫家共同为女儿择户主婚的权利,夫家不能独断专行,私自将女儿出嫁,女儿的权益能够得到一定的保障。从这个角度来看,在童养婚中,既有恶婆婆对童养媳的虐待和打骂,也有娘家尤其是娘家母亲对女儿婚姻的关注,"挑唆"也好,"关心"也罢,娘家从未缺位。当发生纠纷之时,并不是只有童养媳一人在与夫家进行抗争,相反,这是两个家庭之间的博弈和较量。

童养婚姻是旧社会的产物,它的产生和发展受到经济、社会、文化、习惯等各方面的影响。尽管它在拯救女婴方面起到了一定的积极作用,①也能在一定程度上抑制婚姻论财的陋

---

① 南安知府游心水出示训饬:"近来有女之家,未离襁褓即行议婚,不拘周卒数岁,多为男家抱过自养……虽于情理不顺,然视溺死犹为彼善于此也",官府和士绅对童养持赞同和鼓励的态度,见王春春:《从人口调节(转下页)

习，①还有人认为它对培养童养媳与夫家之间的感情有一些帮助，②但无论如何，此陋俗对广大男女青年来说，仍是罪恶更多，伤害更多。无数的男女被剥夺了自由恋爱、自由婚姻的权利，成为此婚姻形态的牺牲品。1950 年颁布的《中华人民共和国婚姻法》，是新中国的第一部婚姻法，同时也是新中国第一部法律，在这部法律中明确提出了男女平等、结婚自愿、禁止童养媳的思想，主要表现在前三条。第一条："废除包办强迫、男尊女卑、漠视子女利益的封建主义婚姻制度，实行男女婚姻自由、一夫一妻、男女平等权利平等、保护妇女和子女合法权益的新民主主义婚姻制度"；第二条："禁止重婚、纳妾。禁止童养媳。禁止干涉寡妇婚姻自由。禁止任何人借婚姻关系问题索取财物"；第三条："结婚须男女双方本人完全自愿，不许任何一方对他方加以胁迫或任何第

（接上页）看清代的溺女婴和童养媳现象》，《法制与社会》2010 年 5 月（中）。温文芳也认为，童养媳在当时有其积极因素，主要表现在既可以缓解下层百姓中的男性因经济原因无法及时婚配的局面，又可以在一定程度上避免溺婴现象。见温文芳：《晚清童养媳的婚姻状况及其盛行的原因》，《甘肃行政学院学报》2005 年第 2 期。

① 女家可以省去高额的嫁资，男家可以省去大量的聘金，前面已经有过论述。

② 嘉庆《平远县志》："童养媳，挽弱女之颓风，省婚嫁之浪费，且抚育殷勤，受翁姑之恩最深，则日后孝敬，天良自不得不笃"，学者在台湾所作的田野调查报告也提到，当问到为什么收养童养媳时，对方回答："自己养的女孩子会听你的话，而且永远不会在你背后搬弄是非给你儿子听""自己哺育的女孩子就像女儿一样，将来不会带来任何麻烦"。因此，领养童养媳也有培养与夫家之间感情、避免将来家庭摩擦的作用。转引自郭松义：《伦理与生活——清代的婚姻生活》，北京：商务印书馆，2000 年，第 268—270 页。

三者加以干涉"。至此,童养婚姻终于从法律上宣告结束。但是我们也应该注意,尽管童养婚姻被法律明确禁止已有几十年的时间,但我国的部分地方依然还有此陋习存在,需要引起各方的关注和重视。

第六章　退悔婚档案研究

在巴县档案中,有为数不少的关于退悔婚方面的档案。这些档案,内容丰富、形态多样。就档案所反映的退悔婚内容而言,主要体现在以下几个方面:在退悔时间上,有尚未成配而退悔,更多的是已经成配而退悔;在退悔主体上,有女方退悔,更多的是男方退悔;在退悔原因上,有因男方或者女方家贫而退悔,也有因男方或者女方的过错而退悔,还有因诉讼而断离或者夫妻和离,具体情况多种多样。在这些退悔婚档案中,最能体现退悔婚特色的是当事人提供的退婚文约、杜患文约等契约,在案件中主要以诉讼证据的形式出现。但这些文约是否都是当事人意思的表达? 其内容是否都是真实可靠的? 发生诉讼的原因又是什么? 知县面对这类诉讼,做出了怎样的审断? 这些问题就是本章所要讨论和解决的问题。

第一节　尚未成配而退悔

尚未成配指的是男女双方已经凭媒有了婚约,只是女方尚未正式过门,双方还没有成配。婚姻乃人伦之首,对于男女双方来说,除非确有难以解决的困难或者难以调和的矛盾导致婚约无法履行,一般情况下是不能违约的,否则会受到严惩。唐律规定,许嫁女已报婚书及有私约或已受聘财而悔婚者,将受到杖六十的惩罚;如果已经许给他人,杖一百;已经成婚的则徒一年半。元朝规定,悔婚者笞三十七,明朝的规定是笞五十。但是,官方也允许在某些特殊情况之下悔婚,如宋律规定,订婚以后三年内无故不成婚者听离,但是女方必须要经官自陈改嫁,并各还聘财。清承明律,也有不能悔婚的相关规定:

> 凡男女定婚之初,若或有残、或废疾、病、老、幼、庶出、过房同宗、乞养异性者,务要两家明白通知,各从所愿,不愿即止,愿者同媒妁写立婚书,依礼聘嫁。若许嫁女已报婚书及有私约,谓先已知夫身残疾、老幼、庶养之类而辄悔者,女家主婚人笞五十,其女归本夫。虽无婚书但曾受聘财者亦是。若再许他人,未成婚者女家主婚人杖七十,已成婚者杖八十。后定娶者男家知情,主婚人与女家同罪,财礼入官;不知者不坐,追还财礼给后定娶之人,女归前夫。前夫不愿者,倍追财礼给还,其女仍从后夫。男家悔而再聘者,罪亦如之,仍令娶前女,后聘听其别嫁,不追财礼。①

由此可见,清代婚约是受法律保护的。对于女方而言,如果已经有了婚约,即使对方身患残疾等症,女方也不能退悔,否则要受到"笞五十"的惩罚,女方仍然归本夫。在已经收受对方聘财的情况下,即使没有婚约,也不能再将女子许配他人。如果再许他人,女方主婚人将受到"杖七十"或"杖八十"的处罚。男方悔婚亦是如此。相较今天的婚姻制度,二者有着巨大的差别。我国婚姻法规定,"要求结婚的男女双方必须亲自到婚姻登记机关进行结

---

① 田涛、郑秦点校:《大清律例》,北京:法律出版社,1999 年,第 203 页。

婚登记……取得结婚证,即确立夫妻关系"。① 也就是说,现代婚姻关系成立的要件是男女双方亲自到婚姻登记机关登记并取得结婚证,即使有婚约在先,也不得强制履行,可以凭任何一方的意愿而随时解除,而清代婚姻关系成立的要件则是女方已经收受男方聘财或者已经立有婚约,要想解除婚约,并不是容易的事。道光年间有案例显示,未婚夫离家 8 年未归,未婚妻年已 31 岁仍不敢退婚改嫁,反映出婚约对百姓尤其对女方的约束力是相当强的。② 男女双方亲自登记,男女平等、婚姻自由,婚姻由自己做主,不受任何其他人的干涉,这是现代婚姻制度的宗旨。而清代婚姻的选择权大都在家长手中,男女双方当事人并没有选择的权利,只要家长为儿女定下了婚约,儿女就必须要服从。从某种意义上来讲,现代婚姻制度保护的是婚姻双方当事人的合法权益不受侵害,而清代婚姻制度维护的却是双方家长的权威。如果发生违法行为,处罚的也是身为家长的主婚人,与当事人无干。

　　鲁迅先生在《随感录四十》中引用了一位不相识的少年寄来的一首诗《爱情》:"可是这婚姻,是全凭别人主张,别人撮合:把他

---

① 《中华人民共和国婚姻法》第八条。
② 《巴县档案》6－3－9133:嘉庆二十二年,姜文举之女桂姑(11 岁)凭媒许与田新年为婚,已经炷香,未能迎配,后田新年父母俱故。道光八年(桂姑 23岁),田新年出外,不知去向,存亡莫卜。道光十六年,桂姑已经 31 岁,姜文举具禀,请求知县准许桂姑另嫁。代办巴县事纳溪县正堂加六级记录十次德批:"田新年如果逃亡在外,已过三年并不还家,尔女桂姑自应照例改嫁。但尔所呈是否属实,有无捏饰,必须田老四(田新年之胞叔)等到案具结呈侯察夺。"从知县的判决来看,如果未婚夫在外 3 年不归,即允许未婚妻改嫁。尽管如此,百姓仍然担心由此会引起纠纷甚至诉讼,情愿多等几年,女儿的青春年华就这样被耽误。

们一日戏言,当我们百年的盟约。仿佛两个牲口听着主人的命令:'咄,你们好好的住在一块儿罢!'爱情!可怜我不知道你是什么!"这几句诗生动而形象地反映出当时婚姻缔结和无爱婚姻的真实状况,鲁迅先生认为这是"血的蒸气",是"醒过来的人的真声音",也是"苦闷的叫声",而"无爱情结婚的恶结果"就是"做一世的牺牲"。① 对婚姻关系中的当事人来说,配偶是由父母决定的,没有婚姻自由可言,更谈不上爱情。清末,随着妇女解放运动的推进,"男女平等"主张的提出,再加上西方婚恋观的影响,人们开始觉醒,开始向往和追求爱情,并与旧时代旧观念进行了勇敢的抗争,中国的封建婚姻观念逐渐发生了变化。

　　彭定光认为,道德仍然是清代婚姻缔结的主要因素,主要表现在不因男方家贫而退悔,不因女方突发恶疾而退悔等等,但就大体趋势来看,道德在清代婚姻缔结中的地位和作用日趋式微,而财物的作用却越来越突出。② 其实,婚姻论财之风并不是清代独有,晚明时期随着商品经济的发展和社会风尚的变化,民间悔婚现象日益增多,财婚风尚悄然兴起。③ 考察巴县档案尚未成配而退悔的案例,经济因素的确是导致退悔婚最重要的因素,其次就是一些意外情况的发生,比如女方犯奸私逃或者男方逼娼嫁卖,还有男女中的一方患有疾病,与彭定光提到的"家贫""恶疾"较为一致。男方退悔的主要原因有男方家贫、女方患病或失德

---

① 鲁迅:《随感录四十》,最初发表于 1919 年 1 月 15 日《新青年》第六卷第 1 号。

② 彭定光:《论清代婚姻道德生活》,《伦理学研究》2010 年第 6 期。

③ 任晓兰:《晚明的悔婚现象及其法律规制》,《妇女研究论丛》2007 年第 6 期。

等,女方退悔的主要原因有男方家贫不愿许嫁、女方家贫将女儿作娼等。无论是男方退悔还是女方退悔,多有不得已的苦衷、无法解决的困难或是无法调和的矛盾,并不是随意而为之。

一、女方退悔

(一)因为男方的原因而退悔

男方家贫,女方不愿许嫁,是女方退悔的主要原因。李麻二、李朱氏的女儿李二姑,年16岁,同治三年正月,凭陈唐氏为媒,配吴廷珍的儿子吴念元为婚,已经交约聘书、庚帖,择期三月十二日迎娶。后来,李麻二、李朱氏听闻吴念元家贫、日食难度,不愿许嫁,以致凶殴口角,吴廷珍以嫌拆统凶事到案具控。经过审讯,知县审断如下:李麻二夫妇不应嫌贫悔婚,将夫妻均各掌责。吴念元甘愿悔退另娶,李二姑亦另行择配。断令李麻二出外措钱2千文作为归还吴念元的聘礼钱,聘书庚帖附卷,双方具结备案。① 媒人说合的时候,女方没有获得有关男方家庭财力方面的足够信息,这是导致后来嫌贫悔婚的主要原因。作为女方父母,即使冒着被控受罚的风险,也要悔婚,当然是为了女儿日后的生活着想。

余焕廷,51岁,在临江门卖董营生,光绪二十五年三月凭马万和为媒,将女儿许配陈炳生(24岁,合州人氏,在千厮门李裕太牛肉铺学生意,出师几年,每年工钱30余串)为妻。当年八月间定书,余焕廷要陈炳森出银10两,陈炳森认承,才下聘礼,两无异言,中秋送礼。光绪二十六年正月间,陈炳森过门拜年,随后择期递庚。后来,余焕廷嫌陈炳森是合州人,家贫,不肯将女与陈炳森迎娶,双方生讼。知县断:"讯得此案余焕廷之女经媒证马万和说

---

① 《巴县档案》6-5-7276,同治三年五月二十五日。

合，许与陈炳森为婚，业已成聘，庚帖朗凭，亦是明婚正娶。余焕廷意欲悔婚，则称伊女原许李裕太之子为婚，陈炳森系其学徒。断令陈炳森既凭媒娶婚，执有红庚为凭，断无退悔之理。着陈炳森出外，觅妥实保人与余焕廷担招，另行择期迎娶，嗣后过门，陈炳森不得将余焕廷之女引走嫁卖。此判。"[1]该案中，双方经过了媒妁之言，又有定书、下聘、送礼、递庚等环节，一切都是按照正常程序进行的。女方因男方家贫而退悔，知县并不支持，认为男方没有任何逾矩之事，女方没有理由退婚，这也是维护伦常道德之举。因男方不是本地人，所以要寻保人出保，保证不把女方引走嫁卖。这也反映出当时嫁卖生妻之风盛行给百姓带来的困扰和担忧：女儿嫁给本地人，在家人的视线范围内，女儿的安全有所保证；如果女儿嫁给外地人，一旦此人回原籍，女儿就离开了父母的视线，很有可能被男方嫁卖。

如果男方在品行方面存在问题，女方也可能退悔。吴功厚是南川县人，父母俱在，其胞妹吴二姑凭郭先喜为媒，许配给父母俱故、在渝城东水坊住居的龚占元为妻，择期五月迎配。因相隔遥远，也没有对龚占元查询清楚，吴功厚不放心，于成亲前一月亲自把吴二姑送至渝城，到龚占元家探访，才发现龚占元并非为正之人，平素习唱荡子度日。吴功厚担心日后吴二姑会被龚占元逼良作贱，不愿将妹子许嫁，就到衙门把龚占元、媒人郭先喜控案。经过审讯，龚占元不应重服妄娶，将其掌责。断令将庚书退交，悔盟离异，吴二姑由娘家领回另行择户。[2] 本案中，吴二姑父母俱在，还有一个哥哥吴功厚。因为所许配的龚占元远在渝城，离南川相

---

①《巴县档案》6-6-25077，光绪二十六年五月三十日。
②《巴县档案》6-3-9648，道光年间，具体日期不详。

隔较远,之前凭认识的郭先喜为媒,并没有对龚占元的情况进行实地了解。因为心里没底,吴功厚带着妹妹提前一月到渝城亲自查访,这才发现龚占元平素荡子度日,这样的人拿什么来养活妻子呢? 如果不能养活妻子,吴二姑很可能被嫁卖、被逼娼。娘家人远在南川,无法时刻保护吴二姑,其命运可想而知。经过查访,还发现龚占元重服在身,在这种情况之下是不能娶妻的。吴功厚不愿将妹子嫁给龚占元为妻,于是采用控案的方式来达到退悔的目的。经过审讯,其悔婚的意图得到了知县的支持,将龚占元掌责,双方悔盟退婚。吴二姑本来已经有一只脚踏入泥潭之中,幸好及时被家人拉了出来。试想,如果家人不重视吴二姑的婚姻,不亲自上门查访,任随她远嫁,等待她的结局是不敢想象的。

为什么会有这么多的婚姻纠纷,主要有几个方面的原因:第一,娘家不重视女儿的婚姻和幸福,只是将女儿当做谋取财礼的工具;第二,完全相信媒人的话,以为是熟人,应该不会坑骗自己,没有像吴功厚那样实地去男方家查访,了解其为人、家庭状况;第三,娘家无人可以撑腰,导致男方为所欲为。尤其是女方缺少父亲、兄弟等男性成员时,夫家肆意妄为的可能性相对较大。本案中的吴二姑是不幸的,被认识的媒人许给还在重服中的荡子龚占元为妻,但她又是幸运的,胞兄吴功厚提前到达渝城了解龚占元为人,并及时采用控案的方式达到了悔婚的目的。

还有因男方搬迁、外贸而女方改嫁的案例。岳大顺之子岳崇云于光绪初年凭媒说合李义顺之女为婚,下聘后岳大顺父子将家搬到贵州,十余载未回川,李义顺之女长成,已经二十三岁,另许王子江为婚,岳大顺回川,到案呈控。知县认为两方均有过错,但已覆水难收,断李义顺将昔日的聘礼钱五千文缴还,岳崇云另娶。判词如下:"讯得岳大顺、岳崇云凭媒岑洪乐说合李义顺之女为婚,下聘后岳大顺父子将家搬黔,既十余载未回川,李义顺理应寄信探问,俟有回信,方为正办。乃计不出此,竟将女另嫁与王子江,殊属不合。而岳大顺父子联姻在川,往黔久而不归,殊属非是,姑不深究。惟李义顺女业已出嫁王姓,覆水难收,谕令岳大顺有子亦另说得亲事,酌断李义顺缴赔昔年聘礼钱五千文,具结完案,限一日即缴。此判。"①

周运坤于光绪六年凭媒说娶吴元礼之女为妻,当经凭媒插香递书,随后周运坤到贵州贸易药材生理,后又因家有丧事,有服未娶。吴元礼见女儿已经二十余岁,又贪图银钱,将女另嫁江津范三爷,得银 30 两,因此生讼。知县认为,"吴元礼将女改嫁,获银三十两,无论是嫁是卖,实属贪财伤化",断吴元礼将 30 两银子缴案,作为周运坤另娶之资。②

在这两个案例中,男方因各种原因多年未娶,而女方年龄已经超过了适婚年龄,于是女方将女儿改嫁。知县虽然也对女方改嫁的行为进行了斥责,但因"覆水难收",而且男方也有过错,所以最终还是认同了女方改嫁后的婚姻关系,只是女方要给男方一定的经济补偿,作为男方另娶之资。这样的审断体现出知县在处理这类诉讼时综合考虑和运用了"情理法"的理念,既体贴了民情,维护了既成婚姻,又按照法律的规定对不遵婚约的女方有所惩戒,并对男方有所补偿,可谓一举多得。

(二)因为女方的原因而退悔

女方家贫,可能会想尽办法让女儿赚钱养家,甚至逼迫女儿为娼,不愿许嫁。李福年 29 岁,于道光二年凭媒罗相衡说娶陈永

①《巴县档案》6－6－24647,光绪十八年四月。
②《巴县档案》6－6－24517,光绪十六年九月。

珍之女陈二姑(19 岁)为婚,立有庚书为凭,择期当年九月迎娶。哪知陈永珍因家贫无靠、日食难度,意图悔婚,令妻子陈罗氏将女儿陈二姑携至渝城住坐卖娼。李福年听闻后,于道光四年六月到渝清查,陈罗氏却说陈二姑并未许配他为婚。李福年不服,以刁逃为娼、叩拘正化事将陈永珍、陈罗氏、陈二姑等具控在案。经过审讯,知县认为陈罗氏不应把女儿携至渝城作娼,将陈罗氏掌责,断令李福年将陈二姑领回,择期成配。此案中,陈永珍家贫无度,将女儿作娼得钱使用,是其悔婚的主要原因。李福年在告状中说,"窃思婚姻一事,有关人伦风化。永珍之女,既许与蚁,何又听唆私逃? 伊女既不甘愿,自应央媒理退,另行择配,岂有潜匿为娼之理? 永珍夫妇,主家不正,坚听大年刁摆,活拆童婚,理法奚容?"这一段话可谓是对此案所做的一个完整和准确的评述。因此,李福年请求知县"赏准差拘、严讯澈究、法惩刁逃窝娼,俾伦化正而法纪彰"。①

女方贪图财礼,也可能将女儿悔婚另嫁。胡东三女儿胡氏于同治九年凭媒许配程显彰的儿子程学诗为妻,尚未完配,后来胡东三将女儿另嫁朱家麟为妻,得财礼银 20 两。程家闻知,到案具控。胡氏听闻程家控案,自服洋烟身死,朱家麟赴案把程显彰及儿子程学诗控案。初讯,知县审断:胡东三不应把女儿有夫另嫁,应责从宽。复讯,知县审断:朱家麟说娶胡东山女儿胡氏为妻,不知其先许程显彰的儿子程学诗,实不知情,无干省释。胡东三不应悔婚另字,以致其女自尽,实属不合,重责枷号。本应照例追缴财礼,姑念赤贫免追,各结完案。②

---

① 《巴县档案》6-3-8696,道光四年六月二十九日。
② 《巴县档案》6-6-23123,光绪元年四月初二日。

　　此案有一个疑点,关于为何悔婚的说辞,胡东三的说法是
"程显彰儿子外贸未归多年,小的因家贫无度,女儿业已成人,叫
妻子彭氏往程显彰家催接,显彰推缓说他儿子不知存亡,小的想
起无力养活",而程显彰的说法是"迨后儿子来渝催接,胡东山推
缓",显然两人的说法完全不同,都坚称是对方推缓。虽然在案
件记录中无法看出谁的说法正确,但知县并没有对程显彰有任
何的惩罚,而胡东三"悔婚另字"罪名成立,可以推断:胡东三将
女儿悔婚再嫁,很大可能是为了得到朱家麟的财礼银,帮助"赤
贫"的家庭度过难关,而程家并不能做到这一点。岂料,女儿在
听闻程家控案之后自尽身亡,有可能觉得"颜面无存",也有可能
因不能"从一而终"而遗憾悔恨,不管如何,都是胡东三亲手断送
了自己女儿的性命。这种因女方贪图财礼而悔婚的情况在《民
事习惯调查报告录》中亦有记载,如察哈尔商都县,贫家结婚,女
家多索重礼,如果甲家财礼少,乙家可以重礼夺之,往往因此而
构讼。①

　　还有女方亲属因婚姻不符合家族要求而悔婚的,尤其体现在
不愿族人为妾这个方面。周吉臣、黄氏有三女一子,长女和次女
均已出嫁,将三女凭媒许给邓礼陶(26 岁)为妾,议定茶果银 25
两,立出主婚文约。② 在婚约文书中,关于财礼银的表述方法主
要有三种:一种表述为"财礼银",意思清楚明白,就是财礼;一种
表述为"身价银",比"财礼银"更为直白,有卖婚的意思;另一种表
述为"茶果银"或"酒水银",比较委婉。这三种表述方法在本质上

---

①前南京国民政府司法行政部编:《民事习惯调查报告录》,北京:中国政法
　大学出版社,2005 年,第 854 页。
②《巴县档案》6－6－25228,光绪三十年三月十六日。

是完全相同的,就是财礼银、身价银。

> 立出主婚文约人周吉臣、黄氏,情因膝下所生儿子年幼,又生三女,长次出阁婚配,家寒无奈,合族商妥,请凭媒证林合顺、邓洪顺说合,甘愿将三女(许)邓礼陶脚下为妾妻,转回面议茶果市银二十五两正,当凭媒证先交,择吉喜期三月十六日过门婚配,天长地久,早降麒麟。倘有配后私逃毙命,娘家已在未在人等别生枝节、用费拖累,定有林合顺、邓洪顺承担,不与说亲之家相涉。今有人心不古,特立主婚文约一纸,交与邓礼陶永远为据。
>
> 凭证　邓光后、伍异风、王子元、朱平之、戴林圃、林瑞臣笔　同在
>
> 光绪三十年三月十六日立出主婚人周吉臣同妻黄氏有押
>
> 计开去聘物银圈一对四两六钱、银簪子一支、银耳环一对
>
> 还聘物白桃花帕子四样、银统箍一个、外各食物未录

男女双方已经择期准备完婚,邓礼陶却没能如期接到新娘,以为女方悔婚,到县衙具控。女方父母给邓礼陶修书一封,告知情由,说明并不是女方悔婚,只是有媒证等人从中作梗,没能如期接人。安慰邓礼陶说此姻缘有三媒六证说合,不可能悔婚,"休听谗言,此事不必忧心"。

> 敬启
>
> 礼陶邓相公见字悉知,兹者于前日开亲之事,现有三媒六证说合,岂有悔亲之理?况女子从一而终,古之道也。岳丈、岳母并无异言,相公只管放心。因前次接人,内有叔娘周

戴氏、表姨妈谢陈氏勾引朱培松、朱利森、侄子周德生等将女
挡定，不准上轿，媒人亦未来家，岳母无可奈何，故而误事。
后闻朱培松、朱利森、周德生等偷名具控，不知真否，相公量
亦知之。今闻媒人避逃，定是实情。祈礼陶相公私约一会，
再作商议接人之事。再祈相公休听谗言，此事不必忧心。

　　　光绪三十年四月十八日周集成、黄氏同寄

　　为什么女方叔娘、表姨妈、侄子等人要将周吉臣和黄氏之女
拦住不准上轿，笔者认为很有可能是不愿为妾之意。周吉臣和黄
氏将未出阁的女儿主婚许配为妾，是很不光彩之事，会令亲戚朋
友蒙羞，所以他们要拦住不准出嫁。在巴县档案中，很少看到这
种用书信作为呈堂证供的案例，在此案中，书信与契约无异，是当
事人表明自己决心和态度的一种方式，对知县的审断具有重要的
作用。

　　通过这封书信，我们可以大致了解清代末年书信的写作方
法，以及一些独特的称谓。周吉臣和黄氏在书信中一口一个"岳
丈""岳母"，表明已经完全把对方当作自己的女婿来看待，他们将
邓礼陶称呼为"相公""礼陶相公""礼陶邓相公"，竭尽亲热之能
事。只不过"相公"一词应该是古代女子对自己丈夫的尊称，为何
此处丈人和丈母可以称呼自己的女婿为"相公"呢？查阅典籍，发
现"相公"也可指对男子的敬称。如清孔尚任在《桃花扇·听稗》
中有这样一句话："他是江湖名士，称他柳相公才是。"姚雪垠在
《长夜》中也有这样的称谓："胡相公跟你婆子没有说一句二话，都
巴望着能快点把你赎回。"此外，"相公"还可指通过"童生"考试的
生员，如《范进中举》中胡屠户对女婿说："你如今既中了相公，凡
事要立起个体统来。"因本案中没有提到邓礼陶是生员，所以此书

信中的"相公"应该是周吉臣和黄氏对邓礼陶的敬称。"相公""礼陶相公"的称谓还可以理解,"礼陶邓相公"名在前、姓在后,类似于英文姓名的表达方式,甚为罕见。

二、男方退悔

(一)因为男方的原因而退悔

男方在家庭经济非常困难的情况下,可能会提出退悔的要求。王君选之女王姑8岁时凭媒许周成贵之子周廷举为婚,仅止插香,尚未过聘。后来周成贵生意不顺、家贫如洗,周廷举患染痨病,服药无效。王姑已经24岁,一直没能迎配过门。考虑到自家贫困且患病不愈,不能再耽误王姑,周成贵、周廷举父子具存状,甘愿退婚,恁凭王姑另字。经乡约陈合兴、陈文斗等调处,王姑父亲王君选给周家10两银子,作为周廷举调治之资以及周廷举70多岁的爷爷衣棺之费,任凭王君选将王姑另嫁。知县温批:"既据查明周廷举贫病属实,王姑年已二十四岁,且未过庚,仅止插香,实系两愿退婚立案,听王君选将女另字可也。"①男方家贫,还患有重疾,无法养活家人,无法成婚,这是导致退悔的主要原因。男方想通过退婚的方式获得女方的补偿,帮助家庭渡过难关,应该也是其中的一个原因。事实证明,女方补偿10两银子,这对于家贫如洗又有病人的家庭来说,已经不是一笔小数目了。当然,这样做也是无奈之举。

道光十年,王芳成的父亲王文益凭萧守庆为媒,聘定颜邦元的长女颜姑与子为婚,尚未接娶过门。到十一年,因家里贫苦难度,王文益把颜姑休退,立有退婚手印字据,得钱3千文使用,颜

————————

① 《巴县档案》6－2－4275,嘉庆十二年九月十五日。

邦元就把颜姑另许王文照为妻,双方倒也相安无事。岂知到道光二十七年,也就是退婚 16 年之后,王文益亡故,王芳成欲向王文照图索钱文,投鸣原媒萧守庆与颜邦元理论,颜邦元不依,互相肆闹,王芳成到县衙把颜邦元、王文照等人具控案下。经过审讯,王芳成不应图索妄控,将其掌责,断令颜姑仍归王文照具领。① 家庭贫困、无钱使用,是发生退悔婚的主要原因。

(二)因为女方的原因而退悔

女方被刁拐私逃,男方肯定不愿完娶。王喜姑年 18 岁,自幼凭媒许配张合兴的儿子张孝才(14 岁)为妻,尚未过门。王喜姑被胡裁缝刁拐出逃匿藏,后被父亲王科成拿获领回。但是张合兴听说这件事后,就要求退婚,不愿再娶王喜姑为媳,知县判张合兴仍将王喜姑领回,与儿子张孝才完婚。张合兴具告状,表明不愿完娶,"切民虽贫农,清白传家,民子□□结姻,岂甘娶奸拐之女,贻讥门风? 况民并未得钱,何堪估娶? 迫叩唤究,俾民子另娶割祸"。知县李并未支持张合兴的诉求,批:"案经讯结,仅可凭证理处,毋得兴讼。"②分析此案,王喜姑被刁拐的原因有两点:第一,王喜姑 18 岁,未婚夫张孝才 14 岁,比她还小 4 岁,王喜姑早就到了结婚的年龄,然而因为未婚夫尚未成年,迟迟不能完配;第二,根据案情分析,王喜姑有嫌贫爱富的可能,胡裁缝说另外给她找富家子弟,她就跟同胡裁缝来到了渝城。对张合兴来说,自己儿子的婚姻肯定要慎重,虽然家庭贫穷,但家风清白,不容娶奸拐之女,再加上女方本就有嫌贫爱富的迹象,男方更加不愿意继续这桩姻缘了。但是,知县显然对张合兴的退婚诉求不予支持,初讯

---

①《巴县档案》6-3-9569,道光二十七年五月十四日。
②《巴县档案》6-5-8259,同治十三年七月初七日。

和复讯时都要求张合兴仍然将王喜姑领回完配,即使在张合兴具状说明原因之后,知县还是让张合兴私下理处,毋得兴讼。

女方患病不愈也是男方要求退婚的原因之一。孀妇黄陈氏之女凭陈李氏、江李氏为媒,许配李子珍之子李世海为婚,插香过庚,尚未报期迎娶。不料黄陈氏之女患上恶疾,日久难愈。李子珍父子查知,要求退悔。为了避免以后双方翻悔,李子珍父子出立了永杜后患文约,黄陈氏也出具存状,说明情况,以杜后患。①

> 立出承认了息、永杜后患文约人李子珍同子世海。情因光绪卅年七月初六日,凭媒陈李氏、江李氏等说合,黄陈氏之女与身子世海为妻。下聘后诓知伊女身藏恶疾,难以择吉完婚。经身查知,旋凭媒并亲族等只得与子商议,甘允开笼放鹊,仍将伊女红庚凭媒退还,恁随黄陈氏将女治愈另行择配。至黄陈氏前期应收身聘金饰物,亦照揭还,两造均不得异言称说。自了之后,永杜后患。凡属李黄二姓亲族已在未在人等,亦无另生枝节。此系两造均甘了息杜患,其中并无勉强等情。今欲有凭,特立了息文约二纸合同,各执存据。
>
> 扣有合同日后再有红庚均作废纸无用
>
> 凭媒证　赖明之、杜清和、刘甫、龚维周、朱上林笔同在
>
> 光绪三十三年七月二十一日立出承认了息杜患文约人李子珍同子世海　有押

从李子珍父子出立的永杜后患文约,我们可以清楚地了解到事情的来龙去脉和处理结果。女方患有恶疾,久治不愈,不能完

---

① 《巴县档案》6—6—25384,光绪三十三年七月二十一日。

婚。男方将女方红庚凭媒退还,任随女方治愈后另行择配;女方前期从男方处所收的聘金饰物,全部还给男方,两造均不得异言称说。这样的结果对男女双方来说都是可以接受的。

第二节　已经成配而退婚

相对尚未成配而退婚的情况来讲,已经成配而退婚的案例要多得多。有家庭贫困的原因,也有卖娼、私逃、患病等犯七出之条的原因,更有发生诉讼后退婚的情况。在清代民间的婚姻关系中,男方占有更多的主动权和控制权,解除婚姻关系的大权掌握在男方手中。"夫可以出妻",但是"妻不得自绝于夫"。也就是说,在当时的社会背景之下,男女社会地位极不平等,体现在离婚问题上,丈夫有休妻的特权,而妻子并没有离婚的自由。[①] 根据巴县婚姻档案所反映的实际情况来看,尽管在退婚档案中男方退婚占了绝大多数,但女方退婚的情况依然存在,这主要与双方的家庭经济状况有关。

一、女方退婚

女方退婚可能主要与男方家的经济条件有关,嫌贫爱富者并不罕见。程宗富昔年凭媒娶杨受章女儿杨氏为妻,插香 6 年,过门 4 年,夫妻和睦。杨受章见女婿程宗富家贫,亲家程绍中本分,哄女儿女婿到渝城同住。后来杨受章嫌贫爱富,逼程宗富书立退字,要逼女儿另嫁。程宗富夫妻不甘,到案喊控。经过审讯,实系杨受章见程宗富家里贫寒,起意嫌贫爱富,逼立退婚文约情真。

---

①董小红:《略论中国古代的离婚制度》,《法制与社会》2006 年第 10 期。

断令将杨受章笞责锁押,给女儿女婿1780文钱回家安业,具出甘结,日后再不嫌贫爱富。并把程绍中传到案下,将儿子儿媳领回,日后不再与杨受章往来。①

程杨两家已经结亲多年,双方之间的了解应该已经很透彻了。尤其是女方,多年前就应该考察过男方的家庭经济状况,为什么会发生嫌贫逼退另嫁的情况呢? 笔者认为,男女双方订婚太早,对双方将来的婚姻和家庭生活可能带来不利的影响,发生悔婚和退婚的几率较大。订婚太早,离真正婚配的时间短则几年,长则十几年。在这么长的时间范围内,双方家庭可能会发生很大的变化:家庭经济方面可能由盛至衰,为将来的嫌贫爱富埋下伏笔;家庭成员方面可能发生重大变故,直接影响到婚约的履行。这些不确定因素,极有可能会导致将来的各种婚姻纠纷,尤其是悔婚退婚。知县对程宗富捍卫自己的婚姻给予了很大的支持,不仅将嫌贫爱富逼女再嫁的杨受章笞责锁押,还让他给女儿女婿钱文回家安业,以后不再与女儿女婿往来。知县作为"父母官",通过对诉讼的审断来维护下层贫苦百姓的基本权益。婚姻乃人伦之首,像杨受章这样的嫌贫爱富、逼退另嫁者,从古至今都是不受人欢迎的。

还有许配收钱之后又后悔的。龙文合与妻子罗氏,凭媒将女儿龙氏(18岁)许配傅福长(47岁)名下为继室,收聘金银80两,立出允婚全收文约。在文约中表态称"即后傅姓搬迁回籍居住,龙姓宗亲已在未在人等亦不得从中把持阻拦……即日傅姓搬迁回黔,或风寒暑湿,听天安命",哪知龙氏过门之后,龙文合纵容女儿泼蛮辱骂,想要悔婚,傅福长控案。经过审讯,断令龙文合等人

①《巴县档案》6－3－9603,道光二十八年正月十九日。

不应挈银悔婚,限三日缴还聘金银 80 两。因龙文合家贫,无力措缴,经邻里等人从中挽劝,将傅龙氏、龙文合等人分别掌责,从宽免缴聘金银,两造具结完案。[①] 龙文合将 18 岁的女儿嫁给 47 岁的傅福长为继室,收取对方 80 两聘金银后悔婚,有图财之嫌。傅福长在供状中称"这龙文合家寒,无力呈缴,央陈从善们再三挽劝职员和好息事,职员是异乡人,业已岁暮无日,甘愿来求结案的",反映出傅福长甘愿免追聘金银,不愿久陷诉讼,想要早日结案的想法。龙义合收取对方聘金银后又悔婚,虽然受到了掌责的惩罚,但是女儿回到了娘家,80 两银子也不用还了,真是一笔极好的"买卖"。毋庸置疑的是,这一判决会助长民间"挈银悔婚"的风气。

　　不仅有女方退婚的情况存在,还有女性当事人亲自立约退婚的案例。乾隆五十三年,秦氏不愿随丈夫搬回原籍,甘愿出家为尼。秦氏所立的出约如下:

　　　　立出字妇秦氏,因四十八年自主嫁与徐以仁为妾,至五十三年以仁欲搬眷回籍,氏因身有残疾不愿归楚,向以仁哀求情愿出家为尼。当收徐以仁银三十两、钱二十千文,以为终身度日之资。此系以仁甘心愿出,并无勒逼等情。自出字之后,再不缠扰,徐姓亦勿翻悔。特立一纸,永远为执存照。

　　　　凭亲　周必从、唐文锦　同在
　　　　乾隆五十三年腊月初八日立出字妇秦氏　有押[②]

---

①《巴县档案》6-6-23210,光绪二年十一月二十九日。
②《乾隆五十三年十二月初八日秦氏出约》,四川省档案馆编:《清代巴县档案整理初编·司法卷·乾隆朝》(二),成都:西南交通大学出版社,2015年,第 90 页。

　　此约说明,在婚姻关系中,并不是只有男方才能出妻,女方也可以亲立出约。不仅如此,丈夫还要支付她一定的费用,以作度日之资。类似的案例在巴县档案中是比较罕见的。

二、男方退婚

　　相较而言,男方提出退婚比女方提出退婚的案例更多,原因也更为多样。只要女方让丈夫或者夫家人不满,就有可能被休退,这种观念在文学作品中多有体现。南宋诗人陆游与原配妻子唐婉恩爱有加,经常在一起唱和诗句,引起陆游母亲的强烈不满,认为唐婉会耽误陆游的前程,加上唐婉婚后数年未育,遂令陆游将其休退。中国文学史上第一部长篇叙事诗《孔雀东南飞》也讲述了焦仲卿之妻刘兰芝因为不被婆婆喜爱而被休退、最终夫妇双双自杀的故事。从中可以看出,男方在婚姻关系中居于更为有利的位置,而女方的处境非常不利,往往可能因为极小的原因甚至仅仅不被婆婆喜欢就被休退。从另外一个方面来看,婚姻关系中的男性当事人并不是"男方"的代名词,他们也可能是封建制度下的牺牲品,被母亲强令休掉爱妻的陆游和焦仲卿即是如此。

　　巴县档案中所见男方退婚的案例较多,退婚原因也多种多样,既有因女方的原因或过错而退婚的,也有因男方的原因或过错而退婚的。

　　(一)因女方的原因或过错而退婚

　　古代社会,遗弃或休弃妻子称为"出妻"或"弃妻",简称为"出"。共有七出:一曰无子;二曰淫佚;三曰不事舅姑;四曰口舌;五曰盗窃;六曰妒忌;七曰恶疾。妻子符合其中一条,丈夫便可休妻。这实际上是在维护夫权的核心利益,也是妇女地位低下的体现。巴县档案中,女方的过错主要体现在犯七出之条中的一条或者多条。

1.因无子而休退

出妻条款中,第一条就是"无子",意思是如果妇女无育,准予男方出妻。光绪十七年何秀峰凭程春圃为媒,娶程静轩之女程氏为妻,过门两载,没有生育,故称程氏患有隐疾,有碍诞育,将程氏送归娘家,准备另娶接嗣,程静轩到衙门控案。① 知县不但没有支持何秀峰的出妻行为,反而对他们进行了严厉的惩罚——父子联锁,抄录前任知县的批示,贴牌臂负,游历城厢,目的是"以为无故出妻并纵其子退妻者戒"。从知县初讯和两次复讯的判词,可以看出知县对无故出妻行为的深恶痛绝。

初讯判词:

> 讯得何义美之子何秀峰凭媒程春圃娶程静轩之女程氏为妻,光绪十七年过门成配,团娶两年,并无失德。突见绝于其夫迫令大归,何秀峰因恐此事有碍伦常,于去八月架捏内有隐疾,不能生育,以恳存防患存案,为出妻再娶地步。经前任县明白批示,反复批发,何秀峰父子等即当遵照批示,激发天良,或议出银若干给程静轩,为程氏养身之费,否则再娶妾妻,俾程氏衣食有赖。乃计不出借口奇疾不能诞育大题目,希图悔退,有是理乎? 抑知男女婚配,媒妁与父命俱重,何义美如非纵肆,其子秀峰焉敢? 为此,着将何义美掌责,与其子秀峰一并联锁,抄录前任县存案批示,贴牌臂负,游历城厢,俾众咸观,以为无故出妻并纵其子退妻者戒。此判。

第一次复讯判词:

---

① 《巴县档案》6-6-24667,光绪十九年三月二十六日。

此案前经讯明,何义美不应纵子出妻,捏以隐疾,前将义美掌责联锁,其子秀峰游行示众。程氏过门两载,并无失德,何能弃置出妻再娶,有乖伦常。如其有碍诞育,尔可娶妾承嗣。谕令何义美父子当堂将程氏领回,从厚宽待,不能嫌贱。否或每年给谷五六石,作程氏食养,外给每年零用。不足,义美帮给;有余,亦归何姓。各结完案。此判。

第二次复讯判词:

此案何义美父子既甘愿将程静轩女领回,从厚宽待,不致弃贱,总以程氏终身衣食有赖,过养平生。着将何秀峰开释回乡,务敦和好。如果程氏有碍诞育,许尔何秀峰娶妾承嗣。至程氏回家宜尽内则,无得翻弄是非。各结完案。此判。

由此可见,虽然有无子出妻的先例和传统,但清末衙门在断案的具体执行过程中,如果妇女无子,准许男方纳妾承嗣,但不准出妻,这是一种变通的行为。承嗣的问题可以通过纳妾解决,如果妻子并无失德行为,是不能被休退的,这是对妇女的保护。这项保护也仅仅是保证妇女有吃穿和基本的生活用度,无法挽回失去的夫妻情分。女方即使没有被休退,以后的日子也是很难过的。就此案而言,知县最大程度地保护了程氏的利益,但就在接下来的几年里,双方还是纷争不断:光绪二十年,何义美为串朦扛撞事具禀状,禀控程静轩阻挠何秀峰纳妾;何秀峰也为遵恩作主事具存状,说程氏父亲教程氏在家泼蛮,阻挠何秀峰纳妾。可见,家庭矛盾已经难以调解。何秀峰存状中提到,"民仍与妻同居,况妻废残,石身无出",说明何秀峰还是遵从了知县的判决,保证了妻子的基本生活,但夫妻情分已经消失殆尽,夫妻关系也是名存实亡。

像本案这样每次堂审都有知县详细判词的情况，是到光绪年间才普遍出现的。乾隆、嘉庆、道光、咸丰、同治年间，巴县档案中极少见到明确而清晰的判词。[1] 想要知道知县的态度和最终的判决结果，可以从堂审供词和原被两造的结状中获得。一般而言，在每个当事人堂审供词的最后都有这样一句话："今蒙审讯"，这句话后面就是案件的大体回顾和知县的判决；结状中，"今蒙审讯""沐恩讯明"后面所记载的也是知县的判决结果。

比如前述道光年间程宗富控丈人杨受章嫌贫逼退另嫁一案中，杨受章的供词如下：

> 问据。杨受章供：小的在本城蔡家石板住居，娶妻张氏。昔年将女儿许配程宗富为妻，插香六年，过门四年。小的见他家贫，亲家程绍中本分。去年哄他夫妻来渝城与小的同居住坐。到今年小的将女儿另看别人，逼他书立退字。孰知他夫妻心里不甘，来在案下把小的喊控的。今蒙审讯，实系小的见程宗富家里贫寒，起意嫌贫爱富，逼立退婚文约情真。把小的笞责锁押，谕令具出甘结，日后再不嫌贫爱富，俟把程绍中传到案下，将他夫妻领回，不与小的相涉，只求施恩。

杨受章的结状如下：

---

[1] 关于这一点，里赞在其著作中也有提及。他对四川省档案馆和四川大学历史系共同编纂的《清代乾嘉道巴县档案选编》进行了统计，发现此汇编共有案例 579 件，而有明确判词的只有 8 件，所占比例仅为 1.38%。相比而言，南部档案有判词的案件数量占比为 50%，比巴县档案高出很多。见里赞：《晚清州县诉讼中的审断问题——侧重四川南部县的实践》，北京：法律出版社，2010 年，第 77—82 页。

具甘结人杨受章,今于大老爷台前为结状事。情蚁被女婿程宗富喊控在案,沐 恩讯明,实系蚁见伊家贫寒,起意退婚,逼伊书立退婚文约情真,将蚁笞责。谕令蚁日后再不得嫌贫爱富,倘事后仍蹈前辙,自甘坐罪无辞。中间不虚,结状是实。

知县没有单独的明确的判词,知县的判决结果都在供词和结状中体现出来了。笔者认为,相比而言,光绪年间单独列出详细判词的做法更为合适。在这个单独的判词里,知县会对案件内容有一个基本的陈述,知县对案件的态度、对案件的判决非常详细,也非常清楚,一目了然,不论是知县的上司了解案情,还是作为档案留存,都是更为合适的。当然,对我们今天的研究者来说,也更喜欢这样的判词。

2. 因犯奸、卖娼而休退

出妻条款中,第二条就是"淫佚",意思是妻子与丈夫之外的男性发生性关系,具体表现在犯奸、卖娼等方面。周氏自幼与金维见为妻,道光二十九年夫故,凭媒嫁与王保基为妻。咸丰三年八月间,王保基出外贸易未回,周氏不守妇道,在万寿宫坎脚卖娼。至九月间,王保基回家,把周氏找获,投鸣娘家并街邻,把周氏退回。因无钱度日,周氏就捏说王保基把她以前的赔奁卖用,彼此肆闹,喊控案下。经过审讯,周氏不守妇道,理应掌责,念系女流,从宽免究。谕令周氏与王保基情甘离异,俟传娘家领回另行择配,日后不能寻王保基滋事。① 周氏乘丈夫不在卖娼,有错在先,丈夫将其休退,也在情理之中。周氏因无钱度日,将丈夫捏

---

① 《巴县档案》6-4-5092,咸丰四年三月十二日。

控在案,知县并没有支持周氏的诉求,仍然判夫妻离异,周氏由娘家领回另嫁。

李玉轩,30岁,原配故,遗三子,续娶陈万顺之女陈氏(17岁)为妻。陈氏正月十四日过门,八月二十八日生产一孩。李玉轩认为妻子过门仅仅八月就生产,肯定是在娘家时不守闺门、与人有私而身怀有孕,立写休书,将陈氏退回娘家。①

> 立甘愿休书、永断后患人李玉轩,情因去岁吴炳荣夫妇来家为媒,说合陈万顺之女与余填房为室,于今岁正月十四日过门。一月之久,余已出门贸易在外,于七月初旬返家。方知此女在娘家骄养成性,不守闺范,败坏门风,偷引情人,身怀有孕,丧节败德。前月二十八日,业已生产。伊自知情愧理虚,将乳子整死,凭伊父母来家,以知羞愧无脸,愿将己女领回。此女过门以来,不遵母训,累常要回娘家,每次久住不归。吾母卧病在床,连接数次,伊疲玩姑侍夫抚子,常常如此。上不敬孝道,下不慈前门之儿。只望娶媳敬姑侍夫抚子,谁知如此行为糊涂,败俗伤风,孝何在焉?节何存焉?若不退归娘家,恐将来后患难防,贻害非浅。自休之后,恁凭陈姓嫁张嫁王,余不得异言、另生枝叶。此系甘愿断患、永勿翻悔。今恐无凭,立休书为据。
>
> 外奁妆首饰衣服等件,当面并点交清白,红庚亦亲收领讫,特此又批。
>
> 凭证　媒人吴炳荣、赖正兴、吴玉发、邱永喆　同在
> 光绪三十三年九月初三日立休书人李玉轩亲笔

---

① 《巴县档案》6—6—25397,光绪三十三年九月初三日。

在休书中,李玉轩陈述了妻子陈氏的种种"罪行":败坏门风、偷引情人、身怀有孕、丧节败德;不遵母训,常回娘家久住不归;母亲卧病在床,多次疲玩不面;上不敬孝道,下不慈前门之儿。不孝不节,仅仅这两条"罪状",就足够将陈氏休退多次了。陈万顺对女儿被休之事不服,认为这一切都是李玉轩前妻之母龙罗氏唆使的,把陈玉轩、龙罗氏具控在案。经过审讯,知县判决如下:"讯得李陈氏过门八月,始生一子,并不为私。察看陈氏,人尚安静,且年仅十七,不至别有所好,应令李玉轩照旧领去团聚。惟既有此讼,以后不必回娘家,准陈李氏(李陈氏母亲)到李家望女。至龙罗氏,系李玉轩前妻之母,己女已死,亦不准再到李姓之门。倘陈氏再敢私自回家,定惟陈万顺是问。"知县认为陈氏过门八月生子也属正常,认同了陈氏生子的合理性,没有支持李玉轩休退妻子的诉求。

3. 因不孝顺公婆、与公婆有矛盾而休退

七出之条中,第三条是"不事舅姑",意思是妻子不孝顺丈夫的父母。清代社会,嫁夫从夫,丈夫的父母比亲生父母更为重要,如果不听公婆教训会被认为是不孝顺公婆,面临被夫家休退的风险。童养媳徐长姑不听翁姑教训,私自逃走,被公公瞿荣控案。知县认为徐长姑已犯七弃之条,瞿荣立出退约,将徐长姑退回,由徐长姑父亲徐文秀领回另嫁。①

与公婆关系不好而退婚的还有一例。孙洪发,年71岁,在渝城开设灯笼铺生理。胞弟孙世宝夫妇早故,遗有一女名招姑,抚养成人。同治九年,凭吴积盛为媒,把招姑嫁与黄文良之子黄金生(21岁)为妻。同治十一年八月初二日,黄文良父子把招姑退

---

①《巴县档案》6-1-1781,乾隆五十三年四月初二日。

回,称说招姑不守妇道。孙洪发不依,投凭街邻理讲不从,以嫌退毒殴将黄文良父子具控在案。① 在禀状中,黄金生说孙氏不孝不敬,常有淫奔私情,理应犯出,还蓄意偷情,屡寻滋祸不休。在堂审中,黄文良供称,过门后儿媳孙氏屡次与自己不睦,才同儿子把孙氏送到孙洪发家里,称说儿媳不守妇道。一份是黄金生的禀状,一份是黄文良的供状,笔者认为,相比而言,供词比禀状的可信度更高。在告状、诉状、禀状、恳状等单方面出具的状纸中,诉讼当事人为了诉说自己的情状有多么惨,对方有多么可恶、多么天理不容,常常竭尽无中生有、夸大事实之能事,以博取知县的同情,给知县留下我善他恶的印象。与告、诉、禀、恳等状不同的是,供词并不是当事人单方面的说辞,而是堂审的记录。堂审时知县大人高高地坐在公堂之上,背后悬挂着“明镜高悬”的牌匾,公堂两侧站立着手拿棍子的威严的皂隶,还整齐地摆放着各种刑具,置身其中让人两腿发软、毛骨悚然。在这种森严肃穆的气氛之下,原被两造、干证跪在堂上互相对质,想必也不敢乱说,最起码乱说的几率相对较小。因此,供词是相对更加贴近事实的记录。本案中,黄金生在禀状中称孙氏不孝不敬、蓄意偷情、屡次滋祸,而黄文良在供词中只提到了儿媳与自己不睦,并没有提到蓄意偷情等字眼。由此可见,孙氏与翁公黄文良不睦是真,蓄意偷情只是为了达到退婚目的而找的借口罢了。经过审讯,原被两造甘愿离异,孙氏愿意守节,断令夫家给孙氏守费银 80 两,当年给银 40 两,次年给银 40 两,均给孙洪发呈领,双方具结备案。

　　4.因患有恶疾而休退

　　在七出之条中,第七条就是“恶疾”。何谓“恶疾”,“谓瘖、聋、

---

① 《巴县档案》6－5－8120,同治十一年十二月二十一日。

盲、疠、秃、跛、伛、不逮人伦之属"，主要指令人厌恶的或者难以医治的疾病。当妻子患有这些疾病时，丈夫可以休妻。巴县档案中，笔者尚未见到妇女患有以上疾病而被休退的情况，但是有两则因妻子是实女而被丈夫休退的案例。所谓"实女"，即"石女"，指的是女子从未来月经而无明显病状者，也指没有阴道的女子。患有此"恶疾"的女子不能与丈夫过夫妻生活，更为重要的是不能怀孕生子，不能承担繁衍子嗣的重大使命。

　　咸丰元年，廖荣华以嫌拆勒领控谭天元父子在案，称谭天元凭媒幼聘廖荣华女儿廖长姑与伊子谭新喜为婚。当年二月，廖长姑年甫13岁，被谭天元强娶过门，与子完配。到八月初九，谭天元突称廖长姑年幼痴愚，要廖荣华领回抚养。廖荣华不甘允，认为谭天元勒拆童婚、有违人伦，赴案具控。乡邻伍天明、牟双和等具息状，说明了谭天元退婚的真正原因是廖长姑天生患阴实，不能为妻。经过双方私下协商，原被两造不愿终讼。谭天元父子甘愿出备衣单钱15串，将廖长姑退交廖荣华领归，批剃入庙为尼。知县觉罗祥批："既据理明，准如呈销案，各结存查"，同意销案。① 廖长姑患的是阴实，在清代医疗条件有限的情况之下，廖长姑无法得到有效的治疗，夫家不能容留她，娘家也不能将其再嫁，最后送入庙中为尼。

　　同样因妻子是实女而退婚的还有一例。江玉芳学习翠花手艺生理，道光十七年正月间凭江兴发为媒，说娶周升之女周氏为婚，二月十七日接娶过门。后来发现周氏是实女，江玉芳请稳婆已确认过。至三月十四日，江玉芳把周氏送回娘家，周升不依，来案鸣冤。经过审讯并传稳婆查验，江玉芳的妻子周氏确实是实女，不能生育，

_____

① 《巴县档案》6－4－4919，咸丰元年八月二十二日。

断令江玉芳帮给周升钱1千文,将接娶周氏时的衣服并周氏一起当堂交给周升领回,听周氏自便。[1]　周升以抬轿营生,妻子早故,只有这么一个女儿,本想长大成人出嫁完成自己的心愿,可是女儿却被夫家退回。因为是实女,也不可能再许他人。

实女不能过夫妻生活,不能生育,夫家要求退婚也在情理之中,知县对夫家的诉求予以支持。在"不孝有三,无后为大"的观念影响之下,知县捍卫了夫家应有的权利。但因为廖长姑、周氏本身在主观上并没有过错,知县判夫家给予一定的经济补偿,对双方来说都是比较合理的判决。

5.女方犯七出中的两条或者两条以上被休退

宋昭姑年幼时父故母醮,由伯母宋龚氏抚成,嫁冷焕廷为妻。过门十余载,婆婆和丈夫与其不睦。不仅没有生育,而且不敬婆婆,将婆婆冷李氏殴伤,犯了七出中第一条"无子"和第三条"不事舅姑",被夫家立出退约,交给宋姓领回。[2]

> 立出退领合约人冷焕廷、宋金山、宋日发、宋坤山、宋复顺、宋三十等,情身嫡堂妹宋昭姑嫁配冷焕廷为妻。因宋昭姑父故母醮,失于教训,以致宋昭姑过门不孝翁姑,目无夫主,泼悍妒忌,致害侄孩生命,难以备举。昭姑并无生育,今四月十八日,宋昭姑在冷门凶恶殴姑,冷李氏受伤属实。族人议送公廷,冷焕廷畏管妻不严之罪,愿将其妻宋昭姑退回娘家,央免送究。宋姓亦甘愿领回,自行以妇道教训。日后宋昭姑或另嫁别人,冷焕廷、宋金山弟兄均无异言。事欲有凭,立退领合约二纸,各执为据。

---

① 《巴县档案》6-3-9157,道光十七年三月十五日。
② 《巴县档案》6-6-24685,光绪十八年十一月二十一日。

　　合同为据(半印)

　　凭　沈复安、刘谷春、李松盛、冷茂昭、冷玉山、万源兴笔
同在

　　光绪十八年壬辰岁四月二十日立退领合约人宋金山、冷
焕廷、宋日发、宋复顺、宋坤山、宋三十

　　此案很可疑的是,尽管冷家与宋家共同立出退领文约,但宋
家其实并没有将宋昭姑领回。根据档案记载,宋金山勒要冷家出
银20两,冷家不允,宋家未将宋昭姑领回。冷家就把昭姑嫁给周
洪顺为妻,并未得银钱布物。宋家得知情由,将冷家具控。知县
讯断:"讯得冷焕廷之妻宋昭姑过门十余载,不敬翁姑,无育犯出,
应交宋姓领回,如违禀究。不应私嫁,已予掌责……谕宋金山伊
妹宋昭姑与姑母、丈夫不睦,当堂自行领回,听其坐嫁自便,不与
冷周二姓相涉。均各具结备案。此判。"

　　(二)因男方的原因或过错而退婚

　　因男方原因退婚最为常见的是经济方面的原因。李大成为
串透霸占事控蓝汪氏一卷,李大成称,先年父亲李正隆凭媒抱罗
汪氏的女儿罗姑9岁过门,14岁成配。后来岳母罗汪氏再嫁蓝
家,给自己15两银子外出做生意,结果蓝汪氏与妻舅汪二乘自己
不在家,伙同将妻子罗姑嫁卖给曾三掌柜,得银子300两。通过
原被两造的供词和结状,我们才弄清楚了事情的来龙去脉:咸丰
元年,李大成父亲李正隆抱罗姑为女,咸丰六年与李大成婚配。
同治二年七月,李大成家贫,日食无度,主动要求将妻子退回娘家
择户另嫁,并出有退约,岳母给银子15两。等银子花完,李大成
复向岳母滋索,被拒绝后,将岳母和妻舅控案。李大成在禀状中
夸大歪曲事实,不仅说岳母等人嫁卖其妻,还说岳母等人透掣其

衣饰,结果证明都是颠倒歪曲事实,知县断:李大成退而复索,将其掌责,双方具结备案。①

张贵有即张代有为串霸伤化事具控何三等一案,②张贵有在乡务农为业,幼娶熊范氏之女熊氏为妻,过门数载无育。因张贵有身染瘫疾,家贫无度,央请舅爷徐世才与岳母熊范氏相商,把妻子熊氏退回娘家,立有字约,任凭改嫁,熊范氏付给银 10 两钱 4 千文,张贵有上庙出家。

> 立出自愿甘心休妻上庙文约人张代有。情因幼娶熊氏为妻,今已数载。至今身染怪病,半身不遂,已有四载,将身银钱用尽,日食难度。哀祈族中人等,全无看顾。身秧【央】请舅爷徐世才再三晚【挽】劝岳母熊范氏,将妻领去令【另】醮,身各逃生命。身哀祈地方苦劝岳母熊范氏施舍银十两,外铜钱四千文,凭众地方眼见入手,交与身亲自收领,以作代有上庙衣单,身永不忘恩。愿妻熊氏今选高门,身永不异言。此系心甘悦服,其中并无逼勒屈强等情。倘有意【异】言,徐世才以免承当,不与熊姓人等相涉。今恐人心巧变多端,特立休妻书文约一纸,与岳母熊范氏、妻熊氏永远存照为据。
>
> 光绪四年十二月十九日立出休妻上庙文约人张代有
> 有押

张代有身染疾病、半身不遂、家贫难度,因此退婚。退婚之后,张代有也无法养活自己,只有凭退婚时女方给的银钱上庙出家,后来张代有听唆控案。

---

① 《巴县档案》6-5-7455,同治四年十二月十二日。
② 《巴县档案》6-6-23543,光绪五年二月初五日。

范懿珍为退明滋祸、迫叩拘究事具告李成林一案,①范懿珍之女范长姑幼许李彭氏之子李成林为婚,嘉庆元年成配,生有子女夭亡。因李成林父故母孀,无人约束,嫖赌无聊,家贫如洗,衣食维艰,难以养活妻子,嘉庆十二年,李成林与母亲李彭氏凭原媒立出退婚脚模手印文约,情愿将范长姑退回,范懿珍与李成林钱5千文。后来李成林退后图搕,又到范家寻祸滋事,范懿珍将其具控案下。

以上案例的共同点主要表现几个方面:第一,夫家贫苦、日食难度。导致家贫的原因各不相同,有的是因病致贫,有的是挥霍致贫。第二,主动退婚。夫家因家贫主动要求退婚,自愿将女方退回另嫁,都立有退婚文约。第三,退婚时女方都给了男方一定的经济补偿。补偿数额不等,分别为15两银子、10两银子钱外加铜钱4千文、铜钱5千文。第四,退后图索、进而生控。尽管已经立出了退婚文约,女方也进行了一定的经济补偿,但是依然没能避免退婚后的纠纷和诉讼。

如男方之行为有违法律,在各方压力之下也可能会选择退婚。江有龙原籍璧山县,在已经娶妻生子的情况下,又娶唐氏为婚,这种停妻再娶的行为是不被法律所允许的。再加上与后妻唐氏之间感情并不和睦,于是凭街邻自愿将唐氏休退,交给娘家领回另行择户。②

逼妻为娼也是产生纠纷并退婚的重要原因之一。张氏与陈兴发是夫妻,搬到渝城住坐。因生意折本、日食难敷,陈兴发叫张氏在兴隆巷卖娼度日,张氏不从,与丈夫时常吵闹。张氏的母亲

---

①《巴县档案》6-2-4274,嘉庆十二年九月二十三日。
②《巴县档案》6-2-4331,嘉庆十二年十一月十三日。

张戴氏来渝查知不依,投鸣街邻,理斥陈兴发不应逼妻卖娼。陈兴发自知情亏,自愿出立退婚约据,允许张氏另行择户从良。后张氏改嫁徐思庄为妻,陈兴发得过财礼银两,立有从良主婚字据与徐思庄存执。因陈兴发复向徐思庄图索不遂,张戴氏到案喊禀。①

还有的人以休妻、退妻为名行卖妻之实。蔡永一将妻子赵氏同女儿招弟在渝寻找买主,立出甘愿退妻恁随再醮文约,表示不论远近,也不管为妻还是作妾,对方须得支付其 10 两银子,这其实并不是退妻,而是明显的卖妻行为。② 仅仅从"退妻恁行再醮文约"这个名称我们无法判断问题的实质,只有透过内容才能窥见真相。退妻并不是蔡永一的目的,这 10 两银子才是他想要的。此外,还有夫家要女方娘家人出钱赎回女儿的案例,打的也是休妻、退妻的旗号,但要娘家出钱换回女儿,其本质也是卖妻,只不过不是卖给别人,而是卖给娘家而已。龚正才于咸丰五年娶周氏为妻,夫妻不睦生讼,知县断离,因邻戚挽劝龚正才仍将周氏领回。后因家庭贫困,夫妻再度生怨,互控在案。龚正才要周氏娘家出银 32 两赎回周氏,或嫁或守,听其自便,并立出休退文约。

> 立出情甘休离、永不翻悔文约人龚正才,情咸丰五年,身说娶周鞠氏之女周氏为妻,反目成仇,同治二年构讼县辕王主讯断,两愿离异。后因邻戚挽劝,身仍领回。手艺贫苦,无力养活,始傍娘家居住。身揑以寻获奸拐、周氏以卖贱难甘互控在案,尚未审讯。身思周氏久生嫌怨,难以管束,情甘离异休退。又经约邻陈厚堂、石星堂等念身久讼拖累,从中苦

①《巴县档案》6－3－9580,道光二十七年二月初十日。
②《巴县档案》6－3－9734,道光二十九年八月十八日。

劝周鞠氏出银三十二两正,凭众交身亲手领讫,将伊女赎回,
或嫁或守,听伊自便。以前夫妻嫌言官非诸事一切等项,当
众剖明结清,永无异言翻悔。自后身若借嫁生枝、寻祸滋非,
概有龚荣廷承担,认团约石星堂、陈厚堂执约禀官,自甘坐罪
无辞,不与鞠氏母女相涉,亦不得累及说娶之人。倘周姓老
幼日后异言生枝,亦有石星堂等承担。此系身心甘意愿,并
无逼勒套哄等情,恐后无凭,自立离异一纸,交与周鞠氏母女
存据。

　　凭詹清镒、伍炳灵、陈乐齐笔

　　同治六年八月十二日立情甘休离、永不翻悔文约龚正才①

　　文约中龚正才大言不惭地直接道明其卖妻的行径:"苦劝周
鞠氏出银三十二两正,凭众交身亲手领讫,将伊女赎回,或嫁或
守,听伊自便。以前夫妻嫌言官非诸事一切等项,当众剖明结清,
永无异言翻悔。"我们所见到的其他休退卖妻文约,大多会以"休
妻""退婚"等说法委婉地加以粉饰,不会直接道出"卖妻"的目的,
而龚正才用了"赎回"一词,连粉饰都一并省了。可以想见,如果
女方娘家不出钱将女儿赎回,有可能龚正才会像蔡永一那样将妻
子嫁卖。

　　关于赎妻的问题,不仅在巴县得见,在其他地方也有类似的
情况。据《民事习惯调查报告录》的记载,安徽省天长县也有这样
的习惯:男女成婚后,夫妇反目,不能相安,往往女家出钱,将女赎
回另嫁,谓之"赎身"。② 本案中,龚正才与妻子周氏不睦,反目成

①《巴县档案》6-5-7627,同治六年九月二十六日。
②前南京国民政府司法行政部编:《民事习惯调查报告录》,北京:中国政法
　　大学出版社,2005年,第704页。

仇,与此情况相似。福建省崇安县也有此习惯:崇安男女离婚,由女贴钱与男者,名曰"赎身";由男贴钱与女者,名曰"退身"。所以,价有赎身价、退身价之别,有赎身字、退身字之分。① 龚正才所立的是"情甘休离、永不翻悔文约",但根据其文约内容可知,实际上这份休离文约就是一份赎身文约。

三、因诉讼而退婚

夫妻之间因为各种原因而诉诸衙门,如果某一方有不合理甚至不合法的行为,可能会被断离。对男方而言,最为常见的不法行为就是逼娼、套娶。曾万洪、曾万贵之妹曾氏原嫁配赵洪义为妻,后遭洪义将其嫁卖王廷万为妾,王廷万不顾廉耻,自行勾伊表兄赵元吉至家,欲与曾氏通奸,曾氏不从肆闹,经坊差张彪、李彪查觉禀案,讯断王廷万与曾氏离异,听其另嫁,各结备案。曾万洪将妹领回,改嫁郑德泰为妻。谁知王廷万心里不服,屡次寻找郑德泰肆闹需索,郑德泰来案具控。知县断:王廷万先与曾氏离异,曾氏复行嫁配郑德泰为妻,不应向郑德泰寻祸需索,把王廷万掌责,日后不得再寻郑德泰滋事。② 王廷万逼迫曾氏与赵元吉通奸,实与逼娼无异,知县才会断离。

还有男方要将女方带回老家,女方家人不允,双方生讼而断离的。文生鄢省庵,江津县人,48 岁,自称子侄众多,乏人照理,凭媒娶陈殿元(51 岁)之女长姑为第四妾,身价银 60 两,双方立有庚

①前南京国民政府司法行政部编:《民事习惯调查报告录》,北京:中国政法大学出版社,2005 年,第 753 页。
②《巴县档案》6－3－9015,道光十三年十月。

书文约。①

> 立出庚书人陈殿元、妻廖氏夫妇,商议请凭媒证孙恒丰、
> 罗学盛二人说合,今将已下所生长女与鄢省庵名下为妾,当
> 日凭媒议定茶果银六十两整,彼即现交,陈姓夫妇入手现收,
> 并无下欠分厘。其有陈姓族内亲眷老幼已在未在人等不得
> 异言。自开亲之后,义契往来。此系二家心甘情意悦,并无
> 套哄等情。今恐人心不古,特立庚书付与鄢姓为据。
>
> 　凭媒证　孙恒丰、罗学盛、李来仪笔
> 　道光乙丑年七月十二日立庚书人陈殿元、妻廖氏

陈殿元将自己的亲生女儿长姑许配给鄢省庵为第四妾,财礼银60两,说的是"许配",其实与"卖"无异,陈殿元多少也有贪图财礼的想法,要不然谁愿意将自己的女儿给别人作妾呢?更何况还是第四妾。之后,鄢省庵欲将长姑接回江津,陈殿元不允,鄢省庵以设奸掣骗、迫叩作主事将陈殿元具控案下。鄢省庵在禀状中称对方曾经许诺"任凭为妾、搬往勿阻",陈殿元在禀状中却称"原言久住渝城,永不搬归,蚁始允许",显然双方的说法有异,互相矛盾。到底谁的说法正确?双方原来的约定是什么?谁违反了约定?弄清楚这几个问题对此案的判决至关重要。

后来任静轩、胡竹堂在息状中称:"鄢省庵于道光九年七月来渝,凭孙恒丰等为媒,说娶陈殿元之长女陈氏为妾,出有财礼六十两,原言在渝居住数年,方准接回津籍,立有认约,因省庵即欲将陈氏接回,伊父殿元拦阻,致有此控",陈殿元在结状中也提到"缘省庵娶蚁长女为妾,立有认约,在渝居住数年,乃不照约,即欲接

回,蚁难依允",可知,双方在约定中说的应该是"在渝居住数年,方准接回津籍",所以原被两造在禀状中的说辞都有一定的差错。当事人在诉状中多有夸大和不实之词,原告鄢省庵将"在渝居住数年,方准接回津籍"变成了"任凭为妾、搬往勿阻",被告陈殿元则将其变成了"原言久住渝城,永不搬归"。在巴县诉讼档案中,告状、诉状、禀状等状纸只有当事人单方面的说法,不足为信,因为他们都会朝着有利于自己的方向措辞,所以不能作为了解事实的依据。但是我们仍然可以从他们各自说法的互异之处找出疑点,往往原被两造在某一个焦点问题上的不同说辞就是了解案情真相的关键所在。带着这个疑问,继续细读后面的供状、息状、结状,就能明白真相。相信知县在审断的时候,也是先通过双方的诉状了解案情的大概缘由,然后通过堂审,在双方的对质中抽丝剥茧般地一步步获得事实真相,最终做出合情合理的判决。

鄢省庵属于过错方,违背了当初双方的承诺,并没有在渝城居住数年就要将长姑带回江津,所以他也担心遭到知县的惩罚,最终选择息案,并立出结状:"因(陈)殿元照约执见,不允生将伊女接回,生愿不要财礼,以作酒水用费,并将庚书揭还,退回陈氏,令殿元出立领约,将伊女领回另字,生后不得滋事。"甘愿将长姑退回,并且不要财礼,这是鄢省庵的高姿态。对于陈殿元来说,不用退回财礼,还可以将女儿领回另嫁,当然是最好的结局了,所以也同意息案了事。

对于女方而言,最常见的就是背夫私逃被断离,而在私逃的背后往往有更为深层的原因。夏国安在渝城莲花池居住,平日剃头手艺。咸丰二年四月间凭媒说娶刘氏为妻,立有婚约。过后,夏国安无钱度日,把婚约扯毁,不给妻子日食。刘氏无奈,逃至叶贵家。夏国安找到妻子,与叶贵口角抓扭,到衙门控案。经过审讯,夏国安赤贫,不给妻子日食,将其责惩,断令与刘氏断绝离异,刘氏嫁留听其自便。夏国安具结状"情蚁喊控叶贵并蚁妻刘氏在案,沐恩讯明,委因蚁家赤贫,不能抚养刘氏衣食,以致刘氏逃在叶贵家营工度日,将蚁责惩,断令蚁与刘氏离异,听其刘氏择户另嫁,中间不虚,离异结状是实"。①夏国安家贫无度,无法养活妻子,这是刘氏背夫私逃的真正原因所在,知县断离也在情理之中。

四、和离

"悔婚""退婚""和离",都有解除婚姻关系的意思,但在具体含义上三者还是有一定的区别。"悔婚",又叫"悔亲",主要是指男女双方已有婚约但尚未成配,其中一方因为某种原因反悔而解除婚约。"退婚"既可以指尚未成配的婚姻关系,也可以指已经成配的婚姻关系,含义比"悔婚"更广一些。"悔婚"和"退婚"都是某一方单方面的行为,并不是双方自愿。而"和离",其字面意思就是和气地离婚,指男女双方经过协商自愿离婚,双方已经就离婚的相关问题达成了协议,与"悔婚"和"退婚"单方面提出解除婚姻关系有所区别。但也不排除有的丈夫以和离的形式达到休妻之目的。董小红认为,古代丈夫虽有权出妻,但是当妻子符合"三不去"的相关规定或者并不满足出妻条件②时是不能无故休妻的,

---

① 《巴县档案》6-4-5041,咸丰三年七月二十一日。
② 尽管存在对女性极不公平的"七出"条款,但也有保护女性权益的"三不去",即无所归、与更三年丧、前贫贱后富贵。在这三种情况之下,即使妻子犯了"七出"之条,也不能休弃。另外,也不排除妻子并没有任何符合"七出"条款的行为,但因为夫妻不睦、性格不合等原因,丈夫欲将妻子休弃。甚至因为得不到公婆的喜爱,夫家欲将儿媳休退,尽管这可能并不是丈夫的意愿。

因此丈夫可能会为了掩盖自己出妻的真实目的而采取和离这种较为变通的形式。① 巴县婚姻档案中的相关案例显示,和离主要与家庭关系、经济因素有关。

妻妾不睦,夫妾离异。周次韩平日贸药生理,因发妻徐氏多病,凭媒娶杨氏为妾,过门无异。后来,周次韩贸易折本,光景不佳,杨氏与周次韩发妻徐氏不睦,光绪三十三年,双方自愿离异。杨氏嫁与周次韩已有七八年之久,周次韩帮给杨氏银40两。光绪三十四年,周次韩阻止杨氏再嫁,到县衙控案,知县断:"讯得周次韩与杨氏既经愿离,无论改嫁与否,周次韩不得干预。无论杨氏何事,周次韩不得过问。此判。"②

夫妻不睦,甘愿离异。严氏前夫病故,光绪十二年再嫁傅揖之为继室。因严氏性情不好,夫妻不睦,光绪十九年,双方甘愿离异,严氏立出自愿离异、永不生事文约。

> 立出自愿离异、永不生事人傅严氏,情因昔年前夫方学之病故,所生一子名在邦,氏抚养成人,不孝无靠。是以于光绪十二年请凭媒人简象廷说合,自愿再嫁与傅揖之为继室。因氏情性不好,累次在揖之前不尽妇道。今氏不该捏词诬告,自知情虚,磕头认错。甘愿出家,在庙修行悔过。请凭薛子恒、翁尹甫、罗兰亭相劝,揖之给氏钱五十串,细料布衣服三皮箱,又银梗子一对、银丝穿珊瑚、滕子一支、银首饰十余千、铜锡磁器什物多件,又给路费钱六十千文,又毛钱十五千文,凭众氏收执。邀恩情愿上庙出家修行忏罪,以后永不来郧生事,永断后患。氏子在邦去年自武当山出家,今来郧省

---

① 董小红:《略论中国古代的离婚制度》,《法制与社会》2006年第10期。
② 《巴县档案》6－6－25373,光绪三十三年十一月初四日。

亲,愿领同往武当山修行忏悔,以终其身。如氏走后再捏词诬告,听凭执此字禀官惩治,并有氏子在邦是问。今因恐口无凭,特立字为据。

　　凭证 薛子恒、翁尹甫、罗兰亭、安贞告依口代笔 同在
　　光绪十九年八月初四日傅严氏同子方在邦①

根据文约内容,傅揖之给严氏"钱五十串,细料布衣服三皮箱,又银梗子一对、银丝穿珊瑚、滕子一支、银首饰十余千、铜锡磁器什物多件,又给路费钱六十千文,又毛钱十五千文",严氏出家修行。

夫家贫困,夫妾离异。叶氏原配早故,道光三十年再醮李彩盛(原籍江西,离异文约中又名"李才盛")为室,②迫后屡逼为娼未允。咸丰六年八月间,李彩盛实因家贫,日食无度,夫妻两愿离异,与叶氏出立甘愿离异退婚字约,叶氏给李彩盛财礼银12两。

　　立出自甘离异退约人李才盛,情身江西民籍,道光卅年,在叙府说娶寡妇彭叶氏为室,过门后身命途多舛,兼之叶氏为贱,身并将叶氏衣饰花销。今叶氏不愿为贱,身又日食莫度,尚遗发妻。身欲带叶氏回籍不从,只得酌商心甘离异,各逃生命。身出退约,交叶氏收存。氏悯身异孤,将动用木器抵借银十二两,给身作路费,入手亲收,并无少欠。自退之后,凭凭叶氏自主改嫁,身已在未在人等不得异言。此系心

————————

① 《巴县档案》6—6—25150,光绪十九年八月初四日。
② 档案中一直没有明确叶氏嫁给李彩盛是妻还是妾,只是模糊地表述为"为室",但根据退婚文约中"尚遗发妻"的表述可以判断李彩盛在江西老家已有妻室,叶氏应该是妾,这大概也是叶氏不愿跟随李彩盛回籍甘愿离异的原因。

甘出约，并无勒逼等情。今欲有凭，立心甘退约存据。

　凭证人　王李氏、杨艾明、李玉林、蒋应芳　　同在

咸丰六年八月二十四日立出退约人李才盛亲笔①

　　之后，叶氏凭媒嫁与樊姓为妻。李彩盛因穷苦无奈，向叶氏索借不允，反而以拐嫁霸占、恳唤讯究捏控在案，叶氏到案喊控。知县断："李彩盛情愿离异，叶氏已给过财礼银十二两，业已立有退婚字约为凭，何得复行滋讼，殊属可恶。将伊掌责，谕令取保，日后不得复向氏借索滋事。"

　　前述三个案例，都是经过夫妻（妾）商议而离婚。其不同之处在于：第一个和第二个案例离婚时，男方给女方一定数额的银两，且数目较大，主要是对一起生活多年的妻妾一定的经济补偿。第三个案例却是女方给男方12两银子，与前两个案例截然不同。主要原因有两个方面：第一，男方李彩盛并不是本地人，祖籍江西，家里还有原配妻子，日食难度，不仅无法养活叶氏，就连自己回乡的路费都还没有着落；第二，反映出叶氏急于与李彩盛解除婚姻关系的迫切心情。如果叶氏不与李彩盛离婚，就会被迫离开渝城，与丈夫一起回祖籍江西。离开家乡，到陌生的环境，前途未卜，况且李彩盛还有原配在江西老家，显然叶氏是不愿意离开渝城去江西做小妾的。除此之外，这三个案例还有一个共通的地方，即前夫都不愿意已经离异的妻妾改嫁：周次韩阻止已经离异的妾杨氏再嫁并到案具控，李彩盛在妾叶氏改嫁之后索借不允继而捏控在案，严氏与傅揖之离异之后出家修行并在离异文约中予以说明。由此可见，夫妻自由离异并在离异后

①《巴县档案》6－4－5316，咸丰六年九月初八日。

真正做到了互不干预的案例在巴县档案中非常少见,但在蒙民中却是十分流行。察哈尔巴音察汗等地习惯与巴县大不相同,夫妻自由离异非常容易,尽管夫妇感情很好,子女皆有,但因一时反目即可离婚。如果妇女另寻夫婿,"前夫亦听其自为,不以为非""男子新娶,或一年二年生有子女者,一时不合,即相离而去,其夫不能干涉"。① 在甘肃省岷县还有"一醮再醮"之习俗,男女婚后或贫富不等,或意见不合,一醮、再醮甚至携带子女另觅夫婿,习以为常。②

　　从上述对巴县婚姻档案中的退悔婚分析可以看出,不论是婚前悔婚还是婚后退婚,经济因素是最为重要的因素。女方可能因为男方家贫而悔退另嫁,男方也可能因为家贫无度而选择退悔,甚至可以毫不掩饰地让妻子娘家用银两赎回,否则就可能将妻子嫁卖。其次,双方犯有过错也是导致退婚的重要因素。对于女方来讲,一般是触犯了"七出"中的一条或者多条;对于男方来讲,主要是存在逼娼、逼奸、套娶、停妻再娶等不合法的行为,而逼娼、逼奸等情况的存在又或多或少与经济因素有一定的关联。从这些案例可以看出,导致退悔婚的大多是外部因素,因双方性情不合、关系不睦而退悔的情况则相对比较少见。其实,在婚姻缔结之时,双方性情是否相合也不并是双方家长考虑的首要因素。也就是说,清代婚姻不论在缔结还是退悔之时,当事人是否合得来是被忽略的,最起码是不被重视的。在这一点上,现代与清代基层社会在婚姻缔结和退悔模式上有着本质的区别。2009年宋丽娜

---

①前南京国民政府司法行政部编:《民事习惯调查报告录》,北京:中国政法大学出版社,2005年,第856页。
②同上,第840页。

对河南东部董北村的青年农民婚姻问题进行调研后发现,如今青年农民择偶的首要标准是性格是否合得来,与以往"父母之命媒妁之言"的传统婚姻主导方式已经发生了很大的变革。尽管自由恋爱和传统模式两种方式在董北村都同时存在,但当事人在婚恋中的自主性日益上升,退婚也变得更加容易。① 董北村的情况具有一定的代表性,基本代表了新时代婚姻缔结模式的特点:尽管也存在其他因素的干扰,但当事人之间性情是否相合已经成为择偶时考虑的首要因素,对于退婚亦是如此。在双方已经订婚的前提下,如果最终解除了婚约,"合不来"所占的比例应该是最大的。夫妻之间闹离婚,法院也以双方感情是否已经破裂作为是否允许离婚的关键因素。也就是说,现代社会,不管是婚姻的缔结、婚约的解除还是婚姻关系的终止,感情因素都是需要考虑的首要因素,这一点与清代完全不同。

第三节　对退婚文约的思考

近年学界关于明清契约文书的研究可谓如火如荼。2013 年 11 月由安徽大学等单位主办的"明清契约文书与历史研究国际学术研讨会"在黄山市举行,来自国内外的 80 余位专家学者参会,提交论文 62 篇。② 相较而言,对明清契约文书的研究主要集中在

---

① 宋丽娜:《媒妁之言六十年:村庄传统与婚姻变革》,《西南石油大学学报》（社会科学版）2010 年第 1 期。

② 吴佩林、李增增:《"明清契约文书研究的新进展——明清契约文书与历史研究国际学术研讨会"会议综述》,《西华师范大学学报》（哲学社会科学版）2014 年第 4 期。

土地契约以及更为宽泛的买卖契约①等方面,有关婚姻类别的契约研究相对较少。② 笔者曾以龙泉驿百年契约文书和清代巴县婚姻档案为中心,对契约文书中的女性进行过讨论,主要涉及女性在契约订立过程中所起的作用以及由此而呈现出的女性地位上的变化。③ 总结已有的研究成果,在内容上很少涉及到退悔婚行为中所订立的各种契约,这类契约在文书格式及语言运用上具有较为明显的特点,而且在内容的真实性和可靠性方面也很值得探讨。

在巴县档案中所见的退悔婚文约(以下简称"退婚文约"),大多数作为诉讼的呈堂证供使用,由保存在私人手中的私文书,摇身一变为官府的档案,得以保存下来。文约的作用体现在:文约在手,发生矛盾和纠纷时,老百姓就可以凭约禀官,以维护自己的正当权利;没有这些文约,发生诉讼之时就没有证据,如果涉及之事年代久远,中证人等有可能已经不在人世,人证和书证俱无,会给诉讼带来非常不利的影响。不仅如此,如果没有这些人证和书证,官府极有可能驳回诉讼,不予受理。从清代状式条例中,也可以看出书证在诉讼受理过程中所起的重要作用。比如:"户婚田土钱债,无券约庚书者,不准""户婚钱债不开明媒妁婚书、中保契

---

① 主要可见:杨国桢:《明清土地契约文书研究》,北京:中国人民大学出版社,2009 年;刘高勇:《清代买卖契约研究——基于法制史角度的解读》,北京:中国社会科学出版社,2016 年等。

② 主要可见:郭松义、定宜庄:《清代民间婚书研究》,北京:人民出版社,2005 年;卢增荣:《清代福建契约文书中的女性交易》,《东南学术》2000 年第 3 期等。

③ 张晓霞:《契约文书中的女性——以龙泉驿契约文书和清代巴县婚姻档案为中心》,《兰州学刊》2014 年第 8 期。

券,并田土典当在三年以外告找赎者,不准""告婚姻无庚书及媒妁聘礼年月者,不准""告婚姻无婚书及媒证、聘礼年月者,不准""告田土无地邻,债账无中保人,不呈契约者,不准""告奁赃无过付证据者不准"等等。由此可见,凡户婚、田土类案件,必须提供相应的婚书、契约、证人,否则不予受理。

一、退婚文约的稿本

巴县档案所见之退婚文约,既涉及到正常婚配,也涉及到童养婚。对民间的退悔婚行为,官府一般不会进行干预,仅仅在婚姻跨进司法门槛时才会介入。[1] 官府在审断时会充分考虑文约的内容,对不履行约定的过错者会实施一定的惩罚。退婚文约在巴县档案中呈现出的稿本,既有原件,也有抄白,有的案卷二者皆有。原件是当时当事形成的,保留了当事人形成的历史标记,比如当事人的画押、中证人的画押、有些还有脚模和手印,是最为真切的历史记录。抄白,即文约原件的手抄本。在内容上,抄白与原件完全相同,但是在形式上,抄白却没有当事人双方留下的标记,画押符号、脚模和手印等无法体现出来,只会在有画押符号的地方注明"有押"二字。

一般而言,当事人不会把文约的原件交给衙门留存,告状、诉状、禀状后面附上的是与原件内容完全一致的抄件,原件依然退还当事人保存,以应对今后还有可能出现的纠纷和诉讼。知县准案后,会在批语处写明"粘抄附"字样,将这些抄件作为状纸的附件留存在档案之中,便于查考。杨洪兴于同治七年凭族过继堂侄杨兴顺为子,抚立成人,娶妻邓氏,已生一女。杨兴顺前往贵州生

---

①郭松义、定宜庄:《清代民间婚书研究》,北京:人民出版社,2005 年,第8 页。

贸数年,在外停妻另娶,家中没有用度,杨洪兴主婚将儿媳邓氏再醮给邹麻三为妻,杨兴顺回家得知,具控案下。经过审讯,杨洪兴呈出抱约一张,邹麻三呈出娶约一张,均各存案。杨兴顺不应久外不归,在外停妻另娶,将他掌责,断将邓氏仍嫁邹麻三,杨兴顺每年认给杨洪兴谷子四石,在外按季寄回。① 此处的抱约、娶约是作为案件的证据材料留存在档案之中,留存的稿本应该是抄件。因为有抱约,杨洪兴与杨兴顺的父子关系才得以成立,杨兴顺每年认给养父谷子才顺理成章、师出有名;因为有娶约,邹麻三娶邓氏才合法有效,最终将邓氏领回。抱约和娶约是知县断案的重要证据,必须留存在档案中,以备查考。

　　还有一种情况,就是经过诉讼,知县判文约无效,文约原件涂销作废、呈案附卷。陈子伦幼娶牟氏为妻,成配 7 年,育生一子。光绪五年十月间,陈子伦胞姐杜陈氏为媒,把牟氏嫁卖刘长顺为妻。后来陈子伦嫁后图搕不遂,捏控案下。经过审讯,把陈子伦笞责,因夫妻二人育生有子,年仅 4 岁,断令陈子伦把牟氏领回,卖契涂销,各结完案。② 知县判陈子伦把牟氏领回,牟氏与刘长顺的婚姻自然无效,婚约涂销缴案。所以,我们在档案中看到的文约原件,是被知县判定作废的文约,不能再保存在当事人手中,以免生非,于是在文约上画上圆圈,注明"销毁"字样,保存在档案之中。另外还有部分案卷,原件和抄白皆有,主要是因为原件字迹不清、难以辨认,另行誊抄一份,便于阅读,同时也为了日后查询的需要,就与原件一起在档案中留存下来。

　　如果涉及退婚的诉讼经过了起诉、受理、审理、裁决、归档的

────────────

① 《巴县档案》6－6－23794,光绪十年三月。
② 《巴县档案》6－6－23553,光绪六年四月。

一整套程序,那么退婚文约在整个案件中起着非常重要的证据作用。此外,根据案件中所存留的其他档案材料,我们能大致了解案件的来龙去脉,对退婚文约的真实性也会有较为清楚的认识。

二、对退婚文约的真实性质疑

退婚文约书写之时,有多位证人在场,其内容从理论上讲是真实的,但实际情况却并非如此。有这样一份退婚文约:

> 立出承认退姻再嫁文约人刘世全,情因先年所娶荣氏为妇数载,近因家务贫苦,欠债难还,夫妇请凭人证与娘家父母荣华山、龚氏商议,甘愿将荣氏退回娘家,认凭荣姓请媒再嫁,荣姓父母帮给身偿债钱十七千文整。其钱身刘世全入手清收,荣氏交荣姓领回。自出约后,认凭荣姓再嫁高门富贵,身不得异言称说、寻事生非、另生祸端。倘日后身有异言生非,认凭荣姓父母与荣氏并讨亲之家执约禀官究治。此系身与荣氏并亲生父母心甘意悦,其中并无套哄勒逼等情。荣刘二家已在未在人等均无异言称说。今恐人心不古,特立退约一纸,付与荣氏,永远以杜后患存据。
>
> 凭亲族　陈万顺、荣广顺、钱如山、王推堂、明方舟、王本立、熊寿山、荣合兴、唐玉顺、陈廷芳、熊俊成、涂恒山、熊长兴、李东山、蒲培川、李元太笔
>
> 同治八年八月二十六日立出承认退姻再嫁文约人刘世全　有押①

在刘世全立出的这份退婚文约中,我们可以获得如下信息:

---

① 《巴县档案》6-5-7879,同治八年十二月十七日。

刘世全先年娶荣氏为妻数载,因家务贫苦、欠债难还,夫妇商议,甘愿将荣氏退回娘家,认凭荣姓请媒再嫁,荣姓父母帮给刘世全偿债钱17千文。这样一份退婚文约,从形式和内容来看,与本章第一二节男方因家贫退婚如出一辙,并无两样:男方家贫无度,将女方退回娘家,任凭女方再嫁,女方补偿男方一定数额的钱文,双方均无异言。不仅如此,刘世全还于十一月二十日立出承认服约,再次强调自己家贫无力,自愿将妻子荣氏退还娘家再嫁。

> 立出承认服约人刘世全,情因今八月,己身家寒无力,自愿请团邻并己妻娘家父母荣姓已在未在人等,凭众将荣氏交娘家领回再醮,身出有据为凭,刘姓已在未在人等不得异言称说……
>
> 同治八年冬月二十日立承认服约人刘世全　有押

这是两份格式、内容完整的文约,仅仅看这两份文约,我们不会有丝毫的质疑。但前面曾经提到,文约的内容是否真实,需要放在整个案件的所有档案材料中去审视。如果离开了案件的大背景和其他档案材料,孤立地看待这两份文约,我们是不会发现任何破绽的。通过对整个案件档案材料的浏览和研读,一个又一个的问号接踵而至。

刘世全,年28岁,在凤凰场开茶社生理,自诩为“贫朴”之人,于同治八年十二月十七日、十二月二十三日分别以获拐勒占事、人领赃悬、恳讯究追事,控告熊坤堂在案。在告状中,刘世全称熊坤堂刁拐妻子刘荣氏,为了达到霸占刘荣氏的目的,把刘世全捆绑,逼其书写“承认退姻再嫁文约”和“承认服约”,最终将刘荣氏霸占为妾。看到这里,我们有了第一个疑问:难道这两份文约并不是刘世全自己的意思表示？是被熊坤堂逼迫而写？

熊坤堂于同治九年正月反告刘世全,在告状中,熊坤堂说自己凭媒说娶荣华山、荣龚氏媚女荣氏为妾,过门半月才知荣氏尚有丈夫刘世全在世,刘世全向其借索。而且他听龚氏、荣氏母女透露,刘世全将荣氏逼娼嫁卖,索钱退婚。根据熊坤堂所述,他是毫无过错的。于是,我们有了第二个疑问:熊坤堂所言是否属实？

田知县受理了此案,于同治九年发出差票,饬差役把原被两造传讯到堂。很快,差役袁贵等人就回衙复命,说熊坤堂已经逃往璧山县,不敢越界往唤,只得回辕禀报。田知县批:"候备文移关"。档案到此就中断了,再无下文,田知县后来有没有移关璧山县？熊坤堂是否找到？他为什么要逃往外县？刘世全和熊坤堂到底孰是孰非,到现在依然无法明了。

不过从案件的整体情况来看,既然熊坤堂逃逸,那他说谎的可能性相对更大一些,事情有可能真如刘世全所说,退约根本就不是刘世全的本意,是在熊坤堂的逼迫下所写的。这就是说,平常我们所看到的这些文约,到底它的产生背景是怎样的？是立约者的真实意思表达,还是立约者在被胁迫的情况下所写？是立约者根据事实所写,还是立约者胡编乱造？是立约者所写,还是其他人所写？只有在通读所有材料之后才能得出结论。如果单独看文约,其实是无法得出更为接近事实本身的结论的。但是如果档案材料本身就不完整,也无法判断文约的真伪。而档案材料的不完整可能会有如下三种情况:一是档案材料被人为打散存放在不同的案卷之中,我们一时无法找到散存的其他材料,这种情况在巴县档案中并不少见;二是档案材料没有完整地保存下来,存在丢失的情况,尤其是巴县档案,在移交给四川省档案馆之前,经过了多年的辗转,档案多有丢失、破损;三是案件没有经过起诉、受理、审理、裁决、归档的一整套程序,有可能是当事人没有找到,也有可能是当事人后来自己销案了,所以本身就没有形成完成的档案材料。到底属于哪种情况,需要具体情况具体分析。

作为判案的知县来说,判断文约的真实性也是非常棘手的问题。如能准确无误地判断其形式和内容的真伪,将极大地提高判案的效率,提高判案的准确性。① 要判断文约的真实性和可靠性,需要明确文约可能会存在的多种情况。

第一,文约确实是当事人书写,但并不是他本人意愿的表达,是在别人逼迫之下所写。这种文约虽然并不是当事人真实意思的表达,但是仍然可以从中了解到当事人为什么会被胁迫书写文约,从而了解到胁迫之人的真实意图,对于判案有至关重要的作用。正如本案,刘世全如果确实是被熊坤堂捆绑逼迫书写退约,那么熊坤堂霸占刘世全之妻的罪名就成立了。所以该案的焦点就在于,刘世全书写的退约是否确系熊坤堂逼迫所写。搞清楚了这一点,案件就有了关键的突破。

第二,文约确实是当事人书写,但文约中的内容并不是真实的,或者并不完全是真实的。为了达到退婚的目的,当事人有可能在书写退约时夸大其词,给妻子增加无中生有的罪名。对于这类文约,知县在判案时并不能完全相信,需要通过双方当事人及中证人等对质,渐渐缕清案情,从而对文约内容的真实性做一个判断。

---

① 冯学伟也曾经提到这个问题,他认为:契约文书之所以被伪造,主要是因为法律承认契约等书证的证明力,契约是诉讼的基本证据之一。正因为如此,那些奸猾的诉讼参与人自然就会想到通过伪造契约的方式来求得诉讼胜利,所以契约文书的辨伪是审断官员及其幕僚在户婚田土案件审断过程中必须掌握的基本功。见冯学伟:《契约文书的伪造、防伪与辨伪》,《法制与社会发展》2013 年第 2 期。

第三，文约并不是当事人书写，是其他人为了达到某种目的，假冒当事人的名义书写的，当事人对此事根本不知晓。对于这类文约，不仅需要判断文约的真实性，还需要了解假冒之人书写文约的真实意图，从而对当事人之间的关系、各自在案件中所起的作用有一个清醒的认识。

我们再来看另外一份文约。

> 立出甘愿离易【异】字约人钟氏。情因九月内，凭媒李玉之、刘裕顺说合，原氏配姐王钟氏主婚，嫁与郭福兴名下为妾。入门未及一月，偶染心腹病疾，癫狂不羁，几不欲生。请凭人证央恳郭福兴释退故乡养病，今蒙大义概允，并将新置家具什物衣饰等悉行送氏，计开花单一纸外，赠路费银十两正，当众逐一点交，氏戚陈周氏将氏病躯一并承领。此系二家心甘意愿，经凭街团邻戚人证立约。自离之后，钟氏亲属已在未人等不得异言，氏后病愈，亦不得听其唆使翻悔。倘另生枝节寻衅，一力有陈周氏同子双发承担。恐口无凭，特立哀恳离异字约一纸为据。①
>
> ……
>
> 光绪六年庚辰十月十四立甘愿离易【异】字约人钟氏
> 有押

单看这份文约，提到的离异原因是："入门未及一月，偶染心腹病疾，癫狂不羁，几不欲生，请凭人证央恳郭福兴释退故乡养病"，我们会认为钟氏确实是因染病而离异。但是根据后面的堂供可以看出，钟氏即宋李氏实际上是背夫宋锡珍私逃出外，再嫁

---

① 《巴县档案》6—6—23717，光绪六年十一月二十七日。

郭福兴为妾,但因与郭福兴有矛盾,又和郭福兴离异的。即钟氏并不是因病离异,而是因夫妻矛盾而离异。至于为什么要在文约中说谎,笔者认为这种情况在巴县档案的文约中并不少见,原因就是立约者尽量让自己在文约中的行为变得更为合理,更被世人所接受。这也再次说明,只看文约本身并不能知晓事实真相,文约内容需要与档案中的其他材料结合起来辩证地加以分析,才能大概了解事实或尽量接近事实。

三、退后图索是发生诉讼的主要原因

之所以能在巴县档案中发现如此多的退婚文约,是因为这些退婚文约作为诉讼的证据在档案中留存下来了,而退后图索是发生诉讼最主要的原因。在巴县婚姻档案中,退后图索进而生控的案例较多。不仅男方有退后图索的情况,女方也有,只不过男方退后图索占绝大多数。在本章前述的退婚案例中,已经涉及到部分退后图索的情况,本处着重对一些较为典型的案例进行分析。

(一)男方退后图索

1.李慎之退后图索案

同治三年,李慎之有妻王氏,还套娶刘二姑为妾,瞒称娶妻。同治四年将刘二姑带回家后,刘二姑才发现李慎之已有妻子。妻妾不和,再加上妻子王氏的父亲王廷煊从中作梗,毫无费用可以支付。无奈之下,李慎之于同治五年出具除约退婚文约,将刘二姑交还母亲刘童氏领回,任凭出嫁。①

　　　　立出甘愿除约退婚人李慎之,情前岁凭媒娶刘童氏之二

---

① 《巴县档案》6-5-8172,同治十二年二月。

姑为妾，瞒称娶妻，于去岁刘氏回家，始知家前妻王氏尚存。殊王氏父廷煊刁唆，彼此各执一词未讯。兼之事务不顺，用费支绌，无从所出。家中余资被王氏父廷煊唆摆霸阻，毫不付给费用，一家不和，何以度日。予自思忖，难以结局。万般无奈，请凭二姓族亲理斥，予不应笼娶幼女为妾，陷害无辜，只得再三央请王桂廷、程益轩二人，予甘愿具息备案了结。予将刘氏二姑退回，仍还刘童氏领回，任凭刘氏别嫁高门，慎之不得异言称说。正是倾心已出，花落再无，反树是水，永作长倾，高山滚石，永不回头。倘后有违约不遵，任凭桂廷、益轩、刘童氏及娶亲之家等执约秉公，慎之甘领坐罪无辞。此系心甘意愿，非关逼勒，今恐人心不古，特立除约退婚一纸与刘童氏母女执据。

在证人　贺人三、张洪顺、陈双发、熊高亭、唐文林、周紫芝笔　同见

同治五年二月初六日立出甘愿退婚文约人李慎之有押

同治十二年，也就是退婚七年之后，李慎之又去寻刘童氏侄儿刘复威图索，被控在案，他出具服约，让刘家再给他1400文盘费，以后再不诬索。

立出服约永杜后患人李慎之，情因于同治十二年二月十三日至刘复威铺中捏故诬索，当今凭街邻约保等理剖，因身诬索，将身送县，自知情亏，只得伏理哀求江万镒、泰顺公、张万山等在刘复威名下再三劝慰，念身远来，给身钱一千四百文，以作盘费。伊此以后，不敢再向刘复威名下诬索，亦不敢另生枝节。予如再向刘复威名下诬索，认凭街邻约保等执约

禀官,此系身心甘意悦,并无逼勒等情,特凭江万一、泰顺公、张万山亲笔出此服约存券。

　　在见　江万镒、泰顺公、张万山

　　同治十二年二月□日出立服约人李慎之亲笔

　　从理论上来说,退婚之时书立了退婚文约,文约中对双方的权利和义务有非常明确的说明,当事人手中各执一份,对双方的行为都有所约束和限制,以后应该不会发生纠葛。但是,事实证明并非如此。从巴县档案所反映出的民间实际情况来看,虽然当初立有文约,但嫁后图索、退后图索的案例依然很多。立约的时候,往往会说得非常肯定,正如本案中李慎之在退约中说,"倘后有违约不遵,任凭桂廷、益轩、刘童氏及娶亲之家等执约秉公,慎之甘领坐罪无辞"。可是事情过了七年之久,李慎之还是冒着对方可能会"执约秉公",而自己可能会因此而受到责罚的危险,到女家滋索肆闹。追究原因,可能有如下几点:第一,李慎之存有侥幸心理,认为对方可能不会到衙门控案,自己会得到好处。告状是需要成本的,摆在明面的就包括购买状纸的费用、书写状纸和代书盖戳的费用、到衙门的车马费和食宿费等等,如果官司久久不能结案,花费就更不可估量了。刘复威会掂量轻重,自己有胜算。第二,退婚之事已过去了七年,退婚文约有可能已经破损或者丢失了,对方没有了退婚的证据,自己索要钱文的目的有可能会达到。第三,为了达到索钱的目的,李慎之根本不顾忌可能会发生的控案等因素。

　　虽然刘复威将李慎之控案,而且还交出了七年前所立的退约作为证据,但李慎之作为退后图索的过错方,仍然"伏理哀求江万镒、泰顺公、张万山等在刘复威名下再三劝慰,念身远来,给身钱一千四百文,以作盘费",最终他也达到了目的。虽然立下了服约,而且保证以后不再向刘复威名下诬索,亦不敢另生枝节,如果违约,"认凭街邻约保等执约禀官",但对此信誓旦旦的说辞,谁也不敢保证不会有下一次。文约中所提到的以后任凭对方执约禀官、自己甘愿受罚的语句,不过是文约的一种固定格式罢了,其形式上的意义更大于内容上的实际意义。真的到了发生诉讼的时候,知县为了快速结案,双方不再纠缠,很可能会让被需索的一方出点钱平息纠纷。是追求正义和公平更重要,还是早日结案、双方不再争讼更重要,知县在很大程度上会选择后者,本案就是一例。

类似的情况还可见韦才见具告周永喜一案。① 韦才见于咸丰八年娶周永喜次女周氏为妻,过门无育,夫妻不睦。同治五年十一月二十三日,韦才见立出退婚字约,在字约中提到:"夫室不和,请凭族戚商议,周姓愿将伊女领回,身愿将妻周氏退回与周姓另行改嫁……日后另行出嫁,身不得称言再说。"周永喜将女儿领回,另行改嫁曾大顺为妻。岂料曾大顺于同治八年九月亡故,周氏又再醮蔡长贵为妻,已经多年,并且生有子女。光绪元年,韦才见向蔡长贵借索不遂,以乘串拐占、叫唤跟究事将周永喜具控在案,在告状中声称周永喜趁自己外出贸易,将女儿拐卖蔡长贵,"切婚姻人伦首重,遭恶擅折童婚,背夫拐卖,大伤风化。惨蚁远贸数载,银业被吞,妻遭谋占,蚁母血灵未除,蚁心难甘。迫叩唤讯,跟究正化",丝毫不提退婚之事。即使在供词中,也坚称周永喜将周氏拐逃嫁卖蔡长贵,还透漏衣物多件。幸好周永喜还将同治五年韦才见所立的退妻字约保存完好,当堂呈阅,说明女儿周氏

---

① 《巴县档案》6-6-23212,光绪元年七月初二日。

被韦才见退婚之后，先改嫁曾大顺，又再醮蔡长贵的过程。知县审断：周氏再醮蔡长贵多年，已育有子女，蔡长贵仍将周氏领回，因蔡长贵娶周氏并无红庚，断令蔡长贵帮给韦才见钱8钏结案。

周氏断给蔡长贵领回，主要有两点原因：第一，周氏再嫁蔡长贵多年，已经育有子女；第二，周氏被韦才见立约退回娘家，韦才见退后图索，属于过错方。但因蔡长贵娶周氏没有红庚，也有一定的过错，帮给韦才见钱8钏，双方结案。蔡长贵有一定的过错，应该受罚，但韦才见退后图索，违背了自己所立的文约，不但没有受到惩罚，反而还得到了8钏钱，反映出知县在断案时更倾向于早日平息纠纷、早日结案。

2.杨永发退后图索案

李慎之、韦才见虽有过错，但仅向女方或女方后夫滋索一次，由女方付钱以作盘费或女方后夫给予一定的补偿，纠纷得以平息。如果男方退后图索多次，滋闹不休，过错明显，知县也会对其进行惩罚。林氏原配王姓，后丈夫亡故，再嫁杨永发为妻，过门4年。杨永发日食无度，于同治十一年三月十五日把林氏退还他前夫之弟王在亭，立有脚模手印退婚文约，任凭林氏改嫁，得钱7千文。四月二日，杨永发外祖朱世春等人为媒，将林氏再嫁吕世兴为妻，杨永发立有永杜后患文约。①

> 立出永杜后患人杨永发，朱祥、朱世春二人说合，娶王陈氏为婚，日经四载，杨永发难以度日，将妻请凭媒证退回王姓家。朱世春说合，嫁吕世兴名下为婚。自嫁之后，杨永发并无翻悔，杨姓老幼已在未在人等并无异言生枝。倘有异言，

---

① 《巴县档案》6—5—8251，同治十二年十二月初四日。

有朱世春一面承认。恐口无凭,立永杜后患一纸为据。

世春系永发外祖

凭众　杨万顺、杨合顺　　同在

同治十一年四月初二日

虽然杨永发在文约中称"自嫁之后,杨永发并无翻悔",但林氏改嫁之后,杨永发诈搕不休,吕世兴无奈,将林氏退回。林氏凭媒再嫁尹大顺为妻,因林氏在尹大顺家生得一子,是杨永发之子,杨永发借机屡次寻尹大顺滋祸,要把林氏和儿子一并领回,尹大顺不得不给钱平息此事,杨永发于十一月二十八日立出自认承领、永杜后患文约。

立出自认承领、永杜后患文约人杨永发,情说娶王林氏为婚,以今【已经】四载无恙。今年岁欠丰,日食难度,夫室无奈,退回王姓,至今一载。身与妻林氏实系无依,身请凭媒证复同林余氏母子商议,醮与尹大顺名下为室,身得财礼钱二十四千文,择期完娶。其林氏在永发仅生一子,名长寿,身永发甘愿承领,不与说亲大顺相涉。自醮以后,永不得借故生端。倘永发有仍蹈前辙,恁随大顺执约凭团扭送,身自甘坐罪。此系永发心恢意悦,其中并无勒逼等弊。恐口无凭,特立自认承领、永杜后患文约为据。

凭团邻客约雷斌、肖载阳(略)

熊赢庵依口代笔

同治十一年十一月二十八日立自认承领、永杜后患文约人杨永发　有押

在此文约中,杨永发信誓旦旦:"自醮以后,永不得借故生端,倘永发有仍蹈前辙,恁随大顺执约凭团扭送,身自甘坐罪。"本以

为杨永发搕钱以后立出文约,不会再寻尹大顺滋祸,哪知他又寻尹大顺诈搕。因诈搕未遂,于同治十二年十一月二十八日,捏称林氏母亲及林氏兄弟串拐卷逃,赴衙门控案,并株连尹大顺等在案。

回顾本案的线索:杨永发先将妻子林氏退回王家,得钱 7 千文;林氏改嫁吕世兴,杨永发前来借搕,吕世兴畏祸,将林氏退回给杨永发;衣食俱无,杨永发又立字约,将林氏改嫁尹大顺,向尹大顺搕钱后,书立字约;后因再次搕索不成,将妻子母亲及兄弟捏控在案。可见,杨永发退婚后叠次搕索,做得实在太过分,知县断令,将其掌责,林氏仍由尹大顺领回,杨永发日后永不得寻尹大顺滋祸。

本案还有一个值得注意的问题:杨永发在同治十一年十一月二十八日立出的自认承领、永杜后患文约中,提到尹大顺给其财礼钱 24 千文,"身与妻林氏实系无依,身请凭媒证复同林余氏母子商议,醮与尹大顺名下为室,身得财礼钱二十四千文,择期完娶",但是杨永发、林氏、尹大顺等人的供词里,提到此事时说的是 10 千文,并不是 24 千文。杨永发供词:"那时尹大顺出钱十千,与小的立有字约",林氏供词:"不料杨永发又来借搕钱十千,书立字约",尹大顺供词:"过门后杨永发来搕索小的钱十千,书有字约",证明最后尹大顺实际给杨永发的是 10 千文,并不是 24 千文,字约中的金额与实际发生的金额并不一致。这也再次说明一个问题:档案是人们在社会活动中直接使用的文书转化而来的,在反映历史活动的过程方面是真实的,在反映史实内容方面,相对其他文献,也更为贴近历史事实。但就每份特定的档案来讲,其记述的内容有的是真实的,有的是不真实或者不完全真实的。就像这份文约一样,里面记载的内容有不真实之处:本是杨永发向尹大顺搕索的钱,在文约中写的却是"财礼钱",当然这是杨永发为掩盖自己搕索钱文的丑行而故意为之;本来尹大顺只给了 10 千文,在文约中写的却是 24 千文,其目的不详。如果我们不从该案的其他档案材料中去获取信息,就无法对此文约内容的真实性进行判断。所以,要了解档案材料的真实性,需要经过多方的相互印证,才能确定。

杨永发将妻子休退后多次搕索,断令将其掌责,其妻仍由后夫领回,反映出知县对退后图索的痛恨。类似的还有谢生荣(即谢登云)退后图索案。谢生荣的妻子危氏过门十余载,未生子女,谢生荣以危氏不守妇道、不听管教为由,将其休退,立写退婚字约。冉义兴(即三全中)在危氏母亲龙氏处说娶危氏为妻,谢生荣以危氏和冉义兴透漏其银钱为由,向媒人夏洪泰称说,冉义兴给14 千文了事。岂料过后谢生荣又向冉义兴寻衅滋事,双方互控在案。档案中保存了谢生荣所立的离异休书文约和主婚文约。

> 立出甘愿休书人谢登云,情因先年所娶危氏已十余载,并无生育,出户在外,不守妇道,或在家庭不孝公婆,不敬丈夫,无所不为。每寻丈夫吵闹,滋事多端。登云万般无奈,于同治四年投凭亲族,甘将危氏退回娘家,延至今年,请凭亲族理说,愿将危氏休回,认【任】谁伊便,危氏解嫁削发。自休之后,并无翻悔。登云将休书手记交与危氏,不得异言称说。今恐人心不古,特立甘愿休书一纸为据。
>
> 尚有谢登云手印为记
>
> 凭证 何兴发、胡万兴 同目
>
> 同治六年七月初四日立休书文约人谢登云亲笔

> 立出甘愿主婚人谢登云,情因娶妻危氏,过门十余载,并未生育,不守妇道,登云家下淡白,举目亲族无靠,难以度日。

不料登云身染重疾，危氏在外帮工数年，夫室各逃生活。危氏回家，日夜操劳滋事，母子商议，愿将危氏休出，请媒证庹铨盛、夏洪泰说合，嫁与三全中名下为室。登云母子实捡财礼钱十四钏，母子如【入】手亲收领足，并无下欠分厘。自嫁人之后，谢危二家已在未在人等不得异言称说，嗣后登云母子如有听旁人刁唆、借端生事、另生枝节、捏词具控等情，累及旁人，准讨亲之家执约禀官。此系心甘意悦，其中并无勒逼套哄等情。今恐人心不古，特立主婚文约一纸，永远存据。

凭证 胡万兴、何兴发 同目

同治六年七月二十八日立出甘愿主婚永无翻悔文约人谢登云亲笔

经过审讯，查阅谢生荣所立的文约，知县霍批："查尔前词，已据称尔妻危氏不守妇道，甘愿离异，退交伊母危龙氏领回，听其另适等情，当经批准存案。是危氏已系尔已出之妇，不得复行翻控。此饬。"继任知县王批："谢生荣不应立写退约，恩断义绝。冉义兴系与谢危氏之母龙氏说娶，休妇另嫁，应从其便。谢生荣累向冉义兴寻衅滋非，殊属可恶，沐把他掌责，谕令义兴把谢危氏领回管束，谢生荣不致妄为滋事。"[1]谢生荣既然已将危氏休退，那么危氏的事情便与谢生荣无关了，是嫁是守，应该听从危氏自己的意思，不应再去干涉。但是谢生荣仍然要不断地向冉义兴滋事，无外乎就是想多讹诈一些银钱。知县在审断时提到"谢生荣不应立写退约，恩断义绝"，对谢生荣不顾十余年的夫妻之情休妻一事予以驳斥。

---

① 《巴县档案》6-5-7688，同治六年十月。

3. 程祖富退后图索案

知县在审断这类退悔婚诉讼时,一则要考虑是否属于退悔后图索,二则还要考虑当事人在发生诉讼时各自的处境和身份变化。咸丰十年,钟太和女儿辛姑(14 岁)凭媒许与程祖富(4 岁)为婚,哪知后来程家遭遇变故,日食难度,一直无力完娶,钟辛姑已经接近三十岁仍然未能出嫁。同治十三年,程祖富在分主具控钟太和想要悔退,钟太和凭媒帮给程祖富钱 10 千文,立有悔婚字约。①

> 立出甘愿悔亲文约人程祖富,情因身父早故,吾母刘氏凭媒说聘钟新衍之女与祖富名下为室,不料家门不幸,父亡母迈,身惨无奈,日食难度,家如水洗,夜无栖身之处。身闻潼梓县遵义府米价便益【宜】,身等母子商议良妥,再三请族戚吴玉堂、程兴顺、张清和等说合,先年聘礼皆因年深月久,业已损坏,转折铜钱拾钏文整,以作路资盘费。当凭吴玉堂等如数入手交与母子亲收明讫,并无少欠分文。愿将新衍之女悔回,恁随钟姓另行□□张王李姓,身等不得寻找滋事生非,亦不得以族中老幼人等相涉。将庚书退还,若私造假庚生端之弊,母子自甘坐罪无辞。此系两家心甘悦服,其中并无逼勒套哄。恐口无凭,特立甘愿悔亲文约一纸为据。
>
> 凭证　吴玉堂、程兴顺、钟席珍、张清和笔　同在
>
> 同治十三年正月二十八日立出甘愿悔亲文约人程刘氏、程祖富　有押

随后,钟太和把女儿嫁与文花三为妾。不料程祖富闻知,到

---

① 《巴县档案》6－6－23348,光绪二年六月初二日。

县衙把钟太和、文花三具控。经过两次审讯,审断如下:钟辛姑过门已与文花三生有两个儿子,谕令文花三仍将钟辛姑领回。而且在巴县给重庆府的详文中,对该案件的起始及处理结果进行了详细的叙述,可以帮助我们清楚地了解知县做此审断的原因:"查程祖富因伊母程刘氏在日,凭钟席珍为媒,幼聘钟太和之女钟辛姑为婚。嗣程刘氏故后,程祖富家业凋零,搁多年无力完娶,情愿凭媒立约将钟辛姑退婚,准其另嫁。钟太和即凭王元为媒,将钟辛姑另嫁与文花三为妾。经隔多年,生有二子,未便断其与程祖富完配,着将钟辛姑仍交文花三领回。其程祖富退婚之时,书有悔婚字据,不应退后勒挖,实属不合。本应治以诬控之罪,姑念乡愚无知,控属有因,从宽免予责惩。未到人证免提省累,从此斩断葛藤,永杜后患,两造均各悦服。"根据此详文,可以看出钟辛姑仍交文花三领回主要有两点原因:第一,程祖富立有悔婚字据,退后挖勒,有错在先;第二,钟辛姑嫁给文花三多年,已经生有两个儿子。程祖富立出悔婚字据在前,钟辛姑嫁给文花三在后,再加上钟辛姑过门已有生育,就更不可能判给程祖富了。

　　4.易河清退后图索案

　　冒氏,28岁,原配丈夫颜德贵病故,于道光十九年再醮易河清为妻,并没生育。因夫妻不睦,道光二十一年,易河清凭船帮首人陈致远与自己的侄儿易光照立出脚模手印,将妻子易冒氏退回娘家另嫁。道光二十二年,易冒氏再嫁王天茂(50岁,开茶铺生理,妻故无子)为妻,已经过门三载,生育一子,发生诉讼时已有一岁左右。哪料易河清知道冒氏凭继父陈文有主婚再嫁王天茂为妻,向陈文有挖钱8千文,立有服约。其后不久,易河清又到王天茂家里痞索不遂,王天茂控案。知县判:易冒氏实被易河清休退多年,有脚模手印庚书呈验,易河清退后图索挖诈情真,将其责惩枷示,王天茂仍将易冒氏领回。①

易河清退后图索、搕诈钱文,本就有错在先,而且冒氏再嫁王天茂已经三年,并育有一子,断令王天茂将冒氏领回抚育儿子,合情合理。

（二）女方退后图索

相对于男方退后图索,女方退后图索的情况较少,而知县在审断这类案件时,明显有着不同的倾向和标准。孙海山儿子孙保之于光绪十三年聘邱李氏女邱碧三为婚,后邱碧三染患瘫病,不能行走,胞兄邱绰然同母亲邱李氏立出退婚文约,孙海山出钱25千文,作邱碧三生养死葬之资金。② 退婚文约如下:

> 立女患瘫请族团自退文约人邱李氏同男绰然。氏育长女碧三,年甫二十四岁。情邱善堂存阳凭崔耀廷媒,与孙海三之子孙保之结为秦晋。不料氏女偶染患病,六载未愈,有病未能成配。经令病重卧床难移,氏请族中在彼酌议,患瘫出阁以【已】犯七轴条规,氏托族长邱茂材、邱小昆与孙海山商量,甘愿自退。众劝孙姓出铜钱二十五千文,以氏女以作生养死葬。氏房族人等永不另言生非,实属有病自退情真,日后不得望其孙姓臭语妄谈。如前言不孚,有约执凭,概有族长邱茂材、邱小昆俭事认赔。自退之后,氏族恁随孙门另接姻戚,言从舌断,恐口难凭,立患瘫请族团自退字约与孙姓存据。
>
> 凭族团人证在彼　承担杜患人　邱茂材、邱小昆
>
> 光绪二十四年闰三月十六日具立女患瘫自退人邱李氏

同男邱绰然

尽管文约中有"自退之后,氏族恁随孙门另接姻戚"的字句,但当年冬月初十孙保之另娶胡姓之女时,邱家闻知,仍要孙家给银60两。孙家不允,邱绰然到衙门具控。知县批:"讯得此案邱绰然立退亲文约,孙海山儿子另娶胡氏,均属冒昧违例。姑念乡愚无知,从宽免究。孙保之既娶胡氏,势难再娶邱氏,饬令孙海山再出钱二十五千,同杨兆麟交邱李氏母女以作医药养膳,具结了案。日后邱碧三病痊,或在家事母,或另行择配,听邱李氏自行作主可也。此判。"虽然邱家立有退婚文约,还得了男方25千文的补偿,仍然退后图索生讼。知县断孙家再出钱25千文给邱家,待邱碧三病好之后,或另行择配,或在家照顾母亲,随邱姓之便,双方结案。

笔者认为,邱家退后图索与前述男方退后图索案例无异,但知县在审断的时候,却与前述案例大不相同。前述杨永发退后图索案,将杨永发掌责,妻子林氏仍由尹大顺领回,杨永发日后永不得寻尹大顺滋祸;程祖富退后图索案,本应治以诬控之罪,姑念乡愚无知,控属有因,从宽免予责惩;易河清退后图索案,将易河清责惩枷示,易冒氏仍由王天茂领回。而本案不仅没有对邱绰然退后图索生讼进行责惩,反而让孙家再出钱25千文,以达到双方结案的目的。知县之所以这样审断,应该有两个方面的原因:第一,体现出知县对弱者的同情。在女方邱家与男方孙家之间,邱家是弱势方,邱碧三许配给孙家,却因患瘫病6年导致24岁还不能成配,以后能不能痊愈,也未可知。知县让孙家再支付25千文,既可以作为邱碧三的医疗和膳食费用,也让邱家得到一些补偿。第二,体现出知县想要快速平息纠纷、快速结案的目的。此案案情已经非常明了，邱家的情状虽然很让人同情，但如果一直这样纠缠下去，也不可能挽回什么，因为"孙保之既娶胡氏，势难再娶邱氏"，所以，断孙家再给邱家 25 千文，以达到双方之间的一种平衡，快速结案。此案的判决并没有去一味追究谁对谁错，因为不管怎么说邱家都是退后生控，属于过错方，即使不予以惩戒，也不应该再给经济补偿。但知县为了安抚女方，为了双方能够早日平息纠纷，作此判决。这也说明知县在婚姻纠纷案件的审断过程中，有较大的自由裁量权。

类似的还有秦氏控前夫张相之一案。秦氏于光绪十年嫁与张相之为妻，过门后夫妻不睦，光绪十四年，秦氏立出离约，张相之给银 50 两，离约中明确了今后互不干涉、再无瓜葛："此系氏心甘意悦各回，日后病愈或行在家坐守，抑或上庙修行、再醮，听其自便，氏夫不得异言称说，氏族已在未在人等日后均不得借生事端寻祸。再者，氏夫若后另娶，氏亦不得寻找生非。此系氏心甘，并无屈从等弊。倘后若有生非，许氏夫执约禀究。"光绪二十二年，秦氏见张相之发迹，心有不甘，就到衙门捏控在案。知县判：秦氏与张相之系结发夫妇，张相之再给秦氏 20 两银子，永断葛藤，各结完案。① 之前为了杜绝后患，张相之还专门到官府存案，并且得到批准。可以说，张相之把能做的一切防范工作都已经做了。虽然知县也认为秦氏离后图索的做法不符合常理，对秦氏进行了"责惩"，但知县仍本着照顾女方弱势群体、尽快解决纠纷的原则，让张相之再给秦氏 20 两银子结案，再次体现出知县在审断过程中对女性的倾斜和照顾，也彰显出知县断案时采用经济补偿方式的普遍性。

---

① 《巴县档案》6－6－24391，光绪二十二年六月。

　　前述退后图索案例在民间的存在，会带来广泛的社会影响，也会形成一种风气，就是不遵文约、背信弃义。而原被两造诉诸衙门打官司给双方带来的经济损失和声誉上的影响，也会让日后涉及退婚之人有所警醒。某些聪明的当事人为了避祸，可能会主动采取一些措施，比如退婚存案。齐双喜娶况世幅、吴氏所生女金秀为妻，不料况氏过门后夫妻不睦，齐双喜请凭族亲，自愿将金秀退离，于同治二年十月二十八日立出退亲文约。在文约中，说明"永无翻悔""心甘意悦"。按理说，齐双喜已经立出了退婚文约，金秀是留是嫁，已经与齐双喜再无瓜葛。但况世幅将女儿另嫁的时候，还是心存疑虑，担心有朝一日齐双喜会再生枝节、前来滋闹，于是况世幅赴衙存状：

　　　　具存状人况世幅，年四十八岁，系正里八甲人，离城一百二十里，寓杨柳坊成元店。为禀存作主、以免后累事。情前年蚁女况金秀凭媒周复川嫁齐双喜为妻，殊伊娶后，日每嫌贱，由此反目。已凭团邻雷云亭、徐长泰等理剖数次，双喜盟誓不悦，于前月伊投团邻亲族李三泰等将蚁女退回另嫁，书立退婚字约，抄粘。蚁因家贫，不能久养，本月初六日请蒋国伦、张冬元为媒再醮蒋正禄为室。蚁恐双喜另生枝节，寻蚁滋事，是以禀存作主，俾后有凭。伏乞大老爷台前赏准施行。

　　　　被存 齐双喜
　　　　存证 雷云亭、徐长泰、王二仁、张荣斗
　　　　同治二年十一月十三日具状人①

同治二年十月二十八日齐双喜退婚，金秀被娘家领回才半个

① 《巴县档案》6－5－7258，同治二年十一月十三日。

月时间,又再醮蒋正禄为妻。间隔时间如此之短,可能有两点原因:第一,确实如况世幅在存状中所言"蚁因家贫,不能久养";第二,况世幅对女儿的婚姻之事非常草率,早早将女儿嫁出了事。不管是哪种原因,他能想到将女儿被退再嫁之事存案,就已经很少见了,在一定程度上避免了以后可能会发生的纠纷。事实证明,仅有双方所立的文约,对当事人的约束力甚微,但如果在此基础上还能到衙门存案,相当于受到了双重保护,以后发生纠纷的几率也大大减小。即使发生纠纷,存案一方的胜诉几率也更大一些。对此存状,王知县批:"准存案,抄约附",准予存案。况世幅主动到衙门存案、王知县准予存案,都从另外一个方面说明民间退后图索的情况较多,即使已有退婚文约,之后也可能会发生纠纷。正是基于这样一种先例的存在,况世幅才会想到去存案,避免将来可能出现的矛盾和纠纷,以保护自己的合法权益。这是一种不得已而为之的举措,但也不失为一种有益的尝试。

由巴县档案中大量的退悔文约可以看出,当时的民间社会已有广泛的契约和书证意识,当有退悔等情况发生时,当事人双方会立出相应的文约,保存为据,一旦发生诉讼,知县在审断时会充分考虑这些契约的证据作用,根据案件的实际情况做出较为合情合理的判决。但正是因为这些文约在巴县档案中主要是以诉讼活动的证据形式呈现的,又可发现另外一个问题:这些契约是当事人双方私下达成的协议,尽管有此证据,但违背契约、退后图索进而生讼的案例仍然层出不穷,在民间造成了很不好的社会影响。为了尽量避免今后可能出现的矛盾和纠纷,某些当事人除了保存契约作为证据之外,还通过到县衙存案的方式求得官府的保护。

从文约的真实性来看,文约内容有真有假,需要进行鉴别,并需要将文约放在当时当事的场景中去分析：文约是在什么背景之下产生的？订约各方之间的关系是什么？各自的目的又是什么？内容真实的文约可以在案件审断过程中发挥凭证作用，但我们也不能忽略那些伪造文约或者内容失实文约的重要价值。首先，这些"虚假文约"的存在从另外一个侧面体现了文约在民间所起到的重要作用；其次，这些文约还是表达了当事人伪造文约的意图，留下了当事人伪造行为的痕迹，从这一点来说，这些文约也是有用的。总而言之，虽然退婚文约在内容上可能有虚假的成分，但这些文约仍然客观地反映了清代民间的婚姻关系，在诉讼中作为重要的证据，直接影响到官府对两造的审断，值得深入研究。

第七章 嫁卖生妻档案研究

在巴县婚姻档案中,"嫁卖生妻"类别的档案数量占比很大。这部分档案主要是巴县衙门在司法审理过程中保存下来的,内容非常丰富,形式也很多样,对研究清代巴县婚姻关系中妇女的地位、嫁卖生妻的原因、律法的相关规定及知县的审断实践具有重要的意义。

所谓"生妻",即活人妻,指的是丈夫尚存而夫妻也并没有离异。什么是嫁卖生妻? 王康认为,嫁卖生妻指的是前夫在没有正式休妻的情况下得受钱财,将妻子嫁卖与后夫为妻或为妾。① 此说法将嫁卖生妻的行为主体限定为生妻之前夫。郭松义认为,卖妻行为的卖家是生妻的丈夫或夫家,②将嫁卖生妻的行为限定在生妻的丈夫以及夫家人的范畴。根据巴县档案中大量的嫁卖生妻案例可知,嫁卖生妻的主体以生妻之本夫为主,但并不仅仅限于本夫,还有生妻的本夫家人、生妻的娘家人以及其他的亲族邻朋,甚至还有妇女自嫁自卖的情况。吴佩林认为,嫁卖生妻指的

① 王康:《财礼的流动:清代"嫁卖生妻"问题再研究》,《南京社会科学》2016年第 12 期。
② 郭松义:《伦理与生活——清代的婚姻关系》,北京:商务印书馆,2000 年,第 486 页。

是丈夫尚存又没有履行离异手续情况下的买卖妻妾的行为,①这种说法并没有将嫁卖生妻的行为主体局限在某一特定的范围,是较为合适的。

第一节　拐卖与嫁卖之风盛行

清代底层人民生活困苦,婚姻论财而男女人口比例悬殊,有大量的适婚男子无法正常娶妻。② 在庞大的需求之下,部分已经娶妻的家庭,因为经济贫困等原因被迫或故意嫁卖妇女③以换取财礼,也有妇女之娘家以及其他亲戚熟人等贪图利益将妇女嫁卖,拐卖和嫁卖风行,屡屡禁之而不绝。拐卖与嫁卖略有区别,拐卖主要指吹吹等人诱拐妇女、儿童卖到他处,本章所称拐卖专指针对妇女的拐卖。拐的目的是为了卖,而且主要是将拐来的妇女

———————

① 吴佩林:《〈南部档案〉所见清代民间社会的"嫁卖生妻"》,《清史研究》2010年第3期。

② 即使是现代社会,同样会因经济状况差、男女比例悬殊等原因,发生适婚男子无法娶妻的情况,尤其在一些偏远地区,这样的情况更容易出现,表现也更为严重。据报道,海南省贡举村几乎所有适婚男子都是单身,5000人的村子里,单身汉约有200人。同时,该报道还提到中国社会科学院发表的一份研究报告,"到2020年,中国处于婚龄的男性人数将比女性人数多出3000万至4000万,其中超过1000万人将打一辈子光棍。在结婚对于确定社会地位来说具有重要意义的中国社会,这将导致爆炸性的后果。"资料来源:参考消息网,2016年6月15日。导致这些现象的原因主要有二:一是重男轻女,男多女少,男女性别比例失调;二是婚姻论财情况严重,贫穷之家无力娶妻。

③ 被迫嫁卖主要是因贫不得已为之,故意嫁卖则是因夫妻不睦、婆媳关系不好、妻子私逃或通奸等原因。相对而言,被迫嫁卖者居多。

嫁人为妻或为妾，所以，专门针对妇女的拐卖在本质上也属于嫁卖。在法律上，对拐卖行为的界定和处罚属于"略人略卖人律"的范畴，而对嫁卖行为的界定和处罚则属于"典雇妻女律"的范畴，二者之间有所差别。本章的讨论，既包含了通常意义上的嫁卖，也包含了本质上属于嫁卖的拐卖。

　　李清瑞在研究清代巴县乾隆档案目录之后发现，"乾隆年间的史料中，与妇人有关的案件共有二百二十二件，而在这二百多宗案件的记录之中，和拐案有关的就高达一百多宗"。① 仅仅乾隆年间就有这么多案件与拐案有关，试想，有清一代究竟会有多少涉及拐逃的案件。其实，尽管清代拐案众多，但仅仅从案卷标题上判断案件是否与拐案有关，似乎还不太准确，因为在这些案件中，某些确实与拐案有关，但也有相当的比例是以拐案为名捏控在案的。而真实的情况既可能是嫁后图索控以拐逃，也有可能因其他纠纷以拐卖大题捏控，目的在于引起知县重视，使案件得以受理。

　　嘉庆十四年，重庆府在给巴县的一份札文中，要求巴县严拿兴贩妇女奸徒及窝子，在该文中提到"查至夔关有船户陈大来、曾顺要等装载妇女一百余口，往下游出售，并经历差役索钱……自省以下各州县地方多有地棍串通兴贩奸徒，代为收买女口，俗称窝子，俟积有成数，用船装载起行"，要求巴县"严拿兴贩奸徒即窝子等，照例究办，毋使漏网"。巴县正堂葛派出差役，在县属境内沿河卡隘，盘查兴贩妇女奸徒窝子。② 妇女被当成牲口一样买

----

① 李清瑞：《乾隆年间四川拐卖妇人案件的社会分析——以巴县档案为中心的研究（1752—1795）》，太原：山西教育出版社，2011年，第22页。
② 《巴县档案》6—2—4310，嘉庆十四年三月。

卖,而且动辄一百余口,从中可见清代刁拐贩卖妇女情形之严重。

清代刁拐之风盛行,危害甚大,严重扰乱了正常的生活秩序,被官府称为"恶习"。道光元年,巴县奉札张贴正民风、除恶习、清盗源八条例禁告示,其中一条与拐卖妻女有关。在这条例禁告示中,官府也认识到贫困是川人卖妻卖女之根源,力劝百姓不要卖妻卖女,以防被奸徒辗转贩卖入窑受辱,并要求地方官严禁缉拿,准许地方势力将从事刁拐贩卖之徒扭官究办。

> 川省民人多无恒业,一经贫困,即卖妻女。因有不法匪徒借图渔利开窑,诱取辗转贩卖,虽系贫民自弃骨肉,导启邪行总由奸徒意图获利煽惑兴贩所致,令室家分散,幼弱流离。似此虺毒为心,言之深堪发指。除行地方官严禁缉拿外,自示之后,尔等务安生业,力作谋生,切勿将妻女卖给,以致失所受辱。如有外来流棍勾串土著匪类,私开媒馆,引诱拐卖,许该地邻牌约扭禀地方官究办。倘该地邻等通同徇隐,定行一并严究。①

光绪三年,重庆府即补府正堂给巴县发来札文,其中提到,云阳县知县禀称,川人私贩妇女出省嫁卖情况严重,兵勇、土棍、船户各方势力纷纷参与其中,危害甚大,令人堪忧,请求出示严禁。因此,川东道姚札发到重庆府,严禁私贩妇女嫁卖,重庆府又札发到各县。

> 钦加监运使衔当戴花翎署理四川重庆府事即补府正堂加五级纪录十次庆为据禀札饬事。光绪三年二月初一日奉川东道姚札开:案据云阳县知县叶庆枰禀称:窃查私贩妇女出省嫁卖,例禁綦严。川省自军兴后,外省兵勇征调不常,或

---

① 《巴县档案》6-3-87,道光元年一月。

因遣撤回籍,或因告假归乡,往往有购买妇女,托名妻妾婢女,装载赴楚,私行贩卖者。暨后贩卖得利,遂至视同奇货,往反【返】贩卖。本地土棍复勾结外省之人,各出本资,公同兴贩。故近来贩卖妇女之徒较之上年尤多。盖来往既熟,各码头均有同伙分利之人,互相诱买,勾通船户装运,并捏造官衔,书写旗灯,冒称官船,以免沿途盘诘。种种弊窦,愈久愈多。若不及时禁遏,则兴贩之徒几忘其身犯禁令,必致肆无忌惮,大伙勾买。而孱弱之妇、幼稚之女一经卖走流落,咨嗟其流弊既不可胜言,其情形尤深堪悯恻。卑职此次回任访闻,兹弊当即出示禁止,并饬沿江水卡认真盘诘,以期力挽颓风。但只卑县一处禁止,诚恐沿途过往人等未能周知,不足以遏其流弊,合无仰恳宪恩,通饬沿江各州县,一体出示晓谕,申例严禁,并认真盘查,获即惩办,庶可惩一儆百,以杜弊端而肃政体,实沾德便。是否有当,理合禀请察核、批示祗遵等情到道。据此,当经本道批:私贩妇女嫁卖,本干例禁,仰候檄饬各属一体声明律例,出示严禁,此缴另单附批示在案,合填预印空白札饬。为此仰府官吏查照来札事理,即便转饬所属一体申明律例,出示严禁,毋违此札等因。奉此,合就札行。为此札仰该县即便申明律例,出示严禁,毋违。此札。

　　右札巴县准此

　　光绪三年二月初九日①

　　光绪八年,重庆府正堂庆再次给巴县发出札文,严禁刁拐贩卖妇女。川东刁拐贩卖妇女之风盛行,比其他省更甚。"吹吹"们竭尽

---

① 《巴县档案》6－6－2234,光绪三年二月初九日。

花言巧语之能事,将妇女们骗入圈套,用船送到别处贩卖,或为奴婢,或为小妾,更有甚者将妇女卖给妓院。而船户和兵役也为了钱财,帮助吹吹成功地将妇女运走,俨然形成了一条拐卖妇女的"产业"链条。因此重庆府正堂要求各州县严惩恶行,不得贿纵,并要求船户出具甘结、巡役认真盘查,对成功盘获拐卖妇女者,予以奖励。

光绪十年,重庆府正堂恒再发严禁略拐妇女告示,要求各县照抄多张,在城市遍贴晓谕,俾众咸知,并要求各县将所贴告示的处所具报重庆府查考。

> 本府正堂恒全衔为出示严禁事。照得郡城五方杂处,习俗浇漓,多以局骗为生涯,以煽惑为能事。更有作奸犯科之辈,呼为吹吹及抬户等项名目,引诱良家妇女,日事嬉游,一经堕其术中,百计为之蛊惑,生妻被其诱嫁者有之,孀妇因而失节者有之。人受其殃,彼收其利,并敢设计哄骗略拐女孩,离散其骨肉,贱辱其身体,种种藐法胡行,是为法律所不容,人神所共愤。本府下车伊始,廉得其情,亟应严行申禁,以杜奸究而挽颓。凡除另饬严密查□外,合行出示严禁,为此示仰该匪徒人等一体知悉,尔等务各洗心革面,痛改前非,勉为善良,自惜生命。自示之后,倘再不知敛迹,仍前凶为,一经访闻,或被告,必定即从严惩办,决不姑宽。本府言出法随,尔等毋得以身尝试。其各凛遵毋违,特示。
>
> 右谕通知
>
> 光绪十年五月二十七日
>
> 告示　实贴　晓谕勿损①

---

① 《巴县档案》6-6-2236,光绪十年五月二十七日。

根据巴县对重庆府的申复可知,巴县共在 20 个处所张贴了此告示,分别为:甬墙、老鼓楼、新鼓楼、太平门、东水门、朝天门、千厮门、临江门、通远门、南纪门、金紫门、储奇门、黉学、陕西街、较场、三牌□、关庙、都陲街、十八梯、百子巷。

除响应重庆府和川东道的号召对拐卖妇女出示严禁、张贴告示之外,巴县正堂也曾多次就拐卖妇女的行为出示严禁。光绪元年,巴县正堂李出示严禁,要求地方监保一旦发现吹吹等人拐卖良家妇女或者将妇女逼勒为娼,立即具禀、从严究治,决不姑宽,表现出严惩刁拐嫁卖行为的决心。

> ……合行出具严禁,为此示仰渝城坊厢内外监甲约保人等知悉,自示之后,倘有吹吹等仍蹈前辙,拐卖良家妇女,及招留逼勒为娼为妓,一经查出,立即指名具禀,以凭从严究治,决不姑宽。但不得借有此事,挟嫌妄禀,无辜受累,自取干咎。各宜凛遵,毋违,特示。[1]

光绪二十一年,巴县正堂国重新回到巴县任职,发布严禁事项共 10 条,其中就有一条涉及到拐卖妇女。在禁令中,尤其对专门从事拐卖妇女儿童行业的"吹吹"表达了痛恨之情,勒令他们痛改前非、别图生计。

> 县正堂国为择要先行示禁事。照得本县现奉大宪檄权县篆,重来旧地,愈凛初心,入境后于所过地方皆亲身查看,履任以来,亦已日随事体察觉。事隔九年,地方一切情形,本县前任斯土时所立章程禁令,半皆因循废弛。亟应认真整顿,以挽颓风。除举办保甲团练查拿盗贼窝户,另行示谕外,

---

[1]《巴县档案》6－6－2233,光绪元年四月。

兹将应办应禁事宜,先行择要条例于后。

　　……

　　本城招户,勾引青年妇女,卖典渔利,较场吹吹,专于贩卖妇女幼孩,殊堪痛恨。务各力为改悔,别图生计,倘有不遵,一经查出,或被禀发,定即严予惩治,以正风化。①

不仅如此,巴县正堂国还于光绪二十三年发布禁令,永远不准妇女到较场茶馆吃茶,因为这些地方是人群聚集之地,担心招户和吹吹从中作合、刁拐嫁卖。

　　县正堂国为谕禁事……茶馆,向多男妇聚杂,名为寻觅帮工,讲议价值之所……招户、吹吹仍随时严密查拿,未尝稍事轻纵……张姓四家茶馆,每日聚集多人,男女混杂,皂白不分,实属不成事体。且难免无招户、吹吹从中作合,希图渔利。本应拘案严惩,姑再法从宽宥,为此谕仰该监保等,即便传谕禁止。凡属较场茶馆,永远不准妇女入内吃茶。倘敢故违,除饬差拿案究办外,定将茶馆封禁,什物充公,并治该监保等以徇隐之罪,决不稍贷。其各凛遵,毋违,特谕。②

需要注意的是,此处不准妇女到茶馆吃茶,并不是对妇女的歧视,而是出于对妇女的保护。这也从另外一个方面反映出巴县刁拐嫁卖之风依然严重,以至于正堂国不得不一再发布禁令。那么这些禁令是否有效遏制了民间的刁拐嫁卖呢?我们来看几则案例。

王氏丈夫出外一年多不归,王氏无靠,请张老三送其回原籍。

①《巴县档案》6－6－1696,光绪二十一年十月二十九日。
②《巴县档案》6－6－1714,光绪二十三年正月二十七日。

岂料张老三把王氏送去娼户家卖娼，偶遇夫弟，诉说实情，夫弟告知王氏胞弟，把张老三和娼户控案。断：将张老三等分别责惩，王氏由胞弟领回另嫁，王氏丈夫回来不得滋事。①

周花样在曾家场王正兴栈内住宿，王正兴妻子冉氏见面不避，时常与周花样谈及贫苦，起意逃走的话。某日，周花样见王正兴贸易未归，是夜就把冉氏引诱出外逃走。断：将周花样枷示，冉氏掌责，王正兴将冉氏领回管束。②

马联升是胡廷壁的表兄，平日下力活生。道光十九年，马联升将胡廷壁的妻子胡氏私行拐逃，断将马联升笞责枷示两月，并令胡廷壁将妻子胡氏领回严加管束。③

雷刘氏女儿喜姑到舅母刘温氏家拜年，被刘温氏女儿古刘氏（喜姑的表姐）、女婿古老幺（喜姑的表姐夫）刁拐，雷刘氏控案。断：将古老幺笞责枷示，悯念古刘氏系属女流，从宽掌责，雷刘氏将女儿喜姑领回管束。④

姚氏女儿王姑出外买菜，被勇丁潘占魁窥见，见四下无人，用轿把王姑抬走与他为妻。经过审讯，将潘占魁责惩，枷示一月。⑤

刘氏是育婴堂养女，嫁给谢邦泉为妻。有认识的申黄氏给刘氏说给她"看个好门户"，把刘氏拐逃。经审断，将拐诱刘氏的申黄氏责惩锁押，回家安分，以后不准再来城里；将私逃的刘氏亦予责惩，当堂交谢邦泉领回管束。⑥

---

① 《巴县档案》6－3－9054，道光十四年十一月。
② 《巴县档案》6－3－9223，道光十八年七月。
③ 《巴县档案》6－3－9268，道光十九年五月。
④ 《巴县档案》6－3－9292，道光二十六年正月十六日。
⑤ 《巴县档案》6－5－7155，同治元年九月二十三日。
⑥ 《巴县档案》6－6－24741，光绪十九年十二月。

　　张辅臣有一使女名张姑,年十七岁,已经许与潘姓为室,另有一娴媳尹氏,均未完配。隔壁居住的杨胡氏见尹氏、张姑面容美貌,起意拐逃出外,卖钱使用。于是杨胡氏给张姑说"不要嫁人家为妻,不如在外面倒好耍些",又给尹氏说"在家时常被婆子打骂,不如逃出在外倒好耍些",张姑、尹氏信以为真,跟随杨胡氏及串通的黄连逃走,被厢差盘获送案。将黄连笞责枷示,张姑交给张辅臣领回嫁配,尹氏不守妇道、擅敢逃走,张辅臣之子情甘与她离异,断令尹氏由娘家领回,另行择配。①

　　以上几例拐案,反映出妇女被拐逃的原因是多方面的。有的确实是被蒙蔽哄骗甚至估抬,也有的是心甘情愿,因为贫苦想嫁个好人家的美好愿望促成她们弃夫而逃,还有如尹氏时常被婆婆打骂不愿继续待在夫家,如张姑不愿嫁人而听从拐逃。知县对故意私逃的妇女也会予以责惩,但一般都是象征性地惩罚,大多交给本夫领回管束,或者退回娘家另行择配。对刁拐贩卖之徒,最常见的处罚就是"掌责枷示""笞责枷示""责惩"等,处罚较轻。还有的拐犯甚至会因为某种原因而免予处罚。余海源在渝手艺活生,自幼娶张氏为妻,没生子女,被陈妇、刘妇来家把张氏刁拐藏匿。将陈妇掌责,姑念刘妇年迈,应责从宽,余海源当堂把妻子张氏领回管束。② 刁拐张氏之陈妇仅被掌责了事,而刘妇因年迈免予处罚,一方面可见知县在断案时的审时度势,另一方面年迈之人竟也参与拐逃妇女,说明当时刁拐嫁卖情形之严重。

　　在某些情况之下,除将拐犯责惩枷示之外,还会采取游街示众等方式加以处罚,以儆效尤。在秦应明拐逃彭张氏一案中,秦

①《巴县档案》6-5-7273,同治三年三月十六日。
②《巴县档案》6-5-8395,同治七年七月十六日。

应明经过何吹吹的牵线搭桥与彭张氏私通,并将彭张氏拐逃,经过审断,将秦应明和何吹吹责惩枷号、游街示众,最终还将何吹吹逐出城外。① 吴信成的儿子吴玉书凭媒说娶文长姑为娴媳,过门抚养,尚未完配。接房连居的罗姓商串同街居住的朱彭氏为媒,哄骗文长姑来家做习针指,欲将文长姑嫁与他为妻,朱彭氏得罗姓钱 300 文,被查知送案。经过审讯,朱彭氏不应刁拐文长姑并卷衣物潜逃,把朱彭氏械责,押令喝街示众,并令朱彭氏清还衣物给吴信成领去,吴信成将文长姑领回约束。② 游街示众、喝街示众等方式让被惩罚之人在大庭广众之下颜面尽失,可谓"杀一儆百",比单纯的"责惩枷示"处罚更重,更能起到教育和引导的作用。尽管官府在不断地出示严禁,甚至采用游街示众这样的处罚手段,但对民间已经深入骨髓的刁拐之风仍然收效甚微。

民间刁拐之风屡禁不止,买休卖休行为也非常猖獗。夫妻(妾)尚未正式履行离异手续,妻妾就被丈夫或者其他人嫁卖,以换取钱财,俗称"买休卖休"。此处的"休"是为了"买卖",与"买卖"合二为一,并不是单纯意义上的"休回娘家"。所以,判断到底是休妻还是卖妻,要看其主要目的是否是为了钱财。为了钱财而休,即"卖休"。清律明文禁止买休卖休:若用财买休、卖休(因而)和(同)娶人妻者,本夫、本妇及买休人各杖一百,妇人离异归宗,财礼入官。③

尽管法律有明文规定,官府也一再发出禁令严惩买休卖休,

---

① 《巴县档案》6－6－24731,光绪十九年十月。
② 《巴县档案》6－4－5521,咸丰九年三月二十五日。
③ 马建石、杨育裳:《大清律例通考校注》,北京:中国政法大学出版社,1992年,第 955 页。

但因民生凋敝、生活困苦、男女比例差别大等原因,民间嫁卖生妻
现象依然屡禁不止。苏成捷认为,卖妻是因为贫穷所引发的一种
普遍的生存策略,穷人因为性别失衡以及连带的娶妻困难,造成
了这种私下的人口交易行为。① 王跃生认为,卖妻在清代中期已
经成为民间社会以非法手段调整婚姻关系、配置婚姻资源的重要
方式,②这种被官府严厉禁止的非常态婚姻形式依然与普通婚娶
一样,有主婚人、媒人、财礼、中证等要素,而这些要素一般都采用
民间广泛流行的契约书证形式予以约定和说明。官府对民间疾
苦一清二楚,一般不会进行干预,除非买卖双方因嫁后图索等原
因闹上公堂,官府才不得不依律对相关人等进行处罚。与清律规
定的"本夫、本妇及买休人各杖一百,妇人离异归宗,财礼入官"相
比,巴县嫁卖生妻类案件的处罚力度要轻得多,多为掌责、枷号,
甚至还有部分责任人因"乡愚无知"被"从宽免究"。分析嫁卖生
妻的原因,主要包含经济原因和感情原因两个方面,此外还有妻
子犯错、丈夫不在家等多种情况,较为复杂。

　　经济原因。无疑,家庭经济困难是嫁卖生妻最主要的原因,③

---

① [美]苏成捷著,林文凯译:《清代县衙的卖妻案件审判:以 272 件巴县、南
　部与宝坻县案子为例证》,载邱澎生、陈熙远编:《明清法律运作中的权力
　与文化》,桂林:广西师范大学出版社,2017 年,第 455 页。
② 王跃生:《清代中期婚姻冲突透析》,北京:社会科学文献出版社,2003 年,
　第 25 页。
③ 前面曾经提到,苏成捷认为卖妻是因为贫穷所引发的一种普遍的生存策
　略。郭松义认为卖妻多发生在下层,不但卖的是贫苦百姓,买的多数也是
　贫苦百姓。之所以发生卖妻之事,主要是因为百姓衣食有缺,不能自保。
　见郭松义:《伦理与生活——清代的婚姻关系》,北京:商务印书馆,2000
　年,第 486—489 页。

每当家庭生活压力大得令人难以承受时，这种方式就会被采用。① 当穷得只有通过卖妻才能维持生存的时候，人的尊严往往让位于基本的生存需要。② 道光年间，魏世伦在诉状中控诉妻子："蒋长姑不克妇道，背夫逃走，叠回娘家，嫌夫家家贫，夫妻不睦。蒋氏请人作媒，甘愿与丈夫拆离，勒丈夫将其嫁给李春宣为妾。"蒋长姑不守妇道、背夫逃走是假，魏世伦家贫欲卖生妻是真。之所以诋毁妻子，是为了让知县认为妻子犯有过错，嫁卖也在情理之中。根据魏世伦母亲所言："不幸氏夫早故，氏子足疾成残，家贫如洗，蒋氏喂纺不敷日食，情惨莫极。氏难忍蒋氏青年，受其啼饥号寒之苦，屡向蒋氏娘家说明另嫁，以全生命"，可知魏世伦足疾成残，家贫如洗。邻里所具之息状也证实了这一点："缘魏世伦足疾成残，家贫亲老，日食莫度，屡欲拆离伊妻蒋氏另嫁，以全生命。"③

家庭贫困的原因各不相同。有的家庭本来就贫苦，如周海山与妻子成婚已经 17 年，生有女儿，但因家内有债务在身，难以偿还，日食难度，于是将妻子嫁卖。④ 有的是因为丈夫不务正业，如

---

①［美］明恩溥（Arthur Henderson Smith，1845—1932）著，陈午晴、唐军译：《中国的乡村生活：社会学的研究》，北京：电子工业出版社，2016 年，第240 页。明恩溥是基督公理会传教士，他于 1872 年来到中国，先后建立了教会、学校和医院等，此书是明恩溥对中国乡村社会考察的思考。此书的译者认为，作为一个生于"异社会"、长于"他文化"的局外人，明恩溥的观察和思考"常常令我们产生如芒刺在背的感觉""为我们回溯过往、规划未来提供了一面难得的镜子"。
②吴佩林：《〈南部档案〉所见清代民间社会的"嫁卖生妻"》，《清史研究》2010年第 3 期。
③《巴县档案》6－3－9221，道光年间。
④《巴县档案》6－6－25120，光绪二十七年正月。

程樾桥不务正业、滥吃洋烟、包揽词讼、不理家务,导致家庭愈发贫困、无钱使用,在逼妻子杜氏作贱不从的情况下,将已经过门十余载的杜氏嫁卖,女儿昭弟由妻子随带抚养。① 有的家庭虽然并不富裕,也勉强能够保证日食,但因为其他突发的原因,使得原本就贫苦的生活无以为继,于是采用嫁卖生妻的方法度过难关。罗仕荣的遭遇可以算是"屋漏偏逢连夜雨",因为他不仅"屡遭贼匪涂害,家产费尽,四壁土立",而且"去岁又遭母死,寻亲帮埋",还因"米价昂贵,负债难偿,日食难度",万般无奈之下,将妻子郑氏嫁卖,得财礼钱 6 千文。② 而李大观则是因为患病后没钱度日,才瞒着自己的父亲和妻子娘家人,把幼配的妻子萧氏嫁卖罗正明为妻,把唯一的女儿也过继给罗家为女,得财礼钱 4500 文。③

　　不仅有李大观、程樾桥等人将女儿交给嫁卖的妻子带走抚养,在极其贫苦、无法度日的情况下,连亲生儿子也可能交给妻子随带夫家抚养。彭近堂与妻子陈氏育有一子一女,因贫苦无度,将妻子嫁与 30 岁务农为业的沈廷元为妻,得财礼钱 5 千文。比较奇怪的是,彭近堂将女儿留在身边抚养,却将儿子抱给沈廷元为子,立下主抱文约。一个多月之后,陈氏带到后夫家抚养的幼子患病死亡,双方遂起争端。④ 在清代社会,儿子承担着传宗接代的重要使命,不到万不得已,不可能把儿子出抱给别人抚养,可见彭近堂确实贫苦。另有一个重要原因应该是彭近堂儿子年幼,而且体弱多病,不能离开母亲,彭近堂担心如果自己将儿子留下

---

①《巴县档案》6-6-23696,光绪六年九月。
②《巴县档案》6-5-7281,同治三年四月。
③《巴县档案》6-5-5407,咸丰八年三月十三日。
④《巴县档案》6-4-5358,咸丰七年正月二十八日。

可能会无法养活,结果依然没有改变儿子患病死亡的结局。

　　感情原因。经济困难固然是嫁卖生妻的主要原因之一,但绝不是全部的因素,夫妻不睦、感情不和也是嫁卖生妻的重要原因。① 而影响夫妻感情的因素是多种多样的,既有家庭经济方面的因素,也有后嗣、性格以及身体状况等各方面的因素。清代底层社会,百姓的经济状态普遍不是太好,应该说是比较糟糕,②家庭贫穷、日食无度,夫妻关系自然也不会好到哪里去。俗话说"贫贱夫妻百事哀",就是这个道理。"不孝有三,无后为大",在娶妻更多是为了承嗣的社会里,如果妻子没有生育就几乎丧失了婚姻的意义,所以巴县档案中因为妻子没有生育导致的夫妻不睦数量较多。性格不合也是影响夫妻关系的一大因素。蒲春亭娶程氏为妻多年,已经育有一子一女,但夫妻关系一直不睦,蒲春亭将发

---

① 清代刑科题本843宗卖妻案件中,有136宗是由夫妻关系不睦所致,具体包括妻子性情不好、懒惰、不服管教、私逃、不能生育、不守妇道等等。见王康:《财礼的流动:清代"嫁卖生妻"问题再研究》,《南京社会科学》2016年第12期。这说明除经济因素之外,夫妻感情因素也是嫁卖生妻原因中不可忽略的重要因素,而这一点与巴县档案所见也是相吻合的。此外,卖妻还与丈夫品行有很大的关联,也可以并入夫妻感情因素中进行讨论。好吃懒做、浪荡不肖之人不思进取、生活挥霍,自然度日维艰,而其妻亦以丈夫难以倚靠又不堪其苦,反而情愿改嫁。这种情况在湖南省石门、慈利、桃源等县都有所反映。见前南京国民政府司法行政部编:《民事习惯调查报告录》,北京:中国政法大学出版社,2005年,第790页。
② 在外国人看来,"中国最突出的事实莫过于人民的贫困,每平方土地上有太多个村庄,每个村庄中有太多的家庭,每个家庭中有太多张"嘴"。不论人们走到哪里,听到的都是冗长重复消沉萎靡的相同诉说。穷、穷、穷,永远都是穷"。见[美]明恩溥(Arthur Henderson Smith,1845—1932)著,陈午晴、唐军译:《中国的乡村生活:社会学的研究》,北京:电子工业出版社,2016年,第251—252页。

妻作嫂嫁卖,得财礼钱 20 千文。尽管夫妻二人已经育有子女,但蒲春亭仍然将妻子嫁卖赵兴发为妻。过后赵兴发察觉蒲春亭就是程氏之夫,想要将程氏退回,蒲春亭拒不承领,其夫妻关系可见一斑。① 道光年间,因夫妻关系不睦,曾文珧将已经怀孕 7 个月的妻子马氏嫁卖杨大富为妻。曾文珧在诉状中讲述的原因是"马氏素不听教,不听管束,滋闹不休",所以才无奈嫁妻。② 还有因妻子多病而影响夫妻关系的。光绪年间,陶庆娶彭贺氏之女桂英为妻,哪知桂英自幼多病,"自过门以来多病,医药不效,糊行乱为",陶庆心内不悦,与丈母彭贺氏商议将桂英另嫁,彭贺氏应允,陶庆遂将桂英改嫁璧山县洪姓,彭贺氏具控在案。知县判词如下:"审得陶庆娶彭贺氏之女为妻,过门因见有病,去冬将妇改嫁。据供先已通知伊妻娘家,其母允无异辞,然后才嫁,旋据彭贺氏坚供并不晓得。断令陶庆所娶之妻,虽有病疾,亦可延医调治,或退回娘家,不应另嫁别人。但事已成就,覆水难收,着令将娶妇之人指交贺氏认识,各结完案。此判。"③妻子有病在身,陶庆心内不悦,影响夫妻感情,从而将妻嫁卖。知县虽然认为陶庆可以选择医治或者退回娘家的方式,不应该嫁卖他人,但已经覆水难收,最终还是认同了陶庆的改嫁行为,并没有对其进行惩罚。

此外,还有一个夫妻不睦的重要原因,就是夫妻年龄尚幼,这是清代部分地方较为流行的早婚习俗所带来的恶果。14 岁的周宗利娶赖福顺之女赖辛姑为妻,估计赖辛姑年龄相仿甚至更幼,"夫室尚幼,未能谐和"。从周宗利的禀状中可以看到夫妻不睦的

---

① 《巴县档案》6-6-23491,光绪四年三月。
② 《巴县档案》6-3-8919,道光年间。
③ 《巴县档案》6-6-25029,光绪二十五年三月。

更多细节:"殊伊(赖辛姑)少训性拗,不听教诫,与蚁反目,便遗在床,不堪其秽,蚁母理教,福顺颠顾其女,反敢来家肆闹。蚁父周日宽将蚁分出,辛姑怙恶不改,佣蚁如奴,便遗如故,蚁怒责骂,福顺将蚁扭殴数次。蚁出无奈,与伊说明,央杜洪顺为媒,将辛姑另嫁胡二,未取分文。"①夫妻二人年龄尚幼,心智尚未成熟,是不能和睦的重要原因,而且赖辛姑"便遗在床""不听教诫""佣蚁如奴",导致周宗利将她另嫁,分文未取。周和 10 岁那年娶萧氏为妻,后来生有一子,但夫妻感情并不好。周和称:"蚁娶萧正兴之妹为妻,迎配均幼,迨后萧氏生子性变,与蚁反目,不守妇道,不受管束,每背私归……萧氏屡违妇道,性泼非常,忤逆翁姑,凶詈丈夫,尤背私走丑声播开,蚁加教戒,触怒反凶,寻尽轻生……"②尽管周和的说辞不可尽信,但夫妻感情不好乃是实情。不得不说,"迎配均幼"道出了结婚太早所造成的此类悲剧。婚配年龄太小,一切尚未定型,长大以后才发现二人性格不合,却已为时过晚,不得不将就着过此一生,但其间的矛盾和冲突却是不能避免的。

除经济原因和感情原因之外,其他因素也可能会导致嫁卖生妻的发生。比如妻子犯有过错,尤其是私逃、犯奸之类的大错。以犯奸为例,清律中明确规定:"妻犯七出之状,有三不去之理,不得辄绝。犯奸者,不在此限。"③如果妻子有犯奸行为,可以"从夫嫁卖",这并不违法,自然也不会受到惩罚。

王文道之姐廖王氏自幼许配廖启富为妻,光绪十四年冬过

①《巴县档案》6-5-7253,同治二年十二月。
②《巴县档案》6-5-7543,同治五年十二月。
③马建石、杨育裳:《大清律例通考校注》,北京:中国政法大学出版社,1992年,第 453 页。

门,第二年二月私产小孩。廖姓不依,杨松山等劝和,王文道出银18 两,立有和约了事,并不提私孩之话,以全脸面。廖启富得银后,于二月间凭余二之妻为媒将王氏嫁与杨二,并不通知王文道等人,因此生控。知县断:余二之妻为媒,余二知情不阻,实属不合,掌责枷号;王文道将王氏领回另嫁;廖启富将 18 两银子缴出,作隍庙公用;杨二不知,误娶免责。① 王氏犯奸,过门私产,如果此时廖启富将王氏嫁卖,知县并不会责惩于他,因为妻子犯奸本就可以从夫嫁卖。关键在于王氏娘家给了 18 两银子息事,立有和约,而廖启富不守和约,私自将王氏嫁卖,违背了契约的精神,所以知县驳斥的是廖启富既得钱又私自嫁卖妻子的行为,最终廖启富人财两空。正因为妇女犯奸在七出之列,而且夫家有权利将犯奸之妇嫁卖他人,所以有的夫家因为夫妻不睦等原因,起意将妇女嫁卖,就故意给妇女制造犯奸的机会,以便捉奸嫁卖。

　　余春亭之女余氏于光绪十五年嫁与李华春之子李德成为妻,过门之后,夫妻不睦。余氏的说法是"李华春父子嫌剋小女子,说小女子无有陪奁,容貌丑陋",而李华春父子的说法则是"(余氏)素不守妇道,常回娘家,数月不归,与子反目"。李华春父子将余氏搬出另居,与佃户余兴顺同院居住已经 3 年,"小房只隔个壁头,两边谈话都听得到",不给食费,暗地使人欺调,其目的在于捉奸禀究。光绪十九年,李华春父子将余氏嫁给李邦成为妻,取财礼银一锭、钱一串,余春亭与李华春互控在案。此案先后经过多次审断:

　　光绪十九年九月二十七日判词:

①《巴县档案》6－6－24414,光绪十五年六月。

审得李华春之子李德成发配余春亭之女余氏为妻,过门夫妇不睦,理宜善为劝解,何得将媳余氏蓦嫁,实属不法。旋据伊子李德成则称误听张玉堂主使,始将其妻蓦嫁李邦成为妻,取财礼银一锭、钱一串。今知改悔,愿将其妻余氏领回,自认还财礼,从宽免究。断令李华春父子将余氏当堂领回,嗣后不准嫌剋,着将李德成锁押,李华春交差看押,速将财礼缴还,取具李余氏逃匿自尽情事切结。倘经余春亭控发,定于惟李华春父子是究,并谕李邦成取具领结,再将李华春父子发落。此判。

光绪十九年十月初二日判词:

审得此案前经讯明,李华春父子不应将余氏蓦嫁,实属不法,锁押华春父子,速将所取财礼退还李邦成,当堂领回余氏,取具余氏逃匿自尽惟伊是究切结,再行省释。访闻华春父子逼余氏在外与佃户同居三载,不给食费,暗地使人欺调,意在捉奸禀究。幸余氏坚贞自守,保全名节,此等行为,殊属可恶。着令原锁押出外,寻获媒证张玉堂到案质讯严究,否则邀妥实绅粮书立请约,承保嗣后不得仍蹈前辙,俾余氏衣食有赖。俟邀保妥当,再行省释。其有乡间口岸,概归华春父子付给,并令李邦成当堂领银画押各去,余春亭等亦令画押各去。此判。

光绪十九年十月十五日判词:

审得李华春父子恃富欺贫,实属混账积恶之人。案虽断结,不予责惩,恐日久故智复萌,难免不无后患。着将李华春之子李德成锁释掌责,当堂将伊父子交文彦升等承保回家,

　　不准再嫁剥李余氏,违即连保人一并严究。此判。

　　前三次审断,知县对李春华父子嫁卖生妻之行为进行了责惩,对他们父子逼余氏在外与佃户同居意欲捉奸禀究也进行了斥责,并仍将余氏交给李华春父子领回,不准他们再行嫁剥。岂料到了光绪二十年,双方再次生讼,"据控私生在先,又控有价嫁在后",意思是余氏是因为私产才被嫁卖的,意味着李华春父子将余氏与佃户居住,意图捉奸的目的已经达到。知县意识到不能再勉强将余氏判给李春华父子领回,遂让余春亭把女儿领回,主婚另嫁。

　　光绪二十年十二月初四日判词:

　　　　讯得因李华春父子不仁不义,余氏过门即不和睦,又以怨女依佃户,据控私生在先,又控有价嫁在后,此等夫妇,若再勉强,不与断离,日后不惟无益,方且不免涉于命案。礼云三不去,其父余春亭现在不能谓之无所归,断令领回,听其主婚另嫁。于天理、人情、国法,俱觉相合。当堂出结,先行领人可也。着差押李华春,俟银色估较前来,再行讯结。此判。①

　　此案从光绪十六年到光绪二十年,持续时间长,先后经过四次审断。李华春父子故意为余氏制造犯奸机会,意图捉奸禀究,以达到顺利嫁卖的目的,真可谓别有用心。

　　除妻子犯有过错之外,还有一些较为特殊的情况,比如丈夫因为外出谋生等原因不在家中,其妻可能面临被嫁卖的风险。同治十一年,巴县孝里八甲人曾昭智赴案具告,称他独自在渝下力营生,将妻子彭氏留在家中,数月之后回家才发现妻子已被彭氏

---

① 《巴县档案》6－6－25318,光绪十六年——光绪二十年。

干母莫李氏及其子莫金山嫁卖张四大爷为妾。① 清代巴县是繁华之地,其特殊的地理位置决定了来此谋生的人很多,其中有相当数量的谋生者来自乡下以及周边城镇。他们当中有的带着妻儿老小举家搬迁,有的则是孤身一人来渝寻找生路,将妻子儿女留在老家。带着妻小来城的人,如果生活实在过不下去了,很容易想到将妻子嫁卖或者逼娼以维持一家人的生活;而孤身来城的人,妻小皆在老家,无人照顾、无人保护,则很容易被人刁拐嫁卖,本案就是一例。曾昭智离家才数月,其妻就被嫁卖,而光绪初年周罗氏儿子周良廷出外贸易已经 7 年,仍未归家。在这种情况之下,周罗氏与长子周玉山、次子周焕章主婚,将周良廷之妻罗氏改嫁。罗氏在供词中提到"母亲同长兄周玉山、二兄周焕章们商议,称说不能养无子之媳,主婚立约,把小妇人再嫁高临轩是实",媒人祝大顺等人也在供词中提到"周焕章同他长兄周玉山在场,向小的提说他们弟兄四人早年均属分居,母亲只提膳银二十两,每年缴费,尚且不敷,焉能养无子之媳"。②"不养无子之媳"代表了当时普遍的想法。儿子外出多年不归,不可能将媳妇白白养在家里,这是不划算的。反之,将媳妇嫁卖,还可以得到一笔额外的补偿。

第二节　嫁卖生妻的三方

如前所述,嫁卖生妻行为屡禁不绝,其原因多种多样,但最主要的还是经济因素和感情因素两个方面。笔者在巴县档案中收集到 120 个嫁卖生妻案例,本节旨在以这 120 个案例为文本,对

---

① 《巴县档案》6－5－8097,同治十一年四月十六日。
② 《巴县档案》6－6－23964,光绪十年五月。

嫁卖生妻行为中涉及到的三方——嫁卖之主体即嫁卖之人、买娶之主体即买娶之人、被嫁卖的客体即被嫁卖的妇女进行深入的分析。

一、嫁卖之人

前面曾经提到,现有研究成果多将嫁卖生妻的行为主体局限于生妻之本夫和本夫家人。根据巴县婚姻档案的具体案例可知,嫁卖生妻的情况比较复杂,嫁卖之人的身份多种多样。除生妻之本夫和本夫家人之外,还有生妻之娘家、邻居、亲戚等人牵涉其中,甚至还有生妻本人背夫自嫁的案例。

表 7-1　嫁卖生妻的主体

卖妻之人	案例数(个)	百分比(%)
本夫	83	69.2
夫家其他人	9	7.5
娘家人	10	8.3
夫家娘家共同	1	0.8
邻居及其他亲戚、熟人	8	6.7
生妻背夫自嫁	9	7.5
总计	120	100

由表 7-1 可知,本夫嫁卖所占的比例最高,达到 69.2%,如果再加上夫家其他人嫁卖,这个比例上升到 76.7%,其他情况所占比例相对较小。

(一)本夫嫁卖

本夫嫁卖生妻的原因多种多样,诸如家庭贫困、夫妻不睦、婆媳关系不好、妻子犯奸等原因。除犯奸可以从夫嫁卖之外，毕竟法律明文规定不能买休卖休，所以本夫为了使嫁卖顺利，可能会想尽办法。只有打消了买妻人的顾虑，才能达到尽快交易、获取钱财的目地，"一个明智的男人绝不能娶一个有夫之妇为妻，因为他难以预知这样做的严重后果"。① 后果可能是被本夫多次搣索，让自己及整个家庭陷入无休止的纠纷之中，甚至还可能惹上一场旷日持久的官司。有关此问题的具体论述可见本章"嫁后图索"部分。所以，为了打消买到生妻的顾虑，本夫最直接有效的方法就是谎称妻子丈夫已故，将妻子以孀妇身份嫁卖。有的称妻子是自己的姊妹，有的称妻子是自己的孀嫂，花样百出。

任国兴家贫无度，欲把妻子高氏嫁卖，因无人说娶生妻，把自己改名曹长春，高氏改名杨曹氏，认为姊妹，捏说夫故再醮，央托陈万顺为媒，嫁与黄万顺为室。女儿未姑年幼，亦随母过继，得黄万顺财礼钱 2 千文，出有主婚字约。后任国兴穷苦难过，去向黄万顺说出真名，又得黄万顺钱 1200 文。因任国兴过后复向黄万顺借索不遂，到案喊禀。经过审讯，任国兴更名卖妻、借索滋事，把他掌责，断令任国兴把高氏母女领回；而黄万顺也想早点结案了事，恳请免追财礼。② 黄万顺白白损失了 3200 文，还卷进了一场官司，生活又回到了原点。

蒲春亭娶程氏为妻，育生一男一女，但夫妻关系一直不睦。光绪三年，蒲春亭谎称程氏是自己的孀嫂，凭媒嫁与赵兴发为妻，

① ［美］明恩溥（Arthur Henderson Smith, 1845—1932）著，陈午晴、唐军译：《中国的乡村生活：社会学的研究》，北京：电子工业出版社，2016 年，第 241 页。
② 《巴县档案》6－4－5652，咸丰十年五月十七日。

立有主婚约据,得财礼钱 20 千文(文约上注明 2 千文,额外得 18 千文,共计 20 千文)。后来程氏说出蒲春亭是其丈夫,赵兴发畏祸,要把程氏退还,蒲春亭拒绝承领,赵兴发具禀案下。判:蒲春亭不应将发妻作嫂嫁卖,将他笞责,枷示一月,缴出文约上所书的钱 2 千文充公,并把程氏交给娘家胞兄程金山领回。① 蒲春亭嫁卖妻子,得钱 20 千文,却只在文约中注明 2 千文,可能是为了避免被认为是因财卖休,可见契约文书所写内容与实际情况之间所存在的差距。知县在审断过程中,也只按照文约所写进行惩罚,表现出对文约证据作用的重视。一方面,知县将文约视为重要的断案证据,另一方面,文约并不完全真实可靠,这两者之间又表现出一定的背离。

程樾桥于同治五年娶杜氏为妻,过门十余载,生有一子一女。因日食无度,光绪五年十月间,程樾桥更名陈仙华,请媒冯定山,以妻作嫂,亲笔出立主婚字约,将杜氏嫁与吴大顺为妻,得财礼银 25 两。因嫁后图索不遂,捏控在案。经过审讯,程樾桥不应以妻作嫂、嫁后图索、捏词妄控,将他掌责,断令杜氏当堂交吴大顺领回成配。②"立出主嫁文约人陈仙华,情因身弟兄二人,荣华于同治五年娶杜氏为妻,于同治十年胞兄病故,遗嫂杜氏坐守数年,负债多金,嗷嗷难敷,自行改嫁。今凭冯定山、方戴氏为媒,说和出嫁,取财礼银二十五两,嫁与吴大顺名下为妻,不得为妾为贱。"此主嫁文约称杜氏是胞兄荣华之孀妻,但根据后面的供词可知,陈仙华就是程樾桥,而杜氏也并非荣华之妻,再次证明文约并不是完全真实的。之所以要在文约中作假,就是为了掩盖自己的嫁卖

①《巴县档案》6－6－23491,光绪四年三月。
②《巴县档案》6－6－23696,光绪六年九月。

生妻行为,使得杜氏的再嫁合理合法。

这几个案例都存在文约造假或者不真实不可靠的情况,但并不代表着文约没有价值。相反,经过与告状、供状、结状等材料的对比和印证,这两份文约恰好反映出当事人作假的真实目的和本来意图——嫁卖生妻行为是被法律所严厉禁止的。"明知不可为而为之",那就必然要想方设法使"不可为"变成"可为",最起码要使扮演重要证据角色的文约在形式和内容上符合法律的规定和要求。正是有了"以妻作嫂"这样的插曲,这两个故事也变得更加鲜活,更为立体,充满了戏剧性的矛盾和冲突。如果根据这些档案材料撰写剧本或者拍摄影视作品,也应该是极富感染力的。

此外,还有夫妻合谋嫁卖、本夫乘机借索的案例。刘代科是巴县佃种苦民,于咸丰六年说娶张氏为妻,咸丰八年,因家里贫苦、日食难度,刘代科支使妻子张氏串同王胡子为媒,谎称丈夫已故,嫁卖在渝下力活生的赵六为室。过后,刘代科因无钱使用,屡次向赵六借钱不允,反而捏说赵六拐逃妻子,于咸丰九年正月喊控在案。经过审讯,判:刘代科不应支使妻子张氏串同嫁卖赵六,把刘代科并张氏掌责,均各离异,张氏当堂交其娘家叔父张复元领回,另行择配。张复元于咸丰九年二月二十七日具结领得张氏,住进怀石里差役陈太开设的栈房,张复元有事出门,孰知刘张氏在栈房患病,经医生检查为伤寒病症,服药无效,拖至四月初九日早上身亡。张氏母亲张梁氏心疑有别故,将陈太及原差控案。经过审讯,其女刘张氏确实患病身死,与别人无尤,张梁氏具结备案。① 本案中,刘代科支使妻子刘张氏谎称丈夫已故,两人合谋使得张氏顺利再嫁,知县判决将夫妻二人均各掌责,张氏与前夫、

————————

① 《巴县档案》6-4-5486,咸丰九年正月二十六日。

后夫均各离异。其他案件中，丈夫可能没有征求妻子的同意，单方面将妻子嫁卖，而本案中的丈夫与妻子是共犯。如果刘代科不到赵六家屡次索借不允，捏说赵六拐卖其妻，那刘代科与妻子合谋嫁卖的事实就不会被发现。笔者认为，刘代科支使妻子说谎再嫁，确实有家庭贫困的原因，但他还有一个很明确的目的，就是向妻子后夫搕索钱文，只可惜无端害了张氏的性命。至于刘代科搕索之意是否与张氏达成了共识，倒是无法妄作推断。

关于夫妻合谋嫁卖的情况，明恩溥在他的著作中也有涉及，这种做法叫"女猎鹰"，即"用女人捕猎"：本夫将妻子说成是自己的妹妹，因为饥饿不得不分开，将"妹妹"改嫁，"哥哥"拿钱后不见了踪影，而新嫁的"妹妹"开始策划出逃，与"哥哥"会合。① 前述案例中，刘张氏并没有策划出逃，与"女猎鹰"的行为有所区别，但夫妻二人合谋嫁卖却是事实。

（二）夫家其他人嫁卖

在夫家其他人嫁卖生妻的 9 个案例中，涉及到的夫家人有生妻的公公、婆婆、族叔、夫家兄弟。发生这种情况的主要原因是本夫不在家中，夫家人不愿养活，遂将生妻嫁卖变现。

周邓氏儿子周炳文不务正业，出外 5 年不归，咸丰四年五月，周邓氏主婚，将戴氏以 10 千文的价格嫁卖胡明仁为妾。嫁后不久，周邓氏寻胡明仁肆闹，得茶果钱 2 千文，立下服约，以后不再肆闹搕索。后来，周邓氏又到胡明仁家搕索，胡明仁控案。判：周邓氏不应将媳戴氏嫁胡明仁，得财礼后复向伊借索钱文未允，彼

<hr/>

① ［美］明恩溥（Arthur Henderson Smith，1845—1932）著，陈午晴、唐军译：《中国的乡村生活：社会学的研究》，北京：电子工业出版社，2016 年，第240 页。

此口角肆闹。谕令胡明仁与戴氏离异,传伊父戴奎、伊兄戴时万将戴氏领回择配另嫁。咸丰五年二月初八日,戴氏兄长戴时万为后累难防、恳怜存案事要求存案:"情蚁幺妹六姑原配周炳文为妻无育,炳文出外三载未归,伊姑周邓氏主婚,将六姑再醮胡明仁……讯断蚁父领回择嫁,嗣蚁父故,蚁挑水度日,家贫无力留养,央媒择嫁又恐邓氏、明仁借嫁滋祸,后累难防。禀恳作主,赏怜存案,俾六姑得以择嫁活生。"巴县正堂觉罗祥批:"着自凭媒择户另嫁,毋庸存案。"①尽管县衙做了判决,让女方领回另嫁,但是女方仍然不敢嫁,担心夫家和胡明仁会来闹事,所以要求知县予以保护。由此可见,民间不遵判决的情况不仅存在,而且还比较多见,老百姓希望父母官能够给自己一个保障,以免以后发生纠纷的时候没有凭据和依靠。

如果本夫外出不归,究竟要何种情况下妻子改嫁才是合法的呢?清代法律规定"夫逃亡三年者,听经官告给执照,另行改嫁",即要满足三个条件:第一,夫系弃妻逃亡,并不是因为贸易、探亲等正当理由外出不归;第二,时间应该在 3 年以上;第三,妻须得经官告给执照。巴县档案中本夫多年不归,其夫家人就急不可待地将生妻改嫁获利,大多没有经官告给执照。

吴于河发娶熊氏为妻,同治九年父亲病故,吴于河前往安葬,一直未归,期间熊氏住在娘家。同治十二年五月,吴于河族叔吴应超为媒,把熊氏嫁与谢七襄为妻,带子抚养,不久熊氏病故。吴于河回乡查知,具禀在案。知县断:谢七襄不应不查虚实,私娶熊氏为妻,断令谢七襄帮给吴于河 20 千文息事,并把儿子归还吴于

---

① 《巴县档案》6－4－5106,咸丰四年七月。

河。吴应超不应作媒,将其掌责。①

　　光绪初年,周罗氏儿子周良廷出外贸易,7 年不归,周罗氏与长子周玉山、次子周焕章主婚,将周良廷之妻罗氏(罗氏系周罗氏胞兄之女,属姑表婚)改嫁监生高临轩为妾,得财礼钱 24 千文。周罗氏嫁后图索未遂,以葺嫁霸占等情具控高临轩在案。经过审讯,周罗氏母子不应嫁后挞诈,将周焕章掌责示惩,以后不准再登高姓之门,婚约存案,并令高临轩当堂将已娶之妾领回。②

　　这两个案例同为丈夫外出多年不归,夫家长辈主婚将生妻改嫁。丈夫外出原因均为正当,一为安葬父亲,一为外出贸易,并不是弃妻逃亡。时间上都超过了 3 年,且都没有经官告给执照。但两个案例的结局是不相同的:吴应超作为族叔将侄媳改嫁,知县并不认同,将其掌责;周罗氏母子将罗氏改嫁,知县让后夫将罗氏领回,表明承认其婚姻的有效性。这说明,虽然罗氏改嫁并没有经官告给执照,但实际操作中,在丈夫外出多年不归的前提下,夫家主婚改嫁也是被认同的。唯一的区别在于前例熊氏之夫吴于河回家控案,而罗氏之夫周良廷一直没有回家。试想,如果有一天周良廷也回家并控案,知县该做如何决断呢?

　　还有案例表明本夫在外停妻再娶,夫家长辈无奈之下将生妻改嫁。杨洪兴于同治七年凭族过继堂侄杨兴顺为子,抚立成人,娶妻邓氏,已生一女。杨兴顺前往贵州生贸数年,未能归家,杨洪兴把邓氏送往贵州,才发现杨兴顺已经在外另娶,不能相安,将邓氏送回。家中没有用度,杨洪兴无奈,主婚将儿媳邓氏再醮给外贸水果生理的邹麻三为妻,取财礼银 10 两、水礼钱 4 千文。杨兴

──────────

① 《巴县档案》6－5－8249,同治十二年十一月十四日。
② 《巴县档案》6－6－23964,光绪十年五月。

顺回家得知,以蓦嫁移祸事将杨洪兴具控。经过审讯,杨兴顺不应久外不归,在外停妻另娶,将他掌责,断将邓氏仍嫁邹麻三,杨兴顺每年认给杨洪兴谷子 4 石,在外按季寄回。① 杨兴顺在外停妻另娶,本就有违法律规条,而且还不给养父供养,有悖天理人伦,将他掌责并断他以后每年认给养父谷子,知县之裁断可谓大快人心。杨洪兴主婚将儿媳改嫁,也是逼不得已,知县对邓氏与后夫邹麻三的婚姻关系予以认可。

(三)娘家人嫁卖

在 120 个案例中,娘家人嫁卖共有 10 个案例,占比 8.3%。娘家嫁卖已婚的女儿,其目的各异。但总体而言,一般有两种情况,一种是嫌弃女婿家贫,想给女儿更好的生活,一种是为了嫁卖获利,两种情况皆有的案例也存在。

李牟氏嫌贫爱富,将已经嫁给吴照多年的女儿吴李氏嫁卖冉仲为妾,得银 20 两。冉仲勒逼吴照书写退婚字据,盖有足模手印,给吴照父子 1 千文,吴照父子心中不甘,将冉仲、李牟氏等控案。知县判:冉仲不应套娶李氏为妾,把他笞责;李牟氏不应嫌贫爱富,将其掌责,退婚字据一并附卷,并把李氏交还给本夫吴照领回。② 李天和嫌贫爱富,乘女婿张银山外出贩卖药材,主婚将女儿改嫁,子女一并抱去,获财礼钱 13 钏 800 文。张银山知晓后,具控案下,断张银山将妻子儿女一并领回。③

也有因女婿不务正业、家贫无度,母亲将女儿改嫁的情况,但这种情况不以获取钱财为目的,只能称"嫁"不能算卖。刘氏幼许

①《巴县档案》6－6－23794,光绪十年三月。
②《巴县档案》6－5－7712,同治七年正月。
③《巴县档案》6－6－24189,光绪十一年十月。

李海川为妻,18 岁过门,因李海川在家懒惰,素不为好,不理家务,几年将分家所得银两用完,日食难度,刘氏母亲冯氏把女儿私嫁与杨其林为妻,并带二子过门抚育。①

还有因女儿女婿夫妻不睦,家庭经济状况也很糟糕,便寻找机会将女儿引诱出外嫁卖。张步有自幼说娶邓照龙的女儿邓氏为妻,咸丰六年过门后,邓氏屡次私逃。咸丰八年八月,张步有染病卧床,邓照龙"因见张步有患病,日食难度,小的把女儿引诱来渝嫁卖"。商串吹吹李陈氏出卖与李尚文为妻,得钱 4 千文,张步有把妻子寻获,到案具控。断:将擅写婚约的张恒兴掌责,罚钱 3千文;将邓照龙掌责,罚钱 6 千文;买休的李尚文应罚口岸钱,从宽免责;颠摆串嫁的李陈氏、蒋大顺各罚 2 千文、4 千文;将听信唆摆的张邓氏亦行掌责。张步有当堂领得 15 千文,将邓氏领回管束。② 邓氏于咸丰六年嫁到张家,多次私逃,说明夫妻感情并不好。张步有咸丰六年成婚时年仅 15 岁,邓氏年龄应该更小,邓照龙在服认字约中说:"因身女年幼,不听丈夫约束,私行娘家逃走,凭众理剖,众斥其非。身央众免究,日后不能仍蹈前辙。倘若小女执迷不悟,身不敢纵养,认随张姓责惩。"邓氏小小年纪就嫁人,想逃回娘家寻求庇护也在情理之中,但邓照龙乘女婿卧病在床,将女儿嫁卖得钱使用,确非为父之道。而知县判犯错的各位当事人缴给张步有 15 千文,是对贫病交加的张步有实实在在的帮助和支持,展示了知县"父母官"的思想觉悟和"惩恶扬善"的断案理念。

(四)邻居及其他亲戚、熟人嫁卖

如果丈夫不在家中,其妻可能会被自己周围的邻居、亲戚或

①《巴县档案》6-6-25122,光绪二十七年六月。
②《巴县档案》6-4-5540,咸丰九年六月。

者熟人诱骗嫁卖。清代社会，刁拐嫁卖之风在民间盛行，归根结底，是因为有大量的男性无法通过正常渠道娶妻。正因为有此需求，专门以拐卖妇女为业的"吹吹"，甚至家庭贫苦无以为继的平常小民，都有可能对自己身边的妇女下手，而这些妇女通常因为丈夫出外谋业而独自在家。拐卖妇女的手段通常为哄骗妇女出外看望丈夫，利诱妇女出外帮工，或者对家庭贫困的妇女许诺为她找一个衣食无忧的好人家。在这种情况之下，妇女的态度显得有些模棱两可，往往被骗之后听其嫁卖，没有表现出反抗的意愿。或者说，从仅存的档案材料中，我们无法发现被诱骗嫁卖妇女的真实态度和想法，对其是否有过反抗行为无法判断。所以，当本夫回来发现妻子被拐卖而控案时，知县不仅会对刁拐之人予以责惩，往往还会对听从嫁卖的妇女进行斥责。

廖兴在长寿县当差，光绪十四年五月出外公干，其妻吕氏到渝城准备帮工，被表兄冯兴顺主婚嫁卖杨益之（平日刷书手艺活生）为妻，获钱 12 千文，立有主婚文约。在主婚文约中，冯兴顺谎称吕氏丈夫已故，"立出主婚再醮文约人冯兴顺，情因表妹弟廖洪顺因病身故，遗下表妹廖吕氏衣食无靠，家贫难以守志，族戚无人管理，甘愿请凭郑顺担承，复请刘洪顺、卢玉顺、陈玉顺、袁何氏等为媒说合，将廖吕氏再醮与杨益之名下为妻"。① 吕氏并非孀妇，而是生妻，表兄冯兴顺嫁卖生妻，确属无良。

彭安富，32 岁，平日下力活生，咸丰九年二月十五日出门佣工未归，至二十七日妻子施氏和幼子彭牛被平日帮人佣工度日的邻居张氏私引渝城柴吹吹家，嫁卖给沙市客人，得钱 7500 文。万姓书立婚约，得五百文，张氏得钱 2 千文，柴吹吹得钱 5 千文。彭安

---

① 《巴县档案》6－6－24386，光绪十四年十月。

富查知,到案具禀。断:张氏串同柴吹吹私把施氏嫁卖属实,理应责惩,念系妇女无知,从宽免究。谕饬张氏缴钱 2 千文、柴吹吹缴钱 5 千文,万姓不应擅立婚约,理应责惩,从宽免责,加倍缴钱 2 千文,共缴钱 9 千文给彭安富具领另娶。本来案子已结,但后来彭安富又禀称丈母找他肆闹,要找回自己的女儿和孙子,所以彭安富恳请知县备文在湖广沙市河沙湾地方移关彭施氏到案,将妻子施氏和儿子彭牛交出。知县也按照他说的出具了移文给湖北江陵县,但后来就不了了之了。① 丈夫常年在外佣工,家人无依无靠,再加上家中贫困,很容易给邻居等人以可乘之机,要么劝说出去佣工,借机嫁卖;要么被人欺骗说去找丈夫,实际上嫁卖;要么被人霸占为妻等等,不一而足。本案中,彭安富出外十多天都未回家,邻居张氏把妻子和幼子刁拐嫁卖,而且嫁卖到外地,无从寻找。尽管知县已经判各方缴钱给彭安富具领另娶,但是彭安富还是想要回自己的妻子和儿子,所以借助丈母娘找他要人的机会具禀,希望得到知县的支持。但仅凭沙市客人这条线索,是很难将施氏母子找到的,估计找回的可能性不大。本案还有一个值得注意的现象,张氏和柴吹吹分别得钱 2 千文、5 千文,断他们二人将钱如数缴出,但帮写婚约的万象新,虽然只得了五百文的好处,却被加倍罚钱 2 千文,体现出知县对不了解事实真相就随便帮人书写婚约之人极大的痛恨。

在清代巴县,类似这种被邻居、亲戚或熟人刁拐嫁卖的情况屡见不鲜。尤其当丈夫从事的是推船、贸易等常年不在家的工作时,其妻子儿女就会处于非常危险的境地之中,犹如几只无助的羊羔,周遭都是虎视眈眈的豺狼。

---

① 《巴县档案》6－4－5575,咸丰九年三月十九日。

　　从以下这则案例可以看出清代刁拐贩卖之风是何等的嚣张。蒋元明是永川县人,搬眷来渝避难,佃刘吹吹房屋居住。刘吹吹同干女陈吹吹将蒋元明侄媳蒋姜氏刁拐出外,假说去领鞋底来做,意欲嫁卖。船载梁沱,蒋姜氏啼哭,渡夫问明情由,把蒋姜氏送回。蒋元明投鸣监正团邻,监生陈仁安、刘天佑等人见蒋元明避难,侄媳又被拐逃,着实可怜,将刘吹吹、陈吹吹协送案下。经过审讯,刘吹吹、陈吹吹拐卖良女属实,将她们二人责惩,押逐出城。① 蒋元明一家从永川到重庆避难,到底为什么避难,并没有交代。从外地到重庆,人生地不熟,很容易上当受骗。就像本案一样,刘吹吹和陈吹吹素来不正,监正和团邻们都是知道的,但是蒋元明一家刚来渝避难,并不清楚刘吹吹的为人,蒋姜氏答应和刘吹吹一起出门去领鞋底来做,结果就被带上船只,意图嫁卖。

　　还有更为夸张的案例,邻居把回娘家的女儿和女儿母亲一同嫁卖。刘幅是巴县人,54 岁,在崇文镇开栈房生理,住在附近的王显俸有一个女儿王氏已于同治元年嫁喻兴顺为妻。同治三年四月,喻王氏回王显俸家住耍,刘幅见王氏美貌,串通王氏母亲蒋氏,说把她女儿哄出嫁卖,得钱花用,蒋氏信允,刘幅同侄子刘酉等人把母女二人哄至渝城,把喻王氏嫁卖与周三十为妾,得银 30 两。蒋氏不但没得到嫁卖女儿的银两,反而也被一并嫁卖。后来王显俸回家查知不依,刘幅把拐卖他女儿剩下的 9 两银子交他以作路费,叫他回家,休得乱说。直到喻兴顺查知此事,才把王显俸同刘幅等控在案下。② 刘幅将蒋氏、王氏母女一同嫁卖,着实可恶,但王氏父母又何尝不是可恶可恨之人呢? 蒋氏为了钱,听从

---

①《巴县档案》6-4-5689,咸丰十年十二月二十二日。
②《巴县档案》6-5-7298,同治三年七月初六日。

刘幅嫁卖女儿的主张，把女儿哄骗到渝城，导致女儿和自己均被嫁卖；王显俸查知此事后，被刘幅给的9两银子封住了嘴。如果不是喻兴顺控案，恐怕王显俸会一直保持沉默。此案既反映出王显俸和蒋氏贪财、不顾女儿幸福的丑恶嘴脸，也反映出清代社会刁拐风气的猖獗，更从侧面反映出女性需求市场之大，总有人为了得利而抓紧一切时机刁拐贩卖妇女。

还有一类是因丈夫出外未归，生妻被邻近之人霸娶为妻，丈夫归来以后，发生诉讼。王德荣，娶李氏为妻，已生育一子。咸丰三年王德荣帮人挑纸到渝城交卸，由朝天门转归，碰上兵差，被拉去推船到湖北。由于道路不通等原因，王德荣于咸丰五年才辗转回到家中，而妻子李氏已经被张福远的儿子张芳谋娶为妻，家里的家具、谷粮、衣饰都不见了，于是到衙门控案。原来，王德荣出外未归，妻子完全没有用费，于咸丰四年向佃主借贷时，正好碰到张福远路过，他谎称王德荣是其表侄，已经在渝城淹毙，于是说服李氏再醮给自己的儿子张芳。经过审讯，判：张芳不应妄娶生妻，应责从宽，谕令张芳缴钱2千文给王德荣具领，并谕王德荣当堂把妻子李氏领回管束。① 王德荣出外久久未归，李氏没有生活费用，而张福远又说王德荣已经死亡，以王德荣长辈的身份劝说李氏嫁给自己的儿子，李氏也只好应从。

（五）生妻背夫自嫁

生妻背夫自嫁的主要原因是丈夫外出，经济状况差，无法维持生计，不得不自寻生路，改嫁他人。

汪致隆在渝城轿铺抬轿生理，咸丰二年，凭唐昌荣为媒，说娶同以抬轿谋生的蒋兴发女儿蒋氏为妻，过门和好，没生子女。咸

①《巴县档案》，6－4－5211，咸丰五年七月。

丰四年九月,汪致隆抬轿出外,把妻子蒋氏送到娘家,但没有支给生活费用。当年冬月,蒋氏日食难度,凭媒自行主婚改嫁抬轿生理的樊家寅为妻,得财礼钱 3 千文。咸丰五年三月,汪致隆回家查知不依,喊控案下。经过审讯,知县祥判决如下:蒋氏不应私行改嫁,汪致隆亦不应狡供,谎称已经支付给妻子蒋氏费用,将汪致隆、蒋氏均各掌责,谕令汪致隆把蒋氏领回管束;因樊家寅不知蒋氏为有夫之妇,免去责罚,把蒋氏退回,财礼钱让免,双方具结备案。① 蒋氏丈夫出外谋生,将她送到娘家,却并不支付生活费用,蒋氏日食无度,才会自行主婚改嫁他人,得财礼钱文花用。如果汪致隆有足够的钱可以支付妻子的生活费用,蒋氏应该也不会背夫私嫁。汪致隆没有支付蒋氏在娘家的花费只是其中一个原因,还有一个原因是汪致隆家庭贫困,夫妻二人的生活艰难,这两个原因加在一起,最终促成蒋氏背夫私嫁。此外,我们还可以发现,本案中与蒋氏有所关联的三个男性都以抬轿下力为生:蒋氏父亲蒋兴发、蒋氏本夫汪致隆、蒋氏后夫樊家寅。这也从另一个层面反映出清代女性婚姻圈太小,择偶婚配的地域范围和职业选择度也实在有限。所谓"官寻官,吏寻吏,做伙的寻了做饭的;鱼配鱼,虾配虾,花里虎寻了疥蛤蟆",②指的就是这样一种"门当户对"的极其狭窄的婚姻圈。

　　尽管汪致隆没有支付妻子蒋氏的生活费用,但起码将蒋氏送往娘家,蒋氏还算有所依靠。而薛氏的遭遇比蒋氏更为悲惨:丈夫唐宗亮家寒,于咸丰五年九月架船出外未归,婆婆谢氏再醮,薛

---

① 《巴县档案》6-4-5197,咸丰五年四月二十一日。
② 郭松义:《伦理与生活——清代的婚姻关系》,北京:商务印书馆,2000 年,第 27 页。

氏日食无依，请曹兴发为媒主婚，再醮邱永顺为妻，立有主婚字据。为了使改嫁顺利，衣食可保，薛氏谎称丈夫已故，邱永顺亦未查实。① 同样因丈夫外出不归而自嫁的还有张蒋氏。张思起佃秦正兴房土数载，咸丰十年正月，他送堂兄往陕西，出门一年方归。在这段时间内，其妻蒋氏以丈夫名义立下送字文约"因身染疾病日期多，久久不愈，日食难度，夫室商议，觅媒将妻蒋氏送与秦凤山名下为室。系是思起心甘意悦，一送永送，红日照雪，水流东海，高山滚石，永不回头"，自行改嫁秦正兴为妻，后来产下一子。张思起归家控案，判：蒋氏不应自嫁与秦正兴为室，将她掌责，断令张蒋氏仍归张思起领回；蒋氏在秦正兴家所生乳子，断归秦正兴领回。② 张思起外出一年才归家，蒋氏自行改嫁秦正兴，估计是生活困难，无以为继，而以丈夫名义立出送字文约，则是为了使改嫁符合程序，掩盖蒋氏背夫私嫁的事实。

　　丈夫外出不归，妻子生活无以为继，改嫁就成了唯一的出路。如果本夫没有回来控案，知县对这种改嫁也是支持的。傅氏丈夫杨正禄于同治四年出外生贸（徐傅氏称其丈夫已经在外病故，但其夫弟杨正全并不这么认为，所以无法确认杨正禄是否尚在人世），家有四男二女，长次子业已成立，其余孩子幼小，不能糊口。傅氏凭媒改嫁徐大为妻，仅仅留下业已成立能够自给的长子和次子，其余儿女均因年幼，抱给他人抚养。其夫弟杨正全将傅氏控案，称其胞兄有10千文押佃钱不知所踪。经过审讯，杨正全控案的真正目的是觊觎这10千文押佃钱。知县判决如下："今蒙审讯，当堂硃断所有押佃钱十千已作还账用去，事却出于无奈，杨正

①《巴县档案》6－4－5512，咸丰九年三月。
②《巴县档案》6－4－5702，咸丰十一年三月初一日。

全觇觍押钱兴讼滋非，应责从宽，兹断两造各自回家，倘杨正禄以后归来，自能与徐大等兴讼也。"①知县也觉得杨正全多事，假如以后杨正禄回来，他自己会去告徐大的，与你杨正全有何干系。因为杨正禄是否死亡尚不能确定，所以知县仍将傅氏判给徐大领回，供词中"徐傅氏"的称谓表明知县对傅氏的改嫁是认同的。此外，从知县对杨正全的态度可以看出对有过错当事人的从轻惩罚倾向。知县在杨正全告状的批词中说"如尔兄已死，尔嫂另嫁，系尔捏控图搕，定行重惩"，其实当时知县就已经觉得杨正全是在捏控图搕，所以在批词中明确告诉杨正全捏控将会受到重惩，但事实证明杨正全确实是在捏控之后，却只有轻描淡写的"应责从宽"，并没有对其进行严惩。知县把棒槌高高举起，却轻轻落下，反映出知县作为"父母官"对待民众的态度，"雷声大雨点小"，鞭子举得高却落得轻。

　　如果妻子被丈夫逼为娼妓，妻子在无奈的情况下也会反抗，而反抗的方式之一就是自行改嫁、逃离本夫。陈开顺自幼说娶熊氏为妻，咸丰四年二月间，陈开顺把妻子陈熊氏搬来渝城居住，因家贫无度，把妻子作贱卖娼，以此度活。咸丰五年五月间，陈开顺回家省亲，邻近素来认识的义勇谢寅高与熊氏通奸。熊氏不愿为娼，于是以丈夫的名义出具承认文约，嫁与谢寅高为妻。承认文约如下：

　　　　立承认约人陈开顺，情因夫妇日食难度，令妻熊氏□□（作贱？）度活，业经数载，未遇提携。本年三月，幸有谢荣高来往，俯念夫妇贫苦无奈，甘愿提娼为良，认给夫妇

①《巴县档案》6－5－8381，同治七年二月。

□□□□。过数月,夫妇商议,终非长策,是以劝及谢姓出备银两作本生贸,愿将熊氏嫁与谢姓从良有靠。其银凭众入手亲收,并未少欠分厘。自认嫁之后,娘婆二家已在未在人等均无异言,陈开顺亦不得借故生枝。倘有另生枝节,及重索滋非等事,恁凭谢姓稟究。此系心甘情愿,并无逼勒套哄等情。恐口无凭,特立承认约交谢荣高永远为据。

甲寅岁七月十六日立承认约人陈开顺　有押

在见人　陈世堂、胡大顺、唐显廷、宋万发笔

后来陈开顺回渝,得知妻子自行改嫁谢寅高,遂将妻子熊氏与谢寅高具控案下。经过审讯,判决如下:陈开顺不应把妻子作贱,谢寅高不应买休卖休,熊氏不应私行嫁卖,均应惩办,从宽免究;陈开顺与谢寅高均与熊氏离异,传陈熊氏娘家到案把熊氏领回另行择配,熊氏的母亲熊刘氏到案将女儿领回,各方具结备案。① 熊氏被丈夫逼娼为贱并以此为生,熊氏内心肯定是不情愿的,以丈夫名义伪造嫁卖约自行改嫁,反映出熊氏迫切想要脱离苦海的心情与勇气。尽管最后熊氏没能如愿嫁给谢寅高为妻,但娘家领回另嫁的判决对熊氏而言已经是一种解脱。

与此案较为类似的还有一例。李世元自幼凭媒说娶苟成明女儿苟氏为妻,已生一子李长生,年甫4岁。李世元不顾妻子日食,时常打骂,道光二十九年四月初十日,苟氏携子跑逃,凭媒嫁给王保良为妻,谎称丈夫已经去世,立有主婚文约,并且将儿子李长生抱与王保良为子,立有抱约。主婚文约和抱约如下:

立出主婚文约人邓唐氏,情因娘族侄女唐氏幼配邹吉升

① 《巴县档案》6-4-5223,咸丰五年七月。

为室,不料邹吉升于今二月因病身故,遗子乳名长生。奈吉升家贫孤独,灵尚未除,唐氏母子衣食两无,实无法开垦。始凭媒谭玉盛带子改醮与王苞梁【即王保良】为室,苞梁允备财礼钱十一千,以作邹吉升除灵包坟之用。因唐氏娘婆二家均无亲人,而娶王苞梁又虑成后生事,邓唐氏谊属姑侄,持书主婚约据一纸存照。

在场人　胥天锡、谭玉盛(略)、谭儒代笔　同见

道光二十九年五月二十八日立出主婚文约人邓唐氏有押

立抱约人唐氏,今因氏夫邹吉升于今二月病故,遗子长生幼稚,家贫无靠,氏姑母主婚,恳请谭玉盛作媒,再醮与王苞梁名下为室。邹姓亦无伯叔弟兄,遗子长生无依,自将此子抱与苞梁名下承祧,凭王姓教育。况邹姓无人,亦不得异言称说。倘有异生枝论,概有本身承当,不与王姓相涉。所抱所承二家甘愿,其中并无强从等情。今欲有凭,特立抱约一纸,由王姓收执存据。

凭在证人　谭光歧、谭玉盛、谭长发、彭辉基、谭席庵笔　同见

道光二十九年五月二十八日立出抱约人唐氏

由这两份文约可知,苟氏以唐氏之名,谎称丈夫为邹吉升,已经病故,因家贫无靠,再嫁王保良(文约中为王苞梁)为妻,并将儿子长生抱给王保良抚养承祧。苟氏改嫁王保良后,生有一女,直到咸丰元年七月,李世元才将苟氏找获,到案鸣冤。经过审讯,判决如下:谭玉盛不应为有夫之妇做媒,因他潜逃,将其胞弟谭合文责惩;断令李世元将妻子苟氏领回管束,将儿子李长生领回抚养;

王保良不应说娶有夫之妇,将其责惩,断令王保良将苟氏所生女儿领回抚育。①

　　该案所呈的主婚文约与抱约内容并不是真实可靠的,苟氏之所以要这么煞费苦心地携子改嫁,主要原因还是"丈夫李世元不顾小妇人衣食,又时常打骂,小妇人怄气,才逃出在外"。不管是苟氏再嫁涉及到的主婚文约和抱子文约,还是熊氏私自以丈夫陈开顺名义出具的承认文约,或者是蒋氏以丈夫张思起名义立出的送字文约,单独看起来都不会觉得有任何问题。直到看了后面的供词和结状,才明白苟氏非唐氏,其丈夫是李世元不是邹吉升,而且也没有病故;所谓陈开顺立出的承认文约其实就是熊氏以丈夫名义所立的,而文约中的立契人陈开顺根本就不在现场;蒋氏并不是被丈夫张思起送给秦正兴为妻的,而是因为丈夫外出蒋氏无靠而自行立约改嫁的。我们对这些契约不能盲信,要根据档案中的其他线索对其真实性与可靠性做出准确的判断。

二、买娶之人

　　嫁卖生妻之人身份多样,嫁卖的原因也各不相同,那么买娶之人又有什么样的身份特征呢? 他们为何会冒着触犯法律的危险买娶生妻? 花了多少财礼? 此处只对买娶妻妾的案例进行统计,其他为了转卖或者买作使女的不在统计范围之内。

　　(一)年龄、婚姻状况

　　在 120 个案例中,有买娶之人年龄记录的共 35 个案例,记载了买娶之人婚姻状况的有 56 个案例。这二者之间应该有某种关联,故放在一起分析。

---

① 《巴县档案》6-4-4916,咸丰元年七月二十二日。

表7-2　买娶之人的年龄

年龄（岁）	人数（人）	百分比（％）
11—20	1	2.9
21—30	10	28.6
31—40	16	45.7
41—50	5	14.3
51—60	3	8.5
总计	35	100

表7-3　买娶之人的婚姻状况

婚姻状况		人数（人）	百分比（％）
从未婚配		29	51.8
原配亡故		9	16.1
已婚纳妾 （18） 32.1％	原配无育	8	14.3
	原配生病	3	5.3
	无特别理由的纳妾	7	12.5
总计		56	100％

　　根据表7-2、表7-3的数据,买娶人的年龄主要集中在21—40岁之间,占比为74.3％,尤其31—40岁段所占比例最高,达到45.7％,而从未婚配者买娶生妻的比例占到总数的51.8％,如果再加上原配亡故买娶生妻为继室的16.1％,则此占比上升为67.9％。这意味着有相当数量的适婚男子没有通过正常渠道娶妻,而是通过买娶生妻的方式来解决自己的婚姻大事,从而完成祭祀和承嗣的目的。在这些买娶人中,有的是被嫁卖之人蒙蔽,以为自己买

娶的是孀妇;也有的明明知道对方的生妻身份,但出于不能正常娶妻的无奈,冒着嫁后图索扯上官司的风险买娶。清代民间非正常婚姻的根源之一,就是有数量较多的适婚男子不能正常娶妻,而这种情况的存在与几种因素有关:重男轻女,男女比例失调;婚姻论财;大量的移民使得男女性别比例失调矛盾变得更为突出等等。就男女性别比例失调的问题来看,清代巴县显得尤为严重。表7-4为清代巴县部分地域嘉庆十八年至道光四年的男女人口数据。

表 7-4　清代巴县各坊甲男女人口比例①

时间	地域	男丁(人)	女口(人)	男女比例
嘉庆十八年	紫金坊	600	417	144∶100
嘉庆十八年	灵壁坊	611	400	153∶100
嘉庆十九年	孝里七甲	542	362	150∶100
嘉庆二十年	智里六甲金剑团	237	157	151∶100
嘉庆二十年	仁里九甲	565	378	149∶100
嘉庆二十年	仁里十甲林家□团	242	180	134∶100
嘉庆二十年	直里□甲人和团	380	253	150∶100
嘉庆二十年	慈里六甲石柱团	525	445	118∶100
嘉庆二十年	节里十甲凉水井团	139	130	107∶100
嘉庆二十年	直里四五甲石堰团	213	151	141∶100
嘉庆二十年	正里二甲宝龙团	500	336	149∶100

①根据四川省档案馆、四川大学历史系主编:《清代乾嘉道巴县档案选编》(下册),成都:四川大学出版社,1996年,第318—344页数据整理。

时间	地域	男丁(人)	女口(人)	男女比例
道光二年	直里六甲	162	92	176：100
道光三年	冷水场	620	369	168：100
道光四年	仁里九甲冻青团	402	313	128：100
合计		5738	3983	144：100

　　根据表格信息,嘉庆十八年至道光四年,这些地域的男性人数均多于女性人数,无一例外。男女人口差别最大的是道光二年的直里六甲,达到176：100,差别最小的是节里十甲凉水井团,比例为107：100,各坊甲男女比例的平均数据为144：100。光绪十九年,巴县城内城外38个坊厢的男女比例高达172：100,甚至有多个坊厢超过了200：100的比例,千厮坊的男女比例更是高达338：100。① 清代巴县男女在性别比例上的严重失调造成适婚男子娶妻困难,因此需要通过买娶生妻这种方式来解决婚姻难题的未婚男子比例才会有如此之高,令人咂舌。实际调查中,未婚男子在所有适婚男性中所占的比例也比较高。根据道光三年巴县冷水场的家庭人口结构调查显示,在242户人家中,适婚男子尚未娶妻或者妻已亡故并没有子女的有27户,所占比例为11％。其中,年龄在20岁以下的1户,21岁—30岁的14户,31岁以上的12户;就职业来看,开铺为业的最多,达到21户,分别有杂粮铺、杂货铺、花铺、染房、油铺、木铺、钱铺、面铺、米铺、茶铺、布店、药铺。此外,剃头3户,雇工1户,

---

① 张晓霞:《契约文书中的女性——以龙泉驿百年契约文书和清代巴县婚姻档案为中心》,《兰州学刊》2014年第8期。

零工 2 户。①

　　除未婚和原配亡故而买娶生妻之外,已婚纳妾所占的比例也比较大,达到 32.1%,其中又可以分为原配无育、原配生病、没有特别交代理由的纳妾三种情况,分别占比为 14.3%、5.3%、12.5%,可见原配无育而纳妾者所占比重最大。同治年间,年近 70 岁的职员于松亭因子故乏嗣,先后纳鲁氏、文氏为妾,期望能够晚年得子,以后继有人。同治十年,鲁氏为其产下一子,而文氏则诬陷称鲁氏与佃户王连升苟合产子,于松亭气愤不已,赴案将文氏具控。② 于松亭在告状中称"职七十生子,祭祀所关",从中可见其纳妾之目的主要是为了承嗣。需要说明的是,类似于原配无育或者原配生病之类的说法,是根据案件中当事人陈述而得来的,可能与事实并不相符,不排除有人以承嗣为借口纳妾、以照料家务为借口纳妾。不管是哪种原因的纳妾,都挤占了本就稀缺的妇女资源,类似于松亭就有一妻二妾,使得家贫的适婚男子通过正常渠道娶妻变得更加困难。笔者在此处统计的仅是买娶为妾的比例,如果从整个社会纳妾的比例来看,则是非常小的。如道光三年巴县冷水场的家庭人口结构调查显示,在 242 户人家中,有妾的仅有两家,分别为 40 岁的张百顺和 65 岁的王复兴。③

---

① 见《道光三年巴县冷水场家庭人口结构》,四川省档案馆、四川大学历史系主编:《清代乾嘉道巴县档案选编》(下册),成都:四川大学出版社,1996年,第 331—340 页。

②《巴县档案》6－5－8094,6－5－8104,同治十一年四月二十四日。此案的相关材料被放在了两个案卷之中,应该是整理时的失误所致。

③ 见《道光三年巴县冷水场家庭人口结构》,四川省档案馆、四川大学历史系主编:《清代乾嘉道巴县档案选编》(下册),成都:四川大学出版社,1996年,第 331—340 页。

（二）职业

档案中有买娶人职业记载的案例共 45 个,分布情况如表 7 -
5 所示。此外另有 3 个案例是人贩和吹吹从本夫手中买妇女转
卖,至于转卖到什么地方、转卖给谁,档案中没有记载,估计已经
无法查找到确切情况。

表 7 - 5　买娶之人的职业

职业	官员	监生	贸易	开铺	教学	义勇	经纪	帮工	手艺	下力	种田	合计
人数	2	2	8	5	1	1	1	6	6	11	2	45

由表 7-5 可知,买娶人职业较为多样化,涉及面较广,但绝大
多数是社会底层劳动人民,从事的大都是很辛苦的工作。其中,
下力为生者最多(如挑水、抬轿、推船等),达 24.4%;贸易次之(如
卖草席、水果、烟土等),占比 17.8%;手艺人(石匠、木匠、刷书、裁
缝、屠猪等)和帮工的比例相同,均为 13.3%;紧随其后是开铺为
业者(如酒铺、面馆、绸缎铺、京果铺、栈房等),占比 11.1%;最后
是官员、监生、种田、教学、义勇、经纪等,分别 1—2 例。需要说明
的是,买娶人是官员的两个案例,一例是前任浙江丽水县令为自
己的侄子娶妻,另一例是广安州周主花费 98 两银子,将被丈夫逼
迫学习弹唱作贱的池明德之妾唐接弟提出从良,至于唐接弟从良
后是什么身份,与周主是什么关系,案件并没有交待。① 也就是

①《巴县档案》6-4-5338,咸丰六年九月十三日。案件内容如下:唐接弟道
光三十年被母亲唐卢氏许池明德为妾,获财礼银 40 两,立有主婚文约,当
时唐接弟不足 14 岁。孰知唐接弟过门之后,池明德逼其学习弹唱清音,
唐卢氏不依,喊控在案未讯,池明德再给卢氏银 10 两,立有永杜后患字约。
咸丰二年,池明德同唐接弟一起到广安州求衣食,周主把接弟提（转下页）

说,浙江丽水县令是给自己的侄子买妻,并非为自己娶妻或纳妾,而广安州周主将唐接弟提出从良,也并不一定是给自己为妻或作妾。相比而言,其他职业的买娶人都是为自己买娶生妻,而这部分人中,未婚男性(包含原配已故、买娶继妻者在内)居多,也有部分经济条件比较宽裕者属于已婚纳妾。

(三)财礼

在 120 个嫁卖生妻案例中,共有 86 个案例记录了财礼的具体数额。① 因为清代铜钱和银两同时流通,所以收集的案例中既有用铜钱作为财礼的,也有以银两作为财礼的。虽然铜钱和银两可以互换,但因为收集的乃是清代不同时期的案例,兑换标准各不相同,所以进行分别统计。以 1 千文铜钱为标准,道光七年相当于 0.8 两银子,道光十四年相当于 0.7 两银子,道光三十年相当于 0.6 银子,从中可以看出,铜钱在不断贬值。

(接上页)出从良,给池明德盘费银 98 两。卢氏屡向池明德要女儿,到案具控。经过审讯,唐接弟实被周主提出从良,池明德不应把唐接弟嫁卖,把池明德掌责,限十日缴银 20 两给唐卢氏具领。因池明德无银,念其穷苦,最终让免 10 两,只付 10 两结案。在档案中,池明德称唐卢氏是唐接弟继母,而唐卢氏自称唐接弟生母,根据案件所记载的相关内容,也无法确定卢氏的真实身份。卢氏最终从唐接弟身上获银 60 两,池明德获银 38 两。

①120 个案例中只有 86 个案例有财礼具体数额的相关记载,并不代表剩余的 34 个嫁卖生妻案件不涉及到财礼。根据诉讼的具体情况,诉状的表述侧重点也会有所不同。有的案件并不涉及到财礼纠纷,或者与财礼关系不大,故没有在诉状中提起。王康对刑科题本中的 843 宗卖妻案件进行了统计,有财礼的有 835 宗,没有财礼的仅有 5 宗,没有记录的还有 3 宗。可见,财礼基本成为嫁卖生妻过程中的必备要素。见王康:《财礼的流动:清代"嫁卖生妻"问题再研究》,《南京社会科学》2016 年第 12 期。

表 7-6　买娶生妻的财礼

财礼	铜钱（单位：千文）			银子（单位：两）			
	小于 5	5—10	大于 10	小于 10	10—20	大于 20	合计
案例数（个）	29	22	9	4	11	11	86
比例（％）	33.7	25.6	10.5	4.6	12.8	12.8	100

　　根据表 7-6 所统计的数据，花费财礼在 10 千文（以 1 千文兑换 0.8 两银子计算，折合 8 两银子）以下的占比 59.3％，而且在 5 千文以下的就达到 33.7％，可见买娶生妻花费的财礼较少，这也是买娶人甘愿冒着受惩罚惹官司的风险买娶生妻的重要原因，正常娶妻所花费用一定要比这个费用高得多。[①]　道光二十六年，一

[①] 王康根据清代刑科题本婚姻家庭类档案的记录，得出"民间娶妻的平均财礼数额约 18 两银"。见王康：《财礼的流动：清代"嫁卖生妻"问题再研究》，《南京社会科学》2016 年第 12 期。而此处根据笔者收集的数据，买娶生妻花费银子在 10 两以下的达 60％以上，可见绝大多数情况下，买娶生妻所花的财礼要比正常娶妻的花费更低。苏成捷认为，某些情况下极度贫穷无法活生的夫妻会为了谋求孩子的生存而低价将妻子卖出，前提是孩子跟着母亲一起进入新的家庭抚养一段时间后再行归宗；没有孩子的家庭在走投无路的情况之下卖妻是为了让妻子能够进入新的婚姻谋生，卖价自然不会太高。买娶生妻的大多是没有能力正常娶妻的单身汉，他们以自己能出得起的价钱买别人的妻子，建立起自己的家庭。尽管这存在一定的风险（比如被人告官后解除婚约并受到惩罚、卖主嫁后图索等），但因为此价格比娶黄花闺女要便宜得多，甚至比娶寡妇都更为便宜，所以他们也会铤而走险，采取买妻这种方式解决自己的婚姻大事。见［美］苏成捷著，林文凯译：《清代县衙的卖妻案件审判：以 272 件巴县、南部与宝坻县案子为例证》，载邱澎生、陈熙远编：《明清法律运作中的权力与文化》，桂林：广西师范大学出版社，2017 年，第 463 页。

头耕牛的价格是 13 千文;道光二十九年,一匹马的价格也在 9 千文之上。① 生妻的价格普遍较低,主要原因是绝大多数嫁卖系因贫嫁卖,家庭处于极度贫穷的状态,急需将生妻嫁卖换取银钱度过难关,为了能快速地嫁卖,自然不能在价格上过多地计较。

三、被嫁卖之人

被嫁卖的妇女是嫁卖生妻中的关键角色,是此婚姻交易过程中的标的物,或许处于社会底层的妇女们从来也没有想到自己会以这样的方式成为中心和焦点。那么,这些被嫁卖的妇女都有什么样的特点? 或者说,什么样的妇女更容易被嫁卖? 有必要对被嫁卖妇女的年龄、子女情况以及被嫁卖之后的身份进行深入的分析和研究,以期能找到一些具有共性的特征。

(一)年龄和子女情况

表 7-7　被嫁卖妇女的年龄和子女情况

年龄(岁)	人数(人)	百分比(%)	有无子女	人数(人)	百分比(%)
11—20	13	41.9	无子女	48	62.3
21—30	16	51.6	有女无子	9	11.7
31 及以上	2	6.5	有子 (含有子也有女)	20	26
总计	31	100	总计	77	100

由于档案中大多没有记录被嫁卖妇女的年龄,所以仅仅收集到 31 个有年龄记载的案例。从这些案例所反映的情况来看,被

---

① 见《道光二十六年十月初三日彭宗珍诉状》《道光二十九年十月二十八日赖大生供状》,四川省档案馆、四川大学历史系主编:《清代乾嘉道巴县档案选编》(下册),成都:四川大学出版社,1996 年,第 185 页。

嫁卖妇女主要集中在 30 岁以下,占比高达 93.5％;31 岁以上仅有 2 例。在 30 岁以下被嫁卖的妇女中,20 岁以下占 41.9％,年龄最小的仅有 13 岁;21 岁以上 30 岁以下占 51.6％。30 岁以下的妇女身强体壮,正处于生育孩子的最佳年龄,在婚姻市场最受欢迎。

　　有 77 个案例记载了被嫁卖妇女的子女情况。被嫁卖妇女中,没有子女的为绝大多数,占总数的 62.3％,有女无子 11.7％,有子(含有子也有女)占 26％。在重男轻女思想极度严重的社会底层,有女无子与没有生育差别并不大。因为女儿并不能承担祭祀祖先和传宗接代的任务,所以部分家庭将刚生下的女儿溺亡,不忍心溺亡的则将女儿出抱给他人抚养。既不忍心溺亡,也没有出抱的,可能也不会对女儿精心照顾,导致女婴在出生后的一段时间内,因病或者疏于照顾而死亡的几率较高。没有生育的妇女或者没有生育儿子的妇女处境是非常危险的,往往是被嫁卖的重点,占 74％。“七出”第一条就是“无子”,妇女没有生育或者没有生育儿子,加上家庭贫困等原因,被嫁卖的可能性会更大。剩余的 26％有子嫁卖主要分为两种情况,一种是家庭贫困、夫妻不睦等导致的嫁卖生妻,还有一种是丈夫出外、生活无度,生妻背夫自嫁。①

----

① 有子嫁卖部分案例。6－4－5358:生有一子一女,因贫嫁卖,儿子带后夫家承桃抚育,女儿留在父亲家抚养;6－4－5575:生有一幼子,被邻居将妇女和幼子一同嫁卖;6－5－7543:过门十年,育有一子,因夫妻不睦,丈夫把妻子嫁卖;6－5－8381:生有四男二女,丈夫外出两年不归,妇女背夫改嫁,将未成年子女转抱他人;6－6－23491:生有一子一女,因夫妻不睦,丈夫把妻子嫁卖;6－6－23553:已生一子,4 岁,家贫嫁卖;6－6－24701:生有二子一女,女儿从小出抱,儿子死亡一个,尚存一个;6－6－25122:(转下页)

　　（二）被嫁卖后的去向

　　妇女被嫁卖后，她们的去向又如何呢？共有 101 个案例有此信息的记录。

表 7 - 8　被嫁卖后的去向

嫁卖为妻、为妾	人数（人）	百分比（%）
嫁卖为妻	74	73.3
嫁卖为妾	20	19.8
其他	7	6.9
总计	101	100%

　　根据表 7 - 8，妇女被嫁卖为妻占比 73.3%，嫁卖为妾[①]19.8%，其他如嫁卖人贩转卖、嫁卖为使女、嫁卖为娼的有 6.9%。其中，嫁卖为妻的最为普遍，占了绝大多数，这里面主要是未婚之人买娶为妻，也包含少数妻子已故续娶继室的情况。[②] 相比而言，嫁卖为妾的比例低出很多，这也再次证明买娶生妻的主力依然是那些无法通过正常渠道娶妻的未婚男性，与前面提到的买娶人的婚姻状况分析相吻合。

　　生妻嫁卖为娼的案例尽管少见，但还是存在。罗仕荣因为负债难偿、日食难度，将妻子郑氏嫁卖张陶氏为娼，得财礼钱 6 千

（接上页）生有二子，幼子年仅一岁，丈夫懒惰、家贫，丈母将女儿作为孀妇改嫁，携带二子过门抚养。

① 比如以下案例：《巴县档案》6－5－7298：生妻回母亲家被邻居嫁卖为妾；6－5－7414：生两个儿子，因帮人喂乳，不知与谁苟合怀孕，自己私嫁为妾；6－5－7712：孀母嫌贫爱富，将已婚女儿嫁卖他人为妾，得银 20 两；6－6－23964：本夫外出 7 年不归，婆婆和夫兄主婚将生妻再嫁监生为妾。

②《巴县档案》6－6－14416、6－6－23491，原配物故，娶为继室。

文,以偿债账。① 王氏幼配刘兴发为妻,刘兴发家贫无度,将王氏嫁卖娼户苏海山为女,名曰为女,实则为娼,得银 35 两。②

也有生妻嫁卖作使女的情况。道光二十九年,张怀明凭媒说娶袁氏为妻,咸丰四年,两人已经生育一女,年甫岁余。因张怀明患病家贫,无法度日,与妻子商议,甘愿离异。③

> 立甘愿退悔姻亲本妻文约人张怀明,情身昔娶袁氏为妻,过门数载,已生一女,年甫岁余。不幸身命不辰,日食难周,万般无奈,身与袁氏商议甘愿离异,各奔前程,自保身【生】命。袁氏与身心甘意愿离别,身给袁氏手印退悔婚约,许袁氏执此悔婚字约另行改嫁,听其袁氏自便,身不得异言阻滞,亦不得借事生非。倘有借端滋事、另生枝节,许袁氏执此退悔约禀究,身甘应得之罪无辞。此系身与袁氏二家心甘意愿离异,其中并无屈从逼勒套哄等弊。今恐人心不古,特立甘愿手印悔婚文约一纸,付与袁氏永远存据。
>
> 凭证人　黄德美、彭洪泰、肖朝顺、李大顺依口代笔同在
>
> 咸丰四年九月初八日立甘愿离异悔退婚约人张怀明有押

在此甘愿离异悔退婚约中,张怀明提到退悔的原因是"不幸身命不辰,日食难周",因此"袁氏与身心甘意愿离别,身给袁氏手印退悔婚约,许袁氏执此悔婚字约另行改嫁,听其袁氏自便,身不

---

① 《巴县档案》6－5－7281,同治三年四月。
② 《巴县档案》6－4－5394,咸丰八年正月二十二日。
③ 《巴县档案》6－4－5163,咸丰四年九月。

得异言阻滞,亦不得借事生非"。

咸丰四年九月二十二日,张怀明又立出永不滋事服约。

> 立出永不滋事杜患文约人张怀明。情身娶袁氏为妻,已生一女。不幸身命不辰,日食难度,万般无奈,身甘愿将袁氏改嫁,身得受财礼银十二两,不得翻悔生滋。倘身有翻悔生事,许袁氏执此服约并退悔婚约及媒证请约,三家协同禀官究治,身甘应得之罪无辞。此系身心甘意愿,其中并无屈从等弊。今恐人心不古,特立永不滋事杜患服约与袁氏存据。
>
> 在证 刘万顺、贺兴发、李大顺笔　同在
>
> 咸丰四年九月二十二日立永不滋事服约人张怀明
>
> 有押

张怀明在永不滋事服约中明码标价,嫁卖妻子的财礼银是 12 两,而且,从此服约中还可以看出,另外还有个"媒证请约","倘身有翻悔生事,许袁氏执此服约并退悔婚约及媒证请约,三家协同禀官究治",只不过档案中没有发现媒证请约。

咸丰四年九月二十八日,张怀明又立出主卖字约,将妻子卖给董王氏作使女,价格正好就是之前标出的 12 两银子。

> 立出主卖字约人张怀明,情身于道光二十九年凭媒说娶袁氏为妻,现生一女,年甫岁余。近身父母俱故,家务凋零,兼染病,日食无度。身与袁氏两相商议,情愿离异,将女抱出。袁氏念身染命【病】重危,乏费调养,自愿卖身取资作费。身出请服字约,特请贺王氏、贺兴发母子为媒,出卖与董王氏名下为使女。身凭媒证当得董姓财礼银十二两整。自今以后,任凭董姓更名呼使,或学江湖弹唱,或嫁过客行走,身不得借故阻滞,另生枝叶。倘身嫁卖袁氏来历不明,一力有贺

兴发母子担承。若袁氏遇风寒暑湿,听天安命。此系身心甘意愿,其中并无套哄屈勒等弊。今欲有凭,立字为据。

内添一"使"字,又添"董姓"二字

凭证 黄德美、李大顺、刘万顺、贺兴发、潘洪发、马升顺、李茂山、向月亭依口代笔

咸丰四年九月二十八日立出主卖字约人张怀明　　有押

在"内添一'使'字,又添'董姓'二字"这行字的前面、中间、后面都有一个小的空心圆圈,其作用是防止别有用心之人蓄意在前面或者后面添加文字。在主卖字约中,张怀明再次强调自己患病在身,日食无度,而且说明嫁卖妻子并不是自己的本意,而是妻子看丈夫无钱调养身体,愿意自卖,"袁氏念身染命【病】重危,乏费调养,自愿卖身取资作费"。

张怀明在此出立三个文约,将妻子嫁卖董王氏为使女。因为档案中只有这三个文约,没有其他材料,不知张怀明所言是否属实:是真的贫病交加,确实无法度日?还是为了嫁卖妻子得钱而找的借口?女儿年甫岁余,此处只提到将女儿抱出,是抱给人做女儿还是抱给人作童养媳,是否获得财礼,均没有提到。三个契约反映了清代嫁卖生妻所应出具的文约数量和文约类型,再加上媒证请约,按照时间顺序依次排列应该是:退婚文约、媒证请约、永不滋事服约、出卖文约。反映出嫁卖生妻需要经过退婚、请媒人、表态永不滋事等一整套程序,并且用契约的形式加以约束,使嫁卖生妻的行为在程序和形式上符合规范,与正常的婚娶并无二致。在此基础上,媒证才会为嫁卖人找到合适的买家,防止以后出现纠纷时引火烧身。需要说明的是,此处的退婚可能并不是真正的退婚,如果真正退婚应该将妇女退回娘家择户另嫁,而不是

像这样一手准备退婚文约,另一手准备主卖文约。如果退婚的目的是为了嫁卖,那么就已经失去了退婚原本的意义。从九月初八日的退婚文约到九月二十八日的出卖文约,中间仅有 20 天,所有程序宣告完毕,张怀明成功地将妻子袁氏出卖,获得 12 两银子的财礼,"任凭董姓更名呼使,或学江湖弹唱,或嫁过客行走,身不得借故阻滞,另生枝叶。"

第三节　诉讼的原因及知县的审断

一、诉讼的原因

通过对 120 个嫁卖生妻案例的分析和研究,发现诉讼的原因是多种多样的,主要包括嫁后图索或财礼纠纷、私自嫁卖生妻、子女抚养、生妻嫁后私逃等几种情况。①

(一)嫁后图索或财礼纠纷

嫁后图索是嫁卖生妻案件中最为常见的生讼缘由。往往是本夫、本夫家人将妇女嫁卖后,尽管已经收取财礼,但因钱财用

①苏成捷对 212 个卖妻案件进行了统计,总结出了四个方面的诉讼原因:夫家嫁后图索,生妻或其娘家反对,生妻娘家勒索财物或其他财礼纠纷,与卖妻案相关的其他纠纷(如孩子抚养,后夫发现受骗买到了生妻,卖夫的家人反对等等),其中第一个和第二个是诉讼最主要的原因,约占所有案件的四分之三。[美]苏成捷著,林文凯译:《清代县衙的卖妻案件审判:以 272 件巴县、南部与宝坻县案子为例证》,载邱澎生、陈熙远编:《明清法律运作中的权力与文化》,桂林:广西师范大学出版社,2017 年,第 465—466 页。笔者此处只对巴县档案中呈现出来的最为主要的几种原因进行分析。

尽,又向后夫需索,导致后夫控案,或者由于需索不成而捏控后夫
刁拐透漏霸娶等等。所以前面曾经提到,看似拐案的案件可能并
不是拐案,嫁后图索不成而捏以拐逃控案是一种较为常见的
方式。

相较一般的嫁卖生妻而言,将妻子嫁给娼家之后还要图索钱
财就更让人痛恨了。刘兴发家贫无度,将幼配的妻子王氏嫁卖给
娼户苏海山,名为作女,实则为妓,得银35两花用。后来有本城
的黄慎斋花费50两银子将王氏提贱从良,娶为妻室。刘兴发乘
黄慎斋外贸不在家,到王氏家滋事,意图搕索钱文,王氏母亲王徐
氏到案将刘兴发具控。判:刘兴发不应卖后搕索,将其责惩枷示;
王氏仍由母亲领回,虽然没有明确提到王氏的归属,应该还是跟
随黄慎斋生活。① 刘兴发将妻子卖给娼家做妓,真可谓是丧尽天
良。为了换取更多的钱财,不惜将妻子推入做妓的深渊,完全无
视妻子未来的生活。一般的嫁卖生妻,财礼不会很多,绝大多数
在10千文以下,要想获得较多的卖资,有两条路可选,一条就是
刘兴发的做法,嫁卖作妓,还有一条是嫁卖作妾。王氏幸遇本城
黄慎斋将其提出从良,可刘兴发依然不愿放过妻子还能产生的
"剩余价值",乘黄慎斋不在家,又去向王氏搕索,完全不顾曾经的
夫妻情分。

因为嫁后图索的案例实在太多,以至于有的买休者为了避免
今后可能发生的祸端,欲以存状的形式寻求知县的帮助。25岁的
彭应成是巴县人,于同治三年三月初六日凭媒娶何品山之妻胡氏
为妻,去财礼银12两,何品山还立有脚手印记。因为担心何品山
"借嫁翻异滋事""后患难防",彭应成于娶妻的第二天就到县衙请

---

① 《巴县档案》6-4-5394,咸丰八年正月二十二日。

求知县准予存案，如果以后何品山滋事，禀究有凭。知县王批："买休卖休大干例禁，尔娶何品山之妇为妻，已属藐视法纪，乃犹不自知咎。虽然具词存案，殊堪发指。着值日差即将该原呈押，候唤集人证质讯严究，以正风化。"①彭应成买休，本就已经触犯法律，不但不对此事进行隐藏，反而大张旗鼓地到县衙要求存案。笔者认为，要么就是彭应成根本不懂法，他并不认为自己已经触犯了法律；要么就是彭应成虽然知道这是违法行为，但因为民间买休卖休者众多，已经形成一种风气，所以他并不以为然。知县对民间这一恶俗产生的原因心知肚明，只要"民不告"，官就不会去"究"，但是彭应成竟然大摇大摆地要求县衙为他的买休行为充当见证，知县当然不会坐视不管了。彭应成三月初六日娶妻，三月初七日就到县衙存案，反映出他对何品山可能会借嫁滋事有深深的忧虑，急不可待地想要得到官方对这段婚姻的保障，从另外一个角度也反映出民间以嫁后图索为主的嫁卖纠纷的确时常发生。

　　也有卖休者为了打消买休者的疑虑，顺利将妻子出手变现，到县衙要求存案。33岁的颜宗品在江北衙当差，将妻子瞿氏交给吹吹嫁卖湖北为贱，瞿氏潜逃控案，断颜宗品领回。半个月以后，颜宗品与妻子离异，将妻子再嫁杨泽洪，"奈蚁赤贫，难以养活，与瞿氏相商，蚁情甘自愿与瞿氏离异，瞿氏亦允。始字请赖洪春等说合，书手足印约，交瞿氏再醮杨泽洪为室，瞿氏允悦。泽洪义给财礼银两，与蚁均无异议。但泽洪畏蚁事后翻滋，借搕生枝，不敢擅行，蚁迫无策，只得来辕申明作主，蚁后永不复生觊觎之心，情甘恳准存案有据，以免后非"。事实是否真如颜宗品所说的"因贫

____

① 《巴县档案》6－5－7274，同治三年三月三十日。

离异""夫妻自愿",在此不做讨论,但从中可以看出,杨泽洪担心颜宗品日后会因此滋事,不敢擅行,而颜宗品就想到了到县衙存案的办法,知县李批:"卖休买休,大干例禁,毋得率请存案",对颜宗品的存案不予支持。①

也有因为财礼纠纷而控案的。秦万发之妻秦刘氏育生二子,因秦万发出外不归,刘氏携子来渝帮工,被曾棉线串同许春发将刘氏嫁卖江津牟老四为妻,取财礼银 13 两,被许春发吞用,刘氏携带之幼儿秦酉生被周石粉抱养为子。迨后秦万发将刘氏清获,向牟老四滋事,又经钟云舫说合了息,牟老四再给秦万发银 16 两,书立主婚字约,亦被云舫亏用,以致秦万发具控。② 妻子被刁拐嫁卖,秦万发并没有告官,而是选择收银息事,哪知银子被中间人亏空,秦万发并没有得全,所以控案,从中也可以看出中间人吃钱现象是存在的。经过复讯,断:秦酉生已抱与周石粉做子,仍交周石粉领回,抚育做子;许春发不应开栈窝聚刁拐,将伊笞责,收押自新所,③令缴银 16 两给秦万发承领;与牟老四无干,令其各回。光绪二十年三月许春发因病在自新所内死亡,他为自己刁拐嫁卖妇女、私吞银两之恶行付出了生命的代价。

---

① 《巴县档案》6－5－8141,同治十一年十二月二十日。

② 《巴县档案》6－6－24733,光绪十九年十一月。

③ 自新所创设于乾隆十年,主要收押已决窃盗再犯,旨在通过教养兼施,使窃犯迁恶为善,立意甚善,与西方新式狱制相合。嘉道以降,因吏治日弛、司法腐败,自新所逐渐沦为衙役滥押需索的利窟,呈现出"黑狱化"倾向,民怨沸腾,大半被勒令拆毁。晚清之际,在张之洞、黄遵宪、赵尔巽等地方士宦倡行下,自新所又逐渐复归本意,在全国各地广泛设立,并在狱制转型过程中发挥着本土资源作用。见陈兆肆《清代自新所考释——兼论晚清狱制转型的本土性》,《历史研究》2010 年第 3 期。

（二）私自嫁卖生妻

嫁卖生妻档案中，娘家人控案绝大多数是因为夫家在没有告知女方家人的情况下私自将生妻嫁卖。按照正常的程序，如果夫家要休妻，应该将妻子退回娘家归宗。为了弥补夫家的损失或者夫家主动要求娘家归还财礼，娘家在女儿归宗之时就要与夫家签订退婚契约，支付给夫家一定的赎身费用，以后女儿的主婚权归属娘家，由娘家收受财礼。如果娘家经济并不宽裕或者家庭中其他成员尤其是兄嫂对此事存有不满，女儿不能长久待在娘家，娘家则会将女儿以最快的速度改嫁，并将财礼中的全部或者部分支付给夫家。① 但对于急需资金的夫家来说，此过程是漫长的，也带有相当的不确定性。为了最快获得财礼，夫家可能绕过将妻子休退归宗的环节，直接将妻子嫁卖。根据嫁卖生妻的相关契约可知，契约签订的过程其实就是交易的过程，这个环节一般都是"一手交钱一手交货"的即时交易，不会存在延迟支付的情况。如果夫家告知了娘家并且获得了娘家的同意，一般也不会产生纠纷，官府也不会过问。夫家之所以不告而嫁，既可能是担心遭到娘家的反对，也可能是提防娘家从财礼中分得一杯羹。

一般而言，夫家嫁卖生妻，夫家人起码应该知悉此事并达成共识。除非本夫外出不归或在牢关押，夫家公婆等人在没有通知生妻娘家的情况下，将生妻私自嫁卖。在巴县档案中，我们还发

---

① 浙江省景宁县习惯，如果夫妇不睦，丈夫将妻子退还娘家另觅夫婿，退婚书中一般附有一种预约，将来妻子另嫁之时，须有一部分聘金归前夫收领，退婚时即预定收领聘金的数目，并在退婚书中说明，由娘家出据交与退婚人。见前南京国民政府司法行政部编：《民事习惯调查报告录》，北京：中国政法大学出版社，2005 年，第 734 页。

现这样的案例,本夫私自嫁卖生妻,连自己的父母也没有告知。咸丰八年,李大观将妻子萧氏嫁卖,把自己的亲生女儿也一同过继,不仅没有通知妻子娘家人,连自己的父亲李纯玉也不知情。结果李纯玉认为是萧氏的哥哥萧纯祥把萧氏嫁卖,还到分县具控,萧纯祥又反过来以拆嫁控搕事将李纯玉具控案下。① 所以,本夫嫁卖并不一定是夫家人全体意思的表示,还存在夫家其他人根本不知情的可能。

前面曾经提到,生妻背夫私嫁的主要原因有丈夫外出不归、家庭贫困、夫妻不睦、妻子被丈夫逼娼、丈夫不给妻子日食等。而妻子要使自己顺利改嫁,必须要想办法使改嫁之事合理合法,要么以丈夫的名义私立契约,要么称自己的丈夫已经不在人世。在这类案例中,本夫找到妻子后,大多会到衙门控案,请求官府为自己主张权利。

(三)子女抚养问题

根据前面被嫁卖妇女子女情况的分析,被嫁卖妇女无子女的占 62.3%,有子女的 37.7%。对于这 37.7%的妇女来说,被嫁卖之后她们的子女如何安排,是个难题。一般而言,如果不是特别困难,儿子大都留在父亲家延续香火,不会轻易准许母亲带走。即使让母亲带走,双方也会对儿子长大后的归宗问题做出约定。相较儿子,女儿的去向就显得比较随意了。前面曾经提到的张怀明将妻子袁氏以 12 两银子的价格卖给董王氏为使女,其女儿只有 1 岁多,在文约中,只提到"情身于道光二十九年凭媒说娶袁氏为妻,现生一女,年甫岁余。近身父母俱故,家务凋零,兼染病,日食无度。身与袁氏两相商议,情愿离异,将女抱出",是抱给别人

---

① 《巴县档案》6－5－5407,咸丰八年三月十三日。

做女儿还是童养媳，并没有提到。女儿年龄尚幼，正是需要母亲照顾的时候，但袁氏被嫁卖董姓作使女，不可能随带女儿抚养，只好将女儿抱给别人。

其实，即使年幼的女儿跟随母亲到继父家抚养，也并不一定是好事，有受到继父虐待的可能。钟叶氏原嫁方卯为婚，咸丰六年三月十八日，方卯把叶氏嫁给在界石场开酒馆的钟大甲为妻，随带3岁女儿方姑过门抚养。因钟大甲屡次把方姑嫌贱，叶氏心里不悦，趁着丈夫出外几日未归，向客长和团首曾荣泰、张玉坤说丈夫用炭花伤女儿方姑阴门，曾荣泰们把钟大甲找获，以"恶实难容、送恳讯究事"送案。经过审讯，钟大甲并没有采用如此恶毒的手段伤害方姑，但平时确有"嫌贱"之事，经常有嫌弃继女方姑的行为和语气，而且据团首等人在禀状中称"（钟）大甲屡次嫌贱，动辄挞殴，阖场皆知"，更加坐实了方姑在继父家受到虐待的事实。爱女心切的叶氏对女儿的被虐很是心痛，为了保护女儿，捏称"钟大甲用炭花毒伤方姑阴门"之耸人听闻的虐待大题。如果叶氏不把钟大甲的虐待行为说得如此过分，肯定不会引起客长和团首的足够重视，也就不会将钟大甲送案审讯了。知县认为钟大甲不能和睦兄弟，不知约束妇人，亦有非是，掌责以儆；钟叶氏不应妄投街邻，亦有不合，将其掌责；判钟大甲具结回家，与妻子钟叶氏和睦。① 需要引起注意的是，本案并没有对方卯的卖休行为和钟大甲的买休行为进行追究，判钟大甲把叶氏领回和睦，相当于承认了他们婚姻的合法性。可以看出，知县在审案过程中，也是秉着"多一事不如少一事"的原则，只着力于解决诉讼的主要问题，将与诉讼有关的次要问题忽略。此外，知县对钟大甲进行掌责的原

---

① 《巴县档案》6－4－5302，咸丰六年七月十八日。

因是"不能和睦兄弟,不知约束妇人",并没有对他虐待方姑之事进行惩罚,甚至也没有要求他以后善待方姑,也许知县认为只要不出大事,钟大甲对继女打骂也属正常。前面曾经提到的彭近堂嫁卖妻子,儿子随母出抱给继父抚养,女儿留在自己身边,也应该有担心女儿到继父家会受到虐待的考虑。

(四)生妻嫁后私逃

生妻被嫁卖,有的是为了能从艰苦的环境中解脱出来"另寻生路",拥有新的婚姻和家庭,因此与丈夫达成一致自愿改嫁,也有的是自己并不愿意却被夫家或其他人逼迫改嫁。如果是被逼迫改嫁,到后夫家可能会发生与后夫不睦甚至私逃的情况。石恒顺是巴县人,平日下力活生,道光二十一年凭媒说娶钟氏为妻。因家贫苦,日食难度,咸丰三年三月十九日,石恒顺请樊氏为媒,把钟氏另嫁石匠邓连友为妻,得财礼钱1200文,立有婚约。到二十二日下午,邓连友称说钟氏逃回石恒顺家里隐藏,彼此口角肆闹,石恒顺把邓连友喊控案下。经过审讯,判决如下:石恒顺不应把妻子钟氏另嫁,口角肆闹滋事,来辕喊控,将其掌责;谕令邓连友将逃走的钟氏休退,婚约附卷。① 邓连友娶石恒顺生妻钟氏过门仅仅3天,钟氏就从后夫家私逃,说明她并不愿意嫁给邓连友为妻。邓连友与石恒顺生讼的原因是邓连友认为钟氏私逃回了前夫家,双方口角肆闹,到案生讼,从而牵扯出买休卖休之事。

二、控案的主体

嫁卖生妻类案件,控案的主体有哪些? 他们各自所占的比例是多少? 共有100个案例有此信息的记载。为了使统计数据更

---

① 《巴县档案》6-4-4887,咸丰三年三月二十五日。

为具体,在统计时按照娘家人、妇女本人、本夫、本夫家其他人、后夫及其家人五个方面来进行统计。

表 7-9　嫁卖生妻案件中的控案主体

控案主体	案例数(个)	百分比(%)
娘家人	34	34
妇女本人	9	9
本夫	33	33
本夫家其他人	8	8
后夫及家人	16	16
总计	100	100

(一)娘家人及妇女本人

在嫁卖生妻的诉讼中,娘家人控案比例最高,占到总数的34%。在娘家人中,控案人依据其控案次数从多到少的排列顺序分别为父亲、母亲(包含孀母、改嫁母)、胞兄弟、胞叔伯、母舅、叔祖等。可见,虽然女儿已经出嫁,但娘家仍然在关注着女儿的生活,尤其在女儿遇到被嫁卖、被逼娼等有悖伦理道德的大事件时,娘家往往会站出来,给予女儿帮助。其中并不排除有的娘家人参与进来是为了娘家的荣誉,比如女儿被嫁卖作妾,娘家是绝对不能允许的,因为这有辱家族的声誉;也不排除有的娘家人是为了能够从财礼中分得一杯羹,因为部分案例显示,在分给娘家人一些财礼银之后,他们就不再作声了;也不排除有的娘家人是因为没有得到好处才到衙门控案的,因为有的娘家人是在向后夫图索不遂之后才告的官,其动机已经不纯。尽管有这些情况存在,但我们仍然相信绝大多数娘家人到衙门控案是为了能够帮助女儿,为女儿讨回公道。"嫁出去的女泼出去的水",这句话主要指的是不干涉女儿的日常生活,并不是所有的事都不干涉。只要夫家对女儿做得不是太过分,娘家一般不会予以理会,他们经常说的一句话是"相隔弯远,并无往来",或者"往来甚少",试图在被女儿夫家以"娘家刁唆不睦、不听约束"之类的言辞进行攻击时可以撇清关系。但是,只要夫家的行为超出了一定的界限,娘家绝不会善罢甘休。即使娘家已经没有父兄,母亲也会站出来控案,而母亲的身份可能是媚妇,甚至可能已经改嫁别门。

　　由妇女本人控案的有 9 例,占总数的 9%,分别为:熊氏喊控丈夫袁文广将其嫁卖,价银 20 两。① 伍吴氏喊控丈夫伍光喜逼娼又嫁卖。② 陈吕氏被丈夫陈永顺嫁卖江西人邱恒杰作侄媳,要求同往江西,吕氏担心被嫁卖,赴案具控。③ 吴长寿把妻子郑氏嫁卖陈洪发为妻,郑氏与陈洪发不睦,想要回到吴长寿身边,于是将陈洪发控案。④ 杨氏喊控后夫喻老七逼娼。⑤ 梁杨氏控告丈夫梁文斗将其先嫁卖后逼娼。⑥ 刘正隆因日食难度,将妻子蒋氏嫁卖与彭老五为妻,得财礼银 10 两。谁知过门才 3 天,彭老五就要蒋氏接客卖娼,蒋氏到案具控,词内涉及到前夫刘正隆。⑦ 这几个案例中,只有熊氏、伍吴氏是直接控告本夫嫁卖,其余几个案例都是妇女以嫁卖之外的其他事由具控在案,牵扯出已经成为过去式

①《巴县档案》6－2－4396,嘉庆十七年六月二十五日。
②《巴县档案》6－2－4397,嘉庆十七年六月十六日。
③《巴县档案》6－3－8836,道光九年二月初六日。
④《巴县档案》6－3－9021,道光十三年十一月初十日。
⑤《巴县档案》6－3－9364,道光二十一年十二月初八日。
⑥《巴县档案》6－3－9381,道光二十二年四月二十四日。
⑦《巴县档案》6－3－9529,道光二十五年十二月十九日。

的买休卖休。

　　比较特殊的是曾氏鸣冤案。李国士家贫,无力养活妻子,于咸丰四年二月把妻子曾氏嫁卖王茂伦为妻,取财礼钱5千文。闰七月初二日,李国士到曾氏家索钱凶闹,王茂伦避祸出外不归,曾氏没有食费,赴案鸣冤。判:李国士不应卖休得钱,又不应至曾氏家闹索钱文,把他掌责;断曾氏与王茂伦离异,并将曾氏退回娘家,婚书附卷,曾氏胞弟来案将曾氏领回择户。① 王茂伦见李国士上门索钱就出外不归,说明他本人对嫁后图索是很惧怕的,为避祸干脆一走了之,也反映出民间嫁后图索现象比较严重。

　　(二)本夫及夫家其他人

　　本夫控案共33个案例,占总数的33％,与娘家人控案数量相差不大。这些案例所反映的诉讼原因主要有:嫁后图索不遂,对方财礼未付清或者因财礼导致的其他纠纷,妻子被嫁卖(包含被夫家其他人、娘家、邻居熟人等嫁卖),妻子私行改嫁。由此可以看出,本夫控案无外乎两种情况,一种是嫁后图索或者财礼纠纷,另一种是妻子在违背本夫意志、不被本夫知晓的情况下被嫁卖或者自行改嫁。

　　夫家其他人控案共有8例,占总数的8％。这8例分别为:公公控案3例,婆婆控案3例,夫家胞叔控案1例,夫弟控案1例。这些案例绝大部分是本夫外出未归妻子被人嫁卖,夫家人因此而控案。此外,也有夫家人嫁后图索不遂而控案的情况。

　　(三)后夫及家人

　　后夫及家人控案共有16例,其中后夫控案15例,后夫家人

----

① 《巴县档案》6－4－5146,咸丰四年闰七月十一日。

控案 1 例。后夫控案涉及到的主要内容有:第一,前夫嫁后图索,这是最为多见的情况,也有的是前夫嫁卖妻子,妻子娘家人到后夫家肆闹,后夫不堪其扰,到衙门控案。第二,买娶的妻妾过门不久就私逃,有的是不愿与后夫一起生活,也有的可能与前夫共谋骗取财礼,后夫因而控案。第三,后夫不知自己娶的是生妻,待知觉后为避祸而控案。后夫家人控案的 1 例为母亲控案,控儿子不应说娶有夫之妇为妾,还带两个儿子过门抚养,显然增加了家庭的负担,也对她孙子的财产继承造成了一定的威胁。

三、知县的审断

《大清律例》中明确规定了用财买休、卖休,妇人离异归宗,而且有过错的当事人等都要各杖一百,那么实际情况又是如何呢?法律的规定是否在民间司法实践中得到了完全的贯彻执行呢?通过档案可知,被嫁卖妇女的归属除了离异归宗之外,还有归前夫、归后夫、发交官媒嫁卖等多种途径,有过错的当事人并没有都被杖一百,有的甚至根本就没有受到惩处。

(一)妇女的归属

嫁卖生妻案件经过审断之后,被嫁卖妇女的归属主要有如下几种:离异归宗或者离异再嫁、由前夫领回、由后夫领回。此外,也有一些其他较为特殊的归属,比如发交官媒。

表 7 - 10　被嫁卖妇女的归属

妇女归属	人数(人)	百分比(%)
离异归宗或离异另嫁	38	40
归前夫	26	27.4
归后夫	25	26.3

妇女归属	人数(人)	百分比(%)
既可归前夫也可归后夫	1	1
发交官媒嫁卖	5	5.3
总计	95	100%

在收集到的95个记载了妇女归属的嫁卖生妻案例中,只有40%的妇女被判离异归宗,由娘家领回另行择户,尚有60%的案例表明妇女并没有离异归宗,或是由前夫领回,或是判归后夫,还有既可以归前夫也可以归后夫的情况,另有5.3%将妇女发交官媒嫁卖。这说明虽然法律有明确的规定,但是在知县断案的实际操作中,也可能根据不同情形做出不同的审断,并不一定与律法规定完全一致。案件的实际情况千差万别,岂是一条规定能够囊括完的。即使同为嫁卖生妻类案件,每一个案件的具体情况也可能完全不相同,呈现出错综复杂、千变万化的状态。知县在审断过程中,依据律法、天理、人情灵活断案,并不墨守成规,这与知县所受的伦理教育有一定的关系。比如对有幼孩的家庭,判妇女由前夫领回抚养孩子的可能性较大;对因贫嫁卖的前夫会从轻发落;对违背前夫意愿而被嫁卖的生妻一般判给前夫领回;将改嫁多年并且已经为后夫生育子女的妇女一般判给后夫领回等等。这是知县根据当事人各方的具体情况进行综合考虑后做出的适合每一个案件而不是每一类案件的审断结果。

1. 离异归宗

如果夫家违背妇女意愿将其私行嫁卖,大多会判妇女离异归宗。与前夫的婚姻已经没有维系下去的必要了,嫁给后夫既违法又非人所愿,判给娘家领回另行择户较为妥当。道光年间,16岁的曹闰姑自幼娴抱过门,与赖荣发完配已有两年。后来赖荣发家贫无度,乘曹闰姑父故母醮,将妻子嫁卖吴芳吉(41岁,有妻无育)为妾,受财礼钱6千文,曹闰姑母舅胡在应控案。断:将卖休的赖荣发责惩,曹闰姑由胡在应领回择户另配。①

巴县档案中,被嫁卖的妇女是"失语"的一群人。在公堂上,没有人问她们的想法是什么,也没有人在乎她们想的是什么。将妇女判给娘家领回,看似维护了妇女的权益,给了她们重新择配的机会,但是在贫穷无度的底层社会,谁又能保证她们的再婚对象今后不会因为这样或者那样的原因再次将她们嫁卖呢?而且,对于已有子女的妇女来说,将她们判给娘家也相当于切断了她们与子女之间的关系。在我们所能看到的档案中,从告状、供词等材料中很少能见到被嫁卖妇女的意思表达,自然无法获知她们的真实想法,如果有这样的记录,则实为罕见,也尤为珍贵。方正春于咸丰六年娶何氏为妻,生育的儿子死亡,只有一女尚存。同治二年十月间,因"米价高昂,穷苦难度,没钱养育",方正春请媒把妻子何氏嫁与邱四大爷为妻,得财礼钱7千文。过后方正春向邱四大爷借索未允,来案具控,谎称何氏之父何启山串媒将女儿嫁卖。经过审讯,断方正春不应把妻子何氏卖钱,把他掌责。何氏在供词中明确表明态度"小妇人不愿跟随方正春,亦不愿嫁与邱四大爷为妻",最终知县尊重了何氏的选择,谕令何氏的父亲何启山将女儿领回另行再嫁。② 像这样妇女明确表明了自己态度的案例少之又少,有可能是书吏有意或者无意间省略了妇女的表态性语言,又或者她们根本就没有表态,任随知县做

---

① 《巴县档案》6—3—8964,道光十二年七月二十八日。
② 《巴县档案》6—5—7291,同治三年正月二十三日。

出判决。

伊沛霞曾经提到,史料更为严重的另一种局限性在于它们几乎都是男人写的,①撰写状词的代书、审案的知县、出谋划策的师爷、记录案件审理过程的书吏、执行案件相关事务的衙役,他们无一例外都是男性。就巴县婚姻档案而言,从案件的受理阶段、堂审阶段到最后的结案阶段,参与者尽管有男也有女,但我们很难从中听到女性发出的真实的声音,尤其是那些处于弱势的童养媳、被嫁卖或被逼卖娼的女性,她们几乎处于"失语"的状态。尽管堂审阶段和结案阶段也会看到涉案女性的相关记录,但这些记录感觉都很苍白,都是程式化的经过书吏选择和润色的记录。②黄宗智认为,状词是口述文化和书面文化之间的初次交会,状词与原告的口头诉说相比已经发生了形式上和实质上的变化,形式变化主要表现在口语变成了书面的标准的诉状用语,实质变化主

---

① 〔美〕伊沛霞著,胡志宏译:《内闱——宋代妇女的婚姻和生活》,南京:江苏人民出版社,2004年,第15页。

② 里赞在他的著作中引用了光绪年间南部县正堂制定的用于规范书吏及衙役行为的"悬章十则",其中有一条是"录叙供词,务须按照原被当堂所供,不得妄加增减。其有情节支离,供词闪烁,应为节删者,回明定夺。惟本日审讯之案,次日即须送供,不得久延,以免致有出入"。见里赞:《晚清州县诉讼中的审断问题——侧重四川南部县的实践》,北京:法律出版社,2010年,第214页。尽管知县对书吏有不准增删供词的要求,但在具体实践中书吏对供词进行适当润色和加工应该是必不可少的,这一点从大量供词在叙述方式上表现出惊人的雷同可以看出,从女性供词中普遍缺少自己意愿的表达也可以看出。从另外一个角度来看,知县之所以要专门对此事进行规范,恰恰说明在基层实际操作中书吏确实存在增删供词的情况,使得供词与原被两造当堂所供有一定的出入。

要表现在调整重组事实以适合各种法律范畴和概念。① 同样,供词也可以视作口述文化与书面文化之间的第二次交会,只不过这次将二者融合起来的不是状词撰写者,而是书吏。无论在形式上和内容上,书吏都会对堂审的口述进行适当的调整和修改,使得供词看起来就是一份供词的样子,以至于所有的供词看起来几乎都是一个样子。从这些官方保存下来的供词中,我们无法看到参加了堂审的女性的真实想法。是她们堂审时没有表达自己的意愿,还是说我们看到的供词已经对其真实的想法和说法进行了删减? 我们需要站在更高的角度理性客观地看待和分析这些档案,对当时发生的故事有一个更为科学准确的判断。

2.归前夫

一般而言,如果嫁卖妻子的行为违背了丈夫的意愿,是在丈夫不知情的情况之下发生的,比如丈夫外出或者其他原因不在家时妻子被别人嫁卖,知县大都会把妻子判给前夫领回,以维护前夫的合法权益。

王兴镒自幼娶沈银生之妹沈氏为妻,光绪十四年,王兴镒出外帮工,杳无音讯,父母疑故,欲把沈氏配胞弟王兴富,沈氏不允,王兴镒父亲才立书约将沈氏退回娘家,另嫁李春山。光绪十八年,王兴镒归家,把沈银生喊禀在案。知县判:"因其夫王兴镒远贸三载无音,凭媒再醮,讯明并无拐逃情事。王沈氏仍归前夫王兴镒领回,李春山虽未到案,伊母李程氏赴案,将沈氏退与王兴镒,断令王兴镒、沈银生二人认给李程氏酒席钱五千文,二人均

---

① [美]黄宗智:《清代的法律、社会与文化:民法的表达与实践》,北京:法律出版社,2014年,第157页。

认,限三日给出,各结完案。此判。"①按理说,王兴镒外出 3 年以上,而且其父立书约将沈氏退回改嫁,沈氏娘家没有任何过错,但是知县还是将沈氏判王兴镒领回,只不过给了李春山一定的经济补偿,说明知县在最大限度地维护本夫的权益。只要是本夫不知情的嫁卖,一般都判给本夫领回。此外,从案例中还可以看出,沈氏夫家欲将她配与小叔,说明民间确实存在叔嫂成婚的现象。

杨合升,裁缝手艺,娶何氏为妻,素来和好,并无嫌怨。咸丰五年二月间,杨合升出外工作,被认识的罗老三(本城人,自幼在通草铺学手艺,后来又当义勇)把何氏拐逃出去,与他一路,苟合为婚。咸丰六年三月,罗老三养活不起,又把何氏转嫁与涂一品为室(在本邑走马岗场开栈房生理),立有婚约,罗老三得财礼钱 5千文。后来杨合升将妻子查获,到案具控。知县判决:将罗老三与何氏均各责惩,杨合升把何氏领回。②此案属于典型的丈夫不在家,妻子被人刁拐嫁卖的情形,判前夫将妻子领回,是合情合理的。

如果前夫实在家贫无度,将妻子判给前夫不一定是明智之举,既然是因为无法养活而嫁卖生妻,那么以后会不会再次发生类似的事情呢?即使不再嫁卖,会不会因为其他的经济问题而弃妻子于不顾呢?刘氏原配夫李海川,生有二子尚幼,因无力度日,刘氏母亲冯氏将女儿私嫁杨其林为妻,假称女儿本夫已死,并带二子抚育。李海川控案,断:"冯氏私嫁女儿,殊属荒谬,本应薄责,姑念女流无知;杨其林见刘氏带有二子,竟然不查清来历,冒娶亦有不是;将刘氏母子断归李海川领回,各愿具结完案。"知县

①《巴县档案》6－6－24698,光绪十八年十二月。
②《巴县档案》6－4－5287,咸丰六年七月初九日。

这样审断是合理的,因为将妻子嫁卖并不是李海川的本意,判李海川领回一家团聚、抚育幼子,符合知县在审断类似案件时的一贯做法。李海川当堂将刘氏母子具领结案,后因无钱支付口岸花费,又弃刘氏母子在店房。刘氏具控,知县令原差查获李海川,饬令遵断给清口岸,速将刘氏母子领回完聚。刘氏在复讯中说:"小女子自愿嫁一夫作一主,只要他有吃的,小女子并非不愿跟他。实因伊无钱支给口岸,以致店房不开伙食,把小女子饿了数日难过,才将银簪折换钱数百,勉强度日。"知县审断:"讯得此案,据李海川供,实无力养妻,愿主婚将李刘氏另嫁,惟次子李钦生不愿交刘氏带去。李刘氏供,钦生尚幼,李海川不能养妻,焉能养子。断令改嫁,婚书注明刘氏抚养成人,交回李海川可也。"知县为维护童婚,将刘氏判给前夫李海川领回,但李海川日食无度,拿什么来养活自己的妻儿呢?最终,还是由李海川主婚,将妻子另嫁,儿子交给刘氏抚养成人后再交还给李海川。知县将妻子断给本夫领回本是一片好意,岂料造成了这样的结果。刘氏多次表达,并不是她不愿意跟随前夫,而是前夫实在无法养活自己和孩子,在初讯中,刘氏提到"沐断归还海川,小女子与他系是童子结发,只要他有吃的,小女子愿跟他就是";在复讯中,刘氏又提到了同样的想法,其实已经表明了她的观点:李海川根本就无法养活妻儿。①

如果妻子已经为前夫生育了儿子,而且儿子尚幼,尽管妻子被前夫或者夫家其他人嫁卖,但知县认为事出有因,母亲对儿子的抚育和成长很重要,依然会做出将妻子交给前夫领回的判决。

陈子伦娶牟氏为妻,过门7载,育生一子,年方4岁。光绪五年十月间,因"年岁欠丰,日食费用难度,是以上有父母,下有所生

---

① 《巴县档案》6—6—25122,光绪二十七年六月。

之子,不能支持阖家好",陈子伦凭胞姐杜陈氏为媒,把牟氏嫁卖刘长顺为妻,得财礼钱 10 串,书立婚约。不料他嫁后图搕不遂,捏控刘长顺扛抬其妻成婚。经过审讯,陈子伦卖后图索,情理本属难容,把他笞责,"小的妻子曾随小的生有一子,讯已四岁,断令小的领回,卖契涂销,各结完案"。① 知县断牟氏由前夫陈子伦领回,唯一的原因就是他们有一个 4 岁的儿子需要抚育,而母亲对于幼子成长的意义不言而喻。

张世宽与陈氏结婚二十余年,生有二子一女,女儿从小抱出,一子死亡,尚有一子长生。光绪十六年腊月,张世宽外出,其胞兄张世发谎称张世宽已故,主婚将弟媳陈氏改嫁与陈全顺为妻,得财礼钱 6 千文。光绪十九年正月,张世宽回家,具控在案。知县判词如下:"审得此案如果娶有夫之妇,照例自应断离。今讯明实系张世发从中谎说夫故,以致张陈氏另嫁。兹本夫既回,姑念误听人言,仍断本夫领回,当必抚养其子长生成立,不得再为生事。陈全顺并不查明有夫之妇,亦应掌责,念其不知,着出钱六千,令张世宽领回完案,各具结存卷。此判。"② 尽管陈氏改嫁陈全顺已有 3 年时间,但陈氏改嫁并非张世宽本意,最主要的是夫妻俩还有一个儿子长生需要共同抚养,故判陈氏由张世宽领回。而陈全顺不仅之前给付了 6 千文的财礼钱,知县判他再付给张世宽 6 千文,以作惩罚。

在判归前夫的案例中,还有一类的审断结果显得较为特殊:妇女暂时由娘家领回,视本夫改悔程度再行定夺。陈兴发于同治四年娶李氏为妻,没生子女,屡次逼李氏作贱,李氏不允,夫妻不

① 《巴县档案》6-6-23553,光绪六年四月。
② 《巴县档案》6-6-24701,光绪十九年三月。

睦。同治七年八月,陈兴发将妻子李氏嫁卖下河,被坊差查获,李氏父亲李元顺控案,陈兴发出具永不嫁卖妻子切结,把李氏领回。后来陈兴发仍逼妻子作贱,断令李元顺把女儿领回暂住三两月,陈兴发执拗不遵。经过复讯,仍断李元顺把女儿领回,再住一年,待查访陈兴发改过自新,才把李氏送回。① 朱氏父母早故,姨母高周氏将她抚养成人,同治四年许配江福昌(荣昌人,来渝贩卖麻布生理)为妾。因朱氏与江福昌老家的妻子不睦,江福昌雇轿将朱氏抬至朝天门,欲送往下游嫁卖,朱氏大喊救命,被坊差将二人协送案下。经过审讯,江福昌房屋业已辞退,无处居住,但江福昌不应逼朱氏下游嫁卖,应责从宽,断令朱氏至姨母高周氏家暂居,如果夫妻愿意和好,则另佃房屋居住,不许嫌贱嫁卖;如果二人不愿和好,吩谕朱氏另行择嫁,财礼仍归江福昌承领。② 类似案例中,知县并没有轻易断离,而是采取了比较柔性而灵活的办法,让娘家把女儿领回暂居,待女婿改好或者夫妻和好再将女儿送回,相当于再给了双方一次机会。这种做法反映了知县维护婚姻人伦的思想,如果动辄断离,妇女依然要面临重新择配而遇人不淑的风险。

3.归后夫

一般来说,如果前夫确实贫穷无法养活妻子,而后夫有能力养活,在娘家无人承领的情况下,则多将妇女判归后夫。如果妇女被嫁卖多年并已经为后夫生育了子女,将妇女判给后夫的几率就更大了。

在薛氏背夫私嫁邱永顺一案中,薛氏丈夫唐宗亮外出多年未

①《巴县档案》6-5-7808,6-5-7835,同治七年八月。
②《巴县档案》6-5-8001,同治九年十月。

归,婆婆再醮,曹兴发主婚为媒,薛氏再嫁邱永顺为妻,生有一子冬狗。不料后来唐宗亮归家,双方滋闹,具控在案。经过审讯,邱永顺不应说娶有夫之妇,曹兴发不应主婚为媒,应责从宽,令邱永顺缴钱 6 千文,曹兴发缴钱 4 千文,给唐宗亮具领另娶;薛氏不应不令母亲谢氏知觉,应责从宽,断归邱永顺领回管束,具结备案。① 唐宗亮出外不归,婆婆又改嫁,薛氏没有依靠,选择自行改嫁也是为了生存,实属情有可原。从这个角度上来看,薛氏并没过错,错就错在没有告知婆婆谢氏,不过知县念其事出有因,对薛氏应责从宽。邱永顺被告知薛氏丈夫已故,并不知道薛氏是有妇之夫,也应责从宽。虽然薛氏本夫唐宗亮没有过错,理应判唐宗亮将妻子领回,但薛氏再醮邱永顺多年,已经生了一个儿子,这就是问题的关键。如果没有儿子,薛氏判给唐宗亮领回的可能性应该更大,有了儿子,知县不得不考虑到薛氏幼子母亲的身份,因此判后夫领回并成全一家人的团圆。因为唐宗亮是失去妻子的受害方,所以判后夫邱永顺、主婚人曹兴发共出 10 千文给唐宗亮作为另娶之资。这样的判决结果还算较为圆满,既成全了一家三口的团圆和幸福,又对受害者唐宗亮有所补偿。

在李大观嫁卖生妻萧氏一案中,知县判萧氏后夫罗正明将萧氏领回,从案件记录中无法看出知县作此判决的原因何在,但通过当事人各方的供词可以寻得一些蛛丝马迹。其中,萧氏胞兄萧纯祥的供词中提到:"实系李大观不令他父亲同小的知觉,并出立婚约,摸有手印,把妹子嫁卖属实。沐把他械责,谕令罗令龙把妹子领回";萧氏在供词中说:"小妇人丈夫患病,无钱度日,不令小妇人哥子同翁翁知觉,把小妇人私行拆嫁与罗令龙的儿子罗正明

---

① 《巴县档案》6—4—5512,咸丰九年三月。

为室,并女儿过继,立有婚约,丈夫摸有手印,得过财礼钱四千五百文……出有凭据与罗令龙存执,谕令罗令龙把小妇人领回就是";李大观供词:"小的患病无依,才私行把妻子立有婚约,摸有手印,把妻子嫁卖与罗令龙的儿子罗正明为室……出立婚约,摸有手印,与罗令龙存执。沐把小的械责,谕令罗令龙把萧氏领回"。① 笔者认为,萧氏明明还有胞兄萧纯祥在世,将其判给胞兄领回另行择配方为正理,知县作此判决是否与李大观出有手印婚约有关? 因为在当事人三方的口供中都提到卖休者李大观出有婚约,而且还摸有手印与罗正明存执。笔者推测,李大观出有手印婚约给罗正明存执,与知县判萧氏由罗正明领回之间有一定的联系。

类似的还有曾洪顺卖妻案。曾洪顺平日小贸生理,因生意淡泊、日食难度,难以养活妻子,凭谢长兴担保,把妻子娄氏嫁卖与在朝天门城外小贸活生的张二为妻,立有婚约字据。过后曾洪顺屡向张二滋索不允,以逞恶夺妻等情将张二控案。知县判决:曾洪顺不应嫁卖捏控,将他掌责,断令张二把娄氏领回管束,嗣后曾洪顺不得向张二滋生事端。② 曾洪顺日食难度,将妻子嫁卖与张二为妻,不仅有人担保,而且还凭团立有婚约字据,手续齐全,所以知县认同娄氏与张二的婚姻关系,让张二把娄氏领回。

如果本夫将妻子嫁卖后,反而借机滋闹,犯有双重过错,而妻子愿意跟随后夫,知县也会将妻子判给后夫。曹珖文女婿陈大德于咸丰四年充当夔勇出师,女儿曹氏无有倚靠,陈大德交给曹珖文钱5200文,把曹氏送在娘家住食,以作用费。咸丰六年冬月,

①《巴县档案》6-4-5407,咸丰八年三月十三日。
②《巴县档案》6-5-8376,同治六年十月。

陈大德转归,把曹氏领回,曹珖文以钱3千文给他作本,又还他衣被各物,陈大德出有领约。到咸丰七年正月十六日,陈大德没钱花用,请陈福为媒,以钱6千文把曹氏私行嫁卖与张裕成为室。二月初二日,陈大德又身带尖刀来曹珖文家痞索,被街邻赵双盛们把他尖刀搜出,交与公差,曹珖文具禀案下。经过审讯,陈大德不应把妻子曹氏私行嫁卖,复带尖刀来岳丈曹珖文家痞索,把他笞责并枷示两月;曹氏被嫁卖张裕成为妻,经曹珖文查实,张家衣食可保,曹氏也甘愿与张裕成为室,依然嫁给张裕成为妻。双方具结备案。① 如果此事不是因为陈大德持刀肆闹,丈人将他控案,知县也不会知晓陈大德的卖休行为。陈大德不仅嫁卖生妻,而且还嫁后痞索,持刀肆闹,可谓罪上加罪,而妻子娘家有人可以承领,这种情况之下,曹氏已经不可能判给前夫领回。更何况曹氏嫁的后夫张裕成有财力养活曹氏,曹氏也愿意继续与后夫一起生活,知县不仅没对买休者张裕成进行惩罚,反而将曹氏判给他为妻,可谓是既惩戒了前夫陈大德,又顺应了曹氏的意愿,一举两得。本案也是少见的对妇女意愿进行了记录的案例,实属难得。虽然档案中没有曹氏本人的亲口笔录,但根据曹氏父亲曹珖文的供词:"今蚁查实,裕成衣食可保,蚁女亦甘愿与伊成婚",可知曹氏及其家人的意愿是仍然跟随后夫,像前夫陈大德那种嫁卖妻子还持刀滋闹的人,估计曹氏是绝不会回头了。如果把曹氏交给娘家领回,同样面临着择户另嫁的问题,还不如就嫁给能保证温饱的张裕成。更何况曹氏已经在张家生活了一段时间,再改嫁他人也于情于理不合。

　　程樾桥与杜氏已婚15年,已经生有子女,还将妻子作嫂嫁卖,将女儿随带抚养,得财礼银 25 两,可谓恩断义绝,完全不顾多年的夫妻情分。不仅如此,他还嫁后图索、捏控在案,犯有多重过错,知县判杜氏由后夫领回,也是合情合理的。①

4.既可以归前夫,也可以归后夫

一般而言,知县在审断时都会很明确地判妇女的归属,一般都在离异归宗、归前夫、归后夫中进行选择,像这种既可以归前夫又可以归后夫的模糊审断还是较为少见的,95 个案例中只有这一个。尽管很少见到,但还是代表了一种审断结果,有必要予以专门介绍。

周永发因日食无度,把妻子张氏嫁卖沈宝亭为室,得财礼银20 两。过后周永发想把妻子要回,滋索不休,周张氏来辕喊控,谎称周永发是自己丈夫的堂兄,因丈夫外贸多年未归,被周永发嫁卖。知县断周永发不应嫁后图索,将他掌责,令沈宝亭再给周永发钱 10 千文,沈宝亭把张氏领回。之后周永发又与沈宝亭彼此口角抓扭,复来喊禀,说出周永发实际上就是张氏丈夫的事实。经过审讯,周永发不应把妻子嫁卖后叠向沈宝亭滋索,应责从宽,把周永发差押,断令三日内缴还沈宝亭银 20 两、钱 10 千文,把张氏交周永发领回,日后不得嫁卖作贱。其银钱如违限不缴,张氏仍随同沈宝亭,不得回转。结果周永发逾限不缴,把他掌责,自愿具结再限三日缴还沈宝亭银钱,如再逾限,即令张氏随沈宝亭为室。到底最后周永发是否措齐了银两钱文,案卷中没有记录,无法知晓周张氏最后跟随了前夫,还是跟随了后夫。② 此案初讯时,因当事人各方均谎称周永发为张氏丈夫堂兄,所以知县将张

①《巴县档案》6-6-23696,光绪六年九月。
②《巴县档案》6-6-23151,光绪元年二月。

氏断给后夫领回,后夫给周永发一定的经济补偿,如果后来周永发不再次闹事滋讼,此案就这样了结,知县也不可能知道事实真相。因周永发不服判决,再次闹事生讼,知县才得知周永发其实就是张氏的丈夫,只是为了避免知县的惩罚,才谎称自己是张氏丈夫的堂兄。周永发一再想要回妻子,知县才让他只要缴还财礼,就可以领回妻子,即使他没有在规定的日期内缴还,还是一再开恩,延期 3 天。可以看出,知县实际上是支持前夫周永发的,只不过如果周永发不能在规定时间内筹措钱文,则将张氏判给后夫领回,反映了知县为维护婚姻人伦所做的一再让步,周永发一错再错,知县还是极力地维护他和张氏的婚姻。

5. 发交官媒嫁卖

相对来说,在嫁卖生妻类案件中将妇女发交官媒并不是知县普遍采用的做法,95 个案例中仅有 5 个案例。只有某种情况之下,知县才会如此审断。比如妇女娘家无人承领,但又不便判给前夫或者后夫中的任何一方,可能发交官媒;如果妇女不服知县的判决,也有可能发交官媒,这是对当事妇女的一种惩罚。

王兴盛之女王氏 17 岁嫁给许光年为妻,当时许光年 12 岁,已经完配 3 载。据王氏供词,"小妇人过门后,屡被翁姑丈夫嫌贱,撵小妇人回娘家另嫁,小妇人因朝难到夕,才再嫁与徐海之为室",可见王氏与夫家关系不睦。王氏比丈夫年长 5 岁,婚配之时,王氏已有 17 岁,而许光年年仅 12 岁,这应该是夫妻不睦的重要原因之一。之后许光年叔父许义宾到徐海之家肆闹,两家生讼。经过审讯,将王兴盛、王氏、媒人等分别责惩,断王氏由本夫领回,但王氏坚决不从,遂将她发交官媒嫁卖,而且还对教女无方的王兴盛进行笞责。知县判词如下:"讯明许光年并未退婚,亦未卖休。王兴盛辄敢将女另嫁,许王氏亦即听从,袁清臣不查虚实作媒,均属非是,分别责惩。将该氏断归本夫领回,该氏当堂坚称不愿跟随许光年,足见有心背夫另嫁。经本县责以大义,执意不从,此等不良之妇,若强令依允,诚恐不安于室,另酿别故,着即条责,发官媒嫁卖。王兴盛教女无方,亦即笞责,以为有乖伦常者戒。此判。"王氏有娘家可以承领,但因为她不服知县的判决,坚决不愿跟随本夫,知县认为她有心背夫另嫁,是不良之妇,遂将其发官媒嫁卖。①

也有经丈夫请求,知县将妇女即速嫁卖、换取钱财的情况。同治八年三月,石兴顺外贸,日久未归,其妻周氏在家无度,凭媒自嫁谢金山为室。同治九年正月,石兴顺归家把妻子找获,呈控案下。谢金山及周氏之子均故,石兴顺当场哀恳把周氏出卖,以给口岸。知县饬差把周氏押交保正即速出卖,所得价资除清还口岸外,倘有余资,给石兴顺承领。② 石兴顺恳求将妻子出卖,丝毫不顾念夫妻情分,但他无钱支付口岸费用,唯一的办法就是用妻子换取钱财,这也是实情。

(二)惩罚力度

虽然清律明确规定对买休者、卖休者以及本妇三方都要"各杖一百",但在具体的司法实践中却呈现出一种"从轻"的倾向,这也突显了档案记载更贴近情理与历史真相的特点。

1. 对买休卖休之人均进行惩罚

蔡香洋幼娶窦秉成的妹子窦氏为室,因窦氏过门不听教诫,光绪十八年冬月蔡香洋把妻嫁与罗汝银为室,光绪十九年正月窦氏在罗家病故,窦秉成控案。经过审讯,将蔡香洋械责、罗汝银

---

① 《巴县档案》6-6-24417,光绪十四年。
② 《巴县档案》6-5-7897,同治九年闰十月初十日。

笞责,并将二人联锁,出外从厚给银安葬窦氏。后经监正张回春在外理劝,蔡香洋出银28两,作为超荐①资费,娘家将窦氏尸身领回安葬。知县判决如下:"讯得蔡香洋伊妻窦氏改嫁罗汝银,今正病故,窦秉成呈控。前讯蔡香洋不知五伦,罗汝银亦不应娶有夫之妻,各责共锁,从厚给银安葬。今讯监正张回春等供称,在外理息,蔡香洋帮给超荐资费银二十八两,窦秉成将伊妹窦氏尸身领回归葬。张回春担限月内缴案,蔡香洋等开释,各具切结备案。此判。"②窦氏被嫁卖后仅一个多月就在后夫家病故,自然不同于一般的嫁卖生妻案件,理应按照法律的规定对当事人进行"各杖一百"的惩处,但"蔡香洋将伊妻改嫁,五伦之首,本应重究,姑念乡愚,断令再给钱二十钏,罚给字水书院以作课费",用经济处罚的方式予以了结,而对买休的罗汝银只是笞责了事,连经济上的处罚也没有。

从此案的判决可见知县在断案过程中的"从轻"倾向。如果只是一般的嫁卖生妻案件,处罚就更轻了,大都以"均各掌责"了事。梁启成原配乏嗣,娶朱诗映的妻子杨氏为妾,给财礼钱5千文,出有手印婚约存据,过后朱诗映嫁后屡次图索,双方肆闹不休,梁启成到案具控。经过审讯,将买休和卖休之人均各掌责,把杨氏交给娘家领回另行择配。③

处罚稍微重一点的就是将当事人枷示。李明声于道光二十五年娶朱氏为妻,育有一子,后因家贫无度,于咸丰二年九月间将妻子嫁卖万二为妻,得财礼钱4千文,立有主嫁文约。妻子朱氏

----

①荐指的是依时节祭祀的供物。

②《巴县档案》6-6-24696,光绪十九年二月。

③《巴县档案》6-4-4928,咸丰元年十一月。

改嫁之后,李明声屡次向万二需索,万二准备报官,在街邻的规劝下,万二再出 1300 文给李明声,李明声也立下服约,不再需索。可是到了咸丰四年初,李明声撞遇万二,又向其需索不允,具控案下,声称妻子透卷衣饰私逃到万二家,万二与妻子通奸等语,要求知县讯究。明明是李明声嫁卖生妻,却屡次需索,不惜给妻子冠以通奸私逃透物的罪名诬控在案,实在是不知廉耻。知县判决,将买休卖休双方均各枷示,对卖休需索之李明声特别予以笞责。枷示了一个月左右,李明声因患病先行开释,几天以后,万二开释。买休卖休双方受的惩罚基本相当,朱氏由娘家兄弟领回另行择户。①

2. 只惩罚了卖休之本夫,对买休之后夫没有进行惩罚

一般而言,如果买休者并不知道对方是有夫之妇,嫁卖时手续齐全,可视为无过错,也不会对买休者进行惩罚。在刘代科与妻子张氏合谋嫁卖一案中,刘代科支使妻子谎称丈夫已故,嫁卖给赵六为室,立有婚约。虽然知县判决均各离异,张氏由娘家领回,但只是对刘代科进行了惩罚,并没有对赵六问责。②

即使买休者知道对方是有夫之妇,如果嫁卖时手续齐全,也可能不会对买休者进行惩罚。在李大观嫁卖妻子萧氏一案中,李大观将妻子嫁与罗正明为妻,得财礼 4500 文,立有婚约,还摸有手印。知县判决将李大观械责,而对买休者罗正明不仅没有问责,反而还让他把萧氏领回为妻。③

周和幼娶萧正明之妹萧氏为妻,已经生育一子,因夫妻不睦,

---

① 《巴县档案》6－4－5081,咸丰四年二月初九日。
② 《巴县档案》6－4－5486,咸丰九年正月二十六日。
③ 《巴县档案》6－4－5407,咸丰八年三月十三日。

周和将萧氏另嫁范姓为室,萧正明等将周和父子控案。判:周和不应把萧氏葺嫁,应责从宽,断令周和父子缴还萧正兴夋费钱10千文,并把萧正兴等人的口岸钱一并开销。① 知县判案的时候,并没有要求生妻萧氏和所嫁后夫范姓到案,也没有明确提到萧氏如何处理,到底是由前夫领回,还是跟随后夫,或者由娘家兄弟领回另配。从案件记录来看,估计知县还是承认了萧氏和范姓的婚姻,萧氏跟随后夫生活。而对嫁卖生妻的周和,就连基本的"掌责"体罚也从宽免去,只是要求他归还妻子的嫁夋费,并为萧正兴等人开销口岸钱,在经济上略施薄责而已。

3. 只惩罚了买休之后夫,对卖休之前夫没有进行惩罚

陈梁氏自幼凭媒嫁给陈姓为妻,婚配数载无素。因丈夫贫苦无度,瞒过陈梁氏娘家,私将妻子嫁卖与张大顺。岂料张大顺又将陈梁氏带到娼户刘氏家里住坐,陈梁氏胞兄梁仕才将张大顺控案。知县认为,张大顺买休情真,将其责惩,断令梁仕才将陈梁氏领回另嫁。② 此案中,梁仕才列出的被告只有买休并逼娼的张大顺和娼户刘氏,并没有将卖休之陈姓列为被告,而官府也没有追究,所以陈姓并没有到案,也没有受罚。这种并不惩罚卖休之本夫的情况比较少见。梁仕才最在意的是张大顺逼娼,并没有想把因贫卖妻的陈姓列为被告,既然梁仕才都没有想要去追究陈姓的卖休之责,官府也绝不会多此一举。

4. 父母要承担连带责任

在某些情况下,父母尤其是父亲会受到儿女的牵连,被"株连受罚",原因是"教子(女)无方"。虽然在嫁卖生妻案件中此类情

①《巴县档案》6-5-7543,同治五年十二月。
②《巴县档案》6-3-9373,道光二十二年二月十三日。

况并不多见,但也反映出清代"株连"的思想和做法。道光十三
年,本就家贫无度的漆正才身患重病,将妻子卢氏嫁卖罗长寿为
妻,得财礼钱 8 千文。过门以后,罗长寿逼卢氏作娼,被卢氏母亲
查知控案。经过审断,罗长寿不应买良为娼,因罗长寿未能到案,
将其父亲罗朝喜掌责。① 光绪十四年,王兴盛将已经嫁人的女儿
王氏改嫁他人,女儿夫家控案,知县判王氏由本夫领回,王氏坚决
不从,知县遂将王氏发交官媒,而且对王兴盛也进行了惩罚,明确
指出王兴盛受罚的原因并不是将女儿改嫁,而是"教女无方,亦即
笞责,以为有乖伦常者戒"。② 之所以罗朝喜、王兴盛会受到惩
罚,除了"株连"之意外,其实更为重要的是父亲作为家长拥有对
家庭成员监管的权利,家庭成员犯了错,家长自然要对此负责。

---

①《巴县档案》6－3－9019,道光十三年十一月十八日。
②《巴县档案》6－6－24417,光绪十四年。

第八章　孀妇再嫁档案研究

尽管清代加大了节妇旌表的力度，但是中下层社会中孀妇选择再嫁却是普遍存在的。巴县档案中有关孀妇的案卷数量多，内容丰富，非常清楚地记载了巴县底层孀妇的遭遇：她们中有的孀守在家、养老抚幼，其中一些最终功德圆满受到旌表，也有一些得不到夫家的支持，守节不成被逼再嫁，甚至采用自尽的方式来宣布自己守节的决心。在笔者所见到的档案中，孀妇因家庭贫困、夫家逼嫁、被他人欺凌等选择改嫁的案例不胜枚举。不管是孀守在家还是另行改嫁，都可能遇到这样或者那样的问题，也因此产生了诸多的矛盾和纠纷。尤其是再嫁孀妇在面临子女安置、与前夫家经济纠纷、与后夫婚姻质量等相关问题上，又各有各的遭遇。通过这些案卷，我们能够跨越时空的障碍，去体会这些孀妇所经历的痛苦与无奈，还有她们与前夫、后夫两个家庭种种"剪不断理还乱"的纷繁复杂的关系，这对我们全面了解清代的婚姻关系以及婚姻关系所涉及到的经济、社会、法律关系具有重要的价值。

第一节　守节与再嫁——矛盾的选择

早在汉代，班昭就有"夫有再娶之义，妇无二适之文"之语，自宋以来，官府大力提倡孀妇守节并对守节妇女进行旌表，世人将其视为家族荣誉。明清时期,对节妇的旌表更是到了无以复加的地步,最主要的标志就是随处可见的贞节牌坊。就清代而言,根据郭松义的研究,从顺治到同治年间,年平均旌表节妇的人数呈直线上升的趋势。① 从清代巴县被旌表节妇的身份来看,多为处士、监生、儒童之妻女,②都是有身份有地位之人,下层百姓即使符合条件也很难受到旌表。③ 在巴县被旌表的节妇中,陈曾氏是处士之妾,她是以妾的身份受到旌表的,这一点应该引起重视。

---

① 郭松义对清代顺治到同治的年均旌表节妇人数进行了统计,其中顺治 40.3 人,康熙 79 人,雍正 769 人,乾隆 1103 人,嘉庆 1127 人,道光 3122 人,咸丰 7002 人,同治 15837 人,从中可见清代对孀妇守节的倡导和鼓励。见郭松义:《清代妇女的守节和再嫁》,《浙江社会科学》2001 年第 1 期。

② 巴县档案记载了以下被旌表的节妇信息:骆叶氏、邓李氏、萧谢氏、江童氏、赵张氏,系儒童之妻;宋吴氏、张汪氏、杨张氏、刘向氏、周彭氏,系处士之妻;刘吴氏,生员之妻。此外,还有的被旌表节妇具有双重身份:郭秦氏,知县之孙女、监生之女;陈曾氏,处士之妾、处士之母;张高氏,处士之妻、监生之女;周杜氏,处士之女、儒童继室;龚程氏,处士之女、监生之妻。她们的初婚平均年龄为 16.68 岁,守孀时年龄最小的 19 岁,最大的 30 岁,守节年限最短 23 年、最长 59 年。她们受到旌表,各领建坊银 30—120 两不等。以上数据分别来自《巴县档案》道光年间的 6-3-360、6-3-362、6-3-366,宣统年间的 6-7-628、6-7-633、6-7-634。关于这一点,史景迁也提到,蒲松龄曾经嘲笑编纂乡贤和节烈传的士绅们,将女性包含在节烈名单中有暧昧的动机。史景迁进一步提到,士绅在编纂史料时毫不回避地偏袒自己人,因为有四位编者就曾经设法把其中三人的母亲和两位嫂子列入选定的 56 位女士名单之中。见[美]史景迁著,李孝恺译:《王氏之死:大历史背后的小人物命运》,桂林:广西师范大学出版社,2011 年,第 79 页。再次证明符合旌表条件的底层百姓受到旌表的可能性比那些有身份有地位之人小很多。

③ 张晓霞:《清代巴县孀妇的再嫁问题探讨》,《成都大学学报》(社会科学版)2013 年第 2 期。

说明尽管妾的地位低于正妻,但也同样可以因守节而受到旌表。①

　　除对节妇旌表外,官府也对烈妇进行表彰。雷氏 18 岁嫁与洪吉迪为妻,23 岁时丈夫去世,雷氏亦自缢而死。在巴县呈给重庆府的请旌文书里,提到了雷氏的事迹"遭此大故,恨及终身,乃誓死于重泉,甘心同穴,羞独生于毕世,有志捐躯……烈妇洪雷氏身虽贫贱,念独贞纯……上无舅姑,不必留有侍之日;下乏子女,并羞作未亡之人,自缢捐躯,从夫遂志,实属节烈,允合旌扬……"具体请旌内容如下:

　　　　——雷氏系巴县本城泾县故客民洪吉迪之妻,生于乾隆二十六年辛巳正月二十日,于乾隆四十三年三月于归吉迪为妻,时年十八岁。吉迪于乾隆四十八年六月被人殴伤毙命,

---

① 白凯对《古今图书集成》中的节妇信息进行统计,发现妾在旌表节妇中所占的比例越来越高,从元朝的 0.6% 到明朝的 1%,到清代时已经变成了 2.2%。这一点在《山西通志》中也得到了体现,元代旌表节妇中没有一人是妾,明代时此比例上升到了 0.7%,清代时则达到 1.6%。对寡妇贞节的要求使得妾的地位在法律上大为巩固,夫家和娘家均不得强迫寡妾改嫁,这一点与寡妻的权利完全相同。见[美]白凯:《中国的妇女与财产:960—1949》,上海:上海书店出版社,2007 年,第 137—138 页。此处提到的陈曾氏,17 岁嫁给陈以侨为妾,22 岁守寡,72 岁病故,共守节 50 年。在其旌表的事迹中提到,陈曾氏帮助正室吴氏料理家务,丈夫去世后抚养 4 岁的儿子道生长大成人、成家立业,岂料道生婚后不久即亡,儿媳遗腹生孙良元,陈曾氏又率孀媳抚养良元成立。尽管陈曾氏的身份是妾,但她守节 50 年,并在寡妻缺席的情况下担当起了抚子养家的重任。此时,是妻还是妾已经不再重要,最为重要的是寡妇的贞节。同样受到旌表的还有南部县的易氏,志书中记载"易氏,进士马会妾。年十五归会,会卒,氏守节终身。事闻,建坊"。见西华师范大学区域文化研究中心、南部县地方志办公室整理:《同治增修南部县志》,成都:巴蜀书社,2014 年,第 339 页。

氏匍匐鸣冤,号泣行路。上无翁姑,下无子嗣,痛夫非命,旋即自缢身死殉节,时年二十三岁,理合呈明。

　　——雷氏在室事奉父母,极其敬谨,理合呈明。

　　——雷氏因夫家贫,纺绩佐食,雅相爱敬,性情贤淑,宗族咸知,理合呈明。

　　——雷氏未逮,事奉舅姑,春秋享祀,必加涕泣,抱恨终天之言,闻于族党,理合呈明。

　　——雷氏恸夫非命,苦无子嗣,殉节之日,毫无怨尤,闻者莫不哀恸,理合呈明。①

在此请旌文书中特别注明雷氏上无翁姑,下无子嗣,否则可能不会受到旌表。因为乾隆时期政府就已经不再鼓励殉节了,认为殉节是在逃避养老扶幼的责任,而本处特别强调雷氏没有照顾翁姑、抚育子女的任务在身。由此可知,在没有家庭任务需要完成的时候,官府和民众的潜意识里仍然对孀妇殉节持赞赏和鼓励的态度。

从巴县档案中还可以看到官府祭祀的相关材料,比如光绪三十三年二月初三日至二十六日,巴县知县先后祭祀文昌庙、先师孔子、社稷神祇坛、昭忠祠、吕祖庙、五忠祠、关帝庙、火神庙、龙神庙、先农坛等,其中祭祀节孝祠②的祭文如下:

　　维大清光绪三十三年岁次丁未月建癸卯祭日戊辰之吉,主祭官四川重庆府巴县知县,陪祭官四川重庆府巴县儒学教谕,谨以羊一、豕一、香帛、酒醴之仪,致祭于历代贞孝节烈之

---

① 《巴县档案》6—3—361,道光九年十二月初九日。
② 旧时旌表节孝妇女的祠堂,清代各省、府、州、县均有节孝祠。

位前曰:惟灵纯心皎洁,令德柔嘉。矢志完贞,全闺中之亮节。竭诚致敬,彰闺内之芳型,茹冰□而弥坚,清操自励。①

从此祭文可以看出,官府对节孝祠的祭祀非常重视,这也是对守节进行提倡和宣传的一种方式。光绪十三年,巴县西城里举人慕绍先等具禀,称每逢春祭之时,聚优演戏,但"惯演风花雪月"而"罔识圣神文武",因此要求知县出示严禁。巴县正堂袁发布晓谕"嗣后每值会期演戏,许演忠孝节烈,不准点唱雪月风花"。光绪十七年,巴县正堂周也发布告示:"照得酬神演戏,原宜敬谨肃诚。近闻庙宇会馆,多演淫邪戏文……多由点戏作佣,败坏世道人心。特示严行禁革,各毋再蹈前行。多演忠孝节义,庶可化导愚氓。倘再违示不改,专笞点戏之人。本县谆谆告诫,务期俗美风清。"②在演戏内容上规定只能演忠孝节烈,这也是另一种对守节进行宣传的方式。

一、孀妇守节可能面临的问题

孀妇守节可能会遇到诸多的难题,主要体现在生存问题、财产问题、承祧问题、子女问题等方面,此外,孀妇还可能会面临被夫家嫁卖逼娼、被他人欺凌等风险。

(一)生存问题

对绝大多数底层孀妇而言,丈夫亡故之后首先要解决的是生存问题。如果家庭尚有一定资产可以支撑,孀妇可能会选择守节为家族争得荣誉;如果家庭贫苦又无人可依,则只能选择改嫁这条路。夫故后家寒无靠自然困苦,如果还留下一身债务那就更加

---

① 《巴县档案》6-6-2082,光绪三十三年。
② 《巴县档案》6-6-6351,光绪十三年二月至十八年八月。

悲惨了。孀妇陈王氏原配丈夫病故，挪借账项没给，凭媒再嫁李
远长（陕西人，早年来渝打唱围鼓活生）为妻，李远长给陈王氏30
千文开销原来欠下的账项。① 30千文不是一笔小数目，这笔钱虽
说是用来给陈王氏偿还债务的，但其本质仍是财礼钱。对双方来
说，这就是一种交换：李远长给钱偿还债务，陈王氏嫁给李远长为
妻。对陈王氏来说，背负如此债务，根本无法生存，唯一的出路就
是再醮，还清债务之余，还可以让自己衣食有赖。

　　总体而言，孀妇由于生存的需要再嫁所占比例最大。在官方
一再提倡守节光荣的时代，选择再嫁也是逼不得已。19岁的刘周
氏于咸丰三年腊月不幸丧夫，咸丰四年正月继父周玉先就逼其改
嫁，因刘周氏不愿改嫁，想依靠其叔婶刘陶氏过活，就到衙门将继
父控案。刘周氏母亲周胡氏随即到衙门递交禀状，说明事情的原
委和真相，在其禀状中有这么一段话："切妇人从一而终，如果可
依，立志守节，岂不数家光宠。但周氏翁姑俱故，无叔无婶，子女
两无，家寒年少，焉能终身？况刘陶氏系周氏无服族婶，赤贫无
聊，何人可依？"②这段话形象地说明了孀妇改嫁大都是情势所逼
的无奈之举，如果家庭条件允许，守节是举家光荣之事。但刘周
氏翁姑俱故，没有子女，而且家寒年少，只有再嫁才是唯一的
出路。

　　在孀妇再嫁的环节，也容易遇到受骗上当之事，主要原因是
生存的压力迫使孀妇们快速改嫁，以至于虚实不清、好歹不分。
罗兴顺平日驾船生理，因生意微末，不敷日食，先后哄娶孀妇徐陶
氏、陈周氏、李杨氏、张谭氏女儿余张氏，推往下游变卖。至涪州

①《巴县档案》6－4－5162，咸丰四年九月初二日。
②《巴县档案》6－4－5076，咸丰四年正月。

码头,被兵役盘获。经过审讯,罗兴顺不应兴贩徐陶氏们下游变卖,将其掌责枷示,缴出红庚,谕令张谭氏把女儿余张氏领回择配,并谕徐陶氏、陈周氏、李杨氏们各族戚赴案具保领结。① 可见,孀妇再嫁相对女性初婚而言,会面临一定的风险。一般家庭对初婚的重视程度远远超过再婚,对结婚对象的考察也更为仔细。孀妇们不问虚实就轻易相信了罗兴顺,差点就被变卖。在供词中徐陶氏等人称"小妇人们丈夫都已病故,今年七月间被罗兴顺向小妇人们先后哄说他是一夫一妻,那时小妇人们都已应允,随后上船,罗兴顺推走下游,小妇人们才知兴顺贩卖人口,小妇人们啼哭"。这也从另外一方面反映出孀妇为了生存迫切再嫁的心情,使得像罗兴顺这样以娶妻为名、兴变卖之实的人贩子轻易得逞。试想,如果在推往下游变卖的过程中没有被兵役发现,这些孀妇就被卖到了各个地方,有可能卖为妻妾,也可能卖到娼门作妓。这也说明,平常以娶妻名义拐卖妇女的现象确实存在,没被兵役发现的应该也不在少数。

(二)财产问题

清律规定,无子的孀妇如果选择守节,可以"合承夫分",并由族长等人做主选择合适的人继嗣。尽管孀妇并不具备独立继承丈夫遗产的权利,但不管孀妇的儿子是亲生还是过继,在儿子尚未成年之前,孀妇都有替子代管遗产的权利。即使儿子长大可以独立管理家业,在对财产进行处分的时候,也会征求孀母的意见。在一定的条件下,守节之孀妇甚至还有可能代替亡夫继承夫家父母的财产,分到其应得的份额。反之,如果孀妇选择改嫁,其夫家财产及原有妆奁并听前夫之家为主,不能挟资改嫁,自然也就失

---

① 《巴县档案》6-4-5378,咸丰七年八月初七日。

去了对丈夫遗产的监护权。① 也正是因为如此,家有财产的孀妇更有可能受到夫家兄弟或其他族人的排挤甚至陷害。他们可能正觊觎着孀妇为未成年嗣子代管的财产,指望能够把孀妇逼走从而达到自己名为代管实则霸占的目的。史景迁对此也有诸多感慨,本来法律的初衷是鼓励孀妇守节不嫁,对故夫从一而终,不想却产生了这样一个负面的效果:"先生的亲戚们不但不鼓励她保持忠贞的情操,反而强迫寡妇再嫁",因为这样做不仅能免掉他们照顾孤儿寡母的花费,还能获得一些实质上的好处。② 从另一方面来看,孀妇改嫁后,夫家兄弟不仅能够在实质上霸占孀妇代管的遗产,还可能独自享有自己父母的遗产继承权,可谓一举两得。孀妇毕竟也是有着正常生理需求的女性,青年守寡异常艰难。"寡妇门前是非多",一旦犯下过错,夫家就有了将孀妇逐出的借口,霸占其财产亦顺理成章。这样的案例在巴县婚姻档案中并不罕见。

---

① 关于孀妇能否携带妆奁改嫁的问题,法律规定与各地习惯有所不同。法律规定妇女夫亡改嫁,妆奁与夫家财产听前夫之家为主,而浙江丽水、宣平等地习惯做法是妇女改嫁有权携带妆奁,将妆奁视为妇女的私有财产,夫家未经妇女同意不能处分,因为妆奁与奁田乃是娘家赠与女儿的财产,并非赠与女婿。陕西省西乡县嫁女时,如果以产业作为陪嫁,女儿在时可以享受利益,但如果女儿死亡,娘家则会将产业收回,夫家不能占据。见前南京国民政府司法行政部编:《民事习惯调查报告录》,北京:中国政法大学出版社,2005 年,第 722 页,第 818 页。其实,孀妇携带妆奁改嫁的情况并不罕见,在巴县档案中也有类似的案例。法律的规定与民间的做法存在一定的背离之处,单从孀妇能否携带妆奁改嫁这一问题来说,似乎民间的习惯更为合理,更为深入人心。

② [美]史景迁著,李孝恺译:《王氏之死:大历史背后的小人物命运》,桂林:广西师范大学出版社,2011 年,第 88 页。

孀妇王贺氏开设酒馆生理,因丈夫王元亨去世,请龚占鳌料理家务,被龚占鳌喝醉欺奸,夫弟王元顺控案。判:将龚占鳌杖责枷示,王贺氏不守妇道,通奸败露,将她发交官媒,离异另嫁。王贺氏的母亲要求将女儿领回治病,治愈后再行另嫁,但知县并不同意,批:"王贺氏系犯奸之妇,例应发交官媒,择户另嫁,未便率准给领",王贺氏13岁的儿子王正荣亦被判给叔叔王元顺抚养。其后不久,王正荣控告王元顺将先父放出的银两收吞,还将铺房另佃,并将王正荣逐出,不予抚养。① 到底案件后来如何处理的,真实情况如何,因缺少后续档案材料而不得知。从案件的基本情况来看,王元亨生前在龙凤场开设酒馆生理,置买铺房一向,放出外帐百余两,家中应该比较富有。从案件线索来看,先是王元顺控告寡嫂王贺氏通奸,然后是王贺氏被发交官媒另嫁,王元顺得以抚养其子并掌管财产,最后是王正荣控告叔父霸占财产并将他逐出不予抚养。整个事件的脉络都表明王元顺有逼嫂出嫁、霸占财产的嫌疑。

嘉庆四年,李来银到案具控,称女儿李氏(36岁)自幼嫁龚朝举为妻,已经20年,生子二人,均有十三五岁。龚朝举于嘉庆三年物故,李氏遭夫弟龚朝相逼勒改嫁,谋其财产,李氏不允,还将李氏殴打。紧接着,李氏婆婆龚陈氏亦到县衙具禀,称李氏不守妇道、不理家务、有伤风化,并将此案上控重庆府衙。四川重庆府正堂石批:"李氏既不悦于其姑,仰巴县即饬令归宗,愿守愿嫁,听其自便,毋任歧控拖累。龚朝相有无殴闹情事,实则责惩,虚则省释可也。"案件依然发回巴县审理。李氏在堂审供词中提到"夫弟龚朝相逼小妇人改嫁,透吞小妇人银钱,分关纸约都被龚朝相拿

────────────

①《巴县档案》6−5−7139,同治元年七月十八日。

去了",请求知县作主。但因为有了重庆府正堂的批词,巴县知县亦让李氏父亲将李氏领回,龚朝相不得侵占李氏儿子的财产,财产由李氏婆婆龚陈氏及其弟陈文廷共同经管。过后不久,李氏又到县衙具禀,称龚朝相和母舅陈文廷将家里的 200 多两银子瓜分,婆婆年迈,也被他们拉入圈套,恳求陈知县让其回家抚育幼子。但是知县并没有批准,批道:"业经断令归宗,愿守愿嫁,听该氏自便。毋得混渎致□,抱告责惩。"①

根据案件内容,李氏夫故被夫弟觊觎财产而产生矛盾,李氏期望能够得到衙门的帮助,但从重庆府正堂的批词可以看出,在当时的社会里,如果婆婆不喜欢儿媳,即使儿媳已经过门 20 年,还生育了两个儿子,依然要被逐回娘家。官府忠实地维护着夫家的权益,而置李氏于不顾。巴县知县有了上司的批语,也不敢做出违背上司旨意之事,只得把李氏交给娘家领回,对李氏 20 年的辛劳和付出视若无睹。对李氏而言,过门 20 年,好不容易养大了两个儿子,却因为丈夫去世而失去了一切,就连孀守在家抚养儿子成人的基本权利都被剥夺,更不要说能够带走一部分财产了。她无权享受丈夫遗留下来的财产,还得由娘家领回,或守或嫁,听其自便。表面上看起来是给了李氏极大的自主权,但如果要守,如何守? 靠娘家养活? 如果要嫁,已经 36 岁,还能再嫁给谁? 即便能够再嫁,还得白手起家,重新生儿育女。如果她能继续留在夫家孀守,帮助两个儿子成家立业,她还能与儿孙一起生活,以后生活无忧。但一切并不那么尽如人意,古代妇女地位之低下,可见一斑。

袁盛兴为了得到寡居嫂子的财产,不仅将嫂子的衣饰银钱据为己有,甚至还想将嫂子的院房变卖。因此,他与嫂子的使女串

---

① 《巴县档案》6-2-4148,嘉庆四年五月。

通一气,将嫂子衣服剥去,伪造嫂子与别人通奸的假象,妄图让知县判嫂子另嫁或者发交官媒,达到自己独占故兄财产的目的。袁盛兴,38 岁,其兄长袁永兴去世,嫂子袁郑氏独居。因袁郑氏的使女裕兰对袁郑氏不满,向袁盛兴告知,说袁郑氏与同院的王四不避嫌疑,遂与袁盛兴一同伪造袁郑氏与王四通奸的假象:裕兰将门打开,私自放袁盛兴去室内藏匿,待王四从门口经过,将王四抓住,又将袁郑氏汗衣剥去,一同捆绑,禀送案下。袁盛兴的供词末尾附有知县的判词:"今蒙复讯,小的捉奸不实,不应统领杨大顺们擅行捆送,理属不合,现已霸踞图产属实,沐把小的掌责。断令袁郑氏接他母亲来家同食,看守他院房一所,不准小的当卖,以作郑氏度费。小的所存袁郑氏衣物首饰,凭尹裕泰们照单清还袁郑氏承领。俟小的育生有子,过继郑氏接嗣,并把裕兰暂交尹裕泰看守。王四伤痕未愈,取具妥保,嗣后不许往来。倘后来院,准约邻禀送究办。"①知县不仅让袁盛兴将孀嫂的衣物首饰归还,而且还不准他当卖院房,保障了袁郑氏的合法权益。但为了避免袁盛兴一直觊觎嫂子的财产,再做出对嫂子不利的事情来,所以又让袁盛兴将来有了儿子就过继给郑氏承嗣。这样一来,既保证了袁家的财产还是在袁家人手中,又解决了袁盛兴的后顾之忧,以免他再度对袁郑氏不利。这样的处理结果无疑是非常巧妙的。

赖朱氏幼年嫁给监生赖元林为继室,未到一月,丈夫即故,赖朱氏没有生育,孀守在家抚育丈夫前妻的子女长大婚配。在此过程中,丈夫堂弟赖福林一直唆使朱氏儿子分爨各居,还屡次逼朱氏另嫁,意图揩占朱氏的会银 250 两,朱氏具控在案。经过审讯,"赖福林不应揩朱氏银两不给,率妇凶扭,理应责惩。今既还给银

---

①《巴县档案》6－5－8195,同治年间。

两,姑念叔嫂至亲,免伤和好,断令福林出外与朱氏赶紧俯礼寝事。"①从中可以看出两点:第一,赖元林家境富裕,即使朱氏出嫁一月丈夫就亡故,她还是不愿再嫁,家庭富裕、生活不愁是一个重要的原因;第二,作为孀妇,独自带着孩子生活,即使有足够的资产,也是非常不容易的。因此,对妇女来说,丈夫去世意味着她们的生活从此与艰难困苦相伴而行——如果夫家穷苦无靠,孀妇衣食无依,只能为了生存选择改嫁,即使她们想要守节也无计可施;反过来,如果夫家有足够的钱财可以支持孀妇守节,但夫家的各种势力也可能期望孀妇改嫁甚至逼迫孀妇改嫁,从而取得对孀妇财产的监管权,甚至独占孀妇的财产。

(三)继嗣问题

对孀妇来说,如果选择孀守,还要涉及到有无儿子可以承嗣的问题。如果没有儿子,原则上须得在夫家兄弟的儿子中选择一人。正因为有这种习惯存在,民间就会有谋杀孀妇儿子从而让自己或者自己的利益关系人承嗣的可能。在史景迁的笔下,彭氏唯一的儿子陈连就被同族的陈国相借故杀害,因为陈国相三兄弟都想继承陈连父亲留下的遗产。② 巴县档案中虽然没有发现这样极端的案例,但围绕孀妇继嗣所产生的矛盾和纠纷还是很多的。

张陈氏,同治三年丈夫病故乏嗣,凭族邻以丈夫胞兄张级三的次子张宽仕为子成服,立有抱约,当时张陈氏已经有孕在身。双方议定,如果以后张陈氏生的是儿子,则与张宽仕均分家产,不

---

① 《巴县档案》6-6-23237,光绪二年闰五月十八日。
② [美]史景迁著,李孝恺译:《王氏之死:大历史背后的小人物命运》,桂林:广西师范大学出版社,2011年,第89—92页。史景迁所用的材料来源于1670年黄六鸿呈给上司的两份报告。

分厚薄。丈夫去世三个月以后，张陈氏生了一个儿子。同治九年，张陈氏说张宽仕长大后性格发生了很大的变化，"平白向小妇人滋祸，肆闹不休，胆敢凶横"，于是以逆恶难容将张宽仕具首在案。判：张宽仕仍然退还给其生父张级三管束居住，张陈氏给他350两银子作为资本，把抱字揭还，日后不得向张陈氏母子滋事，书立合约为据。① 此案说明承祧也可能发生变化，围绕承祧而引发的矛盾和冲突，其核心应该还是财产继承。张陈氏想要自己的儿子独自继承家业，这应该是他们发生冲突并且生讼的一个重要原因。从张陈氏婆婆张邹氏的供词中也基本可以明确这一点："到今年陈氏心变，否听何唆，常与宽仕口角不睦，意欲生子独吞产业，小妇人屡劝不改。"张陈氏给张宽仕350两银子作为资本，一方面说明张陈氏家底丰厚，尽管她已经有孕在身，但夫家婆婆和兄长等人依然忙着为她寻找继子承祧；另一方面也说明承祧容易解除合约却很难，张陈氏给的银两从表面上看是给张宽仕作资本，实际上却可以理解为双方解除合约的赔偿款。

如果张陈氏不把抱子张宽仕退还，张宽仕就要与张陈氏亲生的儿子平分家产，这显然是张陈氏不愿意看到的。抱子与亲子享有平等继承财产的权利，这在谭雷氏以逆叠凶凌呈首抱子谭文蔚一案中也得到了体现。谭雷氏丈夫于道光十八年凭族抱谭功顺为子，更名文蔚，教读婚配，捐纳监生，后又续娶杜氏、郑氏，生子文藻。据谭雷氏告状称，夫故之后，文蔚不听约束，在外嫖赌，透漏银千余两，滥费花销，而文蔚亦以逆强霸阻诉卷，蒙批："仰族证秉公均分"。经族证谭生达等理剖明晰，将谭雷氏故夫所遗产业秉公摊匀，令文蔚、文藻弟兄各分其半，书立分关各执，日后永不

---

① 《巴县档案》6—5—8059，同治九年又十月。

翻悔滋讼。① 谭雷氏之所以与抱子谭文蔚互控在案,其核心就是财产的继承问题。

夫妇没有子嗣,抱子或买子为嗣,也是民间普遍采用的一种做法。一旦父亲去世,孀母则可能会面临养子不孝的风险。孀妇杨刘氏就因逆恶不法事将买的儿子杨定国具首在案。杨刘氏丈夫杨清远原配关氏为妻,生育子女夭亡,仅遗一女,已经出嫁。杨清远续娶刘氏为妾,没有生育。价买曾姓之子为子,更名杨定国。杨清远物故,刘氏与关氏抚育杨定国送学攻读,长成婚配,费尽心血。岂料关氏病故后,已经 20 岁的杨定国全无孝子之道,胆叫优人同饮,肆无忌惮,坚心吞产还宗,还敢将刘氏殴辱,因此到案具首。族人杨长清等不忍坐视,从场理剖,称刘氏与杨定国夫妇因家务细故口角起衅,已经令杨定国向刘氏俯礼寝事,刘氏依允,不愿终讼,情甘请息具结备案。② 尽管亲生之子也可能不孝,但相比而言,抱养之子不孝可能性更大,可动辄以归宗相要挟,尤其是快成年才被抱养则更容易产生矛盾。毕竟"母子"之间既没有血缘关系,也没有成长过程中培养出来的亲情,生拉活扯地非要认作母亲,确实是一件尴尬的事。

如果孀妇只有女儿没有儿子,也要选择承嗣之子,而已经出嫁的女儿就毫无财产继承的权利了。孀妇周胡氏有二女一子,儿子 4 岁时落粪池淹毙,抱夫家四房长子周辛酉承嗣,因财产纠纷与夫家兄弟产生矛盾而控案。知县断长子不得出嗣,周胡氏改抱四房 18 岁的儿子周世成承嗣,另立抱约,而女儿女婿只准归宁拜

①《巴县档案》6-5-7209,同治二年六月二十九日。
②《巴县档案》6-3-8724,道光五年四月十一日。

节拜生,不准干预周胡氏母子家事,窥伺家产。① 周胡氏女儿已经出嫁,不能得到父母的财产,更不准干预家事,但尚未出嫁的女儿则可以嫁妆的形式得到一部分财产。黄张氏丈夫已故,只有一个女儿黄姑,抱夫兄黄正佳之子黄朝坤承祧。黄姑已经许配尚未过门,张氏即故。张氏胞兄张光斗唆使外甥女黄姑与抱兄黄朝坤争夺田业红契,黄正佳不同意,双方遂起争端,互控在案。知县判黄正佳筹集400两银子给侄女黄姑具领,以作嫁奁。② 从此案的审断可以看出知县对抱养之子与亲生之女财产继承的态度:田业等固定资产女儿不能带走,因为会变成异姓的财产,固定资产由承祧之子继承。但为了对亲生女儿有所补偿,可以采用变通的办法,就是适当增加奁资。这样一来,女儿日后的生活有了基本的保障,不至于被夫家看不起,而承祧之子才是合法的继承人,家业仍然还在同姓人手中,可谓两全其美。

有的孀妇因为子女先故,又不便再行立继,家中的财产全部捐给祠堂,作为祭扫之费。张刘氏年已八旬,夫故子亡,夫家五房兄弟均已故绝,无支可继。欲继远支,恐启纷争,故没有再行立继。以下是张刘氏针对自己财产如何处理所立出的请约:

> 立出请约人张刘氏。情因年老八旬,生育二子早逝。欲过继本支,均已故绝。欲过继远支,定启争端。是以特请房族公正人张轩成、张富成、张诲安、张宣三、张德辉、张学商六人承办,将现留田租谷二十四石地名落厂湾,取押佃银四百两正,每年实收租谷十石正。外储奇门驳船轮子一股,押银

①《巴县档案》6－6－23887,光绪八年十一月。
②《巴县档案》6－5－7270,同治三年三月。

六十两正,每月收租钱三千文。在生以作衣食支用,没后以作安葬祭扫。若有余积,以作祠堂清明会。田租契约、轮子租约概存房族张曾氏家内。此系心甘意愿,并无屈勒,亦无翻悔。嗣后如有认承过继子孙,恁凭族中执约禀究。恐口无凭,特立请约为据。

　　凭众　赵海棠、刘贤齐、彭炳才、游礼合、刘华山、胡行之、彭民轩、刘锡三、贺洪发、陈云亭、李玉山、简全

　　光绪十九年二月初十日立请约人张刘氏　有押①

　　由请约可知,张刘氏所有财产"在生以作衣食支用,没后以作安葬祭扫,若有余积,以作祠堂清明会",相当于张刘氏的遗嘱,在请约中张刘氏对自己的财产做了妥善的安置。耿知县对张刘氏的行为予以支持,批道"该氏夫故子亡,愿将氏夫遗业改为祠堂作祭扫之费,自系不得已之苦衷。着即如恳办理,自行镌碑垂久,以杜异日当卖,毋庸出示。"光绪二十年正月张刘氏即故,族孙张富成等人将其船轮一股变卖,除包坟资外,余作祀典,并将田契缴案存房,以杜当卖,无负张刘氏苦衷。

　　并不是所有的孀妇都如同张刘氏一样尚有资产维持生计,并且还有田地捐给祠堂,有的孀妇没有子女(继子女),或者老年之时子女(继子女)先于孀妇去世,家中又十分贫寒,以至于老无所养,只能向政府请求帮助。巴县孀妇冯李氏②和秦刘氏③正是因为贫苦孤老,生活无以为继,因此哀恳进入养济院度过晚年。

―――――――

① 《巴县档案》6-6-2015,光绪十九年二月。
② 《巴县档案》6-6-6430,光绪二年九月。
③ 《巴县档案》6-6-6431,光绪十二年一月。

（四）子女教育婚配问题

教育儿女本是夫妻双方的责任和义务，如果丈夫先行去世，此重担就毫无疑问地落在了孀妇的肩上。不管是再醮还是守节，孀妇本人都无法逃避此问题。然而，就如同现代单亲家庭的孩子教育容易出现偏差一样，清代孀妇独自抚育儿女亦可能出现比较复杂的状况，尤其在儿子的教育上容易出现一定的问题。在某种情况之下，这反倒成了孀妇为犯错儿子开脱罪责的借口。

巴县南纪坊孀妇孙谢氏丈夫早故，仅遗独子孙毛，因父故失教，在外不法，被坊差禀送案下，沐赏枷号。孙谢氏为子病命危、哀恳省释事具禀："现值天气炎暑，氏子负枷得染痢症，日夜呻吟，饮食难进，命在垂危，是以哀恳仁天，垂怜独子，开密网于三面，赏准省释。氏子有生之日，皆戴德之年矣。"①丈夫去世，可能孀妇本人也比较溺爱，使儿子失于管教，长大后犯法被押。孙谢氏哀恳知县释放儿子，特别强调"独子""父故失教"，一来强调如果独子在狱中去世，孀母将无人照顾，以此给知县施压；二来帮儿子推脱，错不在儿子，是因为父亲已故才没有教育好儿子。孀妇亲自具恳状为独子求情，只要犯错不是太厉害，知县一般都会同意孀妇的请求。本案中，孙谢氏具禀第二天孙毛就被县衙释放，只是具结日后再不妄为滋事而已。在巴县档案中，有大量孀妇为子求情的案例，这恰恰是孀妇利用自己独特身份对司法的影响和干预，而知县在审断时，也确实不得不考虑到孀妇的身份而对其子有所轻判或者照顾。

孀妇女儿最容易出现的问题就是被骗、被嫁卖。没有丈夫作为顶梁柱的家庭，孀妇往往要独自承担为女儿择户出嫁的重任。

---

① 《巴县档案》6-3-8626，道光元年五月十七日。

然而在此过程中,却可能因为无法亲自去核实对方家庭的情况而受骗上当,或者行骗之人为了利益,存心勾串同伙对类似无男性的家庭下手。

道光七年,孀妇郑辛氏到案具控,称其夫故无子,只有一个女儿长姑,年仅12岁。有金洪顺、金赵氏夫妇等为媒,作成长姑许与黄正兴为婚,立有包承字约。谁知他们却将长姑嫁卖,而且查实金洪顺等人实系吹吹不法之人,因此赴辕鸣冤。当月,李正兴赴案具诉状,称他就是黄正兴,凭媒承买长姑为妻,书有卖约,不料郑辛氏卖后索钱不遂诬告在案。双方各执一词,无法判断孰是孰非。经过审讯,郑辛氏所说属实,而黄正兴乃是捏造,实因金洪顺、金赵氏为媒,串同黄正兴假娶长姑为婚,欲行转卖,又私造婚约,妄称与郑辛氏银买属实。断将金洪顺、黄正兴等均各责惩,并将婚书涂销附卷,令郑辛氏将长姑领回,另行择户,黄正兴等不得向其生事。

在档案中附有两份文约,一份是包承字约,一份是婚书文约。

立出包承文约人金洪顺同妻赵氏,冯梁氏为媒,今凭街邻包到郑辛氏名下亲生之女长姑出嫁与黄正兴名下为妻,二人包承一不为娼,二不为妾,三不走远。倘有三宗事,一历有金冯二人承担。如若有一事不明,郑辛氏执约禀公,二人自甘坐罪。今欲有凭立包承文约一纸,付与郑辛氏存据。

媒证:冯升、冯梁氏、金洪顺　街邻:赵开泰　同见

魏如川　笔

道光七年八月初六日立包承文约人金洪顺、冯梁氏

有押

天长地久

　　立出领财礼文约人郑辛氏。情因夫故,所遗一女,年方十三岁,并未许人。今因家下贫苦,日食难度,无力抚养,万般无奈,只得央请媒证金赵氏、冯梁氏、张李氏等将女长姑出卖与黄正兴足下为妻,当日凭媒三面言定财礼纹银十四两整,其银系郑辛氏凭媒金赵氏、冯梁氏、张李氏人等亲手领足,并无下欠分厘。自今接人之后,郑辛氏以【已】在未在老幼亲族人等日后不得□往上门□□翻悔,异言生端,借事生非。倘若此□□来历不明……(略)

　　凭媒证人(略)

　　道光七年八月初六日立出婚书文约人郑辛氏

　　乾造生甲子年五月初六日辰时建生　坤造生丙子年八月初二日巳时赋生

　　假约销附卷①

　　如果只看这两份文约,实在不能辨其真伪。但是,根据双方的状词以及供词、结状,已经能够判断出包承文约是真,婚书文约为假。在郑辛氏的告状里明确提到了这份包承文约,只是金洪顺等人并没有遵守文约中“一不为娼,二不为妾,三不走远”的三项约定。婚书文约是黄正兴、金洪顺等人伪造的,档案中这份文约的中间画有一个圆圈,左边还写有“假约销,附卷”这五个字,应该是知县在审案时所作的标记,再次证明这份婚书文约是伪造的文约。郑辛氏身为孀妇,夫故后独自抚育女儿,却在为女儿择配的问题上受骗上当,但她并没有屈从于强恶,而是勇敢地通过诉讼为自己讨回了公道,并且把女儿也从那不可知的命运里挽救了回

---

①《巴县档案》6-3-8781,道光七年九月。

来。相信郑辛氏以后再为女儿择户时,会吸取此教训,多方打听对方的相关情况,为女儿寻得一个好人家,自己以后也有所依靠。而民间类似金洪顺之人专门欺骗拐卖妇女,欺负郑辛氏只是一介女流,家中没有男子,即使发现受骗上当也无计可施,对郑辛氏做下这伤天害理之事,实在令人痛恨。孀妇在子女的抚养教育和婚姻大事上可能还会遇到更为多样更加复杂的问题,这是对孀妇的另一种考验。

(五)被夫家嫁卖逼娼等问题

孀妇选择守节,在当时的社会背景之下,可以为夫家和娘家赢得荣誉。然而,在民间比较贫苦的家庭,经济利益高于一切,夫家可能并不会为孀妇的守节壮举领情,而是想方设法利用孀妇换取钱财。这其中最为常见的就是将孀妇嫁卖,主要目的是为了得到嫁卖的财礼。"乡野愚民,唯利是视,往往有妇女夫亡,娘家、夫家视为奇货,互相争夺改嫁者。然在娘家,于伊女出阁之时业已受过财礼,迨既经出嫁,即为他家之妇,如遇夫亡改嫁,自应夫家主婚受财,而非娘家所得复行主持矣。"①

李辉亭的胞姐李氏自幼嫁给穆玉春为妻,过门十余载,育有一子一女。光绪十一年四月穆玉春物故,六月翁公穆美合即请媒将儿媳再醮。李氏不愿再醮,情愿孀守抚子,投河自尽,李辉亭以逼嫁溺毙事将穆美合等控案。② 李氏选择最为惨烈的方式表达了自己的愤怒和反抗,尽管最后审断认为李氏投河与穆美合并不直接相关,没有对相关人等进行惩罚,但李氏之死与夫家逼嫁之

---

① 转引自杨晓辉:《清朝中期妇女犯罪问题研究》,北京:中国政法大学出版社,2009年,第25页。
②《巴县档案》6-6-7472,光绪十一年七月。

间一定有着密不可分的联系。可怜那一对年幼的儿女,先是失去了父亲,紧接着又没有了母亲。

相比嫁卖,将孀妇卖给娼家是更令人发指的行为。王吴氏是涪州人氏,光绪十八年春其夫王兴发亡故,夫兄王永兴将弟媳引到渝城嫁卖给萧瑞亭,得银 10 两。孰知萧瑞亭本是娼家,逼王吴氏招客不允,王吴氏赴府鸣冤,案发巴县审理。知县判词如下:"讯得王吴氏夫故无依,被其兄王永兴诱渝嫁卖。萧瑞亭不查其情,以银十两买民妇为娼不从,有乖风化,实属不法,将其笞责枷示一月。王吴氏着交樊清、罗清云(巴县太平厢保正)具领,暂寓樊清店住,为其择嫁,不得需索财贿。此判。"①王吴氏夫故,被夫兄嫁卖娼门招客,只为获利,并不考虑孀妇本人的命运。只不过王吴氏运气不错,能够抓住机会到重庆府鸣冤控案,恐怕其他落入娼门的妇女大多没有她这样的好运吧。

以上孀妇所遇到的诸多问题,说明孀妇想要选择守节是非常困难的,除非能够得到夫家和娘家的支持,否则很难独自应对。孀妇需要面临这么多复杂的难题,正是因为她没有丈夫可以遮风挡雨,而周围的人并不一定都对她心怀善意。在可能会遇到这些难题的考量下,多数孀妇还是会选择改嫁,由此来降低自己被人欺凌和嫁卖的风险。在漫长的人生苦旅中,尽管妇女在家庭和社会中的地位依然低下,但家中有男性的支撑,总好过一个人面对所有的风雨。

二、官府对孀妇再嫁的态度

清代尽管加大了对节妇旌表的力度,但并没有阻止孀妇再

---

① 《巴县档案》6—6—24686,光绪十八年十一月。

嫁。"凡妇人夫亡之后,愿守志者,听。欲改嫁者,娘家给还财礼,准其领回。"①清律明确规定要尊重孀妇本人意愿,不管是夫家还是娘家,都不得强逼孀妇做有违意愿之事。② 巴县档案中王知县支持刘张氏自愿守节案就是一例。

刘张氏24岁,自幼凭媒嫁与刘冬为妻,同治元年秋刘冬物故,翁公刘天顺欲把刘张氏许配另一个儿子刘春为妻,③刘张氏不从。同年腊月吕大德串刘天顺欲把刘张氏嫁与邓天义为妻,已经收取聘礼,刘张氏闻知不允,奔回堂兄张芳五家告知情由,双方互控在案。经过审讯,吕大德不应串同刘天顺勒嫁刘张氏,均各

① 马建石、杨育裳:《大清律例通考校注》,北京:中国政法大学出版社,1992年,第446页。

② 张晓霞:《清代巴县孀妇的再嫁问题探讨》,《成都大学学报》(社会科学版)2013年第2期。

③ 夫家欲将孀妇张氏许配夫弟刘春为妻,属于"兄亡收嫂、弟亡收弟妇"的"收继婚",又称为"转继婚"或者"转房婚"。收继婚在清代是明令禁止的,量刑很重,"照律各拟绞监候","如父母主令婚配,男女仍拟绞监候,秋审时核其情罪,另行定拟"。尽管如此,民间依然存在收继婚的现象。对刘天顺来讲,儿媳张氏夫故,相当于资源闲置,而另一个儿子刘春还没娶妻,将张氏配给刘春是最为经济的打算。既使闲置的资源得到了利用,又不用花钱给刘春娶妻,相当于当年给两个儿子同时娶了亲,真是一举两得。法律虽然对此有禁令,但只要没人去告官,官府也不会管这等闲事。这也说明,法律的规定与民间实践的背离存在于清代婚姻关系的方方面面。但也应该认识到,民间收继婚的存在或多或少与家庭的贫困有所关联,还与男女性别比例失调有一定的关系。在经济贫困和"男多女少"的背景下,适婚男子无法正常娶妻,婚姻失时,收继婚才有了产生和发展的土壤。在巴县档案中仅存有极少数收继婚的案例,但在某些地方收继婚这一现象却成为地方习俗,较为普遍地存在于下层社会。比如陕西省平利县就有孀妇转房的习俗,这其中既可能是翁姑胁迫,也可能是本人愿(转下页)

分别掌责;刘张氏自愿守节,断令刘天顺将儿媳领回管束,恁从守节。[1] 档案中的记载与律例中的规定一致,即在守志或者再嫁的问题上,尊重孀妇本人的意愿,如果孀妇选择守志,任何人不得强逼。但是,丈夫刚刚去世,服丧未满,翁公刘天顺就屡次逼儿媳再嫁,未免令人心寒。先是逼儿媳嫁给夫弟,后又逼儿媳嫁给邓天义,收取聘礼。尽管知县判刘天顺将儿媳领回守节,以后刘张氏在刘家的日子也并不会好过。

　　虽然律例规定不管守节或者再醮都尊重孀妇本人的意愿,由孀妇本人选择,但相对而言,官府更希望孀妇能够选择守节。我们从高成山、高景山逼高涂氏改嫁一案的判词中可以看出端倪。

　　高涂氏丈夫于同治十二年病故,所生一子亦故。夫家同胞弟兄高成山、高景山屡逼高涂氏改嫁,因高涂氏矢志不允,高成山才托族戚把儿子过继高涂氏承祧,改名学桐。因高成山屡向借贷不遂,刁唆儿子学桐统领多人把衣饰钱谷搂在他家。初讯,高成山愿把他儿子领回,任随高涂氏另继承祧。后来,高成山、高景山兄弟又将高涂氏和王茂之的衣服剥去,说他们二人有通奸之事,扭捆案下。经过审讯,高成山、高景山捉奸不实,把他们均各笞责,谕令"高涂氏仍遵前断回乡另继,不得再逗留渝城,或回娘家依靠。如果无依无靠,听尔自便再醮,例有明文。如愿守节更妙,尔

（接上页)意,还可能是兄弟强求,但与其他各地不同的是,平利县孀妇转房有一个前提条件,即前夫无子并且必须要经过娘家父母的同意。甘肃省泾元道属也有兄纳弟妻、弟招兄嫂之习惯,往往出于父母之命,而妇女娘家亦无异言。见前南京国民政府司法行政部编:《民事习惯调查报告录》,北京:中国政法大学出版社,2005 年,第 820 页,834 页。

[1]《巴县档案》6-5-7200,同治二年五月。

自斟酌"。① 高成山、高景山兄弟为了逼高涂氏再嫁、图谋财产，可谓机关算尽。而知县的审断则更有深意，守节或者再醮由孀妇自己决定，因为法律就是这样规定的，知县显然不能违背法律的规定。但高涂氏如果能够选择守节，则更妙。知县希望高涂氏选择守节，而高涂氏夫家兄弟则希望她再醮，两者正好代表了官方和民间对孀妇再嫁的观点和看法，也可以看出官方对孀妇守节的提倡和鼓励。

从周钟氏的案件中，更加可以看出官府对孀妇再嫁问题的倾向。周钟氏丈夫于光绪七年物故，周钟氏情愿守节三年，服满再嫁。但是亲戚徐兴顺自愿为媒，并未与周钟氏夫家和娘家商议，擅自将周钟氏许与梁大顺儿子梁海和，并立具婚书字约，收取梁大顺家礼物。经过审讯，徐兴顺并没同钟氏母夫两族商妥就擅自收取礼物，将其掌责。周钟氏翁公周九二长子去逝，膝下还有三子，谕周九二厚待钟氏，待三子生有儿子，以一子承祧钟氏为嗣。劝谕钟氏终身守节，为母夫两族争光，不必再醮，梁海和另行别娶。② 周钟氏愿意为丈夫守节三年，服满再嫁，说明她还是愿意再嫁，只不过以三年服满为限。但知县在审断此案时，却明确劝谕钟氏不必再醮，终身守节，为夫家和娘家争光，知县对孀妇守节还是再醮的态度一目了然。

光绪元年，江张氏以拂索败节事控张霞卿在案。案情如下：江张氏儿子江明义凭媒聘定张霞卿之妹张氏为妻，不料张氏尚未过门而江明义物故，张氏（时年 20 岁）甘愿过门守节，而其娘家胞兄张霞卿欲将妹妹接回另嫁，到江家肆闹不已，江张氏控案。李

①《巴县档案》6－6－23484，光绪四年十二月。
②《巴县档案》6－6－23880，光绪八年九月。

知县的批词为："该氏故子江明义凭媒聘定张氏为室,尚未婚配,而张氏甘愿过门守节,深堪嘉尚,何以其兄张霞卿必欲接回另嫁,其中有无别故,候唤讯察断"。第二天,张氏又到衙门具控,再次表达了自己甘愿守节的决心:"氏自怜命薄,从一而终,甘愿过门守节,誓无他志……氏矢志坚贞,匪石可转,被悼云反唆氏兄估将氏抬至仁怀另嫁,玷污名节,理法奚容?"李知县的批词为:"据呈该女因已聘未婚夫张明义病故,甘愿过门守节,矢志坚贞,为巾帼完人,深堪嘉尚。昨据江张氏具呈,已批准唤讯在案,候集齐人证确讯察断"。[1] 从李知县两次的批词中可以看出,官府对妇女守节持极力支持和褒扬的态度。虽然李知县只是遵从了张氏甘愿守节的意愿,但其在批词中所用的"矢志坚贞""巾帼完人",还有连续两次出现的"深堪嘉尚"等用语,已经把知县鼓励守节的态度表现得淋漓尽致。尽管张氏尚未过门,与江明义并没有成为真正的夫妻,知县仍然鼓励张氏守节,对她未来将要独自度过孤苦的一生视而不见。虽然此处我们只看到了李知县的态度,但实际上李知县所代表的就是鼓吹守节、牺牲妇女幸福的清代官方势力。

如果孀妇甘愿守节,但家境又很贫寒,知县还会对其进行奖赏,以帮助孀妇守节。李致兴之女李氏凭媒嫁吴玉春为室,过门和睦,生育无异。因吴玉春家贫,李氏一直帮工度日。后来吴玉春亡故,李氏亦勤俭帮工,岂料遭夫家人吴巨安作媒逼嫁,李致兴到案具控。知县批词:"吴李氏夫故家贫,勤俭帮工,苦守不醮,节励可嘉。吴巨安不应妄行作媒,理应责惩,伊知情虚,俯首认错,从宽免究,断令将吴巨安当堂交杨恒泰保回安分,痛改前非。姑念吴李氏家贫守节,格外体恤,赏给钱四千文,当交李致兴领回,

---

[1]《巴县档案》6-6-23127,光绪元年十二月十五日。

以作伊女守节之资。倘伊女实难苦守，接回度日，以全节义，各结完案。此判。"①从此判词可以看出，知县对李氏贫苦守节的做法非常赞赏，不仅赏钱 4 千文，还要求李致兴如果女儿实在不能守节，请娘家接回度日，以全节义，为李氏以后的生活也做了安排。当然，民间家贫守节的妇女为数不少，但能够得到知县奖赏和资助的毕竟是极少的一部分。即使能够得到奖赏和资助，也是杯水车薪，并不能给她们的生活带来多大的改善。她们身为女性，却要在家庭贫苦的条件下独自承担养老扶幼的重任，其中的艰辛与苦难可想而知。

第二节　孀妇再嫁之主婚人

清律规定："嫁娶皆由祖父母、父母主婚，祖父母、父母俱无者，从余亲主婚。"②这是关于初婚的规定，而再婚与初婚有所不同。王跃生认为妇女再婚比初婚时受到的干扰因素更多："与初婚由父母包办不同，妇女再婚则受制于多种因素，亲属关系网络的扩大增加了染指妇女再婚活动的社会范围，更需指出的是，妇女再婚时的商品性色彩很浓厚，即她往往不能享受一个人应得的尊重"。③ 日本著名学者滋贺秀三则认为再婚妇女对婚姻拥有更多的自主权，民间也有这样的谚语"初家从亲，再嫁鹞身""先嫁由爹娘，后嫁由自己"。④ 对于再婚问题，乾隆初年规定，寡妇改嫁

---

① 《巴县档案》6－6－24654，光绪十八年闰六月。
② 田涛、郑秦：《大清律例》，北京：法律出版社，1999 年，第 204 页。
③ 王跃生：《清代中期妇女再婚的个案分析》，《中国社会经济史研究》1999 年第 1 期。
④ 转引自吴欣：《论清代再婚妇女的婚姻自主权》，《妇女研究论丛》2004 年第 2 期。

由夫家父母主婚,夫家无例应主婚之人,才能由娘家主之,确定了夫家在前、娘家在后的主嫁顺序。国家的规定在民间不一定得到了很好的贯彻和落实,事实证明,民间各地关于孀妇改嫁的主婚习惯并不一致。根据《民事习惯调查报告录》的记录,有关孀妇改嫁的主婚问题各地并不相同,主要有夫家主婚、娘家主婚、孀妇自己主婚等几种情况。①

第一种,夫家主婚。比如,黑龙江省木兰县,奉天省台安县等地习惯夫家主婚,先父母后余亲,娘家并不干预。

第二种,娘家主婚。如吉林省农安县、黑龙江省肇东县、布西县。山西省稷山县、汾城县等地还有娘家出赎身价若干,将守寡的女儿赎回归宗、另行择配的习惯。湖北省武昌、夏口、汉阳三县,孀妇再醮大都由娘家主婚,夫家得财礼,俗所谓"娘家择人婆家得钱"。陕西省郿县习惯由娘家择主、夫家收受财礼。② 尤其在甘肃省陇南各县,即使娘家或者夫家已经没有父母兄弟,也必须由娘家亲族主婚,夫家亲族得财,孀妇自己并没有主婚的权利。③

第三种,夫家主婚、娘家主婚和孀妇自己主婚等情况同时存在,只不过有先后顺序的不同。比如奉天省义县、山西省河津县

① 吴正茂对《民事习惯调查报告录》中的孀妇主婚人情况进行了统计,在有明确主婚人记载的55例中,夫家主婚20例,娘家主婚18例,夫家和娘家共同主婚9例,夫家和娘家均可主婚的6例。见吴正茂:《清代妇女改嫁法律问题研究》,北京:中国政法大学出版社,2015年,第21页。根据《民事习惯调查报告录》的记载,除了这几种情况之外,还有孀妇自主自嫁的情况,这一点在巴县婚姻档案中也有体现。
② 前南京国民政府司法行政部编:《民事习惯调查报告录》,北京:中国政法大学出版社,2005年,第827页。
③ 同上,第835页。

等地习惯夫家主婚,但夫家必须要征得娘家同意,如果两家皆无可以主婚者,孀妇可以自主自嫁;黑龙江省龙镇县、湖北省汉阳县等地习惯夫家在前、娘家在后、孀妇次之的主婚顺序,在夫家俱无主婚人的前提下,可以由娘家父母主婚,但也必须要经过夫家族人的同意。绥远县孀妇改嫁既有夫家主婚者,也有娘家主婚者,无论何人主婚,财礼全归夫家收受,以免与前夫退还财礼之手续。①

由上可知,全国各地关于主婚权的实际情况各有不同,可谓"十里不同风,百里不同俗"。那么清代巴县寡居妇女再嫁的主婚习惯是什么样的呢?孀妇本人在改嫁过程中又拥有多少婚姻自主权呢?期望能够从孀妇再嫁的诉讼档案中找到答案。

巴县档案中的孀妇再嫁案件大多在告状或者供状中表述为"夫故,凭媒再嫁",并没有明确由谁主婚,所以这类案件无法获知主婚人的信息。笔者收集到有明确主婚人信息的案例共41例。

表 8-1　孀妇再嫁案件中的主婚人

主婚人	案例数(个)	比例(%)
夫家	19	46.3
孀妇本人	14	34.2
娘家	8	19.5
总计	41	100

民间各地有关孀妇改嫁的主婚人习惯与国家规定并不一致,总体特点是更为多样化,这一点在巴县档案中也得到了体现。根据表 8-1 可知,巴县孀妇改嫁案件的主婚人也主要包括三种类

①前南京国民政府司法行政部编:《民事习惯调查报告录》,北京:中国政法大学出版社,2005 年,第 851 页。

型:夫家主婚、娘家主婚、孀妇本人主婚,与《民事习惯调查报告录》中的主要类型相同。根据统计信息,夫家主婚比例最高,为46.3%,①其次是孀妇本人主婚,为34.2%,最后是娘家主婚,占比19.5%。

一、夫家主婚

夫家主婚也分为多种情况,有多人共同主婚的,也有一人主婚的,主要参与人包括:翁公、婆婆、兄弟、叔祖、婶娘、堂兄弟,几乎囊括了夫家的主要社会关系成员,其顺序一般是由亲至疏,由近及远。夫家有长辈时,一般由夫家长辈单独主婚,或者同夫家兄弟一起主婚,尚未见到夫家翁姑一起主婚的案例。

如果夫家兄弟已经分居多年,与孀妇家几乎没有往来,在这种情况之下,孀妇也可以由夫家其他亲属主婚。比如光绪年间,张氏丈夫陈家福病故,夫兄陈家兴分居多年,张氏由夫家叔祖陈德溥主婚,改嫁杨辅臣为妻。②

如果夫家没有长辈在世,夫家兄弟也可以单独主婚。下面这份文约就是夫家兄弟独立主婚所立的文约。

立出主嫁文约人赵青山,情因胞兄身亡,胞嫂无靠,皆因

---

① 温文芳对《申报》1899—1909 年的 30 个孀妇再嫁典型案例进行了统计,在30 个案例中,夫家主婚的共15 起,占比为50%,孀妇自嫁和娘家主婚占比分别为 20%、16.67%。这也说明夫家在孀妇再嫁过程中充当主婚人的比例是最高的,其次才是孀妇自嫁和娘家主婚。见温文芳:《晚清孀妇再醮婚姻状况的研究与思考——〈申报〉(1899—1909 年)孀妇典型案例的研究》,《江苏社会科学》2007 年第 5 期。
② 《巴县档案》6—6—25283,光绪二十年十二月。

年岁不等,难以奔催,叔嫂商议,愿请媒人文和顺、马大洪二人说合,周氏出嫁与彭兴顺名下为室。三家面议,财礼银钱如数收清,并无别故。如有异言,有青山一面承当。恐口无凭,特立主嫁文约一纸,交与兴顺执据。

　　凭　彭汉江、曾洪川、马世华、杨树楼、牛寿山、牛万锰笔

　　光绪九年十月初一日立出主嫁文约人赵青山　有押①

根据此文约可知,赵青山胞兄身故,胞嫂无靠,请媒人说合,将胞嫂嫁给彭兴顺为妻。虽然文约中说明财礼银钱已经如数收清,但并没有财礼银钱具体数目的记录。

二、娘家主婚

民间部分地方有娘家主婚之习惯,巴县档案中也有一些娘家主婚的案例,只不过娘家主婚的比例为 19.5%,比夫家主婚和孀妇自己主婚的比例都要低一些。娘家主婚人主要涉及到父亲、母亲、兄弟姐妹、叔伯、外祖母等人,甚至还有姐夫主婚的情况,但没有见到母舅、姨妈、姑妈等主婚的案例。

下面的主婚文约就是孀妇何氏之母何邓氏所立。在此文约中,说明了何氏再醮的原因是没有子嗣,没有依靠,日食难度。为了生存,改嫁周宗明为妾,而周宗明纳妾的原因是发妻无育,娶何氏以接后嗣,财礼钱 16 千文。

　　立出主婚文约人何邓氏,情因何邓氏之女(何氏)中年配夫王泰洪,过门数载,所生两女病故。庚寅年五月内泰洪病故,膝下无嗣,族内无人,无有依靠,日食难度。娘母商议妥

①《巴县档案》6—6—23760,光绪十九年。

帖,请凭媒证刘犹氏说合何氏再醮与周宗明名下为妾,以作百年之好。宗明发妻无育,娶何氏以接后嗣,当凭族戚周联级、向永兴、周秉璋、杨恒山等,宗明除【出】财礼钱十六千文正,邓氏如数入手亲收领足,并无少欠分文。自嫁之后,王姓已在未在老幼人等不得别生枝节,如有异言,概有邓氏一方承担,不与周姓相涉。此系二家心甘意愿,其中并无勒逼套哄等情。今恐人心不古,特立主婚文约一纸,交与宗明存据。

　　凭族戚周联级、向永兴、周秉璋、杨恒山、王炳臣、李德生笔　同在

　　光绪十七年辛卯岁六月十一日立出主婚文约人何邓氏有押①

因档案中其他材料缺失,何氏由娘家母亲主婚的原因并不清楚,可能是夫家无人主婚,或者有其他特殊情况。虽然各地仍有娘家主婚的习惯,但法律毕竟规定了夫家在前、娘家在后的主婚顺序,所以有的娘家为了掩人耳目,或者为了使得改嫁顺利、避免纠纷,竟然谎称女儿是自己的儿媳。

　　鸾凤和鸣

　　立出主婚人王刘氏,情因家门不幸,遗子行发所娶焦氏为妻,偶于咸丰三年二月因恙身故,家道寒微,衣物器具概未遗留。所有媳妇焦氏时属青年,衣食不周,难以度日,只得央请媒妁再醮,以终余年。今特请王印瑞为媒说合,甘愿再醮与黄八爷天成为妾,面议财礼钱十二千文正,以作聘资。自醮之后,恁凭黄姓接居,王姓、焦姓已在未在人等不得异言生

---

① 《巴县档案》6—6—24650,光绪十七年六月。

非。此系两造心甘意悦，其中并无逼勒等情。今恐人心不一，特立主婚一纸交黄姓永远存据。

乾造 生于己未年九月十二己时生

坤造 生于丙申年三月初一己时生

在证人 邓曾氏、赵李氏、王印瑞、杨德庵笔　同见

欣此日鸠雎呈祥 羡他年螽斯衍庆①

咸丰三年九月初三日立主婚人王刘氏②

根据主婚文约，王刘氏儿子行发身故，媳妇焦氏家寒年少，凭媒再醮黄天成为妾，财礼钱 12 千文。然而，通过档案的其他材料，我们发现王刘氏其实并不姓王，也不是焦氏的婆婆，而是焦氏的母亲。至于为何焦刘氏要改名换姓，而且谎称女儿焦氏是自己的媳妇，案件中并没有特别交待。笔者认为，焦刘氏不但自己亲自为孀居女儿主婚，而且还将女儿改嫁黄天成为妾，有嫁卖女儿获利的嫌疑。为了避免被人指长道短，所以在主婚文约中作假，别人看起来以为是婆家嫁卖儿媳，就不足为怪了。毕竟一般家庭都不会愿意把自己的女儿嫁人作妾，这是一件丢尽颜面的事情，焦刘氏对此还是有所顾忌。而婆家要是嫁媳作妾，则会被认为是非常正常的，因为婆家与娘家对妇女而言意义是完全不同的。还有另外一种可能，则是焦刘氏为了能尽快将女儿嫁出去，避免娘家主婚可能带来的麻烦，所以干脆谎称自己是婆婆，女儿则变成了儿媳。

因为清代孀妇改嫁的主婚顺序是夫家在前、娘家在后，只有夫家无人主婚的情况之下，娘家才有权利主婚，所以巴县档案中

①这两句是结婚祝福语。

②《巴县档案》6－4－5152，咸丰四年闰七月。

也有因为主婚人问题而对簿公堂的案例。胡仕先儿子病故，儿媳罗氏被娘家父亲罗孝义主婚改嫁欧丙为妻，并未通知夫家，所以胡仕先将罗氏、罗孝义、欧丙等人具控在案。胡仕先的供词如下：

> 胡仕先供：这胡罗氏是罗孝义的女儿，自幼凭媒嫁与小的儿子寿喜为媳，因儿子寿喜病故，罗氏私卷衣饰逃回娘家，串这李祥逵的雇工欧□三为媒，嫁与欧丙为妻。是他父亲罗孝义主婚，未能通知小的。过后小的知觉，投凭团约与他理讲不从，才来具控在案。今蒙审讯，小的儿子寿喜业已病故，儿媳胡罗氏既据凭媒嫁与欧丙为妻，是他娘家父亲罗孝义主婚，不必兴讼。断令罗氏仍归欧丙领回，不与小的相涉，具结备案就是。①

尽管罗氏娘家父亲主婚有悖"夫家在前、娘家在后"的主婚顺序，但知县在审断时仍对娘家的主婚行为予以支持，断罗氏由欧丙领回，不与夫家相涉。之所以这样审断，笔者认为有两种可能。第一种可能，知县认为夫家、娘家主婚均可，双方不必为此兴讼，增加知县的负担。第二种可能，知县的审断结果与夫家的行为有一定的关系。罗孝义在诉状中称"情蚁女配胡仕先子寿喜为妻，无出，寿喜物故，仕先不分伦纪，逼配次子胡二为婚。蚁女不从，旋称嫁卖，罗氏回溯前情理问，仕先羞愧，许蚁择户李祥逵雇工欧开兴为媒，蚁女再醮欧丙为室。"根据此诉状，胡仕先曾经逼罗氏配次子胡二，这是法律严格禁止的弟娶兄嫂转房婚。因罗氏不从，还准备将其嫁卖。虽然罗孝义的诉状也可能有不实的成分，但笔者认为罗氏被夫家逼配胡二是有极大可能的。如果孀嫂能

---

① 《巴县档案》6－5－7142，同治元年七月。

够配夫弟,夫家就不必要再为儿子的婚事发愁了,也可以省去娶亲所需的财礼和相关的费用,是"最划算"的做法。正是因为夫家逼媳配小叔在先,娘家为女儿主婚在后,知县才会对娘家的主婚予以承认和支持。

另外也有案例表明虽然娘家没有通知夫家就为女儿主婚再嫁,但知县也对此再嫁行为予以了认可。光绪三年,张王氏次子张终发在渝凭媒说娶李行举女儿李氏为妻,过门五载,育生一子,乳名张福。光绪七年张终发病故,儿子张福年甫半岁。李行举让其内弟蔡长发作媒,把女儿李氏改嫁陈兴顺为妻。李氏婆婆张王氏不甘,到案具控。经过审讯,蔡长发不应私行与李氏为媒,并未向李氏夫家人进行通知和说明,将蔡长发掌责。① 虽然知县对李氏不通知夫家就私行出嫁的行为进行了训斥,也惩罚了媒人,但最终还是认同了李氏与陈兴顺的婚姻关系。这说明在民间实践中,知县认为在孀妇再嫁的问题上,不管是夫家主婚还是娘家主婚都是可行的,只不过主婚一方应该将此事告知另一方知晓,夫家娘家均应享有知情权。

娘家在主婚时,为了今后出现纠纷大家可以共同承担责任,也可能是出于对这段婚姻的重视,娘家多人一起主婚,共立文约。下面的这则主婚嫁文约由四人共同出立。

> 立主婚嫁文约人王雷氏、林兴发、林吴氏、吴国善等。情孙吴氏(30岁)系身王雷氏外甥女②,身林兴发姨妹,与身林吴氏、吴国善系同胞姐妹。同治十二年八月二十日,因孙吴

①《巴县档案》6－6－23859,光绪八年六月。
②因为后面的供状中提到王雷氏是吴氏的外祖母,故此处应该为"外孙女",而不是"外甥女"。

氏亲夫孙涛顺染病身故，仅遗子孙长寿，年甫十一岁，家贫无靠，日食难度，在身王雷氏家居住，难以支持。身等央请朱高氏、张焕然等为媒，择户另嫁，说合再醮与张明亮名下为妻。其子长寿随抱作子，更名登安抚养长成。面议财礼钱十七千文，其钱当即凭证交身等如数承领，孙吴氏过门并无衣饰等件。自身等主嫁之后，吴氏同张姓偕老，其子并无认姓归宗。如后有刁逃拐透、冒认亲夫，孙姓老幼别有异言，有身等挺身承担，恁凭张姓执约禀究。恐后无凭，立主婚嫁一纸，永远为据。

媒证　朱高氏、张焕然、赵兴发、张绍南、胡兴发、李玉顺、胡润生、蒋尔合、周同兴、张甫益代笔

光绪乙亥元年二月十五日立主婚嫁文约人王雷氏、林兴发、林吴氏、吴国善　有押①

孙吴氏丈夫病故，生有一子，年甫 11 岁，家贫无靠，娘家主婚改嫁。娘家主婚立约人与当事人吴氏的关系分别为：王雷氏，吴氏的外祖母；林吴氏，吴国善，吴氏的姐姐和兄弟；林兴发，吴氏的姐夫，即林吴氏之夫。因吴氏父母均已不在人世，所以这四个人应该是吴氏最为亲近的人，他们共同立约主婚，将孀妇吴氏再嫁张明亮为妻，所生之子孙长寿随母亲改嫁，抱与张明亮作子，得财礼钱 17 千文。至于吴氏为何需要娘家主婚，其夫家还有没有其他人尚在，案件并没有交待。只不过姐姐和姐夫也是主婚人之一，这还是比较少见的。

三、孀妇自己主婚

女性初婚由父母或其他直系亲属主婚，"父母之命，媒妁之

---

①《巴县档案》6－6－23292，光绪二年九月。

言",本人并没有选择和决定自己婚姻大事的权利,一切尽由父母作主。相比而言,女性在夫故再嫁时却有了一定的自主决定权。在巴县档案的统计中,孀妇自己主婚再嫁的比例高达 34.2%,仅次于夫家主婚的比例,又比娘家主婚比例还高,说明孀妇自主自嫁在民间普遍存在,并得到了社会的广泛认可。一般而言,如果夫家或者娘家尚有可以主婚之人,孀妇是无权自主自嫁的,出现这种情况的主要原因是夫家和娘家已经没有可以主婚之人。

胡杨氏夫故无靠,自己主婚改嫁李明顺为妻。迎娶时因见李明顺家是草房,担心家贫难以度日,不愿过门。后经暗地调查,发现李明顺家衣食并无问题,才放心过门。① 孀妇胡杨氏在夫故无靠的情况之下自主改嫁,并根据自己对李明顺的家庭经济调查情况决定是否过门,有效地避免了夫家或者娘家(尤其是夫家)仅仅考虑财礼而主婚所带来的一系列弊端,对孀妇未来的婚姻家庭幸福有利。

除孀妇自己主婚改嫁之外,甚至还有孀妇自立文约将自己出卖。张刘氏因丈夫去世日食无度,自愿卖给徐朱氏名下,财礼钱5700 文,文约末尾还注明了张刘氏的出生日期及籍贯等信息。至于张刘氏自卖自身给徐朱氏是什么身份,在文约中并没有交待。

> 立出自卖本身文约人张刘氏。情因先夫张炳寿去逝【世】,日食难度,万般无奈,哀恳干母龙张氏、姨母颜王氏再三哀求徐朱氏,自愿卖与徐朱氏名下,价红钱五千七百文正。其钱龙张氏、颜王氏二人如手清【亲】收,并无下欠分文。自卖之后,门户生理,认凭教训。倘来路不明,以即【及】放水生

---

① 《巴县档案》6—3—9694,道光三十年七月初十日。

人妻妾一切等事，张刘二姓老幼人等不得另生枝叶、异言称说。倘后支西去东，搂带托逃，一概有龙张氏、颜王氏承当侍【是】问赔还，不得推委【诿】承当。此系二家心甘意愿，并无逼勒等情。今恐人心不古，立出自卖本身文约一纸为据。

　　凭王刘氏、龙张氏、颜王氏、依口代笔陆海山　同在

　　咸丰四年闰七月十六日立出自卖本身文约人张刘氏

有押

　　张刘氏生于道光甲午年正月初一日戌时生，系江津县洛黄石下头生长人氏①

　　根据文约信息，张刘氏出生于道光甲午年即道光十四年，咸丰四年立此出卖文约时年仅 21 岁，正值青春年华。张刘氏卖给徐朱氏到底是什么身份，笔者推测有如下三种可能：第一，徐朱氏是吹吹身份，买张刘氏在手，目的是准备将其转卖他人为妻或者为妾，从中赚取差价；第二，徐朱氏是妓院老鸨，买张刘氏是为了让其卖娼做妓获利；第三，徐朱氏是一家之主，买张刘氏的目的是作为自家佣人使用。

　　张晓蓓认为，巴县档案中的妇女自嫁，大都是自由结婚的例证。② 巴县婚姻档案中的妇女自嫁主要还是体现在孀妇自嫁方面，在室女要选择自嫁几乎是不可能的。笔者认为，尽管巴县孀妇自嫁比例较高，显示出孀妇在婚姻自主性方面有所提升，但并不能算作真正的自由结婚，因为孀妇自嫁是有前提条件的，并不是可以随意自由结婚。根据巴县婚姻档案中的案例显示，孀妇自

①《巴县档案》6－4－5136，咸丰四年闰七月十六日。
②张晓蓓：《清代婚姻制度研究》，中国政法大学博士学位论文，2003 年，第59 页。

嫁一般是在夫家和娘家无人主婚的前提之下，如果夫家还有主婚之人孀妇却不告而嫁，则可能会面临不被认可的风险。唐黄氏没有告知夫家胞兄就自行主婚改嫁，结果被判婚姻无效仍由前夫家人领回另嫁就是一例。

唐黄氏 24 岁，丈夫唐德才病故，生有一遗腹子唐三元，夫家尚有胞兄唐德品。丈夫七七四十九天期满，唐黄氏凭丈夫姐丈曹福顺、丈夫胞姐曹唐氏夫妇为媒，私造夫兄唐德品主婚字约，而唐德品本人并不知情，唐姓族人也均不在场，实乃唐黄氏自行主婚，再醮邓子仪（26 岁，铜匠手艺）为妻。唐德品知晓后，具控在案。知县判词如下："讯得邓子仪经曹福顺夫妇为媒，娶已故唐德才之妻，唐姓族人均不在场，自立婚书，妄注唐德品得钱四千文，先付一千文，俟德品死后给棺木钱三千文。婚书只有财礼，况德品并未到场。曹唐氏系德品之姊，从中说合，不令娘家人知道，均属不合。邓子仪、曹福顺各予笞责枷号，唐黄氏、曹唐氏各予械责。唐黄氏交德品族众领回各嫁，只准与德才包坟追荐，不得要财礼钱文，唐黄氏带去各物，着原差清还，各结完案。此判。"①唐黄氏夫家尚有胞兄可以主婚，但她却自行主婚，并不通知夫家族人知晓，并且私造婚书，在婚书中妄称夫兄得钱，而夫兄根本不在现场，犯有不通知夫家自行主婚和私造婚书的双重过错。知县对唐黄氏的再嫁婚姻不予认可，判前夫家族众将其领回另嫁。

唐黄氏自行主嫁并私造婚书，结果被判由前夫家领回另嫁，葛邢氏则遭遇了自己主嫁与翁公主嫁的正面冲突，知县毫无悬念地支持了翁公的主嫁行为，对葛邢氏的自嫁不予认可。

①《巴县档案》6－6－24419，光绪十五年六月。

　　立出自主自嫁人葛邢氏,情因氏夫葛兴顺乃于乙巳年身故,终年无靠,日食难度,夫弟葛东元、胞嫂商议,再醮别人,以填该数。请凭葛张氏、牟海山作媒,出姓与牟栋梁名下为室,彼集面议茶果签押念经统共议银一大定十两正。其银葛东元入手亲收领足,并无下欠分厘。其氏邢氏过门,风寒暑湿,听从天命,不与相涉。葛邢二姓已在未在人等不得异言称说,恐口无凭,特立主婚一纸存据。

　　凭证人　何金山、邢洪顺、牟相臣、邢清荣、葛玉发、萧德光代笔　同目

　　光绪三十二年二月初四日立出自主自嫁人葛邢氏　有押

　　葛邢氏自己主婚,凭媒改嫁牟朝举(即文约中所说的牟栋梁)为妻,得财礼银 10 两,立有文约。后来,邢氏又由翁公葛海主婚,改嫁吴姓,并未取财礼。牟朝举查知不服,称说是葛邢氏夫弟葛东元主婚并取财礼,具控案下。知县判词如下:"讯得葛邢氏夫死改嫁,有父母、有翁姑,何得由葛东元主婚。况三面环质,其父母、翁姑以及葛东元均不知情。查其婚约,亦无葛东元画押。据牟海山称,财礼银系交葛邢氏手,而邢氏又不到案。牟朝举既妄行于前,复捏控于后,殊属糊涂。葛邢氏现嫁吴姓,系伊翁葛海主婚,牟朝举不得妄争,婚约粘卷,此判。"①根据知县判词,娘家有父母、夫家有翁姑,是不可能由夫弟主婚的,更不可能由孀妇自己主婚。我们可以理解为,孀妇的主婚顺序是:夫家翁姑或娘家父母(二者谁先谁后各地均有不同,前面已有提及)、夫家兄弟。这些主婚人都不在的前提条件之下,孀妇才可以自主自嫁。根据案件

──────────

①《巴县档案》6-6-25374,光绪三十三年六月。

内容,邢氏翁公葛海将儿媳主婚改嫁,并未通知儿媳娘家知晓,而知县对此并没有提出异议。

以上案例说明,尽管清代已经出现了较多孀妇自嫁的案例,但并不能得出清代孀妇就可以自主结婚的结论。孀妇自主自嫁是有前提条件的,即夫家和娘家已经没有可以主婚之人,尤其在夫家翁姑和兄弟均无的前提条件之下,孀妇才有自主自嫁的可能。如果孀妇在并不满足此前提的情况下选择了自主自嫁,一旦被告官,孀妇的自主婚姻将被否定,官府依然认可应当的主婚人为孀妇所主持的婚姻。当然,如果孀妇的违规自嫁行为没有被告官,官府也不会予以追究。

第三节　孀妇及再婚对象

孀妇一般在夫故后多久改嫁？其子女是如何安置的？孀妇改嫁一般是为妻还是做妾？妻与妾在地位上有何不同？孀妇的再婚对象在年龄、婚姻、职业等方面有什么样的特点？这是本节所要讨论的问题。

一、再嫁与丧偶的间隔时间

清律规定,凡(男女)居父母及(妻妾居)夫丧而身自(主婚)嫁娶者,杖一百……若居父母、舅姑及夫丧,而与应嫁人主婚者,杖八十。[①] 妻子服丈夫丧,应服斩衰三年。意思是说,夫亡,孀妇须服满三年方能再嫁。巴县档案中的情况如何呢？

---

① 马建石、杨育裳:《大清律例通考校注》,北京:中国政法大学出版社,1992年,第446页。

表 8-2　孀妇再嫁与丧偶的间隔时间

孀妇再嫁与丧偶的间隔时间	案例数(个)	比例(%)
1 月—6 月	17	46
7 月—12 月	16	43.2
1 年以上 2 年以下	2	5.4
2 年以上 3 年以下	1	2.7
3 年以上	1	2.7
总计	37	100

　　在笔者收集到的有相关记录的 37 个案例中,妻子在丈夫亡故 1 年内改嫁的共 33 例,高达 89.2%,而服表 3 年期满再改嫁的只有 1 个案例。1 年内改嫁还可以分为两个时间段:夫故后半年之内改嫁的有 17 例,7—12 个月改嫁的有 16 例。虽然收集到的案例有限,但也足以说明孀妇服丧未满再嫁是很普遍的。除少部分选择守节的妇女外,绝大部分孀妇都在丈夫去世之后很快再嫁,有主动再嫁者,也有被动再嫁者。所以孀妇自然而然地形成了两大阵营,一是选择守节者,一是快速改嫁者。即使民间因孀妇再嫁的种种矛盾而涉讼,知县也并没有对孀妇尚未服满而再嫁的行为进行追究,自然谈不上惩罚了。从这些档案的相关记录来看,在诉讼材料中几乎没有守丧三年的提法,提到的守丧时间是"七七"①或者"百期"②。光绪十五年,唐黄氏在供词中提到"今三

————————

①"七七",流行于全国各地的一种丧葬风俗,即使现在的部分地方依然有此习俗。在"头七"时设立灵座,早晚供祭,每七日做一次佛事,进行超度、祭奠,直到"七七"49 天除灵为止。具体做法每个地方的习俗有所差别。

②"百期",又称"百日",死者死后百日那天要举行祭祀活动,也是(转下页)

月丈夫唐海元病故,育生一子名三元,丈夫七七期满,小妇人无度,才凭曹唐氏夫妇再醮邓子仪为妻,过门无异"。① 光绪二十年,周复兴在供词中提到"这周雷氏是小的堂侄媳,小的堂侄周春顺是木匠,娶雷长兴之女为室。因今春小的堂侄帮熊姓佣工跌毙,遭雷长兴将伊女百期未逾,蓦嫁徐兴泰(48 岁)为妻"。② 唐黄氏认为自己是在丈夫七七期满后再嫁的,符合民间丧事礼仪,而周复兴则认为堂侄媳周雷氏百期未满再嫁不符习俗。由此可见,关于律法守丧三年之规定并没有深入民间,可能对上层社会的妇女有一定的约束作用,而民间自有当地的一套风俗和习惯在支配着人们的行为。

王跃生提出,妇女一般在丧偶一年左右就会再婚,这恰恰反映出她们面临着巨大的生存压力。③ 除了因生存问题而自愿改嫁之外,夫家逼嫁或者夫家嫁卖也占了相当的比例,甚至还有孀妇因为被夫家逼嫁而自尽。夫家逼嫁或嫁卖有的是家庭经济状况差,想利用孀妇的改嫁换取一定的财礼;也有的是觊觎孀妇的财产,妄图逼迫孀妇改嫁将其家产占为己有,这种情况也不能忽略。

二、子女的境遇

孀妇选择改嫁,摆在面前的一个很重要的问题就是子女的安置问题。如果没有子女,对于孀妇来说反而是一件相对轻松的事

(接上页)旧时的一种丧葬礼俗。出生有百日之庆,死后也有百日之祭。

①《巴县档案》6-6-24419,光绪十五年六月。

②《巴县档案》6-6-24812,光绪二十年十二月。

③王跃生:《清代中期妇女再婚的个案分析》,《中国社会经济史研究》1999 年第 1 期。

情,改嫁也会比较顺利,不会牵扯出其他的麻烦。但对于已经生有子女的孀妇来说,改嫁最割舍不下的就是子女。在巴县档案中,共收集到有孀妇子女情况记录的案例45个。

表8-3　孀妇子女情况的记录

孀妇与前夫有无子女	案例数(个)	比例(%)
有	34	75.6
无	11	24.4
总计	45	100

45个案例中,孀妇与前夫生有子女的共34例,占比75.6%;没有子女的11例,占比24.4%,有子女者居多。而在有子女的34例中,有3个子女的7例,有2个子女的8例。考察夫故时子女的年龄,大都尚未成年,10岁—13岁的3例,其余皆为10岁以下,最小的只有半岁,甚至还有2例是遗腹子。对于这些尚未成年甚至还未出生的子女,孀妇改嫁时是如何安置他们的?巴县的情况与其他地区的习惯有无差异?

根据《民事习惯调查报告录》的记载,各地对孀妇再嫁时子女的安置问题都有不同的习惯。奉天省义县习惯,子女从母寄养若干年归宗者有之,女则从母婚嫁者亦有之。[①] 奉天省台安县习惯,幼女随母改嫁,抚育虽由其生母,而女择配之时,仍由前夫家之亲属主持,其生母及后父无主持之权。[②] 山西省广灵县习惯,

①前南京国民政府司法行政部编:《民事习惯调查报告录》,北京:中国政法大学出版社,2005年,第615页。
②同上,第617页。

孀妇带子改嫁,其子仍从本姓。① 山西省临县习惯,孀妇改嫁,将前夫家所生子女带至后夫之家,改从后姓,与后夫所生子女相同。所带男孩多以限制年龄归宗,间亦有改从后姓者,但须载明改嫁婚书内,俗名"随娘认姓"。② 山西省右玉县习惯,将前夫之子女带归后夫之家,有死、活之分。死带,变易姓名,不许归宗;活带,长成后,仍得归宗。所带子女与后夫所生子女称为隔山兄弟姊妹。③ 安徽省芜湖县习惯,孀妇改嫁,其前夫所遗幼子携至后夫之家寄养,须先由前夫家属与后夫订立代养字约,给代养费用若干,这种字约称为"代饭字"。④ 浙江省诸暨县习惯,如果前夫家尚有翁姑伯叔等,就将儿子留下交给他们抚养;如果没有,就将儿子携带至后夫家。但是即使随同母亲再嫁,也要订明年限,长大归宗。⑤ 湖南省宝庆县习惯,将前夫所生尚未成年之子女带到后夫家抚养,名曰"继子"。所有聘金扣留一半在后夫家,以作代养费用,名曰"恩养钱"。⑥ 由此可见,孀妇再嫁时既有将子女留在前夫家抚养的,也有随母带至后夫家抚养的。一般而言,即使儿子带到后夫家抚养,长大后也多会归宗认祖。而女儿的情况则有所不同,如果跟同母亲抚养,有的由母亲主婚,有的由生父及其家人主婚。全国各地在子女安置问题上的习俗并不完全相同,巴县婚姻档案显示出来的具体情况也是多种多样。

---

①前南京国民政府司法行政部编:《民事习惯调查报告录》,北京:中国政法
　大学出版社,2005 年,第 670 页。
②同上,第 680 页。
③同上,第 680 页。
④同上,第 698 页。
⑤同上,第 737 页。
⑥同上,第 796 页。

　　孀妇如果生有多个儿子,一般会将年长之子留在前夫家抚养,年龄小一些的儿子因为尚不能离开母亲的照顾,可能会需要再醮母抚养一段时间后归宗,也可能在前夫和后夫家人同意的情况下直接抱给后夫作子。敖胡氏生有三个儿子,因夫故再嫁 38岁的申天鸿为妻,在再醮文约中就非常清楚地说明了对三个儿子各自的安排:长子出外未归,日后归家仍归原姓;12 岁的次子和 6岁的三子抱给后夫作子。

　　　　立出再醮文约人敖胡氏,情因先夫敖文泰突于本年九月落河身故,所遗三子,长名安海,次名安明,三子和尚。母子家屋贫寒,难以抚育,日食难度,万般无奈,母子商议,请凭族亲言明,请得媒证邓王氏说合异姓于申天鸿名下为室。其长子安海出外数年未归,日后归家,仍该敖姓,以接宗支。至于次子安明、三子和尚,抱与申姓作子。俟后总听申姓束约教训,倘不听训,恁凭申姓房族责罚,敖姓不得异言称说。所有敖姓银钞账项,无论多寡,挽劝申姓出时市九三银十两整,以作敖姓还账超度之资。其银现交楚,并无少欠分厘。此系二家心恢意悦,其中并无逼勒套哄等弊,今欲有凭,特立再醮约存据。

　　　　凭证　邓惠堂、陈胡有、戴洪顺、邓小云笔　同见

　　　　光绪九年十月初四日立出再醮文约人敖胡氏、娘亲胡周氏　有押①

　　当孀妇因子女抚养问题与夫家生讼时,知县会全面考虑各方面的情况再做出判决。这是知县在一个案件中的判词:“审得此

――――――――

①《巴县档案》6－6－24084,光绪十一年六月。

案葛顺(现年 50 岁,无子,纳妾续嗣)凭媒刘仕周娶已故徐远扬之妻为妾,带有子女三人,去岁完配。今徐远怀、徐云卿系远扬弟兄,出头寻葛顺滋事,凭人理落不允,以致具控。今讯:远扬光绪七年业已遵父母命分家各居,徐李氏因夫故无靠,自行请媒出嫁,带去子二人,注明婚书,其女未曾上约。今远怀以宗支为词,酌断将大子大珠交其领回抚养,其二子小珠仍随葛顺抚养,俟成人后再为另寻生贸。其女由徐李氏许配,远怀等不得异言争论。云卿、远怀不应滋事,各予掌责,各结完案。此判。”①葛顺纳妾续嗣,徐李氏随带子女三人,其中有两个儿子,正好可以为其解决承嗣的难题。可徐李氏前夫弟兄徐怀远、徐云卿并不愿意,想要夺回孩子的抚养权,经过审断,判大儿子归徐怀远等领回,小儿子仍归葛顺抚养,女儿长大后由母亲徐李氏许配。

　　孀妇再嫁,把年幼的儿子带到后夫家抚养,是较为普遍的做法,但前夫家人可能并不愿意。范张氏长子范正明身故,孀媳何氏凭媒再嫁文学诗女为妻。何氏想要将 8 岁的儿子带走抚养,婆婆范张氏不允,将孀媳何氏捏控案下。经过审讯,知县判范张氏将孙子留在身边抚养,何氏不得带走。② 儿子年幼,何氏想要带走可以理解,但婆婆不允许,情愿将长孙留在自己身边抚养。范张氏已经 68 岁,她原本就在三个儿子家轮流住食一个月,现在只有两个儿子承担赡养义务,还要添个孙子吃饭,两个儿子会答应吗?孙子会不会受到胞叔们的歧视和冷落? 没有母亲的教育和关爱,他会健康成长吗? 这些问题,相信何氏和范张氏也有所考虑。

　　随带儿子的抚养也要分两种情况:一种是只抚养并不过继,

①《巴县档案》6－6－24422,光绪十五年。
②《巴县档案》6－3－9007,道光十三年八月二十二日。

双方讲明归宗年限，主要针对的是儿子年龄尚幼的情况，幼子不能和母亲分离，只能跟随母亲抚养，等稍大一些再交给夫家领回归宗；另一种是长大后并不归宗，跟随孀妇后夫的姓氏，抱给后夫为子，这样后夫可以把随带之子视作自己的亲生儿子对待，不至于发生虐待之事。

　　张李氏夫故，凭媒再嫁陈兴顺为妻，儿子张福年甫半岁，不适合留在本家抚养。知县断令张李氏把儿子张福带抚三年，待期满后由张李氏婆婆张王氏领回。① 陈李氏夫故，凭夫家堂兄陈国兴主婚改嫁蒋玉山为妾，随带半岁幼子陈润九抚养。在陈李氏与堂兄陈国兴共同立出的主嫁文约中，明确说明了儿子的抚养和归宗问题："其有玉顺之子陈润九，代【带】自【至】蒋姓抚养三年，仍归陈姓宗支。倘有病痛灾难，听天安命。"② 周雷氏丈夫周泰顺木匠手艺，帮熊姓佣工跌毙，熊姓帮给20两银子、6千文钱用作安葬费用。银钱花用完毕，周雷氏日食无度，只得凭媒再嫁徐兴泰，随带一岁半的儿子周喜寿抚养。周复兴系周泰顺分房堂弟，以周喜寿担有承宗两房之责不能带走为由，具控案下。知县批："周复兴本分房堂弟，辄以承宗为词，索要喜寿，实则意在敲搕。该氏子尚不能离母，何能听其领回，日后归宗有例，岂待该呈照看。断令周复兴出具以后不再借喜寿滋非切结，方准完案。此判。"③ 从这几个例子可以看出，知县的审断比较合理，而且符合实际情况。孩子尚幼，只能交给母亲抚养，等孩子长大一些再交给夫家，或者日后按照规定归宗。至于妄图借承宗而行搕诈之事，是不被允许的。

---

① 《巴县档案》6－6－23859，光绪八年六月。
② 《巴县档案》6－6－24506，光绪十六年六月。
③ 《巴县档案》6－6－24812，光绪二十年十二月。

同治年间,孙吴氏丈夫病故,留有一子,年甫 11 岁。因家贫无靠、日食难度,孙吴氏娘家外祖母、胞兄、胞姐等主婚,将其改嫁张明亮为妻,随抱吴氏儿子为子,更名登安抚养。① 通常在此过程中还会立下文约,明确双方的权利和义务。下面这份文约就是向氏带子过继给后夫所立的过继文约。

> 继增祧文约人向氏,情氏再醮蒲门,随带一子长寿(6 岁,原名张长寿),戊辰年二月二十五日巳时建生,随继夫抚育年余夫亡。氏本籍长邑,两族无人,凭媒说合,又醮与刘静为妻。长寿过继,以增宗祧,更名刘福荣,恁随刘姓教育,长大成立婚配,如亲生一般照股【顾】,均派永不还宗姓,亦不得异心刻薄。过继之后,福荣易长成人,大振家孙繁衍,不负初心。今欲有凭,特立过继文约,永远存据。
>
> 凭证　蒲桂元、蒲桂芳、牟文楼、袁一品笔　同在
> 同治十二年四月二十八日立过继人刘向氏　有押②

这份过继文约虽然不像今天的合同那样有非常明确的条款,但依然可以看出该文约对双方都有所约束:张长寿过继给刘静为子,更名为刘福荣,永远不得归宗;刘静抚育继子长大婚配,如亲生一般照顾,不得刻薄。文约中有此条款,并不代表在实际生活中完全得到了遵守,在某些情况之下,继父虐待继子之事仍然时有发生,难以避免。

毛氏原配丈夫姓李,生育子女三人。丈夫病故后,毛氏转嫁刘兴发为妻。谁知过门后,毛氏才发现刘兴发系行为不端之人,

---

① 《巴县档案》6－6－23292,光绪二年九月。
② 《巴县档案》6－5－8305,同治十三年十一月。

还把 13 岁的儿子逐出求食。后来刘兴发在津邑行窃被责惩锁
押,毛氏不愿与贼为妻,就私行逃走,在渝自寻日食,刘兴发出外
把毛氏寻获喊控案下。断刘兴发不应为贼,毛氏亦不应私行逃
走,从宽免究。刘兴发把妻子、儿子领回,不得嫁卖。① 毛氏儿子
被继父逐出求食,这是一种虐待行为。孀妇将孩子带到后夫家抚
养,但孩子毕竟不是后夫亲生,可能会面临受虐待的风险。不仅
在清代社会如此,在当今社会也有可能发生。笔者小时候有个邻
居就是孀妇带子改嫁,某日继父在管教儿子时,将儿子耳朵直接
揪下,鲜血淋漓。如果是自己亲生的孩子,下手不至于如此之重。
正是因为将孩子带到后夫家抚养可能会受到虐待,很多孀妇在改
嫁和孩子抚养问题上,面临两难的选择。

如果妻子犯有不可原谅的过错,继父对继子也不会客气,继
子肯定会和母亲一起受到牵连。孀妇李氏改嫁刘兴发为妻,将幼
子张光裕随带过门抚养。后来因李氏与人通奸而生讼,断夫妻离
异,并将李氏与儿子一起逐出家门。② 刘兴发抚养李氏的儿子 17
年,已经长大婚配,尽到了继父应尽的责任和义务,因为李氏所犯
的过错不可原谅,才使得儿子张光裕也受到牵连,和母亲一起被
逐出家门。

如果孀妇嫁到后夫家后去世,随带的子女没有了母亲的保
护,可能会面临虐待和出卖等风险。正是基于对此的担心,已经
长大成人的 22 岁的雷肖保将尚未成年的弟弟八十(11 岁)和妹妹
长姑(7 岁)从继父石文连家接回抚养,因为其母已经病故,无法照
顾儿女。当石文连以刁拐子女等情具控时,尽管当年立有抱约,

———

①《巴县档案》6－4－5432,咸丰八年五月十三日。
②《巴县档案》6－3－9264,道光十九年六月二十八日。

知县仍然支持雷肖保将弟弟妹妹领回抚养,就是出于对他们人身安全的考虑。①

相对儿子来说,女儿的安置显得较为随意。儿子不管留在前夫家还是带到后夫家,都有承嗣之责,家人当然更为重视,尤其对没有儿子的家庭来说,儿子的归属显得尤为重要。而女儿从出生那一天起,就决定了她将来是要出嫁的,既不属于生父家族,也不会属于继父家族,所以对女儿的安置一般不会像儿子那么隆重,甚至在孀妇再嫁的相关文约中都不会提到女儿的名字。基于此,我们所做的孀妇子女统计中有关女儿的部分可能并不完整,因为孀妇本人或者其他人可能会觉得女儿根本不用提及,没有讨论的必要,档案中自然就不会留下孀妇女儿的记录。从收集到的有女儿记录的案例中,部分案例可以看到女儿的安置情况,大都体现出重男轻女的倾向,尤其既有女儿又有儿子时体现得最为明显。

> 立出主嫁文约人黄炳盛,情因胞兄黄祯祥昔年所娶发妻胡氏,过门数载无紊。祯祥染病日久,调治不愈,延于今年正月内病故,遗有二女一子。因家淡泊乏食,叔嫂邀集族戚商议,请媒罗王氏、谭周氏作合,将嫂再醮与黄荣森名下为室,仅身过门,并无财礼。茶果折钱二千文,凭媒议定与祯祥包坟超荐。幺女小毛抱与荣森膝下作女,抚养成人,选择门户,不与身相涉。再有伊子黄文治,凭众恩养五年,俟抚养期限之日,任便身接回择配,不与荣森相涉,以【已】在未在人等不得异言称说。此系两造心恢意悦,不得另生枝节。其中并无逼勒套哄等情,今恐人心不古,特立主嫁再醮文约一纸存据。

---

① 《巴县档案》6—1—1738,乾隆四十六年六月初五日。

　　　凭族证　　媒证　　罗王氏、谭周氏、黄兴发、黄樑卿、江健
五、陈瑞卿、钟兴发　　在见

　　　李松陶代笔

　　　光绪二十九年十月初五日立出主嫁再醮文约人黄炳盛
　　有押①

　　由此文约可知，胡氏丈夫黄祯祥去世，夫弟黄炳盛主婚，将孀
嫂改嫁黄荣森为妻。女儿小毛抱给黄荣森作女，抚养成人，以后
择户嫁人，不与黄炳盛相涉；儿子黄文治由胡氏带抚 5 年，再由黄
炳盛领回择配，不与黄荣森相涉。儿子有承宗的重任，母亲带抚
几年后，本家领回承宗，至于女儿，反正迟早都是要出嫁的，本家
不会太关心。

　　　立出主婚文约人罗王氏，情因所育子名义顺，于去岁五
　　月久病亡故，幼娶张氏为妻，所育子女二人，兼家务贫困，日
　　时【食】难度，婆媳再四商议，王氏留孙一子抚养终身，其女随
　　母张氏下堂。王氏央请媒证刘银山、张发顺等作媒说合舒兴
　　臣名下为室，其女凭证甘愿抱与兴臣作女，易长成人，听从舒
　　姓婚配教育。如有病患，听天安命。说亲之家概未占染银钱
　　货物衣饰等件，惟义顺在日所欠账目会项，悉该王氏自行开
　　消【销】，不与舒姓相涉。自此之后，恐罗姓老幼人等从中借
　　事生波，悉有王氏挺身承揽，勿得别言称说。此系二家心恢
　　意愿，并无逼勒等情。今因人心不古，徒口难凭，特书主婚再
　　醮文约一纸交与舒姓为据。

　　　凭众　　张吉顺、郑先环、王玉川、刘银山、张发顺、罗燕

――――――――――
①《巴县档案》6－6－25223，光绪三十年四月。

臣、张兴发、王玉山、刘镜亭、舒玉顺、鲜吉臣、张月乡代笔

　　光绪二十三年十二月初二日立出主婚文约人罗王氏有押①

　　罗王氏儿子病故，罗王氏主婚，凭媒将儿媳张氏改嫁舒兴臣为妻。所生孙子留在本家抚养，而孙女则随母下堂，"听从舒姓婚配教育，如有病患，听天安命"。

　　以上两例都既有儿子又有女儿，文约中对儿子的归属非常重视，或交给母亲抚养几年归宗，或留在本家抚养，无论如何都是要归宗承嗣的。而女儿都交给母亲带走抚养，而且注明女儿的婚配教育等问题不再与本家相干，可以看出本家对儿子和女儿的态度是有很大差异的。

　　对于只有女儿的家庭，如果女儿年龄稍大一些，不再需要母亲过多的照顾，孀妇再嫁时多会把女儿留在前夫家或者交给其他亲戚抚养，但是女儿离开了母亲的监管，极有可能被刁拐甚至嫁卖。道光年间，8岁的闰姑父故母嫁，跟随母舅邓明才抚养。14岁时，闰姑被王天佑刁拐并奸污。② 闰姑跟随母舅抚养，被刁拐奸污，这与母亲不在身边、母舅教管不到位有着直接的关系。刘文谟儿子病故，儿媳曾氏再嫁，将孙子带走抚育，"弃置孙女乳名招姑年仅九岁，未带抚育"。一年后，招姑先抱陈瞎子为女，后又转卖胡老陕作使女。③ 招姑被多次转卖与母亲曾氏的选择和缺位有着必然的关联。

　　如果女儿年龄尚幼，还不能离开母亲，一般则由孀妇带到后

---

①《巴县档案》6－6－24985，光绪二十四年三月。
②《巴县档案》6－3－9283，道光十九年十月初十日。
③《巴县档案》6－3－8947，道光十二年二月十六日。

夫家抚养，与幼子的待遇相同。巴县档案中有这样一份请媒文约：

> 立出谋媒恩月人邹子顺、刘大顺，情因邹姓之子头年去世，其媳刘氏年十七岁，不得不异姓。是以与二家商议，同请黄领三为媒，另看人户，不拘正妾。但邹姓有一孙女年岁余，务要代抚六七年。至风寒暑湿，听天安命，不与代抚媒人相涉。身等俱无异言，此系二家心悦情愿，并无逼勒等情。今因人心不古，特立请媒文约一纸交与黄领三承据。
>
> 外批　邹子顺捡财礼银六两，蓝头庄大布二疋，黄领三、徐洪发过交原笔
>
> 再批　陈玉生、陈发顺、邹品三、王恒顺、徐发顺、陈太和、徐洪发代笔
>
> 光绪十三年四月初二日立请媒文约人邹子顺本笔、刘大顺　有押①

这份请媒文约，实际上就是女方开出的再嫁条件，特别值得一提的是，该文约明确说明要将年仅岁余的幼女带到夫家抚育六七年，实为罕见。大多数文约只会说明儿子的抚养和归宗问题，对女儿的抚养可能是私下协商，也可能为了顺利再嫁，早已将女儿抱与他人。

咸丰元年，陈雷氏夫故再醮，将8岁的女儿桃姑凭媒抱与欧陈氏作义女，更名喜姑，立有抱约。咸丰四年桃姑（11岁）被黄刁氏刁拐并引往綦邑弹唱，咸丰八年（15岁）被同姓不识的陈常顺捏说是他的侄女，嫁卖给在万县盐商崔镇为妾，财礼银90两。后

---

① 《巴县档案》6－6－25519，光绪十三年四月。

来,黄刁氏率人将桃姑搂抬,称桃姑是她生的女儿,崔镇控案。判:陈常顺不应冒认桃姑为侄女并将其嫁卖得银,断令将其械责,缴还崔镇银钱;黄刁氏不应假冒桃姑是他生的女儿,还跪请袁鹤崖捏说桃姑原许袁鹤崖儿子袁均为婚,帮黄刁氏遮掩并出名构讼,将黄刁氏与袁鹤崖均械责;黄刁氏丈夫黄运江不应让桃姑学习弹唱,将其械责;桃姑交渝城乡约刘联升等承领,择选良民正经子弟,当堂验看。如果与其年貌相符,方可成配,并谕陈晋堂不许把桃姑嫁卖作贱。① 陈雷氏因为再醮,带着女儿不便,将她出抱,哪知后来女儿经历了如此多的波折,不仅被刁拐学习弹唱,还被嫁卖为妾,着实可怜。

即使孀妇再嫁时将女儿带到后夫家抚养,女儿的命运也可能会就此发生改变,主要与继父家的经济状况有一定的关系。

女儿被出卖为使女。道光年间,闵氏夫故,带5岁的女儿长姑再嫁熊应春为妻。长姑10岁时,因家贫无度,熊应春与闵氏共同立出售字,将长姑卖给杨千总为使女,得身价钱3千文。② "售字"说明熊应春夫妻是赤裸裸地卖女儿,没有丝毫掩饰。卖女之事在清代有,在民国也有。朱自清在《生命的价格——七毛钱》一文中,写了一个失去双亲的5岁小女孩,被哥嫂以7毛钱的价格卖给房东家姑爷开的银匠店里的伙计,这个人没有老婆,手头很窘,还喜欢喝酒,是个糊涂的人。"我想这孩子父母若还在世,或者还舍不得卖她,至少也要迟几年卖她;因为她究竟是可怜可怜的小羔羊。到了哥嫂的手里,情形便不同了!""我看了几眼,觉得和我们的孩子也没有什么差异;我看不出她的低贱的生命的符

① 《巴县档案》6-4-5431,咸丰八年五月。
② 《巴县档案》6-3-8978,道光十二年闰九月二十七日。

记——如我们看低贱的货色时所容易发现的符记"。读来真是令
人心痛。

女儿被用来抵债。马氏丈夫陶寿安病故,于同治十一年凭媒
再嫁做药材生理的湖北人周炳森为妻,随带7岁的女儿金定过门
抚养。根据周炳森的供词可知,光绪二年,夫妻二人回家探亲,将
女儿金定托付给其姨父李镒三寄抚,当给口费钱十余串。后来马
氏病故,周炳森到李镒三家却不见金定下落,疑心李镒三将金定
嫁卖,遂与金定叔父陶同兴等人具控在案。经过审讯,李镒三并
无蓍卖之事,令李镒三将陶寿安在世时所欠的16千文让免,借约
涂销附卷;金定抱给李镒三业已多载,断李镒三将金定领回,成人
择配,不许私行嫁卖。① 本案疑点很多:首先,李镒三是否真是金定
的姨父,不能确定。其次,周炳森声称因为回家探亲,把金定暂时托
付给李镒三抚养,并且给付了费用,但根据审断结果可知,金定当时
就已经抱给李镒三作女了,前后有矛盾之处。最后,周炳森的供词
中根本没有提到金定父亲陶寿安曾经欠李镒三16千文。从案情来
看,应该是马氏无法偿还债务,只得把女儿抱给李镒三抵债。知县
令李镒三将借据涂销,其实也是默认了马氏用女儿来抵债的事实。

女儿被出抱为童养媳。陈氏夫故,再嫁周老三为妻,随带女
儿幺姑过门抚养。后来周老三将幺姑抱给郑家连之子为媳,得
银12两,陈氏前夫兄周宗荣等控案。知县判幺姑与郑家连之子
离异,周宗荣等将幺姑领回抚养,另行择户,肯定了前夫家族对女
儿的主婚权。② 这与直隶省台安县的习惯"幼女随同母亲改嫁,
由母亲抚育成人,但是女儿的婚姻还是由亲父的家属来主持,生

---

①《巴县档案》6－6－23705,光绪六年十月。
②《巴县档案》6－3－9061,道光十四年十月二十七日。

母及继父无权主持"是一致的。如果陈氏将女儿抚养成人再行出嫁，夫家人应该不会出面干预，正是因为幺姑被出抱为童养媳，有卖女之嫌，才被夫家人具控在案。

　　尽管重男轻女是普遍存在的，但我们欣喜地发现也有夫家不准媳妇带走女儿的案例。只要家庭经济条件允许，谁愿意把自家的孩子送到别人家抚养呢？江谭氏丈夫物故，苦抚独子江立齐成立，说娶舒氏为妻，生有二女，名照姑、玉祯。岂料儿子江立齐也生病去世，江谭氏遂用自己的膳银开贸毡铺生理。后来，儿媳江舒氏把女儿带走出外不归，江谭氏具控在案。经过审讯，断令江谭氏将孙女照姑、玉祯领回，江舒氏守嫁听其自便。[①] 江舒氏可守可嫁，任其自愿，但是婆婆江谭氏的态度非常明确，不准儿媳带走两个孙女。江谭氏家开有毡铺生理，吃穿应该不愁，将未成年的孙女留下来，是明智之举。但是那些贫寒之家，则会因家庭贫困无法养活而将女儿视为累赘。

　　孀妇再嫁，其子女尤其是女儿的抚养问题最为突出。不管是留在本家抚养，还是跟随母亲再嫁，家庭经济条件都是非常重要的因素，甚至有可能是最具决定性的因素。贫寒人家的女儿可能会被继父视为摇钱树嫁卖获利，即使留在本家抚养，也可能被刁拐甚至被多次转卖。孀妇的未成年女儿处在一个极不安全的环境之中，面临种种考验和危险。这些女孩小小年纪就要因为父亲的去世而过早地体验社会的残酷和人世的艰辛，等待她们的可能将是一生的痛苦和折磨。正如朱自清在《生命的价格——七毛钱》一文中发出的感叹一样："她的一生，将消磨于眼泪中了！""因此想到自己的孩子的命运，真有些胆寒！钱世界里的生命市场存

----

① 《巴县档案》6－6－23388，光绪三年十二月初一日。

在一日,都是我们孩子的危险! 都是我们孩子的侮辱! 您有孩子的人呀,想想看,这是谁之责呢? 这是谁之责呢?"

三、再嫁为妻或为妾

孀妇改嫁为妻还是为妾,二者在身份上有着较为明显的差别。巴县档案中,部分案例没有明确说明孀妇改嫁后的身份,而是表述为"为婚"或者"为室",意思比较含糊,无法确切判断是妻还是妾。出现这种情况,推测其原因,既可能是表述习惯,并不明确说明"妻"或者"妾",也有可能是故意而为之,目的在于掩盖改嫁为妾的事实。光绪年间,邹子顺儿子去世,儿媳刘氏只有17岁,邹子顺为儿媳立出改嫁请媒文约,文约中明确说明"另看人户,不拘正妾"。[1] 夫家对儿媳改嫁为妻还是妾根本就不在乎,由此可见夫家主婚下的孀妇改嫁情形。因本案缺少后续资料,到底刘氏改嫁后的身份是妻还是妾,无从得知。另有部分案例中的孀妇是被人贩子拐卖,既可能被拐卖到妓院,也可能被拐卖给大户人家作奴为仆。即使明确是拐卖改嫁,也无从知晓其改嫁之后的身份。所幸有48个案例明确记载了孀妇改嫁后的身份。

表 8-4　孀妇再嫁为妻还是为妾

为妻还是为妾	案例数(例)	比例(%)
妻	35	72.9
妾	13	27.1
总计	48	100

---

[1]《巴县档案》6-6-25519,光绪十三年四月。

根据表 8-4,孀妇再嫁为妻 35 例,占比 72.9%,再嫁为妾 13 例,占比 27.1%,妻的案例数是妾的 2.7 倍。这与前面所提到的男女性别比例差距大,很多适婚男子无法正常娶妻有极大的关联。改嫁为妻主要包含两种情况,一是娶孀妇的男子从未婚娶,因为经济或者其他方面的原因娶不到未婚女子,只能娶孀妇为妻;二是娶孀妇的男子曾经婚配,但其妻已经亡故,所以所娶的孀妇实际上是继妻。改嫁为妾应该主要与财礼有关,在法律上夫妾之间为主奴关系,妻妾之间也是主奴关系,妾必须要同时接受夫和妻的管教。正因如此,某些家族不准族人将女作妾,以作妾为耻。如有违反者,还将受到家族的惩罚。安徽省绩溪县不许族丁将子女卖为仆妾,违者即斥革出祠,不准入谱。虽极贫,无犯者。① 江西省瑞金县各姓族谱内多载有"凡系本姓女子,不得嫁人为妾",如未成事,则令改嫁,如已成事,则将该女父母宣告除名之谱规也。② 尽管妾的地位很低,但在满足某些条件的前提下,妾也有"熬成妻"的机会。比如江苏省丹徒县等地,如果妾持家有道,或妻本无子,而妾已生子,一经妻之亡故,即召集亲族,宣布认妾为正室,其妾所生之子亦得认为嫡子。③ 这或多或少给妾们指了一条明路:只要生有儿子,兢兢业业、克己为家、忍辱负重,总会有出头的那一天。

巴县也有家族明文规定女子不得嫁人为妾。同治七年,巴县人李牟氏嫌贫爱富,将已经嫁给吴照多年的女儿吴李氏嫁卖

---

① 前南京国民政府司法行政部编:《民事习惯调查报告录》,北京:中国政法大学出版社,2005 年,第 704 页。

② 同上,第 716 页。

③ 同上,第 690 页。

冉仲为妾,得银 20 两。冉仲勒逼吴照书写退婚字据,盖有足模手印,给吴照父子 1 千文,吴照父子心中不甘,将冉仲、李牟氏等控案。恰好李牟氏夫家人也因此事而控案,原因是李家祠堂有堂规,明文规定祠堂中的女子不得嫁人为妾。知县对此事非常重视,一是因为此案涉及到买休卖休,二是因为李家和吴家两家都参与进来控案:吴家心中不甘,想要回李氏,李家不准家族内的女性给人做妾,也想将李氏要回,李家和吴家是基于同样的目的而控案。知县判:将教唆之人均各分别责惩示儆;冉仲不应套娶李氏为妾,把他笞责,俱各取保;李牟氏不应嫌贫爱富,将其掌责,断绝来往,退婚字据一并附卷,并把李氏交还给吴照领回。①

　　我们看到的案例中,给人作妾的大多是被丈夫嫁卖或者以孀妇身份改嫁的情况,孀妇再嫁为妾相对于为妻的比例还是要低得多。之所以为妾,其实还是因为日食难度、没有依靠,而能够纳妾之人一般家庭经济状况较好,愿意拿出的财礼也更多。

　　此外,父母卖女为妾的情况也是有的,多与家庭经济状况有关。彭成氏丈夫早故,未留产业,日食无度,丈夫的抬埋欠债尚未偿还。无奈之下,请余传圣为媒,将年已及笄、尚未择配的女儿四姑说与李时斋名下为妾,得财礼银 30 两、茶果银 10 两,彭成氏立出永断杜约,约定与女儿杜绝往来,而且特别注明"将来李时斋携家回籍,以及邀往别处,氏母子不得阻滞"。结果彭成氏并没有遵守诺言,在四姑为妾的第二年,李时斋准备携四姑回籍,遭到了彭成氏的百般阻挠,李时斋再给银 10 两,彭成氏终于应允,准其搬

---

① 《巴县档案》6-5-7712,同治七年正月。

回原籍，并立出永不滋事文约。① 彭成氏卖女为妾主要是因为家贫无度、还有债务在身。

　　妻与妾在地位上的差别不仅体现在丈夫在世的时候，如果丈夫亡故，二者之间的差异将会体现得更加明显，妾对未来生活的惶恐和不安全感可能会使她采取一些极端的方式想方设法地维护自己的权益。卢郑氏年 28 岁，道光二十五年在丰都县被卢镜涵买娶为妾，生有二子。卢镜涵发妻薛氏生了四个儿子，分别是卢晟祖、卢荣祖、卢绍祖、卢安祖，均已远宦游幕。咸丰五年，卢镜涵在开县作幕病故。据卢郑氏供，是因为丈夫发妻生的儿子卢荣祖不给其食用，才带着两个儿子逃到渝城娘家胞兄郑春发家傍住。又据卢荣祖家丁莫玉供，卢郑氏把神主小照、衣箱书箱、金叶借票、当约衣物等项悉行透卷逃走。由此可以看出，卢郑氏在丈夫病故之后，有可能是担心得不到丈夫前妻所生儿子的善待，也有可能真如其所供，丈夫前妻生的儿子不给食用，所以才私卷衣物约据等物，带着两个儿子私逃到郑春发家住坐，被卢荣祖家丁莫玉查获送案。判：将郑春发锁押，经过初讯、复讯，将郑春发省释，当堂情愿将卢郑氏母子三人交给莫玉，带回江安

---

① 《道光二十一年彭成氏卖女为妾之约》《道光二十二年二月初十日余传圣告状》《彭成氏立出后不滋事文约》，四川省档案馆、四川大学历史系主编：《清代乾嘉道巴县档案选编》（下册），成都：四川大学出版社，1996 年，第 502—503 页。汇编中，彭成氏卖女为妾文约的日期是"道光三十一年四月二十四日"，但根据后面道光二十二年二月初十日余传圣（彭成氏卖女为妾的媒人）的告状以及彭成氏于道光二十二年二月十二日出具的永不滋事文约可知，彭陈氏的卖女为妾文约成文日期应该是在道光二十二年之前。因此，笔者推断，此文约的日期应该是道光二十一年四月二十四日，而非汇编所写的道光三十一年，属于录入失误。

县同丈夫前妻生的儿子卢荣祖住居,卢郑氏也表示愿意服从知县的判决。① 作为孀妇的妾在丈夫死后,因为缺乏丈夫的庇护,接下来需要面临与丈夫的发妻、真正掌握家庭财产大权的发妻之子的各种纠葛。卢郑氏虽然已经给卢家生了两个儿子,但因为自己妾的身份,她对未来的生活毫无安全感,担心不能被善待。因此,她主动出击,卷物私逃,为自己和儿子的未来之路谋求主动权。

除了妾本身地位很低之外,妾在婚后还很容易与正妻发生矛盾,影响婚姻质量。嘉庆年间,石正选正妻彭氏嫉妒,经常与小妾卢氏吵闹,最终引发诉讼。② 当然,法律赋予妻妾的地位与她们在家庭中的实际地位并不一定完全相同,丈夫宠爱小妾而忽略甚至虐待正妻的案例也并不罕见。王盛选小妾姚氏恃宠,挑拨丈夫把原配妻子邹氏嫌逐出外另住,还将邹氏殴伤。尽管有这样的案例存在,但总体而言,妾的社会地位还是很低的。正是因为姚氏身为小妾,时刻担心自己将来的生活,才会挑拨丈夫将正妻逐出,如果她地位优越,恐怕不会那么着急就要去除异己,为自己打算。不过,从另一方面来看,我们也不能从单一维度来审视妾的地位,妾在法律上的地位低下是相较于夫和妻的,如果相较于子女和奴仆佣人等,妾又是尊的。"在这些复杂的关系中,起作用的并不只是社会性别,还有阶级与辈分"。③

总而言之,在父权、夫权主宰下的一夫多妻制本身就是女性

①《巴县档案》6-4-5393,咸丰八年正月十九日。
②《巴县档案》6-2-4343,嘉庆十五年七月初四日。
③ 程郁:《由清刑律中有关妾的条法看妇女地位的复杂性》,《史林》2010 年第6 期。

权利被践踏被摧残的罪恶之源，不管是妻还是妾，在这样的社会背景之下，都不可能有真正的权利可言，自然更不可能要求平等。

四、再婚对象

孀妇再婚对象的年龄、婚姻状况、职业情况、娶孀妇时所支付的财礼数目等信息在部分档案中有所呈现。了解这些相关信息，对我们更加全面地研究孀妇的再婚状况有所帮助。

在多数的孀妇再嫁档案中，并没有反映出再婚对象的年龄。这是因为关于年龄情况的记录主要出现在告状、诉状和禀状等状纸中，孀妇再婚对象作为诉讼人身份出现时一般会在诉讼人信息栏填写当事人年龄信息。但如果他们在诉讼中并不是以这些身份出现时，就不会留下其年龄的相关记录。比如，孀妇与前夫家人在财产、子女抚养等方面发生纠纷时，孀妇或者疑似刁唆孀妇的娘家人往往以被告身份出现，而孀妇的再婚对象可能并不会参与诉讼。即使参与了诉讼，也只是以涉案人身份出现，在档案中只会有供词，而供词一般不会记录当事人的年龄信息。因此，绝大多数孀妇再嫁档案并没有孀妇再婚对象的年龄记录，从巴县档案中只收集到 18 个有此信息的案例。这 18 个案例中孀妇再婚对象的年龄分布情况如下：30 岁以下 7 例，31—40 岁 3 例，41—50 岁 7 例，50 岁以上 1 例。总体而言，年纪较轻的尚未婚配者较多，而年龄较大的多属原配已故续娶继妻或者因各种原因纳妾者。

即使孀妇再婚对象以诉讼人身份出现，状纸中的诉讼人栏目也没有要求填写婚姻信息，要获知他们的婚姻状况，只能通过深入阅读状纸的具体内容进行挖掘。某些情况之下，可能还需要对不同涉案人的说法进行相互比较和鉴别。比如，孀妇再婚对象在诉讼中称自己娶某某为妻,而别的涉讼人却称他其实并不是娶妻,而是纳妾,家中已有原配。这时就需要深入研读档案其他部分的内容,寻找蛛丝马迹,以准确判断孀妇再婚对象到底已婚还是未婚。一般而言,对案件至关重要的关键信息,知县在判词中会有一个总概性的结论,但如果这个问题对案件的审断关系不大,可能知县也并不会提到,我们也就无从知晓到底谁对谁错。经过细细挖掘,共收集到 24 例有孀妇再婚对象婚姻状况的记录。具体细分,又可以分为尚未婚配、原配已故续娶继妻、原配无育纳妾承嗣、有子纳妾等四种情况。

尚未婚配 7 例,娶孀妇为妻乃是其第一次婚姻。之前一直没有娶妻主要是因为家贫。

原配已故 5 例,均已有子,续娶继妻照顾家庭和孩子。道光年间,刘万升原配王氏身故,已经生有四子,娶唐石氏为继妻。①周万禄原配年老寿终,生有三子,已经长大成人,但因为家务无人料理,凭媒娶寡妇胡氏为妻。②

已经婚配 8 例,因为原配无育,或者只育有女儿没有儿子,纳妾以图承嗣。光绪年间,葛顺已年满 50 岁,却无子承嗣(是否有女并没有提到),父母俱存,均年逾八十有余,屡劝他纳妾续嗣。③张纯武原配李氏故后,续娶夏氏,夏氏多病无育,张纯武年已 41岁,仍然无子承嗣,所以又凭媒娶周氏为妾。④“不孝有三,无后为大”,在这种观念的影响之下,原配无育的男子但凡家庭经济状

---

①《巴县档案》6－4－4878,咸丰元年三月。
②《巴县档案》6－6－24806,光绪二十一年五月。
③《巴县档案》6－6－24422,光绪年间。
④《巴县档案》6－6－24577,光绪二十七年四月。

况能够支撑,都会想方设法纳妾,以求生子繁衍后代。

　　原配尚存、家有子女 4 例,纳妾不为承嗣。钱光发有妻室杨氏,已经生有子女,因与同族堂侄媳寡妇黄氏苟合,欲纳为妾,被同族人以乱伦控案。① 纯属为了个人私欲而纳妾,这种情况在巴县底层社会毕竟是少数。当然,这类男性家庭较为富裕,衣食无忧,他们追寻的是"对权力、财货的无限贪欲在人身占有权方面的延伸"。②

　　与孀妇再婚对象的婚姻状况类似,诉讼人信息栏不会要求填写诉讼人的职业,所以也只能通过诉状和供状的具体内容来收集此信息。从收集到的 21 个案例来看,孀妇的再婚对象职业分布较广,可以大体分为做生意、手艺为生、帮工或佣工、职员、代书五种情况。分别为:做生意 10 例(药材生理、烟馆生意、开栈房生理、开漕房生理、开设小帽铺生理、开油铺生理、开茶馆生理、贩杂货外贸、小贸生理、以贸易为生各 1 例),手艺为生 5 例(铜匠 2 例,石匠、渝城机房手艺生理、打唱围鼓活生各 1 例),在外帮工或佣工 4 例(泥水生理在外帮工、帮人药铺生理、挑水佣工、佣工度日各 1 例),职员 1 例,代书 1 例。从这些职业来看,做生意的最多,共 10 例,除去一些仅仅表述为"小贸生理"的小本生意人之外,也不乏家底殷实之户。比如道光年间,从事贸易的柯廷顺到江西,用银 80 两买娶孀妇张氏为妾;同样是道光年间,平日开漕房生理的杨春林,用银 20 两娶孀妇廖蔡氏为妾。除生意人之外,以手艺为生和在外佣工度日的共 9 例,这些人大多处在社会的最底层,

――――――――――

① 《巴县档案》6－4－5327,咸丰六年十月初一日。

② 郭松义:《伦理与生活——清代的婚姻关系》,北京:商务印书馆,2000 年,第 377 页。

家庭贫困,多属尚未婚配的类型。另有职员黄天成,于咸丰三年以 12 千文娶孀妇焦氏为妾;同治十二年,身为代书的刘陈礼娶蒲向氏为妾,并将蒲向氏 6 岁的儿子过继为子,出财礼钱 8 千文。可见,职员与代书也属于家境殷实之人,有多余的钱财纳妾,而那些处于社会最底层的男性却根本没有财力娶妻,即使已经婚配,可能还会因为家贫无法度日而卖妻鬻女。在一夫多妻制的背后,被剥夺的是适婚男子最基本的婚配权。

仅有 13 个案例有财礼数目的相关信息。具体分布为:30 千文、20 千文、17 千文、16 千文、12 千文、10 千文、8 千文、5 千 7 百文、4 千文、2 千文、6 两银子各 1 例,10 两银子 2 例。[1] 这些财礼在档案中有的直接表述为"财礼",有的则表述为"茶果钱""账项钱"等名目,但根据案卷内容可知,其实这些均为财礼。其中财礼数目最高的 30 千文来自咸丰年间的一个案例。李远长娶孀妇陈王氏为妻,立有婚约,李远长拿钱 30 千文,与陈王氏开销账项。名义上李远长是为陈王氏还清前夫所欠下的债务,但其实质仍为财礼,是更为赤裸的一种交换关系。陈王氏为了还清债务,才嫁给能够帮助她解决此难题的李远长为妻。[2] 排名第二的 20 千文是光绪年间的一个案例。罗王氏子故,主婚将孀媳张氏改嫁舒兴

---

① 因为巴县档案中很少有正常聘娶婚财礼数额的相关记载,所以很难将孀妇改嫁的财礼与在室女初婚的财礼进行比较。从理论上来说,孀妇已经嫁过人,在室女的财礼应该比孀妇财礼更高,但有些地方的情况却完全相反。比如归绥县聘寡妇所用的财礼比聘处女所用的财礼多数倍,聘处女称"彩礼",聘寡妇称"身价",寡妇之身价比处女之彩礼更优,这是归绥县比较特别的习惯。见前南京国民政府司法行政部编:《民事习惯调查报告录》,北京:中国政法大学出版社,2005 年,第 852 页。

② 《巴县档案》6—4—5162,咸丰四年九月初二日。

臣(即苏元兴)为妻,文约中注明财礼 6 千文,后罗王氏与侄儿罗燕臣前去盘踞索钱,又得 8 千文,立下杜患文约。岂料罗王氏与罗燕臣仍不满足,再次搕索不遂而具控在案,知县念罗王氏穷苦,判舒兴臣(即苏元兴)再给罗王氏 6 千文。所以,舒兴臣(即苏元兴)支付给罗王氏的总价为 6＋8＋6＝20 千文。① 在这些案例中,10 千文(依然以 1 千文兑换 0.8 两银子计算,折合 8 两银子)以下所占比例为 38.5％,而嫁卖生妻花费财礼在 10 千文以下的比例为 59.3％。笔者认为,嫁卖生妻毕竟是法律所禁止的,一旦被告官还会受到相应的惩罚,买休者要承担一定的风险,导致出价较低者比例较高,而且,嫁卖生妻大多是因为家庭急需资金,这些都会对财礼的数额产生影响。而孀妇改嫁,法所不禁,不会给娶妻者带来麻烦。对于没有子嗣的家庭来说,孀妇如果能够将儿子带过门承嗣,则可以帮助解决娶妻和生子两个方面的问题。应该说,孀妇比生妻更受单身男子的欢迎。

第四节　诉讼的原因及知县的审断

妇女初婚,需要处理的仅有夫家和娘家的关系,即使这样,也可能发生这样或者那样的纠纷,巴县档案中留存下来的婚姻档案正是这些矛盾和纠纷私下无法解决,进而升级到衙门诉讼阶段的记录。而孀妇再嫁除了前夫家、娘家之外,还要处理与后夫家的关系,相比初婚更加错综复杂,往往涉及到财产、子女等各个方面。当年的他们曾经发生了怎样的故事?因为怎样的纠纷才会通过到衙门打官司的方式平息纷争?知县面对这些纠纷又是如

①《巴县档案》6－6－24985,光绪二十四年三月。

何审断的？所谓"今世赖之以知古，后世赖之以知今"，正是这些档案，也只有这些档案，才能将远在清代发生的真实图景展现在我们的面前，继而形成我们对清代孀妇再嫁及其相关问题的认知。

从孀妇再嫁相关案件的情况来看，发生诉讼的原因主要有以下几个方面。

一、与前夫家有关

（一）前夫家人争夺孀妇财产

张氏原嫁陈家福为妻，所生一女陈素农年幼，开贸酒米铺生活。光绪十九年冬陈家福病故，其家乏人，母女无靠，夫家叔祖陈德溥主婚，将其改嫁开贸茶馆生理的杨辅臣为妻，随带女儿抚养10年。岂料夫家分居多年的胞兄陈家兴以乘谋蓦嫁等具控案下。通过供词可知，陈家兴主要在意的是胞弟留下的财产"（张氏）不令族知，亦无媒证，反掣去银钱，并用动器物等件，概行盘空"。知县判词："讯得此案以分居多年之弟故后其妻再醮，法所不禁。既云分家多年，则陈家福有无多寡银钱，与该原告等无涉，与该族众更无涉……本应分别责惩，姑念一姓之众，从宽不伤其和气。所有二十一年周光辉应有会银五十两，又刘德辉会钱五十吊，仰投交瘵生陈祖虞代为妥放，俟其女陈素农出嫁，以作奁资。陈家兴既收过押佃银两，当堂供留与死者修坟，以后不准拉动奁资之款。既各遵依，分别具结完案。此判。"①知县非常清楚陈家兴具控的目的，在判词中专门强调既然兄弟已经分家多年，陈家福有多少钱与陈家兴没有关系。判将会银和会钱共 50 两、50 吊都交给信

①《巴县档案》6－6－25283，光绪二十年十二月。

任之人掌放生息,以后陈素农出嫁时作为奁资。陈家福留下的财产作为女儿以后的嫁奁,陈家兴自然也无话可说。

同治六年,彭昌廷以葛嫁凶吞事控案,称自己的胞弟彭昌行去世,遗留房屋 5 间,值银 80 两,弟媳谢氏将房子变卖,带着年幼的儿子彭敢寿葛嫁。堂审时,谢氏供称,其夫生前积买房屋 5 间,但因身负众账、无法度日,才把房子转当抵借,再醮何洪兴为室,带子抚成,仍承前夫宗祧。经过审讯,谢氏丈夫彭昌行所遗房子 5 间并儿子彭敢寿,一并交与彭昌廷承领抚育,致彭昌行生前所欠账项,亦由彭昌廷付还,不得推诿。[①] 如果彭昌行生前没有遗下 5 间房屋,估计彭昌廷也不会计较弟媳再嫁与否。虽然知县判将 5 间房屋交给彭昌廷,但他同时也要承担胞弟留下的债务以及侄儿的抚养责任,估计不是 80 两银子就能解决问题的。

(二)孀妇招夫带来的纠纷

孀妇招夫主要有坐产招夫、招夫生子、招夫养子、招夫养老(又名"招夫养亲")、招夫养姑、招夫养夫等多种情况,有部分地方所招之夫还要改从前夫之姓,俗称"卖姓""顶门""上门汉"。[②] 坐产招夫主要针对的是家中有一定资产的孀妇,想留在前夫家继续养老抚幼,若能招得一夫主持家事,也是一件两全其美的事。如热河习惯,夫死子幼,翁姑年老,财产无人料理,往往可以招夫。不过前夫财产只能由前夫之子继承,后夫之子酌给财产而已,不

---

①《巴县档案》6－5－7550,同治六年二月初五日。

②比如陕西省鄜县(今作"富县")、长安县、沔县、汉中道属 24 县均有此习俗,所招之夫改从前夫之姓,老亲归其奉养,产业亦归其承受,代替已故之夫行使权利,并承担责任、履行应尽之义务。

能平分。① 在甘肃省皋兰、靖远等县，还有童养媳坐堂招夫经营家业的习惯，一般针对儿子未婚已亡的情况。但童养媳招夫相比孀妇招夫更为复杂，因为童养媳与其子尚未正式婚配，不管以儿媳还是女儿身份招夫都有可能存在争议，引发讼端。② 如果孀妇年纪尚轻，家中有财产而无子嗣，也有招夫生子之习俗，但所生之长子要从前夫之姓，次子以下则从后夫之姓。③ 招夫养子主要指家庭经济状况较差，但孩子年幼，不忍改嫁舍子，也可招夫养子。比如热河习惯，妇女夫亡而子尚幼，又无亲族可以依赖，选择守节则生活艰难，但如果再嫁幼子又难舍，故招夫养子，亦称为"坐山招夫"。④ 招夫养老主要针对的是只有一个儿子的家庭，儿子故后为儿媳招夫，为自己养老送终。如甘肃省陇西县习惯招夫养老，如果某夫妇只有一个儿子，儿子先故，则为儿媳招夫，目的在于为该夫妇养老送终。该夫妇归葬后，夫之责任完全解除。⑤ 在陕西省平利县，孀妇自行招夫和翁姑代为招夫有所不同，孀妇自行招夫名为"招夫"，而翁姑代为招夫则名为"赔儿"，意为代替已死之子尽赡养义务。⑥ 前述孀妇招夫，都是在既不能守、又不能嫁的情况之下主动或者被动做出的选择，所招之夫对孀妇前夫的父母以及子女均要承担相应的责任和义务。此外，陕西省、甘肃省等地还有"招夫养夫"的习俗。如果"夫患瘫疾，或聋哑昏聩，或

---

① 前南京国民政府司法行政部编：《民事习惯调查报告录》，北京：中国政法大学出版社，2005年，第847页。
② 同上，第834页。
③ 同上，第844页。
④ 同上，第847页。
⑤ 同上，第845—846页。
⑥ 同上，第820页。

残疾白痴等症,不能自谋生计,家又贫寒",或者"夫本无残废等疾,因少年浪费纵博,不务正业,荡尽家产,无法自存",在丈夫同意的情况之下妻子可以招夫至家承担养家重任,有的还要书立招夫字据,注明"不得刻待前夫"字样,所生子女的归属由双方协商决定。① 不管是哪种情况的招夫,其核心都是孀妇招夫。吴正茂认为,招夫所形成的婚姻以妻为主,而一般的改嫁是以夫为主,所以二者在人身关系和财产关系上有一定的区别。②

巴县档案中招夫的案例并不多见,可能巴县民间并不流行这种婚姻方式,也可能因此类纠纷控案的较少,并没有在档案中留下痕迹。从档案中的案例来看,招夫与其他婚姻方式一样,也会立出相应的文约。以梁文氏坐堂招赘婚约为例。梁文氏自立招赘婚约,招赘梁启鹏为夫,抚育子女,料理家务,并在文约中明确了双方的权利和义务。

> 立出坐堂招赘婚约人梁文氏。情因原配夫梁启纲不幸四月内因病身故,丢下孩女二人,母寡子幼,日食难度……文梁二姓老幼人等商议,央请梁启孝为媒说合,招赘梁启鹏为夫,抚育孩女,理料家务。其有娘婆二家老幼人等不得异言称说。自立婚约之后,夫不停妻再娶,妻不别夫再醮,此系二

---

① 前南京国民政府司法行政部编:《民事习惯调查报告录》,北京:中国政法大学出版社,2005 年,第 807 页,832 页。招夫养夫的案例在今天依然可见,主要针对的也是丈夫病重不能养家的情况,只不过妇女需按照正常婚姻手续与前夫离异并与后夫结婚,前夫依然住在家里,离婚不离家,由妇女及后夫共同赡养。

② 吴正茂:《清代妇女改嫁法律问题研究》,北京:中国政法大学出版社,2015年,第 76 页。

家心甘意愿,并无逼勒勉强。今恐人心不古,故立招赘婚约一纸,给与为夫主梁启鹏名下永远存据。

　　道光三十年六月二十四日立出坐堂招赘婚约人梁文氏有押

　　凭亲族 梁启志、梁启洪、文起、蒋青芝依口代笔　在见①

由此文约内容可知,梁文氏日食难度、子女尚幼,属于前面所说的招夫养子类型。值得注意的是,文约系梁文氏自立,自主招夫,应该是夫家和娘家已无可以主婚之人,与孀妇自主改嫁的情况较为类似。尽管招夫对孀妇及其子女来讲都是最好的选择,但因为这种方式显然对前夫兄弟不利,也可能引发相应的纠纷,尤其是财产方面的纠纷。巴县道光年间就有这样一件与招夫财产纠纷有关的案例。梅氏生有三子,丈夫郑观梁故后,家业交给夫兄郑观洪、郑大生等人经理。后来,梅氏不让夫家知晓,凭媒私招马顺乾成婚,将红契藏匿,郑观洪们查知后将梅氏同马顺乾拿获。经过审讯,梅氏私招马顺乾入门成婚属实,断令马顺乾把红契缴出,将梅氏领回另住成配,不得经管梅氏前夫家务。郑观洪们亦不得唆嫌滋事,取具承认经营甘结备案,日后不得侵吞梅氏之子产业。② 此案证明孀妇想要以招夫这种形式再婚,必须要经过婆家人同意,私自招夫则可能不被认可。尽管最终马顺乾与梅氏的婚姻关系得以继续,但马顺乾将梅氏领回另住,就已经不再是招夫的性质了,与一般的孀妇改嫁无异。

---

①《巴县档案》6－4－5259,咸丰元年二月。
②《巴县档案》6－3－9379,道光二十二年三月二十八日。

二、与后夫家有关

孀妇再婚后发生的诉讼,大部分与后夫家有关。这些诉讼的主要内容涉及到夫妻(妾)(以下统称"妻")感情不睦、妻子犯奸或私逃、双方的子女及财产矛盾、后夫逼娼、兄弟合娶等几个方面。

(一)孀妇与后夫感情不睦

部分孀妇急于改嫁,导致婚前双方对各自家庭经济状况和个人品行性格状况缺乏了解或者了解不够,以至于婚后夫妻关系不睦,严重影响了婚姻质量。

首先,家庭贫苦依然是夫妻不睦最重要的诱因。道光年间,孀妇尹氏改嫁赵元升为妻,过门后才知赵元升家庭极度贫穷,遂与赵元升不合,经常回娘家,最终生讼。① 孀妇杨氏也被后夫廖国章具控在案,原因是杨氏见廖国章家贫,屡次与他口角。②

其次,夫妻性格不合也会影响到夫妻之间的关系。罗氏夫故,凭媒再醮刘兴盛为妻,自过门后,夫妻不睦,刘兴盛时常把罗氏打骂。某日罗氏在邻居处酒醉回家,夫妻二人再起冲突,肆闹不休,最终罗氏到衙门把刘兴盛喊控在案,知县断夫妻离异,罗氏另行改嫁。③ 罗氏改嫁刘兴盛之前,二人对双方的性格均缺乏了解,等婚姻已成事实,罗氏才发现所嫁之人动辄就对妻子又打又骂,最后的结局也是夫妻离异,各奔东西。

第三,对既有妻又有妾的家庭,妻妾冲突往往也会影响婚姻

①《巴县档案》6—3—9207,道光十八年四月十七日。
②《巴县档案》6—3—8810,道光八年七月二十八日。
③《巴县档案》6—4—5608,咸丰九年十二月十四日。

质量。年逾 40 的李兴发已有妻室但无子嗣,说娶寡妇朱氏为妾,谁料过门后发妻刘氏心生嫉妒,与朱氏不睦,导致朱氏自缢未遂,李兴发将刘氏之父具控在案。① 自古以来,妻妾之间的战争从未停止,这是一夫多妻制给女性带来的桎梏和枷锁,妾妻朱氏差点自缢身亡,自然让人唏嘘,而结发之妻刘氏又何尝不是可怜之人。

(二)孀妇再婚后犯奸或私逃

孀妇再婚后犯奸,原因应该是多方面的,其中有一个较为重要的原因是夫妻年龄差异。如果夫妻年龄差距太大,势必导致双方在生理和心理两方面产生距离,从而影响夫妻感情,妻子犯奸的几率也增大不少。道光年间的刘长发比再婚妻子李氏年长 30 余岁,这是导致李氏与刘长发徒弟周永寿通奸的重要原因。②

有的孀妇犯奸案件,通过细细梳理档案内容,皆无法发现其具体原因,只有"不守妇道"之类的描述。张纯武原配李氏病故,续娶夏氏多病无育,张纯武年已 41 岁,尚未有子嗣,于光绪二十四年凭媒娶孀妇周氏为妾。周氏过门后也无生育,而且不守妇道,与佃户通奸被获。经过双方协商,张纯武情愿将周氏退回娘家,并付给周氏 40 两银子,周氏母亲立出承领文约如下:

> 立出甘愿承领文约人周张氏偕子炳章。因次女前适钱门为妻,夫故无守。光绪二十四年凭媒龚万顺再醮与张纯武名下为妾,过门三载无育。因氏女平素性悍、不守妇道,有玷名门,当经凭团邻族咸雷兴发、陈大顺等再三挽劝,纯武出银四大定,以作退资。其银眼同母子如数入手亲收,并无下欠分厘。此系氏女情愧,甘愿请退,永无异言。自领之后,氏女

生死存亡不与纯武相涉,嫁远嫁近不与纯武相干。此事两造心甘意悦,并无勒逼套哄等情。今恐人心不古,特立领字一纸为据。

在见人　梁玉顺、严吉成、张兴顺、陈孔璋笔

光绪二十七年二月二十七日立出领字文约人周张氏偕子炳章　有押①

孀妇再婚,都是丈夫亡故后的不得已之举,短时间内很难与后夫培养深厚的感情,这也是能够理解的。巴县档案显示,有的孀妇最终采用了私逃的方式,想要脱离自己并不满意的婚姻和家庭。一旦被获,等待她们的往往是严厉的惩罚。

刘氏原配黄有余为妻,因丈夫病故,翁姑去世,家贫无度,自己主婚改嫁王绍梓(文约中为"王灼三")为妾,并立出主婚再醮文约。

立出主婚再醮妇刘氏,情因氏配夫黄有余,过门数月,氏夫病故,翁姑相继辞世,兼之家贫、日食难度,始依姑母王刘氏糊口。今有媒证聂周氏同子合顺说合,嫁与王灼三名下为妾,只送酒礼,未取银钱,不得断绝往来。由氏自主自嫁,听夫教管。其有黄姓族亲已在场未在场,日后不得另生枝节。自过王门,倘有私行逃匿、透漏财物一切不法情事,概有氏姑母承担。此系二家心甘意悦,并无套哄等情。恐口无凭,立出主婚字约为据。

凭证 媒证 聂周氏、聂合顺　担承 王刘氏　有押(在见人等略)

---

① 《巴县档案》6—6—24577,光绪二十七年四月。

　　　　　光绪三十一年正月二十日立出主婚再醮妇刘氏　　有押①

　　在此文约中,专门注明以后不得有私行逃匿、透漏财物之事,然而刘氏过门一年后就背夫逃走,还将家中首饰衣物卷走到当铺换钱,用作吸食洋烟及其他各种用费。经过审讯,将背夫逃走、不守妇道之刘氏掌责示儆,将当票清交王绍梓赎取。刘氏之去留,听王绍梓自便。

　　何洪顺原配已故,凭媒娶孀妇常王氏为妻,去财礼钱 10 千文。某日何洪顺贩杂货外贸,归家发现家中器物被搬一空,何洪顺具控案下。初讯显示,何洪顺娶常王氏过门还未满两月,就被吕裁缝拐逃并掣去衣物。将吕裁缝杖责锁押,清还何洪顺衣物。将常王氏鞭责,谕原差清查王氏有无亲生儿子。如有,即传案将王氏领回;如无,即发官媒嫁卖,偿还何洪顺财礼了事。复讯结果,吕裁缝不应刁拐何洪顺之妻,将他杖责省释驱逐;常王氏亦系滥娼,将她重责,逐出境外;何洪顺甘娶滥娼,咎由自取,将吕裁缝清还帐子一笼、被盖一床给何洪顺拿回了事。② 孀妇常王氏嫁给何洪顺不到两个月,就被人刁拐卷物逃走,经过两次审讯才发现常王氏是滥娼出身,所以将她和吕裁缝一并逐出境外。

　　此外,还有不愿为妾而私逃的案例。在黄天成以唆妾卷逃事具控黄焦氏一案中,19 岁的焦氏原配王姓,丈夫早故,其母刘焦氏主婚,以女作媳将焦氏嫁给黄天成(原配生病无育)为妾,取财礼钱 12 千文,立有婚约。婚后夫妾不睦,焦氏趁黄天成不在私逃,黄天成控案。焦氏在供词中称:"因他原配物故,小妇人允从过

────────────

①《巴县档案》6－6－25337,光绪三十二年五月。
②《巴县档案》6－6－24738,光绪十九年十一月。

门。后黄天成原配现在,小妇人不愿作妾……"①按照焦氏的供词,她以为黄天成原配已故才答应过门,结果过门后才发现原配尚在,因不愿为妾才卷物私逃。但焦氏母亲所立的主婚文约中,明明写的就是给黄天成作妾。要么焦氏在说谎,婚前就已经知道是作妾;要么焦氏母亲瞒着女儿,没有把作妾之事如实相告。

(三)双方的子女及财产问题

刘万升原配王氏物故,生有四子,续娶孀妇唐石氏为妻,随带银 10 两、钱 10 千文过门,刘万升及子立有领认字约,生作衣食,死为葬费,不得透漏。唐石氏夫故乏嗣,抱子亦亡,只有抱孙唐三保尚在。婚后,唐三保屡次串透钱文,先后向石氏借钱 12 千文,双方为此不睦,到案具控。经过审讯,石氏既经改嫁刘万升为妻,所带食葬银钱应由刘万升掌管,不与前夫抱孙唐三保相涉。唐三保不应屡次串透,将其掌责,以后不许在刘万升家往来,所借钱文限一月内如数给还。② 知县显然维护了石氏现任丈夫刘万升的权益。档案中石氏开始的称呼是"唐石氏",后来则变成了"刘石氏",这是对石氏身份转变的一种强调,案件的处理结果也与此身份的转变密切相关。同时,此判决也反映出妇女并不具备对自己嫁妆的支配权,虽然双方约定这笔钱会用在石氏身上,但仍然判给其丈夫掌管,石氏并不能独立自由地支配。以下是刘万升四个儿子所立的侍奉双亲文约及刘万升本人所立的承领文约。

立出□□母亲养老之银侍奉双亲认约。儿男刘世洪、世贵、世朝、世元,情因先母亡故,弟兄各居,持家父亲年迈姑

①《巴县档案》6－4－5152,咸丰四年闰七月。
②《巴县档案》6－4－4878,咸丰元年三月。

【孤】单，早夜无靠，父子觅托媒证作合，父得娶唐门石氏为配相伴，同偕两来，终身有靠。石氏自行积凑养老之银拾两，外有铜钱拾千，代【带】过刘门，父与子刘世洪、世朝弟兄等连年本利□算存积，日后办衣衾棺椁包坟，世洪弟兄等无得私漏分文。凭众清算外，有唐姓子孙不得问给归收分文，一应石占芳（注：石氏胞兄）承执。自过聘之后，母亲悟要痛悉儿孙，无得刻惩，母慈子孝。为子误【务】要竭力侍奉，无得迫解。双亲子肖孙贤，永远发达。倘子孙不孝，犯上天伦，认【任】意族长责罚，无容姑宽。此系二家心恢意悦，中无曲全，今恐人心巧变，故立领认文约与母亲存据。

　　道光十九年十一月二十一日立出承领文约人刘世洪、世贵、世朝、世元　　有押

　　　凭族邻人证等　石立义、刘光贵、石朝举、陈子仲、崔大周、李忠仁、吴光全、王仕朝代笔　　同见

　　立出承领文约人刘万升，情因命配王氏身故，后觅媒作合唐石氏为室，随代【带】养膳银拾贰两正。其银万升拿在妙元寺押佃，无□日后石氏百年寿终，万升将银拿出，葬祭除灵缴用。若如万升不将银缴用，恁随石朝仲、占芳人等执约追究外，有刘石氏异外借出银钱谷，不与万升问给。外有唐姓子孙不准来往。今恐无凭，立出承领一纸为据。

　　道光二十九年二月初十立出承领刘万升　　有押

　　　凭族邻吴锡珍、刘元贵、妙元寺住持僧幸发、石朝馥、石正文、余良臣笔　　同在

　这两个文约说明妇女再嫁到另一个有子女的家庭时，民间有

立约明确双方权利和义务的习惯,尤其像石氏这样带有嫁妆过门
的情况,双方立约更有必要。有文约并不代表此文约就会得到执
行,比如在刘万升所立的承领文约中,明确说明"唐姓子孙不准来
往",但石氏抱孙唐三保依然经常与祖母来往,还向祖母借钱,这
是刘家所不能容忍的。

　　杨许氏夫故改嫁张义发为妻,与前夫所生的独子杨仕清当时
出外无踪。因为杨许氏尚有 70 两票银无人保管,为了避免今后
可能出现纠纷,杨许氏在自主自嫁文约中特别提到了这笔财产:
"随带下堂,交与张姓存放""日后此子回家,亲交氏子收领"。不
仅杨许氏在文约中进行了说明,张义发也专门立出了借银文约。
针对孀妇改嫁时涉及到的财产问题,采用立约的方式加以说明是
很有必要的。如果以后发生纠纷,此文约将是知县判案的重要依
据。本案中,杨许氏带银改嫁,但是这些银两只是暂时替儿子保
管的,更有必要在文约中说得清楚明白,以凭有据。

　　　　立出自主自嫁文约人杨许氏,情配夫杨三佑,不料因病
　　身故,遗下氏亲生一子名杨仕清,出外无踪。遗下氏家计凋
　　零,难以长守。特请林祖福、陈培生为媒说合,氏甘愿再醮与
　　张义发名下为妻。当凭媒证三面言定,只有超度化袱烧包。
　　其氏亲生之子杨士清出外杳无踪迹,所存票银七十两正,无
　　人掌存。氏随带下堂,交与张姓存放。日后此子回家,亲交
　　氏子收领。凡氏娘婆二家亲族老幼已在未在人等不得异言。
　　倘有借故生非,以及假冒夫故、另生枝节,概有氏同媒证一力
　　承担,不与接亲人相涉。此系二家心甘情愿,中间并无逼勒
　　套哄等情,恐口无凭,特立主嫁约为据。
　　　　凭证　朱炳顺、何洪兴、陈玉兴、李璧生笔 同目

　　　　光绪十五年腊月初十日立出自主自嫁文约人杨许氏

　　有押

　　　　　立出借银文约人张义发,今借到杨仕清名下票银二十两

　　正,每两每月加一分行利,照月扣算。其银借至来年对期相

　　还,不得短少分厘。恐口无凭,立约为据。

　　　　凭在　林义顺、王云亭、杨晏清、杨致祥、盛存德笔

　　　　　光绪二十五年①四月二十一日立借银约人张义发

　　有押②

　　孀妇再嫁,如果后夫家已有儿子,就会涉及到儿子与继母之间如何相处的问题,尤其在后夫去世后,儿子与继母可能会就赡养等问题引发矛盾和纠纷。孀妇胡氏于光绪十五年再嫁周万禄为继妻,前门遗有三子,当时胡氏不愿,担心日后会有纠纷,所以周万禄立出提约一份,为胡氏将来的养膳问题做了预先的安排。周万禄去世后,三个儿子果然不给胡氏日食,还支其妻凶殴胡氏,胡氏控案。经过审讯,断周子源等速将继母胡氏迎请回家,照提约年给谷石,安置坐处,并严戒两媳妇,不准仍前无礼。

　　周万禄生前所立提约如下:

　　　　　立书提约人周万禄,同子周子源、周子茂、周子盛等。情

　　身万禄前妻年老寿终,家无乏人料理,今请媒人张云茂再三

　　觅娶有寡妇佘坤鉴之妻为室。致胡氏心疑不定,诚恐到家周

---

①根据文约内容可知,杨许氏立出的自主自嫁文约与张义发立出的借银文约应该是在同一时间,但前者末尾的日期是光绪十五年,而后者是光绪二十五年,有可能是立约时写错了时间。

②《巴县档案》6—6—25105,光绪年间。

氏弟兄不睦,至今心恢意悦。弟兄商议,预提地名石院子谷田二十石,以作胡氏养膳之需。俟后弟兄分家,不得分占胡氏谷田,殁后再分,不得欺夺强占。如有别故,有张云茂一力承担,并无勉强。今恐人心,特立提约,交与胡氏永远存执为据。

　　光绪十五年己丑岁八月初二日　立提约人周万禄同子周子源、周子茂、周子盛　有押

　　在彼　钟华轩、张爤庭、钟周氏、钟星垣笔　同在见①

知县完全支持胡氏的权利主张,对继子及媳妇们对继母的无礼行为进行了批评和教育。况且周万禄与周胡氏结婚之时,为了保证周胡氏的切身利益,预先就立了合约。这份合约既有契约的作用,也有遗嘱的功效,对案件的审断起到了至关重要的作用。档案的凭证价值在这里也得到了充分的体现。

(四)后夫逼娼以及兄弟合娶

在陈王氏喊控丈夫李远长逼娼一案中,陈王氏夫故,再醮李远长为妻,李远长给付 30 千文给陈王氏还清所欠账项。后来李远长生意折本,叫陈王氏前往涪州卖娼,陈王氏不允,到案喊控。② 根据前面对孀妇再嫁财礼数额的统计,此案中的 30 千文是所统计案例中财礼数目最高的。李远长在渝城打围鼓③为生,能

---

①《巴县档案》6－6－24806,光绪二十一年五月。
②《巴县档案》6－4－5162,咸丰四年九月初二日。
③围鼓是四川省特有的一种汉族民间文艺,又称打镏子、打排鼓,形式是十多个人围坐在茶馆里,打鼓、敲锣、吹笛、拉琴者皆有,演唱着生、旦、净、丑、末,一应俱全,唱的是川剧,但只唱不表演,所以又叫"唱玩友儿"或"川剧座唱"。

够拿出 30 千文实属不易,这为后来的逼娼之事埋下了伏笔,二者之间应该有密切联系。

陈梁氏夫故,于咸丰七年再醮陈兴和为妻,咸丰八年六月已有身孕。因佣工难度,陈兴和把妻子送往门户寄寓,纵妻卖奸,与书办樊效辅饮酒认识。到十月间,陈梁氏回家产生女孩,多次向陈兴和说她羞愧,誓不再做那羞耻之事,情愿帮人雇乳,但是陈兴和不同意。不料所生之女患痘症夭折,陈梁氏忧气,转往温姓家中雇乳,就没与丈夫会面。而陈兴和因为屡次向樊效辅索借不成,捏控樊效辅把妻子刁拐在案。经过审讯,陈兴和不应纵妻梁氏卖奸,致梁氏知羞改悔,自行出外雇乳属实。樊效辅并没刁拐的事,陈兴和借索捏控,掌责示儆,着取结领妻子梁氏回家和谐,永不许复向樊效辅挟嫌滋祸。①

孀妇再婚与女性初婚一样,均可能遇到逼娼之事。家庭贫困自然是最为主要的原因,但像梁氏一样,完全可以寻求其他的办法来化解生存的危机,而其丈夫不但不支持,反而非得逼已有身孕的妻子卖娼维持生计。一是可能卖娼比喂乳得钱相对容易,二是因为在当时的世界里,女性是听从丈夫命令的附属品,该怎么样赚钱养家完全由丈夫说了算,至于妻子的感受,则完全被忽略。身为男性,不但不去想办法挣钱养家,反而在逼迫妻子卖娼一事上颇有长进;不但不认为卖娼羞耻,反而还觉得颇为荣耀。这就是中国古代基层社会中男女生活及相互间关系的实态。正如鲁迅先生在《我之节烈观》所发出的感叹一样:"主张的是男子,上当的是女子。女子本身,何以毫无异言呢?原来'妇者服也',理应服事于人。教育固可不必,连开口也都犯法。他的精神,也同他

的体质一样，成了畸形。所以对于这畸形道德，实在无甚意见。就令有了异议，也没有发表的机会"。

有的孀妇改嫁之后，后夫家里还有兄弟因家庭贫苦无法娶妻，因此被要求一女侍二夫，也就是通常所说的兄弟合娶的"共妻"现象。兄弟共娶的情况一般发生在极度贫苦的家庭，因家庭经济状况不允许每位兄弟都能娶到妻子，所以兄弟数人共娶一妻。虽然不是逼娼，却类似逼娼。周氏就遇到了这样的情况：夫家婶娘主婚，将周氏再醮李腊元，李腊元要求她再嫁夫弟李冬元，她不愿同时嫁给两兄弟为妻，投河自尽，被人救起后才到案禀明情况。以下是周氏的供词和知县的判词：

> 问据。周氏供：小妇人前嫁夫张姓为妻身故，今年八月间，有张姓婶娘主婚再醮李腊元为室无异。迨后这腊元要小妇人转室复嫁他弟冬元为妻，由此不愿。捏说前凑银三锭在渝寄放舅父家中，一同来渝探亲。想起情急，投河寻尽，不料被他们巡河看见往救，询其情历，才赴辕禀明，是实。

> 讯得周氏嫁张姓为妇，夫故后，经张家婶娘主婚，再醮李腊元为妻。腊元之弟冬元同居，不避嫌疑，周氏不愿，赴河跳水，经袁玉林救活。腊元呈出婚书，系由蓝姓改嫁，有财礼银十六两。而周氏供称，并未嫁过蓝姓。查看腊元穷苦之人，有何银两娶妇，显系伪造。周氏交袁玉林领去，信赶张家婶娘到来，交还领去，婚约涂销附卷。此判。①

周氏投河自尽，幸得他人相救，夫妻二人已经恩断义绝，不可能再将她判给李腊元领回。周氏由夫家婶娘主婚改嫁，又让夫家

---

① 《巴县档案》6－6－24460，光绪十五年十二月。

婶娘到案领回,可能其夫家已经没有其他的亲人。周氏是幸运的,因为她被人救起到案说明情况,知县给了她公正的判决,但我们也应该看到,可能还有其他妇女也遇到了与周氏类似的情况。即使在现代社会,也还有少数偏远地方兄弟共妻的报道。这是一种"恶俗",但更是贫穷和落后的产物。

三、与婚嫁对象不符合要求有关

结婚对象是有限制的,[①]其中因为亲属身份这一限制而引发的诉讼在巴县婚姻档案中也有所体现。张晓蓓的表述是"亲属不婚",但这个亲属到底是何种程度的亲属?是男方的亲属还是女方的亲属?陈晓龙的表述为"宗亲妻妾不婚",这仅仅是站在男性的角度而言,如果站在女性角度,此说法就不够全面和准确。因此,为了让所指的对象更为明确和具体,此处主要以五服内婚配引起的诉讼作为分析和研究的对象。关于五服内不能婚配这一点,在初婚中遵循得较好,很难发现初婚中有五服内婚配的案例,主要原因应该是初婚由娘家父母主婚,主婚人较为单一,而且对

---

① 张晓蓓将婚姻的禁忌与限制归结为血亲禁忌(同姓不婚、亲属不婚)、生理限制、宗教限制、民族限制、等级限制以及其他禁忌(居丧禁婚、囚禁禁婚、相奸禁婚)。见张晓蓓:《清代婚姻制度研究》,中国政法大学博士学位论文,2003 年。陈晓龙认为,婚姻限制主要包括身份限制、行为限制和时间限制三个方面,其中身份限制主要包括同姓不婚、宗亲妻妾不婚、地位不等不婚、僧道不婚、异类不婚以及禁止娶犯罪逃亡妇女,行为限制主要包括有妻不婚、禁止悔婚和妄冒为婚、禁止强迫抢夺为婚、禁止奸婚、禁止典雇婚等等,时间限制主要包括居丧不婚、祖父母父母囚禁不婚。见陈晓龙:《表达与实践:清代婚姻成立的禁止条件》,青海师范大学硕士学位论文,2014 年。

初婚相对比较重视,考察也相对全面,不大容易出现五服内婚配的情况。但在孀妇再嫁环节,因其主婚人身份的多样性,对孀妇娘家亲戚情况可能不是很了解,再加上孀妇本身也有了一定的婚姻自主权,有时出于财产方面的考虑,则有可能出现五服内婚配的情况。但是,民间对婚姻礼俗的理解和习惯,自然是不能容忍此类婚姻的存在,被称为"乱伦婚姻",因为此类纠纷而生讼的案例也并不少见。

(一)夫家五服内的婚配

夫家五服内的婚配,既有跨辈的婚配,也有同辈的婚配。下列几个案例,包括夫家堂叔与侄媳的跨辈婚配,也包括相对更为多见的同辈之间的叔嫂婚。按照现在的观点,孀妇与夫家堂叔或者夫家兄弟并无血缘关系,尽管从伦理上看他们之间婚配有不合适的地方,但从血缘关系上确无任何不可之处。但中国伦理思想深入人心,尤其在清代社会,这种乱伦之事肯定是不会被族人所接受的。

钱光有等 9 人于咸丰六年九月十八日以嫌娶乱伦事具首胞弟钱光发在案,控钱光发"原娶杨氏,育有子女,族堂侄钱国洪去岁亡故,遗侄媳黄氏。钱光发罔顾伦纪,私与黄氏苟合,欲将黄氏纳妾,嫌逐杨氏母子无倚",知县准予受理并于九月三十日发出差票。十月二十六日,靖德堂、傅洪顺、钱国器、钱国银等不忍同族参商,邀理剖明,上具息状,说钱光发已不愿娶妾,黄氏业已另嫁江北蒋姓为妻。彼此嫌怨各释,仍敦族谊,不愿终讼,情甘各结备案,请知县赏息销案。知县同意销案,双方具结备案。[①]　此案中,钱光发的发妻杨氏多病,钱光发与侄媳寡妇黄氏成奸,妄图娶为妾室,并且嫌逐原配母子,其胞兄们并不同意此事,再三商讨无果

---

①《巴县档案》6-4-5327,咸丰六年十月初一日。

后,到案具控,最后以钱光发的妥协宣告结束。钱光发兄弟共 9 人(其中有同胞兄弟,也有堂兄弟)一起控案,表明了家族对此事强烈反对的态度,知县准案并发出差票,钱光发在这种情况下只好妥协,"黄氏业已另嫁,蚁亦不愿娶妾"。

梁文氏丈夫已故,遗有二女,自立坐堂招赘婚约,招赘梁启鹏为夫。从文约中无法看出梁文氏与后夫梁启鹏的关系,但根据档案材料可知,梁启鹏实际上是梁文氏丈夫梁启纲的堂弟。二人婚后接近一年,梁文氏已经怀有身孕,即将分娩,同族的堂叔梁升先到衙门递交禀状,说出梁启鹏是文氏故夫梁启刚同宗堂弟的事实,因娶堂嫂为妻,实属不合,故而以"乱配伤化事"控案。经过审讯,梁启鹏不应娶堂嫂文氏为室,将他枷示,断令文氏之父文起将文氏领回,待生娩后另将文氏择配。至文氏前夫所存银钱,如果带嫁梁启鹏家,令梁启鹏如数还给,便文氏带抚二女。[1] 尽管梁文氏坐产招夫并无不合,但清代严禁转房婚,按照清律中"娶亲属妻妾律文"的规定:"若兄亡收嫂、弟亡收弟妇者,(不问被出、改嫁,俱坐)各绞。"[2]梁文氏嫁给丈夫的堂弟为妻,于律不符。而其堂叔梁升先为何在梁文氏与梁启鹏成婚快一年的时间才到案具禀,而不在他们成婚之前进行阻止,也值得探究。可怜梁文氏即将分娩的孩子,还未出生就已经双亲分离。

陈尹氏的丈夫陈子钤于同治八年病故,生有二子(陈大寿、陈二喜)一女,遗有田业一份,取押银 50 两,年收租谷 12 石。同治九年六月,陈尹氏夫兄陈子钿凭媒把弟媳尹氏嫁与堂弟陈子洪为

①《巴县档案》6-4-5259,咸丰元年二月。

②马建石、杨育裳:《大清律例通考校注》,北京:中国政法大学出版社,1992年,第 448 页。

妻,把田业出卖,获银 250 两。堂兄陈子其、陈子贵以乱伦谋占、扣拘追究事将陈子钿、陈子洪具控在案。经过审讯,陈子钿不应请媒把尹氏嫁与陈子洪为妻,尹氏亦不应听信陈子佃唆使,嫁与陈子洪为妻,并把田业加佃出卖。沐把尹氏掌责,与陈子洪离异,另行改嫁,把陈子钿、陈子洪均各分别责惩枷示。谕令当堂将出卖田业红契注销,退佃赎租,婚约一并附卷,把老契交与陈子其、陈子贵承领,陈大寿弟兄交与尹氏父亲尹和兴领回抚育,陈大寿田租每年交与尹和兴承领。① 此案涉及到"乱伦婚"而被要求离异,民间此类情况一定并不罕见。只不过因为没有生讼,故而没有在档案中留下记录而已。

(二)娘家五服内的婚配

相对夫家五服内的婚配,娘家五服内婚配较为罕见,主要是因为有血缘关系的原因,相对比较谨慎。但在孀妇再嫁环节,对孀妇再嫁婚姻不够重视,随意性较强。尤其是夫家主婚时,对孀妇娘家亲戚不是很熟悉,容易发生五服内的婚配。

蒋乾松女儿蒋氏自幼嫁与陈玉顺为妻,同治五年二月陈玉顺病故,九月蒋氏凭媒嫁给刘大兴为妻,财礼银 10 两。过门后,蒋乾松堂弟蒋元等人才发现蒋氏是刘大兴远房族姐之女,即蒋氏实际上是刘大兴的外甥女,刘大兴是蒋氏的母舅。因刘大兴不愿将蒋氏退还,蒋元等人将其具控在案,说他不该说娶自己的外甥女。经过审讯,刘大兴说娶陈蒋氏为室,说娶的时候并未查实,不知是远房族姐之女,姑念乡愚无知,从宽免究,断令刘大兴与陈蒋氏离异,当堂将蒋氏交给蒋乾松领回另嫁。② 陈蒋氏凭媒再嫁刘大兴

①《巴县档案》6－5－6999,同治六年十月。
②《巴县档案》6－5－7648,同治六年二月。

为妻,而媒人及双方都没有对再婚对象的身份进行认真查实,才导致母舅误娶外侄女的尴尬。这也从另外一个方面反映出民间对孀妇的再婚并不重视,孀妇是夫家之人,主要由夫家主婚,娘家不便过多干预,而夫家此时更关注的是财礼的多少,自然也不会对她再嫁给谁感兴趣。

四、知县的审断

从孀妇再嫁类案件的审断结果来看,孀妇的归属也表现出多样化的特点。知县在审断之时大多能根据案件和当事人各方的具体情况酌情处理,孀妇或由娘家领回,或在夫家守志,或交给后夫领回,也有的发交官媒择户。

娘家将女儿领回另嫁。如果夫家对妇女有明显过错,而妇女娘家又有亲属,一般会将妇女交给娘家领回另嫁。如果夫妻不睦而且已经恩断义绝,知县也会判夫妻离异,孀妇由娘家领回另嫁。以焦氏不愿为妾而卷物私逃一案为例,知县认为焦氏不应乘丈夫黄天成未家私透衣饰逃走藏匿,将焦氏掌责,令黄天成与焦氏离异,焦氏由母亲领回择配另嫁。① 焦氏与黄天成已经恩断义绝,如果再将焦氏判给黄天成显然已经不太合适,所以判焦氏由娘家领回另嫁。

孀妇继续在夫家守志。如果孀妇家有资产、已有子女或者因其他原因不愿再嫁,知县一般会尊重孀妇本人的选择,判孀妇继续在夫家守志,抚育子女,或者过继嗣子抚养。

仍给后夫领回。如果后夫在案件中没有明显过错或者过错很小,而且也没有离异之意,知县一般会判后夫将妻子领回。以

---

① 《巴县档案》6-4-5152,咸丰四年闰七月。

陈王氏控丈夫李远长逼娼一案为例,李远长刚刚提出让妻子陈王氏到涪州卖娼的建议,陈王氏就到衙门控案,以维护自己的权益,逼娼之事尚未成就,所以应责从宽,判李远长将陈王氏领回和好。[1] 李远长给付了 30 千文帮助陈王氏还清债务,并不能成为逼妻卖娼的理由,但逼娼还未成为事实,李远长也没有离异的想法,判李远长将陈王氏领回是比较合理的。

交给官媒择户。如果孀妇与后夫已经离异,而娘家又没有亲属可以依靠,一般会将妇女交给官媒另行择户。但在官媒择户的过程中,妇女是否真的嫁给了那个到衙门具结领娶之人,其中有没有什么问题,知县可能并不太关心,也不会对妇女被官媒嫁卖之后的情况进行追踪调查。实际上,到衙门具结领娶之人有可能根本就不是实际娶妻之人,他可能只是具名而已,实际娶妻者另有他人。

傅氏幼配李坤三为妻,生有子女,不料丈夫病故,于同治六年再醮曾荣山为妻,随带子女过门抚养。同治八年五月间,曾荣山在外帮工未回,傅氏把衣物首饰卷揽,私行来渝,李秦氏、刘吹吹为媒,傅氏另嫁与欧四为妻。后来,曾荣山将傅氏找获送案。经过审讯,欧四不应刁拐傅氏,把他笞责锁磴,傅氏亦不应背夫卷嫁,将其掌责,并发交官媒,另行改嫁,待傅氏嫁后再把欧四省释取保。七月初三,张同春赴案,将傅氏领娶回家,傅氏儿子李长生跟随母亲再嫁,长大后仍然归宗。张同春所立领状如下:

> 具领状张同春,今于大老爷台前为领状事。情曾荣山禀送欧四等一案,沐恩审讯,欧四不应刁拐曾荣山之妻傅氏为

①《巴县档案》6－4－5162,咸丰四年九月初二日。

妻,已沐笞责锁押;傅氏亦不应背夫改嫁,已沐掌责,谕将傅氏发官媒改嫁。今蚁赴案承领傅氏再醮与蚁为妻,随带伊子李长生抚养成立,仍然归宗,不得阻滞,谕将欧四省释。中间不虚,领状是实。

　　八月二十五日,曾荣山再次控案,说张同春只是赴案假将傅氏领娶回家,实际上却是帮欧四将傅氏领回,仍然将傅氏嫁给欧四为妻:"欧四藐视未究,胆贿管案景安弊串地棍李兴发朦保私归,尤串无聊张姓假将傅氏认领,便欧四谋娶为室。"十月初八日,书差前去协同该处约邻,邀集两造秉公理息。但是团邻刘兴顺等称,欧四已经搬迁,未知何处,无从理息。事情到了这个地步,知县也没有办法,只得批道"悉,缴签注销",将案件予以注销。①

　　欧四请人将傅氏冒领回家,仍然嫁给自己为妻,然后搬迁他处,躲避官府追责,这也说明当时这种冒领的情况肯定不在少数,只不过这件事被曾荣山发现并再度控案,背后隐藏的真相才得以显现。此外,该案也说明单份档案材料不可尽信,必须要放在整个案件的背景材料中去考察,才能明了事情的真相。如果只看张同春的领状,就会认为张同春确实将傅氏领娶回家了,结果看到后面曾荣山的告状,加上书差的禀复,才知道原来张同春只是受欧四之托,将傅氏冒领回家,实际上还是与欧四婚配。在档案材料中,绝大部分是真实状况的记载,但也有少数是虚构的、或者并不能反映当时当事的真实情况,与事实和真相有着一定的差距。某事一旦成为历史,我们所能做的只能是根据一切线索尽量去考察和探究,尽量使我们的认知离事实和真相更近一些。

---

① 《巴县档案》6－5－7844,同治八年六月。

第九章　犯奸档案研究

清律规定:凡和奸,杖八十。有夫者,杖九十。刁奸者,杖一百。其和奸、刁奸者,男女同罪。奸生男女,责付奸夫收养。奸妇从夫嫁卖,其夫愿留者,听。若嫁卖与奸夫者,奸夫、本夫各杖八十;妇人离异归宗,财物入官。若奸妇有孕,罪坐本妇。① 那么,在清代基层的司法实践中,对犯奸案件的处理是否与清律所规定的一致? 导致犯奸发生的因素有哪些? 在巴县档案中,涉及犯奸的案卷比较多,这些档案为我们提供了最接近实际状态的、最能反映清代基层百姓生活的数据和案例,档案的特殊价值也就在于此。笔者选取保存较为完整、脉络较为清楚的 100 个犯奸案例②作为基本分析对象,对犯奸案件涉及到相关当事人的年龄、婚姻与子女、身份与职业、犯奸男女之间的关系等因素进行了讨论,对在婚犯奸、寡妇犯奸、未婚犯奸的原因,奸夫、奸妇以及奸生子女的处理等问题进行了较为细致深入的分析和研究,并对犯奸案件在审理过程中不予重复

---

① 马建石、杨育裳:《大清律例通考校注》,北京:中国政法大学出版社,1992年,第 950 页。

② 本处所指之犯奸,主要指的是和奸,但并不意味着所有的和奸都是犯奸妇女自身意愿的表示,有的犯奸行为可能是在丈夫的纵容甚至逼迫之下发生的。

惩罚的一般规律以及误判和错判之后的处理进行了思考。

第一节　犯奸案件涉及的相关因素

为了更好地了解犯奸背后的缘由，弄清导致犯奸发生的各种可能因素，有必要对犯奸案件中的本夫、奸夫、奸妇的情况进行深入的剖析。笔者认为，本夫、奸夫、奸妇三方的年龄、婚姻状况、子女情况、夫妻已婚年限、本夫与奸夫所从事的职业、奸夫与奸妇之间的关系等因素对犯奸问题的研究具有重要的价值，有必要进行专门的细致的探讨。

在巴县档案的犯奸类案件中，并不是所有案卷都有这些信息的记载，即使有，也不一定全面、详细。一般而言，只有当事人作为告状人或者应诉人时，才会使用正规的状纸，并在状纸记载当事人情况的相关栏目留下年龄、家庭地址等具体信息，如果仅是涉案人身份，则只用参加堂审，不会在状纸的相关栏目留下信息记录。所以要想获取除告状人、应诉人之外的涉案人信息，则只能在供词中去获取。犯奸案件中，大多情况下是本夫将奸夫和奸妇具控案下，所以本夫的年龄、身份等多有记载，而奸夫和奸妇的相关信息则并不完整。

一、年龄、婚姻与子女

20 世纪以来的中国历次婚姻法，男子的法定成婚年龄都比女子年长 2 岁，[1]这主要是因为男女身体发育速度有所不同。在这

---

[1]1930 年，南京国民政府公布了《民法》，在《民法》的亲属编中，明确规定"男未满十八岁，女未满十六岁都不得结婚"。1934 年，《中华苏维埃（转下页）

100 个犯奸案件中,部分案件的告状和诉状记载了当事人的年龄信息,但夫妻双方年龄都有记载的案例很少。就收集到的 18 个案例而言,夫妻双方的年龄差别情况多种多样。

表 9-1　犯奸妇女夫妻年龄差

年龄差	案例数(个)	百分比(%)
5 岁及以下	6	33.3
6—10 岁	2	11.1
11—15 岁	1	5.6
16—20 岁	3	16.7
21 岁及以上	6	33.3
总计	18	100

在这 18 个案例中,丈夫比妻子年长的 16 例,占比 88.9%,妻子年龄大于丈夫的 2 例,占比 11.1%,说明男大女小还是婚姻关系中最为主要的表现形式。[1] 在丈夫更为年长的 16 个案例中,丈夫比妻子年长 10 岁以上的就有 10 个案例,占比高达 62.5%,其中年长 21 岁上的有 6 个案例。

(接上页)共和国婚姻法》正式在苏区公布施行,其规定的法定结婚年龄是男满 20 岁,女满 18 岁。1950 年,新中国第一部法律《中华人民共和国婚姻法》颁布,对结婚年龄的规定是"男二十,女十八始得结婚"。1980 年,对 1950 年制定的《婚姻法》作了修订,在"结婚"一章规定结婚年龄"男子不得早于 22 周岁,女子不得早于 20 周岁",将男女的最低成婚年龄都分别提高了两岁。之后,2001 年和 2014 年又对《婚姻法》进行了修订,但在男女成婚年龄的问题上,都保持了 1980 年的规定,也就是男不得早于 22 周岁,女不得早于 20 周岁。

[1] 王跃生的结论是:清代中期丈夫比妻子年长的占 88%,妻子年长于丈夫的占 12%,而且丈夫比妻子大 5 岁以上的占比为 38.83%,年长 1(转下页)

　　特别值得一提的是,妻子更为年长的两个案例,妻子也比丈夫年长较多,分别为 6 岁,6—10 岁。其实,女大男小的婚姻模式在很多地方都有,这一点在《民事习惯调查报告录》中也有体现。山东省历城、观城等县有女大于男六七岁或七八岁者。①　在临淄县,"小康之家,为三、四岁幼子娶十余岁之媳,令其照看";在德平县,也习惯为幼子娶长媳,将媳妇看做是夫家重要的劳动力。②邹平县,大都习惯女大而男小,娶媳过后,儿子所有的衣服都由媳妇负责,父母概不过问。③　这种婚姻模式下,女大而男小,女性作为夫家重要的劳动力,在夫家主要的任务就是照顾丈夫,并在丈夫成长过程中扮演着多重角色:母亲、姐姐、妻子。在这种婚姻关系中,夫妻之间的感情基础比较脆弱,妻子在等待丈夫成人的过程中,也容易被人引诱发生婚外性关系。

　　总体而言,不管丈夫年长于妻子,还是妻子年长于丈夫,夫妻年龄差在 5 岁以上的就有 12 个案例,占比 66.7%,这说明夫妻年龄悬殊过大与婚外情的发生之间存在一定的关联。

　　因为犯奸妇女和犯奸男子在档案中通常以被告身份出现,除去诬告的极少数案例外,犯奸男女本身犯有过错,再去应诉的可

————————

　　(接上页)岁—20 岁皆有。见王跃生:《清代中期婚姻行为分析——立足于 1781—1791 年的考察》,《历史研究》2000 年第 6 期。就笔者所见巴县婚姻档案的案例中,丈夫年长于妻子、妻子年长于丈夫分别所占的比例与王跃生的结论基本相似,但丈夫比妻子年长的情况似乎更为多样。在收集的 18 个案例中,丈夫比妻子年长 21 岁以上的就有 6 例,这个比例非常惊人。
①前南京国民政府司法行政部编:《民事习惯调查报告录》,北京:中国政法大学出版社,2005 年,第 656 页。
②同上,第 658—659 页。
③同上,第 661 页。

能性比较小，也就没有机会让他们在状纸中留下自己的年龄信息，所以档案中犯奸妇女和犯奸男子的年龄记载较少，分别收集到 37 例、20 例。

表 9-2　犯奸男女的年龄

年龄段	犯奸女性（人）	百分比（%）	犯奸男性（人）	百分比（%）
20 岁及以下	6	16.2	3	15
21—30 岁	17	46	7	35
31—40 岁	12	32.4	8	40
41 岁及以上	2	5.4	2	10
总计	37	100	20	100

　　根据表 9-2 信息，21—40 岁是男女发生婚外情的高发阶段，女性占比 78.4%，男性占比 75%。因为这个年龄段是男女生理需求最旺盛的阶段，如果丈夫或者妻子不能满足需求，或者根本就没有丈夫（未婚女性及孀妇）或者妻子（未婚男性），发生奸情的可能性也就增大了几分。从犯奸男子的身份来看，大多来自贫苦家庭，还有独自谋生的外乡客，因贫苦无法娶妻也是造成通奸的重要原因。

　　下面要统计的是犯奸案件中男女双方的婚姻状况，以及犯奸妇女有无子女等信息，试图找到这几者之间彼此可能有所关连的蛛丝马迹。对于犯奸妇女婚姻状况的信息，这 100 个案件的档案中都有记载。如果本夫或者夫家人控案，自然会在状纸中提到与该妇女之间的关系，妇女的婚姻状况也就一目了然。是在婚状态，还是夫故孀守，可以轻而易举地通过状纸获知。如果夫家控告过门产子，显然犯奸行为发生之时该女尚未过门，应该是未婚状态。

表 9-3　妇女犯奸时的婚姻状况

婚姻状况	人数(人)	百分比(%)
在婚 (含夫故再嫁、离异再嫁等)	76	76
孀守	15	15
未婚	9	9
总计	100	100

　　由表 9-3 可知,妇女发生犯奸之时处于"在婚"状态者占绝大多数,比例高达 76%,这其中不仅包含初婚,也包含夫故改嫁和离异改嫁在内。因更为具体的婚姻信息并不容易准确获得,当事人一般也不会专门提到,不方便单独作统计,故将各种形式的改嫁一并计算在"在婚"范围。"孀守"妇女犯奸比例为 15%,虽然这个比例相比"在婚"犯奸比例要低得多,但毕竟处于在婚状态的妇女本身就占绝大多数,所以比较起来,孀妇犯奸比例并不低。"未婚"犯奸为 9%,其中既有和奸,也有逼奸、诱奸。在 76 个在婚犯奸案例中,有 36 个案例记载了犯奸妇女的已婚年限。

表 9-4　犯奸妇女已婚年限

已婚年限	人数(人)	百分比(%)
5 年及以下	11	30.6
6—10 年	15	41.7
11—15 年	5	13.9
16—20 年	2	5.5
21 年及以上	3	8.3
总计	36	100

由表 9-4 可知,妇女在婚后 10 年内发生奸情的比例最高,达到 72.3%。值得注意的是,婚后 5 年内发生奸情的比例为 30.6%,其中有几例成婚不久就发生了奸情。咸丰年间,萧永实娶白氏为妻,婚后半年,白氏与曾经在家帮工的李童和附近居住的陈犬同时发生奸情。同治年间,王恒德原配物故,娶赵氏为妻,同治四年四月成婚,第二年六月即发生通奸被获之事。王元吉(34 岁)在储奇门开设药材铺生理,纳江氏为妾,成婚刚一年半,江氏与邹万权通奸(27 岁,在渝太平门干菜行帮工度日)。同治一年三月,李洪盛续娶郭氏为妻,当年十月郭氏就与李洪盛徒弟王相发生了奸情。细细考察这几个案例,其中都有特别值得注意的地方,从中似乎可以发现与犯奸的关联。比如萧永实年幼多病,王恒德与续娶的妻子赵氏之间年龄相差 17 岁等等。

成婚 10 年之后发生奸情的比例明显减少,这与之前提到的犯奸妇女的年龄主要集中在 30 岁以下是相吻合的。成婚时间在 21 年以上还发生奸情的,大多属于老夫少妻的情况。咸丰年间,萧璞山承买王氏为第三妾,光绪五年萧璞山控王氏与雇工罗元通奸产子逃匿。尽管夫妾已婚多年,但二人年龄差距大,而且萧璞山提到自己常患疾病,王氏不守妇道的原因从中可以窥得一二。

犯奸男子的婚姻状况也同样值得统计和分析。相比而言,控状人一般不会提到犯奸男子的婚姻状态,到底是在婚、离异、丧偶还是从未结婚,我们很难从状纸中获知。而犯奸男子大多以被告身份被控送案,有的甚至与奸妇一同被"捆送"到案,人证物证俱在,不大可能再具诉状为自己进行辩解,当然也不会留下自己的相关信息。我们唯一能做的,就是从犯奸男子或其他相关当事人的供词中去寻找线索。此处只收集到 25 个对犯奸男子婚姻状况有所记载的案例,其余案例均不能得出犯奸男子在婚、离异、丧偶还是未婚的结论。

表 9-5　犯奸男子的婚姻状况

婚姻状况	人数（人）	百分比（%）
在婚	3	12
未婚（含妻故未娶1例）	22	88
总计	25	100

　　这 25 个案例中,犯奸男子处于"在婚"状态的只有 3 例。判断该男子是否处于"在婚"状态,一般并不能从供词中直接获知,但可以根据其他相关信息得出结论。咸丰年间,李文兴与冷兴发妻子杨氏通奸,并欲给银子 8 两说娶杨氏为妾,因冷兴发不肯允嫁,所以控案。① 由李兴发欲纳杨氏为妾说明李兴发娶有妻室,属于"在婚"。相对而言,"未婚"更容易判断,犯奸男子一般会在供词中说明自己的职业、身份、家庭成员信息以及婚姻状况。咸丰六年,雇工魏四与孀守的雇主李张氏（32 岁）通奸,李张氏堕胎暴露,被获送案,魏四在供词中提供了个人的基本信息"年三十一岁,父母俱在,弟兄五人,小的行四,没娶妻室"。② 在"未婚"中,还包含妻故未再娶者。抬轿为生的汤浩书与汤王氏（31 岁）育有一女,同高祖分居堂弟汤洪顺常在家来往,与汤王氏调戏成奸,后被汤浩书回家撞获送案。汤洪顺供:"巴县人,年二十六岁,父母俱故,弟兄三人,小的行二,娶妻已死,生有一女。小的平日推桡活生,汤浩书是同高祖分居堂兄,小的常在他家往来,于去年四月间不记日期,汤浩书出外营工,小的到他家看望,与汤王氏调戏成

①《巴县档案》6-4-5324,咸丰六年九月。
②《巴县档案》6-4-5339,咸丰六年十二月初五日。

奸。"①汤洪顺在供词中提供的个人信息显示,他妻子已故,并未
再娶。此外,僧人也一并计入"未婚"进行统计。根据此统计,25
个案例中,未婚者多达 22 人,而这 22 人中,绝大多数从未婚配,
说明适婚男子无法正常娶妻与未婚犯奸比例较高有着一定的
关联。

　　"一般说来,妻子若作了母亲,容易把感情寄托在子女身上,
婚外恋的事相对会少得多",②那么巴县档案中犯奸案例呈现出
来的情况又是如何呢? 笔者对犯奸妇女的子女情况进行了统计,
100 个案例中有 48 个能明确其子女情况,其他案例均没有提到此
信息,不能做出判断。

表 9-6　犯奸妇女有无子女

有无子女	人数(人)	百分比(%)
有	32	66.7
无	16	33.3
总计	48	100

　　从此表的统计可以看出,犯奸妇女有子女的占比为 66.7%,
无子女的占比为 33.3%,结论是:身为人母的妇女相比没有子女
的妇女更容易发生婚外情,二者的比例为 2∶1。从子女的数量来
看,7 人有 3 个以上子女,4 人有 2 个子女,另有 20 人只有 1 个子
女,还有 1 人已经有孕在身。

----

①《巴县档案》6-4-5363,咸丰七年又五月。
②郭松义:《伦理与生活——清代的婚姻关系》,北京:商务印书馆,2000 年,
　第 533 页。

二、身份与职业

研究本夫和犯奸男子的职业对探究犯奸行为发生的内在原因有着重要的作用,以下分别对本夫和犯奸男子的职业进行统计和分析。

从本夫的职业来看,对此有所记载的共 49 例,具体统计如下。

表 9-7　本夫职业

职业	开铺或栈房	贸易	一技之长者	差役	种地	苦力
案例数	11	9	5	1	7	16

本夫在渝城开铺或开栈房者 11 例,其中咸丰年间李泽沛开的是绸缎铺、刘朝贵开的是筷子铺、秦源兴开的是栈房,同治年间王恒德开的是药铺、王元吉在储奇门开的是药材铺、李洪盛开的是毡房铺,光绪年间刘子纶开的是和兴客栈。

以贸易为生者 9 例,其中咸丰年间有在渝城住贸的张福照、外出架船生贸的童万海,同治年间以外贸为业的杨德玉,还有其他较为笼统的表述为"贩卖杂货为生""小贸为生"者。

有一技之长的手艺人 5 例,其中同治年间的龚正才是木匠,另有其他时期的木匠、厨师、铁匠、裁缝各 1 例。

差役或者乡约只有 1 例,同治年间的敖镛是巴县执刑班总役。

种地为生者共 9 例,但他们中的大多数耕种的田土是佃来的,自己并没有产业。咸丰年间的龙颜儒"佃房土居种",不仅耕种的土地是租佃的,就连居住的房屋也是租佃的。

数量最多的是苦力为生者,共 16 例。这类人员不像木匠、厨师、铁匠、裁缝等人有一技之长,他们主要靠下力活生。具体分布情况为:抬轿为生、挖炭为业、挑卖煤炭为生、在花行做苦力、在外佣工、推船为生,或者更为笼统地表述为"平日下力活生"。其中,表述为"在外佣工"者最多,共有 8 例。

本夫所从事的以上职业中,开铺或开栈房者,一般在经济上应该比较宽裕,不存在日食之忧。但本夫多在年龄上与其妻妾差距较大,妻多为续娶,妾也比本夫年轻许多,而通奸对象则多为雇工、学徒之类,在年龄上与妻妾更为接近。以贸易为生者、有一技之长者、以苦力为生、以种地为生这四大类相比开铺或开栈房者来说,经济状况普遍较差。其中,前三类人员在家的时间很少,需要常年在外奔波以求生存。这一点与开铺或开栈房者比较类似,虽然开着商铺和栈房,经济上不存在大的问题,但他们可能在生意上花的时间更多,而与家人待在一起的时间相对较少。

从犯奸男子的职业来看,对此有所记载的共 51 例,相比本夫职业而言,犯奸男子的职业身份更为多元化。

表 9-8　犯奸男子职业

职业	开铺或佃主	贸易	一技之长者	保正	僧人	学徒学生
案例数	4	5	9	1	4	6

犯奸男子开铺面或佃主身份 4 例。如乾隆年间的蒋天儒(30岁),在射洪开纸铺生理,与陈氏丈夫相好,并与陈氏通奸。光绪年间,余元泰女儿余氏许与高银田为妻,过门次月即产私孩,经询是未过门时已被佃主钟荣章、钟成章兄弟估奸。

以贸易为生者 5 例。咸丰年间,与孀妇刘李氏(36 岁)通奸的蔡福源在仁和坊贸易营生。同治年间,与杨德玉之妻刘氏通奸的王兴发(26 岁)是巴县本城人,平日小贸活生;与李恒方妻子薛氏通奸的董和尚(33 岁)也是巴县本城人,平日小贸活生。光绪年间与龙畴五妻子龙魏氏通奸的李焕章,主要靠贩卖旧衣活生。

以一技之长谋生者 9 例,其中教书先生 3 例,屠夫 4 例,裁缝 1 例,卖唱为生 1 例。咸丰年间,孀妇阴黄氏与教读营生的骆海帆通奸产子。以教读为业的江北厅人黄真同时与王郑氏、王端秀姑嫂二人通奸。平日屠猪营生的张荣乘黄氏丈夫周尚瑞帮人推桡外出未归,与黄氏通奸。孙长寿在临江门住坐,平日卖唱活生,与张福照妻子张李氏通奸数次。

学徒或学生 6 例。咸丰年间,彭长寿在刘朝贵筷子铺内学习手艺,与刘朝贵妻子郭氏通奸。同治年间,王相在李洪盛开设的毡房学习手艺,与李洪生继妻郭氏通奸。李兴仁是开药铺的王恒德的徒弟,与王恒德继妻赵氏通奸。光绪年间,与傅陈氏通奸的王新年是傅陈氏丈夫的徒弟,帮助经理生意。除学徒之外,另有在学馆读书者 1 例。

种地为生者 3 例,大多也属于无业之人,靠租佃别人的田地耕种维持生计。咸丰年间的陈国亮(54 岁),佃归儒书院的田地耕种,与陈大川妻子陈石氏通奸。

在犯奸男子的职业中,下力为生者数量最多,共 19 例。其中,雇工、帮工、佣工 12 例,其他苦力 7 例。相比本夫,犯奸男子职业明确为"雇工"的更多,其他苦力主要有"推桡活生""办粪营生""代煮客烟度日"等。

僧人亦有犯奸的情况,[1]而且僧人通奸被获,往往担心受到

---

[1] 清律对僧道犯奸也有相关规定,僧道犯奸者各加凡奸罪二等,犯和奸者不仅要在本寺、观门首枷号两个月,还要受杖一百的惩罚。但根据巴县的实践来看,有的僧道犯奸者被获后并没有告官,而是选择私下协调处理,通常是缴纳一定的钱物以示惩罚。即使告官,其所受之处罚也比清律的规定要轻得多。

严惩而央告不送官府,期望能够采用私下解决的方式处理。在此过程中,有的立约承诺缴纳实物作为惩罚,也有的干脆立下欠钱文约,以作补偿或者惩罚。僧人海岚与吴林氏通奸被获,立出央请寝事文约,甘愿罚施板50合、火药50斤给团内使用,并愿意与吴林氏断绝往来,以后再不妄为。文约如下:

> 立出央请寝事文约人僧海岚,情本月十七日,身不应在吴忠义家与伊妻(笔者注:吴林氏,年42岁)赤体通奸,是夜被吴姓族内人等拿获捆逆,身畏咎,央请团众冯廷芳、庹恒齐、谢绍先、周文华等哀恳吴姓族内人等宽恕。身自知情亏,甘愿罚施板五十合、火药五十斤,以作团内施用。俟后自愿断绝来往,永不妄为。倘后仍蹈前辙,任从团众执约禀官究治,自甘坐罪无辞。此系心甘意悦,并无勒逼套哄等情,恐后无凭,特立央请息事文约交与新发团存据。
>
> 　　凭团众　　冯辉堂、骆均山、谢玉隆、周瑞亭、冯钟山、朋兴泰、宋玉堂、岑玉盛(略)　　同在
>
> 　　光绪元年九月十七日立央请寝事文约人僧海岚　　有押①

僧人大兴在歇马寺住持焚献,其徒孙僧参悟往唐挖炭家里烧胎,就与唐挖炭妻子唐刘氏调戏成奸,某日被王疤眼、邹十瞥见,将其拿获。当把参悟身穿衣服脱了一件,并唐刘氏的围腰一条,拿住作为凭据。参悟当向王疤眼们求情,出立10千文欠约一纸,嘱令不必声张。次日,王疤眼们把参悟的衣服并唐刘氏的围腰和字据一并拿交其师祖大兴,告知通奸情由,大兴斥骂,参悟不服,于是大兴就将参悟禀送在案。经过审讯,僧参悟与唐刘氏通奸属

---

① 《巴县档案》6-6-23185,光绪元年九月。

实,将他责惩枷示一月,勒令还俗,永不许入庙。① 以下为僧参悟
所立的欠钱文约:

> 立出欠钱文约人僧参悟,今欠到王升名下铜钱十千文
> 整,即日凭众欠到五月内本利一并相还,不少分文。今恐不
> 古,立欠约一纸为据。
> 凭 张齐礼、邹大顺、刘光普、李承上 同在
> 咸丰八年四月二十三日夜立欠约人僧参悟亲笔

该文约作为案件的相关材料一并附卷,并不保存在王升等人
名下,其实已经相当于宣告作废。此文约的订立,反映出僧参悟
在通奸被获后担心送官受罚的心理,宁愿立下欠钱文约作为惩
罚,但与此同时,此文约的订立恰好反映出参悟做了不法之事。

除了僧人犯奸的案件,还有僧人调戏民妇的记录。段泗海是
天台寺住持,黄应钟是段泗海徒侄孙,分住佛来寺。光绪十五年
七月初四日,黄应钟到天台寺给段泗海拜生,泗海不在寺内。午
后,郑兴发之媳谭氏在屋侧晒豆,黄应钟看见,遂走拢用手拉扯调
戏,谭氏声喊。谭氏之姑出看,黄应钟奔逃。经监保团众理讲,黄
应钟横恶,因此送案。经过审讯,黄应钟实属不守清规、胆大妄
为,将其笞责枷号两月,驱逐还俗。黄应钟母亲黄冉氏和兄弟黄
永林立出领约:

> 立出央请哀怜出庙全领衣单银两文约人黄冉氏同子永
> 林,情因五子永盛舍入佛来寺蓝胜钰名下为徒,更名应钟,屡
> 拗师命,不守清规,被团众拿获,扭送沐主周讯责逐,不准入
> 庙。应钟母子弟兄央请团邻刘中山、刘廷和、吴正顺等与住

---

① 《巴县档案》6－4－5424,咸丰八年五月初一日。

持段泗海邀恩，应钟原来衣单银二十五两正如数退还，外给哀怜银二十两正，应钟母子甘愿如数领讫，并无货债准折，永杜后患。日后决不准入佛来寺、天台寺两庙滋事。俟后倘有寻祸生非、听唆翻案等弊，一概有刘中山承当，不得累及天台寺、佛来寺两庙泗海众等，恁团邻诸山大众执约禀公。此系应钟母子心甘意悦，并无屈从勒逼套哄等情。今欲有凭，特出央请哀怜出庙全领衣单文约一纸，交与团众永远存据。

　　团邻　刘乾山、李辉林、诸山（略）

　　光绪十五年十月初二立出央请哀怜出庙文约人黄冉氏同子永林、永盛　有押①

　　虽然黄应钟被赶出寺庙，但经其母黄冉氏和兄弟黄永林再三哀恳，寺庙不仅退还了原来入庙时所交的 25 两银子，另外还多给了 20 两哀怜银，交换条件就是黄氏母子日后不得再到佛来寺和天台寺滋事。

三、犯奸男女之间的关系

　　考察犯奸男女之间的关系，对研究犯奸行为发生的原因有着重要的价值。在 100 个犯奸案例中，明确表明犯奸男女之间关系的有 66 例，主要类别及所占比例如表 9-9 所示。

表 9-9　犯奸男女之间的关系

关系	案例数（个）	百分比（%）
亲属或类似亲属（含同辈、跨代）	16	24.2
街坊邻居（含保正、乡约等）	26	39.4

①《巴县档案》6-6-24435，光绪十五年七月。

关系	案例数(个)	百分比(%)
主妇与雇工	10	15.2
学徒与师母	6	9.1
佃主与佃户	3	4.5
其他	5	7.6
总计	66	100

（一）亲属或类似亲属

清律对亲属相奸有明确的规定:凡奸同宗无服之亲及无服亲之妻者,各杖一百。奸(内、外)缌麻①以上亲及缌麻以上亲之妻,各杖一百、徒三年。② 赵娓妮在南部档案中共收集到奸情案件 66 例,其中亲属相奸 21 例,占比 31.8%。主要分析了四个案例,分别为:敬存喜与嫡堂寡嫂敬刘氏通奸、李张氏堂弟李含荣与李张氏儿媳田氏通奸、孀妇李周氏与本宗堂叔祖周学满私通、敬氏与丈夫堂兄张应贵私通。③ 这四个案例中,同辈相奸和跨辈相奸各两例。巴县档案中亲属相奸比例亦不低,根据表 9-9 的统计,占

---

① 中国古代的丧服制度,按与死者的亲疏关系,分为斩衰(三年)、齐衰(一年)、大功(九个月)、小功(五个月)、缌麻(三个月)五等。缌麻是五服中最轻的一种。其服用细麻布做成,服期三个月,凡为本宗高祖父母、曾伯叔祖父母、族伯叔父母、族兄弟及未嫁族姐妹服之。又,外姓中表兄弟、岳父母等,亦服之。见马建石、杨育裳主编:《大清律例通考校注》,北京:中国政法大学出版社,1992 年,第 1015 页。

② 同上,第 956 页。

③ 赵娓妮:《审断与矜恤——以晚清南部县婚姻类案件为中心》,北京:法律出版社,2013 年,第 125—130 页。

比 24.2%，主要分为同辈亲属相奸和跨代亲属相奸两种，另把类似亲属的干亲相奸也在此一并讨论。

1. 同辈亲属

在所见的几例同辈亲属相奸中，亲属关系分别为：夫弟、夫堂弟、夫从堂兄弟①、夫同高祖②堂弟、夫表兄弟、夫堂妹丈。根据中国传统的服制，兄弟妻属于小功③之亲，堂兄弟妻、从堂兄弟妻、同高祖堂兄弟妻、表兄弟妻等不在五服范围之内，属于同宗无服的亲属。法律对同宗无服亲属间的奸情也有非常严厉的处罚条款，"凡奸同宗无服之亲，及无服亲之妻者，各杖一百。强者，奸夫斩监候"。④ 即使有这样严厉的处罚措施，巴县依然存在亲属相奸的案例。

道光年间，文万相为贪图钱财，纵容妻子文胡氏与表弟僧人昌沅通奸，事情败露之后，文胡氏自缢身亡。判：僧人昌沅勒令还俗，枷号两月，满日发配，折责充徒，本夫文万相杖九十折责发落。⑤

咸丰年间，抬轿为生的汤浩书与汤王氏育有一女，年已 8 岁。某日，汤浩书在外抬轿回家，撞获妻子与同高祖堂弟汤洪顺的奸情，汤洪顺逃走不获，将汤王氏送案。知县令汤浩书保领妻子在栈房住站，待拿获汤洪顺后到案质讯。不料汤王氏"陡患痧病"，

---

① 从堂兄弟：同一曾祖但不同祖父的同辈男子之间。

② 同高祖：两个曾祖是亲兄弟。

③ 小功亦为五服之一，其服用较细的麻布做成，较大功为细，较缌麻为粗，服期五个月。凡为本宗曾祖父母、伯叔祖父母、堂伯叔父母、未嫁祖姑、堂姑、已嫁堂姐妹、兄弟妻，从堂兄弟及未嫁从堂姐妹服之。又，外亲为外祖父母、母舅、母姨等，皆服之。见马建石、杨育裳主编，《大清律例通考校注》，北京：中国政法大学出版社，1992 年，第 1015 页。

④ 田涛、郑秦点校：《大清律例》，北京：法律出版社，1999 年，第 524 页。

⑤《巴县档案》6-3-9034，道光十二年三月二十二日。

在栈房病亡。① 汤王氏的死亡原因是否真如案件中所说的"陡患痧病",笔者心存疑虑。根据汤浩书交待,当他发现妻子与汤洪顺的奸情之后,"归家把妻子斥骂一阵,说要送究,各自睡了,妻子乘小的睡熟,怕到官问罪,就私自逃走""小的在途撞获妻子正在求食,就把他捉获"。可以看出,当天汤浩书就把妻子斥骂一顿,说不定还有拳脚相加,只不过汤浩书并没有如实说出而已。汤王氏私逃之后,到处求食,吃不饱穿不暖也是后来病亡的一个重要原因。汤浩书撞见妻子正在求食,这时也应该少不了一顿拳脚。总之,汤王氏病亡应该是之前的各种原因累加所致,并不只是患病这么简单。《王氏之死》中跟随奸夫私逃被抛弃后又回到家的王氏就是被丈夫任某亲手掐死的,因任某栽赃给之前结怨的邻居高某夫妇而生讼。虽然最后案情真相大白,但因为王氏犯奸在身,身为知县的黄六鸿只是将杀死妻子并诬告邻居的任某枷号杖责而已。只要能挺过杖责,任某依然可以再娶妻生子,过上舒适的日子。② 此处巴县知县并没有深入追究同样犯有奸情的汤王氏的死因,估计与黄六鸿的想法较为相似。

李陈氏幼配李春华为妻,生有两子一女,光绪十三年李春华病故,李陈氏孀守抚子,光绪二十五年私产一女,称与夫弟李昆仑通奸。③

2. 跨代亲属

刘静山妻子王氏与同族的侄子刘德川通奸被获,后刘德川出

---

①《巴县档案》6-4-5363,咸丰七年五月。

②[美]史景迁著,李孝恺译:《王氏之死:大历史背后的小人物命运》,桂林:广西师范大学出版社,2011年,第117—157页。

③《巴县档案》6-6-25048,光绪二十五年十月。

财礼钱 12 千文,娶王氏为妻。知县判奸夫奸妇不准为婚,将刘德川笞责,王氏另行再嫁。① 侄儿与同族叔娘之间的亲属关系是因为婚姻关系缔结而形成的,二者之间并没有血缘关系,而下面这个案例,则是有血缘关系的内侄与姑姑被控乱伦通奸,实在让人惊讶。

唐氏于嘉庆二十三年嫁给张泽孟为妻,四年后,张泽孟物故,唐氏上有孀姑胡氏需要照顾,下有两个幼子需要抚养,所以她没有选择再嫁,而是守节在家,侍奉孀姑,抚育幼子。显然,这个家庭虽然有一定的经济实力,但是缺乏成年男性来管理家务。唐氏婆婆胡氏多次邀请唐氏胞兄帮助管理家务,但是被唐氏胞兄以"事繁,怕生嫌疑"为由拒绝。后来,唐氏胞兄唐敏功之子唐作霖,也就是唐氏的内侄来家帮忙管理家务,结果被唐氏夫家胞叔张孔言以"占姑乱伦事"具禀在案。戚谊易介庵等不忍坐视,邀集理剖,调解如下:唐作霖从此与唐氏断绝关系,不得仍前如故,唐作霖、唐氏遵依。唐氏自认嗣后痛改,谨守妇道,孝姑抚子,再不触犯。自唐作霖管理唐氏家务以来,已经亏空银子 250 两,双方商议,张姓让银 163 两,唐作霖还现银 37 两,余银 50 两立出约据,两造遵依,不愿终讼,情甘请息。②

姑姑同亲侄通奸确实极为罕见,有悖人伦,于理不合。笔者揣测,有没有可能是张孔言觊觎唐氏财产,或者担心财产落入唐氏娘家所采取的策略?但根据案件记录可知,告状人张孔言的身份是湖南宝庆府同知,诬告的可能性不大,况且根据案件最后的处理结果来看,张孔言并没有得到任何好处。再根据唐氏、唐氏胞兄、唐作霖以及告状人张孔言所出立的结状,唐作霖不仅亏空唐氏银两,而且似乎二人确实犯下了不可饶恕之错。

---

① 《巴县档案》6-6-24310,光绪十三年三月。
② 《巴县档案》6-3-8922,道光十一年五月二十六日。

唐氏结状：

> 氏日后谨守妇道，孝姑抚子，再不触犯。孀姑胡氏亦不得复与唐作霖往来，任其管理家务。

唐氏胞兄唐敏仕、唐敏行、唐敏树、唐敏道等人结状：

> 作霖日后与蚁等胞妹张唐氏断绝往来，不复仍管唐氏家务。其作霖亏空张唐氏婆媳银两，不与蚁等相涉。

唐作霖结状：

> 蚁日后不得复与姑唐氏往来，自愿断绝。其蚁管理唐氏家务亏空银两，除让之外，现还银三十七两，余立五十两约据，两造依允。

张孔言结状：

> 处令唐作霖从此与唐氏再不往来，唐氏自认嗣后谨守妇道，孝姑抚子，不复触犯。其唐作霖管理唐氏家务亏空银两，除让之外，现还银三十七两，余立五十两约据。

尽管各结状中没有明确提到二人通奸，但从"谨守妇道""断绝往来""不复触犯"等用词来看，唐氏与内侄唐作霖确有乱伦之事。唐氏 14 年前嫁到张家，守寡就有 10 年之久，其遭遇令人同情，但犯下如此不伦之事，的确让人难以接受。大清律例中对此类行为的处罚非常严厉，"若奸父祖妾、伯叔母、姑、姊妹、子孙之妇、兄弟之女者，奸夫、奸妇各决斩。强者，奸夫决斩"。① 按照律法的规定，如果唐氏与侄子唐作霖确有不伦，应该执行决斩，但此

---

① 田涛、郑秦点校：《大清律例》，北京：法律出版社，1999 年，第 524 页。

案仅判断绝往来，从轻倾向较为明显。

3. 干亲

所谓"干亲"，指的是没有血缘关系或婚姻关系的人之间结成的亲戚，包含跨代的干爹、干妈、干儿、干女，也包含同辈之间的干兄、干弟、干姐、干妹等。巴县档案中的亲属相好，不仅包含前述的血缘亲和婚姻亲，也应该包含干亲。在这些干亲犯奸的案例中，有一例非常特殊，讲述的是已经许配但尚未过门的程长姑与干父、干兄通奸怀孕，被未婚夫具控到案的故事。从程长姑的供词可以大致了解案情的始末：

> 问据。程长姑供：这程宋氏是小女子母亲，父亲早故，向佃冯泽清房屋居住。母亲凭龚心洪为媒，自幼把小女子许与欧频馥为婚，尚未成配，小女子又寄拜这冯泽清为干父，时常来家闲耍是有的。去年三月十七日，母亲宋氏没在家里，干父又来闲耍，与小女子见面不避，就调戏成奸，迨后又行奸五次，小女子身怀受孕。迨至七月间，他儿子冯二黑子又与小女子通奸一次，那时小女子并未与他说出与冯泽清通奸的话。迨后母亲见小女子受孕现行，向小女子责问，小女子隐瞒不住，说出实情。嗣因冬月十六日，小女子嫁娶期临，母亲借故向龚心洪说小女子染患病疾，约俟病愈再行接亲的话。不料被殴频馥查知，就赴案呈控，把小女子抬至渝城栈内，产生死孩，欧频馥又才复禀的。今蒙审讯，小女子不应与冯泽清父子私行通奸成孕，把小女子掌责，欧频馥情愿与小女子离异，断令母亲把小女子领回，另自改嫁就是。①

---

① 《巴县档案》6－4－4898，道光三十年十二月。

　　程长姑尚未过门就通奸产子,未婚夫欧频馥不愿受辱,情愿离异:"因长姑有失闺阃,蚁情甘离异,时候听其母嫁配,蚁不得阻滞滋事。"将冯泽清父子责惩枷示,"俟后与宋氏家断绝往来",并将程长姑掌责,各方具结,没有异议。大清律例中关于奸义妹和奸义女都有相关的规定:"奸义妹,比依奸同母异父姊妹律,杖一百、徒三年;强者,斩。奸义女,比依奸妻前夫之女律,杖一百、徒三年;强者,斩。"①知县对冯泽清父子仅仅施以责惩枷示之处罚,相比清律中"杖一百、徒三年"甚至"斩"的刑罚而言,确实太轻。

　　岂料事情过了大半年,咸丰元年闰八月十三日,有陈大荣、吴泽林等人到衙门具禀,称:"(知县)断程宋氏领回长姑结案,殊长姑不甘另字,羞愧寻尽救免。蚁等念系长姑年幼被惑,不忍轻生,集团开导劝允频馥悦从,择期本月二十四迎配",但因此案已经讯结在卷,不敢貌违,请求知县赏准,以全童婚。根据清律的相关规定"未成婚男女,有犯奸盗者,男子有犯,聘女别嫁;女子有犯,听男别娶",②程长姑未成婚之时已犯奸成孕,应该"听男别娶",知县照理不应该同意此事。岂料知县觉罗祥批:"未婚之妻有犯奸私,去留应听本夫自便。今欧频馥既愿迎娶程长姑,不甘另字,自应俯如所请,准予完配可也",同意欧频馥重新迎娶程长姑。为何欧频馥会同意再娶程长姑过门? 到底背后发生了怎样的故事,又有着怎样的隐情? 是否真如陈大荣等人在禀状中所言,我们不得而知。有一点可以明确,知县对未婚妻犯奸和已婚妻犯奸持同样的态度,全凭本夫决定去留。尽管程长姑尚未过门,但在知县看

---

①　马建石、杨育裳主编:《大清律例通考校注》,北京:中国政法大学出版社,1992年,第909页。

②　田涛、郑秦点校:《大清律例》,北京:法律出版社,1999年,第204页。

来,她与欧频馥的婚姻关系早已确定,因为从理论上讲,"未婚之妻"对应的应是"未婚之夫",此处却用的是"本夫",这就已经清楚地表明了知县的态度。

(二)街坊邻居

清代妇女活动范围有限,能与之发生奸情的应该是相隔不远并且经常见面之人,这一点在上面的统计中也得到了证实,妇女与街坊邻居之间发生奸情的比例最大,高达 39.4％,远远超出其他类别。如果说亲属相奸可能还有家庭道德伦理方面的压力,那么街坊邻居之间发生的奸情则完全没有这种顾忌。这种奸情往往发生在丈夫经常不在家的情况之下。

咸丰年间,在渝开绸缎铺的李泽沛在城内黉学码头住坐。因李泽沛在铺日多,与妾妻周氏各居,岂料周氏与连房住坐多年的邻居胡启禄通奸多次,被李泽沛回家撞获,捆送案下。断:将胡启禄责惩枷示,并将周氏掌责、发交官媒。半年后,张贵将周氏领回成配。① 周氏的身世也着实可怜,自幼被母亲嫁卖江北王陈氏家为娼,咸丰三年李泽沛将其提出从良、纳为妾妻。如果要对周氏通奸的缘由做一个探究的话,几个方面可以看出端倪。第一,李泽沛在供词中提到自己在铺日多,在家日少,所以与周氏相处的时间很少,双方感情淡漠,而周氏需要别人的体贴和关心。第二,胡启禄曾经吃过义勇粮,后因革黜回家,在黉学码头与周氏连房住坐多年,常给周氏钱文花用,在经济上常常接济周氏。第三,周氏与胡启禄感情较深。因双方的奸情被院邻察觉,周氏筹措银钱,想给胡启禄外出贸易所用,以后不再往来,结果被丈夫发现。供状中提到胡启禄多次给过周氏钱文,说明周氏本人经济并不宽

---

① 《巴县档案》6－4－5603,咸丰九年六月初四日。

裕,在这种情况之下,周氏还筹措银钱帮助胡启禄外出贸易,可见二人感情不浅。

（三）主妇与雇工

在《大清律例》"奴及雇工人奸家长妻"条款中对雇工奸家长妻有如下规定:"凡奴及雇工人奸家长妻女者,各斩决。"①尽管律法的规定如此严厉,但巴县档案中依然有雇工奸家长妻女的案例。

林宗山,36 岁,平日佃田耕种,与妻子丁氏已生一女,夫妻素好无嫌。赵润,江津人,26 岁,父在母故,并没弟兄,平日帮工度日,案发前一年曾在林宗山家佣工,丁氏常与其见面不避,后赵润从林家辞工。某日,林宗山在山坡薅草,晌午回家,撞获妻子与赵润正在卧房行奸,林宗山用柴刀划伤赵润头颅背膀,赵润随即跑逃,林宗山又用刀划伤丁氏左耳,投鸣团邻看明知证,并把赵润找获,赴案具禀。经过审讯,赵润与丁氏通奸属实,将赵润杖责枷示,丁氏掌械各责示儆,林宗山甘愿与丁氏离异,听其自便。② 赵润 26 岁,早已到了适婚的年龄却还未娶妻,这是因为贫困、无钱娶妻的缘故。再加上赵润来自江津,在巴县的身份只是一个外乡人,帮工度日。一个外乡来的单身帮工者,在外过着孤苦飘零、朝不保夕的生活,无论是经济上还是情感上都极度贫瘠。一旦有人向他示好,就很容易产生感情,根据赵润供词,是丁氏主动要与他通奸的。后来因为林宗山的哥子仍雇赵润到他家帮工,所以赵润经常与丁氏遇便通奸,不记次数,双方已经发展成长期的情人关系。

---

① 田涛、郑秦点校:《大清律例》,北京:法律出版社,1999 年,第 526 页。
② 《巴县档案》6－4－5532,咸丰九年五月。

在主妇与雇工通奸的相关案例中,有一例比较特殊,在此做重点介绍和分析。其特殊之处在于,雇工陈二与雇主家主妇彭汪氏及女儿彭姑二人都有奸情,而且都身怀有孕。母女二人中母亲彭汪氏是寡妇,守寡多年,女儿彭姑是已经许配尚未过门的在室女。因彭姑过门两月即私产,夫家杜正容父子不服,具控在案,所以彭姑与陈二通奸之事才被揭露出来。而同时浮出水面的是更为惊人的故事,母亲彭汪氏也与雇工陈二发生了奸情,而且也有孕在身,母女二人居然对彼此都与陈二有染之事毫不知情。

> 问据。彭杨氏供:彭姑即杜彭氏,是已故儿子彭正选说娶汪氏所生的女,许与杜崇尧的儿子杜正容为妻。儿子故后,儿媳汪氏与小妇人各居,小妇人年迈,未能管束经理。儿媳雇家奴陈朝俸的儿子陈二帮工,儿媳同孙女彭姑俱被陈二奸淫,小妇人并不知情。去年冬月间,孙女出嫁杜正容为室,至今正月二十,孙女私产,杜正容向说,小妇人始得其情。不料陈二见事败露,与儿媳透卷衣物往陈朝俸家暂住各逃,小妇人投族,把陈朝俸送案。前经审讯,供明在卷。如今签唤陈二们到案。今蒙复讯,陈二不应与儿媳汪氏通奸成孕,并透卷衣物;孙女彭姑即杜彭氏被陈二一并奸淫,已产私孩,沐把他责惩枷示,谕令汪廷英把汪氏领回择户另嫁。至彭姑,交小妇人领回管束,另行择户。断令小妇人帮给杜崇尧从前婚配银二十两,速即措缴,并断杜崇尧退还小妇人嫁奁。饬令差押陈朝俸清还他儿子陈二透卷汪氏未还衣物,小妇人遵断,先行具结,作主就是。

> 问据。陈二供:小的帮这彭汪氏家佣工。去年三月间,汪氏家请女客做酒,小的打杂,也吃酒醉睡卧,他女儿彭姑来

房圈与小的通奸,过后遇便奸淫,不记次数。到是年五月间不记日期,汪氏要与小的通奸,小的说他有年不允,汪氏用言打动,小的才同他奸淫起的。至冬月间,彭姑出嫁杜正容为妻,于今正私产,小的闻知败露,就与汪氏拿有衣物不多,回家暂住躲匿。不料彭杨氏把父亲朝俸禀送,签唤小的到案。今蒙审讯,小的不应与彭汪氏母女通奸,已被责惩枷示,小的实是错了,只求格外施恩。

问据。彭汪氏供:彭杨氏是翁姑,彭姑是女儿,汪廷英是父亲。丈夫彭正选早故,小妇人与翁姑各炊。去年五月间晌午时候,雇工陈二扯草回家,小妇人在房睡,就被陈二奸淫。迫后通奸多次,小妇人现已成孕。至去冬女儿彭姑嫁与杜正容为妻,今正私产,小妇人才知女儿也被陈二奸淫。小妇人见事败露,有商【伤】颜面,同陈二拿有衣物在他父亲陈朝俸家暂住藏匿。如今衣物业已交还多半,其余陈二未还衣物不多,令陈朝俸清还。今蒙审讯,小妇人不应允从与陈二通奸,应责从宽,谕令父亲汪廷英把小妇人领回择户另嫁,只求施恩。

问据。彭姑即杜彭氏供:去年三月间不记日期,这雇工陈二与小妇人奸淫,过后不记次数。至是年冬月间,小妇人嫁与杜正容为妻,今正私产,丈夫同翁公杜崇尧不依控案。如今才知母亲彭汪氏也被陈二奸淫。今蒙审讯,小妇人不应允从陈二通奸私产,应责从宽,断令祖母彭杨氏把小妇人领回管束,择户另嫁,就施恩了。①

---

① 《巴县档案》6—4—5606,咸丰九年二月。

　　根据彭杨氏、陈二、彭汪氏、彭姑四人的供词,彭汪氏母女二人均与陈二发生了奸情并怀有身孕,此事大家的说辞一致,但到底是母女二人勾引陈二还是陈二估与母女二人通奸却有不同的说法。据陈二口供,彭姑主动来到他房间通奸,而彭汪氏也是主动要求,陈二嫌她年纪较大,彭汪氏还用言语打动,这样看来,是彭汪氏母女二人主动求奸。但根据彭汪氏供词,她在房间睡觉,被陈二奸淫,尤其彭汪氏用了"小妇人不应允从与陈二通奸"说明了陈二主动而她被动的关系。彭姑的供词前半部分虽然没有明确谁主动谁被动,但末尾也用了"小妇人不应允从陈二通奸私产"的说法,表明了二者之间的关系。

　　在巴县档案中,各方供词经常都有相互不吻合甚至完全相反的情况,要获知事件真相,需要全面考察档案中的其他材料。此案中,彭汪氏母女供词与其结状内容基本相同,可以判断彭汪氏母女的说法相对更为可靠一些。但我们也应该看到,档案中的供词并不是当事人最最原始的记录,是录供的书吏根据当事人供词整理而成,我们经常看到供词后面有录供书吏的姓名"XXX录",相当于责任人的签名。所以,这些记录在案的供词是书吏写的,经过了书吏的整理和加工。既然经过了他人之手,就可能出现与事实真相有所出入的描述和记录。对此,笔者认为我们应该辩证地看待这些供词的真实性和可靠性。正如我们所周知的一样,档案是原始的历史记录,从整体上来看,因为档案是当时形成的反映当事的历史记录,并不是事后编写的,所以它比其他任何资料都更为可靠。应该说,这些供词绝大部分来自当事人的原始供词,尽管经过了书吏的整理,但毕竟来源于当事人的口供,具有较高的真实性和可靠性。但与此同时,我们也应该看到,为了应对上级的检查,书吏不得不按照一些固定的套路和格式对这些供词进行修饰和润色,使得供词看起来能够文从字顺、语意贯通。[①]所以,尽管这些话并不是当事人的亲口表述,在一些措辞和表达上可能会有一些差距,但其基本意思应该是一致的。之所以各方当事人对同一事件的供词并不完全吻合甚至完全相反,恰恰反映出这些诉讼人在堂审时的说法有所不同。他们基于各自的目的,担心说出的话可能带来的后果,有的说了实话,有的却是谎话连篇。就连威严的知县高高地坐在大堂,还有全副武装的令人胆寒的皂隶们站在两边,也依然不能在第一次堂审时就获得全部的真相。负责任的知县需要做的是让当事人互相对质,初讯不成,可以复讯,第一次复讯不能明了真相,就第二次复讯,一直到人证齐全、真相渐渐浮出水面。巴县档案中经过几次审讯方才结案的案例不少,而每次审讯可能当事人的供词都有所区别,有的甚至完全反转。总而言之,我们看到的供词各方说法不一,尽管有的说了假话,但这些假话恰恰反映了供述人的心理活动和本来意图。经过各方质讯、多人集讯,事实总会浮出水面,说谎者的真正目的和说谎意图也就暴露出来。因此,从另外一个角度来看,这些内容有真有假的供词,在档案中反而具有较高的价值。

　　不管是雇工陈二主动相奸还是彭汪氏母女主动求奸,雇工与

主妇相奸,就是大罪,所以将陈二责惩,并枷示二月。对于彭汪氏母女来说,她们表明了自己的被动性,再加上彭汪氏身怀有孕,而彭姑刚刚私产,不适合受罚,均"应责从宽"。彭姑过门二月即私产,夫家控案,此婚姻关系自然不可能再延续下去。其母汪氏被判由娘家领回另嫁,自身都难保,不可能再对她有所照顾,更不可能让有违妇道的母亲来继续教育同样有违妇德的女儿,所以断令祖母彭杨氏将她领回另嫁。尽管做出了如此伤风败俗之事,但她始终是彭家的孙女,祖母应该不会对她做出过分的举动,这样看来此举实际上是对她的一种保护。但对彭姑的夫家人来说,花了财礼刚娶过门的媳妇,就做出了如此颜面尽失的事,令夫家名誉受到极大的损害,知县断彭杨氏"帮给杜崇尧从前婚配银二十两,速即措缴"。笔者认为,此处的"帮"实际上是"赔"的意思,只不过用"帮"字显得更为隐晦、更为合适。夫家则"退还嫁奁",二家从此再无瓜葛。

以上案例均为妇女与自家雇工发生奸情,巴县档案中还有妇女与隔壁家雇工发生奸情的案例。孟坤发与刘首爷贴壁居住,冯戌是刘家雇工,孟坤发的妻子孟禹氏常与冯戌见面不避。咸丰八年七月三十日,因孟坤发出外未家,冯戌来家与孟禹氏调戏通奸一次。迨至九月初四日午后,孟坤发出外佣工,孟禹氏在屋后闲耍,冯戌见四顾无人,又来续奸,被孟坤发捉获,投鸣团邻,协送案下。经过审讯,冯戌不应与禹氏通奸属实,将其杖责枷示(枷示一月后具结保释);禹氏犯奸,将其械责,自应悔退,孟坤发甘愿具结,与禹氏离异,禹氏父亲将其领回另嫁。[1]

雇工与妇女发生奸情的情况屡屡出现,主要考虑几点因素:

---

[1]《巴县档案》6－4－5466,咸丰八年九月。

第一,从雇工的身份来看,大部分雇工是从外地到渝寻求生路者,
远离家乡亲人,在情感上孤单寂寞。第二,雇工多为单身男性,因
家庭贫困无法在适婚年龄娶妻,导致他们千方百计寻求另外的方
式来满足自己的生理需求。第三,从妇女的身份来看,既有孀妇,
也有丈夫经常不在家的在婚妇女,还有尚未过门的在室女。

(四)学徒与师傅家人

傅陈氏丈夫于光绪十七年正月病故,请徒弟王新年帮助经理
生意,七月二人通奸,被傅陈氏婆婆傅张氏拿获捆送衙门。判傅
陈氏由娘家堂兄陈兴顺领回改嫁,傅张氏给 20 两银子作为嫁
奁。① 傅陈氏丈夫已故,请徒弟王新年帮助料理生意,二人经常
单独相处,这是发生通奸的重要原因。

另有一个学徒与师母通奸的案例更让人触目惊心,因为学徒
为了达到长期与师母通奸的目的,妄图毒死碍眼的师父之子。李
洪盛在渝开毡房营生,学徒王相乘师父不在家,与李洪盛继妻郭
氏通奸。而且王相为了能与郭氏长久通奸,还与郭氏串同用毒药
毒死李洪盛的寄子李辉山,因毒药较轻,李辉山幸未毙命。判:将
王相枷示三个月,郭氏不守妇道私通,已沐掌责,谕令保正何焕然
把郭氏具领择户嫁卖,获银除用充公。两个月后,郭氏被何焕然
以 6 千文的价格嫁卖给刚死了妻子的开豆腐铺生理的陈大顺为
妻,6 千文给了寄养郭氏两个月的邱杨氏作为饭食钱。王相不仅
与师母通奸,还胆敢串同师母,企图毒死师傅儿子,扫除二人交往
的障碍,真可谓"胆大包天"。在王相和郭氏的供词中,详细描述
了想要毒死李辉山的原因及整个投毒的过程:

____

①《巴县档案》6—6—24593,光绪十七年九月。

问据。王相供：小的在李洪盛毡房学习手艺，与他妻子李郭氏见面不避，到去年十月初六夜言语调戏成奸一次，当被他儿子李辉山撞见，把他掀倒床角睡熟，叫他明日早起不要多管。是月二十六日又宿旧一次，过后并没与他通奸的事。私透他衣饰银钱存放李百二家是有的。到本月初四，李郭氏往走马街经过，小的拢去把李郭氏叫在巷子，商同用毒药把他儿子李辉山毒毙，以便长久通奸的话，郭氏应允。至初五日，郭氏与李洪盛的儿子李辉山往较场经过，小的拢去邀在茶馆，私用毒药放在茶内与他吞服，回家肚腹疼痛，被李洪盛查知，把小的扭禀案下。今蒙审讯，小的不应与郭氏通奸，透漏衣饰银钱，串用毒药，因毒轻未毙。已沐把小的责枷示儆。如今错了，只求施恩。

问据。李郭氏供：去年三月间，李洪盛续娶小妇人为室，李辉山是丈夫寄子，王相在毡房学习手艺，与小妇人见面不避。到去年十月初六，调戏成奸一次。恐怕儿子看见败露，叫他床角各自睡熟。至二十六日，又通奸一次，过后没有成奸。本月初四，小妇人往走马街经过，有王相拢来，叫小妇人至巷子，王相嘱小妇人他用毒药把儿子毒毙，以便长久通奸的话。小妇人当即未允，次日小妇人与儿子往亲探视，经过较场，王相邀小妇人至茶馆饮茶，不料王相私用毒药放在茶内与李辉山吞服，回家肚腹疼痛，丈夫查知，把王相扭获，并小妇人禀送案下。今蒙审讯，小妇人不应与王相通奸，串用毒药。已沐把小妇人掌责，因不守妇道，理应犯黜，把小妇人交保正何焕然具领嫁卖，银钱除费用充公。如今错了，只求格外施恩。①

①《巴县档案》6－5－7172，同治二年正月二十一日。

　　幸好毒药下得轻,要是李辉山果真毙命,那此案就变成了命案,王相与郭氏的结局也将大不相同,绝不仅是枷示三个月或者掌责就能够了事的。

　　除以上四种类型之外,巴县档案中还有妇女与佃主、外乡客以及丈夫的生意合伙人等发生奸情的案例,此处不再赘述。

第二节　私通原因

　　巴县历史悠久,地理位置重要,水陆交通便利,商业发达,商贾云集,是西南地区最重要的经济文化中心和商品集散口岸。[①]一切南来北往的货物,东下西上的物资,皆在巴县境内吞吐集散,运往全川和整个大西南。[②] 明末清初的战乱,造成四川人口锐减。为了解决四川劳动力和生产粮食的问题,康熙、雍正、乾隆三朝来自全国的移民相继到四川定居,开垦荒地,重庆也容纳了较大数量的移民。根据王尔鉴《巴县志》的记载,明末巴县人丁数为14926 人,经过康、雍、乾三朝的休养生息和移民的大量涌入,到乾隆六十年(1795 年),巴县的人口数已经高达 133000 多人。[③] 道光四年,巴县居民共 82053 户,男女共计 386478 人,大约是乾隆六十年人口数量的 3 倍。移民的大量涌入,更加剧了男多女少的不平衡局面,适婚男子不能正常娶妻的问题愈发严重。抛开这些

---

① 陈翔:《清代巴县民俗档案评述》,载李仕根主编:《四川清代档案研究》,成都:西南交通大学出版社,2004 年。

② 马小彬、刘君:《四川清代档案评述》,载李仕根主编:《四川清代档案研究》,成都:西南交通大学出版社,2004 年。

③ 李清瑞:《乾隆年间四川拐卖妇人案件的社会分析——以巴县档案为中心的研究(1752—1795)》,太原:山西教育出版社,2011 年,第 36 页。

客观存在的外部因素,通奸行为之所以发生,主要有经济因素和感情因素两大原因。

就经济因素来说,既可能是女方贪图男方给予的小恩小惠,也可能是女方家庭经济确实困难。尤其在丈夫外出或者患病的情况之下,如果男方施以援手给予经济上的支持和帮助,可能会导致女方与之发生奸情,类似报恩,也可以说是一种交换。这种类型的通奸与卖娼较为类似,很难明确划清界限,因为两者的性交换都与钱财有关。但是,卖娼关系中钱财的因素更为重要,而通奸关系中应该有一些感情因素在内。就巴县档案中的通奸案例来看,钱财多体现在通奸行为发生之后男方对女方的一种补偿,或者是男方为了能够长久地与女方保持这种关系而给予女方及其家庭的经济资助,以求得女方甚至其丈夫的认同。

咸丰五年,冷兴发与李文兴伙做屠户生意,李文兴时常在冷家来往,冷兴发妻子杨氏与他见面不避。咸丰六年,因冷兴发没钱使用,出外小贸,李文兴与杨氏通奸,每月认给食用,冷兴发都已知情。岂料李文兴并不满足,请媒作合给冷兴发 8 两银子,要讨杨氏为妾,冷兴发不允,到案具控。经过审讯,李文兴不应与杨氏通奸,把他责惩,谕令冷兴发把妻子领回,严加约束。① 本案中,冷兴发没钱使用,出外小贸,曾经与其合伙做屠户生意的李文兴与其妻冷杨氏通奸,每月认给食用,其实这就是一种交换,而这一切冷兴发都是知情的。应该说,在家庭无钱使用的情况下,冷杨氏拿自己去做交换。如果后来李文兴不做得太过分,想以 8 两银子把冷杨氏说娶为妾,可能他们这种关系会在较长时间内起码在冷家经济困难期间得以维持和延续。李文兴得寸进尺,冷兴发

---

① 《巴县档案》6－4－5324,咸丰六年九月。

无法忍受,不允许他娶自己的妻子为妾,所以具控在案。细究本案的通奸原因,在很大程度上是家庭贫困所致。知县在审断的时候,只是对奸夫进行了轻微的惩罚,对奸妇和纵容妻子通奸之本夫均未进行惩罚,就连最轻的掌责都予以免除,更不用说"各杖九十"了。

相对经济因素而言,因感情方面的原因发生奸情更为常见,又可以细分为在婚通奸、寡妇通奸、未婚通奸三大类别。

一、在婚通奸

艾晶、黄小彤认为,当婚姻中性生活不满意时,男子可以采用纳妾、嫖妓等诸多办法予以解决,而不甘寂寞的女性只能有通奸这种唯一的选择。[①] 性生活不满意只是原因之一,导致夫妻感情不和的因素往往还有很多方面。

丈夫常年在外。咸丰年间,汤浩书的妻子汤王氏与同高祖堂弟汤洪顺通奸,主要原因有二:第一,汤浩书以抬轿为生,经常不在家中;第二,汤洪顺妻子已故,"父母俱故,弟兄三人,小的行二,娶妻已死"。[②] 一个丈夫常年不在家,孤单寂寞,一个妻子已故,父母俱故,似乎更为凄惨,于是,二者的通奸自然就发生了。同治年间,周胡氏丈夫周心恪在外不归,周胡氏干哥童玉亭常在家来往,最终干兄妹发展为通奸关系。周胡氏夫家祖父病故诵经,童玉亭到家送礼,又与周胡氏通奸,被夫家祖母周陈氏等捆送衙门

---

①艾晶、黄小彤:《清末女性奸情杀人案研究(1901—1911)——以第一历史档案馆馆藏档案为例》,《宁夏大学学报》(人文社会科学版)2007 年第 2 期。

②《巴县档案》6－4－5363,咸丰七年五月。

审讯。① 周胡氏丈夫周心恪虽然没有明确说明其职业,但根据案卷内容可知,他经常在外不归,童玉亭的供词中提到"因心恪出外,小的常在他家来往。前年六七月间,小的在他家闲耍,晚间乘凉与胡氏言语戏调,胡氏全不羞忌。至三更候,小的见胡氏门未关闭,乘势进内,胡氏欢允,就与他奸宿起衅。俟后来往奸宿,不记次数。"童玉亭有心,周胡氏有意,主要原因还是周胡氏丈夫常年不在家,导致 28 岁的周胡氏年轻苦守,这时恰好有第三者童玉亭介入,通奸就顺理成章了。

丈夫常年在外,妻子本就孤单寂寞,一旦周围的男性中恰好有人懂得如何献殷勤,发生奸情的可能性就更大了。37 岁的童万海平日在外架船生贸,常年不在家,隔壁住坐的何瑞才时常在他家闲耍,帮助童万海妻子童张氏买卖小菜,童张氏见他勤快,二人发生了奸情。何瑞才私剪头发一仔,拿与童张氏,称说是所买假发,童张氏便将这仔头发梳在自己头发内,被童万海回家看见,把童张氏拷打,说出通奸的事,童万海把何瑞才和妻子具禀在案。经过审讯,童张氏不应与何瑞才私行通奸,将二人分别责惩,当堂把童张氏交童万海领回另嫁,日后永绝往来。②

夫妻年龄差距太大。开药铺生理的王恒德原配物故,娶赵氏为妻。因王恒德徒弟刘兴仁与师母赵氏屡次通奸,被王恒德具控在案。③ 王恒德原配病故,赵氏亦是再嫁,二人均属第二次婚姻,感情基础本就不好。再加上王恒德年已 43 岁,而赵氏年仅 26 岁,夫妻二人相差 17 岁,年龄差距过大使得本就不牢固的婚姻关

---

①《巴县档案》6－5－8328,同治元年十二月二十四日。
②《巴县档案》6－4－5306,咸丰六年七月十九日。
③《巴县档案》6－5－7407,同治四年六月二十五日。

系更岌岌可危。徒弟刘兴仁 21 岁,与师母赵氏年龄非常接近,二人通奸就更容易理解了。秦源兴,平日在渝开设栈房生理,凭媒说娶王氏为妾已有 10 余年,生有一女。咸丰十年,秦源兴雇李老四帮做伙夫,结果李老四与王氏私通。某日,李老四私窃雇主家漆觔二钵,放炭渣内挑出,被捕差汪太瞥见拿获,将王氏一并送案。经过审讯,将李老四笞责锁押,谕令取保省释,秦源兴甘愿与王氏离异,女儿交给王氏带走。① 秦源兴年已 66 岁,而王氏的年龄应该在 30 岁以下,夫妾二人年龄差距太大是发生奸情很重要的原因。

　　丈夫多病或身有残疾。张福照,48 岁,双目失明,原籍陕西,到渝城住贸,道光二十二年说娶妻子李氏,生有一子,已于咸丰四年八月病逝。咸丰四年九月,在临江门住坐的孙长寿到张福照家卖唱,与张福照妻子张李氏认识,后来孙长寿经常在张家往来,与张李氏通奸数次,被张福照拿获,捆送案下。经过审讯,将孙长寿笞责枷示一月,将张李氏掌责,交给她胞兄领回另行改嫁。② 张李氏与张福照结婚 12 年,生有一子已于咸丰四年八月间因病去世。其儿子病逝与通奸案没有因果关系,那么,张李氏通奸与其丈夫双目失明是否有关系呢? 笔者认为,张李氏结婚已经 12 年,按照初婚年龄 17—18 岁计算,③张李氏案发时的年龄应该在

---

① 《巴县档案》6－4－5643,咸丰十年四月。
② 《巴县档案》6－4－5159,咸丰四年九月初十日。
③ 根据王跃生的研究,18 世纪中后期女性初婚年龄主要集中在 20 岁以下,各地之间存在一定的差异,全国平均初婚年龄为 17.41 岁。郭松义也认为清代女子的平均初婚年龄应该在 17 岁到 18 岁,二者较为吻合。见王跃生:《清代中期婚姻行为分析——立足于 1781—1791 年的考察》,《历史研究》2000 年第 6 期;郭松义:《伦理与生活——清代的婚姻关系》,北京:商务印书馆,2000 年,第 202 页。

29—30岁左右，与张福照年龄相差十八九岁，这是夫妻二人感情不和的原因之一。其次，张福照双目失明，按照张福照在告状中的说法"逆妻李氏欺民双目失明，不守妇道，素行勾人私通，经民知晓，投妻外祖阮万有说知，讵李氏不改，又与孙长寿私通"，夫妻二人早有间隙，而这与张福照双目失明有着莫大的关联。丈夫失明残疾，必然对家庭生活和夫妻感情产生重大的影响。但张福照是什么时候失明的，如何失明的，本案并没有交代。如果婚后失明，张李氏对丈夫感情发生偏移是有可能的；如果婚前就已经失明，那张李氏成婚之时就应该对此事有心理准备。咸丰四年九月十五日张福照具结离异，任随张李氏改嫁，一直到十月十六日，张李氏的胞兄李永清才赴案将妹子领回，具结备案。中间的时差有一个月之久，那么这段时间，李氏是如何安排的呢？是暂时回到夫家还是被衙门安排住在客栈待领？从类似案件中奸妇的去向可以推断，这段时间张李氏应该是被差役安排住在客栈，等待娘家来接。张李氏娘家隔了一个月才来案领人，表明了娘家人内心的纠结与不情愿：知县既然已经做出了娘家领回另嫁的审断结果，他们不敢不领，但张李氏毕竟犯的是通奸案，是很不光彩的令人羞辱的事，娘家领回也会给娘家脸上抹黑。家丑以这样官方的方式被街坊四邻所知晓，这是娘家不愿意看到的。

类似的案例还有白氏通奸案，同样是因为丈夫有病在身妻子与人发生奸情，也同样是娘家不愿承领。萧马氏儿子萧永实娶白氏为妻，过门仅半年，白氏就与李童、陈犬二人通奸，被萧马氏以逆恶淫乱具首在案。李童于案发前年曾在萧家帮工，当时就已经与白氏有奸，陈犬是住在萧家附近的邻居，也与白氏有奸。细查白氏与李童、陈犬二人通奸的缘由，其中一个重要的因素在于白氏丈夫萧永实"年幼多病"。虽然从案件信息中无法获知萧永实的具体年龄,但萧马氏在首状和供词中提到"儿子永实年幼多病,常被(白氏)欺凌"。根据清代男性平均初婚年龄①及此处的表述可知,萧永实年纪应该比白氏小得多,属于"大妻小夫"的类型。李童在供词中也提到"因永实年幼多病,于去十月间,萧白氏就与小的调戏成奸过两次",再次确定萧永实年幼多病的事实。这应该就是夫妻二人感情不睦、白氏与人通奸的重要原因。经过审讯,将李童、陈犬均各掌责并枷示,萧永实情甘与白氏离异,谕令把白氏押店,候传唤白氏的父亲白麻二到案承领,另行改嫁。岂料差役禀称白氏父亲"染病卧床,称云伊女不守妇道,有伤风化,誓不能赴案承领,恳凭恩主发媒改嫁"。尽管娘家不愿承领,但知县觉罗祥依然没有将白氏发交官媒嫁卖,而是让差役再去传唤:"白麻二果染病卧床,其白氏娘家有无弟兄及其余亲丁,着再传唤一人赴案,以凭给领,勿得以任凭改嫁一语率覆,此谕。"最后白氏的叔叔白瑞科到案承领,白氏的父亲白麻二自始至终都没有露面。② 白氏过门才半年,就因同时与二人通奸被夫家禀送衙门,这在娘家人看来是一件颜面尽失之事,不愿承领也在情理之中。

　　夫妻感情不和,是通奸发生最重要的因素。有的奸妇为了达到与奸夫长久相好的目的,甚至不惜诬告自己的丈夫。同治三年,陈合顺拐逃龚周氏,被龚周氏丈夫龚正才查获控案,龚周氏这才供出她曾经伙同捕差诬告自己丈夫搂掠天主教衣物,其供词如下:

①王跃生提出,清代中期男性的全国平均初婚年龄为 22.15 岁。见王跃生:《清代中期婚姻行为分析——立足于 1781—1791 年的考察》,《历史研究》2000 年第 6 期。
②《巴县档案》6－4－4893,咸丰元年四月。

这龚正才是丈夫,刘安全是舅父。去年六月间,小妇人与这陈合顺通奸,商议贻害的话,彼此应允,就串捕差李玉说是丈夫搂掠天主教衣物情事,把丈夫送案。叠沐审讯,小妇人不应诈害丈夫,把小妇人掌责离异,关唤陈和顺未获。①

根据案情可知,龚周氏因与陈合顺通奸,所以商议毒害自己的丈夫,串捕差诬告丈夫搂掠天主教衣物,将丈夫送案。龚周氏年方 24 岁,与丈夫已婚 9 年,已经生育三子,为何会与陈合顺通奸,并且想出如此的狠招对付自己的丈夫,从案件记录无法看出端倪。可以肯定的是,龚正才与周氏夫妻感情并不和睦。

二、寡妇通奸

分析寡妇通奸的原因,大多也与感情因素有关。丈夫去世,寡妻因为各种原因没有选择再嫁,扶老携幼,生活倍感孤寂,感情方面的空白与生理的需求容易导致犯奸行为的发生。

李高远娶妻许氏,生子李广,李广娶王氏(39 岁)为妻,生育三女,无子。李广物故,李高远没有子嗣,娶张氏(32 岁)为妾,生子李州。后来,李高远、许氏夫妻均故,李张氏、李王氏婆媳孀守在家,抚育李州,靠遗留田业过活,每年收租 80 石,生活较为富裕。咸丰六年正月间,李张氏雇魏四(31 岁)帮长工,八月间不记日期,三更后天下大雨,听闻房屋漏滥,李张氏与魏四起身找取木盆接雨,李张氏见四下无人,就至魏四的房中床上睡倒求奸,魏四害怕不允,张氏估与魏四通奸一次。过后恐怕族中知觉,魏四辞工走了。不料李张氏因奸成孕,堕胎败露,被媳妇王氏看见,投鸣族中

---

①《巴县档案》6－5－7365,同治三年十一月。

立约（服罪约附后）了事。李张氏担心以后儿子不好做人，就以表兄弟何巨川为抱，把丈夫侄子李普具首，捏说李普逼嫁不成，又诬陷其通奸。经过审讯，李张氏与魏四通奸情真，分别责惩；何巨川不应异姓作抱，把他责惩逐出，日后不致妄为；张氏业已犯奸，断令其娘家叔叔张大顺们领回另嫁，当堂把分管交与王氏收存。日后李州生的长子，抱与王氏。佃约限张氏三日揭出，如若不在，令佃客另录一纸，书明前约以为故纸，王氏把兄弟李州引回抚养。

李张氏立出的服罪文约如下：

> 立出服罪约人孀妇李张氏，情因李心明昔年娶以为妾，不料心明去世三载，张氏不与故夫立节，败坏刚【纲】常，玷辱门风，爰凭族众理应送官逐出，以正名节。又念孺子无依，姑留以抚孺子。日后若再有差失，定凭族众送官逐出，不得异言称说。此系伤风败俗，其中并无逼勒曲【屈】从。中间不虚，立服罪约付与族众存据。
>
> 咸丰六年十一月二十三日立服罪约人妾妇李张氏
> 有押①

从档案材料可知，张氏咸丰元年出嫁，咸丰四年守寡，当时只有 30 岁，与比自己还年长 7 岁的孀媳王氏相依抚子，虽然家中吃喝不愁，但难免孤单寂寞。魏四 31 岁，与张氏年龄相仿，尚未婚娶，在外帮工度日。张氏和魏四均在供词中说明，是张氏估要通奸，结果通奸一次即怀孕。有一点想不明白的是，张氏犯奸堕胎，族人本要送官逐出，考虑其子尚幼，让其出立服罪约，继续留在家

---

① 《巴县档案》6—4—5339，咸丰六年十二月初五日。此约中的李心明即李高远。

中抚养儿子,为什么她还要主动控案,难道她不知道这样做的后果和风险吗？难道她认为自己有胜诉的把握吗？审讯结果是张氏被娘家领回另嫁,既失去了儿子的抚养权,也丧失了财产的监管权。本来不愁吃喝,可以安安心心抚养儿子过下半辈子,因为犯奸堕胎暴露,张氏又失去了一切,回到了原点。此案中最大的得利者是王氏,张氏被娘家领回另嫁,王氏既得到了兄弟李州的抚养权,还得到了所有财产的监管权,日后李州生的长子也抱给王氏,相当于确立了王氏在家中的地位。虽然她没有儿子,但这样一来她却得到了一切,这不得不让人怀疑王氏告发继母张氏堕胎之事的动机了。

其实,抛开道德的层面,不管张氏还是王氏,都是当时社会背景下的牺牲品。假如张氏能够像现在的女性一样享有正常的财产继承权,她完全可以带着孩子改嫁或者招夫,与魏四通奸之事也不可能发生;假如王氏有权得到属于自己的那部分财产,她也完全没有必要守着那份不愁吃喝的产业在夫家熬生活,更没有必要觊觎比自己还年轻7岁的继母张氏在家庭中的权利和地位。她们都能脱离那个成年男性均已故去只有婆媳相依的牢笼,寻找自己的幸福。但因为生在那个时代,她们的幸福早就注定是空中楼阁,而张氏在寻找自己幸福的过程中,还摔了一个大大的跟斗,既失去了儿子的抚养权,又失去了一切的财产监管权。

考察孀妇通奸的案例,犯奸之事被公之于众时,也就是因犯奸被诉诸衙门之时,她们守寡的时间各不相同,短的1年左右,长的则达10年以上。道光十五年萧氏通奸败露,当时萧氏守寡1年;道光十一年覃氏与雇工廖麻三通奸私产,当时覃氏守寡已有6年;光绪二十五年李陈氏通奸私产,当时李陈氏已经守寡12年之久。

三、未婚通奸

根据巴县档案显示,未婚通奸也时有发生。究其原因,主要是女子已到适婚年龄却因各种原因久久不能成配所致,其中也有童养媳过门多年但因丈夫年幼尚未成配而发生通奸的情况。道光二十八年,孀妇王赵氏凭媒王太和,抱卓闰年的妹子卓幺姑与次子王槐秀为娴媳,业未完配。咸丰八年,卓幺姑与雇工罗大通奸产孩,众剖卓闰年把他妹子卓幺姑领回息事。不料卓闰年不领,双方肆闹,王赵氏具控到案。① 通过档案内容可知,孀妇王赵氏年 48 岁,抱告是其 20 岁的大儿子王槐森,可见次子王槐秀小于 20 岁。卓幺姑道光二十八年娴抱过门,至案发时已经在婆家娴养了 11 年。王赵氏在告状中说,"幺姑及笄,子幼未配",卓幺姑虽然已经到了成婚的年龄,但因小丈夫尚幼,迟迟没有成配,这应该是导致卓幺姑与雇工罗大通奸私产的重要原因。

俗话说"女大不中留",这是有一定道理的。下述案例中的王端秀年已 21 岁,却尚未择户。清代女子初婚年龄在 17—18 岁左右,21 岁尚未许配确实非常少见,至于具体什么原因,案中并未说明。根据王端秀自己的供词,她一直"坐守闺中,不出户庭",可就是这样一位不出户庭待字闺中的女子,却与嫂子的奸夫发生了奸情。也就是说,家中姑嫂二人皆与同一人通奸。以下是三名当事人——嫂子王郑氏、小姑王端秀、奸夫黄真的复讯供词,因初讯时还没有拿获黄真到案,王郑氏坚称王端秀私逃与自己无关,与王端秀的供词大不相同,所以不足以采信。待差役拿获黄真后进行了复讯,这一次的供词,王郑氏承认是自己害了小姑王端秀,三人

---

① 《巴县档案》6－4－5428,咸丰八年六月十三日。

所供内容大同小异,所以相比而言,复讯供词比初讯供词可信度更高,更接近事实本身。通过三人的供词,可以大致了解三人的身份、三人之间的关系以及通奸的原因。

问据。黄真供:江北厅人,父亲黄晴江,生贡多年,文生教读为业。咸丰三年馆设肃璧街尹姓家中,与王忠锜同室居住,时相往来。忠锜妻子见面不避,彼此均各有意,尚未成奸。至六年三月二十九日,小的知王忠锜未家,二更后小的到他家中,就用言调戏,彼此心愿遂成奸一次。过后乘忠锜未家,时复行奸。七年十月初八日,王忠锜迁居凤凰坊,与小的馆地约隔里余,虽有往来,无隙可乘。八年六月十六日晚,小的闻忠锜未在家中,遂往行奸,不料忠锜回家,无从躲避不及,奔匿王端秀房中,用言调戏,王端秀不甚推拒,遂成奸一次。二十一日晚,端秀与郑氏相商,唤小的饯行,因王忠锜到陕西街祝寿未回,又与王端秀行奸一次。随后小的到成都,于八月二十七日归家,三十日夜到忠锜家与端秀行奸一次,冬月十一日夜又行奸一次。腊月初七日夜,与郑氏行奸一次。九年正月十八日晚与端秀行奸一次,始悉有人作伐,端秀与小的商议,不如设法拆散,免得日后出丑。王端秀与小的订约,二十二日雇轿将端秀抬回小的家中,只有随身换洗衣服,并无金银等物,小的为情所迷,一念之差,只求施恩。

问据。王郑氏供:咸丰六年三月二十九日,这黄真与小妇人调奸起衅,迫后屡次轮奸,不记日期。咸丰八年六月十六日,黄真与小妇人复行通奸,不料丈夫回家,躲避不及,才把黄真推入妹子端秀房内,是夜由此起奸。过后有人作媒,小妇人通知黄真,次日他雇轿把妹子抬回江北的是实。小妇人实是错了,迨后母亲们才把妹子找获送案。今蒙审讯,小妇人不应先行与黄真通奸,迨后串害妹子,把小妇人械责离异,令娘家领回就施恩了。

问据。王端秀供:……哥子回家,嫂子躲避不及,就把黄真推入小女子房内。小女子因酒醉睡熟,不料黄真与嫂子陡起不良,就往床上挨边睡下。小女子醒来,见有人同睡,彼时声喊。嫂子就用布帕把小女子唇口按定,声张不得,黄真就直行奸宿。过后嫂子同黄真都已跪地求饶,日后再不来了,孰知迨后屡次如前,不计日期行奸。到今年正月十八日,有这媒人作媒,是夜嫂子传谕黄真知觉,嫂子常向小女子吓说叫从令黄真,不要另嫁,小女子无奈,到二十二日只说上庙躲避,不期黄真雇轿抬回江北。迨后母亲同哥子把小女子找获禀在案的,是实,小女子实系错了,只求施恩。①

根据供词,王郑氏早与黄真有奸,因丈夫回家躲避不及,仓促之下把黄真推入小姑王端秀房内藏匿,岂料黄真借机又与王端秀发生了奸情。为了躲避媒人作媒并达到长期相好的目的,嫂子王郑氏与黄真撺掇王端秀私逃,被王端秀的母亲和哥哥寻获并具禀在案。至此,王郑氏、王端秀姑嫂二人皆与黄真通奸之事才被大家所知晓。王郑氏对小姑与黄真通奸并私逃一事负有不可推脱的责任,但王端秀迟迟未能出嫁,也是其中一个重要的原因。

第三节　知县的审断

从这 100 例犯奸案件来看,知县的审断各不相同,大都根据案件实际情况做出了符合情理的审理。但从惩罚力度来看,相较清律的规定,知县对犯奸男女的处理都有从轻的倾向。

一、对奸夫的处理

对奸夫的惩罚主要包括枷号、①责惩、经济惩罚,此外还有碾磨这种带有人身侮辱性质的惩罚。对于有职务在身或者在某一行帮谋生的奸夫来说,对他们的惩罚还包括革职、从行帮内革除等。

(一)枷号和责惩

枷号的主要目的是羞辱当事人,使其颜面尽失,以后不致再犯,一般不单独进行,通常还伴随有掌责、笞责②、杖责③等。枷号的时间长短也各不相同,短则 1 个月,长则 3 个月甚至更长,与案件中奸夫的过错程度有关。刘氏丈夫罗廷瑞回籍 8 年未归,刘氏与娘

---

①枷号:刑罚的一种。将木枷套在犯人颈上,写明罪状示众。清代康熙八年,禁囚不用长枷,只用细链,枷号遂专为行刑之用。初时,枷号不过 1 至 3 个月,后竟有论年或永远枷号者。枷重,前后各不相同。清初定为重枷 70 斤,轻枷 60 斤;乾隆五年改定,枷俱重 25 斤;嘉庆以降,重枷断用35 斤。

②笞责:人犯轻罪,用小荆杖决打,自 10 至 50 为五等,每十为一等。后以竹板折责。

③杖责:犯的罪比笞责稍重,用大荆杖决打,自 60 至 100 为五等,亦每十为一等。后以竹板折责。

家胞叔钱铺学徒任仲连通奸怀孕,判将任仲连掌责,枷号两个月。①
张袁氏嫌弃丈夫愚蠢,与奸夫黄高、万丙等商同购买毒药,差点将
丈夫毒死,判将奸夫黄高、万丙责惩枷示3个月。② 奸夫黄高、万
丙比任仲连枷号时间更长,是因为他们伙同张袁氏企图毒死袁氏之
夫张文甲,性质更加恶劣,所受的惩罚理所应当更重一些。

　　在知县判决之后,当事人所受的惩罚有可能还会发生变化,
尤其对枷号而言。因为枷号时间一般较长,短的一个月,长的好
几个月,在此过程中,被惩罚的当事人有可能因在枷患病而提前
释放。如周胡氏与干哥童玉亭通奸一案,经过审讯,将童玉亭笞
责枷示,结果童玉亭负枷患病,看役禀明,沐批疏枷取保调治,其
族叔童天寿赴案承保童玉亭出外医调病症,不得脱逃,而此时童
玉亭仅枷示22天,未满一个月。③ 为了证明当事人确实是因患病
而保外就医,案卷中会有相关的佐证材料,一般是衙役的禀状,说
明当事人患病的基本情况,知县在禀状后面签署意见,是继续关
押还是差人承保出外。如果同意当事人保外就医,还会有承保人
所立的保状,保证当事人不得脱逃,承保人一般是当事人的亲属。
如果不同意,当事人可能会一直关押到期满疏枷释放为止。即使
已经期满,也要取当事人之口供,说明自己犯案的基本情况,并保
证今后不再胡作非为,仍然需要当事人亲属赴案承保,再次保证
不得妄为。所有的程序都是非常规范的,相关材料也很完备。

　　除当事人生病之外,还有一个不能枷号期满的重要原因就是
被枷之人在枷期间患病死亡,巴县档案中这类情况不胜枚举。本

---

①《巴县档案》6-3-9307,道光年间。
②《巴县档案》6-3-9062,道光十四年十二月初五日。
③《巴县档案》6-5-8328,同治元年十二月二十四日。

来当事人所犯之事不至于死,仅仅枷号而已,甚至只是暂时关押候审,却因为极小的过错丢了性命,意外地死在了衙门。每当笔者看到这类情况时总是百思不得其解:本是年轻力壮之人,怎么被关几天、十几天或者几十天就病亡了呢?细细追究个中缘由,存在多种可能性。第一种,确实是在押患病,医治无效而亡,这与审讯时受到的惩罚有关。还可能有一个重要的原因,那就是衙门关押之处卫生条件极差,生活条件极为艰苦,导致被押人在押期间患病死亡。即使是青壮年,也可能在被笞责、杖责之后身体极度虚弱,再加上关押地卫生条件差、被押人互相传染等原因患病,一旦医治不到位、不及时,就会命丧黄泉。第二种,不排除被押人或者其家人交不出银钱贿赂衙役,被衙役搕索毒打毙命。即使衙役并没有对被押人进行毒打,也总能有其他办法让交不出钱的被押人吃尽苦头,有时这个苦头甚至有可能就是生命的代价。① 但

---

① 瞿同祖曾经提到,衙役们经常使用的非法手段之一是尽量延长嫌犯囚禁班房的时间。嫌犯通常被关在肮脏场所,置于夏日暴晒、冬日奇冷之中,直到同意向衙役交钱为止。汪辉祖曾记载,许多被囚禁的嫌犯常在官员下令释放前瘐死狱中。因此,他建议,除非绝对必要,不要轻易囚禁嫌疑人。见瞿同祖著,范忠信等译:《清代地方政府》,北京:法律出版社,2011年,第115页。史景迁也提到,监狱的世界非常黑暗,穷人一旦犯案,如果没有足够的资产买通狱卒,就有在狱中丧命的可能。因为身为知县的黄六鸿就曾将监狱中的陋习书写下来,这些陋习包括殴打犯人、整晚罚站、将犯人的被盖用水浸泡、偷犯人的食物等等。狱卒这样做的目的非常简单,就是要求犯人缴纳保护费。尽管知县对这些情况一清二楚,但他除了将男女犯人分开关押、开展定期健康检查等办法之外,也没有为此采取更为有效的防护措施。见[美]史景迁著,李孝恺译:《王氏之死:大历史背后的小人物命运》,桂林:广西师范大学出版社,2011年(2015年重印),第152页。

是迄今为止,笔者尚未在档案中见过一例被关押者因衙役虐待致死的记载,所有的档案记录无一例外都是患病身死,而且都有仵作的验尸报告"因病身死,别无他故"。从档案记录上看,所有的材料都是天衣无缝的,并不能看出什么破绽。

(二)经济惩罚

所谓经济惩罚,就是犯错之人对受害方进行赔付,或者向家族祠堂及社会公益事业捐款。巴县档案中,也有类似的案例。

> 问据。谭嘉猷供:去年十月十五职员纳药书一本到方载洲家闲耍,因腹痛酒醉,是夜就在他家歇宿,向他妻子吴氏欺调不从,把职员发辫剪脱,当即跑逃,不料他就来具控案下。前蒙审讯,职员供明在卷。今蒙复讯,职员因酒醉向吴氏欺调情真,职员自知咎难掩,甘愿认给方载洲盘费俯礼遮羞,并捐给三费公局铜钱三十钏息事。职员具结备案,只求作主就是。①

谭嘉猷欺奸不成,被控在案。"甘愿认给方载洲盘费俯礼遮羞",实际上就是对方载洲到衙门控案所产生的费用进行赔付,而且还带有赔礼道歉的意思。到底赔付了多少,档案中并没有记录。此外,谭嘉猷还捐给三费公局铜钱30钏,这笔费用数额较大,可能娶一个年轻貌美的妾都花不了这么多钱。

同治八年,汤光玖以逆侄估奸具首汤德宣一案,同样是调奸不成,也同样是经济惩罚。汤德宣酒醉,妄向杜氏调奸不允,以致被剪伤肾囊,将其掌责,理应枷示,因族人汤有光等恳恩从宽,承

---

① 《巴县档案》6-4-5545,咸丰九年六月。

保回家,限十日内将田谷 20 石捐入祠堂公用,与杜氏镌碑挂红①。
后来汤德宣把应捐田谷折合成 50 两银子捐给家族祠堂公用,家
祠首士等人立出收字文约:

> 立出收字文约人家祠首士等,今凭众收到汤德宣名下面
> 银五十两整,其银系德宣捐项之数,此银系伊胞叔光宗手交
> 出,族长汤世辅、房长汤后三、汤立三、汤有光等入数收讫。
> 今恐无凭,特立收约一张,给与德宣为据。
>
> 凭众族等　同见
>
> 原笔人汤有光
>
> 同治九年七月十八日立出收字文约人家祠首士等具②

余氏昔年凭媒许与高银田为妻,光绪三十三年八月二十二过
门,九月初旬产生一女,被丈夫高银田拿获,投凭族戚媒证理剖,
高银田坚决不要余氏,余氏无奈自行短路未毙。高银田畏祸,具
控在案。余氏供称:

> 余云太是娘家父亲,母亲早故。因父亲木匠手艺,白日
> 在外佣工,小女子在家。去冬害遭这钟荣章、钟成章们窥父
> 出外佣工,来家估逼奸玷,荣章四次、成章两次,受孕。系荣

---

①赵娓妮也曾提到南部档案中一个类似的案例:光绪年间,冯焕章之子冯人
杰与道书姜锡璜之妻陈氏通奸,案经讯断,判令:“冯焕章下去戒责冯人
杰,令其挂红赔礼,书立断绝往来文约,以后如敢再到姜锡璜家,着即捆送
来案,以凭照例惩治不贷”,见赵娓妮:《审断与矜恤——以晚清南部县婚
姻类案件为中心》,北京:法律出版社,2013 年,第 117 页。可见,“挂红”是
民间经常采用的一种方式,带有赔礼道歉、洗刷冤屈、驱邪祈福的多重含
义。即使在今天,依然有“上红”之类的提法和做法。

②《巴县档案》6－5－7878,同治八年十二月。

章套哄小女子多给银钱,如高姓知道,他们弟兄认给终身养度。不料今众论不应主逼佃女,劝给银两免讼省累。①

原来余氏是在娘家尚未过门时,被佃主钟云章、钟成章兄弟估奸。因高银田控案,钟氏兄弟担心受到惩罚,已经私下帮给高余氏医药费银 60 两,从宽省释。名义上钟氏兄弟是帮给医药费,实际上就是对高余氏及其丈夫高银田所造成伤害的一种赔偿。

选择这种经济惩罚的方式,犯错之人可以有效逃避肉体上的惩罚,欺奸不成的谭嘉猷和估奸余氏成孕的钟云章兄弟在"认给盘费""捐钱息事""帮给医药费"之后,就免除了所有的掌责、枷示。汤德宣酒醉,妄向族类长辈杜氏调奸,也只是被掌责而已,捐田谷 20 石给家族祠堂公用的惩罚抵消了本应有的枷示。但是数额较大的经济惩罚只可能用在有经济实力的人身上,对家徒四壁的普通百姓而言,即使采用经济惩罚的方式,其数额也极小,与此同时,其他惩罚也不可避免。咸丰八年,刘大顺与刘开怀妻子刘李氏通奸情浓,将刘李氏拐逃,走到半路,因没有盘费,刘大顺将刘李氏丢弃。刘李氏回家后说出情由,丈夫刘开怀具控案下。以下是刘大顺的供词。

> 问据。刘大顺供:这刘开怀妻子刘李氏今年五月初八日与小的通奸,一时情浓,商量不如逃走,以为长久夫妻的话。过后,是月十六日夜,刘李氏逃出,就同小的来渝住栈月余。送他回去,走至路途,因无盘费,小的就把刘李氏丢去。不料刘李氏走回娘家,说出情由,告知他丈夫刘开怀,才来辕把小的具控案下。今蒙审讯,刘李氏不应背夫逃走,从宽免究。

---

① 《巴县档案》6-6-25412,光绪三十三年十二月。

小的不应与刘李氏通奸拐逃,责惩锁押,谕令措缴铜钱八千文,认给刘开怀用费,小的遵断就是。①

刘大顺不但与刘李氏通奸,还将刘李氏拐逃,并且因缺少盘费而丢弃,谕令将其责惩锁押,缴钱 8 千文给刘开怀作为赔偿或者补偿。刘大顺不仅受到了经济惩罚,还被责惩锁押。如果他有能力赔偿较大数额的银钱,估计责惩锁押都会予以免除,即使不能完全免除也可以适当减轻。

在犯奸案件中,经济惩罚的方式既适用于奸夫,也适用于其他过错者。咸丰年间卓幺姑与雇工罗大通奸私产案,本来卓幺姑娘婆二家已经商议好,由卓幺姑胞兄卓闰年将妹子领回另嫁。可媒人王太和的儿子王大士趁机向卓幺姑的婆婆王赵氏搪索不休,王赵氏具控到案。经过审讯,卓幺姑私产,例应犯出,罪由自取,仍断卓闰年把他妹子卓幺姑领回。王大士不应借故滋索,应责从宽,措缴铜钱 4 千文,以作卓幺姑出嫁用费。② 王大士在此案件中本来没有过错,但在协商处理后续问题时妄图借机滋索,断其措缴 4 千文给卓幺姑作为出嫁费用,其实就是对他所犯过错的惩罚。如果他没有妄图滋索,这笔费用应该由卓幺姑的婆家支付。毕竟卓幺姑在婆家童养 11 年,为婆家做了不少家务事,没有功劳也有苦劳。况且卓幺姑在婆家犯奸私产,婆家的监管责任应该是最大的。

(三)其他惩罚

除以上所提到的枷号、责惩以及经济惩罚之外,巴县档案中还有让奸夫碾磨的惩罚。道光年间与罗老二妻子吴氏通奸的穆

---

① 《巴县档案》6－4－5436,咸丰八年六月初八日。
② 《巴县档案》6－4－5428,咸丰八年六月十三日。

廷才就被判掌责,并外加拴锁大链碾磨 4 个月。类似的惩罚在巴县档案中极为罕见,笔者认为,这种惩罚除了让当事人受皮肉之苦外,还带有人身侮辱的性质,震慑力应该比责惩和枷号更大一些。

不管是责惩、枷号、经济惩罚还是劳动改造,都只是暂时的惩罚而已。如果奸夫有一定的职务或固定的职业,除了责惩、枷号等惩罚之外,还可能被革除职务。敖镛是执刑班总役,同治五年说娶欧杜氏的女儿欧氏为妻,过门七载无恙。同治十一年四月,欧氏乘丈夫在衙经理公事,与仁和坊张保正通奸被获,捆送衙门。经过审讯,欧氏不应不守妇道,将其掌责,并谕令娘家把欧氏领回;张保正与欧氏通奸属实,将他笞责枷号示革。① 张保正身为仁和坊保正,肩负着所辖范围的户口治安、训练壮勇之责,却因为与欧氏通奸被笞责枷号示革,丢了保正之职。

此案比较有意思的是捉奸的过程,整个过程有计划、有组织、有安排、有情节。敖镛家的奶妈在整个捉奸环节中起到了线人的作用,不仅给主人通风报信,双方还约有联络暗号,真像电影中的情节一样。

> 问据。肖奶妈供:小妇人在敖镛家帮工喂乳,主人敖镛当班未家,他妻子与张保正时常往来吃洋烟,敖镛不知情。不料欧杜氏来家闲耍,与张保正串弊,把箱子三口、碗盏器具拿去。敖镛向小妇人告知情由,屋内有人由窗子点香为记。至本月十五夜,小妇人才点香窗子支出,敖欧氏不知道。敖镛雇曾华们进屋,把张保正拿获捆送在案的。今蒙审讯,这

---

① 《巴县档案》6—5—8132,同治十一年四月。

是小妇人的实话。

　　问据。曾华、徐升、严洪同供：小的们是执刑班差役，这敖镛是小的们班内总役。今年本月十五夜二更后，敖镛叫小的们与他一路回家，进屋把张保正拿获，敖镛把他妻子并张保正捆送在案的。今蒙审讯，小的们所供是实。

敖镛率曾华、徐升、严洪等人直接回家将张保正逮个正着，这全是肖奶妈的功劳。双方早已约好如果家中有人就在窗子点香为记，而敖欧氏却完全蒙在鼓里。等她反应过来是肖奶妈在暗自通风报信时，早已被敖镛拿获捆送到案了。

张保正因为通奸丢了职务，而彭长寿因为通奸被罚永远不许入筷子帮，其实，这两者之间有着某种共同点。对犯奸者来讲，身份不同受到的惩罚会有所差别：普通百姓会受皮肉之苦，但也没法再对他们进行其他惩罚，因为他们一无所有。而其他人则会在皮肉之苦外，再承受一些与其身份特点有关的惩罚。比如有经济承受能力之人可能会被处以一定的经济惩罚，有职务者可能会被革职，而在某行业内做事之人，则有可能被革出该行业，永远不许再入。

刘朝贵在渝开设筷子铺生理，彭长寿是铺内学徒，不料彭长寿与刘朝贵妻子郭氏通奸，刘朝贵闻知，将郭氏休退，把彭长寿逐出。后来，刘朝贵又看见彭长寿在童兴洪筷子铺内学习，才知彭长寿是童兴洪抱的儿子，刘朝贵不依，双方具控在案。经过审讯，童兴洪将抱子彭长寿退出归宗，彭长寿不应与郭氏通奸，把他掌责逐出，永不许入筷子约。[1] 彭长寿因为与师母郭氏通奸，不仅

---

[1]《巴县档案》6-4-4931，咸丰元年十一月。

被养父退回归宗,而且还掌责逐出,永远不许入筷子约,这个惩罚与之前的单纯责惩枷号相比,要严重得多。责惩和枷号只是皮肉之苦而已,而将彭长寿退回归宗,影响的则是彭长寿的整个人生。如果彭长寿没被退回归宗,他日后有很大可能会继承养父童兴洪的筷子铺以及其他产业,而永远不许他再入筷子约,将会使他已经学到的手艺全部作废、毫无用武之地。从此案还可以看出,各行各业均有自己的规矩,彭长寿与师母通奸,是道德极度败坏之事,筷子帮可能有这方面的禁入和退出规定。

中国古代社会,几乎每行都有自己的行规,虽然行规属于乡规民约的范畴,但对行内人均有约束作用。行规条款主要包括行内生意的收费标准及其他行业标准、行内人员需共同遵守的一些规矩、行内人员之间的互帮互助、违背行规的惩罚措施等。凡行内之人都应该遵守,如有违反,则会受到相应的惩罚。根据巴县档案所见,对行内之人的惩罚多为"凭众公罚",具体惩罚措施一般为"罚戏一台""罚钱演戏""治酒八席""罚银一两入会"等等,比较重的惩罚是"革出""不许入行做艺"。除此以外,也有一些行规对行内人员的品行和道德问题较为重视,有专门的条款进行规定和说明。比如,道光二十二年永生帮顾绣老板师友公议条规中有如下条款:"永生帮我行上下来往未出师徒弟,不许在外帮人,亦不许请,违者查出,凭众公罚""帮内我行人等,不得阳奉阴违,欺诈紊规,违者查出不许入帮"。① 嘉庆元年胰染绸绫布匹头绳红坊众艺师友等公议章程中有如下条款:"我等总要尊重为贵,如有品行不正,出入私窃各铺老板货物,私自带染作蠹者,查出送公,

----

① 四川省档案馆、四川大学历史系主编:《清代乾嘉道巴县档案选编》(上册),成都:四川大学出版社,1989年,第235页。

永远革出各宪用挈,永不许入行复旧做艺。"①嘉庆六年六月二十四日八省客长禀状中提到:"照得诸色牙行,必须身家殷实、诚实可信之人,始准承充",②也对行户的品行提出了要求。从这些规定可以看出,行业人员凡在品行方面有问题或者出差错的,惩罚多为禁入行帮或者从行帮革出,反映出各行各业对品行问题的重视程度。由此看来,彭长寿与师母郭氏通奸,比行规中所列举的一般意义上的品行不正问题还要严重得多,罚他永远不许入筷子约,已是极轻的惩罚了。

二、对奸妇的处理

就巴县档案的情况来看,对奸妇的处理比对奸夫的处理更为多样化。一般而言,知县会当堂对奸妇执行掌责、荆责、笞责、杖责、械责、鞭责等处罚,与对奸夫的处罚较为相似。不过这类处罚大都说得比较笼统,很少有具体惩罚方式和惩罚数量等方面的记载,大多案例直接将堂审时所受的各类惩罚简称为"责惩",一般表述为"已沐责惩""将其责惩""把他责惩"等等,实际上对当事人的具体惩罚方式并不完全一样,数量上也会有所差异。在何万镒控苏泰顺与妻杨氏通奸一案中,知县在判词中提到"何万镒既不愿领何杨氏为妻,将杨氏荆责八百,留下子女,休回娘家可也"③,明确了对奸妇杨氏的惩罚方式是"荆责",而且数量是"八百",这样明确而细致的记载在巴县档案中较为罕见。南部档案中还发

---

① 四川省档案馆、四川大学历史系主编:《清代乾嘉道巴县档案选编》(上册),成都:四川大学出版社,1989 年,第 237 页。
② 同上,第 252—253 页。
③ 《巴县档案》6－6－24813,光绪二十年十一月。

现将犯奸男女均"照例枷责"的案例，①巴县档案中对奸夫实行枷责是较为普遍的做法，对奸妇的惩罚相对更轻，一般就在堂审时进行，大多不会采用枷号。在今天的阿富汗，通奸女子受到的惩罚是被法官当众鞭打 100 下，相比清代巴县、南部县的惩罚都要重得多。如今我国的《刑法》以及其他法律中并没有对通奸做出定罪的规定，通奸不是一种犯罪行为，只会在道德层面受到谴责。

惩罚之余，奸妇今后的生活如何安排才是重点。通过对巴县档案的分析可知，对奸妇的处理主要有如下几种情况：夫家领回管束、夫妻离异娘家领回另行择户、去留任随妇女自便、去留任随丈夫决定、发交官媒。

（一）由夫家领回管束或者自主决定妻子的去留

在某些情况之下，丈夫经过权衡，还是愿意与犯奸的妻子继续生活在一起，不愿离异。可能是奸妇怀有身孕，也可能是家中有年幼的子女需要抚养，还可能是妻子通奸之事系丈夫知情默许，甚至为了某种目的纵容妻子犯奸。

前文曾经提到的李文兴与冷兴发妻子杨氏通奸一案，知县判冷兴发将妻子领回，严加管束，就是因为杨氏与李文兴通奸是在丈夫默许的情况之下发生的，经济因素是通奸发生的重要原因，与其他通奸行为有所区别。② 彭绍吉与杨蛮子同房居住，因彭绍吉在家患病，与妻彭贾氏日食无度，就叫杨蛮子与他们饭食，二人因此成奸，彭贾氏在供词中称"今二月十六日，丈夫患病，没有日食用费，都是杨蛮子的"。后来，杨蛮子把贾氏拐逃到江北，被彭

---

① 赵娓妮：《审断与矜恤——以晚清南部县婚姻类案件为中心》，北京：法律出版社，2013 年，第 123 页。
②《巴县档案》6－4－5324，咸丰六年九月。

绍吉查知找获，赴辕喊控案下。经过审讯，杨蛮子不应把彭绍吉妻子贾氏拐逃，将他责惩；彭绍吉亦不应纵使妻子通奸，亦被笞责；贾氏不应背夫私逃，也被掌责。谕令彭绍吉当堂将贾氏领回管束，嗣后不得妄生祸端。① 彭贾氏与杨蛮子通奸是为了生存，并且是在丈夫默许之下进行的，所以断彭绍吉将妻子领回管束，并没有断夫妻离异，说明知县对这种情况之下的犯奸表现出宽容的态度。

　　类似的还有董和尚与李薛氏通奸一案。李恒方平日下力活生，平日素来交好的董和尚在他家里住站。因李恒方染患病症，下乡调理，嘱咐董和尚经理家务，董和尚遂与李恒方之妻李薛氏通奸。大概半年左右，李恒方回家，发现家中缺乏食费，赤贫难度，与董和尚口角争闹，被街邻查知，一并送案。经过审讯，李薛氏不应与董和尚通奸，将其掌责，并把董和尚责惩，锁押十日取保。李恒方不应知情容留，应责从宽，当堂将妻子领回管束。② 之所以断李恒方将犯奸之妻领回管束，最为主要的原因是此案属于丈夫纵容妻子通奸。从案件的记录来看，董和尚早就在李恒方家住宿，李恒方一走就是半年，嘱咐董和尚经理家务，明显就是让董和尚一起来养家，作为交换，其妻李薛氏与董和尚像夫妻一样生活。但董和尚也只是以小贸为生，并没有如李恒方所愿改变家庭经济状况，家境依然赤贫无度，所以李恒方才与董和尚闹翻。此案既是丈夫纵容妻子通奸的案例，也类似于"一妻二夫"的情况。

　　一般而言，将犯奸妇女判给夫家领回另嫁的情况较少，但巴

①《巴县档案》6－4－4886，咸丰元年三月。
②《巴县档案》6－5－7202，同治二年五月十二日。

县档案中也存在这样的案例。童万海平日在外架船生贸,隔壁住坐的何瑞才常到童万海家闲耍,与童万海妻子童张氏通奸,童万海具禀在案。经过审讯,童张氏与何瑞才通奸属实,将二人分别责惩,当堂把童张氏交童万海领回另嫁。① 我们看到的案例中,如果不把犯奸妇女发交官媒,那么最为常见的就是娘家领回另嫁或夫家领回管束,像这样由夫家领回另嫁确实很少见到。因童万海的供词中提到"今蒙审讯,何瑞才并张氏通奸属实,沐把他二人分别责惩,谕令何瑞才取具妥保,日后断绝往来,仍令小的把张氏领回另嫁,他娘家不得寻小的生非,具结备案就是",说明童张氏娘家是有人可以承领的。龚正才妻子龚周氏与陈合顺通奸私逃,被龚正才查知具控案下。断:陈合顺不应卷拐周氏私嫁,将他锁押,谕令将口岸如数给楚,再行省释;周氏亦不应听诱在外败露,已予掌责;谕龚正才将周氏领回,随其嫁卖。② 供词中曾经提到龚周氏母亲龚鞠氏,说明娘家有人可以承领。这两个案例女方娘家都可以承领,却判夫家将犯奸妇女领回,随其嫁卖,笔者认为这种惩罚带有很大的自由性。如果夫家将犯奸妇女嫁卖,可以得到一笔财礼,算是对夫家的一种弥补;但也有可能夫家考虑到各种因素,并没有将犯奸妇女嫁卖。比如龚正才与龚周氏已婚 9 年,育有三子均幼,可能他会为了孩子的抚养问题把妻子龚周氏留下。知县这样判,实际上是给了夫家足够的选择权,由夫家来自主决定犯奸妇女的去留。

---

① 《巴县档案》6－4－5306,咸丰六年七月十九日。
② 《巴县档案》6－5－7365,同治三年十一月。

　　清律规定:奸妇从夫嫁卖,其夫愿留者,听。① 有时知县会在判词中明确本夫自主决定犯奸妻子去留的权利。刘子纶之妻蔡氏与陈麻子通奸被讯,正堂耿判词:"讯得陈麻子不应与刘蔡氏通奸,将伊杖责,枷示二月。刘蔡氏不应不守妇道,掌责,饬伊夫暂行领回,去留听其自便。此判。"后来,因蔡氏娘家兄弟蔡辅臣不愿领回胞姐,双方再起纠纷,刘子纶具恳状请求"割祸安贸",正堂耿批:"犯奸之妇去留听本夫之便,尔如愿将妻蔡氏退归娘家,即凭人交其胞弟蔡辅臣领回完事。倘敢向尔滋异,定饬带案复讯严究。"紧接着,蔡氏母亲蔡马氏以儿子蔡辅臣为抱,也具恳状,正堂耿批:"案经获奸送讯明确,分别责枷惩治,该抱应遵刘子纶续词批示,将尔姊蔡氏领回完事,毋得妄行呶渎,致干带究。"②从此案正堂耿的三次批词可以看出,犯奸之妇的去留由本夫决定,如果本夫愿意将其退回娘家,则娘家应该无条件承领。

　　龙畴五于光绪二十七年赴富顺帮贸,伊妻魏氏与李焕章移居老街,两年以来,魏氏用度皆由李焕章供给,二人通奸。龙畴五知觉,情甘离异,只将其女领回。但幼女非常依恋母亲,知县亦觉可怜,限五日内龙畴五筹度尽善再断。最终知县判决如下:"讯得李焕章与龙魏氏通奸,龙畴五情甘离异,本应发官媒嫁卖,惟龙小女依恋其母,情殊可怜。若同发官媒,此女将来恐致失所,着龙畴五领回。如小女能从父离母,具禀到案,仍将魏氏发交官媒;若不能相离,即由龙畴五自行嫁卖可也。李焕章通奸,致人骨肉离散,情极可恶,重责枷示(注:共枷示 3 个月)。龙魏氏前堂已责,免再惩

---

① 马建石、杨育裳:《大清律例通考校注》,北京:中国政法大学出版社,1992 年,第 950 页。
② 《巴县档案》6－6－24734,光绪十九年八月。

办。此判。"①此案反映出知县在审断过程中的灵活性,如果奸妇有年幼的孩子,考虑到孩子离不开母亲,会给夫家提供多种处理方法,完全由奸妇丈夫自己决定。但我们也应该看到,导致龙魏氏与李焕章通奸的重要原因是龙畴五离家两年未归,龙魏氏一切用度皆由李焕章提供,发生通奸应该有感情和经济两方面的因素,但知县却并没有对弃妻女于不顾、长时间不回家的龙畴五进行责罚,就连言语上的批评都没有,实在令人费解。

(二)由娘家领回管束或者离异再嫁

知县判犯奸妇女由娘家领回的较多,除因丈夫不在家、暂时领回替丈夫管束之外,大多由娘家领回另行择户。这种情况与夫家领回管束的区别在于,丈夫不愿再与犯奸的妻子延续婚姻,情甘离异,而娘家又有人可以承领,所以判娘家领回另嫁。

李陈氏,幼配李东山之子李春华为妻,生有两子一女,光绪十三年夫故,孀守抚子,光绪二十五年私产一女,称与夫弟李昆仑通奸。经过审讯,知县认为李东山有管家不严之责,李陈氏所生的两子一女跟随李东山过活,断令从李陈氏之子李克文弟兄受分内提银30两付给李陈氏,李陈氏之父陈洪玉将女儿并襁褓之女领回同住。② 敖镛妻子欧氏与仁和坊张保正通奸,被获送案,因欧氏当时身怀有孕,所以知县断将她掌责,娘家母亲欧杜氏领回。③

上述两例只是提到娘家领回,并没有提到是否改嫁的问题。其实娘家领回之后,或嫁或守,也完全听从妇女自便,夫家无权

---

①《巴县档案》6－6－25186,光绪二十九年四月。
②《巴县档案》6－6－25048,光绪二十五年十月。
③《巴县档案》6－5－8132,同治十一年四月。

再行干涉。不过往往因为娘家经济状况以及对自己未来生活的考虑等因素,绝大多数妇女还是会选择改嫁。怀孕妇女可能会有一些较为特殊的情况,变数相对更大。如前面提到的欧氏因审断时身怀有孕,不适合发交官媒,夫家也不愿承领,只能交给娘家领回。如果日后欧氏生下男孩,夫家领回的可能性较大,因为夫妻已婚7年只生有一个女儿;如果生的是女孩,也存在夫家领回的可能性。假若夫家仍不愿领回,欧氏或守或嫁则悉听尊便了。

(三)发交官媒嫁卖

相比其他惩罚,发交官媒嫁卖对妇女来说是极大的羞辱:这意味着她将被当做货物一样被人挑拣、验看和讨价还价,所以一般不会轻易采用。方大堤《平平言》在"妇女勿轻交官媒"条提到:"妇女非犯奸非犯命案不可轻易交官媒看管。"[1]知县的审断与夫家的态度有密切的关系。有案例表明,在女儿犯奸之后,娘家已经出立了领约和服约,但夫家仍然诉讼到案,知县只好将犯奸妇女发交官媒。在储奇门开设药材铺生理的王元吉娶江段氏之女为妾,成婚一年半,王江氏即与在渝太平门干菜行帮工度日的邹万权发生了奸情。同治九年十二月十七日夜,二人通奸被获,第二天江段氏立出服领约。

按照此约,王江氏犯奸之事两家同意私了,王江氏由娘家领回另嫁,不再与王元吉相涉,而且此约乃奸夫邹万权亲笔书写。不知为何王元吉并没有遵守两家的私下约定,仍将王江氏禀送案下,知县断将邹万权枷号一月责放,将王江氏发交官媒、官卖从

---

[1] 转引自赵娓妮:《审断与矜恤——以晚清南部县婚姻类案件为中心》,北京:法律出版社,2013年,第137页。

良。因此案缺乏后面的资料,不知在知县判决后娘家还有无请求领回的行为,所以也无从知晓发交官媒是否真正得以实施。

也有的妇女在发交官媒后,采取了较为激烈的行动进行反抗。陈氏丈夫生前与在射洪开纸铺生理的蒋天儒交好,陈氏与蒋天儒早有奸情。陈氏丈夫去世后,其夫兄要把陈氏嫁人作妾,蒋天儒与陈氏逃到渝城,射洪县派出余彪、廖全等五名差役,将二人拿获送案,请求移解。巴县断:"着将拐犯蒋天儒押卡,逃妇陈氏暂发官媒,俟备文移解射洪收审可也。"孰料陈氏不愿发交官媒,在官媒家上吊自杀,巴县再断:"查讯逃妇陈氏不守妇道,跟人逃走拿获,暂发官媒,反行吊颈,着责嘴四十收禁,俟亲属领文具文移解可也。"最后将拐犯蒋天儒解回射洪收审,陈氏胞兄陈荣到案承领陈氏回射洪,具结备案。① 陈氏娘家尚有胞兄可以承领,但巴县仍断发交官媒,陈氏遂以自杀相逼,最终成功由胞兄领回。

在王恒德以逆欺难容禀送伊徒弟刘兴仁一案中,刘兴仁与王恒德之妻赵氏通奸,还企图将赵氏拐逃,沐将刘兴仁鞭责收押,赵氏责惩锁押,谕令发交官媒,择户另嫁。赵氏娘家堂弟赵长顺不忍堂姐被发交官媒,赴案承领赵氏出外安分,另行择嫁,知县表示同意,在赵长顺所具的领状后批"准领"。② 本案与前述案例的相同之处是知县都同意了奸妇娘家的领回改嫁请求,但区别在于,前述案例中,奸妇娘家人均赴案具哀状或恳状,请求知县不要将奸妇发交官媒,本案中的赵长顺却并没有具哀状、恳状等,而是直接具领状将赵氏领回。说明知县的本意并不是发交官媒,而是将奸妇交给娘家领回作为首选,真正成功发交官媒的是娘家无人承

---

①《巴县档案》6-1-1737,乾隆四十五年十一月。
②《巴县档案》6-5-7407,同治四年六月二十五日。

领之妇女。这反映出知县对女性的从轻审断倾向,同时也反映出知县在审断时"皮鞭高高举起",对奸妇动辄断发官媒嫁卖,以起到震慑百姓的作用,但真正落到实处时,却有很多的变通方法。只要娘家有人前来承领,甚至根本不需要具哀状和恳状,知县也都顺势同意,"皮鞭轻轻落下"。

发交官媒也有可能会存在一些意想不到的情况,知县判决之后,就将犯奸妇女交给官媒或保正、差役等人领回,由他们全权处理,知县一般不会再过问此事。只要有人愿意承领,即可到案具结备案。但在此过程中,承领奸妇成配之人的身份值得探究。

咸丰十年三月十九日,王陈氏具首其媳王欧氏与张帽鼎通奸,经过审断,将张帽鼎杖责枷号,将欧氏责惩,因王欧氏丈夫王步云外出未归,吩谕王陈氏将欧氏领回管束。但王陈氏认为媳妇王欧氏通奸败露,臭名难堪,不愿领回,情甘将欧氏当堂休逐,与其子王步云离异,认从欧氏择户另嫁。无奈之下,知县只得判将王欧氏发交官媒。一个月以后,曾世全到案具领状,将欧氏领回成配。领状如下:

> 具领状人曾世全,今于大老爷台前为领状事。情今三月十九日,本城华光坊孀妇王陈氏禀送伊媳王欧氏在案,沐讯明确,欧氏不应背夫与张帽鼎私通,将欧氏同张帽鼎各予责枷,王陈氏当堂心愿把王欧氏休退,吩谕发交官媒另嫁,日后王陈氏之子王步荣回家,不得翻异。今蚁就案赴辕,将欧氏承领出外,经凭官媒案证说娶欧氏为实。王欧二姓娘婆两家并未勒蚁财礼厚奁,均无异言翻悔。俾蚁标梅堪咏,宜尔室家。中间不虚,领状是实。
>
> 批:准领。

　　　　咸丰十年又三月十五日具领状曾世全　有押

　　本以为此案到这里就可以结案了,孰料同年四月,居义里总役谢洪、周荣等人到案具禀,称曾世全其实就是奉命承办此案的曾贵,当事人的供词如下:

　　　　问据。谢洪、周荣、谭奎、张容、谢刚同供:小的们都是居义里总役。今年三月间,有王陈氏首他媳妇王欧氏与张帽鼎通奸,小的们派曾贵承办。恩主审讯,把王欧氏发交官媒,曾贵更名曾世全,把王欧氏领娶成婚。小的们查知,才把曾贵禀案的。今蒙审讯,曾贵不应办案后更名领娶,沐把他责革,枷示一月。谕令曾贵把王欧氏交出,仍交官媒。本城陈敬堂暂把王欧氏领住,俟择配赴案具领就是。

　　　　问据。曾贵供:小的与谢洪们班内散役。今年三月间,王陈氏首他媳妇王欧氏与张帽鼎通奸,是小的承办。恩主审讯,把王欧氏发交官媒,在栈岸拖深。小的哥子曾世全把王欧氏赴案领出,佃房居住,不料总役谢洪们闻知,把小的禀案的。今蒙审讯,小的不应办案更名领娶,沐把小的责革枷示一月,谕令小的把王欧氏交出,仍交官媒。①

　　　　咸丰十年四月初四日

　　根据禀案人谢洪、周荣等的供词,曾贵是负责承办此案的差役,但他因公徇私,利用自己办案的方便,更名曾世全将王欧氏领娶。堂审时曾贵依然坚称是自己的哥子曾世全将王欧氏领回,不与自己相干。但根据供词末尾的审讯结论可知,曾贵在其他差役的对质中最终承认了自己利用办案之便更名领娶之事。既然曾

---

① 《巴县档案》6-4-5635,咸丰十年三月。

贵领娶王欧氏不合规矩,断其将王欧氏交出,仍交官媒,并将曾贵
责革枷示。曾贵原以为自己更名领娶王欧氏神不知鬼不觉,岂料
被其他差役知晓并禀案,受到了责革枷示的严厉惩罚。由此看
来,在将妇女发交官媒的环节,存在监管不力、嫁卖随意等问题,
只要不是嫁卖娼门,知县一般都不会过问,而在实际执行的过程
中,则可能发生营私舞弊、冒名领娶等现象。如果此案没有谢洪
等人告官禀案,曾贵利用职务之便为己谋私也不会被揭发。

三、奸生子女的安置

关于奸生子女的安置,清律中有明确的规定"奸生男女,责付
奸夫收养",巴县档案所见相关情形,并不完全与律法的规定
相同。

一般情况下奸生子女判给奸夫领回抚养。阴黄氏丈夫已故,
生有一女,日常生活靠在外贸易的翁公带回银两过活。后来,阴
黄氏与教读营生的骆海帆(骆海帆素来与黄氏的哥子黄仕奇认
识)通奸产子,在渝城佃房居住,被夫叔阴卓斋查获控案。断将骆
海帆、阴黄氏各自械责,所产幼子交给骆海帆领回抚养,阴黄氏由
胞兄黄仕奇领回择户另嫁。[①] 在档案的记录中,没有提到黄氏女
儿的去向,是到舅舅家跟着黄氏另嫁随带过门,还是留在父亲家
由叔公阴卓斋暂时抚养,案中没有提到。此女多大年龄,也不得
而知。但非常明确的是,阴黄氏与骆海帆所生幼子由骆海帆领回
抚养,与清律的规定一致。

奸生子女可能不止一个,还可能既有子也有女,处理方式也
会有所差别。左氏丈夫陈显义病故,留下二子一女。左氏与同姓

---

① 《巴县档案》6－4－5395,咸丰八年二月初十日。

不宗的邻居陈大礼私通,生产一女,被夫兄陈敬廷拿获,具控案下,当时左氏有孕在身。① 以下是奸夫陈大礼于同治八年八月二十二日初讯时的供词。

> 问据。陈大礼供:这陈维签是父亲,小的与陈敬廷是姨表亲戚,敬廷父亲陈玉田在日,小的父子就佃他的田房居耕,迨后陈敬廷胞弟物故,左氏孀守,抚育二子一女,小的窥左氏青年,谈笑私通,过后左氏怀孕,小的把左氏母子搬在小的家住坐。今正育生一女,被陈敬廷弟兄把女孩拿获,具控案下。今蒙审讯,小的不应与左氏私通,奸生女孩,霸占他的分约什物等项,已予掌责差押,饬令速即把什物清还,一面搬迁。至奸生女孩,归小的领回抚养,遵听就是。

根据陈大礼的供词可知,左氏生产之女断给陈大礼领回抚养,这与一般的奸生子女处理方法一致。左氏被断发交官媒,是否娘家无人可以承领?以下是同治八年九月二十四日左氏胞弟左辅臣复讯时的供词,左辅臣是左氏的娘家胞弟,但他显然并不愿意淌这趟浑水,赶紧撇清关系,更不用说愿意承领胞姐回娘家了。

> 问据。左辅臣供:陈敬廷的弟媳陈左氏是监生的姐子,过门多年,育生二子一女,迨后敬廷胞弟物故,姐子就没有到监生家往来,姐子有无不守妇道与陈大礼私通的事,监生住居隔远,并不知道。至今陈敬廷们把姐子奸生女儿拿获,具控陈大礼,株连监生在案,今蒙审讯,监生并未经管姐子家里事务,不愿在案受累,情甘具结备案,日后再不滋事就是。

---

① 《巴县档案》6-5-7833,同治八年八月。

"株连监生在案""不愿在案受累""日后再不滋事",已经把左辅臣的态度表达得淋漓尽致。胞姐做出了有辱娘家人颜面之事,更有损于胞弟监生的身份,所以他现在不愿管胞姐之事,以后也不会管。在这种情况之下,娘家无人承领左氏,只得发交官媒。同治九年八月初二日,李洪顺到案承领左氏成配,连同左氏的乳子一同承领为嗣。显然,左氏在初讯时就已经有孕在身,初讯之后又产下一子。

> 具领状人李洪顺,今于大老爷台前为领状事。情陈敬廷以奸吞霸绝等情具控陈大礼等一案,沐恩讯明,陈左氏不守妇道,将伊发交官媒,今因官媒向蚁说合,蚁甘愿赴案,将陈左氏领娶为室,并伊乳子承领为嗣,自领之后,永无翻异,中间不虚,领状是实。

左氏与陈大礼通奸,先生一女,再生一子。女儿断由陈大礼领回抚养,儿子却由李洪顺领回承嗣。之所以这样处理,笔者推测有以下几个方面的原因:第一,左氏女儿于同治八年正月出生,到同治九年八月时,已有一岁半,似乎由生父陈大礼领回较为合适;第二,左氏刚刚产子,儿子尚幼,不能离开母亲;第三,李洪顺愿娶左氏成配,儿子一同领回承嗣,对李洪顺来说,应该是心甘情愿的,可谓一举两得。

因奸妇拒不透漏等原因不能明确奸夫身份的,或者奸夫身份对案件无关紧要的,奸生子女可能抱给他人抚养。14岁的叶瑞堂与妾母彭氏围绕财产分割纠纷诉诸公堂,知县断叶瑞堂给彭氏80两银子完案。岂料事情有了转机,叶瑞堂往彭氏家催领剩余的50两银子,结果意外发现彭氏私产婴孩。

> 问据。叶瑞堂供:这简应魁是小的母舅,徐彭氏是父亲

　　妾妻。咸丰二年因父亲回浙江去了,彭氏不守妇道,凭街邻劝小的母亲何氏出钱十千文给他胞姐刘彭氏把彭氏领回另嫁。嗣因母亲病故,彭氏来家霸分家产控案。叠蒙审讯,断令小的给彭氏银八十两,听其自便。小的当措缴银三十两,彭氏领去。迨后措银五十两缴案,彭氏未领,复向小的滋祸,才往他家催领银两完案。不料彭氏私通产生婴孩,小的当把婴孩抱回,投鸣林福兴们来案具控的。彭氏败露,把婴孩抱与周宗义为子,取名周长生,商串周宗义捏控案下。今蒙审讯,徐彭氏私产婴孩属实,免于深究。但彭氏产生婴孩周宗义当堂抱领为子,断令彭氏把小的所缴银两具领,日后不得复向小的滋事。求作主。①

　　案件中一直没有提到彭氏到底与何人私产婴孩,可能知县觉得探究此问题对叶瑞堂与妾母彭氏的财产纠纷案关连不大,所以并没有追究彭氏与人私通产子之责,"彭氏私产婴孩情真,悯念彭氏女流无知,从宽免究",仍然把叶瑞堂所缴的银两领回,日后不得再行滋事。而彭氏所产之子,既然不能明确奸夫身份,自然也不能由奸夫领回抚养,断周宗义当堂将婴孩抱领为子。周宗义应是彭氏的近邻,抱得婴孩为子,也是心甘情愿。

　　光绪年间,有一个与犯奸产子有关的官司较为特殊,因为这个案子先后两次审理,第一次是光绪五年,第二次是光绪十一年,所有的案件记录都被完好地保存下来,为我们了解案件的起因和发展提供了素材。前述的案例,奸生子女或断奸夫领回抚养,或抱给他人为子,至于这些子女之后的生活状况,则没有再继续跟

---

①《巴县档案》6－4－5589,咸丰八年二月。

进。而此案则讲述了一个奸生子，在知县做出审断 6 年之后再次成为对簿公堂的中心的故事。

光绪五年三月，萧璞山到案具禀自己的第三妾王氏与雇工罗元通奸私产逃匿，萧璞山供词如下：

> 问据。萧璞山供：贡生发妻没育，娶妾刘氏生有子女，后因发妻目瞽，承买王氏为三妾侍奉发妻，年久无异。近年贡生常患疾病，王氏不守妇道，就与雇工罗元通奸成娠，私拿银物衣饰逃走，贡生知觉，四查未获，才来禀存在案。迫后贡生才在罗元的父亲罗大顺家把王氏找获，即投许元泰们拢彼理剖不息，无奈复来呈禀的。今蒙审讯，贡生承买王氏为妾，迄今久年，应毋庸议，仍令贡生把王氏并幼孩领回管束，取具切结完案，遵断就是。①

根据供词可知，萧璞山咸丰年间承买王氏为第三妾，照顾失明的发妻，估计夫妾二人年龄相差较大，而且萧璞山自己也提到"近年贡生常患疾病"，王氏"不守妇道"，与雇工罗元通奸成孕、私产逃匿。经过初讯，知县认为萧璞山与王氏成婚年久（应该在 20 年左右），仍令萧璞山将王氏和私产幼孩领回管束。至于为何不按惯例让奸夫罗元将孩子领回抚养，此处并没有说明。显然萧璞山并不满意这样的审断结果，不愿意抚养这个孩子，复讯时断萧璞山给王氏母子 100 两银子，王氏携子另行改嫁。至于后来王氏携子到何处生活、是否改嫁，案件中并没有提到。

光绪十一年十月，萧璞山的弟媳萧何氏以鸠居雀巢等情上控萧璞山的第二妾萧刘氏，称萧璞山已故，王氏亦故，当年王氏生的

---

① 《巴县档案》6－6－23474，光绪五年三月，光绪十一年十月。

孩子金全没有人照顾,希望能交给萧璞山的第二妾萧刘氏抚养。但萧刘氏并不愿意,因此生控。萧何氏与萧金全奶母周黄氏供词如下:

> 问据。萧何氏供:萧刘氏是孀妇的嫂子,谢仁山是姨侄,李春茂是女婿李松山的堂兄。因丈夫胞兄萧璞山娶妾萧王氏不守妇道,萧璞山逐出具控。王氏生有一子名金全,萧璞山称说并非他萧家骨血的话,孀妇也是知道的。前蒙叠讯,谕萧璞山出银百两萧王氏他母子领讫,另行改嫁。不料萧王氏病故,他儿子金全无依,奶母周黄氏把萧金全送至孀妇家,那时孀妇与嫂子萧刘氏送去,说是王氏已故,把金全交他抚育。嫂子不允,与孀妇口角,孀妇才在府辕具控,批发恩案。今蒙审讯,孀妇不应捏词上控,本应重究,姑念到案知错。查前断供词结状,萧金全并非萧璞山骨血,谕孀妇具诬告切结完案。悯念萧金全年幼无知,生母已故无依,断令嫂子帮给钱三十千文,放借生息,候萧金全成人,亦功德事也。孀妇与李松山不得擅动本钱,亦不得再借此捏控。倘敢故违,惟代质李春茂是咎。孀妇遵断具结就是。

> 问据。周黄氏供:小妇人是萧金全的奶母,因他生母萧王氏病故无依,小妇人把萧金全送至他婶娘萧何氏家,迨后萧何氏与萧刘氏口角,在府辕具控,词列小妇人为应质,今蒙审讯,小妇人来案候质的是实。

为何萧何氏要以鸠居鹊巢控案,是因为最终继承萧璞山家业的萧鸿图并不是萧璞山亲生儿子,而是萧刘氏抱养之子。王氏的供词也曾经提到此事:"丈夫发妻多疾,娶妾刘氏均未生育,才说娶小妇人为三妾,过门连年生育均故,刘氏才抱异姓之子为子",

可见萧璞山第二妾刘氏亦未生育,抱养的儿子应该就是萧鸿图。萧何氏想趁萧璞山去世之机,让萧金全回家与萧鸿图平分家产,所以捏控在案。通过查阅光绪五年的案件记录,明确了萧金全确实不是萧璞山的亲生儿子,而是王氏奸生之子,那么萧鸿图"鸠占鹊巢"也就不成立了,断萧何氏具诬告切结完案,相关人等也具结备案。以下是萧刘氏并萧鸿图的结状:

> 具结状孀妇萧刘氏,同结萧海门即鸿图,今于大老爷台前为结状事。情萧何氏以鸠居雀巢等情上控氏等一案,沐恩讯明,萧何氏诬控,本应重究,姑念氏知错,并给阅前断供词结状,亦知萧金全的(确)非萧璞山骨血,令具诬控结。惟念萧金全年幼,而萧王氏身故无依,断令氏帮给钱三十千文,放借生息。俾金全得以长成,亦功德事也。李松山等不得擅动本银,亦不借捏滋祸,倘违惟李春茂是究,所结是实。

尽管萧金全是王氏奸生之子,但孩子尚幼,光绪十一年仅有 7 岁,没有人照顾和抚养也是不行的,所以知县断萧刘氏帮给萧金全 30 千文,放借生息,以作萧金全未来资本。光绪十二年四月十六日,萧金全奶母周黄氏取保承领钱文,并转放生息。其供词如下:

> 问据。周黄氏供:小妇人是萧鸿钧乳母,去年三月间萧何氏见萧璞山物故,出头赴府辕呈控,批发恩案。前蒙审讯,断令萧刘氏措钱三十千文缴案。今蒙审讯,谕令小妇人取保承领萧刘氏缴案钱三十千文,当堂交小妇人领去,转放陈益三生息,以作萧鸿钧将来资本。倘有不妥,即惟小妇人与保人是究,小妇人遵谕取保承领就是。

萧金全身为奸生之子,先和母亲一起被逐出家门,后又失去了母亲这个唯一的亲人,孤苦无依,从案件记录来看,他应该与其奶母周黄氏生活在一起。有了 30 千文作为保障,周黄氏也愿意将他抚养长大。

四、相奸不得为婚

清律对奸妇的处理有明确的规定:"若嫁卖与奸夫者,奸夫、本夫各杖八十,妇人离异归宗,财物入官。"①其实,相奸不得为婚并不是清代的原创,宋元明时期皆有禁令,清律只是沿袭了明律的相关规定。尽管有如此严格的规定,但民间奸妇嫁给奸夫的情况还是时有发生。民不告,官不究,一旦告官,官府往往会判离异,妇女另嫁。

刘静山娶妻王氏已有数年,生有二子二女,同族的侄子刘德川常在家往来,与王氏通奸被获。刘德川出财礼钱 12 千文,娶王氏为妻。后来,刘德川胞兄刘金祥同王氏之弟王二到刘静山家,估把箱内衣物首饰掣去,刘静山父亲刘川泰到案具禀。经过审讯,刘德川不应与同族叔娘刘王氏通奸,套娶为室,把他笞责;刘金祥不应掣骗衣物首饰,也把他笞责;谕令刘德川赔还刘静山衣饰银三两五钱,刘王氏另行改嫁,不准许刘德川为婚,出立婚约涂销附卷。后来,刘王氏改嫁给陈金山即陈裁缝为妻,财礼银 10 两,刘王氏幼女无人承领,一并抱与陈金山为女,恁随抚养择配。② 刘川泰到案具禀,并不是因为儿媳与刘德川亲属相奸,也不是刘德川娶王氏为妻,而是刘德川胞兄等人估拿衣物首饰。如

①田涛、郑秦点校:《大清律例》,北京:法律出版社,1999 年,第 521 页。
②《巴县档案》6－6－24310,光绪十三年三月。

果没有估拿衣服首饰之事，刘川泰就不会到案具禀，刘德川亲属相奸、娶奸妇为妻之事也不会被衙门知晓。但是一旦衙门接到此控，就必须认真处理，王氏离异再嫁，也就是必然的了。

李银山娶妻张氏，娴抱过门多年，已经生有一子，不料从堂兄弟李海廷与张氏来往私通，并且愿意出身价银 10 两娶张氏为妻，李银山彼时情急，就将张氏嫁与李海廷。李银山母亲李刘氏（92岁）不服，以儿子李洪川为抱，到案具控。经过审讯，"海廷系洪川从堂兄弟，乃敢与洪川胞弟李银山之妻张氏通奸，殊属大干法纪。兼之又复彰明聘娶，实于伦常有碍，着予掌责、杖责，以示惩儆。李银山既已原配张氏，何得擅将其妻安嫁从堂兄弟，亦即杖责，以儆将来。李张氏当堂交其夫兄李洪川领回，另行择配，李银山、李海廷二人堂交监正张书堂领回，彼此不得滋事，各结完案。此判。"[1]李海亭与从堂兄弟之妻通奸，已经犯有过错，之后还敢娶之为妻，所以知县将他掌责、杖责，处罚相对其他案例较重，前述刘德川与同族叔娘通奸并娶为妻，也只是笞责而已。这两个案例的特殊性在于，奸夫与奸妇之间有亲属关系。知县判离异，除了相奸不能为婚之外，还有妇女不能嫁给自己的夫家亲属之意。

第四节　对犯奸案件审断的思考

纵览巴县婚姻档案中的犯奸案件，除了对奸夫、奸妇、奸生子女所做出的处理和安排之外，还有一些值得我们特别注意的地方。首先，如果巡检和分衙已经对有过错的当事人进行了惩戒，知县一般不会再进行重复处罚。其次，知县在审断的过程中，如

---

[1]《巴县档案》6－6－24757，光绪二十年二月。

果出现了误判和错判,蒙冤当事人的反应如何? 误判和错判的原因是什么?

一、一般不予重复惩罚

余普顺,18 岁,平日种土营生,某日发现表兄弟李百海与妻子蒋氏通奸,当即将二人发辫割落为凭,次日送至木洞司主讯明通奸属实,将二人均各掌责,申详到巴县衙门。经过巴县衙门审讯,李百海不应与表兄弟余普顺之妻蒋氏通奸,应责从宽,当堂把蒋氏交与余普顺领回管束。在余普顺的结状中提到"情蚁妻蒋氏与李百海私通,被获捆送司主申详在案,沐恩讯明,蚁妻蒋氏不应与李百海和奸,已经木洞司主究责,法无从科,当堂将蒋氏交蚁领回,严加管束,蚁遵具结是实。"①此案中的木洞司主就是木洞镇巡检司,在民间往往被称为"司主"或者"司爷"。从这个案例可以看出,木洞司主已经对犯奸之人进行了掌责,巴县衙门"应责从宽",没有再重复惩罚。

这里牵涉到清代的巡检司设置以及巡检司与知县在司法上的职责和分工问题。清代州县下设巡检一般不与正印官同城,分防地方并在其辖区内行使"掌捕盗贼,诘奸宄"的职能,以减轻州县的负担。巴县只在木洞镇设有巡检司一员,巡检署在木洞旧驿署,于雍正八年五月奉文添设。根据巴县志的记载,巡检司的内部设置及俸银如下:巡检司 1 员,照例岁历俸银 31 两 5 钱 2 分;额设衙役 2 名、内门子 1 名、皂隶 1 名,每名岁支工食银 6 两;设立弓兵 12 名,每名岁支工食银 6 两,雍正十三年奉文裁减 6 名,存 6 名,每名加增银 2 两,共支银 48 两。

---

① 《巴县档案》6－5－8238,同治十一年十二月。

巡检司作为地方的捕巡官,到底有没有接受民间词讼的职责? 根据《元典章》的记载,元代严禁巡检接受民词,只是专一捕盗。明代朱元璋非常重视巡检司,设置数量很多,其职能主要体现在对流动人口的监视和管控上。清代巡检司所规定的职能主要还是以军事为主,与民事关系不大。一般在拿获贼匪娼赌之后,即呈送知县审讯,不准擅用刑讯,本身并没有独立的司法审理权。① 但在民间实践中,巡检司所涉及的决不仅仅是捕盗,"官职虽微,与民最近,凡民间细事无不周至",巡检司已经不再仅仅是知县的差委官,而是在所辖区域内作为"主官"而存在,普遍享有程度不一的民间细事审理权,显然与"佐贰不准擅受民词"的规定有所出入。② "在志书中,我们既看到有大量佐杂官员审理司法案件的实际例子,也在司法文书中不时见到禁止佐杂官员擅受民词的禁令",③这两者之间的背离,在巴县档案中就体现得淋漓尽致。

就本案的情况来看,余普顺发现妻子与表兄弟李百海通奸,并不是第一时间将他们送到巴县衙门控案,而是送至木洞镇巡检处,这反映了老百姓对巡检司作为辖区"主官"和距离百姓最近的衙门的认知。而巡检也行使了初审权,经过询问属实后,对通奸人进行了掌责。因没有独立的司法审理权,所以随即呈送巴县衙门进一步审讯。而巴县衙门因为巡检司已经对当事人进行了惩罚,所以基于不重复惩罚的原则,对二人"应责从宽"。

---

① 胡恒:《皇权不下县? ——清代县辖政区与基层社会治理》,北京:北京师范大学出版社,2015 年,第 52—54 页,101—103 页。
② 同上,第 138—139 页。
③ 同上,第 141 页。

　　由此也可以看出,在清代基层司法实践中,巡检等佐贰官并不是完全不理民讼,而是广泛地参与到地方的民事诉讼之中,充分行使其在地方社会中的权力。首先,巡检司要对百姓的送司诉讼进行初审,相当于给县衙做了一些初步的工作。如果案情属实并需要进一步审理,才把详情具文呈送县衙,对知县了解案情起到了一定的作用,而对那些"图告不图审"或者所控并不属实的案件,则在巡检司处就予以了处理,不必再呈送县衙,极大地减轻了知县审理词讼的负担。根据本案还可以看出,巡检不仅可以初审案件,还能对经审讯确有过错的当事人进行惩罚,知县对此并没有表示异议,说明这在民间司法实践中是合理存在的。但巡检司审理案件和处罚当事人的权限范围,则往往很难确定。在清代,也有巡检司因为擅受民词而受到处罚的情况,但只要不酿成命案,其实也很难查究。

　　除巡检司外,分衙也会受理词讼。根据赵娓妮的研究,南部县分衙经常受理案件。同治年间,孀妇杨李氏与任子寿通奸被获送究,新镇坝分衙不但受理了此案,而且还提集人证讯明,并对二人进行了责罚。①

二、知县误判、错判后的处理

　　知县每天要处理如此多的案件,头绪繁多,当事人提交的诉状有真有假,口供也是花样百出,知县要做到判断准确、审理公正、处罚适当,必须要花费很多的工夫,还需要较为丰富的经验。最重要的是,知县一定要有为民办事、为民主持公道的热忱和不

————————
① 赵娓妮:《审断与矜恤——以晚清南部县婚姻类案件为中心》,北京:法律出版社,2013年,第123页。

怕麻烦、一心求真的执着。但很显然的是，并不是每一个知县都能具备这些条件，有的知县并不详细询问案情，就草率做出决断，有的知县不能在错综复杂的案情中快速寻找线索、准确做出判断，所以在司法实践中，必然会存在误判乃至错判的情况。那么，当百姓遇到审断不公的情况时，他们是忍气吞声、暗自垂泪，还是继续上控、维护自己的权益？应该说，这两种情况都是存在的。但在巴县档案中，能够反映出知县误判、错判的案例非常少见，到目前为止，仅得一例，该案例向我们讲述了一个女性不服判决、继续上控，并获得最终胜利的故事。

　　问据。吴尚宾供：(略)今蒙审讯，小的儿子吴应见被吴尚言引诱至吴应乾家，与吴向氏通奸，透漏钱三十余钱。尚宾不能管束儿子，尚言引诱属实，将尚言、应见杖责，应乾掌责，即速搬迁，遵谕具结备案就是。

　　问据。吴尚言供：这吴应乾是堂侄，平素佃小的房屋住坐，常与他妻子向氏通奸是有的。今春，小的又纠诱引堂兄的儿子应见与向氏成奸，应见陆续透钱交向氏应用，迨后被堂兄尚宾查知不依，把小的具控在案。今蒙审讯，小的不应引诱堂兄的儿子吴应见与向氏成奸，把小的掌责，实是错了，只求格外施恩。

　　问据。吴应见供：这吴尚宾是父亲，吴尚言是堂叔爷。小的父亲平日卖布度日，今春小的赶集转回，向氏嫂子与小的买布，由此同叔爷与向氏通奸，小的就透拿父亲钱三十余千，在向氏家花用。迨后，父亲清账查出，把小的具首在案。今蒙审讯，小的不应与向氏通奸，把小的杖责，实是错了，只求施恩。

问据。吴应乾供：这吴尚言是叔爷，小的平素佃他房屋住坐，与妻子向氏通奸是知道的。今春叔爷又引诱吴应见亦与妻子行奸，被他父亲查知不依，具控在案。今蒙审讯，小的不应纵妻卖奸，把小的掌责，实是错了，求施恩。

咸丰七年九月二十四日①

根据上述口供，吴尚言引诱吴应见与吴向氏通奸证据确凿，人证俱在，各方所言一致。就连吴向氏的丈夫吴应乾也承认自己纵妻卖奸，受到了掌责的处罚，引诱之人吴尚言和通奸之人吴应见均各杖责，吴尚宾具结备案，其他相关人等也一并具结备案。

具结状人吴尚宾，（略）情蚁以勾奸串透等具告吴尚言等在案，沐恩讯明，蚁子吴应见被吴尚言引诱在吴应乾家，与吴向氏成奸，透漏钱三十余千，蚁不能管束儿子，尚言引诱属实，将尚言、应见各杖责，应乾掌责，即速搬迁。并谕尚伍将伊孙尸骸领埋，蚁遵谕具结备案，所结是实。

咸丰七年九月二十六日具结状人吴尚宾　有押

按理说，案件到这里就结束了，因为与案件相关的所有手续已经全部完毕，留存备查的档案材料也一应俱全，看不出任何破绽或者有所遗漏的地方。岂料事情并没有结束，吴向氏不服巴县徐主的判决，咸丰七年十月二十八日以娘家兄弟向元芳为抱，将此案上控重庆府衙，重庆府衙将此案发回巴县，要求巴县重审。此案被发回巴县县衙之后，又先后经过三次审讯，真相终于浮出水面。以下为最后一次堂审的供词。

---

① 《巴县档案》6—4—5361，咸丰七年九月。

　　问据。吴向氏供：去年五月间，因吴尚伍唆使他胞兄吴尚宾诬控吴尚言勾串吴应见与小妇人通奸情由在案，徐主审讯，不查虚实，被尚伍朦回，把吴尚言与丈夫分别责惩。丈夫受辱，回家把小妇人逐出，小妇人实无通奸情事，才上控府辕，批发案下录禀。前蒙叠讯，吩谕尚伍们出外与小妇人理明了事，再行完案。今蒙复讯，吴尚伍们业已在外与小妇人伸明冤抑，挂红削耻。吴尚言并无勾串吴应见与小妇人通奸，亦没串透情事，实系吴尚伍弟兄诬控情真，悯念他们系属嫡派，免其深究。沐把吴应见械责，致吴尚伍们出立伸明字据，沐谕另录附卷，断令吴尚伍们格外认给小妇人讼费钱二十千文，小妇人情甘具结就是。

　　问据。吴尚伍供：去年五月间，小的商同胞兄吴尚宾捏诬吴尚言勾串胞兄之子吴应见与吴向氏通奸情由首案，徐主审讯，把吴尚言们分别责惩。不料吴向氏上控府祖，批发案下录禀。前蒙叠讯，吩谕小的同吴尚宾并族证与吴向氏明理挂红完案。今蒙复讯，小的同胞兄业已在外与吴向氏伸明冤抑，挂红削耻，吴尚言并无勾奸串透情事。悯念小的与吴尚言系属嫡派，免予深究，实系小的诬控情真，沐把吴应见械责。致小的与胞兄出立伸明字据，沐谕另录附卷。断令小的格外认给吴向氏讼费钱二十千文，小的遵谕结案。日后不得复向吴尚言借事生端就是，蒙恩典。

　　问据。吴应见供：去年五月间，吴尚伍串通父亲吴尚宾把小的首案，词诬吴尚言勾引小的与吴向氏通奸，徐主审讯，把小的与吴尚言们责惩过的，是实。

　　问据。吴尚言供：吴尚伍因与小的不睦，去年五月间唆使吴尚宾捏诬小的勾引吴应见与吴向氏通奸情由首案，迨后吴尚伍支他儿子吴应台携妻彭氏来家借索蚕骗,又把彭氏产生死孩停放神龛,反行抄毁门牌器具两次,小的禀案,徐主审讯,不查虚实,被吴尚伍朦回,反把小的杖责。吴向氏原无通奸情事,才上控府祖批发案下录禀。(略)(下同吴向氏口供)

　　问据。吴尚宾供:因小的同吴尚伍诬控吴尚言勾引儿子应见与向氏通奸情由首案,吴向氏上控,往赶小的到案。前蒙审讯,吩谕小的同族证与向氏理明完案。今蒙复讯,小的同吴尚伍业已在外与向氏伸明冤抑,挂红削耻,吴尚言并无勾奸串透情事,实系小的诬控情真。沐把儿子吴应见械责,悯念小的与吴尚言系嫡派,免予深究。致小的们弟兄出立伸明字据,沐谕另录附卷。断令小的们弟兄格外认给吴向氏讼费钱二十千文,日后不得复向借事生端,小的遵谕结案就是,蒙施恩。

　　咸丰八年四月十七日

　　通过上述供词,发现案情出现了一百八十度的大反转,吴尚言根本就没有勾诱吴应见与吴向氏通奸,完全是因为吴尚伍与吴尚言不睦,唆使胞兄吴尚宾诬控在案。而徐主审讯时,"不查虚实",轻信了吴尚伍和吴尚宾的供词,把吴尚言与吴应乾分别责惩。吴应乾受辱,回家把吴向氏逐出,吴向氏无奈之下,这才上控府辕,案件得以重新审理,也让我们因此获知了案件的真相。

　　笔者认为,此案有几点值得特别注意:

　　第一,知县"不查虚实"就轻易断案,说明这种情况在清代县级衙门存在,在其他级别的衙门也可能存在。知县不查虚实,可能与其工作态度和断案认真程度有关,也可能与其断案能力和过往断案的经验有关。绝大多数州县官是"学而优则仕",经科举选拔充任到各地的基层衙门,他们不仅要牢记律法的规定和具体的条款,还必须要在极短的任期内尽快熟悉任职地的风土人情,以便断案时能够根据当地以及案件本身的具体情况灵活处理。再加上当事人为了能够使案件引起知县重视并成功受理,往往采用夸大案情、隐瞒事实的诉讼策略,如果没有一定的断案经验和洞察事实的能力,单凭告状、诉状等当事人所提交的材料要还原事实和真相是非常困难的。可以说,知县断案的过程就是一场与当事人斗智斗勇的过程,知县需要从纷乱复杂、云蒸雾绕的材料中寻找双方矛盾和冲突的焦点,再借助当事人在公堂上对质的言辞,找到突破口,找到说谎的人,探究他们说谎的原因,厘清事实和真相,从而做出合适的、恰当的、双方都能接受的审断。而这一切对于熟读诗书却毫无社会经验的读书人来说,是一件极难的事情。① 如果这些条件不具备的话,很容易导致误判和错判。那么在巴县县衙,误判和错判的又有多少呢? 是否都如吴向氏般采取了上控的办法而最终扭转了局面呢? 而此过程又是否都被记录下来并作为档案留存了呢? 事实上,如果本案中的当事人吴向氏基于诬控人等的压力不敢上控,选择了忍气吞声而不是讨回公道,我们也就看不到隐藏在背后的真相了。

　　第二,知县审案的过程中可能存在屈打成招等问题。吴向氏本没有通奸之事,吴尚宾等人诬告她的主要目的是为了栽赃给曾经发生矛盾的吴尚言,但吴尚言为何要在供词中说"小的不应引

---

① 郑金刚认为,州县官员自科举出身,而且缺乏基层行政经验,这决定了他们更擅长批阅文书稿案而不是亲力亲为地处理具体的行政事务。见郑金刚:《文书转述:清代州县行政运作与文字·技术》,北京:人民出版社,2016 年,第 56 页。

诱堂兄的儿子吴应见与向氏成奸,把小的掌责,实是错了",吴应乾又为何在供词中承认自己知道妻子通奸之事,而且自愿背负"纵妻卖奸"的罪名?到底是吴尚言和吴应乾二人承受不住压力被屈打成招,还是说这些供词根本就是书吏伪造的?

第三,如果有非常特殊的情况,女性也可以夫在出头控案。因为徐主错判,吴向氏被丈夫逐出,所以她不服判决,上控府衙,案发巴县审理。经过叠次审讯,吴向氏最终得到了公正的判决:诬告者向吴向氏伸明冤抑,挂红削耻,而且赔给她讼费20千文。对于吴向氏来说,她真正在乎的是自己的名誉,本来没有通奸之事却被诬为通奸,而且县太爷居然就相信了诬告人的说辞,害得她在邻里家人面前根本抬不起头。而丈夫因为受辱,也把气都撒在了她的头上,还把她逐出家门。这个勇敢的女子,因为不甘心蒙受这不白之冤,所以在夫在的情况下以自己的名义上控府衙。根据清代的规定,夫在妇女不准出头,但此案的特殊性在于,吴向氏上控的目的是为了伸冤,而且她已经被丈夫赶出了家门,在这种情况之下,她只有自己拯救自己,自己为自己讨回公道。而重庆府衙对吴向氏夫在出头兴讼一事,也没有表示异议,说明在民间实践中,这种特殊情况之下的妇女出头控案,也是被允许的。

第四,知县更换极为频繁,不利于当地的长治久安。在知县更换的过程中,还可能存在上一届知县已经离任,但下一届知县尚未到位的问题,所以经常会有代理知县暂行知县之职。代理知县可能在责任心方面存在一定的问题,对案件的审理敷衍塞责,或者代理知县本身事务也很繁忙,根本没有精力在审案上花费太多的时间和精力,又或者代理知县审案的经验不够丰富,导致被部分诉讼人蒙蔽了双眼,不能准确地判断是非和真伪,影响了断案的能力。以上几种可能性,直接导致了误判、错判。本案中,第

一次审案的就是代理知县徐,而第二次审案的是胡知县。根据
《巴县志》的记载,姚宝铭,侯官人,咸丰六年任巴县知县;胡汝开,
顺德人,咸丰七年任巴县知县。但实际上,姚宝铭咸丰六年任知
县的时间并不长,很快便卸任了,此时巴县知县暂由徐主代理。
根据巴县档案的记载,徐主全衔为"署理重庆府巴县正堂事理番
直隶军粮府郎捕府正堂徐",徐主代理时间也不长,很快就更替为
胡汝开。实际上,胡汝开在任时间也很短,咸丰八年即由贵筑
人①张秉坤接任,直到同治二年。可见,咸丰六年至八年共三年
的时间,加上代理知县徐,共有四位知县,足见巴县知县更换的频
繁程度。② 每位知县的个人经历、学识、判案经验各不相同,可能
会导致同一类案件在审断上出现一定的偏差,正如代理知县徐、
知县胡对同一案件完全不同的审断结果一样。

①贵筑县,贵阳市原附属县,清置,1958 年撤销。
②根据郑金刚的统计,清自康熙二年至宣统三年,巴县共更换了 124 任知
　县,平均每名知县的任职期限仅仅为 2 年 1 个月,其中最短的知县在任时
　间只有 3 个月左右。见郑金刚:《文书转述:清代州县行政运作与文字·
　技术》,北京:人民出版社,2016 年,第 51 页。其实,不仅仅是巴县,其他地
　方一样存在州县官员更换频繁的问题。如南部县自顺治四年到宣统三年
　共有 150 任知县,平均每任知县任职期限只有 1 年 9 个月,比巴县的平均
　任职期限还要短。南部县知县的频繁更换在光绪年间体现得更加明显:
　光绪十八年,先后在任的知县有胡宝仁、联武、袁用三位宾;光绪二十五
　年,先后在任的知县也有三位:黄得善、吕伯平、张九章;光绪二十六年到
　光绪二十九年,史亦杰、邓元鏓、张锦旭、王廷赞四位知县在任;光绪三十
　二年到光绪三十四年,宝震、章仪庆、史久龙三位知县在任,每年更换一任
　知县。关于南部县知县的数据来源于阆中的川北道台衙门展览。

第十章　卖娼档案研究

陈荣武认为,"娼妓是以性为基础,以性行为和性关系为主要方式,通过提供性服务从服务对象那里换取经济等利益的女性群体的通称"。① 其核心要素是与爱情、婚姻无关的主要以获利为目的的性交易行为,在性别上主要指女性,将男妓排除在外。

从娼妓种类来看,中国历史上娼妓的划分主要有以下几种。根据是否挂牌交纳"花捐",可分为公娼②与私娼③;根据经营方式的不同,可分为集娼和散娼。④ 此外,还有宫妓、营妓、家妓等类别。清代是中国历史上娼妓最为繁盛的时代,⑤也是禁娼法律规

---

① 陈荣武:《当代娼妓现象的生成与治理——以 S 市为例》,华东理工大学博士学位论文,2013 年,第 1 页。

② 所谓"公娼",又叫"官娼""官妓",是指政府颁发了营业执照,并且向政府纳税的娼家。

③ 所谓"私娼",又叫"暗娼""土妓",与"公娼"相对,是指暗地里进行卖淫活动、不向政府交纳税收的娼妓。

④ 张百庆:《中国城市早期现代化过程中的娼妓问题》,《史学月刊》1999 年第 1 期。

⑤ 根据古籍记载,我国的妓院起源于周襄王时代,齐国大臣管仲设女间,自此之后,无代无之。汉代,军中配女乐,设营妓,唐代官妓制度形成,宋代私妓开始盛行,明代中期取缔了官妓,娼妓完全归私人经营,清代尽管颁布了禁娼令,娼妓却最为繁盛。根据陈荣武的研究,S 市在清同治(转下页)

定最为严厉的一个时代。① 如果官员嫖娼，则要被处以杖一百及
关押三个月的惩罚。严厉的禁娼令使得官娼得以废除，但与此同
时，私娼和暗娼却如雨后春笋般涌现出来，愈演愈烈。可以说，官
娼的废除在一定程度上为私娼和暗娼的活跃创造了条件。这就
是为何清代的禁娼令最为严厉而娼妓却最为繁盛的原因所在。
尽管太平天国时期的禁娼取得了明显的效果，甚至在太平天国所
有城市中娼妓已经完全绝迹，但也有学者认为太平天国时期的禁
娼思想是不成熟的，带有浓厚的封建色彩和军事色彩。② 到了光
绪年间，社会剧烈动荡，禁娼令也渐渐松弛，政府开始向妓女征税

（接上页）三年，公共租界和法租界华人居住的1万户中，有妓院668家，占
　　比高达6.68％。如果算上没有登记的暗娼，真正实际的状况肯定还要远
　　远高于这个比例。到了同治十年，登记在案的妓院就已经达到1500余
　　家。民国六年，英国社会学家甘博耳对世界八大都市公娼进行调查，并公
　　布了这八大都市的公娼与城市总人口之比例，其中北平是1∶259，S市最
　　高，达到1∶137，远远高于伦敦、柏林、巴黎等其他几个城市。此外，法国
　　学者安克强的研究数字表明，1875年S市的妓女人数为5500—6500人，
　　1915年达到10000—15000人，1948年高达50000人。见陈荣武：《当代娼
　　妓现象的生成与治理——以S市为例》，华东理工大学2013年博士学位
　　论文，第28—31页。
①潘洪钢：《中国传统社会中的"具文"现象——以清代禁赌禁娼为例的讨
　　论》，《学习与实践》2007年第5期。
②陈文联认为，太平天国时期的禁娼对数千年来的娼妓制度进行了猛烈的
　　冲击，但其禁娼思想是基于禁欲主义的、上下迥异的、男女有别的、军事战
　　争式的禁娼，并不具有近代资产阶级人权意义上的思想内涵，所以其禁娼
　　不可能是彻底的、长久的，也不可能给妇女带来身心解放和主体意识的觉
　　醒。辛亥革命时期，近代人权意义上的禁娼思想得以产生，直到五四时
　　期，禁娼思想才得以成熟。见陈文联：《近代中国废娼思想的历史考察》，
　　《中南大学学报》（社会科学版）2004年第5期。

以充实虚空的国库,相当于变相地承认了娼妓的合法性,原本在暗中活动的娼妓开始以合法身份出现。① 尽管如此,政府对民间"逼良为娼""买良为娼"等行为还是要进行严厉的处罚。当时北京的妓院都是经政府颁发执照的正规妓院,要向政府交纳税收。这些妓院的妓女大多受过一些教育,不仅有姿色,还多才多艺。而那些暗中进行卖娼活动的,上不得台面的,主要为下等阶层即体力劳动者们服务的就是"暗娼"了。顾名思义,"暗娼"没有经过政府批准,也不会向政府交纳税收,主要在暗地里进行卖淫嫖娼活动。探究暗娼的由来,大多是贫苦人家的女性,家庭生活困难、没有其他办法谋生是最根本的原因,在这种情况之下,出卖身体无疑是获取钱财、度过难关最简单而有效的办法。因为出生贫寒,这些女性大多没有受过教育,一旦沦入娼门,只能靠出卖肉体谋生活。

在巴县档案中,卖娼类档案数量较多,主要是涉及逼良为娼、买良为娼、抱女为娼等内容的司法案件记录。清代巴县是当时的繁华之地,吸引了大量周边或者外来人口前往谋生。这些外来人员成分复杂,因贫困等原因尚未娶妻的单身男性以及虽有妻室但远离家乡独自在渝谋生的已婚男性越来越多,男女性别比例差别巨大,滋生了娼妓市场不断发展壮大的土壤。加上清代巴县商贾云集、商品经济繁荣,而商业的繁荣与娼妓的兴盛之间又有着某种重要的联系。"自顺治、康熙朝起,清廷就次第下令废除官妓制……官妓的衰落,私妓的滋蔓兴盛,应在明朝中叶以后,这与当时经济的发展,特别是商业和城市、镇集的勃兴,流民、游民的不

____
① 光绪朝由于娼妓合法化,各类妓院纷纷出现,至20世纪初期"庚子之乱"后,北京八大胡同一带已经拥有370多家妓院。

断增加,以及由此给思想文化所造成的冲击,有着重要的关系",①贫富悬殊巨大,不断刺激着买方市场和卖方市场的快速增长。② "操持此业的女子多数是受生活逼迫的穷苦百姓……出于无奈,流落烟花",因此,"在私妓制下,卖奸者和买奸者的层面都较以往大大扩展了……这正是明清以来特别是清朝色情行业的新特点"。③ 尽管官府对此明令禁止,但暗地里以此为职业者还是数不胜数。

　　巴县档案中涉及到的卖娼妇女大多属于暗娼,她们暗地里容留外人在家里宿娼获取报酬,或者在私人开办的营业场所卖娼赚取钱财。这部分卖娼者是妓女群体中所占比例最大的部分,"在妓女的群体中,人数最多,也最反映社会面貌的,还是那些处于低层的土娼、游妓",以至于"在清代,几乎每个大中城市、以及客商来往的交通冲途,都有她们的踪影"。④ 这些妇女是如何沦为娼妓的? 她们有着怎样的身世? 她们的年龄和婚姻状况怎样? 细读清代巴县衙门保存的当时当事的案件记录,大多是妇女或者娘家人控告夫家逼娼的诉讼档案,也有少数是妇女背夫卖娼、丈夫控案的记录。看到卖娼妇女大多是被丈夫逼娼,让我们对这些妇女的命运嗟叹不已。除此之外,还有被养父母甚至亲生父母逼娼

①郭松义:《伦理与生活——清代的婚姻关系》,北京:商务印书馆,2000年,第509页。
②关于城市经济与娼妓之间的关系,有诸多论述。比如,谢文耀认为娼妓制度是随着城市和商业的发展而发展起来的,旧社会里城市越大,娼妓也就越多。见谢文耀:《旧中国娼妓制度初探》(上),《社会》1990年第1期。
③郭松义:《伦理与生活——清代的婚姻关系》,北京:商务印书馆,2000年,第510页。
④同上,第515页。

的情况,谁家的父母、养父母如此狠心? 我们心存疑惑。那些妇女自愿背夫卖娼的,又是什么原因? 从巴县档案中了解这些妇女的身世、年龄、婚姻、籍贯等信息,一来可以帮助我们解疑答惑,二来对我们全面认识清代基层社会的娼妓状况及其形成原因也具有重要的意义。

第一节　卖娼妇女的基本情况

娼妓问题并不只是中国特有,应该是全世界绝大多数国家共有的问题,西方的学者们已经进行了许多有益的研究。潘绥铭把西方已有的研究成果归纳为 10 大类 29 种理论解释,[①]以此来回答一个根本的问题,即娼妓为什么会产生? 在这些理论中,因为国情与传统文化等各方面的差别,部分理论并不适用于清代的中国社会,但也有部分理论给我们很大的启发。也就是说,中国古代的娼妓问题产生和形成的原因与其他国家既有区别,也有相似之处。"婚姻缺乏论"认为,女性的独身与卖淫存在因果关系,所

[①] 这 10 大类 29 种理论解释分别为:马克思主义视角(阶级剥削论、一夫一妻制补充论)、社会发展阶段视角(工业化产物论、消费主义产物论、大众传媒霸权论)、婚姻家庭视角(婚姻缺乏论、家庭残缺论、早年堕落论、爱情崇拜破产论)、社会阶层与文化的视角(贫困卖淫论、老爷强奸论、社会底层论、文化传统论)、微观经济学视角(职业环境差异论、劳动收入差异论)、男性主义视角(社会功能论、社会生物学理论、"骚女"论)、道德主义视角(个人道德堕落论、社会道德秩序论)、女性主义中的"压迫"论(男人的性偏好的引导、男权压迫论、性剥削理论)、女性主义的"权利"论(自愿职业论、性工作理论)、当前中国特有的理论(政治价值论、腐败产物论、GDP 主义、执法创收论、财富再分配论)。见潘绥铭:《近百年来关于娼妓的研究》,《湖南科技学院学报》2005 年第 3 期。

以应该促使更多的人结婚和维持婚姻,这样就能有效地抑制性产业。① 但实际上我们通过对巴县档案的分析,发现卖娼者中已婚女性所占的比例很大,结婚与否与卖娼关系不大,她们往往是被自己的丈夫或夫家人逼娼。"个人道德堕落论"认为,妓女的成因主要是个人道德堕落,所以应该用道德来约束女性,但巴县档案中所呈现出来的卖娼女绝大多数情况下是被逼卖娼,并不是她们自愿的行为,既然是情非得已、被迫而为,当然也就谈不上道德堕落了。"职业环境差异论"认为女性从事的职业、社会地位和职业声望越低,她们抛弃原职业去卖淫的人可能就会更多,而"劳动收入差异论"认为妓女的收入比其他行业中女性收入要高得多,对潜在的妓女就是一种吸引。这两个理论尽管与清代中国娼妓形成关系不大,但对探究今天中国的娼妓问题或许有所启发。此外,在这些理论中,比较符合清代巴县底层实际情况的主要有"家庭残缺论""早年堕落论""贫困卖淫论""男权压迫论"。

一、身世

有关卖娼女的身世,已有学者进行了研究。谢文耀认为,娼女的来源主要有四个方面:罪犯家属变卖为娼,战俘为娼,因天灾人祸或生活贫困卖女为娼,拐骗人口变卖为娼。② 其实,娼女的来源非常复杂,不仅仅只有这四种情况。在巴县档案中,没有发现第一种和第二种,较为多见的是第三、四种,即因贫卖女为娼和拐卖为娼。除此之外,巴县档案中更为多见的是丈夫或夫家其他人逼娼、养父母逼娼。总体而言,绝大多数娼妓是被逼为娼,并非

---

① 潘绥铭:《近百年来关于娼妓的研究》,《湖南科技学院学报》2005 年第 3 期。
② 谢文耀:《旧中国娼妓制度初探》(下),《社会》1990 年第 2 期。

心甘情愿。一旦跳入火坑,变为男人的玩物,再想从良回归普通人的生活就难上加难了。这些卖娼女不仅身世可怜,而且一生饱受肉体和精神的双重折磨,命运非常凄惨。

巴县档案中所见的卖娼女,有的从小父母双亡,有的尽管父母中只有一方亡故,但家庭受到沉重的打击,①幼女没有父母的庇护和关心,被人随意转卖,最终不幸落入娼门。有的虽然父母俱在,但因为家庭贫穷或者重男轻女,将女儿抱给他人养育,②导致女儿被养父母当作挣钱的工具。还有的以纳妾或娶儿媳妇为名,专门买良为娼。正如郭松义所言,清代有老鸨、荐头等人,专门买贫家稚女,"稍选有姿容者刻意修饰,教以歌舞书画,以备将来高价索取"。③ 买良为娼、抱女为娼、纳妾为娼,不管哪一种类型,都是将女性作为自己谋财的工具。根据巴县档案的记载,卖娼女性的身世主要有如下几种情况:

---

① 在这一点上,与西方"家庭残缺论""早年堕落论"较为相似。在 1863—1870 年间英国所抓获的妓女中,90% 是孤儿和半孤儿,在 1918 年之前欧洲不同的监狱中,这样的妓女占到 64%。见潘绥铭:《近百年来关于娼妓的研究》,《湖南科技学院学报》2005 年第 3 期。

② 有人通过各种渠道专门买幼女从小进行培养,使得她们长大后琴棋书画歌舞样样通,但其主要目的是为了卖艺,给所谓的"养父母"赚取钱财。比如一等妓院"清吟小班"的妓女们就是经过专门训练的,琴棋书画作诗歌舞等各个方面都很擅长,卖艺不卖身。但能够达到这类艺术水平的毕竟是极少部分,而且培养周期长,花费巨大,绝大多数妓女仍然主要是靠身体换取钱财。这种所谓的"养父母"与"养女"之间并不是真正意义上的父女、母女关系,抱养幼女其实就是以挣钱为目的的"蓄妓"行为。当然,现实生活中,并不排除真正意义上的抱养。

③ 郭松义:《伦理与生活——清代的婚姻关系》,北京:商务印书馆,2000 年,第 520 页。

第一，父亲或者母亲亡故，甚至父母双亡，女儿出抱他人抚养或许人为妾。无论父母双亡还是其中一方亡故，家庭都会受到重创，原有的平衡被打破：失去妻子的父亲无力抚养女儿或者不愿再抚养女儿，失去丈夫的妻子大多为了生活选择再嫁，失去父母的儿子可能也没有能力抚养自己的姊妹。所以，在重男轻女的社会里，一旦家庭发生变故，女儿将是首当其中的受害者。如果此女年幼，抱给他人抚养或出抱为童养媳就是首选，作为交换，对方会支付一定的财礼；如果此女年已及笄，许人作妾将会换回一笔数目可观的银钱，帮助家庭解决困难。但在此过程中，因为无惧来自娘家的阻碍和干预，被抱养的女儿可能被养父母送入娼门，许人作妾的女儿也可能被夫家逼良为娼。因为此处的"抱养"和"作妾"都有可能只是一个幌子，真正目的就是将此女作为赚钱的工具。道光年间的冬姑就是非常典型的一例。冬姑父亲早故，被媚母许给何泰林为妾，过门半年多，何泰林就把冬姑送到娼户王贵家卖娼。① 何泰林以纳妾的名义娶冬姑进门，实质目的却是让冬姑卖娼挣钱。

有的幼女被抱养之后，又被抱养之家转抱他人。林姑是富顺县人，父母俱故。道光二十年，胞兄林大位将她抱给曹大伦为女，不到一年时间，曹大伦又把林姑转抱田文龙为女。田文龙家庭贫困，无法养活，就把林姑送到渝城娼家陈大三家押逼为娼。② 林姑的情况并非个案，有的幼女被多次转抱，就连抱养之家都无法讲清此女的由来，至于其本身父母就更不清楚了。一旦发生逼娼之事，无人可以为其作主伸冤。

---

① 《巴县档案》6－3－9068，道光十五年四月初一日。
② 《巴县档案》6－3－9354，道光二十一年六月初九日。

有的幼女甚至经历了既卖为人妾，又被养父母逼娟的双重灾难。陈二姑父亲早故，母亲张氏改嫁刘姓，于道光二十二年把二姑抱与江北厅马玉名下为义女，当时陈二姑只有 6 岁。待二姑成人，马玉先将她卖人为妾，取银 200 两，后又在二姑与丈夫离异之后，将她领回卖为娟妓。① 马玉名义上抱陈二姑为义女，实则将她视为摇钱树，先卖为人妾，后卖为娟妓，全无情义可言。

父母早故，女儿依傍亲属生活也并非上策。即使亲近的长辈也可能为了利益做出不义之事，甚至还有长辈将此女直接卖给娟家。吴邓氏是大竹县人，乳名向桂香，因父母早故，傍舅父度食，12 岁时舅父不仁，将她卖给娟妓王玉蓉，取财礼银 10 两，送在梁山县教学弹唱，次年估逼败节。②

第二，父亲亡故，母亲将女儿作贱卖娟。在父亲亡故的情况下，有的母亲选择再嫁，将女儿出抱或带到后夫家抚养，也有的母亲没有再嫁，而是将女儿作贱为娟以维持生计。泸州人何王氏夫故，因日食难度，平素卖娟过日，13 岁的女儿秀英也跟同卖娟。③ 同样是泸州人的寡妇假徐氏，与女儿假么姑来到渝城佃房居住，让女儿卖娟度日。④ 两个案例都是母女相依为命，因家中没有男性，没有生活来源，只能以卖娟活生。

第三，父母俱在，但因家庭贫穷或者重男轻女将女儿出抱，长大后被养父母逼娟。并不是只有父母亡故这种特殊情况才会将女儿出抱，有的父母俱在，依然选择将女儿抱给别人抚养。相比

①《巴县档案》6－4－5101，咸丰四年四月初八日。
②《巴县档案》6－6－25119，光绪二十七年六月。
③《巴县档案》6－3－9634，道光二十九年二月十三日。
④《巴县档案》6－3－9153，道光十七年二月二十三日。

发生重大变故的家庭,这些父母所陈述的原因听起来也是非常正当的,比如"贫穷无度""家贫无奈"等,但其实背后一定还有重男轻女等因素。儿子是要承担继嗣大业的,女儿就不一样了,既然早晚都是别人家的,还不如早点抱出去,省得家里多一个人吃饭。抱给别人抚养的幼女如果运气好,能够顺利长大,结婚生子,过着平常人的生活,运气不好的则可能堕入深渊,全看养父母抚养此女的目的。嘉庆年间的周掌掌就是这样一个运气极不好的女子,她本是李廷星的女儿,自幼被父母抱给周绍生、周唐氏夫妇为义女。待周掌掌长大成人,养父母就逼她卖娼。①

有的尽管父母俱在,但因家庭发生了一些变故,只得选择将女儿出抱。王七姑 8 岁时父亲王椿挽髻为道,母亲王沈氏无力抚养,将其抱给王老陕夫妇为女,长大后被逼卖娼。② 尽管王七姑父母俱在,但其父挽髻为道,这对家庭来讲也是一场不小的变故,与父亲亡故并没有太大的差别,同时也是王七姑被出抱的直接原因。光绪年间的张春山在供词中提到:"先年在本城临江门住居,卖酒生理。小的因生意折本,家贫无力抚养,有刘三泰为媒妁,将小的女儿名桂英抱与张李氏即彭大脚为女,小的得过财礼钱四千文。"③名义上是抱女,实际上却是卖女,结果张桂英 14 岁就被养母张李氏以 60 两银子的价格卖给开设门户的娼家伍怡氏。

第四,父母俱在,但因贫苦无度,将女儿作贱。尽管我们并不愿意相信这类情况的存在,但实际生活中确实有亲生父母将女儿作贱为娼的案例。杨朱氏胞兄不务正业,在外游荡,弃亲不养,父

①《巴县档案》6－2－4338,嘉庆二十五年二月初七日。
②《巴县档案》6－3－9511,道光二十五年九月二十九日。
③《巴县档案》6－6－23890,光绪八年三月。

母迈贫,遂把女儿作贱糊口。咸丰十一年父母把杨朱氏携渝作贱,除供养父母外,还积累银两置买街房一间。① 因为家贫无度,儿子又指望不上,杨朱氏父母将女儿作贱卖娼以维持生计。

　　下面这个案例较为全面地反映了父母将女儿出卖后被逼为娼又被转卖作贱的详细情况,以及父母在此过程中所扮演的角色。父母名义上是将女儿嫁卖为媳,但实际上却将女儿卖入了娼门。同治年间,简五大爷作媒,王文藻、王晏氏夫妇将女儿王接弟②嫁卖柯邱氏为媳,当议财礼银 78 两。不料过门后,柯邱氏要王接弟卖娼,王接弟不从,柯邱氏捏说家贫难度,仍请简五大爷、谢吹吹作媒,将王接弟转卖陈福兴学习弹唱,议得财礼银 85 两。王文藻查知,往陈福兴家肆闹,陈福兴赴道辕喊控,单发巴县衙门。经过审讯,王文藻、王晏氏夫妇不应卖女作贱,将二人掌责,谕令具结,不得滋事;陈福兴买女弹唱滋事,反赴道辕喊控,将其掌责,逐出境外,不得在渝滋事;简五大爷不应作媒吞银,将其笞责,收押追缴银子 120 两,以作公用。③

　　以下是王文藻、王晏氏夫妇出具的请字文约:

　　　　立出请字文约人王文藻同妻晏氏,亲生一女未能□户,
　　不料家中贫寒,米粮昂贵,日食难度,万般无奈,协同亲族商
　　议,只得将女再三央请彭朝栋转请宋坤元、谢洪发、龙聚川、
　　刘大顺、谭洪发等为媒觅户,不拘远近上下,过客、贵贱、妻妾
　　无论。自请之后,并无翻悔阻拦,九属王姓亲戚老幼已在未

---

① 《巴县档案》6-5-7571,同治六年四月。
② 从名字可以反映出父母重男轻女的思想,这种名字在巴县档案中较为普遍。除"接弟"外,还有"引弟""招弟""金弟"等等。
③ 《巴县档案》6-5-7610,同治六年七月。

在人等不得异言称说。倘有来历不明、童婚刁拐、别故生枝等，概不与媒证人丝毫相染，一力由王文藻夫室挺身承担，均无推委。如若日后另生枝叶，借婚搪索，恁随媒证人执约赴公，文藻夫室自甘坐罪，均不能辞。此系二家心甘意愿，其中并无逼勒套哄等情。今恐人心不古，特立请字一纸，付与媒证人永远存执。

在见人　刘大顺、喻占魁笔

同治六年二月二十特立请字文约人彭朝栋　有押

从以上材料来看，王文藻、王晏氏夫妇既有"卖女作贱"之名，也有"卖女作贱"之实。尽管王文藻在供词中称不知道柯邱氏是娼户，但柯邱氏愿意出 78 两银子的高价娶王接弟为媳，本身就值得细细思量，其背后的动机到底是什么？其次，王文藻夫妇出具的请字文约①中明确表明，因为"家中贫寒，米粮昂贵，日食难度，万般无奈"，央请彭朝栋转请宋坤元等人为媒觅户，而更为重要的是"不拘远近上下，过客、贵贱、妻妾无论"。也就是说，王文藻夫妇贫穷无度，无奈嫁女。嫁女本是一件非常正常的事情，为什么王文藻夫妇表现得这么无可奈何？只能说明他们不是正常嫁女，而是"卖女"，而且还不论过客、贵贱、妻妾。经过审讯，知县也认为他们是"卖女作贱"，将二人掌责。正因如此，知县谕令原差传本坊监正赴案，把王接弟领去另嫁良民，不许王文藻与王晏氏承领，以防王接弟再次被出卖作贱。直到监正赴案立出领状，王接弟与王文藻夫妇的真实关系才得以披露。

---

① 此文约也值得考量。文约开头是"立出请字文约人王文藻同妻晏氏"，而文约末的落款处写的却是"特立请字文约人彭朝栋"，两者并不一致。

　　具领状崇因坊监正詹清镒、张成德、曹万盛,今于大老爷台前为领状事。情王文藻在保甲局喊控柯邱氏等,牒送案下,沐讯明确,实因柯邱氏等不应同谢吹吹、简五大爷等套哄买娶文藻之<u>继女接弟</u>学习弹唱作贱不允,复被简五大爷串卖与陈葛氏家为妓,已蒙分别掌责,俟唤简五大爷到案复讯在案。沐恩断令本坊监正等赴案将接弟承领,择户另配。兹蒙差传,是以监正等不忍袖视,遵即出具领状,当堂将王接弟领回,嗣择有妥实之户,再行禀请嫁配。中间不虚,领状是实。

　　批:准领。

　　同治六年七月十二日具领状崇因坊监正詹清镒、张成德、曹万盛　有押

　　根据领状中的信息可知,王接弟实际上是王文藻的继女,并不是亲生女儿。所谓"继女",就是王晏氏与前夫所生的女儿,随同母亲改嫁到王文藻家。王晏氏为何改嫁,是孀妇改嫁,还是离异改嫁,档案中并没有记载,但此例说明带女改嫁对女儿而言是一种潜在的危险。卖女为贱到底是王文藻一人的想法,还是夫妇二人共同的想法,或者是王晏氏在王文藻的威逼之下被迫做出的选择,根据现有资料,我们也无法进行更为深入的探究。

　　第五,嫂子"以妹作女"将小姑子出抱,结果被抱养的人家逼娼。秦万发(24岁)于咸丰十年三月贩青果杂货往楚发卖,咸丰十一年六月归家,不见妹子秦幺姑(14岁有余),向妻子秦伍氏(已有一个儿子秦庆元,年龄不详)清问,才知妻子于咸丰十年七月初一日(即丈夫外出4个月左右)将小姑子秦幺姑抱与刘娼妇为女,得财礼银25两。秦万发找到妹子,听妹子说刘娼妇将她作贱,于是把刘娼妇扭送案下。经过审讯,刘娼妇不应抱良女为娼,从宽免

究,断令秦万发当堂把妹子秦幺姑领回,另行择配。①

　　以下是秦伍氏立出的主抱字约,此字约在开头立约人处只有秦伍氏一人的姓名,然而在最后的落款处却是秦伍氏同儿子庆元的共同署名和画押。秦万发 24 岁,其儿子庆元年龄尚幼,并不具备独立的民事行为能力。其实从案件内容也可以看出,此字约就是秦伍氏一人所立,将儿子庆元的名字一同列在落款署名处并没有什么实际意义。

> 　　立出主抱字约人秦伍氏,情因亲生一女,名幺姑,年方十四岁有余,并未许户。不料家中贫寒,日食难度,无力抚养,万般无奈,伍氏同子庆元等协同亲族商议,只得将女请凭周唐氏同行,引至渝城,再三央请余刘氏、余兴发等为媒说合,出抱与刘曾氏名下为女。当日凭媒面议,取财礼银二十五两正。其银秦伍氏母子同媒证人等如数亲手领足,并未短少分厘。自主抱之后,恁随刘姓更名教育,不得拗性。日后出放人户,并无阻拦,秦姓亲族已在未在人等不得异言称说。倘有来路不明、刁拐童婚、别故生枝等弊,一切有秦伍氏母子同媒证人等挺身承担,并无推委。以及有风寒暑湿,听天安命。若有另外生枝等情,概行不与抱主刘姓丝毫相涉。此系秦姓心甘情愿,其中并无逼勒套哄等情。恐口无凭,特立主抱字约一纸,永远存据。
>
> 　　引进人　周唐氏
>
> 　　说合人　余刘氏、余兴发、依口代笔周荣贵　同在
>
> 　　咸丰十年七月初一日立出主抱字约人秦伍氏同子庆元

---

① 《巴县档案》6-4-5738,咸丰十一年九月初六日。

有押

文约中秦伍氏谎称秦幺姑是自己的女儿,之所以这么做,是为了能顺利地将秦幺姑出抱。母亲有权对自己的子女做出安排,但嫂子是没有权利将小姑子视为自己的私有财产随意处置的。根据案件记录可以推测秦幺姑平日跟随兄嫂一起生活,至于其父母是否已经亡故,从案件记录中无法得出结论。如果秦伍氏将秦幺姑是自己小姑子的真实身份说出,对方会考虑到将来可能导致的各种问题而拒绝抱养,秦伍氏也就不能顺利地用秦幺姑换取钱财。文约中说明将秦幺姑出抱的原因是"家中贫寒,日食难度,无力抚养",笔者认为有较大的真实性。秦万发外出一年多才回家,外出期间家庭生活应该很困难,在这种情况之下,秦伍氏把小姑子出抱,换取银钱维持生计,也是可以理解的。但秦伍氏却害自己的小姑子落入娼门,小小年纪就被逼娼作贱。秦伍氏在出抱秦幺姑之前应该对抱养之人有所了解,如果明知刘曾氏为娼户之家,还把小姑子出抱与她,那就是蓄意而为了。而刘曾氏"抱女"是假,"买良为娼"才是真。从另外一个角度来看,如果不是娼户买良为娼或者有钱人家买女作妾,又有多少平常之家能够出得起25两银子抱养一个14岁的女孩呢?所以,秦伍氏不仅仅是想用秦幺姑换取钱财这么简单,背后可能还有姑嫂不睦等原因。

总结这些卖娼女性的身世,大多是被养父母、夫家逼娼,亲生父母让女儿为娼者毕竟是极少数的个案。绝大多数情况下,卖娼者都是身世极为可怜、缺少父母关爱的女性,因为家庭变故等方面的原因,沦为他人牟利的工具。

二、年龄与婚姻

从卖娼妇女的年龄来看,主要集中在13岁到40岁之间,年

龄最小的只有13岁,16岁到30岁所占比例最大,30岁以上逐渐
减少。

　　从卖娼妇女的婚姻状况来看,可以分为未婚、孀妇、在婚等几
种情况。其中,未婚卖娼主要包括被抱养的女孩长大后被养父母
逼娼,亲生父母因为贫穷让未婚女儿卖娼。孀妇卖娼则是因为夫
故后没有依靠,又没有再嫁,只得靠卖娼维持生计。前面曾经提
到的何王氏、假徐氏都是孀妇,她们不但自己卖娼,还让自己的女
儿也卖娼。在巴县诉讼档案中,卖娼妇女绝大多数处于在婚状
态,未婚卖娼和孀妇卖娼所占比例较小。下面主要对在婚妇女卖
娼的案例进行分析。

　　在婚妇女卖娼者大多数是被丈夫逼娼,逼娼的原因又主要有
丈夫不务正业、家庭赤贫、无法度日等,终究还是家庭的经济状况
太差所致。在这些在婚妇女中,既有初次婚姻,也有第二次婚姻。
有较多的案例显示,孀妇改嫁不久就被后夫逼娼。笔者认为,那
些因为经济原因无法正常娶妻的适婚男子(包括丧偶的男子)通
过各种渠道(其中包括买休等非正常渠道)想方设法娶到了妻子,
尽管妻子是孀妇,是被前夫嫁卖、休退的妇女,但婚姻市场上的严
峻形势使得他们不能挑三拣四,而且他们还可能为了娶妻花费了
不小的代价,甚至已经是倾家荡产。妻子娶过门之后,生活总要
继续,但为了娶妻而背负的债务已经让生活无法维持下去,只得
从妻子身上想办法。最急不可待的就是道光年间的彭老五,花了
10两银子把蒋氏买娶过门,才刚过门3天,就逼蒋氏接客卖娼。
也就是说,丈夫可能会将娶妻的大额花费算在妻子头上,待妻子
过门后通过卖娼方式还清债务、维持生计。

　　巴县档案中还发现了与前面案例不同的情况,即妇女与前夫
尚未离异,就被人"霸占"或者"包养",而且还育有孩子,这种情况

被县衙定性为"纵容妻子卖娼"。乾隆四十四年,23 岁的达州人熊富娶 15 岁的张氏为妻,育生一子。乾隆五十三年九月,熊富携张氏来渝,被冉广士霸占为妾 3 年,生有一个女儿。熊富屡接张氏回籍不允,于是控案。① 经过审断,此案被定性为"纵容妻子卖娼"。笔者认为,此案与"典妻"有诸多相似之处。知县断熊富纵容卖娼,说明熊富对妻子被包养之事不仅知晓,而且还持纵容的态度。按照熊富的说法,妻子张氏被冉广士霸占 3 年,为何熊富要在妻子被霸占那么长时间之后才想起告状? 笔者认为,这其实就是熊富和冉广士二人之间的交易,只不过后来二人因为某方面的原因起了纠纷,熊富才以霸占妻子为题控案而已。而这种情况又与"典妻"极其类似。

根据百度百科对"典妻"的解释,②典妻就是男子租用或雇佣女子作为临时妻子的婚姻方式。章敏认为,"典妻,又称典婚,也就是民间俗话所说的'借妻生子',指丈夫将妻子作为私人所有的物品以一定的价格在一定时期内典当、质押、租借给别人"。③ 郭松义认为,"典妻也就是租妻,是丈夫与人相约,限定年月时日,将妻子有偿租借与他人,待期满后,再把妻子接回"。④ 这两个定义

---

① 《巴县档案》6-1-1793,乾隆五十五年五月十八日。

② 百度百科对"典妻"的解释:典妻制度是人类买卖婚姻的一种,它和娼妓制度一样,都是正式婚姻制度的一种补充。它的历史可谓"渊远流长",早在汉代就有记载。由于战争频繁,大量民众无法自活,"嫁妻卖子,法不能禁,义不能止"。卖妻是以妻子作为商品进行买卖,尽管还不是完整意义上的典妻婚,但它为后来的典妻现象作了准备。

③ 章敏:《典妻习俗与中国现代文学书写》,《湖南社会科学》2014 年第 1 期。

④ 郭松义:《伦理与生活——清代的婚姻关系》,北京:商务印书馆,2000 年,第 493 页。

的主语都是"丈夫",主要为了突出丈夫将妻子典出是典妻现象中最为普遍的。其实,在中国底层社会,除了丈夫将妻子典雇于人之外,还有不愿再嫁的孀妇为了养活子女将自己出典的情况。浙江省奉化县习惯,"妇人夫亡,遗有子女,并无财产,难以度活者,得将其身典与他人为妻妾"。而典雇者也并非一定都是有钱有势之人,其中也不乏"年老或家贫乏嗣之人",因"艰于婚娶,即典此项寡妇为妻妾,典期以十年或八年为限,限内所生子女认为所典人之子女,限满将典约解除……所典人给与典妻财物亦于约内载明,每年银若干元,谷若干斛,其数极微,仿佛与津贴相似,并不负担全份之家用"。① 也就是说,将女子出典的除了女子的丈夫之外,还有女子本人。基于此,为了更为全面地对典妻做出解释,不宜再以"丈夫"作为主语。

从典妻的产生和发展来看,典妻制度古已有之,清代典妻现象达到了全盛,民国时期转盛为衰,新中国成立以后才彻底消失。从典妻流行的区域来看,主要是在南方地区比如浙江、福建等地。根据记载,浙江省龙游县、余姚县、奉化县、宣平县、龙泉县、义乌县、永康县、东阳县、昌化县、天台县、镇海县、象山县等地中下流社会多有典妻、租妻习惯,一般订有契约,在契约中约定有年限,典价甚轻,期满归还,期内生有子女,均为受典人所有,典妇不得携回。② 在福建省福安县,也有典妻之习俗,当地称为"樸妻""璞妻"。多因甲某无妻,其力又不能娶妻,乙某有妻,其力亦不能养妻所致。樸价不过数十金,期限自三五年至十年不等,限内生子归甲。妇若病故,

---

① 前南京国民政府司法行政部编:《民事习惯调查报告录》,北京:中国政法大学出版社,2005 年,第 726 页。
② 同上,第 719 页。

则甲、乙共同料理,期满能赎者,听赎,不赎者,则继续为甲妻。①
与此同时,北方的辽宁、甘肃等地也曾经出现过典妻的现象,辽宁
称为"搭伙",甘肃叫做"僦妻"。

　　有关典妻现象的文学作品,最为著名的有柔石于1930年所
作的《为奴隶的母亲》。因生活所迫,春宝娘被丈夫典给邻村秀才
家作为生育的工具,她离开自己5岁的儿子春宝,到秀才家生活
了3年,又生育了一个儿子秋宝。当她被迫离开新生的秋宝回到
家时,春宝已经不认得她了。小说控诉了惨无人道的"典妻"对贫
苦妇女肉体和精神的双重摧残和压迫,她们既是被交换的商品,
是生育的工具,同时也是一种特殊的奴隶。为人母却不能对自己
的孩子抚之爱之,为人妻却要睡在别人榻上,为他人生儿育女,这
种对人性的摧残和折磨使得她们的人生充满了悲剧的色彩。

　　典妻有悖于传统儒家的人伦道德,官府一再明令禁止。元代
规定"诸以女子典雇于人及典雇人之子女者并禁止之";明代规定
"凡将妻妾受财典雇与人为妻妾者,(本夫)杖八十";《大清律例》
规定"凡将妻妾受财典雇与人为妻妾者,(本夫)杖八十……知而
典娶者,各与同罪,并离异,财礼入官"。尽管如此,典妻在清代社
会仍然禁而不绝,甚至可以称为普遍,②归根结底还是贫困所致。
一方为生计所迫,另一方则多受传宗接代思想的影响,女性就成
为这两方之间的交易品和牺牲品,饱受屈辱和践踏。

　　江苏省泰州市溱潼古镇发现一份订立于咸丰九年十一月二
十三日的典妻契约:"兹因侯保珍久欠杨玉峰白银四十二两,实无

---

① 前南京国民政府司法行政部编:《民事习惯调查报告录》,北京:中国政法
　　大学出版社,2005年,第752—753页。
② 李群:《典妻与变通的礼法适用》,《当代法学》2010年第2期。

力偿还,愿将妻子王氏押于杨某名下,为妻三年,所生子女为杨某后代,期满以四十二两白银赎人。可延期半年,过期不赎,王氏将永远为杨玉峰所有。通人说合,两厢情愿,立字为凭。"①因侯保珍欠杨玉峰42两银子无力偿还,就将妻子王氏作为抵押品典押给债主杨玉峰为妻,时间为三年或者三年半,如果到时丈夫侯保珍不能按期赎回,王氏将永远为杨玉峰所有。从契约的字里行间可知,王氏只是一个被抵押、被交换的物品而已,因为一纸契约,她就从"侯家人"变成了"杨家人",至于今后到底是哪家人,还不好说。她只是被当作男性的私有财产,根本无人在乎她作为一个"人"的感受,也没人给她作为一个"人"应该享有的权利。无论最后侯保珍是否将她按期赎回,王氏的悲惨命运都已经注定。

综上可知,清代底层社会典妻现象并不鲜见。但在巴县婚姻档案中,因嫁卖生妻、通奸、卖娼引发诉讼的案例数不胜数,而明确被控诉或者被知县审断为"典妻"的却不见一例,难道这不值得引起我们的注意吗?是当时的巴县正好没有典妻发生?还是凡是发生了典妻行为的双方都没有发生纠纷,因此没有在衙门留下诉讼的记录?无独有偶,南部档案中也没有见到有关典雇妻妾的记载。②张晓蓓对此的解释是,巴县档案分类时常将典妻划入到逼妻卖娼类别,因为二者在出卖妻子的性行为和劳役为收益目的这点来看并没有本质的区别。③笔者认为,之所以会出现这种情

①蒲云空:《一份罕见的"典妻契"》,《内蒙古林业》2014年6月。
②吴佩林:《〈南部档案〉所见清代民间社会的"嫁卖生妻"》,《清史研究》2010年第3期。
③张晓蓓:《清代婚姻制度研究》,中国政法大学博士学位论文,2003年,第58页。

况,主要是因为实际生活中的典妻与通奸、①纵妻卖娼、嫁卖生妻等很难区别开来。从其形式来看,典妻与通奸、卖娼、嫁卖生妻都是一种与经济利益直接相关的买卖和交换,都是正式婚姻关系的一种补充。如果典妻的主要目的在于"传宗接代",又称为"寄肚",就与嫁卖生妻较为类似,只不过典妻是有时限的,一旦生完孩子,任务就宣告完成,而生妻业经买断没有时限,但二者在本质上毫无两样,都是把妻子作为丈夫的附属品以及可以交易的商品看待;②如果典妻是因为无力娶妻而通过租妻的方式获得暂时的性伴侣,则与通奸、卖娼并无二致。对被典方而言,目的只与经济因素有关,那就是以获取钱财为目的或者作为欠债的抵押品,这与卖娼、嫁卖生妻以及与经济相关的通奸也无不同。正是基于这几种非常态婚姻关系的相似性,衙门在判案的时候,往往将典妻断为其他几种类别。正如此案一样,知县并没有断为典妻,而是将其定性为纵妻卖娼。

三、籍贯

从卖娼妇女的籍贯来看,在巴县的卖娼者绝大多数来自四川省内其他地方,而巴县本地妇女大多被带到邻近的其他城市卖娼。也就是说,绝大多数卖娼系异地卖娼,即卖娼行为多发生在卖娼女家乡之外的其他地方。

黄蓝氏被王占云刁拐来渝逼娼一案,黄蓝氏是叙州府人(即

---

① 此处的通奸主要指的是为经济利益而发生的通奸,不包含因感情因素而发生的通奸。

② 郭松义:《伦理与生活——清代的婚姻关系》,北京:商务印书馆,2000 年,第 493 页。

宜宾人）。同治四年,唐谢氏与监管人唐老五之间因发生经济纠纷肆闹不已被保正坊差禀送到案。经过审讯,唐谢氏是合州麻柳坪人,丈夫唐正贵以到渝帮人为借口,一到渝城就把妻子送到娼户家,并托付给唐老五管理,让妻卖娼的原因是"日食难度"。①雷长均是璧山县人,平日贩布活生。咸丰元年凭媒娶邱王氏之女邱氏为妻,因生意折本,托邱雨亭在陈胜宗名下借钱 10 千文,以作贩布资本。迨后把妻子搬来渝城兴隆巷,佃李寡母房屋居住,没有活生,纵使妻子为娼。陈胜宗闻知,屡次来家里讨要钱文,因没钱付给,陈胜宗就与邱氏通奸。②

　　在笔者收集的案例中,卖娼妇女都来自四川省内,分别为达州、綦江、泸州、合州、长寿、合江、临水、成都、广安、南充、宜宾、璧山等地,并没有从省外来的。笔者认为,省外来渝的男子一般分为两种。一种是来渝贸易的殷实人家,家小都在原籍,很少将妻妾带到渝城,即使带来,也不会发生因贫逼娼之事。这类男子因家境富裕,在繁华的渝城通常以买妾人和出入高级妓院的身份出现,所以很少在卖娼类档案中见到他们的身影。但也有一种情况例外,就是该男子在渝贸易失败、生意折本,于是把在渝纳的小妾逼为娼妓,或者买妾为娼。另外一种是来渝寻找生路的家境贫寒者,大多为单身汉,没有财力正常婚娶,即使当中有已经娶妻者,也多在原籍,不会发生在渝卖娼之事。这类男子尽管家境并不富裕,但他们因为没有家室或者没带家室,大多成为光顾流娼、土妓的常客,在巴县档案中往往以买娼者的身份出现。相反,从四川省内其他地方来渝之人,因为路途并不算太远,所以大多携家带

---

①《巴县档案》6－5－8350,同治四年五月初八日。
②《巴县档案》6－4－5156,咸丰四年八月十八日。

口,来渝寻找生路。寻找不着或者生活困苦,就会产生将妻子送去卖娼以养活全家的想法。甚至有的丈夫诱骗妻子到渝帮人做工,其目的就是将妻子送入娼门赚取银钱。这类妇女在巴县档案中以受害者身份出现,而她们的丈夫则多被卖娼妇女或其娘家人以逼娼控案。还有像上述的假徐氏母女、何王氏母女这样没有依靠,从四川其他地方来渝卖娼维持生计的妇女,尽管她们是自愿卖娼,但也是为生活所迫。

同时,在所见的巴县档案相关案例中,买娼者多为社会中下层。这类人群,大多财力有限,只能涉足收费低廉的土娼流妓,并无资本可以进出那些高级妓院。本来这些卖娼妇女也只是社会底层为生活所困之人,她们本身受到年龄、姿色、住宿环境等条件的限制,只能暗地或者半公开地进行卖娼活动,收入微薄,还要受到丈夫及其他人的逼压、践踏。即使是这样,她们还可能得不到应有的报酬。

巴县档案中卖娼妇女为本地人的也有少数几个案例。在周李氏控何泰林买妾为娼一案中,何泰林是临水人,来渝贸易,娶周李氏的女儿冬姑为妾,后逼冬姑为娼。冬姑是本地人,父亲早故。[1] 咸丰十年,本城人曾德贵纵妻卖娼,因买娼者邓二不能支付钱文,曾德贵以通奸控案。[2]

总体而言,卖娼妇女来自四川其他地方的多,巴县本地的少。主要原因应该有如下几个方面:第一,外地人因生活无度而卖娼,亲戚朋友和家人皆不在本地,在道德方面的压力和束缚相对较小。相反,本地人则受到道德和舆论的压力,不敢在本地做出格

---

[1]《巴县档案》6-3-9068,道光年间。
[2]《巴县档案》6-4-5630,咸丰十年四月。

的事。王亚南在《中国官僚政治研究》一书中对此有精彩的评述：
"农民是在土地上生根的，一切纲常教义，一切'安分守己''安土
重迁'的大道理是要他们能继续在土地上生存下去才能发挥作
用。他们一旦因着四面八方的压迫榨取而从土地上'游离'出来，
而变为所谓浮浪者，浮食游民，以前所有的社会思想的羁绊便不
再对他们发生效用了。"①第二，外地来渝之人，妻子娘家相距较
远，无法获知她的具体情况，也无法提供有效的监督和保护。一
旦在经济上遇到困难，妻子就会面临被丈夫逼娼的风险。刚开始
丈夫们可能还觉得有碍脸面，心感耻辱，但时间一长，他们就习以
为常了，也不再有羞耻的感觉，甚至可能最后发展到完全依靠妻
子卖娼度日。就像《为奴隶的母亲》电影版中的阿祥，在他贫病相
加、债主又来逼债的时候，媒婆给他提出将妻子阿秀出典到秀才
家生儿子，可以换取 80 块大洋，他的内心是不情愿的，他是有羞
耻感的，自己恨不得去死。但后来他就变得麻木了，甚至无耻了，
居然还腆着脸到秀才家问阿秀要钱。

　　正是因为巴县本地人在本地卖娼会受到包括娘家阻碍在内
的诸多条件的限制，所以有的本地男子将自己的妻子带到巴县邻
近地方卖娼。

　　　　张义和供：张陈氏是妻子，田张氏是小的女儿。去年七
　　月间，那寇六作成小的女儿嫁与田甫三为妻，不料过门后把
　　女儿张氏逼贱不从，那时小的查知，与田甫三理剖，众斥以后
　　不得再行逼贱。到今年二月间，他把女儿诓至江津县仍以为
　　娼，女儿寄信来家，小的往彼清问，田甫三躲匿不面，小的回

<hr />

① 王亚南：《中国官僚政治研究》，北京：中国社会科学出版社，2005 年，第
　　115 页。

家,才把他呈控案下。前蒙审讯,把女儿张氏暂交小的领回,
俟查明田甫三是否娼妓。今蒙复讯,田甫三不应套娶女儿为
娼属实,业已在外凭团众说明【服】田甫三出给退婚文约,小
的当给他银二十两了事。后田甫三复以退后图索,又在江北
岐控,实是错了。姑念他当堂认错免究,断令甫三把女儿退
回,交小的当堂领回,另行择配。日后不得再行捏词翻控。
倘再呈控,自行认罪,小的遵断就是。①

　　从以上供词可知,张义和的女儿张氏嫁给田甫三(33 岁)为
妻,田甫三将妻子作贱,遭到丈人张义和的阻挠。为了避免妻子
娘家人及族人的干涉,田甫三又将妻子带到附近的江津县,继续
逼娼。这与外地来渝之人在巴县卖娼的情况非常类似,都是为了
避免妻子娘家人的干涉或者同乡人认识可能带来的尴尬和羞耻
感,将妻子带到异地卖娼。经过审讯,田甫三确实套娶张氏为娼,
田甫三立出退婚文约,张义和支付 20 两银子作为交换。岂料田
甫三退后图索再次生讼,仍断张义和将女儿领回另行择配。

　　相比而言,巴县本地人在本地卖娼的情况较少,更为多见的
是外地人来渝卖娼或者巴县本地人到外地卖娼。一方面,这些男
子为了生存的需要,或者为了给自己的懒惰无能寻找借口,以“家
贫无度”“生意折本”为理由,选择了这样一种纵妻为娼、逼妻卖
娼、套娶为娼的谋生办法,另一方面,尚未泯灭的羞耻感以及来自
妻子娘家人的干预和阻挠,又让他们不能在家乡本地卖娼,于是
他们选择将妻子带到异地。

---

① 《巴县档案》6—5—8397,同治八年三月。

第二节　卖娼原因

从巴县档案中有关卖娼的案例来看,绝大多数卖娼是被逼而为之,而逼迫妇女卖娼的以夫家为最多,其次还有养父母逼娼、刁拐为娼、买良为娼、娘家逼娼几种情况。也有案例显示妇女因家贫无法度日而自愿卖娼,其实这种情况也可以归入被逼卖娼的范畴,被贫穷所逼,为生活所迫。此处重点对夫家逼娼、刁拐为娼、买良为娼进行探讨。

一、夫家逼娼

夫家逼娼可以分为丈夫逼娼和夫家其他人逼娼两种情况,其中尤以丈夫逼娼最为多见。丈夫逼娼,多因家庭经济困难,而造成家庭困难的因素却很多。有的是因病致贫,有的是欠有债务,还有的是生意折本,当然也有的是丈夫懒惰、不务正业。丈夫逼妻为娼,自己却不务正业的情形在周王氏的状词中体现得非常生动:

> 具告状民妇周王氏,年十九岁,原籍本省本县,寓神仙坊佃宅店,抱告王义顺,为逼勒卖奸、泣恳作主事。情氏原籍长寿,自幼凭媒配周吉生,同治六年过门。殊夫吉生性成懒惰,不务正业,其家恒□举火,去八月将氏笼惑来渝,亲族离远,氏夫丧尽廉耻,不顾恩义,逼氏作贱不从,苦打湿曲允卖奸获钱。吉生朝眠昼寝,吸烟滥赌,尤不遂意,时或拳打足踢,百般折磨。切逼勒妻妾卖奸,律有明条,况氏夫青年男子,始而逼勒,继而纵容。惨氏被夫逼贱,身落娼门,情实戕心。非敢

干犯名义,实不甘心为娼,情不得已,泣恳唤讯,离异从良,殁世戴德,伏乞大老爷台前施行。

　　被告 周吉生

　　同治十三年正月二十三日具①

周吉生素来懒惰、不务正业,将妻子逼娼挣钱,自己却"朝眠昼寝,吸烟滥赌,尤不遂意,时或拳打足踢,百般折磨",将周王氏带到渝城、远离亲族,为其逼娼行为提供了条件。

还有以娶妻为名,实际买娶为娼的,其中又尤以纳妾逼娼较为典型。名义上是纳妾,实际目的却是逼娼获利。光绪年间,周坤伦称说没有妻子,在忠州套娶王氏为妾。光绪四年,周坤伦携妻子冷氏、小妾王氏至渝城东水门外住坐,苦逼王氏为娼作贱。因口角肆闹,王氏到河边意欲投水,被公差救起送至案下。经过审讯,周坤伦不应套娶王氏卖娼,几酿人命,将其掌责;周冷氏念其妇女,一并省释;吩谕原差协同保正马炳成把王氏另行择配,听其自主自嫁,不与周坤伦相涉。光绪五年,保正马炳成为媒,32岁的本城居民廖大顺将王氏娶回为室,因担心周坤伦滋事,还在衙门具存状以杜后患。②

不管是丈夫逼娼,还是夫家其他人逼娼,一旦发生诉讼,大都会遵循知县做出的判决,很少见到明确不服判决的情况。下面这个案例,知县已经断令娘家将受害之女领回另行择户,但其丈夫因为家中失去了妻子这唯一的经济支柱,居然三番要求知县复讯,妄图将妻子领回继续卖娼,实属罕见。③

---

①《巴县档案》6-5-8256,同治十三年正月。

②《巴县档案》6-6-23500,光绪四年十二月。

③《巴县档案》6-4-5595,咸丰九年十月初四日。

　　问据。李长发供：这蒋李氏是妹子，咸丰七年十一月间，蒋老六即蒋长兴凭陈老么为媒，把妹子李氏嫁与他儿子蒋天云为妻，过后妹子屡次被他嫌贱，逼李氏为娼，妹子不从，蒋老六同他妇人周氏殴打，又引到合州学习弹唱，小的查知，往他家清问，蒋老六言语支吾，说在乡里吃喜酒去了。到本月二十一日，小的到陈三喜即陈刘氏家看见妹子在他家里，妹子向小的哭说前情，小的投凭保正刘廷杨们禀送案下。今蒙审讯，断令小的把妹子领回择户另嫁，把蒋老六同周氏均各责惩完案就是。只求把他呈词注销。

　　问据。蒋老六供：这蒋周氏是妻子，蒋天云是儿子，蒋李氏是儿媳。咸丰七年十一月间，接李氏过门与儿子完配，小的在捆绑行下力，没钱养活，家里贫苦，儿媳怎样在陈三喜家卖娼，说小的同妇人周氏有嫌逼事情，被他查知，把小的具控案下。今蒙审讯，小的不应嫌逼李氏卖娼，把小的与妻子周氏责惩，儿子情甘与李氏离异，具结完案，把小的呈词注销附卷，蒙施恩典。

　　问据。陈三喜即陈刘氏供：小妇人与蒋老六同街居住，因没儿女，开设门户。今年自二三月间，这蒋老六同他妻子周氏把他儿媳送到小妇人家里，每夜问小妇人要钱一串，小妇人给钱五六次。因没得客宿，提不到钱，蒋老六支他妻子周氏嫌殴，小妇人知道的。李长发查知，才来控案，小妇人赴案质审是实。

　　九月二十四日张存仁叙

　　蒋老六咸丰七年十一月接李氏过门与儿子蒋天云完配，因家里贫苦，没钱养活，就与妻子周氏一起将儿媳送到同街开设卖娼门户的陈刘氏家里卖娼,每夜得钱一串。幸好李氏胞兄李长发查知,具控到案。李氏过门不到两年,就被夫家逼娼,担负起挣钱养家的重任,可知蒋家娶媳妇是假,依赖李氏挣钱是真。经过审讯,李长发所控属实,判将蒋老六并妻子周氏责惩,蒋天云与李氏离异,将李氏交给胞兄李长发领回择户另嫁,李长发具领结状。

　　具结状人李长发,今于大老爷台前为结状事。情蚁以查获逼娼具禀蒋老六即蒋长兴等在案,沐恩讯明,咸丰七年十一月,蒋长兴请媒陈老幺娶蚁妹李氏与伊子蒋天云为媳。过门后,蒋长兴没力养活,将李氏屡次嫌逼至陈刘氏家卖娼,被蚁查知控案,将蒋长兴与周氏责惩,断令离异,蚁遵谕当堂将蚁妹领回,择户另嫁,取具领结备案是实。

　　批:准领结。

　　咸丰九年九月二十四日具领结状人李长发　　有押

　　既然巴县衙门已经做出了审断,李长发也立出了领结状,蒋李两家自此以后应该断绝一切来往,再也没有任何关系。可是,事情并非想象的这样顺利:李家没有去找逼妹为娼的蒋家赔偿损失,反而那个串同父母逼自己妻子为娼的蒋天云还不服气,再次禀官要求复讯,想要将李氏领回,继续卖娼找钱。

　　问据。蒋李氏供:小妇人嫁蒋老六之子蒋天云为妻,他家贫苦,没力养活,把小妇人送在陈三喜即陈刘氏家卖娼找钱,每夜向小妇人要钱二千文,被哥子李长发查知,到陈刘氏家与小妇人会遇。小妇人向哥子哭诉,不愿为娼,才把蒋老六告案。前蒙审讯,断令哥子李长发把小妇人领回,业已具结完案,不料他儿子蒋天云闻断,想起家里贫苦,没有妇人卖娼找钱,就不好过活日子,没得衣食。一连两天回了三次官,才吩谕开复讯。倘若断蒋天云领小妇人回家,小妇人性命难保,不愿在蒋家卖娼,情甘离异。沐把蒋老六与周氏掌责,仍断哥子李长发把小妇人领回作主就是。

　　问据。蒋老六即蒋长兴供:这李长发把小的告案,前蒙审讯,断令李长发把他妹子李氏领回,业已具结完案,不料儿子蒋天云因家贫苦,往日等靠李氏卖娼找钱度活日食养活家口,今断拆离,家里就没有人找钱,没得用费,才回官三次,捏说房书不拿妇人与儿子领回,才吩谕开复讯。小的不应把李氏送到陈刘氏家卖娼,又把小的与妻子周氏掌责,仍断李长发把他妹子李氏领回,小的夫妇与儿子天云日后不得找寻李长发与李氏滋事,亦不得捏词翻控,复具切结完案,蒙施恩典。

　　十月十一日张存仁叙

蒋天云不服判决,在蒋李氏和蒋老六的供词中都有反映,内容也大同小异。其中,蒋李氏供词中提到"不料他儿子蒋天云闻断,想起家里贫苦,没有妇人卖娼找钱,就不好过活日子,没得衣食,一连两天回了三次官,才吩谕开复讯",蒋老六供词中也提到"不料儿子蒋天云因家贫苦,往日等靠李氏卖娼找钱度活日食养活家口,今断拆离,家里就没有人找钱,没得用费,才回官三次,捏说房书不拿妇人与儿子领回,才吩谕开复讯"。蒋天云一家已经习惯了依靠李氏卖娼的收入维持生计,将李氏交给胞兄领回,相当于断了他们一家的活路,所以蒋天云回官三次要求复讯。只不过复讯维持了初讯时的审断结果,李氏仍交胞兄李长发领回,蒋家人等不得再寻李氏兄妹滋事。蒋老六及妻子蒋周氏、儿子蒋天云共同出具结状。

具结状蒋老六即蒋长兴、蒋周氏、蒋天云,今于大老爷台前为结状事。情李长发具控蚁等在案,业已讯明,具结完案。蚁天云因家无人卖娼,一连回官三次,吩谕复讯,仍断李长发将伊妹李氏领回,蚁等倘再翻滋事端,自甘认罪勿辞。具切实甘结完案。

批:准结。

咸丰九年十月十一日具结状蒋天兴、蒋周氏、蒋天云

有押

通过此案,蒋天云的形象生动地展现在我们面前:他不仅不以逼妻为娼养活全家之事为耻,反以妻子卖娼作为维持全家生计之唯一出路,多次要求将李氏领回继续卖娼养家,真是既可怜又可恨。而李氏在复讯的供词中明确表明了不愿为娼、甘愿离异的强烈诉求:"倘若断蒋天云领小妇人回家,小妇人性命难保,不愿在蒋家卖娼,情甘离异。"名义上李氏是嫁到蒋家作蒋老六的儿媳蒋天云的妻子,但实际上她在夫家根本就没有受到一点人妻和人媳的尊重,只是作为挣钱养家的机器而已,更何况还是被逼卖娼这种方式。

沈从文的短篇小说《丈夫》就形象生动地揭露了20世纪湘西某地花船上靠卖身维持生计的乡下女人"老七"的故事。"她们都是做生意而来的。在名分上,那名称与别的工作同样,既不和道德相冲突,也并不违反健康。她们从乡下来,从那些种田挖园的人家,离了乡村,离了石磨同小牛,离了那年轻而强健的丈夫,跟随了一个同乡熟人,就来到这船山做生意了。""所以许多年轻的丈夫,在娶媳妇以后,把她送出来,自己留在家中耕田种地,安分过日子,也竟是极其平常的事情。"为了维持生计,这些乡下女人

在熟人的带领下来到城里卖身,而这竟然是包括丈夫在内的全家人都默认并且已经见惯不惊的。之所以出现这样的现象,说到底还是贫穷所致。"地方实在太穷了,一点点收成照例要被上面的人拿去一大半,手足贴地的乡下人,任你如何勤省耐劳的干做,一年中四分之一时间,即或用红薯叶和糠灰拌和充饥,总还是不容易对付下去。"马斯洛的需要层次理论告诉我们,生存的需要是人的第一需要,在此基础上,才谈得上尊严等更高层次的需要。这些女人的家庭已经面临生存危机,她们从乡下来到城里,出卖自己的身体从而让一家老小有吃有穿。在此背景之下,乡下女人们的卖身并不是被逼的,而是极度贫苦之下的自愿之举,夫家也只是"纵容卖娼"而已。前述巴县档案中的蒋李氏是在公婆的强逼之下卖身的,并不是心甘情愿,而且蒋李氏还在供词中明确表明了自己坚决不愿卖娼的决心和态度。

关于"纵容卖娼",巴县档案中也有反映。"纵容卖娼"与"逼娼"应该有着本质的区别,即女性本人的态度是否自愿。女性在不愿意的情况之下被夫家强逼卖娼为"逼娼",因贫困等诸多原因自愿卖娼,夫家没有反对,甚至还给予了支持和帮助,这种情况为"纵容卖娼"。沈从文《丈夫》中让妻子外出"做生意"的丈夫们就是"纵容卖娼",而不是"逼娼"。在很多情况下,我们很难判断"通奸"与"卖娼"二者的界限,因为在经济利益驱使之下的通奸行为其实已经与卖娼无异。

陈洪发娶邹程氏的养女邹氏为妻,因贫将妻子作贱,与来渝棕绳生贸的射洪县人王焕亭达成协议,王焕亭包宿邹氏嫖娼,认给月费,常往无忌。因邹程氏具控王裁缝刁拐邹氏,各方到案。陈洪发、邹氏、王焕亭三人的供词如下:

　　问据。陈洪发供：前年三月，小的说娶邹程氏女儿邹氏为妻，过门后邹程氏随同居住，下力生活，后当绥营勇丁。今四月因病愈后，到八月小的往乡去了，否何妻子不见，查找无获，嫌疑同街王裁缝拐匿，邹程氏才具控案下。今蒙审讯，小的不应引奸图食，已予杖责，谕把妻子领回安室。如或不能，听其另嫁，结案就是。

　　问据。陈邹氏供：年十八岁，邹程氏是抱养母亲。前年三月二十七，嫁配陈洪发为妻，过门后把衣物变尽，逼贱度日。生母费氏控前国主，讯谕领回，勿再作践【贱】，搬移磁器口居住，寒苦难度。迫腊月，又来渝城鸡屎巷佃房居住，找寻度活。不知那日陈洪发会见王焕亭，说起家寒，包宿小妇人为妻，认给月费，常往无忌。佃房几处，现住临江门江家院，不知邹程氏否和商议，捏说习拐，把王裁缝们具控在案，小妇人才来案的。今蒙审讯，小妇人不应从事二夫，有乖妇道，已予掌责，完案就是。

　　问据。王焕亭供：射洪县人，来渝棕绳生贸。上年与陈洪发会见，说他家寒难度，商许小的与他妻子嫖宿，认给月费，常往无忌，现佃江家院居住。陈洪发往乡去了，邹程氏否和控告习拐，小的才来案的。今蒙审讯，小的不应嫖占包费，已予杖责，完案就是。①

　　邹氏与王焕亭之间长期固定的通奸行为其实就是为了经济利益而进行的性交易，是一种"钱色交换"。正如各方在供词中所说，这就是一种"嫖娼"与"卖娼"的关系。虽然美其名曰"包宿为

---

① 《巴县档案》6—6—24307，光绪十三年八月二十六日。

妻"，而且"不应从事二夫"的审断从表面看起来似乎是一种夫妻行为，但其本质上就是一种赤裸裸的卖娼行为，与"夫妻"并无半点关系，只不过他们之间的"包娼"较为固定而已。从供词还可以看出，邹氏的生母费氏曾经就陈洪发逼娼一事具控在案，尽管正堂国做出了"勿再作贱"的审断，但毕竟不能改变他们家贫的事实，陈洪发搬迁到一个新的地方后，照样逼迫妻子重操旧业。即使正堂国知道了后续的情况，恐怕也无可奈何。

正是因为经济利益驱使下的"通奸"与"卖娼"很难区别开来，所以有的明明系"纵容卖娼"，却因买卖双方滋生矛盾而控为"通奸"，企图混淆二者之间的界限，得到令自己满意的结果。咸丰十年四月初四，25岁的巴县人曾德贵为获奸扭送、恳严讯究事具控邓二在案。[1] 曾德贵在告状中称："情蚁在太平门外推拨船度日，娶妻朱氏不守妇道，屡次与人私通，蚁查未获。本月初三夜二更候归家，蚁入内室得见淫恶邓二与朱氏通奸，蚁当扭获邓二，剪落发辫，随投保正街邻王玉顺等近彼，蚁扭邓二、朱氏交坊差卢洪送案，恳严讯究。"曾德贵以通奸案控邓二，但经过审讯，我们发现此案并不是通奸案，而是曾德贵本人纵妻为娼所引起的矛盾纠纷案。各方当事人的供词如下：

> 问据。曾德贵供：小的平素推拨船生理，这曾朱氏是小的妻子。因生意不好，费用难敷，就叫妻子卖娼作贱，招客应筹用费。咸丰十年四月初三日挨黑时候，妻子就勾这邓二即邓二大爷来家宿娼，坐在房圈闲谈，每月认给家费钱三千文。小的就叫邓二拿几十文钱与小的出外宵夜，邓二没钱，小的

---

①《巴县档案》6－4－5630，咸丰十年四月。

忧气，出外喊那刘巴、陈双喜、毛狗们走在屋内，把邓二打伤，剥了衣服捆缚，小的顺拾剪刀把邓二的发辫剪落搕钱不允，才投鸣王玉顺并坊差卢洪们把邓二禀送案下的。今蒙审讯，小的不应纵妻卖娼图搕，沐把小的并妻子曾朱氏掌责。邓二亦不应闹娼滋事，悯念他伤重，应责从宽，谕令小的把妻子领回，严加管束，具结备案，不致滋事就是。蒙施恩。

问据。王玉顺、卢洪同供：本月初三日二更后，这曾德贵喊投小的们，投说邓二来在他家与他妻子曾朱氏通奸，被他撞获捆缚，剪落发辫，交小的们协送案下的。今蒙审讯，小的们也不知邓二有无通奸情事，是实。

问据。邓二即邓二大爷供：小的成都省人，去年小的跟随樊大老爷一路雇船来渝，往彭姓家饮酒。因路道不通，船拢城外仁和湾停泊未归，又兼板主长支银两未给，屡从曾德贵门首路过，与他妻子曾朱氏认识。今年四月初三日挨黑时，小的向板主要银，仍往曾德贵门首路过，曾德贵同他妻子曾朱氏喊叫小的进他屋内闲谈。曾朱氏说他丈夫叫他卖娼作贱，要小的每月认给他费用钱三千文，与小的通奸，小的应允。曾德贵就要钱几十文出外宵夜，小的没钱给他，曾德贵忧气，出外喊了三人回家，把小的打伤捆缚，并把衣服剥了，又用剪刀把小的发辫剪落，向搕钱文不遂，曾德贵才投王玉顺们把小的禀送的。今蒙审讯，曾德贵不应纵妻卖娼，沐把他并曾朱氏掌责，小的亦不应闹娼滋事，悯念伤重，应责从宽，谕令小的当堂把衣服领回，具结备案，不致滋事就是。蒙恩典。

问据。曾朱氏供：曾德贵是小妇人的丈夫，余供与曾德贵同。

咸丰十年四月初四日傅玉文叙

曾德贵因生意不好、费用难敷，就纵容妻子为娼，以此作为谋生手段。孰料被夫妻二人物色好的成都人邓二却无钱支付，这让曾德贵恼羞成怒，以通奸案诉诸衙门。这说明曾德贵对衙门受理案件的规律和特点有一定的了解：如果以纵妻卖娼纠纷案生讼，自己肯定会受到惩罚，衙门还可能不予受理，而以通奸大题控案，不仅能够引起衙门重视，成功地受理此案，而且还能给邓二施加压力，让他就范，拿到自己期望的钱文。结果被打伤的邓二还是没有钱文可以支付，而案件也成功地进行了受理。当然，真相水落石出，曾德贵与妻子曾氏只是受到了"掌责"的惩罚，曾德贵将妻子领回管束，邓二因为伤重也"应责从宽"。官府对曾德贵夫妻的薄责能否让二人引以为戒，以后不再重犯？笔者认为，效果微乎其微。只要曾德贵家境依然贫穷，他们夫妻二人还会故伎重演，因为在他们看来，生存是首位的，而所谓颜面、贞洁此刻都不是首要考虑的因素。当然，因为卖娼所引起的相关纠纷还会继续上演，作为清代基层政权的巴县衙门对此情形及其形成原因也知道得一清二楚。

类似的案例还有瞿大章"纵妻通奸"一案。尽管在供词中一直都用的是"通奸"，但根据案件内容可知，瞿大章为了经济利益引诱欧君山到家与妻子通奸，这种行为在本质上就是卖娼。瞿大章自幼说娶曾氏为妻，咸丰八年七月间，因无钱使用，瞿大章引诱欧君山在家里与妻子曾氏通奸。咸丰九年二月初十日，瞿大章与妻子同欧君山一路来渝，在宋老妈家住栈。至十四日，不料瞿大章母亲瞿韦氏查知来渝，把儿媳瞿曾氏并欧君山扭获，以媳被拐逃事送案审讯。经过审讯，瞿大章不应纵容妻子与欧君山通奸，从宽免责,谕令把妻子曾氏领回管束;欧君山不应与瞿曾氏通奸,将其责惩枷示一月;瞿曾氏不应听信丈夫的话,与欧君山通奸,将其掌责省释。①

本案需要注意的是对瞿大章"从宽免究"的审断结果。瞿曾氏之所以会同欧君山通奸,完全是因为瞿大章无钱使用,将欧君山引诱来家,应该说绝大部分的错在丈夫身上,妻子只是听从了丈夫的话而已。然而知县的审断却让我们感到很迷惑:将奸夫欧君山责惩枷示一月,这同别的犯奸案件对奸夫的惩罚基本相似,但本案中欧君山并不是主动与瞿曾氏通奸,而是在瞿大章的诱惑下到家与瞿曾氏通奸的,应该减轻处罚。受丈夫摆布、听从丈夫与人通奸的瞿曾氏受到了掌责,相反,引诱别人与妻子通奸的罪魁祸首瞿大章,却被断从宽免责,将妻子领回管束,并没有受到任何惩罚,这确实出乎我们的意料。

二、刁拐为娼

清代民间社会刁拐、贩卖妇女成风,这些妇女被刁拐嫁卖后的命运各不相同:有的被人买作妻妾,也有的被卖入娼门沦为娼妓,还有的被逼在民间场所卖娼,成为赚钱的工具。下面这个案例中的黄蓝氏是叙州府(今四川省宜宾市)人氏,本来在叙城喂乳,结果被王占云刁拐到渝城,被逼卖娼。以下是案件相关人黄蓝氏丈夫、黄蓝氏本人、刁拐黄蓝氏的王占云、准备与王占云共同将黄蓝氏卖钱作贱的罗九大爷的供词。

问据。黄发盛即黄老二供:小的叙州府人氏,去年冬月间,

---

① 《巴县档案》6—4—5502,咸丰九年二月十五日。

小的未在家里,妻子黄蓝氏在叙城喂乳,有这王占云不知他怎样把小的妻子刁拐来渝,小的知觉,才在渝城遇李大顺向小的说出情由,唐尊三才来辕具禀案下,小的亦来续禀的。今蒙审讯,王占云刁拐小的妻子属实,他与这罗九大爷欲行作贱,沐把王占云、罗九大爷均各笞责,谕令小的把蓝氏领回管束就是。

问据。王占云、罗九大爷同供:小的王占云,去年冬月间在叙州府会遇这黄蓝氏,他在喂乳,与小的闲谈,说起来渝的话。蓝氏应允,就同小的一路来渝。又遇小的罗九大爷与小的佃王占云在邓徐氏家居住,迨后蓝氏不依,经明总爷查知,唐尊三们才来辕把小的们具禀案下。今蒙审讯,小的王占云拐逃黄蓝氏属实,这罗九大爷欲行把他卖钱作贱,沐把小的们均各笞责,谕令取保,小的们错了,只求施恩。

问据。黄蓝氏供:小妇人去年冬月间在叙城喂乳,小妇人丈夫未在家里。有这素相认识的王占云来向小妇人称说不如来渝城帮人,多得钱文使用,小妇人应允,同他来渝。又有这罗九大爷佃那邓徐氏的房屋居住,叫小妇人作贱,小妇人不依,彼此肆闹,明总爷查知不依,唐尊三们才来辕具禀的。今蒙审讯,谕令丈夫黄发盛把小妇人领回就是。

二月十四日刑房张福生叙①

根据供词可知,王占云与黄蓝氏素来认识,黄蓝氏丈夫不在家,王占云趁机以到渝城帮人可以多挣钱文为诱饵,将黄蓝氏刁拐。结果到了渝城之后,王占云却与罗九大爷一起佃房居住,让黄蓝氏卖娼挣钱。清代底层社会民生贫苦,生计困难,黄蓝氏在

①《巴县档案》6-5-7454,同治五年正月。

叙城帮人喂乳,而丈夫黄发盛则在李庄镇帮工营生,夫妻二人根本不在同一个地方,说明他们的家庭经济状况比较糟糕。为了挣到更多的钱,黄蓝氏跟随王占云到了渝城,孰料差点就被卖钱作贱。黄蓝氏在王占云的引诱之下自愿跟随他来到渝城,并非强迫。而案件中的刁拐之人王占云是否早就认识罗九大爷并与之长期串同作案,从供词中还不能判断出来。二人仅仅受到了笞责的惩罚,黄蓝氏由丈夫黄发盛领回。

27 岁的蒋定澄娶妻无嗣,又纳 18 岁的杨氏为妾。因蒋定澄在汉口帮贸不在家中,杨氏与婆婆发生口角,欲回娘家,请丈夫的表兄韩甫臣帮忙送行。岂料韩甫臣居心不良,将杨氏卖给邓明安家为贱,逼令接客。[1]

前述两个案例,既有相同之处,也有不同之处。相同之处在于丈夫都不在家中,刁拐者与被刁拐者之间都是熟人或者亲戚的关系,不同之处在于黄蓝氏是在王占云的引诱之下自愿跟随,而杨氏是被韩甫臣强行带到异地卖给娼家。正堂在判词中称"蒋杨氏年幼无知,被人拐卖,当堂审问,尚有羞恶之良,免责,交蒋定澄领回",并没有对杨氏进行惩罚。

刁拐嫁卖为娼在当时的社会中存在,主要原因还是民生凋敝,人民生活困苦。妇女为了谋求更好的生路,离开家乡来到渝城,人生地不熟,给刁拐之人可乘之机。其次,渝城水陆位置重要,属于人群聚集的繁华之地,娼妓的市场更为发达。

三、买良为娼

在清代基层社会,刁拐嫁卖盛行,有卖方市场,就有买方市

---

[1]《巴县档案》6－6－25179,光绪二十八年十二月。

场。有人专门从人贩或者被卖女性的亲属手里承买幼女,学习弹唱,长大后从事妓女行业,为自己带来高额的利润。也有的从丈夫手里买娶生妻,名为娶妻,实为买娶为娼。

(一)买幼女为娼

买幼女为娼这种类型是明目张胆地买卖,与前面所述"抱女"还有所区别,买卖关系更为赤裸裸。下面这个案件就是一例。

问据。吴刘氏供:黄贵生是雇工,小妇人幼时凭媒配夫吴大顺,外贸病故,日食维艰,才买抱吴邓氏即王月仙教习弹唱,带往各处寻事。迨后搬佃荣山县罗少松院房居住。到今正月,遭罗少松特系盟痞,拐王月仙逃渝避祸,小妇人随在荣山县存案,四路查访,五月来渝,始把罗少松、王月仙寻获。询问被王石麟担招说好,小妇人当投街邻监保在东狱庙理剖,罗少松诬称小妇人捡王月仙财礼银三十两,口角不息,无奈呈禀案下。今蒙审讯,只求作主。

问据。黄贵生供:吴刘氏即王玉容是主人,余供与主人供同。

问据。吴邓氏供:大竹县人,年十八岁,小妇人乳名向桂香,父母早故,傍舅父度食,到十二岁遭舅父不仁,把小妇人卖与娼妓王玉蓉,取财礼银十两,送在梁山县教学弹唱。次年估逼败节,随带小妇人到开县温塘井住耍数日,复往东香南坝场、及大竹周家场、岳池广安南蒲县、新尊坝河洲涪洲,又转大竹周家场,回大竹紫金门各处佃房,开堂卖娼,共有姊妹四人:小妇人月仙、二妹凤仙、三妹瑷仙、四妹玉仙,同住招客,常被痞匪滋闹。监保知觉,禀明大竹杨主,把王玉蓉讯押勒逐,讼费无着,才放姊妹们各去从良,嘱黄贵生送小妇人到荣山县，住东街刘瑞廷店内，倩媒说和罗少松为妾，面议身价三十两，给黄贵生与王玉蓉带回，书立婚约交罗少松收执。到今春罗少松带小妇人就慕来渝，在白果巷二嫂家同住无紊。到前月王石麟请小妇人同二嫂晏归，突遭王玉蓉拦途口角，投理不息，就来辕把小妇人呈禀。今蒙审讯，小妇人实愿从良，不甘为娼，沐作主了。

问据。罗少松即西昌供：荣山县人，父母俱在，弟兄二人，职员行二，娶有妻室，没生子女。去冬，这王月仙同黄贵生在荣山，经刘显廷们作成王月仙与职员为妾，议交黄贵生银三十两。今春职员兄长信派来渝商务局就事，谐【携】妾在白果巷二兄家住，到前月王石麟请二嫂同妾晏归，在街遭王玉蓉拦住妾轿口角，当经监保街邻把妾交王石麟，次日投理，王玉蓉不由公论，就来辕呈控的。供是实，作主就是。

讯得流娼王玉蓉更名吴刘氏，买良为娼，本应重办，以正风化，姑从宽，将玉蓉及抱告黄贵生薄责。吴邓氏既已从良与罗少松为妾，固好，惟身价亦应了清，仍候复讯供录。

光绪二十七年六月初三日刑书闫荣臣叙①

根据各方供词，吴邓氏是大竹县人，父母早故，本来寄寓在舅父家中，孰料 12 岁时被舅父卖给流娼吴刘氏学习弹唱，沦为娼妓，改名王月仙。而吴刘氏所买的女孩不仅只有王月仙，还有"二妹凤仙、三妹瑗仙、四妹玉仙，同住招客"。《大清律例》专门有"买良为娼"条款，规定"凡娼优乐人，买良人子女为娼优，及娶为妻妾，或乞养为子女者，杖一百。知情嫁卖者，同罪。媒合人，减一

---

①《巴县档案》6－6－25119，光绪二十七年六月。

等。财礼入官,子女归宗"。① 按照律法的规定,买良为娼的流娼吴刘氏、知情嫁卖的吴邓氏舅父均应受到杖一百的惩罚,而实际上吴刘氏和抱告黄贵生只是受到了薄责而已,断提娼从良为妾的罗少松给吴刘氏路费 70 两,各方具结备案。

> 具缴结状职员罗少松即熙昌,今于大老爷台前为缴结事。情吴刘氏以诱窃获佔等情,控职在案。沐恩迭讯明确,谕职给吴刘氏路费银七十两正,职遵谕措银七十两,如数缴足,具缴结备案,日后不致翻滋。中间不虚,缴结状是实。
>
> 批:准缴结。
>
> 光绪二十七年七月初九日具缴状职员罗少松,即熙昌
>
> 有押

其实,这 70 两银子就是罗少松支付给吴刘氏的赎身费用,既包括吴刘氏养育王月仙的费用,也包括当初买王月仙的费用,只不过用"路费"二字看起来比"赎身"显得更光明正大。由此看来,买良为娼固然不会被提倡,但也并不会受到严惩,"本应重办,以正风化,姑从宽",反而还能得到高额利润,"吴邓氏既已从良与罗少松为妾,固好,惟身价亦应了清"。官府对"吴刘氏们"的轻责对于民间买良为娼恶习的抑制不会起太大的作用,反而是一种变相的纵容。

(二)买生妻为娼

在"嫁卖生妻档案研究"部分,对嫁卖生妻的各种情形进行了分析,其中,嫁卖生妻为娼也是其中一种。对于嫁卖方来说,将生妻出嫁换取银钱是最终目的,至于生妻到底嫁给谁,为妻、为妾、

---

① 田涛、郑秦点校:《大清律例》,北京:法律出版社,1999 年,第 528 页。

为娼还是为奴，似乎都显得不再重要。对于买娶方来讲，买娶生妻的目的也是多种多样的。

彭氏自幼许朱绍兴为妻，过门无育，因家赤贫，难以度活，咸丰五年四月间，朱绍兴把彭氏嫁卖袁兴顺为妾，取财礼钱16千文，立有手印婚约。过门后，袁兴顺夫妇叫彭氏接客为娼。① 袁兴顺买彭氏为妾的目的就是逼其卖娼获利。

郑洪春女儿金弟凭媒嫁罗仕荣为妻，罗仕荣因家贫无度，凭费老幺为媒，将金弟即罗郑氏嫁给张蟒子，逼勒为娼，郑洪春查知不依，到案喊控。经过审讯，费老幺、张莽子不应串买郑氏作贱，均各杖责枷示。断令费老幺缴出钱2千给郑洪春具领，张莽子当堂呈出退婚字约附卷，郑洪春将女儿领回另行择户。尽管知县在审断的时候并没有对嫁卖生妻的罗仕荣进行惩罚，但并不代表罗仕荣对妻子罗郑氏被逼为娼之事一无所知，相反，罗仕荣对此事应该知道得一清二楚。从罗仕荣所立的主嫁文约中就可以看出端倪：

> 立出主嫁文约罗仕荣，情因在璧邑中兴场乡里住居，屡遭贼匪涂害，家产费尽，四壁土立。去岁又遭母死，寻亲帮埋，以后携郑氏过江津城栈门户找钱，生意清淡，又与郑氏父兄协同商议，米价昂贵，婿实负债难偿，日食难度，万般无奈，又特呼郑氏下渝城干亲尹大顺家下住站，盘费俱勿【无】，承蒙干父顾照数日，日食难度。余与干父商议，特出请约请张玉廷、万祥兴、百大成、罗洪太等为媒说合，勿论为良为娼，夫妻心甘意愿，永勿翻悔。五人为媒说合，将郑氏出抱与张陶

---

① 《巴县档案》6—4—5206，咸丰五年五月十五日。

氏名下作为妓女,永享发达。即日凭媒众面议,取财礼钱陆千文正,以偿债账。自立约以后,任随张姓教育成人,罗姓娘婆二家已在未在亲戚人等不得异言称说,借事生非,另生枝节……此系二家媒证心甘意愿,并勿【无】套哄逼勒等弊。今恐口无凭,特立主嫁抱约一纸为据。

凭媒证人　万祥兴、张玉廷、尹大顺、百大成、罗洪太、向时发笔　同在

同治三年甲子……(左手手掌印)日立出主嫁抱约人罗仕荣　有押①

在此文约中,罗仕荣先是说明了嫁卖生妻的原因以及自己万般无奈的心情,接着表态"勿论为良为娼,夫妻心甘意愿,永勿翻悔",然后说明"将郑氏出抱与张陶氏名下为妓女",而且还用了"永享发达"这个极具讽刺性的词语,这就说明罗仕荣非常清楚地知道妻子出卖给张家是作妓。在罗郑氏的供词中也能看出罗仕荣对此事是知情的,"今年二月间,丈夫串同这费老幺把小妇人嫁与张莽子,就逼勒小妇人为娼,被父亲郑洪春查知,把小妇人寻获"。但知县并没有对卖妻为娼的罗仕荣进行责罚。

第三节　卖娼场所

前面曾经提到,根据营业方式的不同,可以分为官娼、私娼、暗娼等几种类别,这几种类别的卖娼场所也不相同。官娼是在政府管理的妓院内卖娼,私娼是在民间较为固定的私人营业场所卖

①《巴县档案》6-5-7281,同治三年四月。

娟,暗娟则是在自家进行卖娟活动,容留外人宿娟。私娟有固定的场所,卖娟者不只一人,相对更容易被发现,而暗娟在自家进行,这个"家"还可能不断流动,没有固定的场所,也较为隐蔽,不容易被外人发现。巴县档案中,卖娟活动主要是在私人开办的固定营业场所以及妇女自家进行的。

一、在私人营业场所卖娟

窝藏妓女的地方叫做"娟家",北方又叫做"窑子",通称曰"妓院"。① 清代巴县,民间从事卖娟活动的私人营业场所,一般称为"娟户"②"娟门"③"门户"④,在规模上比妓院小,因混迹于民居之中,所以也更为隐蔽。附近的邻居们都知道这个营业场所的性质,一旦出现经济困难,可能就会想到将家里的年轻女性送来换

---

① 谢文耀:《旧中国娟妓制度》(上),《社会》1990年第1期。
② 《巴县档案》6-5-7610,同治六年七月,王文藻、王晏氏的女儿王接弟凭媒嫁卖柯邱氏为媳,王文藻在供词中称:"这王晏氏是妻子,王接弟是女儿。今年三月间未到案的简五大耶为媒,把女儿嫁与柯邱氏为媳,过门不一会,他就要女儿作贱不从,肆闹不休。小的闻知,才知邱氏是娟户,往他家清问,他就说称说家贫,日食难度,那时小的不依,与他理论过的",曰"娟户"。
③ 《巴县档案》6-4-5274,咸丰六年五月二十八日,徐大起喊控何四麻子一卷,何四麻子在诉状中称:"情去四月广安徐大起携妻杜氏至江北嫁卖娟门,喊控廖主,断发官媒,嫁与孙仕俊,过门姑媳不睦,退交大起领回,仍卖娟门为妓不从……陈奎等为媒说合杜氏嫁蚁为室",曰"娟门"。
④ 《巴县档案》6-4-5242,咸丰五年十二月二十四日,直里孀妇熊黄氏为霸占统楼事禀陈双和一卷,陈双和供:"小的在渝开设轿铺生理。咸丰二年不记日期,小的凭媒说娶卓正品的妻子卓熊氏为妻。今年小的赤贫无度,才把卓熊氏送至姚家巷门户卖娟",曰"门户"。

取银钱,以供给家庭的日常开支。但是,如果这个营业场所没能按照约定如期支付,双方就可能发生争执,进而发生诉讼。

咸丰年间,郑仕万到县衙鸣冤,说张吹吹牵线,作成他的妻子曾氏到何哈家帮工,每月认给工资钱 200 文,后来查知妻子被何哈拿去卖娼,何哈言语支吾,反行凶横,郑仕万实无奈,才来喊控案下。经过审讯,发现事实并非如此。真相是:郑仕万在渝住坐,小贸生理,因生意折本无钱使用,就把妻子曾氏送到何哈家住扎卖娼。等妻子回家,郑仕万就向何哈索要钱文,结果何哈不给,双方争执,郑仕万来辕捏喊。知县认为,郑仕万不应纵妻卖娼,反行妄喊,将其掌责,当堂逐出,日后再不妄为。① 在这个案件里,何哈家就是一个固定的私人卖娼场所。

当因卖娼而生讼时,作为容纳卖娼的"娼户"也可能会作为重要的见证人参与堂审。通过供词,我们可以对娼户的情况有所了解。咸丰九年,巴县人李长发以查获逼娼事具禀蒋老六一案,因为蒋老六将自己的儿媳也就是李长发的胞妹李氏送到娼户陈三喜家卖娼,被李长发查知控案。堂审时,各方说法基本相同,并无太大差异。娼户陈三喜的供词如下。

> 陈三喜即陈刘氏供:小妇人与蒋老六同街居住,因没儿女,开设门户。今年自二三月间,这蒋老六同他妻子周氏把他儿媳送到小妇人家里,每夜问小妇人要钱一串,小妇人给钱五六次。因没得客宿,提不到钱,蒋老六支他妻子周氏嫌殴,小妇人知道的。李长发查知,才来控案,小妇人赴案质审是实。②

①《巴县档案》6－4－4882,咸丰元年二月二十六日。
②《巴县档案》6－5－8350,咸丰九年十月初四日。

根据陈三喜的供词可知,她与蒋老六同街居住,实际上她开设的门户就在自己家中。这类卖娼场所因为设在民宅,很难被发现,只不过周围的邻居倒是非常清楚其用途,所以蒋老六在儿媳过门一年多就将她送到陈三喜家。陈三喜没有儿女,没有经济来源,这是否是她开设门户的直接原因?从案件记录中无法得知。蒋老六每夜向陈三喜要钱一串,说明这是蒋老六与陈三喜两方之间直接发生的交易,李氏只是他们共同的生财工具,钱多钱少均与李氏无关。而李氏挣不到钱的时候,蒋老六还支使妻子周氏对李氏进行殴打,李氏在夫家过的生活可见一斑。经过审讯,将逼娼的蒋老六和妻子周氏均进行了惩罚,李氏与蒋老六儿子离异,由胞兄李长发领回择户另嫁,但没有对开设卖娼门户的陈三喜进行惩罚。

这种私开门户的情况在巴县民间是比较多的,所见卖娼类档案中的卖娼妇女,多数情况下就是被送往这种场所作贱的。刘曹氏喊控丈夫刘天喜逼娼一案,刘曹氏提到丈夫先把她送到陶老五家作贱,后又送到陶老五住隔不远的赵黑子家卖娼,供词如下:

> 问据。刘曹氏供:父亲曹二凭媒把小妇人许配与这刘天喜为妻,过门四载,并没生育。去年冬月间,丈夫把小妇人送至城外钢厂这陶老五家住扎十日,逼小妇人作贱不允,同丈夫回家,婆婆不依嫌贱。丈夫又把小妇人送在陶老五住隔不远赵黑子家卖娼,如今恐怕父母知觉,有伤颜面,不愿为娼,情甘为良,才来辕鸣冤的。今蒙审讯,小妇人不应听从丈夫刘天喜卖娼,把小妇人同丈夫掌责,理应离异。俟传小妇人的父亲曹二到案,将小妇人领回,择户另嫁就是。①

----

① 《巴县档案》6—4—5080,咸丰四年正月。

无论是"陶老五家"还是"赵黑子家"，其实都是民间私开门户的卖娼场所。刘天喜对这些场所的情形甚为了解，将妻子送到第一处遭到反抗之后，又将妻子送到另外一处。如果刘曹氏不到案喊控，可能刘天喜下一步又会将她送到第三个卖娼场所。正是因为民间这类卖娼场所的广泛存在，给娼妓的泛滥提供了温床。即使是良家妇女，也会被家人以贫苦无度为由逼为娼妓，沦为挣钱养家的工具。正如刘天喜在供词中所言"因家穷苦，日食难度，小的把妻子送至城外陶老五家，逼他作贱不从，小的仍将妻子引回，小的母亲不允嫌贱，又才把他送来渝城，与陶老五住隔不远赵黑子家卖娼"，家庭贫苦、日食难度，成为丈夫们逼妻为娼的极好由头。当然，家庭的贫苦可能是真，也可能是假，还有可能是丈夫们不愿出卖劳力坐等妻子挣钱养家的最好借口。

此案中，因为刘曹氏在喊控时，被喊人不止丈夫刘天喜，也有娼户陶老五，所以陶老五也参与了堂审，并留下了供词。经过审讯，将陶老五当堂掌责逐出，日后不得妄为。供词如下：

> 问据。陶老五供：小的在城外钢厂住坐，这刘天喜与小的是戚谊，去年冬月间，刘天喜把他妻子刘曹氏引来小的家住扎几日，逼他妻子作贱不从。刘天喜夫妇各自回家去了。过后他又将刘曹氏送在赵黑子家卖娼，小的都是知道的。今蒙审讯，小的不应狡供，把小的当堂掌责逐出，日后再不妄为就是施恩了。

唐谢氏卖娼一案，唐谢氏丈夫唐正贵称说家里日食难度，叫唐谢氏随同他来渝帮人，结果就将唐谢氏安放在太洪班巷杨姓院内卖娼，后又移在金沙岗黄李氏家内卖娼。因管理唐谢氏的唐老五与唐谢氏发生争闹，被保正坊差查获送案。娼户唐李氏也在被禀送范围,留下了供词。

> 问据。黄李氏供:本城人,在金沙岗居住。今年四月间,
> 这唐老五与这唐谢氏来小妇人家里镶佃房屋居住。到本月
> 初五,他们因要钱吃药,口角肆闹,被保正坊差们查获,说小
> 妇人招娼肆闹的话,把小妇人并唐谢氏们禀送案下。今蒙审
> 讯,小妇人不应招娼肆闹,把小妇人掌责逐出就施恩了。①

黄李氏在堂审时并不愿意承认自己与唐谢氏和唐老五之间的纠纷有任何关系,只是表明自己是房东,唐谢氏们是房客,妄图划清界限、撇清责任。但经过集讯,只得承认自己招娼的事实,被掌责逐出。此案并不是当事人中的某方到衙门控案,而是因为当事人之间发生纠纷肆闹不已被保正坊差们查获禀送到案的。说明清代民间地方势力对娼妓的态度,如果不发生纠纷,可能就"睁一只眼闭一只眼",对普遍存在的娼妓之事置若罔闻;一旦发生纠纷,地方势力还是会采取一定的措施,其中禀官就是他们发挥自己作用最为常见的方式。"民不告官不究"是当时社会非常典型的特征。

有的私人卖娼场所甚至开到了衙门快头的家里,这不得不说是一种讽刺。乾隆三十九年,刘赞、宋怀志喊禀余贵引诱宋氏卖娼一案,衙门快头袁理家就是一个卖娼的窝点。刘赞之弟刘荣于乾隆三十六年说娶宋怀志之妹宋氏为娴媳,案发时宋氏17岁。刘荣姐夫余贵将宋氏送到衙门快头袁理住的刘长龙家卖娼,共住了8日,得钱2千文。在知县的批语中提到"袁理系何衙门快头,其窝顿流娼,亦应一并拘究,未便轻纵",至于如何惩罚,档案中并

---

①《巴县档案》6-5-8350,同治四年五月初八日。

没有提到。连衙门快头的家里都在从事卖娼活动,这也从侧面反映出当时私娼之猖獗以及猖獗的原因所在。①

二、在妇女自家卖娼

前述曾德贵纵容妻子曾氏卖娼一案,卖娼场所就在曾德贵家里。曾德贵的供词中提到"咸丰十年四月初三日挨黑时候,妻子就勾这邓二即邓二大爷来家宿娼,坐在房圈闲谈,每月认给家费钱三千文",邓二在供词中也提到"曾德贵同他妻子曾朱氏喊叫小的进他屋内闲谈,曾朱氏说他丈夫叫他卖娼作贱,要小的每月认给他费用钱三千文,与小的通奸,小的应允"。② 如果卖娼场所是私人开设的娼户,来往人多,可能被官府发现并惩治,相对而言,这种在民宅卖娼的情况则很难发现,也很难认定。而巴县档案中呈现出来的案例,有相当一部分比例的卖娼场所就在当事人自己家里。

陈新年以抬轿活生,被杨陈氏招在家中住扎,唐连模等人也在杨陈氏家中闲耍,与陈新年发生矛盾彼此口角,被公差撞见拿获送案。经过审讯,杨陈氏不应妄招陈新年在家住扎,将其掌责并逐出城外,日后不再滋事。③ 杨陈氏以卖娼为业,其卖娼场所就在自己家中,如果不是因为陈新年与唐连模等人发生冲突,官

---

① 四川省档案馆编:《清代巴县档案汇编·乾隆卷》,北京:档案出版社,1991年,第143—145页。从档案中无法看出到底是袁理住在娼户刘长龙家,还是刘长龙住在袁理家。不管是哪一种情况,其实都可以反映出一定的问题,袁理衙门快头的身份,对刘长龙来说就是一种保护。在这种情况之下,私娼泛滥也就可以理解了。

② 《巴县档案》6-4-5630,咸丰十年四月。

③ 《巴县档案》6-5-7203,同治二年六月二十日。

府也不会对她进行责罚。陈新年抬轿活生，并没妻室，其实陈新年并不是一个单独的个案，他代表的是无妻无家的以苦力为生的一群人。以卖娼为生的杨陈氏们寻找的可能就是陈新年这样的底层男性，无牵无挂，能够凭自己的体力挣得最基本的生活费用，甚至还有余钱买娼。

　　除以上两种外，还存在另外一种情况。即娼女本来在妓院卖娼，后来被人赎出，又在外私开娼户继续从事卖娼活动。以下是同治二年五月初六日李谭氏的供词：

　　　　问据。李谭氏供：小妇人是涪州人，前年逃难来渝，在太红班找钱活生。去年腊月间，这王济成与小妇人来往通奸也是有的。今年三月间，朱必富就把小妇人提出，搬至大梁子花家院住坐。至五月初五，王济成又来家通奸，才被这朱必富撞见，彼此口角，就把王济成银圈拿去，王济成才来禀送案下的。今蒙审讯，小妇人不应卖娼滋事，已沐掌责，逐出城外，就施恩了。①

　　根据供词可知，李谭氏是从涪州②逃难到渝的外来人口，因为档案中没有关于李谭氏的更多信息，所以我们无从了解到她的家庭及其成员情况。李谭氏在太红班找钱活生，此"太红班"应该就是妓院的名称。后来，朱必富将李谭氏从太红班提出，搬至大梁子花家院住坐。但朱必富将李谭氏提出并非从良，而是继续从事卖娼活动，只不过卖娼场所从妓院换到了另外一个地方而已。

------

① 《巴县档案》6－5－7199，同治二年五月二十三日。
② 涪州，今涪陵区全境、武隆县全境、南川区东北部、长寿区东北部、垫江县南部，面积5900平方公里。

　　当然,巴县档案中也有将卖娼妇女赎出为良的案例。金林山(同治元年生讼时 38 岁),以银匠手艺为业,系巴县本城人,原籍江西,寓太善坊佃宅。咸丰五年,金林山将娼妓刘李氏提出从良,立有婚约。后来金林山到案具控刘李氏干父罗十全及刘李氏继兄张裕丰将刘李氏蓦嫁,并透去家中金饰等物。① 尽管金林山后来与刘李氏等发生纠纷,但他确实将刘李氏提出从良,并且立有婚约。

　　因为卖娼者绝大多数来自渝城之外的其他地方,所以他们在巴县并没有自己的房产。而此处所提到的"家"也只是当事人在渝城所佃的房屋而已,仅仅是暂时落脚的居所,而且还可能经常更换。如果房东将房屋佃给卖娼者,一旦发生纠纷乃至诉讼,房东也可能会受到牵连。即使有利可图,房东也不大愿意把自己的房子租给从事这类行业的人。

　　雷长均(21 岁)为奸拐霸占、叩唤讯究事具告陈胜宗一案,雷长均是璧山县人,因生意折本,把妻子邱氏搬来渝城兴隆巷,佃李寡母房屋居住,没有活生,于是纵使妻子为娼。至六月间,李寡母将佃辞去,雷长均又携妻转佃高婆婆房屋。因初讯时双方僵持不下,各说不一,所以"谕令传雷长均房东李寡母、高婆婆随带新旧佃约来案质对",进行复讯。新旧房东高婆婆和李寡母均在唤讯单上,但高婆婆并没有到案。所幸旧房东李寡母到案堂审并留下了供词,根据此供词可以窥见房东对卖娼佃户的看法以及他们自己的心理活动。

　　　　问据。李寡母供:小妇人住居兴隆巷,今年四月间,雷长

---

① 《巴县档案》6—5—7130,同治元年六月。

均佃小妇人房屋居住,因他纵使他妻子有卖娼的事,候把他住满一季就将他辞去。迨后转佃高婆婆房屋住坐,小妇人都知道,是实。①

根据供词内容,李寡母辞佃的原因就是发现了佃户雷长均纵使妻子邱氏卖娼之事,可能是担心给自己带来麻烦,所以待雷长均住满一季(3个月)就将佃辞去,导致雷长均不得不转佃高婆婆房屋居住。供词中李寡母提到"候把他住满一季就将他辞去",其中的"候"字生动形象地反映出李寡母迫切希望将雷长均辞佃的心情。尽管这样,李寡母还是没能逃脱干系,依然被唤堂审。根据雷长均于咸丰四年六月二十八日所立的佃约可知,雷长均佃的是高婆婆名下房屋一间,天楼俱全,堂屋公用,灶房在内,每年佃银10两整。为了这10两银子的佃银,出租方还是会面临一定的风险。

除这两种情况之外,还有一种卖娼是没有固定地点的。有的丈夫将妻子作价外包带到外地卖娼,先支付一部分银两,期满后归还妇女时再支付剩余的银两。这种类型的卖娼并没有固定的场所,通常被带到交通方便的繁华之处,在船上或者沿途卖娼。乾隆二十四年,巴县巡役陈俸巡河时在船上查获茂州人王贵随身带着两个妇女卖娼,一是25岁的杨保姐,一是30岁的吴幺。经询问,杨保姐和吴幺均是茂州人,均被丈夫包给王贵,价钱都是28两银子,双方还立有合约。杨保姐丈夫已经收领24两,剩余4两到期还人时支付,时间期限是乾隆二十三年六月二十三日至乾隆二十四年四月二十日。吴幺的丈夫已经收领20两,下欠8两,期

---

① 《巴县档案》6-4-5156,咸丰四年八月十八日。

限是乾隆二十三年六月二十三日到乾隆二十四年五月初五日。①
对于杨保姐和吴幺的丈夫来说,这是一笔划算的买卖,妻子包给
别人一年不到的时间,就可以获得 28 两银子的收益,况且期限一
到,妻子还是自己的,比嫁卖生妻好得多。那么杨保姐和吴幺的
丈夫是否涉嫌"逼娼",她们是否愿意"被包卖娼",从档案中无法
看出她们的态度,从她们的供词中看到的是像在述说别人故事般
的平静,没有波澜,也没有反抗。分析这种类型的卖娼,与前面曾
经提到的典妻有一定的相似之处,都是将妻子一定期限的"使用
权"转让给别人,获取一定的报酬。不过区别在于,典妻者主要以
生子承嗣为目标,而王贵等人的目的则是利用这些妇女卖娼
获利。

第四节　控案主体及知县的审断

通过对卖娼档案的分析,可知卖娼类案件的控案人以娘家人
为主,但并不局限于娘家人,还有妇女本人、夫家人、差役以及其
他相关人等。知县审断时,大都对案件中的过错人进行了一定的
惩罚,对卖娼妇女的处理方式也因具体情况不同而有所差异。

一、控案主体

在所有的卖娼类案件中,娘家人控案最为多见。俗话说"嫁
出去的女儿,泼出去的水",女儿出嫁之后,是否就与娘家断绝了
联系呢?关于这一点,毛立平认为,"同上层女性一样,下层女性

①四川省档案馆编:《清代巴县档案汇编·乾隆卷》,北京:档案出版社,1991
　年,第 140—142 页。

婚后亦与娘家保持紧密联系……娘家不仅是下层女性寻求精神慰藉和人生庇护之所,也是其在婆家行为的责任人和利益的代言人",而且"下层女性婚后在很大程度上继续保持与娘家的密切联系,这些联系既来自娘家对女儿的关爱,也来自娘家仍将出嫁女视作潜在的利益资源"。① 当夫家做出嫁卖或者逼娼等不义之举时,娘家并不会袖手旁观,除非娘家已经没有了任何亲人,否则娘家人多会采取投鸣族人理剖甚至具控到案的方式讨回公道。

　　咸丰元年,刘玉兴妹子凭媒许嫁余和先之子余普泽为室,有育无存。因生意不好,余和先令儿子将刘氏引渝作贱度日。咸丰六年二月初二日,余和先把刘氏逼勒来渝,在蒋长科家住扎作贱。刘玉兴听说后,于初五日在蒋长科家把妹子刘氏并其丈夫和翁公拿获,喊控在案。② 周文海自幼说娶赖李氏的女儿赖氏为娴媳,过后成配,素好没嫌。咸丰三年冬月间,其表兄罗大生来家闲耍,说起穷苦难度,罗大生就商同周文海把妻子赖氏诱引来渝作贱,只说与罗大生同伙开设药铺,赖李氏们未经查访。后来赖氏娘家叔父赖品臣来罗大生铺内看望,发现周文海和罗大生将赖氏作贱为娼,赴辕喊控。经过初讯、复讯,周文海不应把妻子赖氏作贱,将其掌责,谕令周文海立出具离异甘结,将妻休退交给赖品臣领回另嫁。③ 以下这个案例,我们可以更为清楚地了解到娘家在维护女儿权益方面所起的重要作用。

---

①毛立平:《清代下层妇女与娘家的关系——以南部县档案为中心的研究》,载吴佩林、蔡东洲主编:《地方档案与文献研究》(第一辑),北京:社会科学文献出版社,2014 年。

②《巴县档案》6-4-5260,咸丰六年二月二十一日。

③《巴县档案》6-4-5175,咸丰四年二月十九日。

　　具领状民妇莫冯氏,今于大老爷台前为领状事。情氏以逼良为娼禀送徐天长一案,沐恩叠讯,徐天长不应屡逼氏女徐莫氏为娼作贱,叠次凶殴,谕令徐天长与氏女莫氏离异,徐天长当堂出具切结,断氏将女徐莫氏领回,另行择嫁。氏当堂领得女儿莫氏回家,日后不得翻异。中间不虚,领状是实。

　　批:准领结。

　　同治元年五月二十三日具领状民妇莫冯氏　有押①

我们所看到的这份领状,是在经历了多次堂讯之后得到的最终结果,之前所历经的一切让我们看到了一位执着的母亲——莫冯氏因女儿被逼娼嫁卖而多次具控,借助官府的力量来保护女儿,最终赢得胜利的故事。案件基本情况如下:

同治元年二月初一日,莫冯氏(62 岁)以儿子莫国兴为抱告,称女婿徐天长(26 岁)将女儿徐莫氏逼良为娼,女儿不从,屡被凶殴,逃至报国寺剪发情愿为僧,莫冯氏遂将女儿女婿并所剪发辫一同送案,知县准予受理。经过审讯,徐天长不应屡逼其妻徐莫氏为娼,叠次寻殴属实,徐莫氏情愿与丈夫徐天长离异为僧,谕令莫冯氏当堂将女儿领回,寻庙为僧,日后不得私行改嫁。莫冯氏出具领结状。

二月初九日,因徐天长对此案的审断结果不满,以母亲年迈无人侍奉为由要求复讯。这次审讯做出了不同的判决,可能是考虑到徐天长领回妻子侍奉年迈母亲的诉求较为合理,将徐莫氏断给徐天长领回,将徐天长械责,当堂出具切结,不得再逼妻为娼,也不得将妻子嫁卖。如果再蹈前辙,自甘坐罪。

----

①《巴县档案》6-5-7096,同治元年二月初一日。

　　四月十二日，莫冯氏再次以儿子莫国兴为抱具禀在案，称徐天长具结不遵，归家后继续将女儿苦打凌辱，还要搬往江北。女儿担心搬到江北后远离娘家，会继续被丈夫逼娼，所以拒不从往，被徐天长断绝口粮，希望知县能够作主。特授四川重庆府巴县正堂升用直隶州知州加五级纪录十二次张批："徐天长移居江北，应听自便，该氏何能阻滞？如其敢将氏女逼贱嫁卖，听许禀候唤究"，对莫冯氏的诉求不予支持。

　　四月二十四日，莫冯氏再次具禀："若伊素无挟嫌，应听搬迁，况有逼贱断离之由？如使搬远不卖便玷，若俟已成再禀，隔属禀候批示出票赏关，总计月余，岂不逃远，差从何唤？今氏女偷归，泣诉天长将伊家具卖光，反引王板主来家，与氏女亲面财礼，说成明搬江北住居，暗卖下河为娼。伊将断结两违，是以再叩 仁天赏唤讯究，保节保生，瞑目深沾"，将女儿女婿搬迁可能带来的一系列问题讲述清楚明白，并将其中的利害关系一一陈述，正堂张终于被莫冯氏所打动，批："候签唤讯究"，予以准案。

　　五月九日，正堂张发出差票，派出差役将案件相关人等（莫冯氏及其抱告莫国兴、莫冯氏女儿徐莫氏、莫冯氏女婿徐天长等）唤讯到案。五月十八日，徐天长具诉状，称莫冯氏连年缠讼，捏词具控诬陷自己，其实是莫冯氏自己想将女儿嫁卖，正堂张批："候质讯。"

　　五月二十三日，再次堂审。莫冯氏供词结尾对审断结果的叙述是"今蒙复讯，徐天长不应屡逼女儿为娼，反行殴打，理应重究，姑从宽免，谕令小妇人把女儿领回择嫁，徐天长情甘出具离异切结备案就是"；徐天长的供词中也有意思相近的关于审断结果的叙述"今蒙复讯，小的不应屡逼妻子徐莫氏为娼，反行殴打，应责从宽。谕令莫冯氏把他女儿领回择嫁，小的当堂甘愿出具离异切结备案就是"。当日,莫冯氏具领结状,将女儿领回另行择嫁,徐天长亦立出离异切结,听从审断结果并认同莫冯氏将女儿领回另行择户,日后不得向莫冯氏滋事寻祸。

此案历经多次审讯,最终得以圆满,莫冯氏将女儿领回另行择户。如果没有莫冯氏对女儿的关心和爱护,没有莫冯氏锲而不舍地控案,并且想方设法说服知县受理案件,恐怕结局就不是这样。女儿很可能被徐天长逼娼或者嫁卖,即使到时能将徐天长揪送衙门,女儿也已经落入娼门或远嫁他乡,不能挽回。从本案的审理也可以看出,知县的态度是"多一事不如少一事",只注重对案件的审理而忽略了对违法行为的预防。如果当事人态度不够强硬,知县也不想多费周折。莫冯氏在具禀女儿要被女婿带到江北时,已经陈述了可能产生的恶果,但知县认为徐天长要移居江北是他的自由,不便干预,倘若徐天长逼娼嫁卖事实成立,再许当事人禀案。如果徐天长要移居之事没有前因后果,知县这样认为也是无可厚非的,关键是前面已经有徐天长逼娼先例,知县应该充分认识到移居背后的意图,并采取必要的措施预防徐天长继续对妻子做出不义之事。此案充分说明了娘家在维护女儿权益方面所起的重要作用,对已经出嫁的女儿来讲,夫家对其不利之时,只有娘家人才是她们唯一的靠山,这一点毋庸置疑。

上述案例中,控案的主体分别为娘家的父亲、母亲、叔父、胞兄,他们为自己的女儿、侄女、姊妹鸣冤,理所当然。一般而言,如果父亲已经物故,或者有特殊的原因不能亲赴县衙,母亲才可以出头告状,否则母亲是不能在"夫在"的情况下控案的。

除娘家人控案之外,卖娼妇女本人控案的情况也时有发生。刘曹氏喊控丈夫刘天喜逼娼一案,刘曹氏因为"如今恐怕父母知觉,有伤颜面,不愿为娼,情甘为良,才来辕鸣冤的",①说明尽管民间娼妓现象较为多见,有很多人"不以为耻",但其实大部分民众在内心里、在骨子里对娼妓的态度还是排斥的,觉得这种行为有伤颜面。在"脸面"思想的压力之下,刘曹氏最终赴案鸣冤,断夫妻离异,刘曹氏由父亲曹二领回择户另嫁,刘曹氏也最终通过自己的反抗成功逃离了被逼娼的生活。

　　养父母逼养女为娼的案例较多,相对而言,养女亲自赴案告状者较少。下面这个案例,养女坚持不懈告状,终于让自己逃脱了养父母的魔爪,从泥潭中解救出来。同治二年三月十八日,妓女张彩凤为套逼贱陷事具告养父张洪顺夫妇将自己逼娼作贱,并且不许自己从良择嫁。以下是张彩凤的供词:

　　　　问据。张彩凤供:小妇人资州人,早年父母俱故,家贫无度,才抱与罗姓为女。咸丰六年,罗姓在叙府把小妇人转抱与张洪顺为女,罗姓得财礼银二十两,搬来渝城住居。屡逼小妇人学习弹唱,不从即便打骂,小妇人被逼不过,依从学唱档子、招宿客人也有数载。苦积银钱一千余金,□归张洪顺使用。因此作贱以成疾病是有的。今年三月间,小妇人叠向父亲张洪顺哀告从良择嫁,总不依允。小妇人万般无奈,来案具禀。今蒙审讯,张洪顺既系去银承买小妇人,令小妇人自向张洪顺哀情始嫁从良,今张洪顺暂把小妇人领回就做主了。②

　　在供词中,张彩凤叙述了事情的来龙去脉,小时候因父母俱

---

① 《巴县档案》6-4-5080,咸丰四年正月。
② 《巴县档案》6-5-8331,同治二年三月。

故,被抱给罗姓为女,咸丰六年又转抱给张洪顺,搬来渝城逼为娼妓,成为张洪顺夫妇赚钱的工具。已经为养父母赚够了银钱,养父母却还是不准她从良择嫁。经过审断,知县没有对张彩凤的诉求进行足够的支持,认为张彩凤是张洪顺花钱承买的,让张彩凤自己向养父求情,并令张彩凤仍由张洪顺领回,仅在三月二十八日张洪顺出具的领结状后面加批"准领回择配从良,再勒逼复行作贱,定即提案重惩不贷"。

就在张洪顺出具领结状的同一天,张彩凤具哀状,声声控诉养父母的不仁不义,一再强调自己为妓并非心甘情愿,不愿跟随养父回家,请求知县作主:"伊抱妓时,系嘱为女,殊来渝逼娼,妓孤独受害,非甘心愿。妓若仍复回网,定遭毒毙。负冤实深,只得哀叩仁恩大施西伯之仁,开三面之网,释妓脱有超生,世世衔环不忘。"即使如此哀恳,知县仍然没有对张彩凤予以进一步的帮助,只是在哀状后批:"遵谕听凭领回择配从良,如其格外刁难勒索身价,复行逼令作贱,听许据实控究。"

四月初六日,张洪顺夫妇终于同意了养女的赎身请求,但赎身银却从原来商定的20两银子涨到了50两银子,张洪顺立出赎身收银文约,"众令彩凤自备赎身银50两,洪顺夫妇以作盘费口食之资。其赎身约交彩凤执据,任凭从良自嫁,洪顺夫妇不得勒派阻嫁异言。倘有另生枝端等情,一概有卢春亭等承担。如有洪顺以【己】在未在老幼人等查出抱约,以为故纸无用。倘后洪顺与彩凤翻悔各情,准将约禀官,自甘坐罪"。尽管历经磨难,张彩凤仍然坚持不懈,最终如愿从良嫁人。

在巴县档案中呈现出来的绝大多数是丈夫逼娼,养父母逼娼次之,娘家人逼娼虽然很少见,但也存在。下面这个案例就向我们讲述了一个不知廉耻的兄长不务正业、不养父母,只得靠胞妹卖娼来维持生计,结果胞妹在从良嫁人之后,兄长还要再逼她卖娼的故事。

　　问据。杨朱氏供:这杨兴顺即杨明山是丈夫,杨大福是儿子,朱世忠是胞兄。小妇人胞兄不务正业,在外游荡,弃亲不养,父母迈贫,把小妇人作贱糊口。咸丰十一年父母把小妇人携渝苦住娼妓作贱,除供养父母外,齿积银两置买街房一间。因胞兄尝寻父母抵触,前年父母均故,小妇人请熊兴顺们作中,把街房卖与福祖义堂会,价银九十两。除与父母超度买棺费用,只剩银四十两,余悉交胞兄领讫。迨后小妇人无靠,央熊兴顺作媒,向早年相识之杨兴顺说合,小妇人育生儿子,随嫁兴顺从良,过后并未妄为。兼之丈夫往外贸易,胞兄屡来小妇人家逼贱不允,起意借房滋祸,迭次呈控未准,不日复来呈控。丈夫知觉,恐怕受累,就要小妇人另行改嫁。小妇人想起幼年卖身养亲,如今改嫁从良,被胞兄缠祸情迫。心里不甘,投凭街邻把胞兄具控案下。今蒙审讯,小妇人胞兄朱世忠不应逼良作贱,希图借房缠害,沐把小妇人胞兄掌责,谕令断绝往来。吩谕丈夫仍把小妇人领回管束,各结备案。如日后胞兄复来小妇人家借房缠害呈控,准其街邻捆送惩治,小妇人遵断结案作主就是。

　　问据。朱世忠供:这杨朱氏是小的妹子,小的父母贫寒,把妹子作贱。前年父母俱故,妹子将他置买街房变卖,安葬父母,实属小的无力,妹子把出售街房银两除安葬父母外余银及动用家具悉交小的领明,妹子复央熊兴顺为媒,说合愿携二子嫁与杨兴顺作妾。迨后兴顺外贸,小的无钱用度,向妹子告知意欲要妹子作贱不允,小的就捏说街房未卖为题,把杨兴顺具控未准。不料妹子知觉,就把小的具控案下。今蒙审讯,小的不应逼妹子作贱不允,捏说蓍卖街房各情,希图借索,已予掌责。谕令既系妹子从良,胆敢逼他为贱,吩谕各结完案,断绝往来。如敢仍蹈前辙,准其街邻保正捆送,重法惩治,小的遵断结案。日后不得寻找妹子及杨兴顺滋端,小的错了就是。

　　同治六年四月二十九日熊品山叙①

　　根据兄妹二人的供词,我们可以明白事情的来龙去脉。杨朱氏父母贫苦,胞兄朱世忠又不务正业,在外游荡,弃亲不养,父母迈贫,只好把女儿作贱糊口,连房屋也是女儿靠作贱得以置买。待父母去世后,杨朱氏把房子卖了安葬父母,剩余银两全部交给胞兄,然后再嫁人做妾。可以说,这样的妹妹对胞兄完全是仁至义尽了。但是可恨的是朱世忠根本就不满足于妹子对自己的仁和义,钱用完了,自己不愿去挣,又去找杨朱氏的麻烦,想让她再去卖娼,以便自己得钱使用。杨朱氏被逼无奈,只得将胞兄具控在案。从审断来看,知县对这个胞兄也是痛恨的,令兄妹断绝往来,如果胞兄以后重蹈前辙,街邻等可以将其捆送衙门,重重惩治。杨朱氏被逼无奈之下将胞兄控案,保护自己免遭再入娼门的厄运。她那个胆小怕事的丈夫杨兴顺不但不保护她,反而担心受到拖累和牵连,居然也要逼她另外再嫁。可喜的是,杨朱氏最终用实际行动捍卫了自己的权益。

　　夫家控案的情形主要体现在妻子卖娼或私逃被丈夫查知具控,丈夫与妻子娘家之间就卖娼之事发生纠葛而控案等方面。具

---

① 《巴县档案》6－5－7571,同治六年四月。

体而言,既有丈夫与买娼者之间的纠纷,也有丈夫与容娼者的纠纷,还有前夫与后夫之间的纠纷。另有案例表明,差役、坊长等人在履行职务的过程中,也可能发现卖娼之人并禀案,或者当事人因卖娼而起纠纷和争执时,被差役等人查获并禀案。

二、知县的审断

此处主要讨论知县在卖娼类案件中对妇女归属所做出的审断。就妇女的归属来看,大多卖娼妇女被判由娘家领回另行择户或者交给夫家领回管束,也有少部分被发交官媒,甚至还有极少数被逐出境外或递回原籍。审断结果的不同与案件本身的情况、妇女所犯过错的大小、知县的好恶、娘家与夫家的态度等因素密切相关。

（一）由娘家领回

熊黄氏在虎溪河居住,女儿卓熊氏早年嫁与卓正品为妻,搬来渝城住坐。咸丰二年,卓正品出外赶营盘未回,当年熊氏即被邻居陈双和(在渝开设轿铺生理)娶为妻。咸丰五年,陈双和赤贫无度,把卓熊氏送至姚家巷门户卖娼。咸丰五年冬月十六日,熊黄氏来渝看望女儿,四处查找不得见,才知被陈双和乘卓正品未回笼娶女儿,引在姚家巷作贱卖娼。熊黄氏前去找获女儿熊氏,告知前情,熊黄氏到案喊控。经过审讯,陈双和乘卓熊氏丈夫不在家,笼娶熊氏,作贱为娼属实,把陈双和掌责,谕令熊黄氏把女儿领回。① 知县只是让熊黄氏把女儿领回,并没有明确提出"领回另嫁""另行择户",应该还是有意让她继续等待卓正品回家。然而卓正品于咸丰二年出外,咸丰五年十二月还未归家,卓熊氏

---

① 《巴县档案》6-4-5242,咸丰五年十二月二十四日。

今后的生活该何去何从？知县并没有给出具体的意见。

下面这个案例较为特殊，因为被逼卖娼的妇女从小被亲身父母抱给他人抚养，因出嫁后被丈夫逼娼而生讼，但知县将其判给亲生母亲而不是养母。案情如下：

刘翠姑是苏刘氏的女儿，自幼抱与刘喻氏作女，迨后嫁与黄正刚为妻。因黄正刚把刘翠姑作贱不从，把刘翠姑殴打，苏刘氏知觉，投鸣街邻喊控在案。祥主讯断，黄正刚不应把妻子作贱卖娼，应责从宽，以后如敢逼勒卖娼，准许苏刘氏扭禀究治。不料后来黄正刚不改前非，仍继续逼勒妻子卖娼。苏刘氏来渝查知，再次将黄正刚具禀在案。经过审讯，黄正刚不应把妻子刘翠姑逼勒卖娼，殊属不合，理应离异，谕令苏刘氏把女儿当堂领回择户另嫁，双方具结备案，日后黄正刚不得复向苏刘氏滋生事端。① 此案有如下几个问题值得思考：

第一，衙门审断之后，如何对当事人的执行情况进行监督？州县衙门对案件做出判决之后，当事人到底是否遵照执行，恐怕

①《巴县档案》6-4-5762，咸丰年间，具体日期因案卷残缺无法确知。后在《巴县档案》6-4-5100找到该案的其余部分记录。6-4-5100案卷的卷皮信息较为完成，主要有如下项目——正堂信息：正堂祥；办理房科及差役信息：刑房呈，本城二门差费升；案由：为鸣冤事，据舒刘氏喊黄正刚一卷；另写：九年苏刘氏禀黄正刚并卷；立案时间：咸丰四年三月十二日立。案卷的相关记录共分为两个时间段，分别为咸丰四年和咸丰九年。咸丰四年的案卷记录均形成于三月十二日，分别有：舒刘氏和刘喻氏的喊单，黄正刚母亲黄李氏的诉状，舒刘氏、刘喻氏、黄正刚、舒刘氏女儿刘芙英的供词，舒刘氏、黄正刚的结状。咸丰九年的案卷记录有：七月十九日舒刘氏具禀黄正刚再次逼女为贱的禀状，同日黄正刚具禀李广柞勾奸霸占妻子刘氏的禀状，黄正刚与妻子刘翠姑离异的结状，苏刘氏将女儿刘翠姑领回另行择户的领结状，八月初七日黄正刚母亲黄刘氏的告状，（转下页）

州县也无法进行监督。一般结案之后，衙门都不会再对该案的后续状况进行关注和追踪调查。只有被害人的亲属予以密切关注，才能保证审断结果得以贯彻和执行。一旦有违断的情况，被害人或者其亲属可以禀官要求严究。本案中，尽管正堂祥已经做出了判决，不准黄正刚再逼娼，但过后黄正刚违背了衙门的审断，再次逼妻为娼。如果没有苏刘氏的监督，刘翠姑势必要遭受更多的磨难。

　　第二，亲生母亲和养母的权利和义务。关于这一点，不同的官员给出的审断意见也并不相同。本案中，刘翠姑虽然是苏刘氏的亲生女儿，但从小就抱给刘喻氏作女，刘喻氏将其抚养长大，并将他嫁给黄正刚为妻，这都是养母刘喻氏的权利。在第一次喊控黄正刚时，具喊状的既有苏刘氏，也有刘喻氏，但从供词的先后顺序来看，苏刘氏在前，刘喻氏在后。从供词的具体内容来看，主要主张者也是苏刘氏，刘喻氏在供词中只有简短的两句话"这刘芙英是小妇人在舒刘氏抱来作女，这黄正刚是女婿，余供与舒刘氏

（接上页）十一月十三日黄正刚具禀苏刘氏诬告自己的禀状。在黄刘氏告状末，正堂张批："前讯因氏子黄正刚不应逼勒氏媳刘氏为娼，例应离异，是以断归苏刘氏领回择户另嫁，嫁张嫁李与该氏无涉，不必牵扯混渎，致干提究。"在黄正刚禀状末，正堂张批："离异之妻，本夫义绝，不必翻异混渎。"说明黄刘氏的告状和黄正刚的禀状都没有获准受理。所以，从整个案卷的办案流程和相关记录来看，唯独缺少七月十九日当事人各方的供词，而6－4－5762案卷中的供词恰好就是6－4－5100案卷缺少的部分。根据以上信息可以判断，6－4－5100案卷才应该是该案的主要案卷，两个案卷应该合二为一。之所以出现这样的问题，应该是档案整理工作中出现的纰漏。从两个案卷的案卷号来看，中间差距662卷。这种疏漏给利用带来了极大的不便。

供同。"第一次控案，正堂祥并没有断离异，只是让黄正刚不得再行逼娼，如果再逼，准许刘芙英将奸夫扭获，喊投他邻送案究治。而且，正堂祥表达了对舒刘氏的责怪之意，认为她多事，刘芙英之事与她并无关系。舒刘氏供词中提到"今蒙审讯，刘芙英自幼抱与刘喻氏为女，不与小妇人相涉，理应责惩，从宽免究"，刘芙英供词中提到"今蒙审讯，小妇人自幼抱与刘喻氏为女，不与舒刘氏相涉，谕令小妇人如果丈夫逼勒为娼，把奸夫一并捉获，投鸣街邻，扭喊案下，就作主了"，并不承认舒刘氏对女儿的监护权，反而责怪她兴讼。第二次控案，控案者只有苏刘氏，没有刘喻氏。这次审案的正堂张认为，黄正刚违背前任知县的审断仍把妻子逼勒卖娼，殊属不合，理应离异，断苏刘氏把女儿领回择户另嫁，并没有提到要刘喻氏将女儿领回，也没有提到要苏刘氏与刘喻氏共同为女儿择户主婚，肯定了苏刘氏的主婚权。正堂祥和正堂张在亲生母亲和养母对女儿的主婚权问题上有不同的意见，苏刘氏最终赢回了亲生女儿的监护权。笔者认为，养母刘喻氏没有持续关注刘翠姑在夫家的生活，也没有再次为其主张，而且刘喻氏将女儿嫁给黄正刚才导致之后的逼娼和诉讼，对此事也负有一定的责任，所以正堂张才做出这样的审断，也是符合情理的。

　　在我们所见到的案例中，如果养父母将女儿卖给娼家或者逼娼，亲生父母具控在案，一般也会让亲生父母将女儿领回。前面曾经提到的张春山先年因生意折本将女儿张桂英抱给张李氏为女，得过财礼钱4千文，后来张李氏将桂英卖给伍怡氏为娼，得银60两，被张春山知觉控案。经过审讯，伍怡氏不应买良为娼，将他掌责，张李氏将银两退还伍怡氏。断令张春山把女儿领回，另行择配，亦不准仍卖娼妓作贱。但张春山得过张李氏的财礼钱文，仍照抱约注明数目还给。①

　　当然,这两类案件还是有着本质的区别:刘喻氏将刘芙英养育成人并婚配,尽到了养母的责任,逼娼的是刘芙英的丈夫黄正刚,并不是刘喻氏,而张李氏将养女桂英直接卖给娼家,性质完全不同。后者判亲生父亲领回,应该说毫无疑问。

　　第三,此案经历了咸丰四年和咸丰九年两次审理,做并卷处理。但是,两次诉讼中,当事人各方的称谓改变却值得引起关注。咸丰四年,喊控人舒刘氏,其女为刘芙英;咸丰九年,舒刘氏改为苏刘氏,刘芙英改为刘翠姑。巴县档案中,这样的情况并不在少数,当事人在不同时间控案,在不同地点控案,大都会将姓名做一定的改变。要么将姓改成同音字,正如"舒刘氏"改成"苏刘氏",要么将名改成同音字,比如"萧"改成"肖"等。这其中有的是当事人故意改头换面,目的主要是混淆视听,避免受到官府的责惩。当然,从另外一个角度来看,这又何尝不是他们进行自我保护的一种手段。其次,应该也有代书等人在书写状纸时听音写字的误差,属于无心之过。

　　前述案件中刘喻氏虽然没有继续关注养女的生活,但她起码没有将养女嫁卖为娼。下面这个案例,养父先将养女嫁卖为妾,后将养女卖为娼妓,亲生母亲查知不依,具控案下。经过审讯,也将女儿断给亲生母亲领回另行择户。以下是该案复讯时各方的供词,所供内容与结状也相吻合。

　　　　问据。刘张氏供:这陈二姑即马金凤是女儿,道光二十
　　　二年抱与江北马玉为义女,不料女儿及笄,被马玉卖与杨国

①《巴县档案》6-6-23890,光绪八年三月。

安为室,得银二百两。迨后小妇人查知,女儿二姑被金老幺刁唆作贱,小妇人就来辕把马玉、金老幺喊控在案。前蒙审讯,供明在卷。今蒙复讯,马玉不应得银把女儿卖为娼妓,金老幺不应买良为娼,女儿二姑听从,理应各责,从宽免究,当堂谕令把女儿陈二姑交小妇人领回另配就作主了。

　　问据。马玉供:小的是江北厅人,道光二十二年抱刘张氏女儿陈二姑为女,迨后及笄,被杨国安套娶去了。到今年小的被刘张氏把小的具控恩案,前蒙审讯,备文牒关小的到案质讯。今蒙复讯,小的不应把女儿卖与娼妓,应责从宽,谕令刘张氏把他女儿陈二姑当堂领回择配,遵断就是。

　　问据。金老幺供:小的向在渝住坐,今年三月间,这陈二姑叫小的帮他雇工,迨后到四月间,刘张氏把小的并陈二姑喊控在案,前蒙审讯,谕令备文把马玉关唤到案质讯。今蒙复讯,小的不应听从陈二姑言语,应责未究,谕令刘张氏把他女儿二姑当堂领回另配,小的具结备案。日后不得妄为就是。

　　问据。陈二姑即马金凤供:这刘张氏是生身母亲,马玉是后父,余供与母亲供同。

　　咸丰四年六月初十日胡鸣皋叙①

　　陈二姑从小父故母醮,抱给马玉为女。孰料马玉先以 200 两银子将她卖人为妾,在陈二姑与丈夫因故离异之后,又将她领回卖为娼妓。尽管陈二姑六岁时就抱给马玉为女,但其改嫁刘姓的亲生母亲刘张氏并没有放弃对女儿的关心。在获知女儿被卖为

————————
①《巴县档案》6-4-5101,咸丰四年四月初八日。

娼妓之后,她将女儿养父控案,并成功地将女儿领回择户另嫁。
应该说,刘张氏当年将女儿抱出是有苦衷的,是为了生活不得已
而为之,但她在知晓女儿被养父作贱之后,身为人母,还是尽到了
母亲应该尽的责任。正堂祥对陈二姑的审断结果也是合情合理
的,陈二姑有生母和养父,但养父的权利已经因为他对养女所犯
下的恶行被取缔,此时只有生母才是陈二姑唯一的依靠。官府对
犯错之各方当事人采取了完全不惩罚的态度,对卖女为娼的马玉
和买良为娼的金老幺"应责从宽""应责未究"。笔者认为,正是官
府这种暧昧的态度,导致清代禁娼举步维艰,无法取得应有的
成效。

(二)由丈夫领回

尽管一般情况下卖娼妇女会判给娘家领回,保护妇女不再继
续受到伤害,但也有一些案例表明,某些卖娼妇女依然由丈夫领
回。之所以出现这种情况,大概与妇女有无娘家人、家里有无孩
子需要抚养、其卖娼行为是否系丈夫纵容等因素有关。

光绪年间,下力为生的綦江县人母兴顺(29岁)将妻子李氏带
到渝城,母兴顺改以架船营生,并纵容李氏为娼,因双方肆闹被送
案下。知县断母兴顺将妻子领回綦江,不准在渝逗留。① 这类外
地来渝妇女卖娼的案例,大多判丈夫将妻子领回原籍管束,可能
也多是考虑到娘家赴案承领的不便,更何况此案还是丈夫纵容妻
子为娼。同治年间,以裁缝手艺活生的冯玉亭因家贫无度,叫妻
子刘氏来渝帮李姓喂乳,后来刘氏背夫私逃,逃到娼户戴二家,称
说自己没有丈夫。戴二将刘氏收留作贱,被冯玉亭查知控案。经
过审讯,戴二不应把刘氏收留作贱,将其笞责锁押取保;冯刘氏不

① 《巴县档案》6-6-23464,光绪四年十一月。

应背夫私逃,也将她掌责,谕令冯玉亭把妻子冯刘氏当堂领回管束。① 冯玉亭年已 30 岁,冯刘氏过门也有好几载,已经生育了 3 个儿子,在她私逃并卖娼的情况下,依然判丈夫领回,可能与 3 个儿子的抚养有关。

也有某些案例的审断结果超出我们的预料,与一般情况不符,从案件记录中也无法看出知县做此审断的缘由。咸丰元年三月初三日,曾正才喊称女婿郑仕万将女儿作贱为娼,向女婿清理不依,反而凶横,曾正才无奈,才来喊控案下。经过审讯,获得以下信息:道光二十八年,郑仕万凭媒说娶曾正才的女儿曾氏为妻,道光三十年腊月间,因无钱度日,郑仕万就把妻子送到渝城陈何氏家为娼,被曾正才查知,喊控案下。知县判:郑仕万不应把妻子曾氏作贱,将其掌责逐出,当堂将妻子曾氏领回管束。② 针对此审断结果,笔者心存疑惑:为什么不把曾氏交给其父亲领回另行择配呢?郑仕万逼娼,有错在先,而且曾氏娘家有人,完全符合娘家领回另嫁的条件。如果郑仕万以后又无钱度日,还是可能会将妻子拿去作贱。曾氏现在尚有父亲可以撑腰,一旦父亲去世,娘家没人,那曾氏岂不是随便丈夫处置? 笔者认为,凡是这种有丈夫逼娼先例的,最好优先考虑交给娘家领回另行择配。如果已有孩子那又另当别论。本案中,因没有这方面的记录,所以无法看出曾氏是否有孩子。

(三)发交官媒另行择户

养父母逼娼,而亲生父母也不可信赖,就会将妇女发交官媒另行择户。比如嘉庆年间被养父母逼娼的周掌掌被公差查获送

_____

① 《巴县档案》6—5—7260,同治三年四月初八日。
② 《巴县档案》6—4—4892,咸丰元年三月初三日。

案,因其亲生父亲对女儿并不真心关爱,知县将周掌掌交给官媒吴子成暂领,择户另配。① 妇女背夫卖娼,如果丈夫坚持要离异,而妻子娘家情况又不明朗,也可能发交官媒。樊鼎元妻子背夫卖娼,樊鼎元查获肆闹,被公差拿获禀案。以下是樊鼎元出具的结状:

> 具结状人樊鼎元,今于大老爷台前为甘结状事。情蚁妻周氏乘蚁外贸,不守妇道,至娼妇丁丁家卖娼,经蚁查获肆闹,被案下公差拿获禀案。沐恩讯明,周氏不应自行作贱,将伊掌责,发交官媒。□周氏犯□之妇,蚁情甘离异。致周氏所生之子,系蚁樊氏宗支,归蚁抚育。久后周氏不得向此子索食,情甘离异,出具甘结。任凭周氏嫁卖与人,嗣后蚁不能向周氏滋事,周氏所透蚁帐被业已清还,令伊嫁卖,蚁出具情甘离异切结,中间不虚,甘结是实。
>
> 批:准结。
>
> 同治元年闰八月□日具切实甘结状人樊鼎元 有押②

当月,邱瑞甫赴案将周氏领归为妻,并出具领结状,在领结状中还有以下表态:"致周氏在樊姓所生子女,系樊姓宗支,与蚁无涉,嗣后鼎元亦不得借有子女名分向蚁滋事。"根据以上信息可知,尽管樊鼎元与妻子周氏已经育有一子,但樊鼎元对妻子背夫卖娼之事不予原谅,情甘与周氏离异,断将周氏发交官媒。至于所育之子,系樊姓宗支,归樊姓抚育,日后周氏不能向此子索食,相当于母子关系已经断绝,不承认儿子对周氏的赡养之责。周氏

---

① 《巴县档案》6—2—4338,嘉庆年间。
② 《巴县档案》6—5—7146,同治元年闰八月。

再嫁邱瑞甫为妻,与前夫樊鼎元家已经没有任何关系了。从案件记录中无法看出周氏娘家的情况。

在巴县档案中还有"发仓嫁卖"这样的提法,"发仓嫁卖"在用词上感觉比"发交官媒"更为严厉,应该是一种更重的惩罚。但经过比较,发现二者在实质上比较类似,都是将妇女进行嫁卖的一种行为。此外,当卖娼妇女无法交给父母领回,又不能将其放心地交给原来的监护人,则可能让公差协助另行择户。这种做法有两点好处:第一,将妇女另嫁,避免再次被逼为娼;第二,择户改嫁是在公差的协助和监督之下进行的,不至于发生嫁入娼门之类的恶行。从理论上讲,这种方式应该比发交官媒、发仓嫁卖更为人性化,因为既然是"择户",就有双向选择的意思,妇女有对再嫁对象进行选择的权利,而发交官媒和发仓嫁卖对妇女来说只是一种被动的接受,无从选择也无法选择。相比而言,逐出境外或递回原籍是一种更为严厉的处罚,而这种处罚不仅针对外地来渝之人,同样也会对本地人采用。同治二年李谭氏被朱必富从太红班提出,在外卖娼,因巴县衙门户房经书王济成与朱必富之间发生纠葛,王济成禀送案下。经过审讯,知县认为李谭氏不应卖娼滋事,将其掌责,并逐出城外。①

综上,在巴县档案中能看到若干卖娼女性的基本情况,比如她们的身世、籍贯、卖娼的原因等等,这些女性处于社会的最底层,出于这样或者那样的原因沦为娼妓。相对而言,档案中能获知的买娼者情况较少,从仅能获得的少量信息可以看出,这些买娼者也是处于社会底层的贫苦百姓,从事的大多也是最底层的行业,几乎看不到较高阶层的人士涉足其中。这主要是因为巴县档案中的卖娼女性都是土娼、暗妓,显然被高阶层所不齿,光顾她们生意的也只有与

---

①《巴县档案》6-5-7199,同治二年五月二十三日。

她们自身身份相对应的贫苦人群。这些人中有的是为了谋生远离家乡远离妻儿老小的已婚男性,有的甚至就是贫苦无度还未娶妻的单身汉,尽管他们财力有限,但在繁华的、色情行业兴盛的、外来人口众多卖娼者也众多的巴县谋生,不用花太多的价钱即可解决生理的需要。根据巴县档案,可以对卖娼女性进行较为深入的分析,但是买娼者的身份、家庭状况等各方面情况了解甚少。从来卖娼关系就是卖娼者与买娼者双方面的关系,需要从两个方面进行深入分析。比如,在当代的嫖客中,他们的身份也值得探析。"在 Z 警官抓到的嫖客中,家庭关系不和睦或者离异者不在少数。"①若对档案中的卖娼者和买娼者进行比较,显然卖娼者的形象、特征要更为鲜活丰满,有关她们的档案材料也更加丰富。

旧中国几千年的娼妓制度给整个人类社会带来了至深至广的流毒和危害,不仅诱人以堕落,使人道德沦丧、置家室赡抚于不顾,而且还是社会不安定因素产生的根源之一。② 目前在中国,社会道德观念的多元化决定了性交易的普遍存在。③ 将当代的娼妓现象与清代的娼妓现象进行比较,既有区别也有一些共同点。

就共同点而言,主要有以下几个方面:第一,考察娼妓的籍

---

① 丁岩:《风风雨雨说禁娼》,《学习月刊》2005 年第 8 期。

② 谢文耀:《旧中国娼妓制度初探》(下),《社会》1990 年第 2 期。

③ 根据陈荣武的调查,截至 2003 年 12 月 12 日,S 市 A 城区涉性服务产业 905 家,从事性服务的女性不少于 10000 人,每年的性产业总收入在 5 至 8 亿元,娼妓的总收入在 3.3 至 5.5 亿元,老板仅靠娼妓提供的"台费"(娼妓在老板提供的服务场所内每进行一次性交易所交纳的费用)收入为 2 至 3 亿元左右。见陈荣武:《当代娼妓现象的生成与治理——以 S 市为例》,华东理工大学 2013 年博士学位论文,第 10 页。

贯,不管是清代还是当代,绝大部分娼妓都是"外来户",这一点值得进行研究。第二,考察娼妓形成的原因,清代主要是因贫穷而被家人出卖或者强逼、被人贩乃至自己熟识的人拐骗,而当代娼妓的形成原因也主要有经济贫困、被拐骗等方面。① 主要涉及到下岗、失业、无业、离婚者,尤其从农村到城市寻找工作机会的经济困难者更多。这些女孩在自己的熟人、老乡、亲戚或朋友的介绍和带领下来到经济发达的城市,起初在一些文化要求不高的场所寻得了暂时安身之地,但很快她们就会发现,她们身边的朋友或者朋友的朋友还有赚钱多得多的门道,而似乎大家都不以为耻。如果此时她们的身边没有亲人的提醒,这些涉世未深、对大城市充满憧憬的女孩可能就会很快"想通""变得开明",跳进这个巨大的泥沼,越陷越深。张百庆认为,"农村为城市提供了大多数的妓女和一批入城打工娶不起老婆的嫖客",②这句话虽然非常刺耳,却很直观地表明了农村的经济困难与屡禁不止的娼妓现象之间的相互关系。第三,娼妓的繁荣与否与所在城市的发展繁荣成正比。清代的巴县、现代的S市,都是在经济上极为繁荣、外来人口众多的城市,在经济发展的同时应该特别注意加大对这些现象的预防,"防重于消",而不是"只重消不重防"。

就区别来看,主要有如下几点:第一,清代妇女在经济上不能独立,不能自谋生路,她们始终都要依靠男人才能生活,这似乎是

---

① 1949年9月,S市民政局对1344名娼妓从娼原因进行了调查,发现其中因生活困难,被迫、被卖、被拐骗当妓女的1301人,占96.8%。同上,第35页。
② 张百庆:《中国城市早期现代化过程中的娼妓问题》,《史学月刊》1999年第1期。

一切悲剧的起源。她们被当作男性的附属品和私人财产被随意处置,性交易只是其中一种。而当代妇女是与男性平等的"半边天",完全可以通过自己的努力找到工作,实现经济上的独立。除那些被逼为娼或者被拐为娼者之外,其他一切因为"贫穷"而卖娼的说法已经站不住脚,更多的可能是贪慕虚荣、好吃懒做。第二,在对待娼妓的善后处理问题上,清代的处理方式主要是将娼妓交给娘家领回另嫁,或是交给夫家领回加强管束,严重一点的就是发交官媒或者逐出境外、递回原籍。绝大多数被逼为娼的妇女在官府的裁决下被娘家领回改嫁他人,不管如何,她们都免不了要依靠男性。而当代对娼妓的处理措施主要有教育、宣传、收容改造、遣送回乡、安排工作等多项举措,①让误入此业的女性能够真正"改邪归正",走上自食其力的道路,应该才是正道,而这又牵涉到就业问题、妇女保护问题等诸多方面。

---

① 1951—1958 年初,S 市民政局陆续将已经改造好的 7000 多名收容妓女进行了妥善安置。其中 1100 多人安排在 S 市工厂和企事业单位工作,600 多人留教养所工场当工人,2500 多人成为国营农场的职工,2400 余人回原籍参加农业劳动。见陈荣武:《当代娼妓现象的生成与治理——以 S 市为例》,华东理工大学 2013 年博士学位论文,第 41 页。

结　语

第一节　巴县婚姻档案的形式和内容特点

巴县婚姻档案形式多样、内容丰富，给予我们一个全面审视清代基层婚姻与家庭关系的生动场景。通过这些档案，我们能够了解到巴县婚姻档案的形式特点，如状、票、契约、庚帖、拦词、投词等各类文种及其表现方式、诉讼文书和契约文书的语言特点及男性和女性所用的不同称谓、清代不同时期的官代书戳记、巴县婚姻档案中的画押与其他地方文书中画押的异同、抱告制度在巴县的运用实践与状式条例的差异、状纸上的编号所反映出来的呈状数量，更为重要的是，我们还能通过这些档案的内容了解到当时所发生的故事，其中既有童养婚、退悔婚，还涉及到嫁卖生妻、孀妇再嫁、犯奸、卖娼等各种类型。

巴县婚姻档案绝大多数是与婚姻纠纷有关的诉讼档案，文种类别多种多样。既有体现诉讼特点的状、票、拦词、投词、回词等文种，也有与婚姻和社会密切相连的契约、庚帖、罚帖、节略等文种。

一份完整的状式有状首、正文和状尾三个部分，每个部分都有其固定的格式和要求，但这些格式和要求并不是一成不变的，在不同的朝代可能会发生一定的变化,甚至同一个朝代也会有所区别。状除了常见的告、诉、禀等状外,还有一些功能各不相同的状,如存状、送状、限状、催状、报状、悔结状、舍结状、逐结状、辞状、认状等,这些状在档案中扮演着不同的角色,承担起不同的作用,各有其特点。比如悔结状既有结状的作用,又有悔恨之意,类似于"检讨书";舍结状相当于放弃某种权利、断绝某种关系的"声明书";逐结状最主要的用途在于将犯错的某人逐出家门、划清界限;逐帖虽然与舍结状和逐结状有相似的地方,但逐帖与诉讼并没有直接的关系,日常生活中皆可出现。对于票这个文种而言,巴县婚姻档案中出现频率最高的是差票,主要作用在于传讯原告、被告、干证等人赴案堂审。差票的格式较为固定,主要包含作者、事由、案情简述、对差役的要求、文种、传唤名单、日期、差役姓名、画行等相关信息。档案中有差票并不意味着该案件一定进行到了堂审这一步,巴县婚姻档案中相当数量的案件只有差票而没有后续的档案材料。出现这种情况的原因是多方面的,既可能是原被两造已经私下达成了和解,不再需要进行堂审,也可能是差役因为各种原因没有如期将相关人等传唤到案,使得案件最后不了了之。

巴县婚姻档案中的契约类型非常多样,最主要的是与婚姻有关的各类契约。这些契约作为重要的断案依据保存在档案之中,使今天的我们能够有幸一睹其风采。清代的巴县,无论结婚还是退婚都会有相应的契约,契约是保障立约双方合法权益的重要武器,同时也是双方发生矛盾和纠纷时解决此矛盾和纠纷的重要依据。这些契约中,主婚主嫁文约、退婚文约最为常见,还有产生纠纷之后的和睦字约、杜患文约、服约,以及与过继、出抱等行为相关的过继承祧文约和抱约。庚帖与婚姻关系非常密切,具有很强的民间性,主要包含了男女双方当事人的生辰八字以及双方家庭成员的基本情况等信息,巴县婚姻档案中现存的完整而清晰的庚帖比较少见。

拦词、投词、回词都是与诉讼有关的文种。拦词的主要作用是将告状人拦回在民间进行调解,一旦拦回失败而纠纷最终发展成了诉讼,拦词也就作为证据保存在了档案之中。拦词既有契约的凭证作用,在一定程度上也具有息状拦回息讼的功能。拦词的格式主要包括立出拦词的主体、纠纷及案件线索的简要叙述、拦回后计划采取的调解措施、不遵拦词的后果、对自己所言不虚的表态、中证人、日期和署名等要素。投词是将纠纷的原委详细向当地有威望之人投明,期望能获得一定的帮助;回词与催状和恳状有一定的相似之处,将事实和要求详细向知县回明,请求知县给予一定的支持。

罚帖和节略出现频率不高,较为罕见。罚帖是一种认罚文书,民间性很强,格式上主要包含出具罚帖人、惩罚原因和方式、中证人、日期、落款和画押等几个方面的要素。巴县婚姻档案中的节略在格式上与呈状比较接近,主要作用在于向衙门概述案件的相关情况,以便于案件的审理。

在巴县婚姻档案中,供状是原被两造及相关证见人在堂审时的口述材料,由书吏记录下来存档,既在一定程度上体现了当事人的语言风格和特点,又有书吏适当加以修饰、润色以使语句变得更为通顺、流畅的痕迹。巴县婚姻档案中保存下来的供词,应该并不是当事人最原始的那份供词,因为上面并没有当事人的画押痕迹。巴县婚姻档案中的大多数供词在表现手法上千篇一律,表述风格都极为简略且程式化,反而失去了其原有的生趣。正文以光绪年间张秦氏控告前夫张相之案件中的供词为例,对其中较有特色的语句和方言进行了分析和阐述,这样的原汁原味的供词最能反映当时的情况以及当事人之间的关系,最有特色。退婚文约在格式上与其他契约文书有相似之处,在语言上也有一定的特色,比如其中意愿词语的运用、中证人的表述、高频四字词语的使用等等都很有特点。应当认识到的是,不管退婚文约在形式和内容上如何别具一格使人印象深刻,对立约双方是否会遵守文约并无实际用处,因为档案中大量的退婚文约表明立约中的某方最终打破了约定,发生了诸如退后图索之类的纠纷,双方当事人不得不到衙门解决问题。巴县婚姻档案中当事人的自称较为复杂和多样化,其中契约文书和诉讼文书又体现出一定的区别。契约文书中的自称主要以下几种情况:不用自称,使用僧、弟兄、母子、叔侄、夫妻等专称,使用身、己、予、氏、自己、本己、己分等泛称。诉讼文书中的自称类型更为多样,同一案卷中的男性告呈人自称有可能会发生变化,主要与其自身身份、案卷中的位置、出现的地域有一定的关联,比如,黄岩诉讼档案中告呈人的自称与巴县婚姻档案中告呈人的自称就有明显的差别。巴县婚姻档案中的男性告呈人基本严格遵守自己的身份特征,自称"蚁""民""职员""监生"等,而黄岩诉讼档案中的男性告呈人既可以依据身份自称,也可以自称自己名字中的第二个字或者最后一个字,并且呈现出一定的阶段性特点。相比男性告呈人,女性告呈人的自称比较单一而且固定,主要有"民妇""孀妇""氏""小妇人""小女子"等几种类型。

清代诉讼会涉及到代写诉状之官代书,也会涉及到官代书所盖之代书戳记,从巴县档案、黄岩档案、南部档案等地方档案的情况来看,绝大多数状式上都有官代书戳记。巴县婚姻档案中,乾隆至光绪年间官代书戳记的样式各种各样,不同时期的样式有所不同,即使在同一时期也可能会出现不同的样式。从形状来看,官代书戳记主要有正方形、长方形、梯形等几种类别;从内容来看,官代书戳记大致包含了正堂信息栏、代书信息栏以及花押等几个部分,将官代书姓名、正印官称谓、正印官所用之花押符号等相关信息呈现出来。一般而言,同一个正堂在位时只用一种花押符号,而比较特殊的是同治年间的正堂姚,他不仅使用了多种花押符号,而且每个代书的花押符号均不相同。正堂姚时期在官代书戳记右边还出现了"笔资饭食戳记只准取钱一百文"的字样,将代书的收费数额明码标价。光绪年间的官代书戳记上也标明了收费数额,不过不是在框外,而是在戳记框内,显然比同治年间正堂姚时期又进了一步。出现这种情况的最根本原因在于清末官代书受贿图索的情况已经非常普遍,为了能有效遏制此弊端,官府三令五申进行强调,也采取了很多的措施。尽管做了各种努力,官代书操控词讼所带来的各种危害已经严重背离了官代书设置的初衷,最终导致了清末官代书制度的废除。总体而言,无论从戳记形状还是戳记内容来看,官代书戳记大约经历了一个从"不同"到"同"的阶段。考察官代书戳记在状纸中的位置,发现其位置并不是一成不变的,主要有位于状纸左下角、右下角、右上角三种情况,尤以左下角和右下角两种最为多见,乾隆年间正堂表时期出现了位于状纸右上角的情况。官代书戳记在状纸中的位置与被告、干证等信息在状纸中的位置并不完全一致,二者之间没有确切的关联。

画押在契约文书中最为多见,作用在于对契约的内容和有效性进行确认。画押符号多种多样,地域性特点较为明显,不同地域的画押符号和习惯都会有一些差别。比如龙泉驿契约文书中男性多用"十"符号、"押"字或者花押符号画押,女性则多用圆圈画押。而广东契约文书使用的画押种类相对更多，除了指印、十字押、圆圈、花押之外，比较有特点的是㉿、㊥、㊐押，以及用二字或四字词语代替画押。考察巴县婚姻档案中的画押情况，主要体现在两个方面：一是巴县婚姻档案中作为证据使用的大量的契约文书，比如订婚文约、退婚文约、主婚文约、抱约、服约等都有立约人以及相关见证人的画押；二是在诉讼过程中产生和形成的相关诉讼档案，比如结状、领状、缴状等都需要当事人画押确认。巴县婚姻档案中的画押情况较为多样，除常见的十字押、花押、圆圈画押、指印画押之外，还有圆圈和指印画押在同一个案卷中同时存在、指印押男左女右、男性用圆圈画押、字押、手脚印画押等多种情况。

　　抱告制度的初衷是为了限制某些行为主体参与诉讼，一来顾其体面，二来防其诬陷。清代各朝各地状式条例中对需要抱告的主体及抱告人的身份、年龄等都有一些相应的规定，但各地的具体实践显然要比状式条例的规定更为复杂和多样。从巴县婚姻档案中呈现出来的抱告情况来看，抱告制度在清代巴县的诉讼活动中得到了较好的贯彻和执行，绝大多数诉讼活动中的抱告运用符合状式条例的要求。但是，在抱告的类型、"老幼"的具体表现方式、抱告人与当事人之间的关系等方面，又表现出比较复杂的面相，非状式条例之规定可以全部囊括。比如，巴县婚姻档案中的多数情况是告状人为一人，抱告也是一人，但也有一些特殊的情况存在，主要表现在：一个告状人，多个抱告；多个告状人，一个抱告；多个告状人，多个抱告；不该用抱告而用抱告；应该用抱告而不用抱告。尤其是那些在实践中没有完全遵守抱告制度的诉讼，比如应该用抱告而没有用，抱告在年龄和身份等方面不符合要求等，知县表现出的是对弱者的宽容和同情，大多数情况下并没有追究他们不完全执行的责任。也正是因为如此,巴县婚姻档案中出现了窃名告状、抱告才是躲在幕后的真正告状人等利用制度漏洞为自己谋取利益的情况,需要在阅读和利用时格外注意。

在清代四川官员的呈文中可见"川省词讼纷繁,倍于他省"之类的提法,川人是否更为好讼,需要进行细致的分析。巴县绝大多数告状、诉状、禀状等正规状式上都有编号,类似今天的收文编号,这些编号能够帮助我们了解呈状数量的动态变化,对研究"好讼"问题具有一定的意义。根据对巴县同治年间婚姻档案呈状数量的统计和分析,我们并不能轻易得出"川人好讼"的结论,需要结合多方面的因素进行分析。巴县词讼繁多与其特殊的地理位置有着密切的联系,随着社会经济的发展、人口数量的增加,有关户婚田土的民事纠纷数量大幅度增加。此外,讼师的存在、百姓遇到委屈和困难的时候对父母官的期待等等,也都可能导致诉讼的增加。官员在禁令、札文等各类文件中频繁对"无讼""息讼"进行号召和提倡,既与官员对百姓的体恤有关,也与清代社会"无讼"的政治理想有关,还与官员肩上所担负的职责有着密切的联系。

巴县婚姻档案的内容非常丰富,主要涉及到童养婚、退悔婚、嫁卖生妻、孀妇再嫁、犯奸、卖娼等多个方面。需要说明的是,正常的婚姻关系在巴县婚姻档案中记载很少,因为这类婚姻关系发生纠纷并诉诸衙门的较少,最为多见的就是如嫁卖生妻、犯奸、卖娼等非正常婚姻关系或者正常婚姻关系中发生的非正常状态而导致的各类诉讼。从这些档案中既可以了解到诉讼发生的原因、当事人各方在诉讼中扮演的角色以及各自的相互关系、最终的审断结果,还可以了解到经过诉讼之后各方当事人之间在角色和相互关系等方面所发生的变化。比如,案件经过审断之后妇女的归属,就有可能与审断之前发生很大的变化。此外,涉及这几大主题的档案有时并不是截然分开的,有可能同时还包含了多个方面的内容。比如童养婚主题的档案同时可能还涉及到了退悔婚、嫁卖生妻、犯奸、卖娼等内容,退悔婚和嫁卖生妻主题的档案同时还可能涉及到了犯奸、卖娼等内容,在具体分析的时候,同一个案例有可能在多个地方使用。

对童养婚档案的研究。根据巴县档案中有关童养婚案例的统计和分析,童养媳在夫家的生活状况有被夫家虐待、被夫家休退、与夫家不睦等多种情况,发生诉讼的原因体现在童养媳被嫁卖、童养媳私逃或被拐逃、童养媳夫家发生重大变故等方面。现有对童养婚的研究尚存在一定的问题,表现在以下几个方面。首先,现有的研究中心主要集中在女性身上,缺乏对童养婚中男性主体的研究。其实在童养婚姻中男性也丧失了选择婚姻对象的基本权利,男女双方作为婚姻主体均为受害者,都是牺牲品。在研究童养婚中的女性形象同时,也应该加强对男性角色和形象的研究。其次,现有的研究立论基础多为宏观角度的女性悲惨形象,忽视了对具有反抗精神的个体的研究。不排除大部分童养媳对自己的悲惨生活忍气吞声,从没有想过要反抗夫家对自己的压迫,或者她们自始至终就没有认识到自己是被"压迫"的,但也要关注到普遍之中的具有反抗精神并进行了反抗实践的那部分个体,承认特殊个案的存在。巴县婚姻档案中童养媳通过私逃、不听翁姑和丈夫训斥等方式来表达反抗意愿的并不罕见。第三,现有研究对童养婚中"恶婆婆"的关注度较高,主要关注点在于"恶婆婆"对童养媳的虐待,缺乏对娘家扮演角色的关注。大量的案例表明,娘家在女儿出抱之后并未放弃对女儿的关注,一旦发生纠纷,他们也会想方设法为女儿讨回公道、争取利益。可以说,娘

家并不是缺位者,他们在女儿的婚姻中也扮演着非常重要的
角色。

　　对退悔婚档案的研究。在退悔时间上,有尚未成配而退悔,
更多的是已经成配而退悔;在退悔主体上,有女方退悔,更多的是
男方退悔;在退悔原因上,有因男方或女方家贫而退悔,也有因男
方或女方的过错而退悔,还有因诉讼而断离或者夫妻和离的,具
体情况多种多样。无论是哪种情况的退悔,经济因素都是最为重
要的一个原因,男女双方都可能会因对方或自己家贫无度而选择
退悔。此外,双方中的其中一方犯有过错也可能导致退悔或断
离。对女方来讲,过错主要体现在犯了"七出"中的某一条或多
条;对男方来讲,过错则体现为逼娼、套娶、停妻再娶等不合法的
行为,而这些过错又或多或少与经济因素有一定的关联。总体而
言,因经济因素或者其他外部因素而退悔的占有更大的比例,因
双方性格不合、关系不睦等感情因素而退悔的反而更为少见一
些。在退悔婚档案中,最能体现退悔婚特色的是当事人提供的各
类契约,在案件中主要以诉讼证据的形式出现。退婚文约是双方
当事人在多位证人在场的情况下书写的,其内容从理论上讲是真
实的,但实际情况却并非如此,这些文约中既有真实的文约,也有
违背当事人真实意愿所签订的文约。意思是尽管文约的形成和
产生是真实的,但文约内容并非立约人真实意思的表示,立约人
是在某种特殊情况之下被迫立出的文约。要了解这些文约背后
的故事,不能只看文约本身,需要将文约的具体内容与整个案卷
其他部分的内容结合起来进行通读,厘清案件线索与各方关系,
搞懂胁迫之人的真实意图,尽量得出更为接近事实的结论。可以
说,离开了反映整个案件大背景的其他材料,文约本身就只剩下
了形式方面的研究价值,因为其内容已经无法判定真伪。就退悔

婚档案反映的情况来看,退后图索是发生诉讼的主要原因,违背契约、退后图索进而生讼的案例不胜枚举。退后图索的主体既有男方,也有女方,其中男方居多。

对嫁卖生妻档案的研究。尽管清律明确规定禁止买休卖休,官府也一再发出禁令,但因民间生活困苦、男女不均,嫁卖生妻现象依然屡禁不止。分析嫁卖生妻的原因,主要包含经济原因和感情原因两个方面。如果妻子有私逃、犯奸之类的大错,也可以从夫嫁卖,这是法律所允许的。嫁卖生妻的情况比较复杂,卖妻之人的身份多种多样,卖妻的原因也各不相同。除本夫及夫家其他人卖妻之外,还有娘家、邻居、亲戚等人牵涉其中,甚至还有生妻本人背夫自嫁的案例。买妻人的年龄主要集中在 21—40 岁之间,其中一半以上是未婚。买妻人的职业较为多样化,但绝大多数是社会底层劳动人民。妇女被嫁卖的价格普遍偏低,这是因为大多数生妻系因贫嫁卖,急需银钱度日,当然最终的成交价格与买妻人的经济状况也有很大的关系。被嫁卖的妇女绝大多数年龄在 30 岁以下,没有生育或没有生育儿子的妇女往往是被嫁卖的重点,嫁卖为妻的比例远远高于嫁卖为妾的比例,也有少数嫁卖为娼、嫁卖为使女的案例。发生诉讼的原因主要有嫁后图索或财礼纠纷、私自嫁卖生妻、子女抚养、生妻嫁后私逃等方面,控案主体中娘家人位居第一,其次是本夫,第三是后夫及家人。经过知县的审断,被嫁卖妇女的归属除离异归宗外,还有归前夫、归后夫、发交官媒嫁卖等多种途径。

对孀妇再嫁档案的研究。尽管清代加大了对节妇旌表的力度,但孀妇选择守节可能会遇到生存问题、财产问题、承祧问题、子女问题等诸多难题,还有的孀妇因为家庭经济困难被夫家人嫁卖甚至逼娼。面临这些难题,很多孀妇不得不选择再嫁。对于再嫁的孀妇来讲,改嫁并不意味着从此一帆风顺,她们也会遇到一些新的问题,比如带抚儿子的归宗问题、女儿的主婚问题、与前夫家人的经济纠纷问题、与后夫的婚姻质量问题等等。因此,对孀妇而言,不管是守节还是再嫁,都会遇到各种各样的问题。官府既没有强制妇女守节,也没有阻止孀妇再嫁,而且清律规定孀妇守节还是再嫁应该尊重孀妇本人的意愿,夫家和娘家不得强逼。尽管如此,通过实际案例发现官方的态度还是有一定倾向性的,即更希望孀妇能够选择守节。巴县孀妇再嫁主要包括夫家主婚、娘家主婚、孀妇本人主婚三种类型,相比而言,夫家主婚比例最高,其次为孀妇本人主婚,最后是娘家主婚。清律规定孀妇须服满三年丧方能再嫁,然而,巴县档案显示绝大部分孀妇在丈夫去世之后很快再嫁,其中既有主动再嫁者,也有被动再嫁者。在子女安置方面,相对儿子来说,女儿的安置显得较为随意,体现出重男轻女的倾向。即使女儿跟随母亲到继父家抚养,也可能因继父家的经济状况被出抱或出卖,甚至还有用继女来抵债的案例。孀妇再嫁为妻的比例明显高于为妾的比例,这与男女性别比例差距大、大量适婚男子无法正常娶妻有很大的关联。孀妇的再婚对象中年轻的尚未婚配者较多,相比而言,孀妇比生妻更受单身男子的欢迎,这是因为买休卖休系违法行为,而孀妇再嫁却是法所不禁的合法渠道。围绕孀妇再嫁这一主题而发生诉讼的原因有的与前夫家有关,有的与后夫家有关,还有的与婚嫁对象不符合要求有关。从案件的审断结果来看,孀妇的归属也表现出多样化的特点,或由娘家领回,或在夫家守志,或交给后夫领回,也有的发交官媒择户。

对犯奸档案的研究。本夫、奸夫、奸妇三方的年龄状况、婚姻状况、子女状况、已婚年限、本夫与奸夫从事的职业、奸夫与奸妇之间的关系等因素对犯奸问题的研究具有重要的价值。通过对巴县婚姻档案的研究,发现尽管部分地方也存在女大男小的婚姻模式,但男大女小还是婚姻关系中最为主要的表现形式,夫妻年龄悬殊过大与婚外情的发生存在一定的关联。21—40 岁是男女发生婚外情的高发阶段,妇女发生犯奸时处于"在婚"状态者占绝大多数,而且婚后 10 年内发生奸情的比例最高。身为人母的妇女相比没有子女的妇女更容易发生婚外情,而犯奸男子绝大多数从未婚配,他们大多来自贫苦家庭,也可能是在巴县独自谋生的异乡客。犯奸案件中,如果本夫开铺、开栈房或以贸易为生,相对经济状况比较宽裕,但本夫在年龄上与妻妾差距较大,妻多为续娶,妾也比本夫年轻许多。本夫在生意上花的时间更多,与家人相处时间较少,通奸对象多为雇工、学徒,在年龄上与妻妾更为接近。以苦力为生、种地为生的本夫普遍经济状况较差,其中以苦力为生者常年在外佣工,在家的时间也很少。奸夫的职业相比本夫更为多元化,既有开铺和佃主身份的,也有以贸易为生者、有一技之长者,还有学徒、种地为生者,但奸夫身份为苦力的数量最多。犯奸男女之间的关系按照比例从高到低依次有以下几种:街坊邻居,也包括当地保正、乡约等人,这种情况所占比例最大;亲属关系,既有同辈亲属,也有跨代亲属;类似亲属关系,比如干亲,既有同辈关系的干亲,也有跨代关系的干亲。此外,还有主妇与雇工、学徒与师母、佃主与佃户等关系。犯奸行为的发生与男女性别比例的差异有一定的关联,但更为主要的还是经济因素和感情因素的影响。相比而言,因感情方面的原因发生奸情的又更为多见,可以细分为在婚通奸、寡妇通奸、未婚通奸三种情况。对奸夫的惩罚主要有枷号、责惩、经济惩罚,也有如碾磨这种带有人身侮辱性质的惩罚,有职务或者在行帮内做事的奸夫则可能面临革职、从行帮内革除等惩罚。对奸妇的处理主要有夫家领回管束、娘家领回另行择户、去留由妇女自便或由丈夫决定、发交官媒等几种情况。清律中明确规定"奸生男女,责付奸夫收养""相奸不得为婚",但巴县档案所见情形并不完全与律法的规定相同,民间的实际情况更为多样化。尽管有"佐贰不擅受民词"的禁令,但清代巴县的实际情况也与之有所背离。巴县婚姻档案中的相关案例显示,巡检等佐贰官广泛地参与到了地方的民事诉讼之中,享有程度不一的民事审理权,不仅可以对送司诉讼进行初审,还可以对有过错的当事人进行一定的惩罚。为数不少的告状人第一时间并不是到巴县衙门控案,而是到木洞镇巡检司,这反映了百姓对巡检司作为辖区"主官"和距离最近衙门的认知。巡检司经过询问后,会对案件进行初步的评判和处理,再送巴县衙门进一步审理。如果巡检司已经对有过错的当事人进行了惩罚,巴县衙门一般不会再进行重复惩罚。对于那些"图告不图审"或者所控不实的词讼,巡检司处就可以驳回或者做相应的处理,不必再呈送巴县衙门。从巴县档案的实际情况来看,巡检司在审理词讼方面相当于巴县衙门驻地方办公室,对送司案件的基本情况进行初步的了解和分类,需要呈送巴县衙门的案件会详情具文,对知县了解案情起到了一定的作用,减轻了知县的负担。但巡检司审理词讼和处罚当事人的权限范围则很难确定。

对卖娼档案的研究。巴县卖娼女性的身世大多比较凄惨,有的父母中的一方亡故,有的父母双亡,有的家庭非常贫穷,有的父母重男轻女。出于以上任何一种原因,女儿被出抱或许人为姜,长大后被养父母逼娼,被丈夫逼娼,被其他人逼娼。经过对巴县婚姻档案中相关案件的梳理,发现卖娼妇女的年龄主要集中在13岁到40岁之间,其中既有在婚,也有未婚和孀妇。卖娼行为多发生于卖娼女家乡之外的其他地方,巴县本地人在本地卖娼的情况比较少见。卖娼多是被逼而为之,其中丈夫和夫家其他人逼娼最为多见,其次还有养父母逼娼、刁拐为娼、买良为娼、娘家逼娼几种情况。卖娼场所要么在私人经营的"娼户"或"门户",要么就在妇女自己家里,而这个"家"大多是临时租来的房子。控案人以娘家人为主,此外还有妇女本人、夫家人等。经过审讯,大多卖娼妇女被判由娘家领回另行择户,或交给夫家领回管束,也有少部分被发交官媒。将清代娼妓现象与当代娼妓现象进行比较,既有所区别也有一些共同之处。考察卖娼者的籍贯,不管是清代还是当代,绝大部分娼妓都是"外来户";考察卖娼的原因,清代主要是因贫穷而被家人出卖或者强逼、被人贩乃至自己熟识的人拐骗,而当代娼妓的形成原因也主要有经济贫困、被人拐骗等方面。娼妓市场的繁荣与否与所在城市的发展繁荣有一定的关系,在经济发展的同时应该特别注意加大对这些现象的预防。

巴县婚姻档案形式多样、内容丰富,为研究清代婚姻家庭关系以及妇女在婚姻和家庭生活中的地位提供了第一手的史料,但在具体利用档案的过程中也有需要引起注意的地方。首先,巴县婚姻档案中的各类材料较为笼统,在研究具体问题的时候,需要与文学作品、志书以及其他相关文献结合起来进行考察,以求更为具体的细节和场景。其次,告状、诉状、禀状等单方面材料可信度不高,有时原告和被告递交给衙门的状词存在较多的矛盾和冲突,甚至所述完全相反。要还原事实和真相则需要将告、诉、禀各状与供状、结状等其他材料相结合,尤其需要关注所言不实者的真实意图,从而对各方的相互关系及其冲突的焦点进行判断。第三,无论是童养婚档案、退悔婚档案、嫁卖生妻档案,还是孀妇再嫁档案、犯奸档案、卖娼档案,可以发现女性在诉讼过程中基本处于缺位状态。虽然她们是这些诉讼的中心,所有的矛盾和冲突基本围绕着她们展开,但从档案中很少能听到她们发出的声音,也无法看到她们真实的想法。综上,从巴县婚姻档案中可以反映出清代基层社会婚姻关系的部分问题,但要对此有更加全面的了解和把握,还需要做更多的努力。

第二节　对清代档案整理和利用的思考

巴县档案发现至今,共出版如下档案汇编:1.《四川人民反帝斗争档案资料》,四川大学历史系编,四川人民出版社,1962 年;2.《四川保路运动档案选编》,四川省档案馆编,四川人民出版社,1981年;3.《四川教案与义和拳档案》,四川省档案馆编,四川人民出版社,1985 年;4.《清代乾嘉道巴县档案选编》(上、下),四川大学历史系、四川省档案馆主编,四川大学出版社,(上)1989 年,(下)1996 年;5.《清代巴县档案汇编·乾隆卷》,四川省档案馆编,档案出版社,1991 年;6.《清代四川巴县衙门咸丰朝档案选编》,四川省档案局编,上海古籍出版社,2011 年;7.《清代巴县档案整理初编·司法卷·乾隆朝》(一)(二),四川省档案馆编,西南交通大学出版社,2015 年;8.《清代巴县档案整理初编·司法卷·嘉庆朝》,四川省档案馆编,西南交通大学出版社,2018 年;9.《清代巴县档案整理初编·司法卷·道光朝》,四川省档案馆编,西南交通大学出版社,2018 年。

巴县档案出版的这些汇编,对学界的研究发挥了很大的作用。其中,《清代巴县档案整理初编·司法卷·乾隆朝》(一)(二)被列为四川省 2013 年度重点出版规划项目;2016 年出版的《清代巴县档案整理初编·司法卷·嘉庆朝》《清代巴县档案整理初编·司法卷·道光朝》不仅被列为四川省 2016 年度重点出版规划项目,也是国家社会科学基金重大项目"清代巴县衙门档案整理与研究"(批准号:16ZDA126)的中期成果。《清代巴县档案整理初编·司法卷·乾隆朝》(一)(二)两册,挑选了自乾隆十八年至乾隆六十年涉及产权、贸易、宗教、家庭、妇女、继承等不同类型的司法档案共 60 卷、504 画幅,所选档案均以案卷为单位进行编排,卷内档案又按照档案形成时间的先后顺序依次排列,相比巴县档案的其他汇编更为科学合理。《清代巴县档案整理初编·司法卷·嘉庆朝》选取嘉庆二年至嘉庆二十三年档案 15 卷共 15 个案件,《清代巴县档案整理初编·司法卷·道光朝》选取道光元年至道光三十年档案 10 卷共 10 个案件进行汇编,还在每个案件之前增加了"案情导读",对案件的基本情况进行介绍,对帮助读者了解案件缘由、审判过程及结果等内容具有重要的作用。这几本汇编选取保存较好、形式和内容较有代表性的"卷"而不是"件"为单位进行编排,便于读者了解案情的来由始末,了解清代基层司法的实际运作模式,也有利于发挥档案的最大价值。

　　在报刊公布方面,早在 50 年代中期,《四川大学学报》《历史研究》《近代史料》等期刊就刊登公布了一些巴县档案中的史料。如:《四川大学学报》1956 年第 1—2 期刊登了四川大足教案与四川东乡县人民抗粮斗争的史料;《历史研究》1956 年第 2 期、第 10 期分别公布了四川义和团、自立会、刘仪顺的相关档案;《近代史料》1958 年第 1 期公布了余栋臣与四川农民反帝运动的相关史料。① 四川省档案馆于 1983—1985 年主编的季刊《四川档案史料》,公布了巴县档案中的有关史料,内容涉及到吏治整顿、土地

---

① 见张仲仁:《一批宝贵的档案"开花结果"了》,《档案工作》1958 年第 4 期。

租佃关系、山货帮、川江铜铅运输等。重庆市档案局(馆)于1989—1990主办的季刊《档案史料与研究》,公布了部分巴县档案史料。比如:清末巴县祭祀档案史料选(1989.3),清代四川民俗史料选辑(1990.4)等。《四川档案》期刊也曾经发布了"鸦片战争中川省各营官兵出师江南抗英档案选辑"(1997增刊)、"巴县档案中保存的嘉庆二十一年禁烟告示"(2010.2)等史料。《中国档案报》刊登了部分巴县档案,比如"四川巴县民俗档案"(2012—2—13)。

　　综上所述,对巴县档案的整理已经取得了一定的成绩,整理出版专题汇编和综合汇编多种,在报刊公布档案若干,引起了国内外专家学者的广泛关注。尽管如此,对巴县档案乃至所有清代档案的整理和利用仍然存在着诸多的问题,需要进行反思。对此,吴佩林有专文论述,并提出了档案整理的几个问题:是保持原档风貌,还是另行分类? 是点校,还是影印? 是黑白制作,还是原色翻印? 是选编,还是全部出版?① 这些问题基本包含了目前清代档案整理的核心内容。笔者认为,清代档案整理与现代档案的整理有共同之处,应该遵循档案整理的基本原则,即:档案的整理应该充分利用原有的整理基础,保持文件之间的历史联系,便于

---

① 对包括巴县档案在内的清代档案整理进行反思可以参见吴佩林的成果:《近三十年来国内对清代州县诉讼档案的整理与研究》(《北大法律评论》2011年第1期)、《地方文献整理与研究的若干问题》(《西华师范大学学报》(哲学社会科学版2011年第6期)、《地方档案整理向何处去——基于清代地方档案整理现状的反思》(《光明日报》2016年4月11日)、《地方档案整理的龙泉经验》(《光明日报》2019年11月14日)、《明清地方档案的整理与出版亟待规范》(《光明日报》2020年2月17日)。

保管和利用。① 此外,还需格外注意"高龄档案应当受到尊重"。即在遵循基本原则的基础上,考虑到档案的珍贵性和保存状况,尽量保护档案原件不受损毁,采用数字化扫描的方式进行保存和利用,并加大档案汇编的编撰和出版力度,启动数据库的建设和推广,拓宽档案提供利用的方式。具体来说,清代档案的整理和利用应该特别注意以下几个方面的内容。

1.尊重"来源原则",最大限度保持档案在来源方面的联系

前面曾经提到,巴县档案在特定的历史条件下仓促进行整理,打乱了原有的按房分类的来源体系,按照事由原则将档案分为内政和司法两大类别,下又再分诸多小类。事实证明,这种整理方法,不仅割裂了档案之间的有机联系,而且还在分类和整理的时候打乱了原有的排列顺序,给现有的管理和利用带来了诸多的不便,也使得档案的价值大打折扣。不仅巴县档案的整理存在这样的问题,直隶顺天府的宝坻档案和台湾的淡新档案都犯过同样的错误。笔者认为,这与当时的历史条件有一定的关系,更为重要的是,当时整理档案的人员并不是档案专业人员,多为其他学科的专家学者,他们没有受过档案学科的专业训练,对档案"来源原则"缺乏认识。在文件之间的各类历史联系中,来源联系是首要的联系,如果分割了文件来源方面的联系,那么其他一些方面的联系都将是不科学的。② 刘伯山在《民间文书档案整理的新

---

① 陈兆祦、和宝荣、王英玮:《档案管理学基础》(第三版),北京:中国人民大学出版社,2005年,第95—99页。

② 陈兆祦、和宝荣、王英玮:《档案管理学基础》(第三版),北京:中国人民大学出版社,2005年,第97页。

模式》一文中也提到了档案的整理应该要充分尊重档案的历史形成、历史留存、发现现状，采用"归户整理法"。这种"归户性"其实也就是档案来源联系的一种表现方式。在进行档案整理时，归属户可以具体到"某氏、某人、某户"，而出自地则要"具体到县、都、图、村（甲）"，最大限度地保持档案在来源方面的联系。①

2. 保持原貌，充分利用原有的整理基础

在整理档案的时候，还要尊重历史和继承前人的劳动，充分地重视和利用原有的整理基础，不要轻易打乱重整。② 此原则不仅被奉为现代档案整理工作的首要原则，而且对历史档案的整理同样适用。档案如何分类、如何整理只有档案形成者最有发言权，他们最清楚当时政府的相关要求和做法，也最了解档案内容所涉及工作的归属及档案的形成过程和来龙去脉。可以说，档案的原有分类体系和整理方法与档案本身一样，都是当时当事形成的，自有其合理之处。时隔几十年甚至几百年之后，我们如果放弃档案形成者已经分好的类别、已经整理好的案卷，根据我们自己的臆想再搞一套，无疑是不科学的，也是对后人极不负责任的做法。因此，尊重档案形成、流转和整理过程中的"原生态"，是现在的整理者们应有的态度。

那么，如果有机会对类似巴县档案这样遭遇的文献重新进行整理，是否又要将其打乱，再按来源原则进行分类和整理呢？笔者认为，如果这样做的话，无异于"雪上加霜"，让档案再次遭受重创。这些档案形成时间久远，纸张等载体材料老化，墨水和油墨

---

① 刘伯山：《民间文书档案整理的新模式》，《光明日报》2017 年 12 月 2 日。
② 陈兆祦、和宝荣、王英玮：《档案管理学基础》（第三版），北京：中国人民大学出版社，2005 年，第 95 页。

等书写印刷材料也在发生变化,再加上保存条件等外部因素给档案带来的影响,再也经不起大规模、大幅度的折腾。只是以后在整理类似文献的时候,需要吸取教训,不要再另搞一套,要充分尊重原有的分类方法和整理原则。

3. 采用数字化扫描的方式进行保存和利用

现有的清代档案,相当一部分与巴县档案相同,采用的是缩微胶卷和光盘①并行的方式进行保存和利用。目前巴县档案的全部档案均已有缩微胶卷,其中乾隆至同治年间的档案同时还有光盘。这两种方式的优点在于容量大、保存方便,一盒缩微胶卷能存放几十上百个案卷,而光盘的存储量则更大,可以存储几百个甚至上千个案卷。从利用方式来看,光盘的优势更为明显,只需要有电脑即可,而且图片放大、缩小都很方便。相比而言,缩微胶卷的利用要受到诸多的限制,必须要借助缩微阅读器,而且装卸胶卷较为麻烦,需要档案馆工作人员的指导,进行放大、缩小等操作也不如电脑方便。最主要的是,一般档案馆存在着缩微阅读器配备数量不足、机器老化甚至损坏、配件不容易购买等诸多问题。笔者在档案馆查阅档案时,就多次出现能正常使用的缩微阅读器数量有限而不得不无功而返的情况。虽然档案馆在阅览大厅配备了五六台阅读器,但有的阅读器已经完全老化不能使用,有的阅读器因灯泡损坏国内无法买到,剩下的能正常使用的往往只有三四台。而巴县档案中光绪和宣统朝的档案还没有光盘,只能使用缩微胶卷。每年暑期,是国内外利用者到馆查阅档案的高峰时期,为了能抢占一台能正常使用的缩微阅读器,有的利用者就租住在档案馆附近,在工作人员上班之前来到阅览大厅等候,晚到

_____

① 光盘中保存的图像与缩微胶卷中保存的图像是一致的,均为黑白色。

的利用者就只有扼腕叹息了。这种局面在全部档案均有光盘的情况下会得到很大的改善,因为档案馆电脑配备充足,而且电脑的维修相对方便,还比缩微阅读器好用,能满足利用者的需要。

尽管光盘在存储和利用方面比缩微胶卷方便,但这两种方式都存在一些不足。就巴县档案的情况来看,缩微胶卷和光盘呈现的所有影像均为黑白色,不能再现档案的原貌。档案原件上的红色印章包括官府印章、登记章、闲章、戳记及其他印记,官员的标朱,纸张的颜色和纹路等等都无法体现出来,尤其是部分红稟,原件虽为红色,但缩微胶卷和光盘中存储的档案均为黑白色,原件的尺寸和大小也不能看出区别。实际上,不同形式的诉讼档案尺寸和大小都有着显著的差异。本来是非常漂亮的清代档案,硬生生变成了毫无生趣的黑白屏幕,不仅对感官有影响,更为重要的是直接影响到对档案的利用和研究,尤其对档案形式方面的研究不利。此外,黑白色还有一个很大的缺点就是印章下的文字无法识别,而原件中印章为红色,印章下的文字为黑色,被印章盖住的文字很容易识读。"大凡史料文献的实物与复制都有所不同……实物上的墨字与朱批相交错,而在单调的黑白照片上只剩下浓淡之差了。墨字上捺有朱印的地方,若是实物则可辨识,而在照片上却无法读出。"①

要解决黑白色带来的困扰和不便,最好的办法就是将这些珍贵的档案全部采用数字化扫描的方式保存图像。这样做的好处主要有如下几点:第一,可以最大限度地保护原件,不让原件再被反复翻阅造成损毁。第二,利用者可以看到类似原件效果的图

①[日]滋贺秀三著,林乾译:《诉讼案件所再现的文书类型——以"淡新档案"为中心》,《松辽学刊》(人文社会科学版)2001年第1期。

片,不仅原件上的红色印章及其他标记能够看得清清楚楚,印章下面的文字内容也能够看得分明,不会影响利用的效果。第三,可以达到档案信息资源共享的目的,为将来建设数据库、网上传输利用文献做好充分的准备。无疑,数字化扫描的方式最大限度地再现了档案的原貌,使得利用者不但能够看到档案的内容,也能对档案的外在形式和内在特点有更为直观和清楚的认识,以达到"原汁原味"的效果。当然,要达到最大限度还原档案的目的,还需要多方面的共同努力。不管在扫描内容、扫描设备、扫描技术、扫描参数还是扫描人员的选择上,都要认真地分析和决策,不能随意确定,要把扫描的质量和效果放在首位。其次,在扫描的过程中要尽最大努力保护好档案原件,尽量减少对原件的损害。凡是经过数字化扫描的档案,今后除非特殊需要,都不要再去翻阅原件。最后,部分档案的篇幅较大,尤其是诉讼档案中的呈状、契约等,其尺寸较普通档案大得多。扫描这种类型的档案,要注意选择合适尺寸的扫描仪。如果还是不能全幅扫描,可以采用分块扫描的方式,利用 Photoshop 和其他可进行图像拼接的图像处理软件进行合并。但要特别注意分块扫描时每一块要有一定距离的重合,保证拼接中档案信息的完整。①

4.重视清代档案汇编的编撰和出版

编撰档案史料出版发行,是提供利用工作的重要措施,不仅可以提升档案馆的工作水平和服务水平,保护档案原件,更重要的是还给档案的利用者尤其是异地利用者带来了极大的便利。异地利用者不用再到档案馆实地查找档案,即可以达到查阅和研

①于龙、周新华:《档案数字化扫描中存在的问题及对策》,《数字与缩微影像》2008 年第 3 期。

究的目的。2016 年,由南充市档案局、国家清史编撰委员会、黄山书社合作的《清代四川南部县衙门档案》历时 4 年时间完成并正式公开出版发行,全套 308 册,每套定价 24 万元。汇编采用影印出版的方式首次向社会公布了清代四川南部县衙门的全部档案,荣获国家古籍整理项目一等奖。① 2019 年 9 月,浙江大学历史系与浙江省龙泉市档案馆合作整理的《龙泉司法档案选编》五辑 96 册全部出版,历时 8 年,选编案例 343 个,涵盖 1084 个卷宗 26528 件档案。2019 年 12 月,中国政法大学与四川省冕宁县档案局组织编写的《清代冕宁司法档案全编》(第一辑)也得以成功出版,历时 8 年多,共计 5 编 35 卷。

　　相比而言,同样为清代州县档案的巴县档案,尽管档案数量大、内容多、发现时间早,但就档案汇编而言,还显得零散而不成体系,在汇编的编排方式和编排质量上也是参差不齐、情况各异。就最近几年出版的乾隆朝、嘉庆朝、道光朝三朝四本汇编来看,采取了彩色影印的方式最大限度再现了档案的原貌,并且按“卷”的逻辑顺序进行了编排,还给收录的每一个案件编写了“案情导读”,相比而言已经是非常大的进步。但就选择的档案内容来看,这四本汇编涉及三朝,却仅仅收录了 85 个案卷。虽然这几本汇编对读者了解巴县档案内容、形式和价值具有非常重要的作用,但学界最需要的还是系统的成套的涉及更多案卷内容的汇编。更何况到目前为止,同治、光绪、宣统三朝还没有档案汇编问世,

---

① 《〈清代四川南部县衙门档案〉:中国文献史上的奇迹》,四川新闻网南充频道综合,2016 年 6 月 25 日。

而这三朝档案数量占巴县档案总数的 57.4％。① 无论如何,对巴
县档案进行成套汇编已经迫在眉睫,这既是当前学术研究"眼光向
下"背景下应该加强基层社会研究的需要,更是新时代档案文献服
务于科学文化研究的需要。有了成套的汇编出版,将会为研究者提
供更大的便利,对巴县档案的研究必将会更加深入而细致。

　　从其他清代地方档案汇编情况来看,也或多或少存在着一些
问题,在选材内容、编撰方式方法、印刷质量等方面与高水平、高
要求的档案汇编还存在一定的差距,尚不能满足利用者的多元化
需要。可以从以下几个方面入手,改变这一现状。

　　首先,应该以"卷"而不是"件"为单位进行选编。部分清代档
案以"件"为单位进行选编的做法使得档案的利用价值降低,不能
发挥其应该发挥的作用。就涉及巴县档案的汇编来看,四川省档
案馆 1985 年主编的《四川教案与义和拳档案》,收录了外国教会
势力、教案、余栋臣起义、义和拳四个方面的档案,既有"件",也有
"卷"。如 6 页"巴县永兴场场头牌首保证不再有习染天主教之人
具结状"就是一件,而 8—11 页"拿获何深海等信奉天主教案"则
有卷的影子。汇编中此案包含了五件档案,分别为:巴县禀、何深
海供词、何荣章墓勘单、巴县清册、何深海结状。尽管这些档案可
能只是该案的部分档案,但根据这几份档案已经可以得知事情的
缘由和经过,比 6 页那份单独的结状价值就要大得多了。《清代
巴县档案汇编·乾隆卷》《清代乾嘉道巴县档案选编》《清代四川
巴县衙门咸丰朝档案选编》都存在类似的问题,汇编中收录的档
案大多为单独的"件",而抛开了"件"所在的"卷",离开了故事发

---

① 张晓霞:《清代巴县档案整理研究的回顾与思考》,《档案学通讯》2013 年第
　2 期。

生的背景和其他相关材料,利用者无法通过单件档案得知事情的
原委,使得档案的价值降低。比如《清代巴县档案汇编·乾隆卷》
中的"乾隆五十五年六月六日本城余怀民、余世节禀状",①讲述
的是"为以嫂为妾,叩究正伦事",正是笔者需要搜集的案例类型。
但汇编中此案只有这一份禀状,没有其他相关材料。知县在批语
中提到"兄亡以嫂为妾,治罪律有明条,是否扶嫌捏控,仰约邻确
查实复,以凭严究"。知县对禀状的真实性有所怀疑,请约邻等人
查实清楚,但禀状内容到底是真是假,以嫂为妾是否属实,我们却
无从得知了,大大影响了档案的价值。如果原文就只有这么一份
禀状,可以在汇编中备注,让利用者明白档案保存的情况;如果原
文中还有其他相关材料,则应该将关键材料分录在后,或者在备
注中进行简要说明,让利用者对这个故事有一个全面的了解,也
让这份禀状能够发挥出应有的价值。选择保存较好、形式和内容
较有代表性的"卷"而不是"件"为单位进行编排,便于读者了解案
情的来由始末,也有利于发挥档案的最大价值。

　　其次,采用影印本与点校本相结合的方式进行编排。目前巴
县档案的汇编中,只有《清代巴县档案整理初编·司法卷·乾隆
朝》《清代巴县档案整理初编·司法卷·嘉庆朝》《清代巴县档案
整理初编·司法卷·道光朝》三朝四本汇编采用的是原样彩色影
印的方式,尽管影印图片的大小与原件有所差异,但已经最大限
度再现了档案的原貌,对于利用者研究档案上的标记、印章等具
有非常重要的作用。这种汇编多用质量较好的铜版纸进行印刷,
存在着成本高昂的问题,如果全部档案都原样彩色影印,显然是

————————

① 四川省档案馆编:《清代巴县档案汇编·乾隆卷》,北京:档案出版社,1991
年,第154页。

不现实的,也是不可能的。此外,此种方式选编内容有限,再加上没有点校,对部分不熟悉清代官府设置、文书用语、文书格式及文书运行的利用者来说,识读和理解起来较为困难。巴县档案的其他汇编均为点校本,点校本的优点在于容量大、印刷成本低、能帮助利用者识读,但缺点也很明显。如果点校者识读错误、点校错误,则会在一定程度上误导利用者,而利用者因看不到档案最原始的模样,也无法判断点校本之正误,直接影响到对档案的研究和利用。再者,点校本只能尽最大能力将档案的内容呈现给利用者,却无法呈现其形式,对清代档案的研究来说,形式与内容同样重要,缺一不可。

　　笔者认为,在经费充足的情况下,尽量能够采用影印本和点校本相结合的方式,选取档案中保存完好、内容和形式具有代表性的案卷进行编排。目前笔者所见做得较好的是《成都龙泉驿百年契约文书:1754—1949》。① 此书遴选成都市龙泉驿区档案馆所存民国以前契约文书293件,共分为四大类:买卖送讨契约、租赁借贷契约、分关继承契约、其他契约,每类下按年代顺序进行编排。最值得称赞的是,该书的每件契约均有原档文件附图,采用的是影印本和点校本相结合的方式,一边为原文扫描影印件,一边为点校文本,并在点校文下标注了该档案的全宗号、目录号和归档号,方便利用者去档案馆实地查阅。对档案中的部分生僻字词及一些需要说明的地方也进行了标注,帮助利用者阅读。如果能够在此处将档案原件的长宽尺寸进行标注则更加完美。影印本和点校本相结合的方式,不仅能够帮助利用者顺利阅读和理解

---

① 胡开全、苏东来:《成都龙泉驿百年契约文书:1754—1949》,成都:巴蜀书社,2012年。

档案内容,还能在遇到疑问时与原件相互对照,做出更为正确的判断。

试以《成都龙泉驿百年契约文书:1754—1949》为例,该汇编第四大部分"其他契约"中"政府文契"内有几份档案的点校有误。

403 页,点校本"户部执照户部为筹备等事"。按照今天公文写作的格式来讲,标题应该包括发文者、事由、文种三个要素,清代文书的标题也有这三个要素,不过其排列顺序与今天有所区别。就该档案而言,"户部执照"为文种,"户部"为作者,"为筹备等事"为事由,"户部执照"与"户部"之间不加标点实为不妥,让利用者不明所以,最好将"户部执照"单列一行,影印件亦是如此排列。正确的点校应该是:

户部执照

户部为筹备等事。

404 页,点校本"总理四川全省塘务府,邹为抄知事",此处有两点错误。首先,"府"字之后不应该用标点,其次,"邹"后应该空一格是为空名讳。清代公文一般要在开头标明"前衔",受文者可以据此迅速对来文的重要程度作出判断。① 此处,"总理四川全省塘务府邹"就是公文的前衔,也就是该份公文的作者及其身份。之所以只写姓"邹"而不写名,则是空名讳。凡提及上级官员姓名,或者同级官员之间互称,亦或给下级行文时提到自己的姓名,均只书姓而不写名,将名字部位留为空白。② 因此,正确的点校

---

① 雷荣广、姚乐野:《清代文书纲要》,成都:四川大学出版社,1990 年,第 33 页。

② 同上,第 12 页。

应该是：

> 总理四川全省塘务府邹 为抄知事。

405页，点校本"总理四川全省塘务府,邹为差役捷报事照,得由京报发来……"，除与404页同样的两处错误之外，还有一处，即"照得"二字不应分开。"照"，是根据、依照的意思，"照得"即为查得的意思。清代公文中多用"照得"二字作为起首语、领述词使用，类似"案奉""情因"等词，是固定搭配，不能分开。第一段末尾"须至差票者计开前往华阳县公干一行人……"，此处"须至差票者"为清代公文结尾的固定套语，主要起标明文种的作用，后应有标点。此类固定结束语还有"须至牌者"(可简称为"须牌")、"须至票者"(可简称为"须票")等等，可以据此准确判定公文的文种。"计开"应另起一行，"开"即开列之意，"一行"后应有具体人数，影印件中可以看出此处写有"6"这个数字。406页与407页的错误类型相同。此段正确的点校应为：

> 总理四川全省塘务府邹 为差役捷报事。照得由京报发来……
>
> 　　……
>
> 须至差票者。
>
> 计开:前往华阳县公干一行六人……

408页，点校本为"国子监:为奏明请奏事照得本监……"，"国子监"为发文者，其后应该空名讳空一格，不应该用冒号；"为奏明事"表明事由，其后应有标点。该段末尾"须至监照者:"，冒号应改为句号。409页的错误类型相同。正确的点校应为：

> 国子监　　为奏明请奏事。照得本监……

······

须至监照者。

411页,点校本为"国子监:为给发执照事准户部咨称御史何其仁奏请······",也有好几处错误,正确的点校应为:

国子监　为给发执照事。准户部咨称:御史何其仁奏请······

这几处错误大都是断句的问题,给利用者带来了一定的困惑,主要原因是点校者对清代文书的相关格式及相关用语不是特别清楚。需要说明的是,尽管出现了这几处错误,但瑕不掩瑜,内容的丰富、编排的精致使得该汇编具有很高的价值。举例说明的目的在于,尽管这几处点校出现了一些问题,但有影印件的存在,可以让我们将点校本与影印件进行对比,得出正确的结论。仅从这一点来看,该汇编就功不可没。

针对目前清代地方档案在整理和利用等方面存在的诸多问题,笔者认为开展校馆合作是比较切实可行且有效的办法。前面曾经提到,西华师范大学与南充市档案馆合作进行南部档案的整理与研究、中国政法大学与四川冕宁档案馆合作进行冕宁档案的整理与研究、浙江大学与浙江龙泉市档案馆合作进行龙泉档案的整理和研究,都是非常成功的案例。校馆合作,发挥各自优势、互利共赢是新时代档案工作和高校学术研究共同的需求。四川省档案馆也可以借鉴以上成功的案例,与川内高校合作,集合各学科领域的专家学者,对巴县档案进行系统的整理与研究。充分利用现代科学技术,对巴县档案全文数字化,建立数据库,进行数据的开发与共享,弥补按事由原则整理所带来的弊端。多借鉴其他地方档案与文献汇编出版的经验和教训,尽快出版成套的系统的涵盖更多内容的高水平汇编,为学界提供研究的素材和资料。由高校和档案馆共同牵头,定期举办相关的学术研讨会,进行跨学科的对话和交流,相互合作,共同推进巴县档案的系统整理和研究工作,多出成果,多出精品,使得巴县档案的研究进入一个崭新的阶段。学术研讨会不仅仅局限于国内学者,还需要多邀请一些国外的相关学者参加探讨,尤其美国、日本等国对巴县档案颇有研究的学者,展开中外学界的对话和交流,在研究方法、研究内容、研究思路等方面相互学习,共同探讨,共同进步。"随着可利用的档案史料的价值与数量不断增加,一方面利用这些史料,弄清细节,以推进研究的深入。另一方面,如何推进整体历史形象的反馈,如何认定问题与研究潮流,还有很多探讨的余地。这两方面都非常重要,而不能有所偏废。"①

①[日]冈本弘道著,阿风编译:《2015年日本学界的明清史研究》,《中国史研究动态》2017年第6期。

参考文献

一、档案与档案汇编

《清代巴县档案》,四川省档案馆藏。

四川省档案馆编:《四川保路运动档案选编》,成都:四川人民出版社,1981年。

四川省档案馆编:《四川教案与义和拳档案》,成都:四川人民出版社,1985年。

四川省档案馆、四川大学历史系主编:《清代乾嘉道巴县档案选编》(上册),成都:四川大学出版社,1989年。

四川省档案馆、四川大学历史系主编:《清代乾嘉道巴县档案选编》(下册),成都:四川大学出版社,1996年。

四川省档案馆编:《清代巴县档案汇编·乾隆卷》,北京:档案出版社,1991年。

四川省档案馆编:《清代巴县档案整理初编·司法卷·乾隆朝》,成都:西南交通大学出版社,2015年。

四川省档案馆编:《清代巴县档案整理初编·司法卷·嘉庆朝》,成都:西南交通大学出版社,2018年。

四川省档案馆编:《清代巴县档案整理初编·司法卷·道光朝》,成都:西南交通大学出版社,2018年。

田涛、许传玺、王宏治:《黄岩诉讼档案及调查报告》,北京:法律出
　　版社,2004 年。

胡开全、苏东来:《成都龙泉驿百年契约文书:1754—1949》,成都:
　　巴蜀书社,2012 年。

二、古籍与工具书

马建石、杨育裳:《大清律例通考校注》,北京:中国政法大学出版
　　社,1992 年。

前南京国民政府司法行政部编:《民事习惯调查报告录》,北京:中
　　国政法大学出版社,2005 年。

[清]《巴县志》,同治版。

[清]王尔鉴:《巴县志》,乾隆版。

[清]徐珂:《清稗类钞》,北京:中华书局,2010 年。

[清]黄六鸿:《福惠全书》。

四川省档案馆编:《四川省档案馆指南》,北京:中国档案出版社,
　　2001 年。

田涛、郑秦点校:《大清律例》,北京:法律出版社,1999 年。

向楚主编:《巴县志选注》,重庆:重庆出版社,1989 年。

三、著作

[芬兰]E·A·韦斯特马克著,李彬、李毅夫、欧阳觉亚译:《人类
　　婚姻史》,北京:商务印书馆,2015 年。

阿风:《明清时代妇女的地位与权利——以明清契约文书、诉讼档
　　案为中心》,北京:社会科学文献出版社,2009 年。

阿风:《明清徽州诉讼文书研究》,上海:上海古籍出版社,2016 年。

常建华:《婚姻内外的古代女性》,北京:中华书局,2006 年。

蔡东洲等著:《清代南部县衙档案研究》,北京:中华书局,2012 年。

褚艳红:《变动的视角——20 世纪 60 年代以来美国的中国妇女史研究》,上海:上海社会科学院出版社,2015 年。

陈鹏:《中国婚姻史稿》,北京:中华书局,2005 年。

陈亚平:《寻求规则与秩序:18—19 世纪重庆商人组织的研究》,北京:科学出版社,2014 年。

陈兆祦、和宝荣、王英玮:《档案管理学基础》(第三版),北京:中国人民大学出版社,2005 年。

[法]朱丽娅·克里斯蒂娃著,赵靓译:《中国妇女》,上海:同济大学出版社,2010 年。

费孝通:《乡土中国·生育制度·乡土重建》,北京:商务印书馆,2011 年。

付春杨:《清代工商业纠纷与裁判:以巴县档案为视点》,武汉:武汉大学出版社,2016 年。

郭松义:《伦理与生活——清代的婚姻关系》,北京:商务印书馆,2000 年。

郭松义、定宜庄:《清代民间婚书研究》,北京:人民出版社,2005 年。

胡恒:《皇权不下县?——清代县辖政区与基层社会治理》,北京:北京师范大学出版社,2015 年。

黄存勋、刘文杰、雷荣广:《档案文献学》,成都:四川大学出版社,1988 年。

[美]白凯:《中国的妇女与财产:960—1949》,上海:上海书店出版社,2007 年。

[美]黄宗智:《民事审判与民事调解:清代的表达与实践》,北京:中国社会科学出版社,1998 年。

［美］黄宗智、尤成俊：《从诉讼档案出发：中国的法律、社会与文化》，北京：法律出版社，2009年。

［美］黄宗智：《清代的法律、社会与文化：民法的表达与实践》，上海：上海书店出版社，2001年，第109页。

［美］黄宗智主编：《中国乡村研究》（第八辑），福州：福建教育出版社，2010年。

［美］曼素思著，定宜庄等译：《缀珍录：十八世纪及其前后的中国妇女》，南京：江苏人民出版社，2004年。

［美］明恩溥著，陈午晴、唐军译：《中国的乡村生活：社会学的研究》，北京：电子工业出版社，2016年。

［美］史景迁著，李孝恺译：《王氏之死：大历史背后的小人物命运》，桂林：广西师范大学出版社，2011年。

［美］伊沛霞著，胡志宏译：《内闺——宋代妇女的婚姻与生活》，南京：江苏人民出版社，2004年。

李仕根主编：《四川清代档案研究》，成都：西南交通大学出版社，2004年。

李青：《清代档案与民事诉讼制度研究》，北京：中国政法大学出版社，2012年。

李艳君：《从冕宁县档案看清代民事诉讼制度》，昆明：云南大学出版社，2009年。

李清瑞：《乾隆年间四川拐卖妇人案件的社会分析——以巴县档案为中心的研究（1752—1795）》，太原：山西教育出版社，2011年。

里赞：《晚清州县诉讼中的审断问题——侧重四川南部县的实践》，北京：法律出版社，2010年。

雷荣广、姚乐野：《清代文书纲要》，成都：四川大学出版社，1990年。

廖斌、蒋铁初:《清代四川地区刑事司法制度研究:以巴县司法档案为例》,北京:中国政法大学出版社,2011年。

梁勇:《移民、国家与地方权势:以清代巴县为例》,北京:中华书局,2014年。

罗志欢、李龙潜主编:《清代广东土地契约文书汇编》,济南:齐鲁书社,2014年。

裴燕生:《历史文书》(第二版),北京:中国人民大学出版社,2009年,第274页。

钱泳宏:《清代"家庭暴力"研究:夫妻相犯的法律》,北京:商务印书馆,2014年。

邱澎生、陈熙远主编:《明清法律运作中的权力与文化》,桂林:广西师范大学出版社,2017年。

瞿同祖著,范忠信等译:《清代地方政府》(修订译本),北京:法律出版社,2011年。

孙晓:《中国婚姻史》,北京:中国书籍出版社,2016年。

汪玢玲:《中国婚姻史》,武汉:武汉大学出版社,2013年。

王纲:《清代四川史》,成都:成都科技大学出版社,1991年。

王亚南:《中国官僚政治研究》,北京:中国社会科学出版社,2005年。

王跃生:《十八世纪中国婚姻家庭研究:建立在1781—1791年个案基础上的分析》,北京:法律出版社,2000年。

王跃生:《清中叶婚姻冲突透析》,北京:社会科学文献出版社,2003年。

魏光奇:《有法与无法——清代的州县制度及其运作》,北京:商务印书馆,2010年。

吴佩林:《清代县域民事纠纷与法律秩序考察》,北京:中华书局,

2013 年。

吴佩林、蔡东洲主编:《地方档案与文献研究》,北京:社会科学文献出版社,2014 年第一辑,2016 年第二辑。

吴正茂:《清代妇女改嫁法律问题研究》,北京:中国政法大学出版社,2015 年。

杨国祯:《明清土地契约文书研究》(修订版),北京:中国人民大学出版社,2009 年。

杨晓辉:《清朝中期妇女犯罪问题研究》,北京:中国政法大学出版社,2009 年。

尹伊君:《故纸遗律:尹藏清代法律文书》,北京:北京大学出版社,2013 年。

赵娓妮:《审断与矜恤——以晚清南部县婚姻类案件为中心》,北京:法律出版社,2013 年。

张晓蓓:《冕宁清代司法档案研究》,北京:中国政法大学出版社,2010 年。

张渝:《清代中期重庆的商业规则与秩序:以巴县档案为中心的研究》,北京:中国政法大学出版社,2010 年。

赵凤喈:《中国妇女在法律上之地位》,太原:山西人民出版社,2014 年。

郑金刚:《文书转述:清代州县行政运作与文字·技术》,北京:人民出版社,2016 年。

四、学位论文

陈荣武:《当代娼妓现象的生成与治理——以 S 市为例》,华东理工大学博士学位论文,2013 年。

陈晓龙:《表达与实践:清代婚姻成立的禁止条件》,青海师范大学硕士学位论文,2014 年。

刘欢欢:《清代下层妇女离家出走现象考察——基于巴县、南部县档案的研究》,中国人民大学硕士论文,2015 年。

王跃:《古代契约文书中"自称"类词语历时演变研究》,陕西师范大学硕士学位论文,2015 年。

徐蓓蕾:《童养媳婚姻研究》,浙江大学硕士学位论文,2013 年。

赵娓妮:《清代知县判决婚姻类案件的"从轻"取向》,四川大学博士论文,2008 年。

张晓蓓:《清代婚姻制度研究》,中国政法大学博士论文,2003 年。

周彦冰:《清代巴县妇女的权利研究》,广西师范大学硕士论文,2015 年。

五、其他论文

艾晶、黄小彤:《清末女性奸情杀人案研究(1901—1911)——以第一历史档案馆馆藏档案为例》,《宁夏大学学报》(人文社会科学版)2007 年第 2 期。

曹婷婷:《清童养婚现象探析——以江浙地区为例》,《石家庄学院学报》2014 年第 5 期。

陈宝良:《从"无讼"到"好讼":明清时期的法律观念及其司法实践》,《安徽史学》2011 年第 4 期。

陈怀荃:《陈鹏〈中国婚姻史稿〉评介》,《安徽师大学报》1991 年第 4 期。

陈亚平:《清代巴县的乡保客长与地方秩序——以巴县档案史料为中心的考察》,《太原师范学院学报》(社会科学版)2007 年第 5 期。

陈翔:《清代巴县民俗档案评述》,李仕根主编:《四川清代档案研究》,成都:西南交通大学出版社,2004 年。

陈翔:《庚帖、喜课与民间婚姻——四川省档案馆所藏巴县婚姻纠纷档案释读》,《中国档案》2008 年第 7 期。

陈文联:《近代中国废娼思想的历史考察》,《中南大学学报》(社会科学版)2004 年第 5 期。

陈兆肆:《清代自新所考释——兼论晚清狱制转型的本土性》,《历史研究》2010 年第 3 期。

程郁:《由清刑律中有关妾的条法看妇女地位的复杂性》,《史林》2010 年第 6 期。

邓建鹏:《清朝官代书制度研究》,《政法论坛》2008 年第 6 期。

丁岩:《风风雨雨说禁娼》,《学习月刊》2005 年第 8 期。

董小红:《略论中国古代的离婚制度》,《法制与社会》2006 年第 10 期,

方华蓉:《论现代"童养媳"题材小说的文化意蕴》,《文山学院学报》2013 年第 5 期。

冯学伟:《契约文书的伪造、防伪与辨伪》,《法制与社会发展》2013 年第 2 期。

高钏:《咸丰朝巴县地区婚姻离异现象研究——以〈清代四川巴县衙门咸丰朝档案选编〉为中心》,《乐山师范学院学报》2014 年第 6 期。

葛勇:《谈清代巴县档案司法文种》,《四川档案》2006 年第 4 期。

郭星华:《无讼、厌讼与抑讼——对中国传统诉讼文化的法社会学分析》,《学术月刊》2014 年第 9 期。

郭松义:《清代妇女的守节和再嫁》,《浙江社会科学》2001 年第 1 期。

胡剑:《清朝的"官代书"及其戳记》,《中国律师》2009 年第 2 期。

黄存勋:《清代地方档案浅议》,《四川档案》1985年第1期。

季雅群、朱文苍:《畸形婚姻藩篱内的女性异化——论中国文学作品中的童养媳形象》,《西南民族大学学报》(人文社科版)2007年第10期。

[美]苏成捷:《性工作:作为生存策略的清代一妻多夫现象》,载黄宗智、尤成俊主编:《从诉讼档案出发:中国的法律、社会与文化》,北京:法律出版社,2008年。

[美]苏成捷:《清代县衙的卖妻案件审判:以272件巴县、南部县与宝坻县案子为例证》,载邱澎生、陈熙远主编:《明清法律运作中的权力与文化》,台北:联经出版公司,2009年。

江兆涛:《清代抱告制度探析》,《西部法学评论》2009年第1期。

刘伯山:《民间文书档案整理的新模式》,《光明日报》2017年12月2日。

刘君:《镇馆之宝——清代巴县档案》,《四川档案》2000年第1期。

刘君:《中国县级地方历史档案之最:清代四川巴县档案概览》,《档案》2000年第3期。

刘昌福:《嬉笑怒骂皆是怨——清代巴县档案中的故事》,《四川档案》2003年第2期。

刘永华、温海波:《明清时期花押的源流、类型、文书形态与法律效力》,《文史》2017年第一辑。

李群:《典妻与变通的礼法适用》,《当代法学》2010年第2期。

李荣忠:《四川清代档案工作研究》,《档案学通讯》1989年第1期。

李荣忠:《清代巴县衙门书吏与差役》,李仕根主编《四川清代档案研究》,西南交通大学出版社,2004年。

梁勇:《妻可卖否?——以几份卖妻文书为中心的考察》,《寻根》2006年第5期。

楼小奴:《从清代档案看婚姻触礁后妇女的境遇》,《四川档案》
　　2010 年第 1 期。

雷荣广:《清代巴县衙门档案价值探析》,李仕根主编《四川清代档
　　案研究》,西南交通大学出版社,2004 年。

雷荣广:《明清档案中的抬头与避讳》,《四川档案》2006 年第 6 期。

赖惠敏:《情欲与刑罚:清前期犯奸案件的历史解读(1644 —
　　1795)》,《中国妇女史研究》1998 年第 6 期。

刘朝霞:《物化·奴化·异化——中国现代文学中的童养媳现象
　　分析》,《社会科学辑刊》2015 年第 4 期,

栾成显:《明清地方文书档案遗存述略》,《第一届中日学者中国古
　　代史论坛文集》,北京:中国社会科学出版社,2010 年。

马小彬、刘君:《四川清代档案评述》,李仕根主编《四川清代档案
　　研究》,西南交通大学出版社,2004 年。

马小彬:《清代巴县衙门司法档案评介》,李仕根主编《四川清代档
　　案研究》,西南交通大学出版社,2004 年。

毛立平:《"妇愚无知":嘉道时期民事案件审理中的县官与下层妇
　　女》,《清史研究》2012 年第 3 期。

毛立平:《清代下层妇女与娘家的关系——以南部档案为中心的
　　研究》,载吴佩林、蔡东洲主编《地方档案与文献研究》(第一
　　辑),北京:社会科学文献出版社,2014 年。

毛立平:《档案与性别——从〈南部县衙门档案〉看州县司法档案
　　中女性形象的建构》,《北京社会科学》2015 年第 2 期。

潘大礼:《三十年来民国婚姻家庭史研究述评》,湖北师范学院学
　　报(哲学社会科学版)2011 年第 1 期。

潘洪钢:《中国传统社会中的"具文"现象——以清代禁赌禁娼为
　　例的讨论》,《学习与实践》2007 年第 5 期。

潘绥铭:《近百年来关于娼妓的研究》,《湖南科技学院学报》2005年第 3 期。

彭定光:《论清代婚姻道德生活》,《伦理学研究》2010 年第 6 期。

蒲云空:《一份罕见的"典妻契"》,《内蒙古林业》2014 年第 6 期。

任晓兰:《晚明的悔婚现象及其法律规制》,《妇女研究论丛》2007年第 6 期。

[日]冈本弘道著,阿风编译:《2015 年日本学界的明清史研究》,《中国史研究动态》2017 年第 6 期。

[日]臼井佐知子:《从诉讼文书来看清代妇女涉讼问题》,载安徽大学徽学研究中心编:《徽学》(第九卷),合肥:合肥工业大学出版社,2015 年。

[日]水越知著,海丹译:《清代后期的夫妇诉讼与离婚——以同治年〈巴县档案〉为中心的研究》,载周东平、朱腾主编:《法律史译评》(第五卷),上海:中西书局,2017 年。

[日]唐泽靖彦著,牛杰译:《清代的诉状及其制作者》,载《北大法律评论》(第 10 卷第 1 辑),北京:北京大学出版社,2009 年。

[日]小野达哉著,杜金译:《〈巴县档案〉读书会研讨词汇集》,《中国古代法律文献研究》2018 年第 1 期。

[日]滋贺秀三著,林乾译:《诉讼案件所再现的文书类型——以"淡新档案"为中心》,《松辽学刊》(人文社会科学版)2001 年第 1 期。

宋丽娜:《媒妁之言六十年:村庄传统与婚姻变革》,《西南石油大学学报》(社会科学版)2010 年第 1 期。

孙玉生:《中国现代文学中"童养媳"创作母题的生成与嬗变》,《现代文学》2010 年第 1 期。

田贤会:《在交换中沉浮的中国女人——从婚姻角度浅议交换理

论》,《贵州民族学院学报》(哲学社会科学版)2009 年第 1 期。

王春春:《从人口调节看清代的溺女婴和童养媳现象》,《法制与社会》2010 年 5 月(中)。

王康《财礼的流动:清代"嫁卖生妻"问题再研究》,《南京社会科学》2016 年第 12 期。

王跃生:《清代中期妇女再婚的个案分析》,《中国社会经济史研究》1999 年第 1 期。

王跃生:《清代中期童养婚的个案分析》,《清史研究》1999 年第 3 期。

王跃生:《清代中期婚姻行为分析——立足于 1781—1791 年的考察》,《历史研究》2000 年第 6 期。

王志强:《非讼、好讼与国家司法模式——比较法视野下的清代巴县钱债案件》,载吴佩林、蔡东洲主编《地方档案与文献研究》(第一辑),北京:社会科学文献出版社,2014 年。

温文芳:《晚清童养媳的婚姻状况及其盛行的原因》,《甘肃行政学院学报》2005 年第 2 期。

温文芳:《晚清孀妇再醮婚姻状况的研究与思考——〈申报〉(1899—1909 年)孀妇典型案例的研究》,《江苏社会科学》2007 年第 5 期。

伍仕谦:《一座内容丰富的文献宝库——巴县档案》,《文献》1979 年第 1 期。

吴欣:《论清代再婚妇女的婚姻自主权》,《妇女研究论丛》2004 年第 2 期。

吴佩林:《法律社会学视野下的清代官代书研究》,《法学研究》2008 年第 2 期。

吴佩林、蔡东洲:《清代南部县衙档案中的差票考释》,《文献》2008

年第 4 期。

吴佩林:《〈南部档案〉所见清代民间社会的"嫁卖生妻"》,《清史研究》2010 年第 3 期。

吴佩林:《近 30 年来国内对清代州县诉讼档案的整理与研究》,《北大法律评论》2011 年第 1 辑。

吴佩林:《地方文献整理与研究的若干问题——以清代地方档案的整理与研究为中心》,《西华师范大学学报》(哲学社会科学版)2011 年第 6 期。

吴佩林:《地方档案整理向何处去——基于清代地方档案整理现状的反思》,《光明日报》2016 年 4 月 11 日。

吴佩林:《地方档案整理的"龙泉经验"》,《光明日报》2019 年 11 月 14 日。

吴铮强:《龙泉司法档案所见晚清屡票不案现象研究》,《浙江大学学报》(人文社会科学版),2014 年第 1 期。

谢文耀:《旧中国娼妓制度初探》(上)(下),《社会》1990 年第 1 期,第 2 期。

杨林:《关于巴县档案起始时间》,《历史档案》1990 年第 3 期。

杨剑利:《论清代妇女的社会地位——从清法典看》,《江海学刊》2006 年第 3 期。

杨毅丰:《巴县档案所见清代四川妇女改嫁叛例》,《历史档案》2014 年第 3 期。

耘耕:《一块待开垦的清代法律史料园地》,《现代法学》1991 年第 3 期。

章敏:《典妻习俗与中国现代文学书写》,《湖南社会科学》2014 年第 1 期

张百庆:《中国城市早期现代化过程中的娼妓问题》,《史学月刊》

1999 年第 1 期。

张永海:《巴县衙门的文书档案工作》,李仕根主编:《四川清代档案研究》,西南交通大学出版社,2004 年。

张晓霞、黄存勋:《清代巴县档案整理研究的回顾与思考》,《档案学通讯》2013 年第 2 期。

张晓霞:《契约文书中的女性——以龙泉驿百年契约文书和清代巴县婚姻档案为中心》,《兰州学刊》2014 年第 8 期。

张志军:《何以嫁卖?——从乾嘉道巴县 36 份嫁卖案例说起》,《西华师范大学学报》(哲学社会科学版)2019 年第 3 期。

张仲仁:《一批宝贵的档案"开花结果"了》,《档案工作》1958 年第 4 期。

赵娓妮:《晚清知县对婚姻讼案之审断——晚清四川南部县档案与〈樊山政书〉的互考》,《中国法学》2007 年第 6 期。

赵彦昌、苏亚云:《巴县档案整理与研究述评》,载赵彦昌主编:《中国档案研究》(第五辑),沈阳:辽宁大学出版社,2018 年。

朱兰:《"老外"眼中的巴县档案》,《四川档案》1998 年第 3 期。

周琳、唐悦:《秦氏的悲情与野心——乾隆末年一桩离婚案中的底层妇女》,载里赞、刘昕杰主编:《法律史评论》(第十一卷),北京:社会科学文献出版社,2018 年。

祖晓敏:《近二十年来明清婚姻问题研究述评》,《安徽冶金科技职业学院学报》2005 年第 2 期。